Rio de J[…]iro

L[…]inas Gerais forment à […] concentré de l'histoire du […]sentent quelques-uns des plus be[…]atours du pays. La « ville merveilleuse » mérite bien son nom et l'Etat de Rio et son extension, l'Etat du Minas Gerais, en sont assurément l'écrin. Le tropicalisme, les rythmes afro-bahianais des Nordestins venus chercher de meilleures conditions de vie, leurs accents aux tonalités exotiques y fusionnent dans un étonnant syncrétisme avec la samba du trabalhador à Rio ou celles des « festas juninas » de Diamantina. Les plages de Rio, son carnaval, son football côtoient sans complexes la postmodernité de Belo Horizonte et du Centro de Rio de Janeiro. Ici se mélangent dans un parfait désordre le passé, le présent et le futur, les cités coloniales du Minas, les deltas peuplés d'îles tropicales de la baie d'Angra, les jungles de béton à l'activité incessante et les rivages calmes bordés de cocotiers. Tout et son contraire se côtoient, dans une harmonie apparente : les splendeurs du Copacabana Palace et les favelas, le calme de la Serra do Mar et le vacarme des soirs de carnaval, la quiétude des jours suffocants d'été tropical. Sur les célèbres pavés d'Ipanema, le yuppie carioca est ici le voisin naturel d'un Brésilien d'un autre âge, pauvre depuis des générations et dont la situation n'est pas près de s'améliorer, dans ce pays fortement touché par la violence et les inégalités. Ici, la vie comme la nature sont exubérantes, c'est le Brésil…

Retrouvez cette offre en page 72

SOMMAIRE

© AGUSTAVOP - ISTOCKPHO...

Plage de Copacabana. © KATARINA_B - ISTOCKPHOTO.COM

© JOHNNYGREIG - ISTOCKPHOTO.COM

173 (SE) FAIRE PLAISIR

Le Brésil est un pays pluriel en termes de cultures, de spécialités artisanales ou culinaires et cela se retranscrira en autant de possibilités d'achats pour soi ou de souvenirs à rapporter à la maison ou à offrir à ses proches.

Danseuse de samba. © PEOPLEIMAGES - ISTOCKPHOTO.COM

183 BOUGER & BULLER

Avec sa combinaison de plages, de vagues fortes, de forêts, de montagnes et de soleil, Rio de Janeiro est une destination parfaite pour pratiquer une activité sportive... ou se reposer en admirant les éléments

191 SORTIR

Les possibilités de sortie à Rio sont multiples ! Prendre un verre en début de soirée sur les hauteurs de Santa Teresa, aller écouter de la musique *ao vivo* (*live*) dans un des nombreux clubs de samba de Lapa.

197 ÉTAT DE RIO DE JANEIRO

L'Etat de Rio dépasse la seule « cidade maravilha ». L'empreinte de l'histoire y est omniprésente et les destinations balnéaires, montagnardes et d'écotourisme y sont nombreuses.

291 MINAS GERAIS

L'ancien Etat des « Mines Générales » est riche d'une histoire de plusieurs siècles que l'on peut apprécier dans les belles villes d'Ouro Preto et Tiradentes au patrimoine civil et religieux immense.

© FG TRADE - ISTOCKPHOTO.COM

351 ORGANISER SON SÉJOUR

Un voyage au Brésil se prépare en amont. Désormais, grâce à l'Internet, les conseils et les bonnes adresses du Petit Futé permettent de préparer à distance ce voyage que l'on voudra inoubliable.

QUAND Y ALLER

JANVIER

23° / 29°

DIA DE SÃO SEBASTIÃO

© CELSO PUPO - SHUTTERSTOCK.COM

Le 20 janvier, des processions et des fêtes sont organisées en l'honneur du São Sebastião, saint patron de Rio de Janeiro.

$

FÉVRIER

23° / 29°

CARNAVAL DE RIO

© NICOLAS FABRE

Le Carnaval de Rio est sans doute un des évènements festifs les plus connus de la planète qui attire des millions de personnes

$

MARS

22° / 28°

ANIVERSÁRIO DO RIO DE JANEIRO

Les fêtes de São Sebastião à Rio sont marquées par des messes une procession de l'église de São Sebastião à la cathédrale.

$

JUILLET

17° / 24°

FESTIVAL D'HIVER DE L'UFMG

Le festival d'hiver de l'Université fédérale du Minas Gerais propose en différents lieux de l'Etat de belles programmations.

$ $ $

AOÛT

18° / 24°

FESTA LITERÁRIA INTERNACIONAL DE PARATY (FLIP)

Le FLIP est un festival littéraire international de grande qualité qui se tient à Paraty chaque année fin juillet et début août.

$ $ $

SEPTEMBRE

18° / 24°

FESTIVAL DO RIO

Le Festival International du film de Rio est l'un des plus grands événements du continent latino-américain pour le 7e art

DIA DA INDEPENDÊNCIA

La fête de l'indépendance est un événement particulièrement fêté.

$ $

Les Etats de Rio et du Minas se visitent et se découvrent tout au long de l'année. S'il existe des variations saisonnières (attention aux frimas d'Ouro Preto), il y a toujours des lieux au climat clément, des paysages à la beauté pérenne. Ce sont des terres riches en évènements et manifestations de toute nature, qu'ils soient culturels, sportifs, festifs, religieux. D'aucuns diront, avec raison que c'est où on veut, quand on veut. C'est la curiosité en tous lieux et en tous temps.

AVRIL

21° / 27°

SEMANA SANTA

Les processions de la Semaine sainte, précédant Pâques, sont particulièrement fastueuses à Rio, Ouro Preto et Diamantina.

$

MAI

19° / 25°

$

JUIN

18° / 24°

FESTAS JUNINAS

© PAULO VILELA - SHUTTERSTOCK.COM

Au mois de juin, partout à Rio de Janeiro, s'organisent ces très fêtes campagnardes où on danse le spectaculaire quadrille.

$ $

OCTOBRE

19° / 25°

$ $

NOVEMBRE

20° / 26°

SEMANA DE ALEIJADINHO

La Semana do Aleijadinho honore dans toutes les villes baroques du Minas Gerais et surtout Ouro Preto le sculpteur Aleijadinho.

DUO JAZZ FESTIVAL

Chaque année, un festival de jazz de 3 jours se tient en novembre à Tiradentes. Les passionnés de jazz brésiliens s'y pressent.

$ $

DÉCEMBRE

22° / 28°

RÉVEILLON DU NOUVEL AN

Le feu d'artifice du Jour de l'an sur la plage de Copacabana est un événement spectaculaire, unique au monde et très suivi

$ $ $

LES BONNES RAISONS D'Y ALLER

© NICOLAS FABRE

LA FOLIE CARNAVAL
A Rio, on assistera à une des plus grandes festivités de la planète.

UN CONCENTRÉ DU BRÉSIL
Rio et le Minas Gerais concentrent une partie de l'histoire et de la diversité du pays.

© FRED_PINHEIRO - SHUTTERSTOCK.COM

© BRASTOCK - SHUTTERSTOCK.COM

DES LIEUX D'HISTOIRE
Des villes coloniales à Pampulha, dessinée par Niemeyer, l'histoire est omniprésente.

© MARCHELLO74 - ISTOCKPHOTO.COM

RIO, LA PLAGE
Les plages, aux noms mythiques, font partie de l'art de vivre Carioca.

© ALEXANDRE MALTA - SHUTTERSTOCK.COM

L'ART, PARTOUT
Le baroque mineiro, immortalisé par l'Aleijadinho, a façonné Rio et le Minas Gerais.

© FRED S. PINHEIRO - SHUTTERSTOCK.COM

UNE GASTRONOMIE RICHE
Les cuisines *mineira* et *carioca*, traditionnelles ou créatives, sont riches et variées.

© LARISSA CHILANTI - SHUTTERSTOCK.COM

UNE NATURE D'EXCEPTION
La juxtaposition des plaines et des montagnes permet une biodiversité exceptionnelle.

LES BONNES RAISONS D'Y ALLER

DES ACTIVITÉS MULTIPLES

Farniente, plage, surf, montagne, parapente, canyoning, tout est possible.

© LARISSA CHILANTI - SHUTTERSTOCK.COM

© PEOPLEIMAGES - ISTOCKPHOTO.COM

BOSSA ET SAMBA

Les nuits cariocas et mineiras sont rythmées par la Bossa et la samba.

© RHJ - ISTOCKPHOTO.COM

LE ROYAUME DE LA CACHAÇA

Qu'elle soit du Minas ou de Rio, cet alcool brésilien séduira certainement le voyageur.

LES 12 MOTS-CLÉS

#ALEGRIA

C'est un mot maintes fois scandé lors du carnaval et des fêtes. Malgré les problèmes liés à la pauvreté et la violence qui en découle, c'est bien une sensation de bonheur permanent qui semble habiter l'âme brésilienne. Il suffit de quelques verres de bière ou de caïpirinha ou de quelques accords de samba pour faire resurgir cette nature.

#AMÉRINDIENS

Le chef Raoni a fait découvrir au monde le sort peu enviable des premiers habitants du Brésil : les Amérindiens. On trouve aujourd'hui 305 peuples indigènes qui regroupent 900 000 habitants, contre 5 millions en 1500. Les réserves représentent 13 % du territoire brésilien, et 1,5 % hors Amazonie. Leur quotidien est hélas souvent misérable.

© FG TRADE - ISTOCKPHOTO.COM

#ART BAROQUE

Dans le Minas en particulier, on ne peut faire abstraction de la prégnance de l'art baroque. Les sculptures et les peintures des églises, quelquefois fruits des mains habiles du sculpteur Aleijadinho ou du peintre Manuel da Costa Ataíde, sont des œuvres d'art qui justifient à elles seules la visite des villes coloniales des Etats de Rio et du Minas Gerais.

#CACHAÇA

Parmi les découvertes incontournables de Rio et du Minas, le voyageur épicurien découvrira un alcool local qui se décline sous une forme « festive », la caïpirinha. Il s'agit de la cachaça, rhum brésilien aux arômes multiples. Moins connu que le rhum, cet alcool est également obtenu par distillation du sucre de canne dans des « alambiques ».

#CAFÉ

Encore un élément associé au Brésil, le pays du café. La plante à la base de ce breuvage universel n'est pas originaire du Brésil, mais elle a contribué à dessiner certaines régions lors du cycle du café, dans l'intérieur des Etats de Rio et du Minas et à l'élection de nombreux hommes d'Etat. Le *cafezinho* est une institution au Brésil.

© JOAO BENTO DA SILVA - ISTOCKPHOTO.COM

#FAVELAS

Indissociables de l'urbanisation et de la ségrégation sociale brésilienne, les *favelas* sont connues pour être des « zones grises » où l'Etat est absent. Depuis plus de cent ans à Rio, les *favelas* marquent toutes les villes du pays. La violence y est certes présente, mais ce sont aussi des laboratoires sociaux et des territoires dynamiques.

#FEIJOADA

Ce plat local fait aujourd'hui partie du patrimoine culinaire brésilien. C'est un plat populaire typique composé de légumes (haricots noirs) et de pièces de viande non nobles, comme les oreilles de porc. A Rio et ailleurs, les restaurants le proposent en général le samedi et c'est l'occasion pour les amis de se retrouver et d'échanger.

© GMVOZD - ISTOCKPHOTO.COM

LES 12 MOTS-CLÉS

#FUTEBOL

C'est un sport indissociable du Brésil. Certains parlent de religion, dont le temple serait Maracanã. Lors des coupes du monde de football, c'est tout un peuple qui communie derrière l'équipe *auriverde*. Le reste de l'année, ce sont les derbys locaux ou régionaux du Brasileirão, comme Flu-Fla, qui monopolisent les discussions et les passions.

© FG TRADE - ISTOCKPHOTO.COM

#KILO ET BUFÊ

Pourquoi ces mots ici ? Très rapidement, le voyageur verra dans certains restaurants des prix affichés au kilo. Spécificité brésilienne, on peut garnir son assiette en self-service et la faire peser. Le buffet ou *bufê* consiste à manger tout ce qu'on veut pour une somme fixe. Très populaire, on trouve des *kilos* bon marché et des très chic.

#RELIGION

Le Brésil est un pays mystique où la religion est prégnante en tout lieu et tout milieu. Le christianisme, mais aussi l'animisme et les cultes afro-brésiliens ont façonné l'âme du pays en un syncrétisme subtil. Le spirituel accompagne le difficile quotidien. Ici, comme au Maroc, quand on prévoit de se revoir, on ajoute « se Deus queser ».

#SAMBA

La samba (O samba, mot masculin pour les Brésiliens) est l'expression de l'âme brésilienne, comme le tango est l'expression de l'âme argentine. Des lieux formels et informels lui sont dédiés à Rio et ailleurs. La Pedra do Sal, la Samba do Trabalhador, les boîtes de Lapa ou des petits groupes au coin de la rue honorent cet art musical.

#VIOLENCE

La violence est indissociable de la société brésilienne. Sans doute est-elle le fruit d'une colonisation violente contre les Indigènes, de l'esclavage et des inégalités actuelles. Le régime militaire de 1964 à 1986 l'a généralisée et légitimée. Elle échappe au contrôle de la démocratie retrouvée. On vit avec en essayant de s'en préserver.

VOUS ÊTES D'ICI, SI...

- **Vous repérez rapidement** s'il faut entrer dans le bus par l'avant ou l'arrière pour ne pas passer pour un *gringo* ou pire, pour un Paulista.
- **Vous prenez le sac d'une personne** qui se trouve debout dans le bus, quand vous êtes assis
- **Vous avez choisi votre équipe** lors des Derby Carioca (Flamengo, Botafogo, Fluminense ou Vasco de Gama)
- **Vous avez un *boteco* ou *botequim*** (bar de quartier) attitré que vous rejoignez régulièrement en fin de journée
- **Vous sortez avec un look *carioca*** (tee-shirt, et *chinelas*, nom local des tongs)
- **Vous rejoignez votre « posto »,** portion de plage autour d'un poste de secours qui possède des caractéristiques particulières (branché, gay, jeune...), entre Copacabana et Leblon. Vous vous munissez du minimum syndical sur la plage et vous demandez à votre voisin ou voisine de surveiller vos effets lorsque vous vous baignez.
- **Vous ne hélez pas les taxis dans la rue,** surtout le soir, mais vous les prenez en tête de station ou vous les faites appeler par la *pousada* ou le restaurant.

MON RIO, MON MINAS GERAIS

Par Hervé Foissotte, auteur du guide

© DR

Interview

Hervé Foissotte se rend depuis plus de 15 ans à Rio et dans le Minas Gerais pour le *Petit Futé*. Chaque séjour est une redécouverte d'un pays en constant renouvellement. Depuis un premier séjour dans les années 90, Rio et les merveilles coloniales d'Ouro Preto sont ses fils rouges d'une lecture d'un pays en réécriture permanente, dans une région qui concentre une partie des plus beaux atours du pays.

TOP 10

À VOIR / À FAIRE

L'intérêt d'un séjour dans les seuls États de Rio de Janeiro et du Minas Gerais réside en partie dans le fait que la densité de l'offre de toute nature est extrême. Il y en aura forcément pour tous les goûts. Mers, montagnes, villes coloniales, attente enfiévrée des loups à crinières, farniente ou escalade jusqu'au sommet du pain de sucre, rencontre des communautés amérindiennes de Paraty ou visite des quilombos du Minas Gerais. Si Dame Nature a été très généreuse, le travail incessant des homme a profondément modelé les paysages. Rio, Minas, l'envie de tout.

222

BAIE DE PARATY

PARATY

La baie de Paraty, ses îles nombreuses, ses maisons blanches les pieds dans l'eau à marée haute, un avant-goût de paradis.

118

CRISTO REDENTOR - CORCOVADO

La statue du Christ rédempteur, c'est l'une des cartes postales de Rio que l'on peut rejoindre en mini van ou en petit train.

BONDE DE SANTA TERESA - BONDINHO

Le petit funiculaire jaune relie depuis un siècle le centro au quartier bohème de Santa Teresa en passant par les arches de Lapa.

106

319

IGREJA DE SÃO FRANCISCO DE ASSIS

OURO PRETO

L'église São Francisco apparaît comme le joyau de l'art baroque du Minas Gerais, celle qu'il faut visiter lors de son séjour.

MUSEU IMPERIAL

PETRÓPOLIS

Les empereurs brésiliens bâtirent Pétropolis pour sa fraîcheur. On ne peut séjourner à Petrópolis sans visiter le Musée impérial !

PARQUE NACIONAL DO ITATIAIA

Le Parc national d'Itatiaia – en tupi « roche pleine de pointes », est le point culminant de l'Etat de Rio avec 2 787 m.

PÃO DE AÇÚCAR - PAIN DE SUCRE

Le morne du pain de sucre et son téléphérique sont des marqueurs emblématiques de Rio.Une vue à couper le souffle sur la baie.

SANTUÁRIO DO BOM JESUS DE MATOSINHOS

CONGONHAS

Ce chemin de croix réalisé par le sculpteur Aleijadinho et le peintre Athaïde est spectaculaire, particulièrement à Pâques.

PARQUE NACIONAL DA TIJUCA - SERRA DA CARIOCA

La plus grande forêt urbaine du monde surplombe la ville et permet de rejoindre la statue protectrice du Christ du Corcovado.

SANTUÁRIO DO CARAÇA

PARQUE NATURAL DO CARAÇA

Le sanctuaire de Caraça est incontournable. Les bâtiments y sont chargés d'histoire et l'environnement y est d'une beauté réelle.

TOP 10

SE RÉGALER

Rio et le Minas sont des terres où la bonne chère est omniprésente. Cuisine *caipira*, rurale et simple des confins du Minas, *salgadinhos* des vendeurs de rue ou bonnes tables de Rio et de Belo Horizonte, chacun y trouvera plats et mets adaptés à ses papilles et son budget. Rio de Janeiro attire quelques-uns des plus grands chefs du pays et d'ailleurs. La cuisine *mineira*, mélange des traditions des vachers et des Indiens, a su se réinventer et la capitale Belo Horizonte s'affirme chaque jour un peu plus comme un haut lieu de la gastronomie. Rio, Minas, le goût de tout, assurément.

© LASAI

EN PHOTO

LASAI RESTAURANTE

150

Une collection d'ingrédients exceptionnels cuisinés de façon exceptionnelle. On parle vraiment à ce niveau d'art culinaire.

L'ATELIER DU CUISINIER

146

Dans un cadre simple, le resto « Atelier du Cuisinier » est une table française d'exception proposée par le chef David Jobert.

COBAL DO HUMAITÁ

150

Le Cobal de Humaita est un marché couvert de jour qui concentre le soir une grande quantité de restaurants, simples et corrects.

LOCANDA DELLA MIMOSA

273

PETRÓPOLIS

Dans une ambiance digne de la Petrópolis impériale, c'est une des meilleures tables du Brésil, tenue avec *maestria* par Danio Braga

159 MEE RESTAURANTE

Le restaurant Mee apparaît comme une des plus fines tables japonaises de tout le Brésil, dans le magnifique Copacabana Palace

327 SENHORA DO ROSÁRIO

OURO PRETO

Le Senhora do Rosario est aujourd'hui la table la plus sophistiquée de la ville d'Ouro Preto, avec une belle carte de vins.

O PASSO PIZZA JAZZ 327

OURO PRETO

Le restaurant Passo est une pizzeria « jazz » de très bonne facture, avec ses superbes terrasses surplombant un joli jardin.

304 TASTE-VIN

BELO HORIZONTE

Au taste-vin, comme le nom l'indique, ce sont des spécialités françaises qui sont à l'honneur dans une des meilleures tables de BH

348 TEMPERO DA ÂNGELA

TIRADENTES

Quand la cuisine mineira trouve sa noblesse dans une certaine simplicité, on se rapproche du slow food, à l'accent mineiro.

PACCO & BACCO 349

TIRADENTES

Le restaurant Pacco & Bacco est sans doute le meilleur de tous les établissements étoilés de la petite ville de Tiradentes.

TOP 5

FAIRE UNE PAUSE

Faire une pause semble être une activité pour laquelle les Cariocas sont génétiquement adaptés. Les Mineiros ne sont certes pas en reste même si on leur prête un comportement plus laborieux. La vie, dans les deux régions, est rythmée par la fréquentation des *botecos*, nos cafés de quartier.

152 ACADEMIA DA CACHACA

L'academia da cachaça, dans le quartier chic de Leblon, est un bar qui est tout entier dédié à l'alcool local de canne à sucre.

170 BAR DA LAJE

Perché au sommet de la favela pacifiée de Vidigal, le Bar Do Laje offre une vue imprenable sur les plages de Leblon et Ipanema.

167 BAR DO OMAR

Ce bar festif est un hymne à la tolérance où se croisent des populations de toutes origines, sous le regard bienveillant de Lula.

327 BAR BARROCO

OURO PRETO

C'est le bar incontournable des étudiants d'Ouro Preto, à l'ambiance alternative… On y refait le monde dans une ambiance rock

304 CAFE COM LETRAS

BELO HORIZONTE

Ce café est un lieu prisé des intellos bohèmes de BH depuis 1996. Il est devenu l'endroit idéal pour un happy hour romantique.

TOP 5

(SE) FAIRE PLAISIR

Le Brésil est un pays pluriel en termes de cultures, de spécialités artisanales ou culinaires et cela se retranscrira en autant de possibilités d'achats pour soi ou de souvenirs à rapporter à la maison ou à offrir à ses proches comme les traditionnelles tongs Havaianas et les maillots de foot.

@ANAFOTOSPARATY

EN PHOTO

231 CANOA
PARATY

Canoa fait la promotion de l'artisanat traditionnel en garantissant des prix corrects aux producteurs et défendant leurs droits.

176 FEIRA SAARA

Le marché de Saara est un marché incontournable du centre-ville de Rio. Il regroupe plusieurs marchés dans deux rues trés animées.

179 HAVAIANAS

La célébrissime marque brésilienne de tongs est très présente à Rio et dispose de plusieurs enseignes, dont celle-ci à Ipanema.

181 LIVRARIA DA TRAVESSA

Cette chaîne de sept librairies disséminées dans tout Rio offre un ample choix de livres et de CD dans des cadres somptueux.

180 FEIRA HIPPIE

La feira hippie d'Ipanema est un marché artisanal et culturel. On peut trouver bijoux, instruments de musique, sculptures, toiles.

TOP 10

SE LOGER

L'offre de logement à Rio et dans le Minas est riche et variée, allant de la petite auberge de jeunesse « roots », qui coûtera une poignée de réais, au raffinement du Copacabana Palace ou du Fasano à Rio de Janeiro, pour lesquels il faudra débourser quelques milliers de réais. Cependant, malgré l'apparente densité de cette offre, il faut toujours garder en tête que pour certaines périodes (fêtes et manifestations culturelles ou religieuses, fin de semaines, vacances brésiliennes), certains lieux sont pris d'assaut et l'insouciant qui n'aura pas anticipé peinera à se loger.

© AQUARIO HOSTEL

AQUARIO POUSADA & HOSTEL

ILHA GRANDE

Aquario Pousada est une superbe auberge de jeunesse qui semble rapprocher le voyageur du paradis, au calme, face à l'océan.

© COURTESY OF BELMOND

COPACABANA PALACE, UN HÔTEL BELMOND

Copacabana Palace, un Hôtel Belmond qui est sans doute l'hôtel le plus réputé de Rio, dessiné en 1920 par le Français Joseph Gire.

VILLA 25 HOSTEL & SUITES

La villa 25 Hostel &Suites est une belle découverte dans ce quartier agréable, un peu à l'écart des circuits touristiques de Rio.

© FEDERICO CAIROLI

© THOMAS RANGEL

FASANO RIO DE JANEIRO

Sans doute l'un des plus beaux hôtels de Rio, « designé » par le Français Philippe Starck. Les stars s'y donnent rendez-vous.

EN PHOTO

HOTEL ARPOADOR
139

L'emplacement à Arpoador est un des points forts de ce petit hôtel. L'autre atout réside dans la qualité des prestations.

VILLA PARANAGUA HOTEL & SPA
135

Cette magnifique demeure a retrouvé son charme d'antan grâce à une décoration de très bon goût qui associe modernité et sobriété.

IPANEMA BEACH HOUSE
139

Cette jolie bâtisse offre une ambiance conviviale et intimiste aux voyageurs, avec des petits recoins cosy et des hamacs.

POUSADA PORTO IMPERIAL
226

PARATY

Ancien entrepôt de l'époque de l'or, le Porto Imperial est une charmante demeure du XIXe siècle située au coeur de Paraty.

BAMBOO BÚZIOS SEASHORE HOSTEL
259

BÚZIOS

Le Bamboo Buzios Sea Shore Hotel est une belle auberge de jeunesse les pieds dans l'eau de la petite station balnéaire chère à BB.

HOTEL SOLAR DO ROSÁRIO
325

OURO PRETO

L'hôtel Solar do Rosario est une magnifique demeure coloniale, réplique de l'ancien hôtel du lieu datant du XIXe siècle.

TOP 5

BOUGER & BULLER

Avec sa combinaison de plages, de vagues fortes, de forêts et de soleil, Rio de Janeiro est une destination parfaite pour pratiquer une activité sportive ou se reposer en admirant les éléments. Les Cariocas, les Fluminenses et les Mineiros également sont adeptes d'exercices de toutes natures.

186 CLÁUDIO CHAMINÉ

les passionnés du Brésil pourront apprendre les bases d'un sport qui fait partie de l'héritage africain du Brésil : la capoeira.

187 ESCOLA DE SURF PAULO DOLABELLA

Cette école de surf se situe sur la plage d'Ipanema. Des guides diplômés apprendront les rudiments du surf ou le perfectionnement.

110 ESTÁDIO DO MARACANÃ

Le Maracanã est le plus grand stade de foot. C'est une institution, un musée et une part de l'histoire sportive du Brésil.

186 COMPANHIA DA ESCALADA

La « companhia da escalada » est l'œuvre du guide Flavio Daflon. Il donne des cours d'escalade pour tous les niveaux à Urca.

187 RIOPARAPENTE.COM

De Pedra Bonita, tels des oiseaux, on peut voler en tandem au-dessus de Rio sous deux formes : le parapente et le deltaplane.

TOP 5

SORTIR

Les possibilités de sortie à Rio, BH et dans les deux Etats sont multiples et se mesurent à l'aune du gigantisme des deux entités ! Prendre un verre en début de soirée sur les hauteurs de Santa Teresa, aller écouter de la musique dans un des nombreux clubs de samba de Lapa. Le choix est grand !

194 CIRCO VOADOR

Le Circo Voador est assurément l'une des plus grandes places musicales de Rio, et assurément l'un des cœurs culturels de la ville

194 FUNDICÂO PROGRESSO

La *Fundição* progresso est un lieu dédié à la musique et l'art à proximité des arches de Lapa.Un autre cœur culturel de Rio

305 A OBRA

BELO HORIZONTE

Le club « A obra » est, depuis 1997, un lieu incontournable des nuits alternatives de Beaga. C'est devenu la boîte à la mode de BH

194 RIO SCENARIUM

La boîte Rio Scenarium est un immense entrepôt d'antiquités qui se transforme le soir venu en club de samba, *forró* et *chorinho*

194 CARIOCA DA GEMA

Le club Carioca da gema est un incontournable à Lapa. une des meilleures adresses pour écouter de la samba traditionnelle

PRATIQUE

VIE QUOTIDIENNE

ALLO ?

Jusqu'à la dernière décennie, les cabines de téléphone au Brésil, surnommées « orelhao » (grandes oreilles), faisaient partie du mobilier urbain, à l'instar des célèbres cabines de téléphones rouges britanniques. Elles prenaient des colorations locales sympathiques : forme de calebasse de berimbau à Salvador de Bahia, de tuiuiu (cigogne emblématique du Pantanal) à Cuiabà ou Campo Grande. Las, ces cabines ont bien souvent été remisées dans des musées des télécoms. Le téléphone portable a très largement supplanté le téléphone filaire. La solution la plus simple et la moins onéreuse consiste à souscrire à un pass avec son portable français auprès de son opérateur, qui permettra le roaming selon des modalités qui diffèrent en fonction des opérateurs. L'autre solution consiste à acheter une carte SIM au Brésil dans un kiosque à journaux (10 R$) et de l'activer. Il vous faudra pour cela générer un CPF. On peut recharger chez TIM, par exemple, toujours dans un kiosque à journaux, selon un mode forfaitaire pour 1 ou 2 semaines pour respectivement 10 ou 20 R$, 1 Giga d'internet et Whatsapp en illimité.

Pour téléphoner au Brésil, il faut composer l'indicatif international (+55) l'indicatif de la ville et le numéro de téléphone.

Pour téléphoner à partir du Brésil vers la France, avec un téléphone brésilien, faire 00, numéro de l'opérateur (021 ou 023 ou autre...), 33 puis le numéro français.

ACCESSIBILITÉ

Le Brésil n'est pas le meilleur élève en termes d'accessibilité des transports en commun ou des lieux publics pour les personnes à mobilité réduite et les poussettes, malgré une législation qui les y oblige. Les trottoirs sont souvent mal entretenus avec des trous nombreux. Les rampes d'accès aux transports, aux monuments ou aux espaces publics sont insuffisantes en nombre et/ou mal entretenues. Il n'est pas impossible de voyager au Brésil en fauteuil roulant ou avec des poussettes. De nombreux établissements hôteliers ou de restauration et de plus en plus de lieux publics sont désormais accessibles aux PMR et aux poussettes. Il est simplement nécessaire, en amont, de choisir des hébergements, des transports et des lieux idoines.

Voyager avec des enfants. La plupart des hôtels sont équipés pour recevoir et divertir les enfants. Dans les resorts, il y a toujours des animations adaptées aux plus petits et souvent un service de garderie. Toutefois attention à certains hôtels plus haut de gamme ou dédiés au repos, car souvent les enfants de moins de 10 ans, voire 12 ans, ne sont pas acceptés. Quant aux séjours en pleine nature (Amazonie, Pantanal, parcs naturels, îles ou plages isolées), mieux vaut se renseigner avant pour savoir si les lieux sont adaptés et si les enfants pourront suivre les activités proposées.

SANTÉ

Le Brésil étant tout entier situé dans la zone intertropicale, on y trouvera fort logiquement toutes les pathologies dites « tropicales ». On déconseillera l'eau du robinet en toutes circonstances, même dans les grandes villes. De même, dans les petits restaurants de plage, on évitera les crudités. Le trouble le plus fréquent est la « diarrhée du touriste » ou « tourista », liée souvent à un changement d'alimentation et/ou la consommation d'eau non ou mal traitée.

Les moustiques peuvent importuner. il est nécessaire de se couvrir et de s'enduire de répulsif. Les piqûres peuvent être douloureuses et peuvent transmettre la dengue ou le paludisme. Pour les voyageurs se rendant en Amazonie, il est nécessaire de se renseigner sur les risques de paludisme qui existent en certains lieux afin de prévoir un éventuel traitement antipaludéen. Ce n'est pas le cas cependant à Belém ou Manaus. Il n'y a pas ou peu de vaccins obligatoires au Brésil. La fièvre jaune ressurgit régulièrement de manière épidémique. On peut se faire vacciner en France.

La récente crise du Covid-19 a montré le délabrement du système de santé publique brésilien (SUS). En cas de problèmes de santé sévère, il peut être judicieux d'aller dans une clinique privée. Il est prudent de se renseigner en amont sur ce qu'offre sa mutuelle comme couverture médicale et/ou possibilité de rapatriement.

L'ambassade de France met à la disposition des Français les coordonnées d'un médecin conseil (https://br.ambafrance.org/Liste-des-medecins-parlant-francais-a-Brasilia - https://riodejaneiro.consulfrance.org/Medecins-conseil-du-Consulat-general-de-France-a-Rio-de-Janeiro - https://saopaulo.consulfrance.org/- Services-aux-francais). Dans tous les cas, il ne faut pas hésiter à appeler le consulat de France qui vous aidera à trouver des solutions.

URGENCES SUR PLACE

Il y a deux numéros à connaître pour les urgences à caractère médical : le 192 est le numéro d'appel d'urgence pour les ambulances publiques (SAMU) et le 193 pour appeler les pompiers. Le numéro d'appel de la police est le 190. Dans les grandes villes touristiques, il existe une police touristique.

SÉCURITÉ

Le Brésil a la réputation d'être un pays dangereux pour les touristes. C'est certainement exagéré, mais il est incontestable que la violence est omniprésente dans les métropoles et les villes moyennes, paradoxe d'une des nations les plus accueillantes au monde. Les risques encourus par les touristes se « limitent » principalement au vol. Quelques précautions et un peu de bon sens suffisent le plus souvent à éviter les ennuis. En règle générale, les grands centres urbains, qui concentrent toute la misère du monde en même temps que des hordes de touristes, présentent les plus grands risques. Les petites villes et villages, loin du bruit et de la fureur, sont moins considérés comme « zones à risque », mais il convient également de rester vigilant. En toute objectivité, en respectant les consignes de base, les risques sont à peine plus importants que dans certains quartiers des grandes capitales occidentales.

- **Lieux sensibles.** Les *pickpockets* et les voleurs à la tire fréquentent, comme partout, les transports en commun (principalement les bus municipaux, souvent bondés), les marchés, les plages urbaines, les gares routières, les bateaux en Amazonie, les alentours des banques. Les agressions violentes sont rares dans ces endroits, mais peuvent éventuellement avoir lieu le soir, dans les centres-villes désertés, dans les favelas et dans certains endroits fréquentés par les touristes, comme à la sortie de boîtes de nuit un peu louches. Evitez les zones désertes la nuit.
- **Les signes extérieurs de richesse sont à proscrire** en toute circonstance (montre de prix, vêtements de marque voyants, bijoux, appareils photo imposants, smartphones dernier cri, etc.).
- **Évitez de vous déplacer avec des sommes d'argent importantes** et avec vos papiers et évitez de les sortir dans les lieux publics. Gardez en poche un peu de monnaie, facilement accessible, pour le bus ou pour boire un verre, et laissez caché le reste de votre argent. Calculez ce dont vous allez avoir besoin pour la journée ou la soirée. Dans les grandes villes, les cartes de crédit sont acceptées dans la plupart des hôtels, des restaurants et dans certains magasins. L'une des règles d'or du voyage à suivre absolument est d'éviter de mettre tout son argent et ses documents au même endroit.

Surveillez votre verre en boîte de nuit. Le GHB (drogue du violeur) semble avoir été utilisé dans certains bars de nuit.

Évitez de vous comporter comme un touriste (le nez dans votre guide de voyage, l'air désemparé). Au contraire, ayez l'air sûr de vous et adoptez, autant que possible, l'attitude et les vêtements décontractés des Brésiliens.

Si l'on se promène en ville, mieux vaut laisser son passeport et sa carte de crédit à l'hôtel et n'emporter qu'un peu d'argent (idéalement dans une poche intérieure plutôt qu'une banane) et une photocopie du passeport. Pour aller à la plage, réduisez ce « peu d'argent » à son minimum et n'emportez que le strict nécessaire.Si vous y allez seul, et craignez pour vos affaires pendant que vous vous baignez, confiez-les à des voisins dignes de confiance ou aux serveurs des barracas.

Pour circuler la nuit ou si vous devez transporter des objets de valeur ou êtes encombré par de gros sacs, il est préférable de prendre un taxi. Avant de monter dans un bus, on peut préparer sa monnaie sur le trottoir ; ça évitera d'avoir à sortir son porte-monnaie dans ces véritables séances d'équilibristes que sont les passages du tourniquet. Pour prendre un taxi, mettez-vous à une tête de station ou téléphonez au central, il vous donnera le numéro d'immatriculation du véhicule qui viendra vous chercher. On peut aussi utiliser les applications disponibles sur smartphone pour UBER par exemple.

Si vous devez traverser la ville avec votre sac à dos, on tentera peut-être sur vous le coup de la mousse à raser sur le sac pour vous forcer à le poser à terre, où il sera plus vulnérable, ou un grand classique, le coup de lame de rasoir sur le sac. Dans tous les cas, il faut rester stoïque, continuer son chemin et attendre d'être dans un endroit sûr pour nettoyer son sac ou estimer les dégâts. Même si ces petites ruses sont rares, évitez de laisser votre bagage dans les lieux publics sans surveillance.

En cas d'agression, ne résistez pas. Les agresseurs auront souvent des arguments bien plus déterminants qu'un couteau suisse, et ils n'hésiteront pas à s'en servir. De plus, en suivant les conseils précédents, le plus gros est à l'hôtel, le reste étant réparti en plusieurs endroits : donnez le contenu d'une poche ; s'ils insistent, donnez le contenu d'une autre ; la troisième permettra de prendre un taxi. Ne les regardez pas.

La plupart des hôtels régulièrement fréquentés par les touristes semblent sûrs. Suivez particulièrement les consignes données pour Rio et São Paulo. Il vaut mieux quelquefois payer plus cher sa chambre d'hôtel et profiter pleinement du sommeil du juste. Si vous avez des doutes (notamment dans les hôtels bon marché), fermez la porte de votre chambre avec votre propre cadenas, assurez-vous que la fenêtre ferme bien et, éventuellement, cadenassez votre sac à un élément fixe du mobilier. En règle générale,

© BRASIL2 - ISTOCKPHOTO.COM

même dans les hôtels qui vous paraissent à peu près corrects, évitez de laisser traîner des objets ou des documents de valeur. Certains hôtels proposent des coffres.

Les trajets en bus longues distances ne posent aucun problème de sécurité. Vous pouvez ainsi sans problème laisser vos bagages dans les soutes sans vous en préoccuper jusqu'à l'arrivée.

Femme seule en voyage. Comme partout, une femme seule en voyage doit redoubler de vigilance. La violence accrue au Brésil n'arrange en rien la situation. En respectant les règles de base, une femme seule peut tout à fait voyager au Brésil sans être inquiétée. Les transports en commun sont généralement sûrs et on sera même surpris de la bienveillance des passants qui, dans la majorité des cas, n'hésiteront pas à vous venir en aide en cas de pépin.

Drogue. Les dangers inhérents à la consommation de stupéfiants sont connus. Au Brésil, la vigilance doit particulièrement être de mise. L'herbe, sous le nom local de maconha, est omniprésente. Pour simple consommation, les peines d'emprisonnement vont de six mois à deux ans. Le trafic de stupéfiants est lui passible de peines s'étalant de trois à quinze ans. Et les étrangers ne bénéficient d'aucun traitement de faveur. Certains dealers, de mèche avec les autorités, n'hésitent pas à vendre avant de dénoncer. Dans tous les cas, tenter de se procurer des stupéfiants en tant qu'étranger vous expose à des risques certains.

LGBTQ

L'homosexualité n'est pas pénalisée au Brésil. Le pays a également légalisé le mariage homosexuel. Dans les grandes villes, à Rio et BH, dans les lieux touristiques « branchés » de nombreux lieux (bars, boites, restaurants) sont des points de rencontre de la communauté gay. A Rio, dans la zone Sud (Ipanema, Leblon et Copacabana), de nombreux lieux sont *gay friendly*. Attention cependant, dans les zones rurales, dans certains quartiers populaires et/ou dans certains milieux (extrême-droite et religieux ultraconservateurs), on peut rencontrer des réactions homophobes violentes.

AMBASSADE ET CONSULATS

La France a son ambassade à Brasilia et possède 3 consulats généraux à Rio de Janeiro, São Paulo et Recife. Les services consulaires proposés sont riches et variés. On peut y faire refaire ses papiers perdus, y puiser des conseils sanitaires ou juridiques...

© BRUNOMARTINSIMAGENS - ISTOCKPHOTO.COM

Ambassade de France à Brasilia : SES Av. das Nações, lote 04, quadra 801 - +55 61 3222 3999 - +55 61 3222 3820 - https://br.ambafrance.org

Consulats de France : à São Paulo (Avenida Paulista, 1842 - Torre Norte, 14 étage +55 11 3371 5400 - https://saopaulo.consulfrance.or), à Rio (Avenida Presidente Antônio Carlos, 58 - +55 21 3974 6699 - https://riodejaneiro.consulfrance.org), à Recife (Edifício BV Corporate – 10° Andar R. Prof. Aloísio Pessoa de Araújo, 75 Boa Viagem - +55 81 3117 3290 - https://recife.consulfrance.org).

POSTE

Jusqu'à 20 grammes, il vous en coûtera 2,15 R$ pour envoyer une lettre en France en tarif normal. C'est assez long, au moins 2 à 3 semaines. En général, on arrive avant la carte postale. En recommandé, il vous en coûtera 110 R$ pour envoyer un courrier important.

MÉDIAS LOCAUX

Les médias sont nombreux, divers et omniprésents au Brésil.

Aujourd'hui, si la presse, dans sa version « papier » classique est en recul, comme dans de nombreux pays du monde, il existe de puissants médias écrits. Le quotidien Folha de São Paulo est tiré tous les jours à prés de 1,5 millions d'exemplaires. Le Globo (Rio de Janeiro) est tiré à 600 000 exemplaires. L'Estado de São Paulo est tiré à 500 000 exemplaires. Ils sont distribués à Rio et Belo Horizonte.

Les radios sont extrêmement nombreuses au Brésil. Les 2/3 des Brésiliens écoutent la radio. Les radios sont diverses, thématiques, politiques, économiques, sportives, religieuses... et sont, dans leur grande majorité privées. Les radios publiques sont peu nombreuses et sont regroupées au sein de l'EBC, créé en 2007 et équivalent brésilien de Radio France, dont Radio Cultura.

Le secteur de la télévision est développé et très largement privé. Il existe 10 grands réseaux de télévision privés, dont les plus populaires sont respectivement Globo, SBT, Rede Record, Bandeirantes et RedeTv et une infinité de petits réseaux. TV Brasil et TV cultura sont parmi les rares chaînes publiques à avoir un peu d'audimat.

Les sites Internet traitant de la culture et de l'actualité sont nombreux mais rarement traduits en français. On peut retenir www.sesc.com.br sur la culture, sur le folklore www.cnfcp.com.br, sur les Amérindiens pib.socioambiental.org, un site d'histoire www.sbthh. org.br. En français, le site expat.org est pratique. Le site « Braises » (https://braises.hypotheses.org/) du géographe français Hervé Théry est très riche. Enfin, on recommande le site francophone Tiradentes-Geographie (tiradentes-geographie.com) qui traite de l'actualité, de la société et de la géographie brésiliennes.

LES PHRASES CLÉS

Bonjour, mon téléphone ne fonctionne pas, pouvez-vous m'aider s'il vous plait ?
Bom dia, o meu telefone não funciona, pode ajudar-me, por favor?

Je ne me sens pas bien, pouvez-vous m'amener à l'hôpital le plus proche ?
Não me sinto muito bem, pode levar-me até ao hospital mais próximo?

Est-ce que vous avez un médecin qui parle français ?
Tem um médico que fala francês?

Je viens de me faire voler mes papiers, où est le poste de Police le plus proche ?
Roubaram-me os papéis, onde está o posto de polícia mais próximo?

Est-ce un quartier dangereux ou je peux y aller sans crainte ?
É uma zona perigosa ou posso ir sem medo?

Avez-vous des timbres pour une carte postale à envoyer en France ? C'est combien ?
Tem selos para enviar um postal para França? Quanto é?

DÉCOUVRIR

Rio compose assurément un des plus beaux sites naturels et urbains de la planète… Son relief de *morros* joint l'océan à la plus grande forêt urbaine du monde. Les montagnes, le ciel, la mer et ses habitants se fondent en un paysage unique, dans une ambiance définitivement sybarite. La ville est riche d'une grande diversité sociale qui s'inscrit dans un espace initialement cloisonné par ces barrières naturelles que constituent les *morros*. Des tunnels traversant ces obstacles favorisent son extension vers les nouveaux espaces urbanisés du sud. C'est le Rio à la mode. Ainsi, au Rio populaire des quartiers nord, se juxtapose le Rio « business » du CBD, le Rio bohème de Santa Teresa, le Rio historique du Centro, le Rio balnéaire de Copacabana, le Rio chic d'Ipanema ou encore le Rio misère des *favelas*. L'histoire s'écrit en palimpseste en de nombreux quartiers où différentes strates historiques se superposent pour former la ville merveilleuse.

LE CARNAVAL DE RIO

Le merveilleux écrivain Jorge Amado avait intitulé son premier ouvrage *Le pays du carnaval*, sans doute pour rappeler *urbi et orbi* les liens organiques existant entre son pays et cet événement unique qui inverse pendant quelques jours l'ordre social. En effet, malgré certaines croyances qui s'amplifient à partir du mois de février, le carnaval n'est pas originaire du Brésil, mais il en est un fils adoptif. Le carnaval sert d'exutoire depuis des siècles aux violences générées par les inégalités sociales, des fêtes d'équinoxes en Mésopotamie, aux fêtes dionysiaques sous l'Athènes antique jusqu'au carnaval du Moyen Age en Europe. Pour quelques jours, le gueux devenait roi. C'est l'introduction du catholicisme au Brésil avec les Portugais qui va exporter par-delà les océans ce rite qui marque l'entrée dans la période du jeûne. Aujourd'hui, le carnaval de Rio est une des plus grandes manifestations festives du monde.

L'histoire du carnaval au Brésil

Les premières manifestations carnavalesques au Brésil remontent à la période impériale. Les esclaves déguisés, pendant une fête d'origine africaine nommée *entrudo,* jetaient liquides et aliments sur les passants. Les dérapages fréquents lors de cette fête poussèrent les autorités impériales à l'interdire, mais les enfants des « bonnes familles » avaient pris goût à ces épisodes festifs et dès le XIXe siècle, la bonne société commença à organiser des « bals de carnaval » dans les clubs et les théâtres. Les classes aisées de Rio de Janeiro allaient également créer des sociétés qui défilaient dans les rues de la ville. Les classes les plus populaires n'avaient pas abandonné leurs pratiques carnavalesques malgré la répression policière. A la fin du XIXe siècle, ils créèrent des carnavals déguisés en processions religieuses. Les *ranchos* étaient des manifestations carnavalesques pratiquées principalement par des personnes d'origine rurale. Progressivement, le carnaval allait évoluer vers ses formes modernes. Les *marchinhas* de carnaval, et leur rythme de samba apparurent respectivement à la fin de XIXe siècle et en 1910. Les origines africaines des carnavaleux s'affirmèrent à Salvador, avec la création des *afoxés*, avec le *frevo* à Recife et le *Maracatu* à Olinda dès le début du XXe siècle. Deux tendances allaient coexister sans se mélanger. Les riches Cariocas défilaient avec leurs voitures à chevaux jusqu'en 1930 tandis que les classes populaires se regroupaient dans les écoles de samba. Le premier concours d'écoles de samba date de 1929. Sous l'ère Vargas, les écoles de samba durent se déclarer auprès des autorités et étaient soumises à un contrôle strict de l'administration qui avait peur de potentiels débordements populaires. Les célèbres « Trio Eletrico » firent leur apparition dès 1950 et le succès de ces semi-remorques à haut-parleurs fut tel que l'idée se dissémina

© NICOLAS FABRE

Carnaval de Rio.

DÉCOUVRIR

© NICOLAS FABRE

Carnaval de Rio.

dans de nombreuses villes du pays. A partir des années 1960, le carnaval de Rio et les écoles de samba se transformèrent en activités très touristiques qui drainent des millions de personnes en provenance des villes brésiliennes et du monde entier. Les milieux d'affaires brésiliens et les dirigeants de la très lucrative et « clandestine » loterie du *jogo do bicho* virent en ces manifestations culturelles des opportunités d'investissements. La municipalité de Rio commença à installer des gradins et à faire payer les spectateurs. En 1984, le grand Oscar Niemeyer dessina le Sambódromo Marquês de Sapucaí (p.117), épicentre des défilés carnavalesques. De nombreuses villes, moins connues, ont également adopté depuis les années 1960 la folie du carnaval.

Le carnaval de Rio aujourd'hui

Rio est le plus organisé des carnavals au monde et le plus grand événement festif de la planète. Celui-ci dure officiellement 5 jours, du vendredi soir jusqu'au Mardi gras, mais les réjouissances commencent en réalité bien avant dans les écoles de Samba ou à travers des animations populaires. L'apothéose de ces 5 jours de fête est bien entendu le défilé des écoles de samba : les 12 meilleures écoles de la ville défilent deux soirs de suite devant les 70 000 spectateurs installés sur les gradins de l'avenue Marquês de Sapucai, l'adresse officielle du Sambodrome (p.117). L'organisation impose un protocole strict et immuable. Chaque école compose sa prestation autour d'un thème, appelé l'*enredo*. Ce thème peut être d'inspiration politique, ou s'intéresser à la nature, le sport, l'art, la musique, etc. L'école Unidos da Tijuca a par exemple triomphé en 2012 en réalisant un défilé autour du musicien Luis Gonzaga, le maître du forro, qui aurait eu 100 ans cette année-là. En 2018, les favoris étaient les fameuses Mangueira et Salgueiro, et pourtant, au détriment des pronostics, c'est Beija-Flor qui remporta l'édition avec un défilé sur le thème de la corruption, la violence et tous les maux dont souffre le pays ces dernières années. C'est l'école de Viradouro qui a gagné en 2020 et, l'année 2021 fut une année sans carnaval, à cause du Covid-19. En 2022, c'est l'école Grande Duque de Caixas qui est montée sur la plus haute marche du podium. Le président Jair Bolsonaro avait émis le souhait en 2019 de limiter ces manifestations qu'il jugeait dépravées.
Chaque école invente sa chanson (la *samba de enredo*), dont certaines deviendront des tubes. Elle crée des costumes, des chorégraphies et des chars multicolores, et répète plusieurs mois durant. Il est d'ailleurs possible et recommandé d'assister à ces répétitions dans ces écoles, âmes des quartiers populaires où elles sont implantées. Le dimanche et le lundi soir de carnaval sont les jours clés où défilent les meilleures écoles. Chacune d'entre elles dispose de 80 minutes et de 3 500 à 4 000 participants déguisés et déchaînés pour convaincre la foule et les jurés de l'originalité de son thème, de sa cohésion et de la qualité de la chorégraphie, des chars et des costumes. A l'issue des deux jours de défilé, un jury d'experts distribue des notes se référant à chaque dimension du défilé (on est proche de la méthode employée au patinage artistique), évaluée par les vingt-deux jurés du carnaval. Le dimanche à 21h, une école de première catégorie (le Grupo Especial) ouvre le défilé. Ce sont les Abre-Alas qui présentent le nom de l'école, suivis de la Commissão da Frente, une douzaine de personnalités, dont quelques-unes de l'école, ainsi que des célébrités alliées, déjà costumées et dansant sur leur chorégraphie.

DÉCOUVRIR

Puis viennent les milliers de danseurs et les centaines de percussionnistes, la *bateria*, aux mouvements uniformes, accompagnés du chant des Puxadores, retransmis par les haut-parleurs et suivis d'une centaine de Bahianaises en habit traditionnel, quelle que soit l'école. Sur des chars, dans une profusion de plumes et de strass, avancent les Destaques et au moins huit Alegorias, figures humaines ou marionnettes géantes. Leur hauteur est limitée à 10 m. A côté d'eux virevoltent les Passistas, danseuses d'élite, et des percussionnistes solistes. Le cortège, impressionnant, s'étire sur plus de 500 m. Six écoles se succèdent par soirée, de 21h aux premières lueurs de l'aube. Le vainqueur est désigné le mardi dans la journée, et consacré lors du défilé des champions (les 6 meilleures écoles de l'année) qui a lieu le samedi suivant, dans une atmosphère de liesse généralisée. La lanterne rouge (l'école arrivée en 12e position) est rétrogradée en division inférieure et le vainqueur du groupe A à l'honneur de se joindre au défilé du Grupo Especial de l'année suivante ! Malgré les inévitables dérives mercantiles des grands événements festifs de la planète auxquelles le carnaval de Rio ne saurait échapper, l'ambiance de folie, forcément irraisonnée qui baigne la ville merveilleuse est assurément une expérience festive, mais surtout humaine où on peut mieux saisir l'âme d'un peuple qui en chaque instant de sa vie danse et chante pour oublier quelquefois la difficulté du quotidien.

Assister au carnaval, un séjour qui s'anticipe

Assister au carnaval de Rio nécessite de préparer en amont son voyage, car les logements sont réservés très tôt… et à des prix souvent très élevés, voire exorbitants, sous forme le plus souvent de *pacote*, c'est-à-dire d'un nombre minimum de nuitées. Il n'est pas incongru de réserver un an à l'avance. Pour pouvoir avoir accès au Sambódromo lors des jours de défilés, il faut acheter des billets et cela peut se faire à partir d'agences de voyages en France ou au Brésil. Pour l'instant, il existe un organisateur et revendeur officiel, la Ligue indépendante des écoles de samba du Grupo Especial de Rio (Liesa). Malheureusement, il n'y a pas de vente en ligne avec la Liesa, mais de la réservation par téléphone au +55 21 2233 8151. Les prix peuvent devenir excessifs si on passe par des revendeurs peu scrupuleux. Le prix des billets à la Liesa varie entre 20 réais pour les moins onéreux à plusieurs milliers de réais. Pour obtenir vos places, vous pouvez aussi contacter une agence ou vous connecter sur les sites www.rio-carnival.net/carnaval ou www.camarotecarnaval.com. Les prix peuvent varier de 230 R$ à presque 1 000 R$ selon l'emplacement et le jour.

▶ ***Shows de ensaios***. A partir de novembre, si vous vous trouvez à Rio, vous pouvez assister aux *shows de ensaios*. C'est l'une des dernières phases de préparation des écoles de samba pour le défilé. Elles sont toutes accessibles au public. Les *shows de ensaios* présentent les différentes composantes des groupes des écoles de Samba : tambours, solistes et porte-drapeau, danseurs de samba, musiciens. Elles ont lieu dans les cours des écoles les vendredis et les samedis. C'est la répétition la plus recherchée par les touristes, car la plus festive. C'est un avant-goût de la folie du carnaval. Certaines écoles font les *shows* le vendredi, d'autres le samedi. Les écoles de la zone Sud sont plus faciles d'accès et plus sûres pour les touristes. Voici une sélection des meilleures écoles de samba : Ecole de Mangueira (Estação Primeira de Mangueira, rua Visconde de Niterói, 1072, Mangueira), Ecole Unidos de Tijucá (Avenida Francisco Bicalho, 47, Leopoldina), Ecole de Vila Isabel (Unidos de Vila Isabel, boulevard 28 de Setembro, 382, Vila Isabel).

▶ **Les carnavals de rue.** Plus accessibles, ce sont peut-être les meilleurs. Les *bandas*, ou *blocos*, rassemblent des milliers de personnes, par quartier, par thème, derrière une *bateria* ou un *trio elétrico* (camion avec des baffles et une scène). Les thèmes politiques ou même philosophiques du moment réapparaissent de manière improbable, dans les paroles de samba d'un *bloco*. Voici quelques-uns des meilleurs *blocos*, à Ipanema et Copacabana : la « Banda do Ipanema » (la première *banda*, créée en 1965) part de la praça General Osório le samedi du carnaval. Il y a également la « Banda Simpatia é quase amor », qui part de la même place Osório, le dimanche.

A Copacabana, sur l'avenida Atlântica passent quatre ou cinq défilés : la « Banda do Arroxo » quitte Belford Roxo,« Sá Ferreira » part de la rue Sá Ferreira, « Vergonha do Posto 6 » démarre de la rua Francisco Sà… Face au Bip-Bip (rua Almirante Gonçalves, Copacabana), le « Bloco de Bip Bip », le samedi soir, est réputé pour sa musique.

On peut être partagé entre le désir d'assister à cet événement où tout prend des proportions hors-norme (comme tout au Brésil d'ailleurs), mais dont on ne peut nier une dérive commerciale… et la volonté d'être dans l'esprit du carnaval des origines, celui de la rue, des laissés pour compte. Disons pour faire simple que le visiteur curieux peut s'imprégner de ces deux formes de carnaval, mutuellement exhaustives, l'une se nourrissant respectivement de l'autre. La frénésie quasi mystique que tous accordent à la préparation des costumes, des défilés est un élément explicatif de la brésilianité.

HISTOIRE

Les régions de Rio de Janeiro et du Minas Gerais apparaissent comme un lien entre le passé et le présent et également comme un pont entre ancien et nouveau monde. A l'époque de la colonisation européenne, la région de Rio de Janeiro a été découverte par Gaspar de Lemos en 1502, deux ans seulement après la première expédition qui allait prendre possession du Brésil au nom de la couronne portugaise. La découverte de métaux précieux et surtout d'or dans le Minas Gerais allait transformer l'axe « Rio-Minas » en un couloir stratégique pour la couronne portugaise qui exportait à partir du port de Parati puis directement de Rio le précieux métal. Rio de Janeiro, nouvelle capitale du pays, s'affirmait dès lors comme un pont entre Europe et Amérique. La raréfaction des métaux précieux allait hâter le passage à une économie moderne basée sur l'industrie et les services, perpétuant l'importance de la région Rio-Minas pour le pays.

- 11000 Les hommes s'établissent dans la région de Lagoa Santa, 50 kilomètres au nord de la ville de Belo Horizonte. Ils vivaient dans des grottes et ont probablement coexisté avec la mégafaune pendant deux millénaires.

-8000 Les hommes de la culture des Sambaquis s'établissent sur les littoraux de la région de Rio de Janeiro. On en retrouve la présence jusqu'à Bahia au Nord et le rio Grande do Sul. Ils vont créer des tumuli à base de coquillages de 20 à 30 mètres de haut qu'ils utilisaient comme sépultures.

Les grandes découvertes

1453 Constantinople est prise par les Turcs ottomans en 1453 qui imposent des taxes douanières importantes aux commerçants européens. Les puissances maritimes et commerçantes espagnole et portugaise cherchent alors une nouvelle route des Indes. En 1492, Christophe Colomb, au nom de la couronne d'Espagne débarque dans les îles caribéennes, croyant arriver en Inde. Le Portugal va se lancer dans cette course vers l'Ouest.

© TRAVELER1116 - ISTOCKPHOTO.COM

Christophe Colomb.

Pedro Álvares Cabral

1467-1520 OU 1523

Né à Belmonte au Portugal en 1467, le navigateur portugais Pedro Álvares Cabral est un *fidalgo*, issu d'une bonne famille portugaise. Il va d'abord naviguer dans le golfe de Guinée où il réalise des missions à caractère commercial et diplomatique. À la différence des navigateurs portugais qui longent les côtes africaines pour la « volta », Cabral va se déporter plus à l'ouest dans sa route pour Calicut en Inde pour « prendre » les alizés, car il est parti en mars et non en juillet. Un vent plus fort que prévu va le pousser vers des terres nouvelles.

© JOA SOUZA - SHUTTERSTOCK.COM

Le traité de Tordesillas

1494 En 1494, le pape est appelé à arbitrer les différends opposant les royaumes ibériques du Portugal et de l'Espagne. C'est le traité de Tordesillas qui va délimiter les possessions respectives des deux pays.

22 AVRIL 1500 Pedro Álvares Cabral débarque sur une terre inconnue le 22 avril, terre qu'il nommera « Terre de la vraie croix », sur le site de l'actuel Porto Seguro dans le sud de l'Etat de Bahia.

Découverte de la baie de Guanabara

1502 Le premier janvier 1502, la région de Rio de Janeiro est découverte par la première expédition côtière portugaise dirigée par Gaspar de Lemos. Le commandant portugais pensait être arrivé à l'embouchure d'une rivière et lui donne le nom de « rivière de janvier ». Les Portugais n'y établissent pas de base militaire dans un premier temps.

1502 Le roi du Portugal Manuel, en conformité avec le Traité de Tordesillas, revendique la Terre de la vraie croix.

1503 Le roi du Portugal autorise un groupe de commerçants lusitaniens à exploiter le « pau brasil », arbre tinctorial qui donnera son nom au Brésil. Une expédition commandée par Gonçalo Coelho est envoyée vers la « Terre de la vraie croix ».

1516-1526 L'Aragonais Cristóvão Jacques est le commandant de l'opération « garde-côte » qui a pour mission d'écarter les corsaires français de la région.

1530 A partir des années 1530, le gouvernement portugais décide de reprendre activement le contrôle du Brésil pour éliminer la contrebande du bois de braise et le risque représenté par les Français et les Hollandais. Avec le déclin du commerce oriental, les Portugais voyaient à travers le marché potentiel brésilien l'opportunité de bénéfices économiques importants. Cinq navires embarquant chacun 400 personnes allaient jeter l'ancre sur les côtes brésiliennes. Rapidement, la culture de la canne à sucre allait marquer de son empreinte la terre brésilienne.

Début de la traite des Noirs

1531 Entre 1531 et 1855, plus de 4 millions d'Africains vont être arrachés de leur terre africaine et être envoyés comme esclaves au Brésil. La ville de Rio va regrouper à elle seule prés de la moitié de cette main d'oeuvre servile.

1534 En 1534, le roi Manuel du Portugal divise le Brésil en 15 capitaineries héréditaires et confie ainsi à des particuliers la colonisation et l'exploitation des terres qui leurs sont données.

L'éphémère France Antarctique

1555 La France n'a jamais reconnu le traité de Tordesillas et s'installe dans la baie de Rio dans le but d'y fonder la colonie de France Antarctique. Peu nombreux, en proie à des dissensions internes entre catholiques et protestants entre autres, les Français ne parviennent pas à faire fructifier ce territoire. Les Portugais les chassent définitivement 10 ans plus tard.

1565 Création de Rio de Janeiro

Le 1er mars 1565, Estacio de Sà fonde la ville de Saint Sébastien de Rio de Janeiro.

1693 Découverte d'or dans les vallées du Rio Mortes et du Rio Doce dans ce qui deviendra le Minas Gerais.

1702 Création de l'intendance des Mines qui sera chargée du recouvrement des impôts, de la justice et de l'administration du territoire.

Guerre des Emboabas

1709 La guerre des Emboabas va opposer les Bandeirantes paulistes au chercheurs d'or et de diamants. La capitainerie du Minas va alors être séparée de celle de Rio de Janeiro et va devenir un territoire à part entière.

Fondation de Vila Rica

1711 Les Portugais fondent la ville de Vila Rica de Ouro Preto, aujourd'hui Ouro Preto, qui devient la capitale de cette nouvelle région aurifère : le Minas Gerais. La capitale du Minas va se couvrir d'opulents bâtiments civils et religieux dont les magnifiques Nossa Senhora do Pilar et Sao Francisco de Assis.

L'ESTRADA REAL

D'OURO PRETO À RIO : TOUT L'OR DU MINAS

La couronne portugaise, comme la couronne espagnole cherchait en ces conquêtes territoriales du Nouveau Monde un hypothétique El Dorado. Las, la « terre de la Vraie Croix » semblait en ses débuts plus riche par l'abondance de ses forêts que par celle de ses entrailles. En fin de XVIIe siècle cependant, la découverte de gisements aurifères allait hâter le basculement du centre de gravité du Brésil, passant du Nordeste rural, à l'agriculture sucrière féodale au Sudeste, minier puis caféier. Entre les zones aurifères du Minas et le nouveau cœur du pays, la route royale ou « Estrada Real » allait désenclaver les anciennes périphéries et être à l'origine d'une véritable route de l'art baroque entre Vila Rica, Parati et Rio. Les voussures dorées des églises et la finesse des sculptures, nées souvent sous les ciseaux habiles du « petit estropié » (l'Aleijadinho), représentaient l'écrin de la complexe société « extractiviste » *mineira*.

Une union territoriale

A partir du XVIIe siècle, cette route, que l'administration portugaise voulait réaliser pour sécuriser les convois d'or des gisements du Minas jusqu'à Parati puis Rio permit à la couronne d'asseoir son contrôle de manière pérenne sur des territoires que les Bandeirantes avaient conquis au fil de l'épée. Le vieux chemin (Caminho Velho) lia dans un premier temps l'ancienne Vila Rica, aujourd'hui Ouro Preto, à Parati, port colonial, d'où partaient les précieuses cargaisons pour le grand port de Rio, ultime étape avant leur acheminement vers le vieux continent. Les quelques centaines de milles marins à parcourir entre le port de Parati et celui de Rio exposaient dangereusement les navires aux attaques des corsaires français. A partir de 1700, Garcia Rodrigues Paes, fils d'un bandeirante, proposa l'idée d'une route plus directe qui irait jusqu'à Rio, évitant ainsi la dangereuse liaison maritime entre Parati et Rio. Cette nouvelle route de l'or (caminho novo) laissa Parati dans une longue somnolence. Plus tard, et suite au tarissement des filons aurifères, la découverte de diamants plus au nord prolongea cette route de l'or en une hypothétique route du diamant, jusqu'à Diamantina. Le lieutenant Tiradentes, dont le régiment avait justement pour mission de protéger les convois de métaux précieux, put ainsi voir les violentes inégalités entre une couronne et une noblesse portugaise immensément riches et un peuple brésilien aux conditions de vie très difficiles.

La mise en place d'une société « minière »

A la différence de la société agricole et féodale du Nordeste sucrier, une société « extractiviste » s'initia dans ces confins *cariocas* et *mineiros*. De nombreuses villes allaient se développer, attirant une importante population qui avait choisi d'y vivre en permanence ou d'y exercer une activité professionnelle. La région était devenue un puissant marché pour l'économie coloniale. Une société urbaine complexe et hétérogène se constitua, mêlant fonctionnaires de la couronne portugaise, commerçants, professions libérales, esclaves des maisons et esclaves des mines. On estime que la population servile constituait la moitié de la population du Minas à l'apogée de la période aurifère. La base de cette pyramide sociale était constituée à 70 % de personnes pauvres, libres ou esclaves, exerçant les fonctions « basiques » liées au quotidien de cette société urbaine. Une classe « intermédiaire » était constituée d'hommes d'église, de soldats, de commerçants, de professions libérales et de petits exploitants miniers. Enfin, les riches exploitants miniers et la noblesse portugaise constituaient le sommet de cette société esclavagiste. A la différence de la rigide société sucrière du Nordeste, la mobilité sociale était plus facile dans cette société mineira. Certains petits prospecteurs d'or pouvaient facilement s'enrichir sans forcément disposer d'un capital de base important. Enfin, d'anciens esclaves affranchis pouvaient également profiter d'une relative ascension sociale, comme la célèbre Chica Da Silva, née esclave dans la ville de Diamantina et qui devint une des femmes les plus puissantes de son époque.

Une route de la culture baroque mineira

L'opulence issue des richesses aurifères semblait inépuisable et, comme dans la société florentine du Quatrocento, un puissant mécénat initia une culture baroque multiforme. Un des premiers courants littéraires brésiliens, l'arcadisme, naquit dans les contreforts *mineiros*. C'est cependant à travers l'architecture civile et religieuse, la sculpture (Aleijandinho), la peinture (Ataíde) et la musique, que l'empreint baroque s'est exprimée.

1720

Révolte de Vila Rica

Vila Rica, actuelle Ouro Preto, se soulève contre la couronne portugaise et les lourdes taxes imposées par l'administration de la métropole coloniale sur l'or et les produits importés particulièrement depuis la création des *casas de fundiçao e da moeda* (fonte de l'or et monnaie).

1729

Découverte de diamants

La « route de l'or », ou Estrada Real va se prolonger vers le Nord du Minas. Des filons de diamants ont été découverts à Arraial do Tijuco, aujourd'hui Diamantina, insufflant une nouvelle dynamique à la région. De nombreux prospecteurs y feront fortune. C'est ici que la légendaire Chica da Silva, esclave affranchie, deviendra un personnage de légende immortalisée par le film éponyme de Carlos Diegues.

1730-1814

Aleijadinho

L'Aleijadinho, le « petit estropié », de son vrai nom Antonio Francisco Lisboa est certainement le sculpteur et tailleur de pierre le plus célèbre du Brésil colonial et du baroque mineiro. Bien que sa biographie soit imprécise, on sait que son oeuvre et son influence ont été immenses. C'est dans les églises d'Ouro Preto, de Congonhas (où il réalisa un remarquable chemin de croix), de Sao Joao Del Rei, que le sculpteur réalisa son oeuvre prolifique. Atteint de la lèpre, il continua à honorer ses commandes, ses instruments de tailleurs attachés à ses moignons.

1746-1792

Tiradentes, héros brésilien

Le lieutenant « Tiradentes » (surnom de son activité de dentiste ou « arracheur de dents »), de son vrai nom Joaquim José da Silva Xavier, est incontestablement le héros de l'*inconfidencia mineira*. Paradoxalement, c'était probablement un des hommes les plus pauvres et les moins lettrés de cette conjuration qui est une révolte de l'élite coloniale, à la différence de la « conjuration bahianaise », fruit d'une révolte populaire. Fils d'un propriétaire terrien, il est orphelin à l'âge de onze ans et ne peut faire d'études. Son activité militaire de protection des convois d'or du Minas pour la couronne portugaise lui fait côtoyer la richesse des élites et la grande misère du peuple. Après un séjour à Rio en 1787, il retourne à Vila Rica, l'actuelle Ouro Preto où il commence à « prêcher » pour l'indépendance et réussit à convaincre quelques membres du clergé et de la noblesse mineira comme Claudio Manuel da Costa ou Tomas Gonzaga, tous deux formés à Coimbra, de refuser les lourdes taxes et les contraintes de plus en plus dures de la métropole portugaise. Le mouvement reçoit l'approbation du peuple mineiro et en 1789, une insurrection visant à proclamer la république s'organise. Las, les conjurés sont dénoncés par un des leurs, le colonel Silvério Dos Reis et sont arrêtés par les Portugais. Tiradentes innocente ses camarades et sera le seul à être puni de mort à Rio de Janeiro le 21 avril 1792 et sa tête sera exposée à Vila Rica, cœur de la conjuration. La République positiviste fera de Tiradentes un héros brésilien.

1750

Crise de l'or

La couronne portugaise établit des taxes de plus en plus lourdes sur l'extraction aurifère alors que les filons commencent à s'épuiser. A partir de 1750, elle oblige le paiement de 100 arrobas d'or pour tous les mineurs.

1763

Rio de Janeiro devient capitale de l'empire

La ville de rio de Janeiro devient la nouvelle capitale de la colonie portugaise à la place de Salvador de Bahia, matérialisant le glissement du centre de gravité du Brésil du Nordeste sucrier au Sudeste du pays.

1765

Obligation pour tous les mineurs de solder leurs impôts en retard

Voyant sans doute dans la baisse des impôts payées par les mineurs un manque de bonne volonté, la couronne portugaise va établier un « derrama », c'est à dire l'obligation de payer tous les impôts en retard. Dés lors, des mouvements massifs d'opposition à la couronne portugaise vont commencer à se structurer dans la ville de Vila Rica.

1789

L'Inconfidencia Mineira

En 1789, l'influence des Lumières et de la révolution nord-américaine atteignent le Brésil grâce à quelques étudiants brésiliens de l'université de Montpellier ou de Coimbra et « l'inconfidencia », révolte du Minas Gerais, agite le pays. Ces nobles éclairés réclament la fin de l'hégémonie portugaise sur le territoire brésilien et l'avènement d'une république. Le chef des rebelles, Tiradentes, est arrêté et exécuté. Sa tête est exposée au public.

© VKILIKOV - SHUTTERSTOCK.COM

Tiradentes.

1808

La cour portugaise se réfugie à Rio

Né à Lisbonne en 13 mai 1767 et mort dans cette même ville le 10 mars 1826, João VI est roi du Portugal et premier empereur titulaire du Brésil. Il se réfugie avec sa cour à Rio de Janeiro pour fuir l'avancée napoléonienne. Il promeut le développement du Brésil en ouvrant ses ports à l'Angleterre et en incitant l'implantation de manufactures. Des institutions administratives, artistiques et scientifiques sont créées à Rio, qui en font une véritable capitale.

7 SEPTEMBRE 1822

Indépendance du Brésil

João VI doit toutefois repartir, dès 1820, car une autre révolution survient à Lisbonne. Il laisse son fils, le prince régent Dom Pedro Ier, à Rio. Celui-ci, le 7 septembre 1822, trahit la royauté lusitanienne aux cris de « *Fico* » (je reste) et « l'indépendance ou la mort ! ». Dom Pedro, fils du roi João VI, refuse de suivre son père au Portugal et se déclare empereur d'un Brésil indépendant. Le jeune Dom Pedro préférera cette terre où il a grandi à celle de ses ancêtres. Il abdiquera lui-même en faveur de son fils Dom Pedro II, « Brésilien dans l'âme » et despote éclairé, de 1831 à 1880.

Manifeste républicain

1870 En 1870, l'influence positiviste au sein de l'armée et le fort sentiment anti-impériale d'une noblesse brésilienne qui voyait d'un mauvais oeil la politique libérale de Dom Pedro II, vont favoriser l'émergence des idées républicaines. Le manifeste républicain est proclamé à Rio.

La République s'installe

1889 Le 15 novembre 1889, le maréchal Deodoro da Fonseca prend la tête de troupes révoltées et dépose le cabinet royal. Il devient président de la toute nouvelle république brésilienne en battant Prudente de Morais de seulement 32 voies.

1891 Le 3 novembre 1891. L'armée se révolte à Rio contre les dérives autoritaires de Deodoro da Fonseca. Le 23 novembre, floriano Peixoto, jusqu'alors vice-président, devient président de la République.

Rio, ville des sommets de la terre

1992 En 1992 et en 2012, par deux fois, la ville merveilleuse va accueillir les sommets de la Terre qui tentent d'alerter les sociétés civiles et les politiques des risques qui guettent la planète bleue sur les hommes ne changent pas leurs habitudes. Le Brésil est un pays particulièrement impacté par le réchauffement climatique.

Création de Belo Horizonte

1897 En 1897, la nouvelle capitale de l'Etat du Minas Gerais, Belo Horizonte est créée *ex nihilo*. Cette ville nouvelle a été dessinée et planifiée pour assumer ses fonctions de capitale en lieu et place de l'ancienne Vila Rica, trop enclavée. Son nom « Bel Horizon » qualifie bien le site exceptionnel choisi par les politiques et les urbanistes pour abriter ce qui allait devenir une des métropoles les plus modernes et dynamiques du pays.

Juscelino Kubitschek, l'homme de Brasilia

1902-1976 Juscelino Kubitschek, JK (ou jota k) pour les Brésiliens, est un des hommes politiques brésiliens les plus connus au Brésil et à l'étranger. Né d'une famille pauvre dans la petite ville mineira de Diamantina, Juscelino fera de brillantes études médicales et deviendra chirurgien. A 32 ans, il devient député et du Minas Gerais et en 1940, maire de Belo Horizonte, ville planifiée construite en1898.Il porta très précocement un intérêt pour l'urbanisme et les questions urbaines. Il est élu gouverneur du Minas en 1950 et va s'atteler avec succès à transformer un état rural en un des coeurs industriels du pays. lors des élections de 1956, deux ans après mort de Getulio Vargas, son discours conciliateur va fédérer de nombreux Brésiliens et les militaires eux-mêmes ne s'opposeront pas à ce candidat que beaucoup considèrent pourtant comme un ancien proche de Vargas. JK va alors s'employer à industrialiser le pays grâce aux capitaux étrangers. Le pays va se couvrir d'un vaste réseau routier. La sidérurgie et la construction automobile vont connaître leur âge d'or. Mais ce que l'histoire retient de ce président au look de vedette d'Hollywood, c'est la construction ex nihilo d'une nouvelle capitale, Brasilia, matérialisant un vieux rêve brésilien. La question sociale a été certainement peu ou mal prise en compte, mais l'histoire, quelquefois magnanime, se fera hagiographie pour JK.

Francisco Pereira maire de Rio

1903 La maire de Rio, Francisco Pereira, fait percer des avenues et créer des parcs. Le port est modernisé. Les politiques hygiénistes font raser les quartiers populaires. Les plus pauvres sont chassés vers les périphéries de la ville.

Révolte des vaccins

1904 Les théories hygiénistes vont pousser les édiles cariocas à rendre certains vaccins obligatoires. Une « révolte des vaccins » va alors transformer la ville de Rio en un impressionnant champ de bataille opposant population et forces de l'ordre.

1960 La ville merveilleuse perd son statut de capitale au bénéfice de Brasilia. Les fonctionnaires et les diplomates rechignent à rejoindre cette capitale qui semble sortie de nulle part, sur le plateau centrale.

Rio, ville olympique

2016 La ville merveilleuse va devenir ville olympique en 2016. C'est une des rares métropoles des pays du Sud avoir eu ce privilège. Malgré des retards nombreux dans les réalisations des projets et des infrastructures, Rio va honorer sa mission et réhabiliter de nombreux quartiers, en en chassant quelquefois les habitants.

2016 La dégradation des conditions de vie va engendrer l'ire des étudiants et des classes les plus fragiles qui dénoncent les dépenses somptuaires du Brésil pour de grands événements comme la Coupe du monde de football 2014 ou les Jeux olympiques de Rio 2016. De nombreux manifestants sont alors arrêtés. Parallèlement, des affaires de corruption à grande échelle sont étalées au grand jour dans le cadre de l'opération « lava jato ». Lâchée par ses alliés politiques, Dilma Roussef est destituée en 2016 après une procédure d'impeachment à charge. L'ancien président Lula, après un pseudo-procès, sera condamné à la prison pour avoir touché des pots de vin de l'entreprise pétrolière Petrobras.

2018 Jair Bolsonaro, ancien capitaine de l'armée brésilienne, ouvertement nostalgique du régime militaire, est élu à la présidence. L'exaspération d'une grande partie des Brésiliens face à une crise qui n'en finissait pas, à une violence endémique et une corruption généralisée occasionne un vote motivé par le « dégagisme ». L'auto-proclamé « Trump des tropiques » met en place sur le plan intérieur une politique libérale visant, entre autres, à limiter les dépenses de l'Etat. Proche des lobbys 3 b (les balles, la Bible, les bœufs), il laisse l'Amazonie partir en fumée et s'oppose très peu aux violences commises contre les indigènes et les habitants des favelas.

2020-2021 L'extrême fragilisation de la société brésilienne, la mise sous coupe réglée des services publics va surexposer le pays à la pandémie qui va prendre au Brésil une dimension extrême. Plus de 500 000 Brésiliens vont perdre la vie. L'incurie du gouvernement de Bolsonaro a retardé la vaccination contre la Covid-19 et les mesures de distanciation sociale ont longtemps été présentées comme inutiles, inefficaces et économiquement coûteuses.

30 OCTOBRE 2022 Lula remporte les élections présidentielles, mais sa très courte victoire le place à la tête d'un pays profondément fracturé.

Belo Horizonte.

TOP 10

PERSONNAGES HISTORIQUES

Le Brésil n'est pas avare en grands personnages, humanistes ou dictateurs, visionnaires, iconoclastes ou conservateurs. Le choix est forcément difficile, mais voici une sélection de quelques-unes des figures historiques majeures de ce pays.

GETÚLIO VARGAS

Président du Brésil entre 1930 et 1954, il va être perçu à la fois comme un dictateur et comme le père des pauvres.

© LUIS WAR - SHUTTERSTOCK.COM

DOM PEDRO I

Impulsif et autoritaire, le fils de João fut l'un des leaders du processus d'indépendance et l'empereur du Brésil de 1822 à 1831.

© GEORGIOSART - ISTOCKPHOTO.COM

OSCAR NIEMEYER

Cet immense architecte est surtout connu pour avoir dessiné les plans de Brasilia, mais sa contribution est très importante et exprime sa vision humaniste.

CHICA DA SILVA

Née en 1732, cette esclave affranchie est devenue célèbre pour le pouvoir qu'elle exerçait dans la ville minière de Diamantina.

ZUMBI DOS PALMARES

Roi africain (1655-1695), Il fut l'un des chefs du Quilombo dos Palmares, le plus grand et le plus ancien *quilombo* du Brésil.

© JOA SOUZA - SHUTTERSTOCK.COM

DOM PEDRO II

Dom Pedro II a été empereur du Brésil entre 1840 et 1889, une période de nombreuses transformations pour le pays.

© MORPHART CREATION - SHUTTERSTOCK.COM

JUSCELINO KUBITSCHEK

Père de Brasilia pendant son mandat (1956-1961), « JK » est homme politique qui a marqué l'histoire du pays.

© JOHAN10 - ISTOCKPHOTO.COM

TIRADENTES

Tiradentes est un héros brésilien. Il fut l'un des leaders de l'Inconfidência Mineira et condamné à la pendaison en 1792.

© LUICARDO - SHUTTERSTOCK.COM

ANITA GARIBALDI

Née en 1821, cette héroïne lutte pour l'instauration de la République au Brésil avec son mari, Giuseppe Garibaldi, héros de l'unité italienne.

© PAOLOGAETANO - ISTOCKPHOTO.COM

LULA DA SILVA

Premier président issu des classes populaires, il met en place des mesures pour lutter contre la pauvreté et les inégalités.

© GERO RODRIGUES - SHUTTERSTOCK.COM

Besoin
de nature ?
Par ici
la sortie !
petit futé.com
Avis et conseils rédigés par des auteurs du cru depuis 45 ans
© PILAT666 - ISTOCKPHOTO.COM
SELJALANDSFOSS - ISLANDE
63° 36' 56.243'' N 19° 59' 18.848'' W

LA VILLE VERTE

L'environnement au Brésil est détenteur de tous les records. La forêt brésilienne n'est pas seulement la plus grande forêt tropicale au monde ni la première zone de biodiversité : elle a aussi longtemps été la plus déboisée. A son échelle, Rio de Janeiro elle-même illustre ce phénomène : si elle possède la plus grande forêt urbaine du globe, elle a aussi vu sa forêt, la Mata Atlântica, disparaître à 90 % depuis le XVIe siècle. Cette nature si prospère est l'objet de bien des convoitises, si bien que le Brésil est l'un des pays les plus dangereux au monde pour les activistes environnementaux et la présidence de Bolsonaro n'a rien arrangé. Pourtant, toujours maître des records, le Brésil possède aussi la plus grande superficie de territoires protégés au monde. Rio est aussi l'une des quatre seules villes au monde à avoir accueilli le sommet de la Terre des Nations unies, qui a par ailleurs donné l'impulsion d'un large programme de nettoyage de la baie de Rio.

La forêt en pâturages

L'Amazonie brésilienne, qui fournit pourtant un foyer à un dixième des espèces du globe, a réduit sa surface de 20 % en cinquante ans. L'élevage bovin est ici le coupable : il représente 80 % des surfaces amazoniennes rasées, le reste est notamment dû à la culture du soja, bien que son impact ait été largement diminué à la suite de plusieurs accords. Depuis 1970, la forêt amazonienne a perdu l'équivalent de la surface de l'Espagne. Jair Bolsonaro a dégagé encore plus de terres pour l'agro-industrie ainsi que pour les orpailleurs, à tel point que la déforestation a augmenté de 85 % en 2019, l'année de sa prise de pouvoir, par rapport à l'année précédente. Il a également annoncé vouloir redessiner les surfaces des zones protégées, qui, selon lui, « freinent le progrès du Brésil ». Affaiblie par la déforestation, l'Amazonie est d'ailleurs en proie à des incendies de plus en plus meurtriers. Ceux de 2019 restent encore dans les mémoires : entre janvier et août, plus de 40 000 incendies ont réduit en cendres près d'un million d'hectares. La sécheresse et le réchauffement climatique sont sur le banc des accusés. Mais les soupçons se tournent également vers les partisans de Bolsonaro, qui auraient mis le feu aux poudres pour dégager des terres pour l'agriculture. Rio de Janeiro, à son échelle, ne fait pas beaucoup mieux. La Mata Atlântica, qui l'habillait autrefois, tout comme presque tout le littoral brésilien n'est plus qu'une ruine. Il n'en reste plus que 10 % au Brésil. L'une de ces reliques, la forêt de Tijuca, recouvre la cité merveilleuse dans ce qui est la plus grande forêt urbaine du monde. Il s'agit, en fait, d'une forêt secondaire, qui a été replantée sous le règne de Pedro II, qui y sema 100 000 arbres natifs en treize ans.

Des déchets envahissants

Le Brésil consomme comme un pays riche, mais recycle comme un pays émergent. A peine 3 % des déchets sont recyclés, et ce taux est en baisse, puisqu'il était de 4,25 % en 2010. La faute à un manque d'infrastructures, seuls 15 % de la population ont accès au recyclage, qui reste peu performant, même auprès d'eux, faute de campagnes de sensibilisation. On doit le peu de recyclage effectué au Brésil aux catadores, ces travailleurs informels qui sillonnent les rues de Rio et du Brésil pour ramasser les déchets et récupérer quelques centimes de consigne. On estime qu'ils sont responsables de 90 % du recyclage au Brésil. Ils ont même fait du Brésil le champion mondial du recyclage de canettes : chaque canette rapportée vaut environ un centime. Résultats de cette politique de recyclage précaire : près de la moitié des déchets finit dans des décharges sauvages, qui polluent les nappes phréatiques, les sols, et l'océan. La plage de São Conrado, à l'ouest d'Ipanema, en a fait les frais en 2021, quand une vague de milliers de déchets plastiques s'est abattue sur elle. Il faut dire que le Brésil est le quatrième plus gros producteur de plastique au monde.

Jeux olympiques : des promesses bafouées

A la cérémonie d'ouverture en 2016, devant les caméras du monde entier, les athlètes semaient ensemble 13 000 graines de 207 espèces d'arbres indigènes au Brésil, dans l'objectif de replanter la forêt atlantique de Rio. Une fois les caméras éteintes, l'annonce prometteuse a été boudée par les organismes publics et entreprises privées. La première graine, devenue entre-temps arbuste, n'a été plantée dans le sol carioca qu'en 2019. Aujourd'hui, le projet n'est toujours pas abouti, alors que la « forêt des athlètes » était prévue pour l'ouverture des Jeux de Tokyo, en 2020… Comble de l'ironie : en plus de cette promesse non tenue, l'une des rares zones survivantes a été détruite.

Vue sur Rio depuis le parc national de Tijuca.

On a, en effet, installé le terrain de golf olympique dans une zone protégée, celle de la réserve naturelle de Marapendi. La fameuse Mata Atlântica a donc été rasée. Le golf, aujourd'hui abandonné faute de budget pour l'entretenir, n'a toujours pas vu la faune venir le repeupler. L'autre promesse phare du comité était le nettoyage de la baie de Guanabara, terriblement polluée par les eaux usées et les déchets plastiques. À l'ouverture des Jeux, aucune dépollution en vue, à tel point que les problèmes dermatologiques et autres intoxications se sont multipliés chez les athlètes... L'un des objectifs était pourtant de réduire de 80 % la quantité d'eau usée rejetée. Aucune amélioration dans la qualité de l'eau n'a été vue à ce jour.

Mariana : une catastrophe écologique sans précédent

En novembre 2015, Mariana, une petite ville du Minas Gerais, s'est fait théâtre de la pire catastrophe écologique qu'ait connu le Brésil. Un barrage rompt, et ce sont des millions de tonnes de boue toxique qui inondent la région. Car ce n'est pas un banal barrage d'eau douce, qui surplombait la ville, mais bien une retenue de déchets issus d'une mine de fer en amont. En quelques heures, les villes de Bento Rodrigues et Paracatu de Baixo étaient rayées de la carte, englouties par la rivière de boue qui a parcouru 600 km. Ce torrent s'est déversé dans le Rio Doce, abritant de nombreuses espèces menacées ou endémiques, dont la survie est encore incertaine à ce jour, par manque d'études poussées. Il a ensuite atterri dans l'Atlantique, dont on estime qu'il mettra des siècles à éliminer les résidus miniers. Le secteur minier, l'un des piliers de l'économie du Minas Gerais (littéralement « mines générales » en portugais), ne s'est pourtant pas arrêté là. Un autre barrage minier du même exploitant a rompu à Brumadinho en 2019. Bien que la quantité de boue libérée ait été trois fois moins importante, le bilan humain et environnemental est, là aussi, colossal.

Les institutions en charge de l'environnement

Dans cet Etat fédéral, plusieurs institutions se partagent la responsabilité de l'environnement. La plus haute d'entre elles est le Ministério do Meio Ambiante, le ministère de l'Environnement, situé à Brasilia. Il trace les grandes lignes de la politique environnementale du Brésil, depuis sa création en 1985. Il chapeaute également l'IBAMA (institut brésilien de l'environnement et des ressources naturelles renouvelables), qui a plutôt un rôle de surveillance et de répression des infractions. Enfin, l'Instituto Chico Mendes de Conservação da Biodiversidade (ICMBio) a la lourde tâche de gérer les 1 000 zones protégées du pays. Il est nommé en l'honneur de Chico Mendes, un ouvrier de récolte de caoutchouc, mort pour son combat pour la protection de l'Amazonie.

Les parcs nationaux

Le Brésil compte 70 parcs nationaux, mais bien plus de réserves et zones protégées. L'Etat de Rio de Janeiro en compte cinq. Le **Parque nacional da Tijuca – Floresta da Tijuca** (p.127) est bien entendu le plus connu. Il faut dire que, le long de ses 4 000 hectares, il englobe de nombreux symboles de la ville (Pedra da Gávea, Corcovado, Christ Rédempteur…) dans un environnement spectaculaire. Généreuse, la forêt n'offre pas seulement un foyer à de nombreux êtres vivants, comme le coati commun (*Nasua nasua*), le ouistiti commun (*Callithris jachus*) ou le porc-épic laineux (*Sphiggurus insidiosus*), endémique au Brésil. Elle offre aussi son abondance aux habitants de la cité merveilleuse, à travers de nombreuses sources, ses racines qui empêchent l'érosion, ses sols qui absorbent les inondations et ses feuilles qui amortissent la pollution atmosphérique. Avec plus de 100 000 hectares, le Parque nacional da Serra da Bocaina est quant à lui le plus grand de l'Etat. Il a été créé en 1971, à cheval sur les Etats de Rio et São Paulo, pour construire un bouclier de végétation autour de deux centrales nucléaires, en prévention d'un potentiel accident. Pourtant, il ne protège pas que les êtres humains, car de nombreuses espèces animales et végétales menacées y trouvent refuge. Cinq mammifères endémiques de la forêt atlantique la peuplent, parmi lesquels quatre espèces de singes, et un rongeur apparenté au porc-épic, le *Sphiggurus villosus*. L'Etat de Rio, toujours précurseur au Brésil, compte aussi les deux premiers parcs nationaux du pays : le Parque nacional do Itatiaia, créé en 1937, et Serra dos Orgãos, en 1939. Le premier, qui veut dire « rocher pointu » en tupi, une langue indigène, porte bien son nom, puisqu'il renferme le cinquième plus haut sommet brésilien, le Pico das Agulhas Negras. Le second doit lui aussi son nom à ses montagnes, qui rappellent les tuyaux d'un orgue (orgão en portugais). Enfin, le Parque nacional da Restinga da Jurubatiba comprend un écosystème typiquement brésilien appelé *restinga*. Il s'agit d'un cordon de terre sablonneuse qui enferme une partie des eaux. Il ne s'agit ici pas seulement de la plus grande *restinga*, mais aussi de la mieux préservée du pays, puisqu'elle est quasiment vierge de toute trace humaine. Sans sortir de la Rio, le Jardim Botânico est connu à l'échelle mondiale pour sa collection de plantes brésiliennes et exotiques spectaculaire. Il comporte 6 500 espèces, dont certaines sont menacées d'extinction. Le jardin botanique est, en effet, chargé de répertorier la flore brésilienne, et de protéger les espèces menacées du pays.

ARCHITECTURE

Les Etats de Rio et du Minas Gerais n'ont peut-être pas l'épaisseur historique des Etats du Nordeste brésilien, mais l'architecture s'y décline dans des styles aussi variés que le baroque, le colonial, le néo-gothique, l'Art nouveau ou le modernisme. Mégalopole à la folle expansion, la ville de Rio, riche de cinq siècles d'histoire, possède de nombreux chefs-d'œuvre architecturaux créés par Lúcio Costa, Affonso Reidy, Santiago Calatrava, Bernardes Jacobsen et bien entendu Oscar Niemeyer, figure tutélaire de l'architecture brésilienne contemporaine. Il fut à l'origine entre autres du projet pharaonique de Brasilia, la nouvelle capitale construite en seulement 41 mois entre 1956 et 1960. Berceau de la ruée vers l'or, l'Etat du Minas Gerais regorge d'une pierre tendre et grise qu'on appelle la pierre de savon qu'Antonio Francisco Lisboa domptera pour façonner les plus belles œuvres religieuses de la région dans un style baroque profondément brésilien.

L'architecture coloniale de Rio

Malgré les importantes transformations urbaines qu'a subies Rio depuis ses origines, il reste encore des édifices baroques du XVIIe siècle comme le **monastère São Bento** (p.111) ou le **convento de Santo Antônio** (p.109). Ainsi que des bâtiments datant du XVIIIe siècle comme l'**igreja São Francisco da Penitencia** (p.111) (Saint-François de la Pénitence) et l'aqueduc qui constitue aujourd'hui les arches de Lapa (**arcos de Lapa** (p.106)) construit en 1768. Les gouverneurs puis la cour portugaise qui fuyaient les invasions napoléoniennes en 1808 vont s'installer au cœur d'un ensemble urbain sis aujourd'hui autour de la **praça XV** (p.116) (Rio antigo, Arc de Telles). C'est l'élégant **Paço Imperial** (p.116) entouré de ses belles églises comme l'église catholique coloniale Nossa Senhora Mae dos Homens (Notre-Dame Mère des Hommes) fondée en 1758. Sa façade refaite en 1856 est de style néoclassique. C'est l'une des rares églises à avoir un plan curviligne. L'intérieur tout en courbe est richement décoré avec des détails soignés. Le spectaculaire autel présente les œuvres du maître Inácio Ferreira Pinto et l'image de la sainte, sculptée dans le bois.

Le Minas Gerais baroque-rococo religieux et civil

Le Minas est une étape incontournable dans le tourisme culturel brésilien. Le développement de l'art baroque, d'une profusion exceptionnelle, est ici le fruit du rôle majeur de l'Eglise catholique et des richesses issues des mines d'or. Les églises surchargées, aux drapés et bois sculptés sont décorées de manière somptueuse, les ordres et les confréries se défient à travers l'opulence des atours de leur paroisse. Ils ont besoin d'artistes et de bâtisseurs. Le système des corporations permet aux apprentis talentueux mais désargentés de développer leur art auprès de maîtres (ce qui ne sera plus possible après que les Français aient institué les académies des Beaux-Arts, accessibles aux seules personnes issues des classes privilégiées).

Les arches de Lapa.

La lourdeur de certains décors tranche avec l'expression naïve des personnages peints ou sculptés comme ceux par exemple du chemin de croix de Congonhas, d'une finesse rare. Deux noms vont marquer l'architecture baroque : le sculpteur Aleijadinho et le peintre Ataíde. Leurs burins vont sculpter et leurs pinceaux peindre les chapiteaux en pierre à savon et les plafonds en bois des plus belles églises du Minas. En 1766, Aleijadinho produit à Ouro Preto l'igreja São Francisco de Assis (p.319), chef-d'œuvre du baroque brésilien avec ses courbes ondulées sur la façade. Ouro Preto mais aussi Tiradentes, Diamantina, Sabarà ou Mariana font partie des villes où les monuments religieux et civils expriment toute la prospérité du XIXe siècle. En novembre, une semaine de festivités, la Semana de Aleijadinho, rend hommage au maître.

Courant néoclassique à la française et éclectisme

Au XIXe siècle, le positivisme fait la part belle à l'art, à l'architecture française et aux bâtiments imposants. Une mission culturelle française est invitée à Rio par João VI dès 1816 pour développer l'enseignement des Beaux-Arts et transformer Rio en un petit Paris : sous la houlette inspirée du peintre Jean-Baptiste Debret et de Granjean de Montigny et Levasseur, les architectes, cette mission laissera une indéfectible empreinte. On va raser des morros pour remodeler et désenclaver des quartiers et construire des immeubles « à la française », comme la maison France-Brésil ou le Palacio do Catete. Le néoclassicisme va inscrire dans la pierre une touche définitivement française. Bon nombre de palais de style éclectique sont érigés dans la lignée, mêlant influence gothique, néoclassicisme et Renaissance italienne à grand renfort de colonnades massives et dorures impériales. On peut citer le Théâtre municipal, par exemple, très fortement inspiré de l'Opéra Garnier de Paris, et le Museo nacional de Belas Artes (p.108), une autre des merveilles architecturales du Centro, tout comme le Palácio D. João IV devenu le nouveau musée MAR ou le Copacabana Palace.

© ANDRE LUIZ MOREIRA - SHUTTERSTOCK.COM

Central do Brasil.

Le courant Art déco et moderniste à Rio et Belo Horizonte

Au XXe siècle, Rio voit son centre prendre une verticalité américaine, influencée par la vague de construction de gratte-ciel Art déco et modernistes qui sortent de terre aux Etats-Unis. Cet Art nouveau va enrichir la ville des verrières de la célèbre Confeitaria Colombo et de la désormais célèbre gare Central do Brasil immortalisée par le film de Walter Salles. Le Cristo Redentor (p.118) du Corcovado reste l'exemple le plus édifiant de la vague Art déco à Rio. Puis Le Corbusier, Gropius et Mies von der Rohe inspireront le plus grand architecte brésilien de l'époque, Oscar Niemeyer (né en 1907), qui jouera un rôle majeur dans la conception architecturale de nombreux bâtiments de Rio comme le palais Capanema et l'emblématique Museu de Arte Contemporânea (MAC) de Niteroi aux lignes pures et futuristes ou encore le quartier de Pampulha à Belo Horizonte. Si quelques édifices remarquables ont été détruits (son courant est contesté pour son esthétique), il reste le fabuleux édifice du musée MAM ou encore l'aéroport Santos Dumont. La cathédrale métropolitaine avec son modernisme brutaliste détonne dans le paysage du quartier des affaires de Rio.

Porto Maravilha

Grâce à l'impulsion des Jeux olympiques qui ont eu lieu à Rio en 2016, le projet pharaonique de rénovation urbaine de Porto Maravilha dans le Centro a transformé le quartier portuaire de Rio longtemps négligé en quartier des affaires et de la culture où il fait bon vivre tout en prenant en considération les enjeux de développement durable. Deux nouveaux musées ont vu le jour, le Museo de Arte do Rio (p.112) (MAR) et l'impressionnant Museu do Amanhã (p.113), signé par Santiago Calatrava ainsi que la plus grande galerie d'art urbain à ciel ouvert de tout le pays.

Grands architectes de la région

L'Aleijadinho, Antonio Francisco Lisboa. Maître du baroque mineiro, Aleijadinho est l'artiste le plus fameux du baroque brésilien. Fils d'un architecte portugais et d'une esclave affranchie, Antonio Francisco Lisboa (1738-1814) est surnommé l'Aleijadinho (le petit infirme) parce qu'il est atteint à 40 ans d'affections rhumatismales, incurables, comparables aux effets de la lèpre, mutilant ses mains et ses pieds. Il travaille les dix-huit dernières années de sa vie en se faisant attacher ses outils à ses membres. Dès l'enfance, son père l'a associé à son travail d'architecte et il participe au projet de l'église

Façade de l'église São Francisco à Ouro Preto.

des Carmes à Ouro Preto. Les Minas Gerais comptent, au milieu du XVIIIe siècle, moins de 40 000 Blancs pour plus de 100 000 Noirs. Ainsi que le suggère F. Cali (L'Art des Conquistadores) : « Peut-être ne peut-on mieux définir humainement le baroque colonial, art adultère, art métis ou mulâtre, que par cette douloureuse rencontre entre deux races sur un troisième continent. » Aleijadinho est l'une des grandes figures de la sculpture et de l'art baroque du Minas Gerais ; il a participé à la construction et à la décoration d'une cinquantaine de sanctuaires et donné au Brésil son premier manifeste architectural. Mais, homme de couleur, coupable d'*infamia mulato*, il lui est interdit de signer un contrat. Il finit sa vie pauvre, sans titre de maître d'œuvre. On retiendra ses façades des églises São Francisco, à Ouro Preto (1766) et de São João del-Rei (1774), sculptées en stéatite, et les statues de douze prophètes à taille humaine à la gestuelle théâtralisée décorant l'escalier en terrasse du santuário do Bom Jesus de Matosinhos à Congonhas do Campo, ainsi que l'ensemble des statues en bois polychromes des sept chapelles de la Passion. Les soixante-dix figures de ce chemin de croix sont remarquables d'expressivité. La simplification de leurs formes annonce déjà l'impressionnisme.

Oscar Niemeyer. C'est le plus grand, le plus prolifique et le plus célèbre architecte brésilien. Père de l'architecture moderne, nourrie par le style international, son œuvre monumentale se caractérise par le minimalisme, des lignes épurées et une forme fonctionnelle. Oscar Niemeyer fut le concepteur des principaux monuments publics de la ville de Brasilia, capitale administrative du pays nouvellement fondée en 1960, sortie de nulle part, au milieu de la forêt vierge. L'étonnante structure hyperboloïde de la cathédrale de Brasília, le congrès national, le théâtre national, le palais de justice sont autant d'édifices imaginés par le génial Niemeyer. Symbole visionnaire de l'œuvre architecturale exceptionnelle d'Oscar Niemeyer, Brasilia, est la seule ville construite au XXe siècle qui est classée au patrimoine mondial de l'UNESCO depuis 1987. Quelques années auparavant, cet amoureux du béton, de la courbe abstraite et du gigantisme avait déjà pu faire ses preuves à Belo Horizonte en réalisant plusieurs édifices modernistes notamment dans le quartier de Pampulha. Il a également participé à la conception du siège des Nations Unies à New York entre 1947 et 1952, au sein d'une équipe dont faisait partie Le Corbusier. Communiste convaincu et profondément humaniste, il dut s'exiler en 1965 à cause de la dictature et se réfugia en France, où il conçut entre autres le siège du Parti communiste français, place du colonel Fabien à Paris. Il faudra attendre 1985 pour qu'il revienne définitivement s'installer au Brésil et poursuivre ses travaux. En 1996, à l'approche de ses 100 ans, Oscar Niemeyer réalisa le superbe musée d'Art contemporain (MAC) de Niterói. Édifice hors norme et emblématique du Brésil, cette soucoupe volante futuriste aux courbes de béton brut peint en blanc domine la baie de Guanabara, en face de Rio de Janeiro.

A Niteroí, ville peu fréquentée par les touristes, le Caminho Niemeyer permet de découvrir 6 autres édifices créés par l'architecte. Inauguré en 2013, le chemin Niemeyer est, après Brasilia, le second plus grand ensemble architectural du maître brésilien. On trouve aussi plusieurs de ses réalisations à São Paulo dans le Parque Ibirapuera.

Lauréat du Pritzker Price en 1988, à l'âge de 81 ans, Oscar Niemeyer aura dessiné 600 bâtiments dans le monde pendant ses 70 ans de carrière. Il est décédé le 5 décembre 2012, à la veille de ses 105 ans, dans sa ville de naissance, Rio de Janeiro, sur l'immense Avenida Atlântica, dans l'un des immeubles qu'il a conçus.

BEAUX-ARTS

Rio de Janeiro séduit par ses charmes contrastés. Longtemps capitale d'un classicisme rigoureux, la métropole brésilienne abrite désormais de hauts lieux de l'art contemporain. De l'autre côté de la baie, on ira découvrir l'emblématique Musée d'Art Contemporain de Niterói. Sa collection vibre du dynamisme de la scène locale des dernières décennies. Et l'élan créatif se prolonge jusque dans les rues de la capitale carioca. Un peu partout, les murs de la ville accueillent un art urbain multifacettes. Plus loin, entre les montagnes, parcourir la région de Minas Gerais permet de découvrir autrement le style baroque. Il resplendit dans ses villages et dans l'ancienne cité coloniale de Ouro Preto. Ses nombreux édifices religieux témoignent de l'influence européenne, mais surtout de l'opulence d'autrefois. La ville de Belo Horizonte organise quant à elle son propre festival *street-art*. Un voyage entre fantaisies baroques et splendeurs contemporaines !

Art rupestre

Bien avant l'arrivée des explorateurs, les peuples amérindiens pratiquaient un art différent des codes européens. Les principaux supports de la peinture étaient le corps humain, les céramiques et les parois des grottes.

Une mission française d'archéologie œuvre dans le Minas Gerais depuis une cinquantaine d'années. Elle est relayée par les actions du Centre Culturel des Arts indigènes du Brésil à Tiradentes. L'analyse de l'art rupestre sur les milliers de sites de la région montre une grande diversité de styles et de thèmes. Les pigments colorés ainsi que le rendu des faciès varient selon les lieux. Dans le centre, les figures animalières tendent à être monochromes, tandis que les formes géométriques bichromes sont plus courantes dans le sud. Dans l'Etat du Minas Gerais, les pétroglyphes d'une trentaine de centimètres découverts dans l'abri de Lapa do Santo sont les plus anciens du pays (8 000 ans).

Emergence de la peinture brésilienne

L'art tel que nous le connaissons est arrivé avec les premiers Européens. Les explorateurs s'entouraient d'artistes chargés de documenter les nouvelles terres. A l'aquarelle le plus souvent, ces artistes consignaient dans des registres la faune et la flore, mais aussi la population et ses activités. Reliées, ces illustrations commencèrent à être diffusées à partir de 1557 avec le livre du Père André Thevet. Portraits et paysages sont imprégnés de maniérisme et n'ont de brésilien que les thématiques.

Au XVIIe siècle, après l'invasion hollandaise dans le Nordeste, des peintres flamands se rendent au Brésil. Frans Post, le plus réputé, réalise une série de tableaux dans la tradition hollandaise des paysages, représentant notamment la faune et la flore de la région. En plus de sa beauté esthétique, son œuvre a valeur de trace historique.

L'art baroque

Au début du XVIIIe siècle, le baroque européen infusé dans la peinture brésilienne se nuance d'influences locales. Les codes de ce style devenu majeur au Brésil, à savoir le sentiment, le drame, le goût de l'opulence le prédisposent à véhiculer le message de l'Eglise catholique. Rares sont les œuvres qui sont signées. L'art baroque brésilien est exceptionnel par sa large diffusion et sa durée, de près de trois siècles. Il doit son originalité à la diversité de ses bâtisseurs (Indiens, Africains, Portugais) et la variété des matériaux disponibles. Contrairement aux Espagnols, qui découvrent au Mexique, en Bolivie ou au Pérou, les édifices aztèques et incas, les sculpteurs portugais ne trouvent à leur arrivée sur la côte brésilienne ni pierre ni bâtisseurs.

Les plans des édifices, et même parfois les pierres, comme celles de la cathédrale São Salvador de Bahia, viendront d'Europe. Ces églises assez massives sont proches de la simplicité portugaise, avec leurs formes quadrangulaires, leurs façades sans sculpture et leurs lignes sévères inspirées de l'esthétique de la contre-réforme italienne. Pourtant, cette forme compacte donne aux édifices des airs aériens. Le baroque, au contraire du style Renaissance, plat et linéaire, utilise l'illusion d'optique ; il invente la troisième dimension, vise une forme globale, vivante.

A cette simplicité poétique, à ce dépouillement des extérieurs, s'oppose, dès avant la période rococo, une esthétique du foisonnement, une richesse excessive des décorations intérieures. Elle apparaît dans la *talha* – la sculpture sur bois – chez les jésuites de Bahia, en 1670, puis chez les franciscains de Recife, vers 1700 : rocailles bouillonnantes, écumes d'or, couronnes, coquilles, roses, tournesols, inextricables entrelacs végétaux, chapelets brisés de chérubins folâtrant dans les nuées. Cette opposition va aller en s'accentuant au cours de la première moitié du XVIIIe siècle.

Les importantes mines d'or des Minas Gerais, récemment découvertes, sont mises à contribution. L'église dessinée et sculptée par Manuel Francisco Lisboa, dit Aleijadinho, à Ouro Preto (1727), et décorée par son ami le peintre Ataíde, reste équilibrée. Mais les églises São Pedro dos Clerigos à Recife (1728) et la Capela Dourada, la cathédrale de Bahia et le monastère de São Bento à Rio de Janeiro seront, selon l'expression de Victor L. Tapié, des « grottes d'or destinées à frapper l'imagination des Indiens ». Lieu de convergence de la ruée vers l'or, Ouro Preto connaît un destin particulier au XVIIIe siècle. Dans les nombreux lieux de culte, la perspective fait son introduction. Elle invite à toutes les exubérances. Les décors colorés ainsi intégrés à l'architecture débordent de leur cadre, à la façon du rococo. Manuel da Costa Ataíde (1762-1830), sculpteur et peintre, laisse une œuvre majeure dans toute la région. L'une de ses peintures les plus connues, la *Glorification de la Vierge* se trouve à l'Igreja de São Francisco de Assis à Ouro Preto (peinte sur bois, entre 1801 et 1812).

A cette fantaisie décorative, José Soares de Araujo impose à Diamantina un style rigoureux porté par une palette sombre.

Au cours de la seconde moitié du XVIIIe siècle, cette profusion envahit également l'extérieur des édifices, comme cette façade magnifique et insensée du Terceiro Ordem de Salvador. Parallèlement, les plans d'ensemble évoluent vers des formes moins rigides, mais ne manquent pas de sobriété et de cohésion : irrégularité du Santuário do Bom Jesus de Matosinhos à Congonhas, flancs ondulants de la nef de l'Igreja São Francisco de Assis, à São João del-Rei, façades bombées, tours en coin, à dômes et clochetons, plans où se conjuguent l'ellipse et le polygone… Ces tendances sont visibles à l'Igreja de São Francisco de Assis, l'église du tiers ordre franciscain, construite par Aleijadinho à Ouro Preto. Le sculpteur sut, mieux que ses collègues de Salvador, maîtriser la profusion des décorations intérieures.

Le romantisme

Les Français sont les inspirateurs d'une peinture brésilienne académique romantique, où l'exubérance de la nature et la lumière ont une place prépondérante. Ainsi la « mission artistique française » fait venir des peintres sous la houlette de Joaquim Lebreton en 1816, notamment Nicolas-Antoine Taunay, Jean-Baptiste Debret ou François-René Moreaux. En grand amateur d'art, l'empereur Don João VI est à l'origine de cette initiative à son retour du Portugal, mais il se heurte aux partisans de la tradition baroque. Cette nouvelle Academia Imperial de Belas Artes (AIBA) créée en 1826 à Rio fait émerger dans la deuxième moitié du XIXe siècle une scène picturale propre au pays. Rio s'impose comme le centre de l'académisme brésilien.

Des artistes talentueux comme Victor Meirelles (*Panorama de Rio*, 1890) ou Pedro Americo (*Batalha de Avai*, 1879) ont rejoint la collection du **Museu Nacional de Belas Artes – MNBA** (p.108)de Rio, le plus grand musée du Brésil. Dans son importante collection d'œuvres du XIXe siècle, l'art brésilien occupe une place majeure. Des expositions temporaires sensibilisent à l'art local contemporain.

Le modernisme

La vague moderniste qui secoue l'Europe dans les années 1920 atteint le Brésil, en particulier São Paulo. Le futurisme, le dadaïsme ou le cubisme sont revisités par les artistes brésiliens à travers le prisme de leur culture. La première Biennale de São Paulo a lieu en 1951. L'art abstrait et l'avant-garde bénéficient enfin d'une large plateforme de diffusion. L'événement est déterminant pour l'évolution de la peinture brésilienne. A l'effervescence culturelle de São Paulo s'oppose l'ambiance plus traditionnelle de Rio. La capitale a finalement rattrapé son retard. Cette volonté est marquée par l'ouverture du **Museo de Arte Moderna - MAM** (p.123) au cœur du parc de Flamengo. Ses trois étages sont consacrés à l'art moderne brésilien et international. On peut en particulier y découvrir des tableaux d'Emiliano Di Cavalcanti ou Tarsila do Amaral, des photographes de la région, tels qu'Alair Gomes né en 1921 et ses étonnantes séries de nus masculins en noir et blanc, capturés dans des mouvements presque dansés ; Claudia Andujar, photographe brésilienne née en Suisse en 1931, connue pour son soutien au peuple autochtone Yanomami.

La baie de Rio inspire peintres et photographes depuis le milieu du XIXe siècle. En photographie, le précurseur Marc Ferrez, né à Rio de Janeiro en 1843, documente la vie quotidienne de la jeune Nation brésilienne.

© LUAN REZENDE - SHUTTERSTOCK.COM

Monastère de São Bento.

L'art contemporain

L'année 1984 marque le retour officiel de la peinture avec l'exposition Onde está você, geração 80 ? (Où êtes-vous, génération des années 1980 ?). Elle réunit à Rio de Janeiro 123 artistes, débutants pour la plupart, qui renouvellent la vision de la peinture.

Le Museu de Arte Contemporânea - MAC, situé à Niterói, compte une riche collection d'artistes brésiliens contemporains. Un nouveau musée, le Museu de Arte do Rio - MAR (p.112), propose des collections temporaires d'art contemporain et de photographie. Près de Belo Horizonte, à Brumadinho, les passionnés d'art contemporain feront l'expérience du magnifique jardin botanique d'Inhotim, dans lequel se cache l'Institut Inhotim. Dans ce cadre unique, un art à ciel ouvert dialogue avec une nature luxuriante. Aux côtés de pointures internationales, on retrouve les plus grands noms de l'art contemporain brésilien. Citons Adriana Varejão, née à Rio de Janeiro en 1964, qui remet les techniques traditionnelles telles que les azulejos au goût du jour, ou encore le célébrissime sculpteur et performeur Tunga (Antonio José de Barros Carvalho, né en 1952 et mort en 2016), connu pour ses œuvres énigmatiques, entre questionnements existentiels et surréalisme.

Parmi les figures de l'art contemporain, le peintre et sculpteur Hélio Oiticica est le pionnier de l'art concret au Brésil. Oiticica disparaît à 43 ans en 1980, mais laisse une œuvre importante, respectée par la critique internationale. Figure majeure du mouvement Tropicalia à la fin des années 1960, il prône le mélange des arts. Ses installations, qui se voulaient abstraites et populaires, marquent un rappel des racines brésiliennes.

De nos jours, la démarche de la plasticienne Christina Oiticica (qui n'est autre que la femme de l'écrivain Paulo Coelho) s'implante dans une quête archéologique et naturaliste. Sensible à l'environnement, elle intègre des éléments organiques à ses créations. Ses toiles constituent un pont entre le passé et le présent.

Street-art

Encore plus à Rio qu'ailleurs, l'art des rues explose dans tout le pays.

Les Brésiliens différencient le tag ou « pichação », perçu comme un acte de rébellion, du « *grafite* » qui relève d'une démarche artistique. Depuis 2009, le gouvernement brésilien a légalisé la pratique du *street-art* à condition d'obtenir l'accord du propriétaire. Il doit aussi « embellir ». Cette pratique clame les valeurs populaires. Quel que soit son message, l'œuvre murale reste colorée et passionnée. Cependant, les actions se multiplient en faveur d'un art réfléchi et de qualité. Les plus significatives sont les festivals d'art de rue qui rassemblent des artistes du monde entier.

Dans les rues de Rio, restez à l'affût de ce florilège de grandes signatures brésiliennes. Rafaela Monteiro aka Rafa Mon arrive tout droit de l'univers de la mode. On reconnaît ses fresques à leur tonalité onirique et poétique. Mondialement connu, Eduardo Kobra exprime son art dans des fresques monumentales à tendance réaliste. Originaire de la banlieue de São Paulo, il ajoute à ses compositions colorées des jeux kaléidoscopiques qui font sa renommée. En plus d'exposer à Paris, en Espagne et en Argentine, Marcelo Eco disperse des œuvres dans toute la ville de Rio. Il aime reproduire dans un style graphique le portrait d'un moustachu au menton en pointe, qui serait peut-être Salvador Dali. En tout cas, on le retrouve partout dans Rio de Janeiro, et plus particulièrement sur l'Avenida Nossa Senhora de Copacabana.

Art urbain à Belo Horizonte

Thiago Mazza, né à Belo Horizonte en 1984, a fait ses premiers pas en tant que graffeur dans sa ville natale. Ses fresques, qui proposent un dialogue entre références classiques et modernistes, l'ont rapidement propulsé à la tête du muralisme contemporain. On peut rencontrer son travail dans les festivals d'art urbain du pays, notamment au CURA de Belo Horizonte. Dans le prolongement de l'événement, l'association CURA propose un parcours d'art urbain à travers toute la ville.

Rio, entre art et histoire

A Rio, les murs du Jardin botanique et du métro sont connus pour leurs fresques. Pour guider une balade dans la ville, voici d'autres pistes. La fresque du tramway dans Santa Teresa rappelle la place qu'occupait autrefois ce moyen de locomotion dans la vie quotidienne des habitants. Le quartier de Botafogo est non seulement riche en *street art*, mais il réunit les artistes attachés à la forme plus qu'au fond. Ici, loin des messages politiques et de rappels à la réalité, une abondance de pépites colorées embellit l'environnement urbain juste pour le plaisir.

A l'opposé, les œuvres du Centro ravivent le souvenir d'événements historiques, de la vie rurale à l'esclavage. C'est ici que se trouve la plus grande peinture murale du monde : Eduardo Kobra a réalisé dans le centre une commande à l'occasion des J.O. sur le thème des tribus indigènes et des cinq continents. Reconnue au *Guinness Book* ! Dans le quartier chic et branché d'Ipanema, le graffeur anonyme Oraculo Project répand l'amour à travers des messages au pochoir disséminés sur le sol. En anglais et en portugais. Le même artiste colore des troncs d'arbre en rouge pour sensibiliser à la destruction des forêts. La coupe du monde 2014 a fait l'objet d'innombrables expressions du désaccord populaire. En parallèle des soulèvements de la population, ces messages visuels continuent de hanter les rues. Quand l'actualité se lit sur les murs …

Plafond de l'église de São Francisco peint par Manuel da Costa Ataíde.

MUSIQUES ET SCÈNES

Il suffit de peu de temps sur place pour vérifier le cliché : au Brésil, la musique joue un rôle à peu près aussi fondamental que le foot. Et à Rio, comme dans le reste du pays, tout le monde est un peu musicien ou en tout cas mélomane. Le samba et la bossa nova, deux des piliers de l'identité culturelle brésilienne, sont des enfants de Rio. Quand le premier continue de faire vibrer les cœurs et les murs cariocas à chaque carnaval, la seconde adoucit les mœurs de tout le pays avec son mélange si caractéristique d'influences jazzy et de samba alangui. Sans compter qu'elle a fait découvrir la musique brésilienne au monde entier, portée par des artistes fondamentaux qui se sont très bien exportés comme Vinicius de Moraes ou Tom Jobim (duo auteur de l'hymne indépassable du genre : Garota de Ipanema). Une musique intellectuelle et décontractée, qui s'écoute sans se danser et se veut sans doute un brin élitiste à l'opposé du style carioca contemporain par excellence : le funk carioca. Né dans les quartiers difficiles, il est un cousin éloigné du rap et demeure l'esthétique reine au sein de toute la jeunesse brésilienne.

Les musique et danse traditionnelles

Si vous additionnez Rio plus « traditions », vous obtiendrez comme résultat « Carnaval ». Cela ne fait aucun doute, le plus célèbre des rendez-vous cariocas, aussi populaire (il a attiré 6,5 millions de personnes en 2018 !) qu'iconique est un des piliers de la culture de la ville. Descendant de l'*entrudo*, un défilé historique portugais, auquel se sont jointes des influences africaines, cette fête unique en son genre et son importance est une vraie galerie d'esthétiques et pratiques traditionnelles. A commencer par le *frevo*. Né fin XIXe siècle dans le Pernambouc, ce rythme fiévreux tout en cuivres et percussions, s'apparente dans ses mouvements, à un cousin de la capoeira, lui aussi plein d'agilité et de couleurs. Egalement originaires du Nordeste, mentionnons le *forró*, musique célèbre dans tout le pays, jouée à l'accordéon et fondée sur des danses européennes africanisées ainsi que le *maracatu* expression afro-brésilienne pratiquée depuis le début de la colonisation. Parmi la galerie d'instruments traditionnels brésiliens, les plus courants sont sans doute le berimbau, arc relié à une calebasse accompagnant généralement les combats de capoeira ; le *cavaquinho*, petite guitare à quatre cordes ou encore la *cuica*, tambour frotté de l'intérieur avec un bâton émettant ce « rire » typique de la musique brésilienne. Hormis le

Carnaval de Rio.

carnaval, des événements de Paraty comme le Festa Do Divino, dix jours de processions ou le Festival Da Pinga mettant à l'honneur la cachaça locale, présentent bon nombre de pratiques folkloriques. A l'année, le Club Finlândia de Rio propose des danses folkloriques traditionnelles costumées.

La musique populaire

Quelle musique est plus emblématique du carnaval de Rio que le samba ? Oui, vous avez bien lu : LE samba, au Brésil, le mot est masculin. Genre carioca par excellence, le samba naît au début du XXe siècle dans le port de Rio, parmi les esclaves libérés du Nordeste venus chercher du travail dans la capitale. Caractérisé par ses percussions foisonnantes à l'infini, ses chants choraux et sa joie de vivre rayonnante, le samba est également une danse aussi entraînante que contagieuse, immanquablement au cœur de tous les carnavals du pays. Très populaire, donc très joué, le genre a connu ses lettres de noblesse entre les mains de mestre Cartola, fondateur de Mangueira, la plus célèbre des écoles de samba, Beth Carvalho, Paulinho da Viola ou encore Zeca Pagodinho. Une excellente adresse pour écouter du samba à Rio est le **Carioca da Gema** (p.194), lieu on ne peut plus typique voyant passer de nombreux groupes locaux. Citons également la **Cahaçaria Mangue Seco** (p.168), un club de samba aussi célèbre pour son incroyable bar que pour la qualité de ses concerts. Héritière immédiate du samba, la bossa nova est devenue avec le temps un des visages du pays. Née à la fin des années 1950, elle est, très grossièrement, une forme de samba alanguie et plus intime, gorgée de jazz. On marque souvent la naissance du genre avec Chega de Saudade, premier album du Bahianais João Gilberto (1931-2019), un des colosses de la musique brésilienne à la voix angélique et à la légèreté douce-amère. Si cet album est aussi important, c'est sans doute aussi car il est un carrefour où plusieurs grands esprits de la musique brésilienne se croisent, dont les deux cadors cariocas Antonio Carlos Jobim et Vinícius de Moraes. Le premier, mieux connu en tant que Tom Jobim (1927-1994), était à la fois compositeur, pianiste, flûtiste et reste considéré comme un des pères de la bossa nova. Auteur de quelque 500 chansons, Jobim est à tout jamais lié à Girl from Ipanema, écrite en 1964, un vrai bijou qui exporta la bossa nova dans le monde entier. Les paroles étaient d'ailleurs signées… Vinicius de Moraes (il n'y a pas de hasard). Si la musique brésilienne a atteint un tel degré de popularité, c'est beaucoup grâce à cette personnalité généreuse et aussi poétique que rayonnante. Compositeur et parolier prolifique de la bossa nova, Vinicius de Moraes (1913-1980) est associé de près ou de loin à quantité de grands succès nationaux. Un artiste légendaire s'il en

© ERICA CATARINA PONTES - SHUTTERSTOCK.COM

Danseur de maracatu.

est. D'ailleurs, sans surprise, l'institution du genre à Rio porte son nom : le Vinicius Bar. Installé dans la rue également éponyme, l'endroit est de loin une des meilleures adresses en ville pour un concert de bossa, sa scène mythique ayant accueilli les sommités du genre : Baden Powel, Wanda Sa, Dori Caymmi… Même rue, un peu plus loin, on trouve aussi le Toca Do Vinicius, librairie et (surtout) véritable centre culturel de la bossa nova. Prolongement de la bossa nova, la musica popular brasileira – signifiant littéralement « musique populaire brésilienne » et souvent désignée par son acronyme « MPB » – marque un tournant dans la musique nationale. Pas une esthétique codifiée en soi, le MPB est plutôt un mouvement protestataire joignant mélodies sophistiquées, influences traditionnelles, textes contestataires et samba, bossa, jazz, rock dans un même élan. Le genre a pris vie sous l'impulsion de deux des plus grands musiciens de Rio : Chico Buarque (1944), compositeur, chanteur et écrivain, auteur de nombreux standards brésiliens et Baden Powel (1937-2000), virtuose de la guitare et compositeur d'une musique instinctive, lumineuse, parfois surprenante, toujours chaude et tendre. Son album Os Afro, composé en collaboration avec Vinicius est largement considéré comme un pilier du genre. Moins populaire désormais, la MPB a tout de même connu une seconde jeunesse dans les années 2000 avec un groupe d'artistes qui, pour la plupart, portaient des noms de famille déjà connus du grand public : Moreno Veloso (fils de Caetano), Leo Maia (fils de Tim Maia), Maria Rita (fille d'Elis Regina) ou Jairzinho et Luciana Mello (fils de Jair Rodrigues).

© ALEKSANDAR TODOROVIC - SHUTTERSTOCK.COM

Teatro municipal, Rio de Janeiro.

La musique classique

Durant la seconde moitié du XVIIIe siècle, la région de Minas Gerais attire de très nombreuses exploitations coloniales d'or et diamants, drainant avec elle une population importante. De très nombreux compositeurs étaient alors en activité, dont certains sont restés dans la postérité comme Lobo de Mesquita, Francisco Gomes da Rocha ou Marcos Coelho Neto, auteurs essentiellement de pièces de musique sacrée. Avec l'appauvrissement des mines à la fin du siècle, l'activité musicale se déplace vers Rio, la ville étant devenue le lieu de résidence de la famille royale portugaise dès 1808 – et cette dernière ordonnant à des compositeurs et musiciens portugais de la rejoindre. C'est à cette époque que quelques compositeurs brésiliens d'importance apparaissent : José Maurício Nunes Garcia (1767-1830) très influencé par Mozart et Haydn ou encore Antônio Carlos Gomes (1836-1896), compositeur d'opéras aux codes italiens mais imprégnés de thèmes nationaux brésiliens. C'est notamment le cas d'Il Guarany ou Lo Schiavo, deux de ses plus grandes œuvres qui furent tous deux jouées à la Scala. Au Brésil aussi, l'opéra connaît alors un âge d'or et c'est d'ailleurs à cette époque que de nombreux édifices importants sont construits, comme l'épatant Theatro Municipal do Rio De Janeiro (p.108), inspiration directe de Garnier et résidence de l'orchestre symphonique brésilien (un des principaux du pays). A l'instar de nombreux endroits du monde, apparaît ici au début du XXe siècle la volonté d'établir une musique nationale. Authentiquement brésilienne, celle-ci doit s'affranchir des influences européennes et baigner dans le folklore du pays. Si Alberto Nepomuceno (1864-1920) est considéré comme l'initiateur de ce nationalisme musical, c'est bel et bien l'homme de Rio, Heitor Villa-Lobos (1887-1959) qui en est le grand héraut. Compositeur le plus célèbre du Brésil, il a su brillamment marier le classicisme de ses maîtres (Bach en tête) aux sonorités traditionnelles du pays. Après avoir mené huit ans d'enquête ethno-musicale dans les régions les plus reculées du pays, l'artiste a pu élaborer une œuvre singulière et profondément brésilienne. Sa pièce maîtresse est Bachianas Brasileiras, véritable apothéose de la fusion entre le folklore et les influences de Bach. Les amoureux de sa musique ne manqueront pas de se rendre au Museu Villa-Lobos (p.123) dans le quartier de Botafogo. Cette petite maison de la fin du XIXe siècle abrite une collection d'objets personnels ayant appartenu au célèbre compositeur brésilien où se croisent partitions, correspondances, photographies, vidéos et quelques instruments dont son piano à queue Gaveau. Et en parlant de piano, impossible de ne pas mentionner ici un des plus grands pianistes de la seconde moitié du XXe siècle : Nelson Freire (1944-2021). Originaire de Boa Esperança dans le Minas Gerais, ce proche de proche de Martha Argerich reste dans les mémoires comme un interprète d'une sensibilité et d'une expressivité rare.

La musique électronique

Ces dernières années, un style originaire de Rio a fait rayonner le Brésil sur la scène électronique mondiale : le baile funk. D'ailleurs, si on l'appelle ainsi hors du pays, il est généralement désigné par funk carioca au Brésil voire simplement par funk à Rio. Mais ne vous fiez pas à son nom, cette musique purement électronique n'a que très peu de lien de parenté avec James Brown, Stevie Wonder ou Georges Clinton. Datant des années 1980 et puisant son inspiration dans la Miami Bass (une variante dansante et très licencieuse du hip-hop), le funk carioca se distingue du rap par sa froideur minimaliste et mécanique, sa dureté et sa sauvagerie. Elle est, génération après génération, la musique plus populaire de la jeunesse du pays, portée par des stars comme la chanteuse Anitta, surnommée la « Beyoncé do Brasil », MC Kevinho ou MC Fioti (qui a eu un petit succès en France).

LITTÉRATURE

Bien que l'un soit tourné vers la mer et que l'autre soit un pays de montagnes, les états de Rio de Janeiro et du Minas Gerais sont intimement liés, rien que par le fait qu'ils firent l'objet de toutes les convoitises dès les débuts de la colonisation. Le premier vit en effet naître une brève colonie française – 55 ans après qu'en 1500 le navigateur Pedro Álvares Cabral accosta au Brésil –, ce qui eut pour conséquence la fondation de la capitale lorsque le territoire fut récupéré par les Portugais. Cette histoire, méconnue mais rapportée par Jean de Léry dès 1578 dans *L'Histoire d'un voyage*, inspire encore les écrivains, à l'instar de Jean-Christophe Rufin qui obtint le Goncourt en 2001 avec *Rouge Brésil*. A peine deux siècles plus tard, l'Etat du Minas Gerais connut la ruée vers l'or… avant que ses entrailles ne révèlent d'autres richesses. Ces histoires, hautement romanesques, ne marquaient pourtant que les prémisses de la littérature.

Les influences européennes

Nous pourrions faire coïncider les débuts de la littérature des régions qui nous intéressent avec l'arrivée des Portugais, en citant par exemple les *Lettres* que le responsable de la première mission jésuite, Manuel da Nóbrega (Sanfins do Douro, 1517 - Rio de Janeiro, 1570), envoya à ses supérieurs pour les tenir informés de ses voyages à l'intérieur des terres et de ses contacts avec les Indiens autochtones. Ces documents, qui s'apparentent à la littérature dite catéchétique, entrent plus généralement dans le « quinhentismo », c'est-à-dire le corpus de textes informatifs qui mêlaient chroniques et descriptions. Les écrivains de la seconde génération, pourtant nés sur place, n'échappent pas non plus à l'influence européenne, c'est ainsi que le baroque s'importe puis se développe, bien que Rio de Janeiro et Minas Gerais succombent plutôt à l'Arcadianisme – que l'on pourrait qualifier de néoclassicisme – avec la création, une dizaine d'années après celle de Lisbonne en 1757, de l'Arcadia (académie) Ultramarina à Vila Rica (devenue Ouro Preto). Lui sont affiliés plusieurs auteurs tels que Domingues Caldas Barbosa (Rio de Janeiro, 1740-1800), Basilio da Gama (São José do Rio das Mortes, 1741-1795) ou encore Inácio José de Alvarenga Peixoto (Rio de Janeiro, 1742-1792), mais c'est Cláudio Manuel da Costa (Mariana, 1729-1789) qui servit de tête de file tant ses *Obras poéticas* sont représentatives de cette école.

C'est ensuite à Rio de Janeiro que naquit en 1811 celui qui est considéré comme l'un des pionniers du romantisme brésilien grâce à son recueil *Suspiros poéticos e saudades* : Domingos José Gonçalves de Magalhães qui perdra la vie à 70 ans à Rome. Médecin de profession – une activité qu'il avait en commun avec Joaquim Manuel de Macedo (1820-1882), auteur du roman sentimental *La Brunette* (1844) –, il s'adonnera également à l'art de la scène avec le drame *Antônio José, ou O Poeta e a Inquisição*, qui fut joué le 13 mars 1838 à Rio et que l'on juge précurseur du théâtre brésilien. Enfin, Magalhães est associé à l'Indianisme à cause de son poème épique *A confederação dos Tamois* (1857), une thématique qu'il partagea avec José Martiniano de Alencar, mort à Rio en 1877, bien que leurs avis divergeaient. Alencar, tout particulièrement, obtiendra une très grande renommée avec sa trilogie *O Guarani*, *Iracema* et *Ubirajara* qui célébrera le mythe de l'Indien courageux vivant en plein accord avec la nature, une image d'Epinal qu'il entretiendra en imaginant notamment une histoire d'amour entre une jeune Portugaise, Cecilia, et Peri qui finira par lui prouver qu'il n'avait rien d'un « sauvage ».

La fin du XIXe siècle vit enfin la création d'une Académie brésilienne des Lettres calquée sur le modèle français. Parmi les membres fondateurs, qui se réunirent pour la première fois en 1897 à Rio de Janeiro, se comptaient entre autres João Franklin da Silveira Távora (1942-1888), auteur du roman régionaliste *O Cabaleira*, le diplomate Joaquim Nabuco (1849-1910) qui milita en faveur de l'abolition de l'esclavage tout comme le firent Ruy Barbosa de Oliveira (1849-1923) et José do Patrocínio (1853-1905), Sílvio Romera (1851-1914) qui rédigea une ambitieuse *História da Literatura brasileira*, le dramaturge Artur Azevedo (1855-1908), le critique José Veríssimo (1857-1916), mais aussi Aluísio Azevedo (1857-1913) qui donna au Brésil avec *O Mulato* (1881) l'un de ses premiers grands romans naturalistes. Nous pourrions de plus mentionner Alberto de Oliveira, né à Saquarema en 1857 et mort à Niterói en 1937, qui avec Raimundo Correia et Olavo Bilac forma la « Triade parnassienne » qui se conforma au célèbre précepte « L'art pour l'art » de Théophile Gautier, ou encore Luís Murat (1861-1929), poète associé au symbolisme. Cependant, celui qui véritablement allait marquer son époque et un virage dans la littérature brésilienne était leur aîné à tous, et de fait leur premier président : Joaquim Maria Machado de Assis, né à Rio de Janeiro en 1839.

Vers une littérature moderne

Machado de Assis est définitivement un auteur de grande importance au Brésil, et plus globalement dans le monde littéraire lusophone. Petit-fils d'esclaves affranchis, fils de domestiques, son éducation est réduite au strict minimum car il commence à travailler dès son plus jeune âge. Autodidacte et curieux, il acquiert malgré tout une grande culture qui lui permet d'accéder à un poste dans la fonction publique, entamant en parallèle une carrière littéraire qui allait le mener au sommet. Son œuvre – prolixe et éclectique – est d'abord empreinte de romantisme et marquée par le conventionnalisme, avant qu'une rupture brutale ne le mène à devenir le fer de lance du courant réaliste, peut-être encouragé par les centaines de chroniques sur des questions sociétales qu'il rédigea pour les journaux. Cette deuxième phase débute avec la publication en 1881 de *Mémoires posthumes de Bras Cubas*, d'abord paru en feuilletons l'année précédente dans la *Revista Brasileira*. Cette autobiographie fictive d'un homme qui se démènera toute sa vie pour atteindre une hypothétique gloire, se montre tour à tour caustique, audacieuse dans sa forme, parfois politique. Elle compose, avec *Dom Casmurro et les yeux de ressac* et *Quincas Borba : le philosophe ou le chien*, une trilogie qui se découvre aux éditions Métailié qui ont par ailleurs traduit de Machado *L'Aliéniste*, *Ce que les hommes appellent amour*, *La montre en or et autres contes*... Tout aussi fondamental, Euclides da Cunha voit le jour en 1866 à Cantagalo, dans l'état de Rio de Janeiro, où il décédera en 1909. Son expérience de correspondant de guerre à Canudos, durant le conflit qui opposera de 1869 à 1897 le gouvernement à un groupe de 30 000 colons indépendantistes, lui apportera la matière pour son chef-d'œuvre *Os Sertões* (devenu *Hautes terres*, chez Métailié). En français, il est également possible de lire un autre essai, cette fois sur l'esclavage des ouvriers du caoutchouc, *L'Invention de l'Amazonie : trois récits* chez Chandeigne, toujours étonnamment – et malheureusement – d'actualité.

© PRACHAYA ROEKDEETHAWEESAB - SHUTTERSTOCK.COM

Machado de Assis.

La dernière génération du XIXe siècle n'est pas moins féconde. Ainsi, João do Rio (1881-1921) et son parfait contemporain Lima Barreto se font tous deux connaître comme journalistes, le second évoquant les difficultés subies à cause de la couleur de sa peau dans plusieurs textes toujours proposés par L'Harmattan : *Sous la bannière étoilée de la Croix du Sud*, *Souvenirs d'un gratte-papier* et *Vie et mort de Gonzaga de Sa*. De 12 ans leur cadet, Ronald de Carvalho participera pour sa part à la revue moderniste *Orpheu* qui certes ne parut que deux fois mais put s'enorgueillir de compter parmi ses contributeurs Pessoa et Almada Negreiros. Dans cette même veine, Cecília Meireles (1901, Rio de Janeiro-1964) ouvrira le XXe siècle en beauté, elle est d'ailleurs toujours considérée comme une immense poétesse. Carlos Drummond de Andrade (Itabira, 1902-Rio de Janeiro, 1987) achèvera quant à lui d'octroyer à la poésie une large envergure en instituant la mode du vers libre, tandis qu'Adalgisa Nery (1905-1980) s'en détournera pour creuser l'autobiographie avec son roman *A imaginária* révélant à demi-mots les violences conjugales dont elle avait été victime lors de son premier mariage. Enfin, João Guimarães Rosa (Cordisburgo, 1908-Rio de Janeiro, 1967) excellera dans le genre difficile de la nouvelle, ce que confirment les éditions Chandeigne qui donnent à lire *Mon Oncle le jaguar & autres histoires*, avant de déployer tout son talent dans un livre devenu un classique, *Diadorim* (Le Livre de Poche). Ce titre, qui jouit d'une réputation internationale, raconte à la première personne, dans un style unique proche de l'oralité, les aventures d'un « jagunço » dans le Sertão (l'arrière-pays, aride et hostile).

Au cours du XXe siècle, la littérature brésilienne va prouver à plusieurs reprises qu'elle s'est affirmée et émancipée face aux modèles européens, elle va également démontrer qu'il faudra désormais compter avec elle, ce que martèle le prestigieux Prix Camões remis à Rachel de Queiroz qui fut par ailleurs la première femme à intégrer l'Académie brésilienne des Lettres. Elle qui trouvera la mort en 2003 à Rio, racontera son Nordeste natal dans *La Terre de la grande soif* disponible chez Anacaona, et livrera l'époustouflant portrait psychologique d'un meurtrier dans *João Miguel*, chez le même éditeur. Lucio Cardoso tissera lui aussi des trames dramatiques (*Chronique de la maison assassinée*) ou expressionnistes (*Inacio*), mais c'est au réalisme magique que se dédiera Murilo Rubiao (*L'Ex-magicien de la taverne du Minho et autres nouvelles*, à l'Arbre vengeur). Ces auteurs explorent ainsi divers genres mais une autrice s'impose avec une voix unique : Clarice Lispector, née en Ukraine de parents juifs, arrivée au Brésil alors qu'elle n'avait que quelques mois. A en croire les très récentes rééditions de ses œuvres en français, sa renommée n'est pas près de tarir, c'est ainsi que les éditions des Femmes lui ont consacré un coffret pour célébrer le centenaire de sa naissance en 2020, que certaines de ses nouvelles se lisent désormais en poche (*Bonheur clandestin*) tout comme ses romans (*L'Heure de l'étoile*), que son abondante correspondance a été réunie et que ses classiques inclassables ne cessent de cautionner son talent rare (*Agua viva*, *La Ville assiégée*, *Le Bâtisseur des ruines*...)

La littérature contemporaine

Comme le laissait présager la postérité de Clarisse Lispector, la seconde partie du XXe siècle attesta que les femmes avaient désormais toute latitude pour se déployer en littérature, à l'image de Nélida Piñon – au prénom en anagramme qui était un hommage à celui de son grand-père – qui s'évertua à raconter l'exil vécu par sa famille dans *A República dos Sonhos* (*La République des rêves*, éditions des Femmes), ou de Ana Maria Machado qui s'adressa au jeune public dans des textes couronnés par le Prix Hans Christian Andersen en 2000 (*Rêve noir d'un lapin blanc*, *Quelle fête !*, chez Vents d'ailleurs), un créneau que Ângela Maria Cardoso Lago (1945-2017) fera également sien avec ses albums illustrés à destination des plus petits. Toutefois, celle qui remporta tous les suffrages impressionnait déjà par son parcours atypique, elle était en effet née dans une favela de Belo Horizonte en 1946. D'origine afro-brésilienne, Conceição Evaristo a donc dû affronter bien des obstacles matériels pour survivre, mais les contes et les légendes que lui soufflèrent ses proches, quand elle était enfant, lui servirent de réconfort tout en attisant sa passion pour les mots. Elle sera acclamée dès la publication de son premier texte en 2003 : *Ponciá Vicêncio* (*L'Histoire de Poncia*, Anacaona éditions) se vendra en effet à plusieurs milliers d'exemplaires. Mais, au-delà de la forme, ce flot de souvenirs, vécus et récoltés, est le garant de la mémoire d'un peuple métissé qui dut affronter la décolonisation puis les affres de la discrimination raciale, ce qui explique que ses autres textes – de *Banzo, mémoires de la favela*, à sa poésie (*Poèmes de la mémoire et autres mouvements*) en passant par ses nouvelles (*Ses yeux d'eau*) – furent très attendus.

Si Conceição Evaristo rencontra une belle audience à l'international, que dire du retentissement de *L'Alchimiste* qui s'est vendu, depuis sa parution en 1988, à des dizaines de millions d'exemplaires ! Dans ce best-seller incontestable, Paulo Coelho – né à Rio de Janeiro en 1947 – décrit la quête initiatique d'un jeune berger andalou, Santiago, qui, en partant à la recherche d'un trésor, découvrira celui qu'il possédait en lui. Ce livre a jailli de la plume d'un homme que son père avait cru bon de faire interner en hôpital psychiatrique quand il prendra la mesure de ses velléités créatives, un épisode qui apparaîtra en filigrane dans *Veronika décide de mourir*. Sa « légende personnelle » qui ne devait cesser de lui faire connaître des chemins de traverse – du mouvement hippie aux geôles de la dictature – l'amènera à emprunter celui de Saint-Jacques-de-Compostelle, une expérience qui lui inspirera son premier texte abouti, *Le Pèlerin de Compostelle*, instaurant l'attrait pour une spiritualité à laquelle ne cesseront de répondre ses autres livres : *La Cinquième montagne*, *La Solitude du vainqueur*, *Aleph*... Le journaliste Fernando Morais s'intéressera à ce rocambolesque destin en lui consacrant une biographie, *Le Magicien de lumière*, à se procurer aux éditions J'ai Lu.

S'ils sont rares à pouvoir se mesurer à l'incommensurable succès de Paolo Coelho, les auteurs qui continuent d'apporter leur contribution à la littérature brésilienne sont par contre nombreux, et il ne sera pas difficile de les dénicher parmi les natifs du Minas Gerais ou de Rio de Janeiro, d'autant plus que ces états paraissent accorder une place spéciale au livre comme semble l'indiquer la création en 2007 du Prix de Littérature Minas Gerais. De la même manière, les nombreuses traductions dont ils bénéficient est gage de leur talent, et permettent par exemple au lectorat français de découvrir de l'intérieur la favela carioca où a grandi Paulo Lins dans les années 70. Sa « Cidade de Deus » natale lui a aussi offert le titre de son ouvrage le plus connu, devenu *La Cité de Dieu* en 2003 chez Gallimard. Les éditions Asphalte ont plus tard fait paraître *Depuis que la samba est samba*, une nouvelle fresque urbaine et populaire se déroulant cette fois dans les années 20. Qui cherchera à saisir l'ambiance de Rio de Janeiro se tournera également vers *L'Homme du côté gauche* d'Alberto Mussa paru chez Phébus (pour les adultes) ou vers *Quand le cœur s'arrête* d'Adriana Lisboa publié à la Joie de lire (pour les adolescents). Ces deux auteurs se sont néanmoins aussi intéressés au reste du monde, le premier en écrivant sur les poètes préislamiques (*L'Énigme de Qaf* chez Anacharsis), la seconde en donnant corps à des personnages qui s'exileront vers les États-Unis dans *Bleu Corbeau*, vers le Vietnam dans *Hanoï*. Enfin, avec ses romans graphiques, Marcello Quintanilha (*Écoute, jolie Marcia*, *Âmes publiques*, *Les Lumières de Niteroi*... chez Çà et Là) offre encore une nouvelle façon d'appréhender le Brésil.

TOP 10

LECTURE

Qui pense à Rio de Janeiro pensera immanquablement à son fameux carnaval, à la danse et à la musique, et pourtant la ville, et bien plus encore la région de Minas Gerais, recèlent une part d'ombre dont il serait difficile de faire abstraction. Dans un pays effervescent où la joie côtoie la misère, la littérature est à l'avenant : impitoyable et chatoyante.

REMORDS

Partir est une chose, revenir en est une autre pour Osélias qui, après 20 ans d'absence, peine à retrouver sa place dans sa ville du Minas Gerais.
Luiz Ruffato, *éditions Métailié.*

ECOUTE, JOLIE MARCIA

© ÉDITIONS ÇÀ ET LÀ

La vie dans la favela n'est pas simple pour Marcia qui s'en sort avec son travail d'infirmière, mais le jour où elle apprend que sa fille fraye avec un gang, tout se complique.
Marcello Quintanilha, *éditions Çà et là.*

CONFÉRENCE DE RIO

© ÉDITIONS CHAMPS ART - FLAMMARION

Le voyage que le célèbre architecte Le Corbusier fit au Brésil est resté dans les annales, tant il réinventait la notion d'urbanisme et d'habitat collectif.
Le Corbusier, *éditions Champs Art (Flammarion).*

CARNAVAL DE RIO

Le catalogue d'une exposition qui s'est consacrée à l'incroyable imagination dont font preuve les Cariocas pour leurs costumes et pour leurs chars.
Delphine Pinasa et Felipe Ferreira, *éditions Centre national du costume de scène.*

LES ETOILES LES PLUS FILANTES.

© ÉDITIONS LIANA LEVI

En 1958, une équipe débarque dans une favela pour tourner un film avec des amateurs, mais le projet attise les convoitises de la CIA.
Estelle-Sarah Bulle, *éditions Liana Levi.*

MIRACLE AU BRÉSIL

© ÉDITIONS CHANDEIGNE

Dans un texte rare, le dramaturge raconte son arrestation en 1971 à Rio, les tortures puis sa libération grâce à la mobilisation internationale.
Augusto Boal, *éditions Chandeigne.*

LETTRES DE JEUNESSE

La correspondance que le célèbre peintre entretint durant son voyage à Rio de Janeiro, entre 1848 et 1849.
Edouard Manet, *éditions de Bussac.*

LES DÉCLASSÉS DE L'OR

© ÉDITIONS LE POISSON VOLANT

Sous-titré « *la pauvreté au Minas Gerais au XVIIIe siècle* », cet essai s'intéresse à la ruée vers l'or qui n'aura vraiment pas profité aux mineurs.
Laura de Mello e Souza, *éditions Le Poisson volant.*

FECHAMOS (ON FERME).

© ÉDITIONS DES ÉLÉPHANTS

Avant de se résoudre à fermer définitivement les portes, un gardien de musée distribue aux habitués les objets de la collection. Dès 5 ans.
Gilles Baum et Régis Lejonc, *éditions des Eléphants.*

LE BRÉSIL NOUVEAU, MON DERNIER VOYAGE

Gustave Aimard (1818-1883) était populaire pour ses romans, mais sa plume ne dénotait pas quand il racontait le Rio de Janeiro de 1870.
Gustave Aimard, *éditions Artois Presses Université.*

A L'ÉCRAN

L'un des centres névralgiques de la création cinématographique, Rio de Janeiro a vu défiler toutes les époques du septième art brésilien, et ce depuis 1896. Du tout premier cinéma national jusqu'aux grands tournages hollywoodiens des années 2010, en passant par l'âge d'or du *Cinema Novo*, Rio et sa région ont été au cœur des grands mouvements de cinéma du pays. *La cité de Dieu*, *Central do Brasil* ou *Tropa de Elite*, autant de titres qui feront frétiller le cinéphile qui est en vous, tandis que tout fan de James Bond a bien sûr en tête le mythique duel entre Roger Moore et Richard Kiel, juchés sur les télécabines qui surplombent la baie. Et si les aventures de l'espion anglais vous laissent de marbre, peut-être serez-vous plus intéressé par les frasques de Bella et Edward Cullen, dont la mythique lune de miel fut tournée sur l'île de Paraty, à quelques kilomètres de Rio. Vous reprendrez bien un peu de soleil et de rythmes endiablés ?

Petite histoire du cinema do brasil, vue de Rio

C'est de la ville de Rio de Janeiro que serait issu le premier réalisateur brésilien, Affonso Segreto. Fils d'une famille italienne, son frère Paschoal et lui-même vont en effet être les premiers à implémenter le septième art au Brésil, après avoir été captivé par la toute première projection nationale des frères Lumière, le 8 juillet 1896 à Rio. En 1898, Affonso Segreto aurait filmé son arrivée à Rio dans la baie de Guanabara, mais ce film – le tout premier mettant le Brésil en images – a aujourd'hui disparu. Paschoal, quant à lui, ouvre le 31 juillet 1897 le premier cinéma du pays, également à Rio de Janeiro. Dans les décennies qui suivent, Rio de Janeiro va occuper une place centrale dans le cinéma national, autant de par sa richesse que de par son ouverture internationale. Durant les années 1940-1950, le studio Atlântida Cinematografica produit plusieurs dizaines de films, transformant des comédiens comme Oscarito ou Grande Otelo en stars nationales. Un cinéma grand public, parfois très commercial, auquel s'opposeront les réalisateurs du *Cinema Novo*, au début des années 1960. Rio sera, avec Bahia et São Paulo, l'un des épicentres de ce nouveau mouvement de cinéma social influencé autant par le néoréalisme italien que par la Nouvelle Vague française et le cinéma soviétique. Entre 1960 et 1975, la région de Rio accueille le tournage de plusieurs de ces films. *Terre en transe* de Glauber Rocha (1967), allégorie de l'histoire récente du Brésil, est ainsi tourné dans le Parque Lage (p.121) ainsi qu'au Theatro municipal do Rio (p.108). Le long-métrage fera partie de la sélection officielle du Festival de Cannes, avant d'obtenir le Léopard d'Or au festival de Locarno. L'année suivante, c'est *Le brave guerillero*, premier film du cinéaste Gustavo Dahl, l'une des figures de proue du *Cinema Novo* qui sera tourné à Rio également. En 1969, la comédie cynique et décalée *Macunaíma* prend Rio comme décor, pour une histoire rocambolesque qui rappelle autant les Monty Python qu'une sorte de Kirikou moins enfantin et plus politique. Un autre exemple de ce que le *Cinema Novo* a pu apporter à l'histoire cinématographique du pays. Une influence qui se retrouve dans les grands succès critiques de *Central do Brasil* de Walter Salles, avec Fernanda Montenegro (1998). Un film qui vaudra à sa comédienne les honneurs d'être la première actrice brésilienne nommée aux Oscars et aux Golden Globe, et qui lui vaudra l'Ours d'Argent au festival de Berlin la même année. Quatre plus tard, le long-métrage *La cité de Dieu* de Fernando Meirelles and Kátia Lund (2002), tourné dans le quartier Cidade de Deus de Rio, se voit nommé quatre fois aux Oscars.

Le téléphérique du pain de sucre, sur lequel a lieu une scène mythique du film « Moonraker ».

L'île de Paraty qui a servi de décor pour le film « Twilight, chapitre III ».

De nombreux critiques considèrent aujourd'hui le film comme l'une des plus grandes œuvres cinématographiques de tous les temps. Les thèmes de corruption, de drogue et de violence qui parcourent le récit se retrouvent dans un autre film important du XXIe siècle, *Tropa de Elite*, réalisé à Rio par José Padilha (2007). Un long-métrage d'action brut et sans tabous, dont le tournage a été perturbé par des menaces, et notamment la séquestration de l'équipe de tournage dans la favela où devait avoir lieu celui-ci. L'événement s'est heureusement bien terminé, et le film a ensuite conquis le public brésilien, avant de remporter l'Ours d'Or au festival de Berlin, en 2008.

Au nord, Minas Gerais et ses villes accueillent moins de tournages. Le cinéma brésilien reste en général cloisonné dans les centres de production de Bahia, São Paulo ou Rio. Mais quelques cinéastes, dont tout récemment Helvecio Ratton, tournent néanmoins dans leur région natale ou de cœur. C'est le cas d'Helvecio Ratton, qui réalise ses courts et longs-métrages dans l'Etat depuis 1978. En 1995, il sort son premier long-métrage, *Love & Co,* qui sera suivi de *Something in the Air* (2002) puis de *Batismo de Sangue* (2006), plus acide et plus engagé politiquement. Belo Horizonte constitue le décor de ce dernier, tandis que *Love & Co* vous emportera dans les belles villes de São João Del Rei et Tiradentes, pour un peu de tourisme cinéphile.

Rio la fascinante, rio la cinématographique

La *ville merveilleuse* a, depuis les débuts du cinéma, fasciné les réalisateurs internationaux. David Perlov, l'un des pères du cinéma israélien, y naît en 1930, tandis que des cinéastes comme Marcel Camus adaptent de grands noms brésiliens, comme Vinícius de Moraes et son *Orfeu Negro* (1959). En 1964, Jean-Paul Belmondo est *L'homme de Rio*, dans le film éponyme de Philippe de Broca avec Françoise Dorléac, qui remplit les salles françaises et internationales. L'œuvre aurait même directement inspiré Steven Spielberg pour *Les aventuriers de l'arche perdue*, premier épisode de la saga *Indiana Jones*. Au-delà de la ville, le patrimoine architectural de la région a également été pour beaucoup dans sa place à l'écran. La télécabine du Mont du Pain de Sucre est le décor d'une scène d'anthologie de *Moonraker*, onzième opus de la saga *James Bond*, tandis que le Corcovado fait une apparition remarquée dans *OSS 117 : Rio ne répond plus,* parodie croustillante de cette même saga. Avec Jean Dujardin dans le rôle-titre, la ville bénéficie d'une belle mise en avant, même si la chaleur et les nazis n'aident pas l'agent Hubert Bonisseur de la Bath à profiter pleinement de son séjour.

Du côté d'Hollywood, la ville a été dès les années 1930 le cadre de tournages divers, comme ce *En route vers Rio* (1947), avec le légendaire comédien Bing Crosby. Plus récemment, c'est à travers de grosses productions comme *Fast and Furious 5* (2011) ou, dans un tout autre registre, *Twilight chapitre IV : Révélation* (2011 également) que la ville et la région sont apparues à l'écran. Dans ce dernier, vous pourrez d'ailleurs reconnaître l'île de Paraty, rebaptisée île d'Esmée dans le film. La villa dans laquelle Bella et Edward passent leur lune de miel torride est d'ailleurs disponible à la location, pour autant que votre budget vous permette son tarif d'environ 3 500 € la nuit. Enfin, donnez un peu de couleur à votre séjour en vibrant aux rythmes endiablés de *Rio* (2011), un film d'animation qui occupera vos bambins sans encombre le temps du trajet vers cette région pleine de merveilles.

SPORTS ET LOISIRS

Evidemment, Brésil rime avec football, un sport qui déchaîne les passions des plages de Rio de Janeiro jusqu'au petit hameau d'Amazonie. Que ce soit pour son club ou pour son équipe nationale, la mythique Seleção, chaque brésilien vibre dès que ses joueurs rentrent sur la pelouse. Des joueurs qui ont d'ailleurs souvent été d'illustres noms de ce sport. Mais les Brésiliens se passionnent aussi pour la capoeira, le volley-ball, le beach-volley, le basket-ball, la natation, l'équitation, la gymnastique, la Formule 1, etc. Un pays de sportifs, où il est possible de pratiquer de nombreuses activités. Du simple footing au petit matin le long de Copacabana aux intenses sessions de surf (le pays regorge de spots d'exception), de kitesurf ou de plongée, il y a de quoi faire. On pourra aussi partir en randonnée, en balade à cheval, s'essayer à l'escalade ou survoler Rio en parapente ou en deltaplane. Magique !

Le football, une religion

Le football est le premier ambassadeur du Brésil. Une véritable religion pour tout un peuple. Tous les Brésiliens veulent devenir Pelé, Romário ou Neymar. Vous ne pouvez pas venir à Rio sans assister à un match au Maracanã, ou dans les parcs, sur la plage, dans la rue, à la pause déjeuner. Le dimanche, c'est foot obligatoire pour tout le monde. Il y a toujours une équipe de la ville qui joue. Et c'est pareil dans toutes les villes du pays !

La Seleção. La grande fierté nationale demeure, bien entendu, l'équipe nationale, la Seleção. Le Brésil est le seul pays au monde à avoir participé à toutes les phases finales de la Coupe du monde. La sélection *auriverde* a atteint sept fois la finale et a remporté cinq fois le trophée le plus convoité de la planète (1958, 1962, 1970, 1994 et 2002), ce qui en fait évidemment de loin la nation la plus récompensée. Sur le continent, le Brésil a remporté à neuf reprises la Copa América.

Les grands joueurs brésiliens. Les trois premiers succès en Coupe du monde l'ont été avec le grand Pelé dans les rangs de la Seleção. Bien épaulé par son acolyte de génie Garrincha en 1958 et 1962 et par le redoutable Jairzinho en 1970, Edson Arantès do Nascimento, dit Pelé, est souvent considéré comme le meilleur joueur de l'histoire du jeu. Une légende et un mythe intouchable dans son pays. Après une longue période de disette, la Seleção retrouve les sommets en 1994. C'est alors la génération emmenée par Bebeto et Romário qui remporte le Mondial aux Etats-Unis en s'imposant en finale face à l'Italie lors de la séance des tirs au but.

Le football, sport inontournable au Brésil.

Kitesurf.

Après sa défaite en 1998 face aux Bleus, le Brésil va soulever à nouveau le trophée en 2002. Une compétition marquée du sceau de Ronaldinho, Rivaldo et Ronaldo. Ces dernières années ont été marquées par le traumatisme de 2014 et la cuisante défaite en demi-finale face à l'Allemagne (7-1) lors du Mondial organisé à domicile, quelques jours après la grave blessure de la star Neymar Jr. Une déflagration qui n'était pas sans rappeler celle de 1950 et de la défaite en finale face à l'Uruguay, déjà à domicile, qui avait plongé les 199 854 spectateurs du Maracanã et tout le peuple brésilien dans une profonde colère. Heureusement, Neymar a sauvé l'honneur en allant décrocher l'or olympique à Rio deux ans plus tard en 2016. En attendant un 6e succès en coupe du monde.

Les grands clubs brésiliens. Si Pelé vient de l'État de São Paulo, Rio de Janeiro reste une ville importante dans l'histoire et l'actualité du foot brésilien. Et l'épicentre du football *auriverde* est le célèbre stade du Maracanã (environ 78 000 places aujourd'hui). Deux des quatre grands clubs de la ville, Famengo et Fluminense, évoluent sur cette pelouse mythique. Le club traditionnel et huppé est le Fluminense, soutenu à l'origine par la bonne société *carioca*. Le Flamengo est le grand club populaire de Rio et du Brésil et déchaîne les passions même hors de la ville. C'est le club du grand Zico et on estime qu'il a environ 35 millions de supporters. Le derby Fla-Flu reste le match le plus attendu de la saison. Les deux autres clubs principaux sont Botáfogo (situé dans le quartier éponyme) et Vasco de Gama.

Outre les grands clubs de Rio, il faut citer le club de Pelé, Dunga et Neymar Jr, le Santos FC, mais aussi le Corinthians, le São Paulo FC ou Palmeiras, basés à São Paulo, le Grêmio ou l'Internacional à Porto Alegre ou l'Atlético Mineiro et Cruzeiro, les clubs de Belo Horizonte.

Le pays du volley

On a coutume de dire que le volley-ball est le sport n° 1 au Brésil… Le football étant une religion ! Ce sport, que l'on peut pratiquer sans grande infrastructure, consacre régulièrement le Brésil comme meilleure équipe du monde, chez les femmes comme chez les hommes. Les joueuses et joueurs brésiliens jouent dans tous les grands championnats européens. L'admission du beach-volley comme discipline olympique a bien sûr insufflé une dynamique supplémentaire à ce sport hautement brésilien. On y joue à tout âge, sur toutes les plages du pays. La version revisitée par les footballeurs (*futevolei*) est particulièrement spectaculaire. Les Jeux olympiques de Rio ont vu briller les équipes brésiliennes masculines puisqu'elles ont remporté l'or en volley ainsi qu'en beach-volley.

La capoeira, bien plus qu'un sport

La capoeira est l'un des aspects les plus fascinants de la culture brésilienne. Le capoeiriste est à la fois athlète, danseur, acrobate, farceur, comédien et musicien. Ayant l'interdiction de pratiquer les arts martiaux (ceux-ci pouvant les rendre plus redoutables en cas de révolte contre leurs maîtres), les esclaves ont travesti leurs luttes en spectaculaires mouvements de gymnastique, créant ainsi un rituel unique, en réalité une véritable préparation au combat. Ainsi naquit la capoeira, danse autant qu'art du combat, et résultat de la rencontre forcée des différentes cultures africaines sur le territoire du Brésil au cours des 300 ans que dura l'esclavage. La musique qui l'accompagne est sobrement jouée par des tambours, des tambourins et sur l'instrument emblématique de la capoeira, le *berimbau* – arc en bois tendu par un fil de fer et orné d'une calebasse faisant office de caisse de résonance. On distingue deux grands types de capoeira : la capoeira Angola et la capoeira Regional.

La capoeira Angola est en quelque sorte « l'originale ». Effectuée sur un rythme lent, sa chorégraphie s'apparente aux taos, ces mouvements que l'on enchaîne dans les arts martiaux asiatiques. La capoeira Regional a été créée dans les années 1930 par Mestre Bimba, elle est plus vive et accorde une plus large place aux figures acrobatiques. C'est aujourd'hui la plus populaire et la plus pratiquée.

Longtemps interdite et réprimée, même après l'abolition de l'esclavage, la capoeira ne fut autorisée par le gouvernement qu'en 1937 où elle fut enfin reconnue pour sa valeur culturelle, éducative et artistique. C'est à Salvador de Bahia qu'ont été fondées les premières académies officielles. Elle est à présent largement enseignée et pratiquée, dans les écoles et dans la rue, mais aussi dans les universités, les ateliers de théâtre, les écoles de cirque et les centres de sport au Brésil et ailleurs dans le monde.

De grands noms de la Formule 1

Popularisée par Ayrton Senna (1960-1994), la F1 est très suivie au Brésil, qui a même son étape du Championnat du monde sur le circuit d'Interlagos à São Paulo. Senna, véritable mythe dans son pays, a signé 65 pole positions dans sa carrière, 41 victoires et 3 titres de champion du monde. Sa première victoire date de 1985. Il détient aussi le record de 6 victoires à Monaco. Le 1er mai 1994, il meurt en pleine course d'Imola au sommet de sa gloire, ce qui a évidemment participé à la construction de sa légende. Sa personnalité complexe et sa rivalité avec Alain Prost l'ont longtemps rendu impopulaire hors de son pays. Mais il a incontestablement marqué l'histoire de la Formule 1 par son extraordinaire technique et son sens de l'anticipation. Depuis Senna, les Brésiliens ont pu supporter Rubens Barrichello (vice-champion du monde en 2002 et 2004) ou Felipe Massa (vice-champion du monde en 2008), mais sans le même enthousiasme.

De nombreuses activités sur le littoral

Surf. Pays du double champion du monde Gabriel Medina, le Brésil est aussi réputé pour ses vagues et son grand nombre de surfeurs, longboardeurs et bodyboardeurs. Les amateurs iront sur les plages du sud de Bahia, notamment Itacaré, spot de réputation nationale, voire internationale. Sur la côte du Pernambuco il est aussi possible de surfer, mais attention à Recife, où les requins sont une menace présente ! Plus au sud, les spots sont aussi très nombreux. A Rio, les vagues sont au top toute l'année. La plage de Saquarema est la plus réputée, mais on pourra aussi aller chercher du *swell* (de la houle) sur les plages d'Ipanema, d'Arpoador, de Barra, de Macumba, de Prahinha ou de Grumari. Enfin, Santa Catarina regroupe aussi quelques plages très réputées : Joaquina, Praia do Cardoso, São Francisco do Sul, Ilha do Mel, Boiçucanga ou da Silveira.

Kitesurf. Le vent souffle fort dans le Nordeste et en particulier sur le littoral du Ceará. Et les amateurs de kitesurf sont nombreux à en profiter ! Jericoacoara est l'un des spots mythiques de ce coin de côte atlantique.

Plongée. Fernando de Noronha (Pernambuco) et Abrolhos (Bahia) sont deux sites naturels idéaux pour la plongée grâce à la richesse des fonds marins et de la qualité de l'eau. Pour les adeptes du masque et du tuba, certaines plages du Nordeste offrent la possibilité de nager tout proche des poissons et des barrières de corail. Porto de Galinhas (Pernambuco) et le littoral nord de l'Alagoas sont de très bonnes options. Dans la ville de Bonito (Mato Grosso), on peut aussi plonger.

De belles possibilités de randonnée

A pied. En Amazonie ou dans les marais du Pantanal, le visiteur peut se prendre pour Indiana Jones (avec un guide, s'il vous plaît) ! Sur le littoral de Bahia, la *mata atlântica* (la forêt atlantique) rend les *trilhas* (les pistes) tout aussi amusantes avec l'avantage de finir la marche sur une belle plage. C'est le cas, par exemple, à Itacaré et sur l'île de Boipeba. A Rio, la forêt de Tijuca est aussi très courue. Les canyons de la Chapada Diamantina sont également de fantastiques terrains de jeu pour les randonneurs.

A cheval. Le pays offre de vastes possibilités de randonnées équestres hors des sentiers battus, sur les pas des *gauchos*, à la découverte des canyons du sud du pays ou encore le long des plages paradisiaques de la côte nordestine.

Quelques sensations !

Escalade. D'avril à octobre, les amateurs d'escalade pourront se faire plaisir sous un temps frais et sec. Les spots les plus courus se trouvent dans l'Etat de Rio, voire dans la ville même où le Pain de Sucre offre de superbes voies.

Parapente - Deltaplane. Survoler Rio de Janeiro en parapente ou en deltaplane est un grand classique et une expérience à ne pas manquer. Panorama extraordinaire garanti !

GASTRONOMIE

Porte d'entrée du Brésil pour une majorité de touristes, Rio de Janeiro offre un condensé du meilleur de la cuisine du pays. Issue d'un héritage à la fois portugais, africain et amérindien, cette gastronomie s'est aussi nourrie d'influences japonaises, italiennes, arabes, allemandes, espagnoles et slaves. Cinquième pays du monde par sa superficie et sixième par sa population, le Brésil possède des régions avec une forte identité culturelle, faisant écho aussi bien aux populations amérindiennes qu'aux multiples vagues d'immigration qui ont forgé la cuisine locale à leur image. Avec son immense biodiversité, à laquelle s'ajoutent de nombreux aliments venant des quatre coins du monde, les cuisiniers brésiliens font bon usage de viande, de poisons, de fruits de mer, de légumes, de féculents et d'épices, utilisées néanmoins avec modération. On n'oubliera également pas les succulents desserts aux accents ibériques et la cachaça, équivalent local du rhum.

Produits et terroir

Avec vingt-six Etats divisés en cinq régions, le Brésil possède plusieurs cuisines régionales, fruit de 500 ans d'immigration venant du monde entier, mêlée à plusieurs millénaires de présence amérindienne, qui a permis la domestication et la diffusion de nombreuses plantes natives du continent américain. Les premiers Portugais abordèrent les côtes du Brésil en 1500, et la traite des esclaves amena ensuite des millions d'Africains au Brésil, venus avec leurs traditions culinaires.

Le Nord s'articule autour de l'Amazonie et comprend une large population amérindienne. Le fleuve Amazone compte plus de 3 000 espèces de poissons, comme le pirarucu ou arapaima (pouvant dépasser les 4 m pour 300 kg), ou encore les piranhas et les *surubim* (des poissons-chats géants). Le manioc est natif de la région, tout comme les baies d'açaï, fruit d'un palmier, au pouvoir antioxydant inégalé, et les baies de guaraná, à la forte teneur en caféine.

C'est à Porto Seguro, dans le Nordeste, qu'en 1500 Ivan Cabral foula pour la première fois le sol du futur territoire brésilien. Pendant une longue période, cette région concentra la majorité des plantations de canne à sucre, ce qui explique également la très grande population afro-brésilienne dans cette partie du pays. Ainsi l'huile de palme, le lait de coco, le gombo (un légume vert au goût délicat) ainsi qu'une foule d'épices sont généreusement utilisés. On fait également un usage abondant de poissons et de fruits de mer, comparé aux autres régions côtières du pays.

Le Centre-Ouest est la première région brésilienne pour l'élevage bovin. De ce fait, la viande y est plus importante ici que partout ailleurs. Les influences paraguayennes et boliviennes y sont fortes, ainsi le plantain et le *pacu*, un poisson local, sont consommés abondamment. Dans ce *Midwest* brésilien, le *pequi* est un fruit assez commun pour sa pulpe, au léger goût aigre, similaire à du fromage.

Le Sudeste est la région la plus peuplée et comprend les plus grandes villes du pays, comme Rio de Janeiro et São Paulo. L'influence portugaise y est plus forte qu'ailleurs mais la cuisine y est aussi plus diversifiée, car la région a attiré au cours des siècles une multitude de migrants venant du monde entier. Le Minas Gerais possède une importante communauté agricole et de nombreuses recettes brésiliennes viennent de cet Etat. On pense notamment au *canastra* (un fromage à pâte ferme assez piquant), au *queijo minas* (un fromage plus ou moins affiné pouvant être *frescal*, blanc et frais, ou *curado*, très maturé) et au *requeijão* (un fromage à tartiner fondant presque coulant).

Enfin, le Sud est souvent associé au *churrasco*, un barbecue typique qui n'est pas sans rappeler l'*asado*, les influences argentines et uruguayennes n'étant en effet pas très lointaines. D'où, également, la consommation abondante de *chimarrão*, ou maté, une infusion venant d'une plante locale, que l'on associe souvent aux gauchos. La longue présence allemande dans la région explique aussi l'abondance de riches pâtisseries.

En plus des établissements classiques, on retrouve au Brésil diverses options comme les restaurants *comer a kilo*, buffets où l'on se sert et où on pèse l'assiette, ou les *rodizios* de pizzas et de viande, où les serveurs tournent dans la salle avec plusieurs types de pizzas ou des broches de viande et les clients choisissent à leur goût. Les *churrascarias* sont spécialisées dans la viande grillée au barbecue (bœuf, porc, poulet, agneau, etc.) alors que les *galeterias* ne servent que du poulet. Les *mineiros* proposent

© STOCKCREATIONS - SHUTTERSTOCK.COM

Spécialités brésiliennes.

DÉCOUVRIR

une cuisine rurale souvent à base de porc et de haricots. Pour les petites faims, on retrouve les *lanchonetes*, équivalents d'un snack.

Les classiques de la cuisine brésilienne

Parmi les en-cas brésiliens les plus communs, on retrouve l'*acarajé* (beignet de haricots cornilles, fourré d'une pâte épicée lait de coco-cacahuètes, de crevettes et de crudités) ou la *coxinha* (un beignet en forme de cuisse). Les *pao de queijo* sont des croquettes moelleuses au fromage, et les *pamonha*, un chausson frit croustillant fourré de viande, de volaille, de fromage ou de légumes. Rappelant les *tamales* mexicains, la *pamonha* est préparée avec une pâte de maïs enveloppée dans ses propres feuilles et cuite à la vapeur. D'origine arabe, l'*esfirra* est une galette garnie de viande de mouton hachée et épicée. Les *bolinhos de bacalhau* sont des croquettes de morue, proche des acras. Sur les stands de rue de Rio, on dévorera un *podrão*, le hot-dog carioca garni de maïs, frites, fromage râpé, œufs, olives et ainsi de suite.

Plat national brésilien, la *feijoada* est composée de haricots noirs, de *carne-de-sol* (viande séchée), de saucisses et de côtes de porc, le tout servi avec du riz et du chou râpé cuit. La *maniçoba* est une *feijoada* amazonienne où les feuilles de manioc remplacent les haricots. Parmi les autres plats complets, citons aussi l'*arroz com feijão* (riz aux haricots noirs), la *galinhada* (ragoût épicé de riz et de poulet), l'*empadão* (une sorte de hachis parmentier), l'*empadão de frango* (une tourte copieuse avec poulet, fromage et légumes) et le *virado* (haricots, purée de manioc, côtelette de porc, saucisse, banane plantain et œuf frit).

Les plats de viande sont légion, avec bien sûr en tête de liste le fameux *churrasco*, un type de barbecue purement brésilien. Les découpes les plus nobles sont la *picanha*, la *fraldinha*, l'*alcatra* et la *maminha*, très tendres. Composé principalement de bœuf, ce festin comprend parfois aussi du poulet et du porc. La *carne-de-sol* est une spécialité de viande de bœuf ou de chèvre, salée et séchée, emblématique des *sertanejos* (cowboys) du Nordeste. Sinon, le *X-Tudo* est un hamburger exceptionnellement haut comprenant une quantité délirante de garnitures : steak haché, bacon, crudités, maïs, jambon, fromage, frites, saucisses et ainsi de suite. L'engloutir sans s'en reverser la moitié dessus tient de l'exploit. Le *filé a Osvaldo Aranha*, inventé à Rio de Janeiro, se compose d'un filet de bœuf garni d'ail frit, accompagné de pommes de terre frites, de riz blanc et de *farofa* (semoule de manioc).

On retrouve aussi de nombreux plats en sauce comme la *vaca atolada* et le *picadinho*, deux types de ragoût de bœuf, ou la *galinha à cabidela*, un civet de poulet avec le sang de l'animal. Le *xinxim de galinha* est un plat terre-mer avec poulet et crevettes dans une sauce finement épicée à la tomate, coriandre et noix de cajou pilées. Parmi les plats de poissons et fruits de mer, citons la *moqueca de peixe* (poisson, lait de coco, tomates, oignons et coriandre), la *caldeirada* (sorte de bouillabaisse de poissons et de fruits de mer avec du lait de coco) ou encore le *bobó de camarão* (crevettes dans une crème au manioc, lait de coco, gingembre et herbes aromatiques).

© QUEIJADINHA - ISTOCKPHOTO.COM

Le bolo do rolo, souvent délicatement fourré à la confiture de goyave.

Desserts et boissons

On retrouve au Brésil de nombreuses douceurs comme les *brigadeiro*, des truffes au cacao avec vermicelles en chocolat, ou les *beijinho de coco* (« baisers de coco »), des truffes blanches au lait concentré sucré et à la noix de coco. La *cocada* est une bouchée à la noix de coco allant du blanc au brun, selon la caramélisation. Enfin, le *queijadinha* est un gâteau moelleux au fromage frais et – bien sûr – à la noix de coco. Les Brésiliens sont également friands de « *bolo* », comprendre « gâteau », comme le *bolo de rolo* composé de nombreuses couches de biscuit très fines garnies de confiture de goyave, ou le *duche de leche* (*doce de leite*). Citons aussi le *bolo de fuba* (à la farine de maïs), le *bolo de mandioca* (au manioc) ou *bolo de arroz* (à la farine de riz). La *rabanada* est un savoureux pain perdu à la cannelle.

Le *quindim* (flan riche aux jaunes d'œuf et noix de coco), la mousse de *maracujá* (mousse de fruit de la passion) et la *canjica* (porridge de maïs à la cannelle) complètent le tableau. Le *manjar branco* est un entremets à la noix de coco nappé avec du caramel et des pruneaux. L'*açaí na tigela* est une purée de baie d'açai garnie de fruits frais et secs. Le Brésil est en effet le paradis des fruits tropicaux, des plus classiques aux plus insolites, comme le *bacaba* (fruit d'un palmier au léger goût d'avocat), le *cupuaçu* (dont la chair crémeuse permet de réaliser desserts et boissons), le *muruci* (une baie jaune très parfumée dont le goût oscille entre poire, litchi et banane) et le *tapereba* (un fruit orangé à la pulpe très odorante et acidulée).

A presque chaque coin de rue, on trouvera un bar à jus de fruits avec son cortège de fruits frais pendant au-dessus du comptoir. Préparés devant vous, les jus de fruits sont merveilleux. La *vitamina* est un type de jus de fruits additionné de lait, à moins de préférer une eau de coco bien rafraîchissante. Avec 3,6 millions de tonnes par an, le pays est le 1er producteur de café au monde. Le café brésilien est connu pour son amertume et se prépare de différentes manières, bien que l'expresso et le cappuccino soit des classiques. Le *cafezinho*, un café très sucré servi dans une tasse minuscule, est consommé toute la journée. Le maté est une infusion issue d'une plante originaire du Paraguay que l'on boit avec une *bombilla*, une paille terminée par une boule percée de trous pour filtrer les feuilles de maté. Le *tereré* est la version glacée de cette infusion à laquelle on additionne des morceaux d'agrumes.

Alcools

La cachaça est l'alcool brésilien le plus connu. Produit à partir de canne à sucre, cette eau-de-vie titrant à environ 40-45° est similaire au rhum même si sa production est différente. Si le rhum est confectionné à partir de mélasse de canne à sucre cuite, la cachaça est produite à partir du jus de canne frais, appelé « *varappa* ». Elle peut être jeune (dite *branca*, « blanche », ou *prata*, « argentée ») ou âgée (*amarela*, « jaune », ou *ouro*, « dorée »). Cet alcool entre dans la composition de nombreux cocktails, dont le plus célèbre, la caipirinha, est un mélange de citron, sucre et glace pilée. On retrouve quelques variantes comme la caipiroska (à base de vodka et non de cachaça), ou d'autres versions où le citron est remplacé par d'autres fruits. La *batida* est un terme désignant un mélange de jus de fruits et de cachaça.

La bière (*cerveja*) est très appréciée au Brésil et elle est souvent servie au litre. Sur les plages, on la retrouve dans des cache-bouteilles entourées de polystyrène pour la garder fraîche. Le pays produit surtout des lagers (bières blondes) plutôt désaltérantes. Les marques les plus connues sont Saint Bier, Antarctica, Brahma, Itaipava, Bohemia et Skol. Attention à ne pas confondre la dernière avec Skøll, une production française de bière parfumée à la vodka du groupe Kronenbourg. A noter aussi que la marque Antarctica produit également du guaraná, un soda sans alcool à l'arrière-goût de cidre, très riche en caféine, créé en 1921.

Si la vigne nécessite un climat tempéré avec des différences de températures marquées pendant l'année – ce qui ne semble pas nécessairement correspondre au Brésil – l'extrême-sud du pays est viticole et propose quelques crus intéressants, comme le castel-chatelet (rouge), le pinot noir, le cabernet et le chardonnay aurora (blanc). Toutefois, la demande nationale est importante et le pays importe beaucoup de vins du Chili ou d'Argentine.

AGENDA

L'agenda des festivités lors d'un séjour dans l'Etat de Rio et du Minas Gerais est riche en manifestations de toutes natures. L'état de Rio ne se limite pas à la ville éponyme et à son carnaval. Ce dernier reste cependant un élément majeur des festivités qu'il faut préparer longtemps à l'avance. L'offre est riche en évènements culturels, religieux, sportifs, musicaux. Quel que soit le moment de l'année que l'on choisit pour un périple presque toujours marquant par la force et la beauté des lieux et des habitants, on pourra assister à des évènements, souvent synonymes de ferveur populaires. La dimension culturelle sera particulièrement mise en valeur dans le Minas Gerais lors de la fête de l'Aleijadinho à Ouro Preto au mois de novembre, tout comme le festival d »hiver dans la même. Lors des fêtes de Pâques, c'est l'éxubérance de la ferveur catholique qui sera palpable. La fête, la foi et la culture sont omniprésentes, assurément.

DIA DE SÃO SEBASTIÃO

20 janvier.

Le Dia de São Sebastião est une fête importante à Rio. Le 20 janvier, des Processions et des fêtes sont organisées en l'honneur du São Sebastião, saint patron de Rio de Janeiro, correspondant au jour où les Portugais ont exploré les eaux de la baie de Guanabara. La ville a été baptisée São Sebastião do Rio de Janeiro (Saint Sébastien de Rio de Janeiro). Des processions et des pèlerinages sont généralement organisés par l'Eglise catholique. São Sebastião est également le saint patron des athlètes et des militaires qui l'honorent en ce jour.

ANIVERSÁRIO DO RIO DE JANEIRO

1er mars. Commémoration du jour de la fondation de la ville.

Chaque 1er mars, on assiste à la commémoration de la fondation par les Portugais de Rio de Janeiro (*Estácio de Sá*), le 1er mars 1565. Le capitaine portugais va nommer la ville São Sebastião do Rio de Janeiro en l'honneur du roi du Portugal Dom Sebastião Ier qui règne alors sur le pays. Le reste du patronyme de la ville, dont le site a été découvert le 1er janvier 1502 repose sur la méprise des découvreurs. Ils avaient pris la baie pour l'embouchure d'une rivière.

CARNAVAL DE RIO

✆ +55 21 3500 0133

www.rio-carnival.net

La début du carnaval tombe exactement 47 jours avant Pâques.

C'est un des plus grands et spectaculaires carnavals du monde qui dure 5 jours. Rio est sans doute le plus organisé de ce type de festivités. Celui-ci dure officiellement 5 jours, du vendredi soir jusqu'au mardi gras. L'acmé de ces 5 jours de fête est bien entendu le défilé des écoles de samba : les 12 meilleures écoles de la ville défilent deux soirs de suite devant les 70 000 spectateurs installés sur les gradins de l'avenue Marquês de Sapucai (l'adresse officielle du Sambodrome). Les tribunes au meilleur rapport qualité-prix sont les secteurs 5, 7 et 9. Les prix peuvent varier de 230 R$ à presque 1 000 R$ selon l'emplacement et le jour.

- **Pour obtenir vos places** : contactez une agence ou connectez-vous sur les sites www.rio-carnival.net/carnaval ou www.camarotecarnaval.com
- **Dans le Centro**, ne manquez surtout pas le « Boitata » ! Le *bloco* se concentre sur la praça XV puis se balade dans les ruelles du vieux centre-ville, suivi de son peuple de fidèles. Tout ce monde est déguisé ! sans doute l'un des plus beaux *blocos* du carnaval de rue. Le samedi matin, sur la place Cinelândia, se rassemble le « Cordão da Bola Preta », le plus grand *bloco* de Rio, qui attire plusieurs centaines de milliers de personnes.
- **Répétitions**. Le carnaval demande des mois et des mois de préparation. De décembre à fin février, toutes les écoles de samba réalisent des *ensaios técnicos*, des essais techniques au Sambodrome les samedis et dimanches soir pour préparer le spectacle. Une sorte de répétition générale à laquelle on peut assister gratuitement.

SEMANA SANTA

Processions de la Semaine sainte. Du 2 au 9 avril 2023.

La foi catholique est palpable au Brésil. Les fêtes religieuses sont souvent des moments de ferveur et de festivités riches en couleur et en symbolisme. Au moment de Pâques, les Etats de Rio de Janeiro et du Minas Gerais proposent de nombreuses manifestations. Les processions de la Semaine sainte, la semaine précédant Pâques, sont particulièrement fastueuses à Paraty (RJ), Ouro Preto Mariana (MG) et Diamantina (MG). Les fidèles tapissent de fleurs le parcours des processions religieuses. Réservez vos hébergements longtemps à l'avance !

FESTIVAL D'HIVER DE L'UFMG

BELO HORIZONTE

En juillet.

Festival d'hiver (donc en juillet dans cet hémisphère) de l'Université fédérale du Minas Gerais (UFMG) : 10 jours dédiés à la culture *mineira*, depuis la musique, le théâtre, la littérature, jusqu'aux arts plastiques. Le festival se déroule ces dernières années à Belo Horizonte. Il peut aussi y avoir quelques scènes à Ouro Preto. Les programmations sont en général de qualité. Il fait quelquefois un peu froid à Ouro Preto, cela vaut la peine d'assister à ce festival.

FESTAS JUNINAS

Au mois de juin, partout à Rio de Janeiro, s'organisent ces traditionnelles fêtes campagnardes. Les hommes revêtent jean et chemise à carreaux ; les filles robe à fleurs avec chapeau de paille, tresses et taches de rousseur sur les joues. On mange de la cuisine typique de la campagne, on boit un mélange de cannelle et de *cachaça* chaude. Au moment du « quadrille », une file de danseurs se forme au centre, où, en rang d'oignons, ils entament une danse joyeuse et rétro. Tout au long du mois, les journaux vous informent sur les différentes Festas Juninas du moment.

GRANDE PRÊMIO BRASIL

www.jcbinforma.com.br/hipodromo_gavea

Course hippique. Premier dimanche d'août.

Le Brésil, on ne le sait pas toujours, est un grand pays de l'art équestre. La famille Pessoa (Nelson, le père, surnommé affectueusement « le sorcier » et Rodrigo le fils) a longtemps incarné cette tradition. Le Grande Prêmio Brasil est l'épreuve majeure brésilienne du calendrier hippique. Il se déroule chaque premier week-end d'août au Jockey Club Brasileiro de Gávea. Même si on est peu familier de l'ambiance quelquefois guindée du milieu de l'équitation, le cadre somptueux des lieux et la ferveur brésilienne rendent ce concours forcément attrayant.

MARATONA DO RIO

✆ +55 21 2223 2773

www.maratonadorio.com.br

Marathon de Rio. Début juin.

Le tracé suit l'océan atlantique en longeant les plages mythiques de Recreio, Barra de Tijiucà, Sao Conrado, Leblon, Ipanema, Copacabana puis passe devant le pain de sucre et arrive à Flamengo. C'est peut-être le plus beau marathon du monde ! Des centaines de milliers de concurrents de tous les pays du monde tentent de boucler les 42 kilomètres du parcours en 2 heures pour les plus rapides, plus de 5 heures pour les moins performants mais réussir à finir ce parcours mythique est déjà en soi une magnifique victoire dans ce cadre merveilleux.

FEIRA DE ARTE DE AFONSO PENA

Av. Afonso Pena, 1060 - Centro

BELO HORIZONTE

Le dimanche de 8h à 15h.

Tous les dimanches l'avenue Alfonso Pena accueille la foire d'artisanat hebdomadaire la plus grande de la région. C'est l'une des plus importantes de toute l'Amérique latine, nous dit-on. On veut bien le croire lorsque l'on voit l'artère principale de la ville se noircir de monde. Longue d'un kilomètre, la *feira* réunit 3 000 exposants présentant toutes sortes de produits à tous les prix. Vous y dénicherez forcément LE cadeau original à rapporter en France.

FESTA LITERÁRIA INTERNACIONAL DE PARATY [FLIP]

PARATY

www.flip.org.br

Edition 2022 du 23 au 27novembre. Entrée payante, quelques attractions et rencontres gratuites.

Depuis 2003, la pittoresque ville de Paraty reçoit pendant cinq jours des écrivains, des cinéastes et des historiens renommés du monde entier pour débattre et présenter leur travail. Concerts et ateliers d'écriture ponctuent la fête. Festival très attendu, il faut penser à réserver. L'ambiance est conviviale et bon enfant. Ce festival continue de monter en puissance car les organisateurs font chaque année un travail remarquable de promotion de la culture.

DUO JAZZ FESTIVAL

TIRADENTES

En novembre.

Chaque année, un festival de jazz de 3 jours se tient en novembre à Tiradentes. Cela peut être l'occasion de séjourner dans ce village baroque *mineiro*. Les passionnés de musique instrumentale y trouveront de quoi assouvir leur passion dans ce lieu enchanteur qu'est le village natal du héros éponyme de l'Inconfidencia Mineira. Pour les professionnels ou les amateurs de bon niveau, il est également possible de prendre des cours de musique avec certains des meilleurs musiciens du Brésil. Le festival reprend ses droits après une interruption liée au covid.

DIA DA INDEPENDÊNCIA

7 septembre.

C'est la fête nationale brésilienne, le jour de l'indépendance du pays, qui date du 7 septembre 1822, quand le futur empereur Dom Pedro I refusa de rentrer au Portugal. Elle a été instauré en 1949. Bien sûr, cet évènement est fêté dans tout le Brésil et en particulier dans les grandes métropoles brésiliennes, mais comme souvent, beauté de l'écrin naturel de la ville oblige, c'est à Rio qu'il prend ses plus belles couleurs. On assiste à un grand défilé militaire sur l'Avenida Présidente Vargas et à un show aérien sur Copacabana !

SEMANA DE ALEIJADINHO

OURO PRETO

Aux alentours du 15 novembre

L'Aleijadinho, ou « petit estropié » est un artiste, sculpteur de son état, qui a décoré un grand nombre d'églises et de bâtiments civils jusqu'en 1814, date de sa mort. Bien qu'affecté par une maladie invalidante (la lèpre), il a apporté sa griffe au baroque « Mineiro ». Son histoire est indissociable de celle de sa ville : Vila Rica d'Ouro Preto, connue plus simplement aujourd'hui sous le nom d'Ouro Preto. Pendant une semaine de multiples fêtes et commémorations rendent hommage à l'artiste *mineiro* à Ouro Preto et dans le Minas Gerais.

FESTIVAL DO RIO

www.festivaldorio.com.br

Festival international du film de Rio de Janeiro. Du 6 au 16 octobre 2022.

Le Festival International du film de Rio, organisé à cheval sur la fin septembre et le début du mois d'octobre, est l'un des plus grands événements du continent latino-américain pour le 7e art. Plus de 400 films inédits sont alors à l'affiche, et quelques-unes des plus grandes stars d'Hollywood battent la *calçada* (pavé) de Copacabana pour l'occasion ! Des films brésiliens et des films internationaux sont présentés. La France est bien représentée avec une vingtaine de productions et des rétrospectives régulières de cinéastes français.

RÉVEILLON DU NOUVEL AN

Copacabana

31 décembre.

Le réveillon du Nouvel An à Rio de Janeiro est un moment chargé d'émotion quand la foule part en direction de la plage, toute de blanc vêtue. Le feu d'artifice du jour de l'an sur la plage de Copacabana, auquel assistent près de 2,5 millions de personnes chaque année (!), est un événement spectaculaire et unique au monde ! Avec le carnaval, c'est un des moments les plus forts de la saison touristique à Rio de Janeiro. Il faut donc anticiper très largement les réservations d'hôtels et billets d'avion et s'attendre à des tarifs élevés.

PASSPORT

SE REPÉRER / SE DÉPLACER

On arrive en général à Rio par l'aéroport international du Galeão « Antonio Carlos Jobim », dans l'île du gouverneur. Certaines connexions ou certains vols pour des destinations intérieures peuvent se faire à l'aéroport Santos-Dumont, à proximité du centre-ville. On peut se rendre à l'aéroport en taxi ou avec des navettes. Pour les transports en bus, que l'on privilégie si on a le temps, il faut se rendre à la gare routière (*rodoviaria*) du Novo Rio, dans le nord de Rio. Rio est connectée par bus direct avec la majorité des grandes villes brésiliennes. Les temps de parcours peuvent être longs ! La journée et dans les quartiers que l'on connaît, on peut prendre les bus « classiques » ou les minibus. Le plus simple et le plus sûr la nuit reste le taxi (ou Uber) que l'on aura pris soin de prendre en tête de station ou qu'on aura appelé à la centrale. Enfin, dans la zone sud, il est également possible de faire du vélo, surtout le week-end.

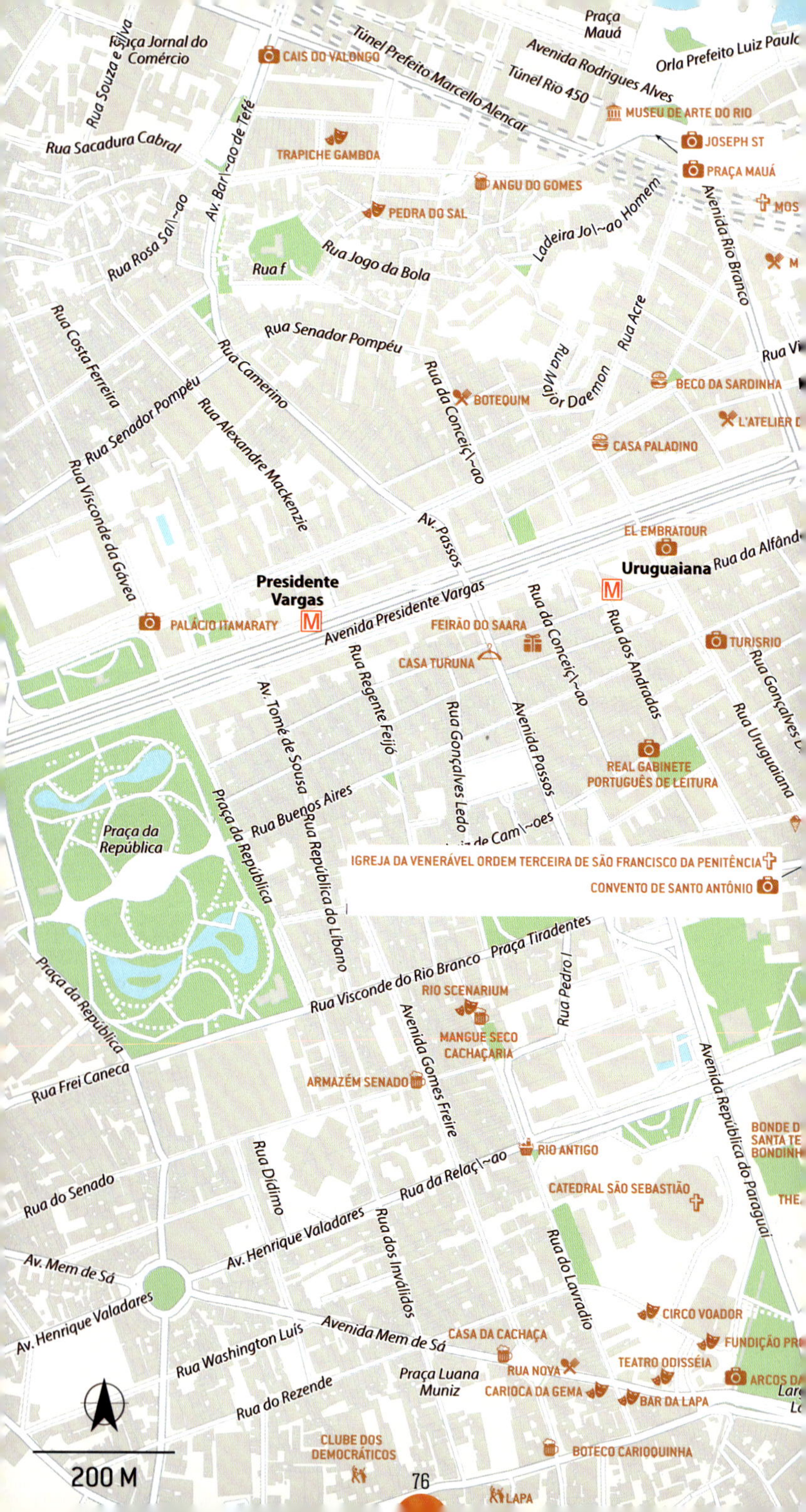
Praça Mauá
Rua Souza e Silva
Praça Jornal do Comércio
CAIS DO VALONGO
Túnel Prefeito Marcello Alencar
Avenida Rodrigues Alves
Túnel Rio 450
Orla Prefeito Luiz Paulo
MUSEU DE ARTE DO RIO
JOSEPH ST
PRAÇA MAUÁ
Rua Sacadura Cabral
TRAPICHE GAMBOA
ANGU DO GOMES
PEDRA DO SAL
Rua Rosa Sal\~ao
Av. Bar\~ao de Tefé
Ladeira Jo\~ao Homem
Avenida Rio Branco
Rua f
Rua Jogo da Bola
Rua Senador Pompéu
Rua Costa Ferreira
Rua Camerino
Rua da Conceiç\~ao
BOTEQUIM
Rua Major Daemon
Rua Acre
BECO DA SARDINHA
L'ATELIER
CASA PALADINO
Rua Senador Pompéu
Rua Alexandre Mackenzie
Rua Visconde da Gávea
Av. Passos
EL EMBRATOUR
Uruguaiana
Rua da Alfândega
Presidente Vargas
PALÁCIO ITAMARATY
Avenida Presidente Vargas
FEIRÃO DO SAARA
Rua da Conceiç\~ao
Rua dos Andradas
TURISRIO
CASA TURUNA
Rua Regente Feijó
Av. Tomé de Sousa
Rua Gonçalves Ledo
Avenida Passos
Rua Gonçalves Dias
Rua Uruguaiana
REAL GABINETE PORTUGUÊS DE LEITURA
Praça da República
Rua Buenos Aires
Rua República do Líbano
Praça da República
Rua Cam\~oes
IGREJA DA VENERÁVEL ORDEM TERCEIRA DE SÃO FRANCISCO DA PENITÊNCIA
CONVENTO DE SANTO ANTÔNIO
Praça Tiradentes
Rua Visconde do Rio Branco
Rua Pedro I
RIO SCENARIUM
Praça da República
Avenida Gomes Freire
MANGUE SECO CACHAÇARIA
Avenida República do Paraguai
Rua Frei Caneca
ARMAZÉM SENADO
Rua Dídimo
RIO ANTIGO
Rua da Relaç\~ao
CATEDRAL SÃO SEBASTIÃO
Rua do Senado
Av. Henrique Valadares
Rua dos Inválidos
Rua do Lavradio
Av. Mem de Sá
Av. Henrique Valadares
CIRCO VOADOR
Avenida Mem de Sá
CASA DA CACHAÇA
FUNDIÇÃO PR
Rua Washington Luís
TEATRO ODISSÉIA
Praça Luana Muniz
RUA NOVA
ARCOS DA
CARIOCA DA GEMA
BAR DA LAPA
Rua do Rezende
CLUBE DOS DEMOCRÁTICOS
BOTECO CARIOQUINHA
200 M
LAPA

Centro - Rio de Janeiro
Rua Arnaldo Luz
Rua Almirante Barroso
Praça Barão de Ladário
Baía De Guanabara
CASA FRANÇA-BRASIL
IGREJA N. S. DA CANDELÁRIA
CENTRO CULTURAL BANCO DO BRASIL-CCBB
CAIS DO ORIENTE
MINHO
Rua Primeiro de Março
BARCAS
ARCO DO TELES
ASSEMBLEIA LEGISLATIVA
Praça Quinze de Novembro
PRAÇA XV
PAÇO IMPERIAL
BISTRÔ DO PAÇO
Rua da Quitanda
Rua Cais Pharoux
MUSEU HISTÓRICO NACIONAL
ILHA FISCAL
BAÍA DE GUANABARA
ESPAÇO CULTURAL DA MARINHA
Avenida Alfred Agache
Rua da Assembléia
COLOMBO
Avenida Presidente Antônio Carlos
Av. General Justo
PARQUE NACIONAL DA TIJUCA
METRORIO
LATAM AIRLINES
PRAÇA FLORIANO
Praça do Expedicionário
Pátio Lily e Roberto Marinho
Avenida Graça Aranha
Rua Debret
Rua St. Luzia
Av. Marechal Câmara
NOVOTEL RIO DE JANEIRO SANTOS DUMONT
MUSEU NACIONAL DE BELAS ARTES
Av. Churchill
Av. Franklin Roosevelt
Praça Floriano Peixoto
BAR AMARELINHO DA CINELÂNDIA
Cinelândia
Av. Calógeras
HOTEL ATLÂNTICO BUSINESS
Praça Senador Salgado Filho
Rua do Passeio
Praça Mahatma Gandhi
RUA PASSEIO PÚBLICO
Avenida Beira Mar
Avenida Infante dom Henrique
Rua Jardel Jercolis
Rua 1
Rua 2
Rua 3
Rua 6
Rua 8
Rua 10
Avenida Almirante Sílvio de Noronha
Rua do Flamengo
Teixeira de Freitas

Lapa et Santa Teresa – Rio de Janeiro

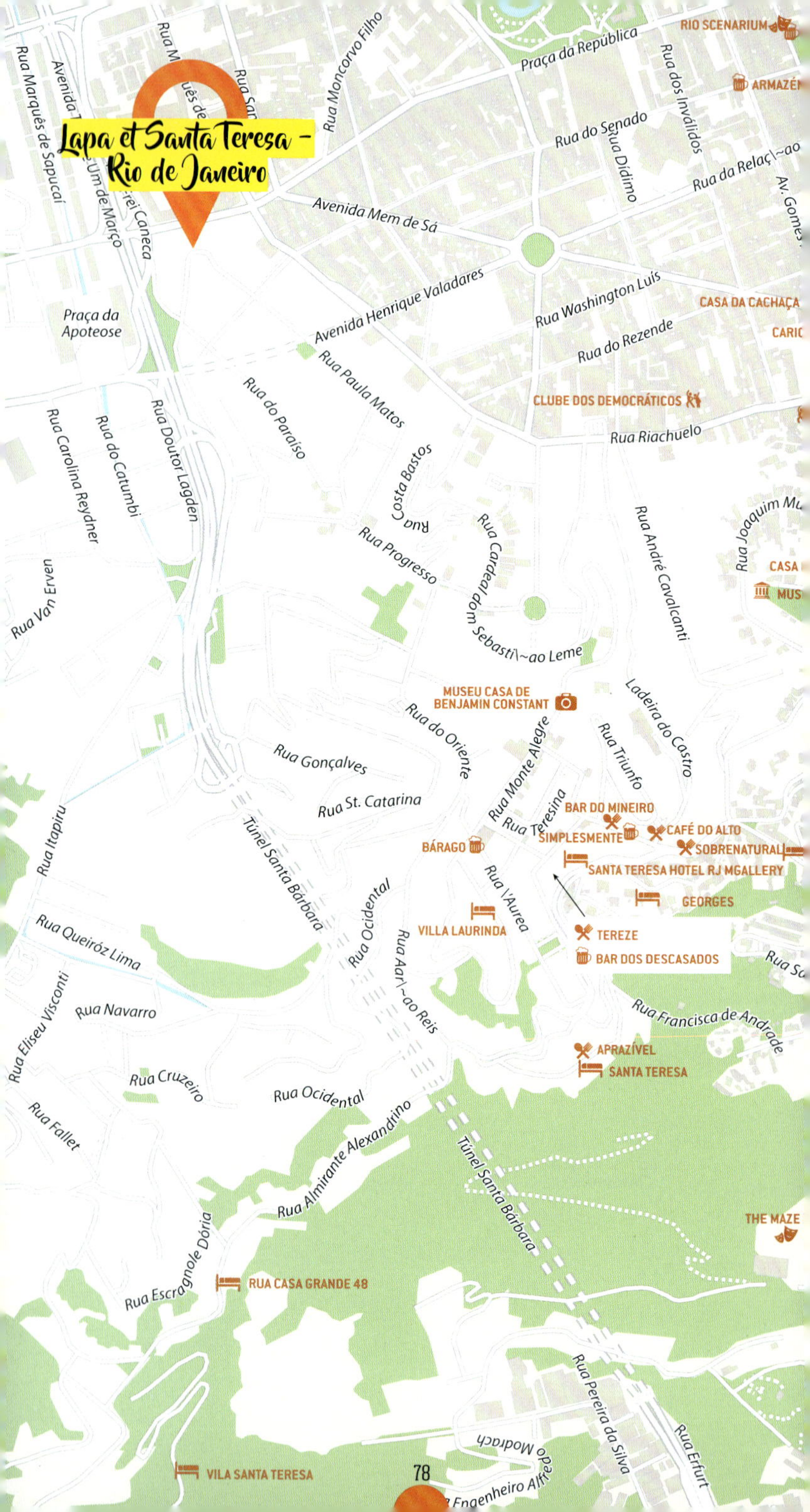

HAÇARIA
MUSEU NACIONAL DE BELAS ARTES
NOVOTEL RIO DE JANEIRO SANTOS DUMONT
Pátio Lily e Roberto Marinho
BONDE DE SANTA TERESA – BONDINHO
BAR AMARELINHO DA CINELÂNDIA
Cinelândia
BASTIÃO
THEATRO MUNICIPAL DO RIO DE JANEIRO
Av. Calógeras
HOTEL ATLÂNTICO BUSINESS
CIRCO VOADOR
FUNDIÇÃO PROGRESSO
EATRO ODISSÉIA
ARCOS DA LAPA
BAR DA LAPA
RUA PASSEIO PÚBLICO
Rua Jardel Jercolis
Rua 4
Rua 6
Rua 8
Rua 10
O CARIOQUINHA
ADEGA FLOR DE COIMBRA
ESCADARIA SELARÓN
Ladeira Santa Teresa
Avenida Augusto Severo
PRAÇA PARIS
Av. Infante dom Henrique
BECO DO RATO
A CASA DA GENTE
Avenida Beira Mar
Rua do Flamengo
Rua Taylor
O CÉU
Rua da Glória
QUEO LAS RUINAS
Pr. Paris
VILA PARANAGUÁ
VILA PARANAGUÁ
Rua Cândido Mend
DE RUSO
Glória
Rua do Russel
Rua Benjamim Constant
Largo da Glória
St. Cristina
Rua do Russel
Rua Pedro Américo
Rua do Catete
dro Américo
Avenida Infante dom Henrique
Rua Silveira Martins
MUSEU DA REPÚBLICA
MUSEU DE FOLCLORE EDISON CARNEIRO
Rua Ferreira Viana
Rua Bento Lisboa
Rua Corrêa Dutra
Rua Buarque de Macedo
Praia do Flamengo
Rua Dois de Dezembro
Largo do Machado
EMPÓRIO SANTA FÉ
AR DO BAIXO
Rua das Laranjeiras
Rua Machado de Assis
200 M

Zona Sul, côté vert nord
Rua St. Catar
Rua Migue
Túnel Santa Bárbara
Rua Queiróz Lima
Rua Ocidental
Túnel San
Rua Navarro
Rua Itapiru
Rua Eliseu Visconti
Rua Fallet
Rua Cruzeiro
Rua Ocidental
Rua Guaicurus
Rua Caturama
Rua I
Rua Jaqueira
Rua a
Rua b
Rua b
Rua Escragnole Dória
Rua Meladona
Rua Flor de Lótus
Largo do França
Rua Chuva de Prata
Rua Fortuna
Rua Flor de Maio
Rua Gérbera
Rua Lírio Branco
Rua Prefeito Jo\~ao Felipe
Rua Morro S\~ao Judas Tadeu
Rua Gomes Lopes
CANTINA DO GAÚCHO
Rua Alice
CASA ROSA
Rua Professor Olinto de Oliveira
Rua Doutor Júlio Otoni
Rua Mário Portela
Rua Santa Lúcia
Parque Nacional da Tijuca
Praça Múcio Leão
Rua Marechal Pires Ferreira
Túnel Antôni
Largo Prof Melo Silva
LARGO DO BOTICÁRIO
JO&JOE
32 LARGO DO BOTICÁRIO
CRISTO REDENTOR - CORCOVADO
Rua Cosme Velho
PRANA VEGETARIANO
Praça Jar
Laranjeir
Rua Stefan Zweig
Praça São Judas Tadeu

Glória
Largo da Glória
Largo da Glória
Rua Cândido Mendes
Rua Benjamim Constant
ADEGA DO PIMENTA SANTA TERESA
FAVELA HYPE
Largo do Guimarães
EXPLORER BAR
Rua Teresina
Rua do Aqueduto
Rua Santa Cristina
Praça Odílio Costa Neto
Praça Napoleão Muniz Freire
Rua Santo Amaro
Rua Francisca de Andrade
Rua Aprazível
Rua Pedro Américo
Rua Pedro Américo
Praça Poeta Fernando Pessoa
Rua Tavares Bastos
Rua Silveira Martins
Catete
RIAL IMPERIAL HOTEL
Rua Corrêa Dutra
Rua Bento Lisboa
PETIT RIO HOTEL
CATETE GRILL
Parque Eduardo Guinle
Largo do Machado
VILLA 25 HOSTEL & SUITES
Rua Gago Coutinho
ROTISSERIA SIRIO LIBANESA
Largo do Machado
Rua das Laranjeiras
Rua Pereira da Silva
Viaduto Engenheiro Noronha
Rua Erfurt
Praça Del Prete
Rua Conde de Baependi
Praça José de Alencar
TACACA DO NORTE
Praça Jardel Filho
Praça São Salvador
Rua São Salvador
CAFÉ LAMAS
Praça Duque Costa
Rua Ipiranga
Rua Marquês de Abrantes
Largo Prof Saul Borges Carneiro
Rua Coelho Neto
Rua Paissandu
Flamengo
Rua Marquês de Pinedo
ARMAZÉM CARDOSÃO
Rua Pinheiro Machado
Rua Paulo VI
Rua Paulo VI
Rua Juçanã
Rua Barão de Itambi
Rua Jagua
Praça Chaim Weizmann
VIA FARANI
Rua Mundo Novo
200 M

Zona Sul, côté vert sud
Parque Nacional da Tijuca
Pq. Lage Corcova
Trilha
PARQUE LA
PLAGE CA
Rua Sara Vilela
Rua Visconde de Itaúna
Rua Inglês de Souza
Rua Peri
Rua Benjamin Batista
Rua Itaipava
Praça Pio XI
Praça Dag Hammarskjoeld
Rua Faro
m Campos Porto
Rua Zara
Rua Corcovado
Rua Lopes Quintas
Rua Jardim Botânico
Praça Custódio de Melo
Praça Professor Toninho Lopes
POUSO VERDE B&B
Rua Pacheco Le\~ao
GRADO RESTAURANTE
Largo Otto Lara Resende
Avenida Borges de Medeiros
Ilha Piraquê
Vila Hípica
Jardim Botânico do Rio de Janeiro
Aléia Caminhoá
Jardim Sensorial
JARDIM BOTÂNICO
Parque dos Patins
Parque Tom Jobim
Rua Major Rubens Vaz
Praça Santos Dumont
ua dos Oitis
BRASEIRO DA GAVEA
Avenida Bartolomeu Mitre
Parque das Figueiras
Praça Sibelius
Rua Artur Araripe
Praça Sibélius
Rua Mário Ribeiro
Rua Mário Ribeiro
Praça Nossa Senhora Auxiliadora
Praça Padre Serafim Leite
Parque das Taboas
Largo da Memória
Praça Khalil Gibran Khalil
Rua Juquiá
Praça Milton Campos

ua Cesário Alvim
Rua Marques
Rua Viúva Lacer da
Rua Jo|~ao Afonso
Rua Eudydes Figue
COBAL DO HUMAITÁ
JOAQUINA BAR
Rua Conde de Iraj
Rua Maria Eugênia
Rua Miguel Pereira
Praça Ituci
Rua Aiuru
Largo do Humaitá
Largo do Ibam
Praça Luís Mignone
Rua Ministro Artur Ribeiro
Rua Pio Cor rêa
Rua Araucária
Rua Humaitá
Praça dos Jacarandás
Praça Noeme Alcântara
Rua Casuarina
ânico
BRÁZ PIZZARIA
CARIOCA CEVICHERIA
Praça Marcos Tamoyo
nida Alexandre Ferreira
MR.LAM
Av. Borges de Medeiros
Rua Fonte da Saudade
Rua Sacop|~a
Rua Vitória Régia
Avenida Epitácio Pessoa
Rua Tabatinguera
LAGOA RODRIGO DE FREITAS
Avenida Epitácio Pessoa
Praça Professor Arnaldo de Moraes
Cantag
Parque do Cantagalo
Praça Senador Felinto Muller
Praça Eugên Jardim
200 M
83 BAR LAGOA

WINDSOR FLORIDA HOTEL
MENGO PALACE HOTEL
BOTECO BELMONTE
PARQUE DO FLAME
OI FUTURO FLAMENGO
Largo do Machado
MAJÓRICA
JULIETA RESTAURANTE
JULIETA - CHÁ DA TARDE
Flamengo
EBISU
MUSEU CASA RUI BARBOSA
Botafogo
PRAIA VERME
Largo de Guiomar Novaes
Rua Bento Lisboa
Rua do Catete
Avenida Infante dom Henrique
Rua das Laranjeiras
Praia do Flamengo
Rua Ipiranga
Rua Paissandu
Praça Cuauhtemoque
Rua Pinheiro Machado
Rua Paulo VI
Rua Marquês de Abr
Rua Senador Vergueiro
Rua Juçan\~a
Rua Jagua
undo Novo
Avenida Rui Barbosa
Avenida das Naç\~oes Unidas
Praia de Botafogo
Rua Assunç\~ao
Rua Bambina
Rua S\~ao Clemente
Viaduto Pedro \'Alvares Cabral
Av. Pasteur
Avenida Pasteur
Rua Voluntários da Pátria
Rua Professor \'Alvaro Rodrigues
Rua General Polidoro
Rua da Passagem
Rua Arnaldo Quintela
Rua \'Alvaro Ramos
Rua Assis Bueno
Av. Lauro Sodré
Av. Carlos Pe
Cemitério São João Batista
Área de Proteção Ambiental dos Morros da Babilônia e São João

Ilha da Laje
Baie de Guanabara
Morro Cara de Cão
BAR URCA
Avenida Jo|~ao Luiz Alves
Avenida Antônio Jo|~ao
Océan Atlantique
PRAIA DA URCA
Cantuária
Avenida S|~ao Sebasti|~ao
Praça dos Bondes
200 M

Cemitério São João Batista
Morro de São João Eparea
GALETO SA
BAR DO DA
CHE LAGARTO HOSTEL COPACABANA
BE A LOCAL TOURS
Rua Barata
Rua Euclides da Rocha
Praça Vereador Rocha Leão
Rua St. Clara
Ladeira dos Tabajaras
Rua Siqueira Campos
BELMOND COPACABANA PALACE
CIPRIANI
PÉRGULA
ADEGA PÉROLA
Praça Edmûndo Bittencourt
Siqueira Campos
Praça Shimon Peres
Rua Tonelero
ALFAIA
AMSTERDAM SAUER
TRATTORIA
WINDSOR EXC
PREMIER COPACABANA
DONA EMPADA X
MAR PALACE
Praça Serzedelo Corrêa
MANOEL E JUAQUIM
ARENA COPACABANA HOTEL
PRAIA DE COPACABANA E L
FEIRAS DE COPACABANA
Rua Cinco de Julho
Rua Barata Ribeiro
BAKERS
ESTAÇÃO MINAS
Praça Heróis Húngaros
BALI ONE
BISTRÔ SANTA SATISFAÇÃO
HARU SUSHI BAR
BARRACA DA CHIQUITA
JW MARRIOTT HOTEL RIO DE JANEIRO
MOLE
Jardim Marbella
Rua Pompeu Loureiro
SORVETE ITÁLIA
Avenida Atlântica
Cantagalo
AIPO AIPIM
Rua Bolívar
CARAVELLE
IBIS COPACABANA POSTO 5
ELEVADOR DO MORRO DO CANTAGALO
BLÉ NOIR
ALEX RIO FLATS
Praça Sarah Kubitschek
BIP BIP
Rua Sá Ferreira
Rua Raul Pompéia
GAROTA DE COPACABANA
EMILIANO RIO
Parque Peter Pan
VENGA CHIRINGUITO
MARTA RIO GUEST HOUSE
SELEÇÃO ESPORTES
ORLA COPACABANA
Avenida Rainha Elisabeth
Praça Cel Eugênio Franco
MUSEU HISTÓRICO DO EXÉRCITO – FORTE DE COPACABANA
Rua Joaquim Nabuco
CONFEITARIA COLOMBO COPA
HOTEL ARPOADOR
GALERIA RIVER
Parque Garota de Ipanema
TT BURGER
PRAIA DO ARPOADOR
Largo do Millôr

AQUARELA DO LEME
Praça do
Campinho (Nr)
AVIS
MORRO DE LEME – FORTE DUQUE DE CAXIAS
MARIUS DEGUSTARE
SHIRLEY
RESTAURANTE
GAIA ART & CAFE
Praça Almirante
Júlio de Noronha
UNIDAS
AMICI
Avenida Atlântica
TABERNA ATLÂNTICA
BISTRÔ SALOME
MEE RESTAURANTE
Zona Sul,
côté mer sud
Océan
Atlantique
200 M

Zona Sul, côté mer ouest
Parque das Figueiras
Praça Sibelius
Rua Artur Araripe
Praça Sibélius
Rua Mário Ribeiro
Avenida Borges de Medeiros
Lagoa Rodrigo De Freitas
Parque do Cantagalo
Ilha Caiçaras
Parque das Taboas
Praça Milton Campos
Avenida Afrânio de Melo Franco
Avenida Epitácio Pessoa
Rua Barão de Jaguaripe
Rua Alberto de Campos
Rua Nascimento Silva
Avenida Visconde de
Rua Dias Ferreira
Rua Jo\~ao Lira
ACADEMIA DE CACHAÇA
HELISIGHT
ACADEMIA DA CACHACA
CLAUDE
CT BOUCHERIE
SHOPPING LEBLON
Jardim de Alah
Praça Grécia
Praça Alcazar de Toledo
MIL FRUTAS
ALESSANDRO & FREDERICO CAFÉ
SHENANIGAN'S
CARRETÃO
PICI TRATTORIA
TOCA DO VINICIUS
SATYRICON
IPANEMA BEACH HOUSE
NOSSO
NEW NATURAL
DELIRIUM CAFÉ
ESCOLA DE SURF PAULO DOLABELLA
LIVRARIA DA TRAVESSA
BAZZAR
GIUSEPPE GRILL
SUSHI LEBLON
KURT
Antero de Quental
BAR BRACARENSE
BIBI SUCOS
DIVE POINT
JOBI
NAM THAI
Praça Antero de Quental
Largo Alm. Belfort Vieira
GEMME
H.STERN
GILSON MARTINS
ARMAZÉM DEVASSA
HOTEL VERMONT IPANEMA
WHEREINRIO
HAVAIANAS
VERO
GALITOS GRILL
BLUE MAN
EL MISTI HOSTEL IPANEMA
CHE LAGARTO HOSTEL IPANEMA
DELIRIO TROPICAL
BALADA MIX
OSKLEN
IPANEMA INN
CASA DA FEIJOADA
BLUE AGAVE
MANGO TREE
VINICIUS BAR
BIKE E LAZER
CAFEÍNA
AMAZÔNIA SOUL
GALERIA CAFÉ
Rua Leblon
QUIOSQUE ARAB
PRAIA IPANEMA HOTEL
COLHER DE PAU
RESTAURANTE ORO
JANEIRO HOTEL
Avenida Delfim Moreira
Avenida Vieira Souto
ZAZÁ BISTRÔ TROPICAL
GAROTA DE IPANEMA
SOL IPANEMA HOTEL
PRAIA DE IPANEMA E LEBLON
Parque Penhasco Dois Irmãos
Océan Atlantique

Zona Oeste
Parque Nacional da Tijuca – Floresta da Tijuca
Parque Nacional da Tijuca
Hotel Nacional Rio
Rio Tandem Fly de Janeiro
Tuakaza
Vanazul Home
Pedra Bonita et Pedra da Gávea
Casanova Residence
Florest Aventura
Brazil Divers
Asa Delta Flight
Rioparapente.com
Itanhangá
Estr. das Furnas
Jacarepaguá
Anil
Gardênia Azul
Curicica
Quadrifoglio
Capim Santo
Giuseppe Mar
Adega Santiago
Plancha
BarraShopping
Gabbiano
Wyndham Rio Barra
Barra da Tijuca
Avenida Lúcio Costa
Praia da Barra da Tijuca
Ilha da Pombeba
Camorim
Bandeirantes
Allende
Avenida Salvador
Vargem Grande
dos
Vargem Pequena
Recreio dos Bandeirantes
Parque Estadual Pedra Branca
Estrada
Estrada do Pontal
Prainha
Barra de Guaratiba
Le Relais de Marambaia
Océan Atlantique

SE REPÉRER / SE DÉPLACER

DE L'AÉROPORT AU CENTRE-VILLE

On arrive en général au Brésil via l'aéroport international de Rio de Janeiro, ou à l'aéroport Santos-Dumont avec certains vols intérieurs. Les vols intérieurs permettent de desservir tous les Etats brésiliens et de très nombreuses villes du pays. Il est déconseillé de changer l'argent dans les guichets de change de l'aéroport lorsqu'on arrive à Rio car les taux sont très désavantageux. On peut se rendre au centre-ville à partir des aéroports en navette ou en taxi, voire en Uber. On peut utiliser le site https://tarifadetaxi.com/ pour calculer le prix des courses. Comptez entre 100 et 120 R$ pour la zone sud (c'est moins pour le retour).

TRANSPORTS EN COMMUN

Les transports en commun, intra-urbains comme interurbains, sont très développés et assez bon marché.

- **Les bus interurbains** se prennent dans les *rodoviárias* (gare routière). On peut réserver son billet en ligne sur différents sites (www.clickbus.com.br). Il est recommandé de réserver son billet sur Internet sur les liaisons les plus fréquentées ou en fin de semaine. Les grandes compagnies sont sérieuses et les bus propres. On présente une pièce d'identité et les bagages ne sont donnés qu'en échange du coupon remis remis à l'embarquement. L'air conditionné est poussé à fond, prévoir un pull pour se couvrir. Les compagnies de bus sont nombreuses sur tout le territoire brésilien.

- **Les bus de ville** sont souvent plus compliqués à utiliser mais en se faisant aider à la pousada ou par des locaux, c'est une expérience intéressante et assez bon marché. Il faut connaître les lignes et ne les utiliser que sur des zones fréquentées et sûres et pendant la journée seulement. Les petits bus *frescao* se prennent à la volée, les destinations sont marquées sur le pare-brise. On paye directement au *cobrador*.

- **Le métro sous-terrain** est une option intéressante à Rio. Il est très sûr mais assez limité en extension. Les tickets de métro s'achètent dans les stations et se rechargent. On se repère facilement grâce aux plans de métro. Des tramways et des métros aériens (BRT) complètent l'offre de transports. Le ticket de bus coûte 4,5 R$ à Rio de Janeiro.

- **Des ferries** (*lanchas*) existent à Rio. Ils coûtent 6,10 R$ entre Rio de Janeiro et Niterói (musée d'art moderne dessiné par Niemeyer).

VÉLO, TROTTINETTE & CO

Le vélo se développe dans les villes brésiliennes, comme dans toutes les métropoles du monde. A Rio, une partie de la ville est laissée aux cyclistes, aux trottinettes et aux rollers le dimanche. Le reste de la semaine, de plus en plus d'espaces sont dédiés aux transports « doux ». En général, les pistes cyclables se trouvent surtout dans les zones sûres des villes (zona Sul de Rio). Il faut respecter les consignes générales de sécurité et se rappeler que la conduite automobile dans les grandes villes brésiliennes est aléatoire. Des sorties de groupe sont organisées régulièrement. Un système de vélos en libre-service semblable au Vélib' est désormais développé dans de nombreuses villes, selon les mêmes modalités qu'en France (https://bikeitau.com.br). On peut louer un vélo selon les mêmes modalités qu'en France à Rio. Si on respecte les consignes de sécurité, découvrir les villes brésiliennes en vélo est un réel plaisir, on sent mieux l'âme des villes et la nature.

AVEC UN CHAUFFEUR

Les taxis et les VTC sont également très développés au Brésil. Les taxis peuvent être prépayés quand on les prend à l'aéroport, sinon, le coût de la course est calculé grâce au compteur que le conducteur se doit de mettre en marche, sauf si vous négociez le prix en avance. Il existe deux tarifications pour les taxis (jour et nuit, le tarif de nuit commence en général à 18h). Une consigne de sécurité de base est de ne pas prendre de taxi « pirate ». On peut faire appeler son taxi de l'hôtel ou du restaurant, sinon on le prend en tête de station. On évite de les héler en pleine rue, a fortiori la nuit. Les VTC de style Uber sont très présents et présentent une alternative aux taxis classiques. Les taxis apprécient peu cette concurrence qu'ils jugent déloyale. On peut réserver un véhicule VTC avec chauffeur sur le site Uber pour des distances courtes ou longues.

EN VOITURE

Toutes les grandes sociétés internationales de location de véhicules sont présentes au Brésil et les points de location sont nombreux. Louer une voiture peut avoir un sens si on veut se déplacer en de nombreux lieux (pas trop distants) et être libre de son itinéraire (vallée du café, villes coloniales du Minas Gerais ou par exemple). La personne qui loue un véhicule doit avoir le permis de conduire depuis plus de 2 ans (ou un permis de conduire international) et une carte de crédit internationale avec un crédit suffisant pour encaisser la caution. Il faut compter en moyenne 35 euros par jour de location mais les prix sont très variables. En réservant de France, on peut avoir des tarifs plus avantageux. Il faut s'assurer que les routes sont carrossables (elles sont impraticables en temps de pluie dans certains lieux). De nombreux radars contrôlent la vitesse des véhicules : 40 km/h en agglomération, 70 km/h hors agglomération et 110 km/h sur autoroute. Au risque de se répéter, il faut éviter de rouler la nuit et s'assurer que la région fréquentée soit sûre (les périphéries des grandes villes sont à éviter). Il n'est pas forcément nécessaire de louer un véhicule au Brésil pour réussir son séjour.

ACCESSIBILITÉ

Le Brésil n'est pas un bon élève en termes d'accessibilité des transports en commun et des déplacements sur la voie publique pour les poussettes et les personnes à mobilité réduite. Certaines zones résidentielles et/ou touristiques (zone sud de Rio) ont fait des efforts mais les trottoirs, surtout lorsqu'ils sont si joliment pavés, sont irréguliers, avec des trous nombreux et des obstacles difficiles à franchir.

LES ATTRAPE-TOURISTES

Il faut à tout prix éviter les taxis pirates, qui se trouvent surtout à la sortie des aéroports et des grands lieux touristiques. Ne prenez les taxis que dans les têtes de station ou ceux que vous avez fait appeler.

LES PHRASES CLÉS

Bonjour, comment puis-je me rendre à…
Bom dia, como posso ir até…

Est-ce loin à pied ? Y a-t-il le métro ou un bus... pour y aller ?
É longe a pé? Há metro ou autocarro.... para ir lá?

Pouvez-vous me montrer cet endroit sur la carte s'il vous plait ?
Pode mostrar-me este lugar no mapa, se faz favor?

Où puis-je acheter les tickets de transport ? Est-ce que je peux payer en carte de crédit ?
Onde posso comprar os títulos de transporte? Posso pagar com cartão?

Où est la sortie ? A gauche, à droite ou tout droit ?
Onde é a saída? À esquerda, à direita ou sempre em frente?

Je suis perdu et je suis en retard, s'il vous plait, aidez-moi ! Merci beaucoup !
Perdi-me e estou atrasado(a), se faz favor, ajude-me! Muito obrigado(a)!

QUARTIERS DE RIO DE JANEIRO

Les quartiers de Rio de Janeiro sont ici découpés en 4 zones qui respectent les logiques géographiques et sociales de la ville. Rio est une métropole de près de 8 millions d'habitants *intra muros* et les profils sociaux des quartiers y sont, à l'image de la géographie des lieux, complexes et contrastés. Globalement, les touristes (et les habitants des classes moyennes et supérieures) choisissent de résider dans les deux parties de la zone sud (côté terre et côté mer). On se rend au Centro (regroupé avec la zone nord) pour déjeuner à midi, faire ses courses dans les zones commerciales et apprécier ses monuments historiques. On fait la fête à Lapa et seul le quartier bohème de Santa Teresa est sûr à tout moment de la journée. La zone Nord est peu visitée, peu sûre et, à part pour le stade Maracanã et l'espace Luiz Gonzaga, elle présente peu d'intérêt touristique, tout comme la zone Ouest, essentiellement résidentielle.

Centro, Lapa et Santa Teresa

▶ **Centro**. Au cœur de la baie de Guanabara, le Centro est le quartier historique de la ville, où se situent les principaux édifices municipaux et culturels (cathédrale, Théâtre municipal, Palais Tiradentes, Musée des Beaux-Arts, Arco de Teles…). C'est aussi le centre d'affaires de la métropole avec ses multiples gratte-ciel, mais aussi ses magasins et ses marchés comme celui d'Uruguaiana. Aujourd'hui, le centre-ville rassemble plus de 50 % de l'activité économique de Rio. Plusieurs rues du Centro sont intéressantes : les rues animées de l'Ouvidor, d'Uruguaiana, de Buenos Aires et de Senhor dos Passos, délimitant le quartier commerçant du Saara. Dans la rue Carioca, datant du début du XXe siècle, on trouve un éditeur de musique, des magasins d'instruments, des librairies de livres d'occasion et un vieux cinéma, le tout le long de façades coloniales décharnées. La balade à pied est indispensable ! Les rues sont souvent étroites, la foule y est dense, mais c'est au milieu de ce dédale que vous vous imprégnerez du quotidien des Cariocas, celui du monde du travail. On n'oubliera pas la *confeitaria* Colombo. Vide le week-end et le soir, et donc potentiellement dangereux, les promenades sont alors à proscrire dans le Centro. Le Rio nocturne de Lapa et le Rio bohème de Santa Teresa, en revanche, sont quant à eux très animés le soir et assez sûrs... si on reste au cœur des zones animées.

La rue Uruguaiana.

▶ **Santa Teresa**, c'est le Montmartre *carioca*, à l'esprit de bohème solidement arrimé sur ses pavés usés, et beaucoup plus libre et moins touristique que notre Montmartre. Les belles demeures bourgeoises attestent du passé glorieux du quartier. Santa Teresa est en pleine renaissance et est redevenu un lieu incontournable pour les locaux et les touristes. Les bobos se réapproprient le quartier qui se pare de l'allure d'un improbable manteau d'arlequin grâce à des fresques de *street art* sur les murs délabrés de magnifiques maisons coloniales. Des bourgeois plus ou moins bohèmes, des artistes, un petit peuple affairé et laborieux s'y côtoient en un mélange que seul Rio sait proposer. Tout semble dès lors prendre une dimension artistique. Le *bondinho*, tramway local, réhabilité depuis 2015 en partie, gravit péniblement la colline durant la semaine comme au bon vieux temps. En haut de la butte, la montée jusqu'au Largo de Guimarães offre une vue sur le centre historique, le quartier d'affaires de la ville et toute la Zona Norte jusqu'au stade Maracanã, tandis que le Parc des

© BRASIL2 - ISTOCKPHOTO.COM

Parc de Flamengo.

Ruines (*Parque das Ruinas*), jouxtant le beau musée Chacara do Ceú, offre une magnifique vue sur la baie de Guanabará et le Pain de Sucre plus au sud.

Zona Norte. C'est la plus étendue de la ville, du nord du Centro et les quartiers traditionnels de São Cristóvão ou Tijuca jusqu'aux limites de la métropole. C'est le Rio déshérité et populaire, que l'on traverse en se rendant à l'aéroport international ou dans la forêt de Tijuca et son parc national, à plus de 700 mètres d'altitude. Hormis pour visiter l'espace culturel Luis Gonzaga ou le stade Maracanã, les touristes s'y rendent peu.

Zona Sul, côté mer

On y trouve les quartiers les plus connus, et souvent les plus huppés aussi, de Rio de Janeiro : Copacabana, Ipanema, Leme, Leblon, Urca, Flamengo, Botafogo et Glória.

Flamengo, Botafogo et Urca n'ont pas le prestige d'Ipanema. Ils offrent pourtant une vision idyllique sur le Pão de Açucar et la baie de Guanabara. Le grand parc de Flamengo, construit sur l'Aterro (terre-plein) en bord de mer dans les années 1950, est très agréable pour les promenades ou les joggings matinaux. Les innombrables terrains de foot, coincés entre les grandes avenues, sont le théâtre permanent de matches. Les plages de Flamengo et de Botafogo sont également superbes, mais malheureusement les eaux y sont très polluées. Ces deux quartiers, sûrs, sont pourtant d'excellentes options pour les séjours à Rio : bien situés entre le Centro historique et les plages de la Zona Sul, et moins onéreux que les hôtels des chics Copacabana, Ipanema ou Leblon. Enfin, *last but not least*, Flamengo est devenu un des quartiers les plus branchés la nuit. La place São Salvador est son image, festive, tolérante, progressiste !

Copacabana est sans doute la plage la plus connue de Rio. Les riches bourgeois y avaient une maison de plage ! Avec la densification de Copacabana, Rio change complètement de visage, devient une capitale en bord de mer. La construction du Copacabana Palace et du front de mer dans les années 1920 contribue à forger l'image et l'identité de Rio dans le monde. La mode des bains de mer va définitivement consacrer la notoriété de la ville. Aujourd'hui, un peu abandonné par les jeunes Cariocas, le quartier n'en reste pas moins le lieu magique et cosmopolite par excellence, mais beaucoup plus populaire que le huppé quartier d'Ipanema. Copacabana vit au rythme des bus bondés, des emplettes et des employés, des touristes et des promeneurs. D'aucuns regretteront le Copacabana des années 1960, moins dense et moins défiguré qu'aujourd'hui par des immeubles pas toujours esthétiques, mais ce quartier continue de véhiculer une certaine magie intemporelle. Le week-end, la plage se peuple de milliers de Cariocas, le spectacle des *tangas* (les maillots très échancrés) commence dans une ambiance bon enfant et se finit le soir aux terrasses de nombreux *botequims* installés sur la mythique Avenida Atlântica. Le dimanche, on ferme l'avenue aux automobiles tout comme à Ipanema, et on y trouve un intéressant marché touristique où vous trouverez tee-shirts, paréos, maillots de bain parmi les moins chers de la ville. Attention aux avenues désertes le soir et éloignées de la plage... La crise les a rendues peu sûres !

Leme. La baie mythique de Copacabana court sur près de 4 km, et se termine avec le quartier et la plage de Leme vers le Pain de Sucre. Plus tranquille, Leme vit au rythme de ses nombreux marchés de rues et recèle plusieurs très bonnes adresses de restaurants. La plage y est très étendue et agréable, coiffée au final par le *morro* du fort de Leme qui surplombe le quartier.

© MATYAS REHAK - SHUTTERSTOCK.COM

Le jardin botanique.

Ipanema, Leblon, sont les quartiers *hype* de la capitale fluminense. Dans les années 1950, la densification de Copacabana a déplacé le Rio « chic » sur les plages d'Ipanema puis de Leblon. Le quartier ne fait que 2 km de long sur 500 m de large, mais il réunit dans cet espace restreint la population huppée, artistique (mais haut de gamme) et les touristes de passage. C'est ici que vous trouverez le plus de boutiques, de restaurants et de bars sympas de toute la Zona Sul. Le quartier est définitivement plus jeune que Copacabana et Leblon, un véritable QG de la jeunesse dorée *carioca*. Leblon s'impose dans les années 1970 comme l'extension d'Ipanema, mais sans aucun glamour. Aujourd'hui, c'est une zone résidentielle très agréable à vivre, avec des restaurants, mais sans rien à visiter.

Zona Sul, côté vert

Cette zone regroupe les quartiers aux profils très différents de Catete, Laranjeiras, Cosme Velho, Lagoa, Jardim Botanico et Gavea.

Lagoa et Jardim Botânico. Lagoa se situe de l'autre côté du quartier d'Ipanema et de Leblon, vers la montagne, le Corcovado qui surplombe Rio et se reflète dans la Lagoa Rodrigo de Freitas. Les grands immeubles et les voies rapides qui la bordent ne parviennent pas à rompre son aspect tranquille et reposant, mais elle est régulièrement polluée par les égouts qui s'y déversent. Coincé entre la lagune et la montagne des Dois Irmãos, le Jardim Botânico doit son développement à l'empereur Don Joao VI en 1808 ici même. Il est bordé par le terrain du Jockey Club. Le quartier regorge de petites rues escarpées, discrètes, serpentant le long de la montagne du Corcovado, enserré entre la Lagoa et le début de la forêt de Tijuca où se cachent quelques demeures paradisiaques. On compte aussi autour de la lagune l'immanquable et immense parque Lage, au pied du Corcovado. De nombreux ateliers d'artistes qui se trouvent ici ouvrent leurs portes le temps d'un week-end en juin.

Laranjeiras et Cosme Velho sont des petits quartiers moins fréquentés, car seulement résidentiels, mais pleins de charme et surtout très calmes, qui peuvent apparaître comme des lieux agréables de séjour pour ceux qui cherchent des *guest-houses*. Larenjeiras est situé au-dessus de Catete et Flamengo, tandis que Cosmo Velho est situé au-dessus de Laranjeiras, au pied de la forêt de Tijuca et du *Christ rédempteur.*

Catete s'est fortement développé à la fin du siècle dernier, devenant un des premiers quartiers résidentiels de la classe aisée de la ville. La création du palais des présidents de la République (aujourd'hui Museu da República), rua do Catete, donna une impulsion très forte à toute cette zone et initia le long processus de développement vers la Zona Sul. Aujourd'hui, ce quartier peu touristique garde un charme désuet avec de nombreux bâtiments anciens préservés au milieu de la forêt de buildings. On y trouve également des hôtels corrects et meilleur marché que dans la Zona Sul.

Zona Oeste

C'est une zone essentiellement résidentielle composée de deux quartiers, São Conrado et Barra de Tijucà.

São Conrado. Ce quartier est situé entre la *Zona Sul* et la *Zona Oeste,* bordé par une belle plage camouflée entre deux *morros* (derrière les Dois Irmaõs qui dominent la plage d'Ipanema). Il se caractérise, comme Barra da Tijuca, par de grands buildings en front de mer. Agréable à vivre, il n'offre aucun intérêt de visite, et beaucoup trouveront ce quartier, tout comme Barra, sans âme… Sauf les amateurs de parapente ou de delta, qui pourront sauter du *morro* São Conrado.

Barra da Tijuca : c'est un vaste quartier huppé très loin du centre qui s'est développé à partir des années 1980, où décide de s'installer une nouvelle classe émergente et aisée, toujours plus loin du centre-ville. Aujourd'hui, ce quartier avec ses grands condominiums, autoroutes et voies express, *shopping centers* énormes avec les inévitables parkings devant l'entrée ne ressemble pas au Rio traditionnel. Barra peut se targuer de posséder la plus grande plage de Rio : 20 km de sable fin le long des « spots » de Pepê, Barra et Recreio, aux eaux presque toujours propres. Un grand nombre de Cariocas y vont désormais le week-end, pour les nombreux restos, bars et boîtes. Le touriste se rendra à Barra éventuellement une ou deux fois, mais il n'y a rien d'exceptionnel à voir !

AEROPORTO INTERNACIONAL ANTÔNIO CARLOS JOBIM

Av. Vinte de Janeiro - Galeão
✆ +55 21 3398 5050

L'aéroport international de Rio de Janeiro, Galeão, situé sur l'Ilha do Governador, à 20 km au nord du centre-ville, dispose de deux terminaux. Vous y débarquez ou en repartirez, en fonction de la compagnie aérienne :

- **Au Terminal 1 :** Aerolineas Argentinas, Air France, Alitalia, American Airlines, Avianca, British Airways, Continental, Delta Airlines, Gol, Iberia, Lanchile.
- **Au Terminal 2 :** Pluna, Spanair, TAM, Tap, United Airlines et Varig. Les arrivées et départs sont au niveau 1.

GOL

www.voegol.com.br

GOL est une compagnie brésilienne low cost qui s'est établie depuis de nombreuses années au Brésil. Cette compagnie brésilienne propose de nombreux vols intérieurs à des prix compétitifs. Toutes les métropoles brésiliennes sont desservies par cette compagnie ainsi que des aéroports de petites villes de l'intérieur. La compagnie orange franchit les frontières du pays pour desservir certains aéroports des pays alentour comme l'Argentine, la Bolivie et l'Uruguay. Il semble cependant que les prix suivent une tendance haussière durable.

AEROPORTO SANTOS DUMONT

Praça Senador Salgado Filho - Castelo
✆ +55 21 3814 7070

Dans cet aéroport n'atterrissent que les vols intérieurs. Il est situé dans la baie, sur un terrain gagné sur la mer.

- **Bus :** les bus de la compagnie Real desservent Rio. Bus executif à 15 R$ qui dessert dans un sens Copacabana et Ipanema (les hôtels du front de mer), de l'autre la gare routière Rio Novo et l'aéroport international.
- **Taxi :** comptez 20 à 50 R$ de course.
- **Tramway + metro :** le tramway qui part de Santos Dumont dessert tout le centre de Rio jusqu'à Rio Novo, la gare routière. À Cinelândia ou à Carioca, possibilité de prendre le métro en connexion.

LATAM AIRLINES

Av. Rio Branco, 156 - Centro
✆ +55 21 3173 9400
www.latam.com
Bureau ouvert de 10h à 18h30.

La principale compagnie aérienne du pays est née en 2010 de la fusion entre TAM (compagnie brésilienne) et LAM (compagnie chilienne). Elle dessert 42 destinations au Brésil et 20 destinations internationales, parmi lesquelles de nombreuses villes d'Amérique du Sud. En aller-retour en vol domestique, elle est compétitive, mais pour un aller simple mieux vaut prendre une compagnie low cost. La compagnie sud-américaine assure des liaisons entre l'Europe et le Brésil, mais il n'y a pas de vols directs à partir ou à destination de la France par cette compagnie.

AZUL

Aéroport Santos-Dumont
www.voeazul.com.br
De 5h à 22h30.

Arrivée après la plupart des compagnies aériennes brésiliennes, la compagnie de vols domestiques Azul propose des vols pas chers, à réserver longtemps en avance bien sûr, notamment sur la liaison Rio-Iguazu. Azul complète l'offre proposée par Latam et Gol. Les prestations sont égales à celles des autres compagnies. Beaucoup d'aéroports sont desservis par la compagnie Azul. À vous de comparer les prix et de ne pas hésiter à choisir les créneaux de départ ou d'arrivée tôt le matin ou tard le soir pour bénéficier des tarifs les plus attractifs.

COSTA VERDE TRANSPORTE

✆ +55 21 3907 3900
www.costaverdetransportes.com.br
Consulter le site internet pour les horaires et les tarifs.

Costa Verde Transporte est une compagnie de bus qui, comme son nom l'indique, dessert la Costa Verde jusqu'à Paraty, *via* Mangaratiba et Angra dos Reis sur le chemin. Cette compagnie de bus fiable et sérieuse propose plusieurs départs par jour, tous les jours de la semaine pour les stations balnéaires de la Costa Verde. Pensez cependant à réserver à l'avance sur le site, car les bus sont très souvent pleins pour ces destinations touristiques, surtout en fin de semaine et pour les fêtes. Les bus, comme beaucoup d'intercités, se prennent à la rodoviaria Novo Rio.

RODOVIÁRIA NOVO RIO

Avenida Francisco Bicalho, 1 - Santo Cristo
✆ +55 21 3213 1800 - www.novorio.com.br

La grande gare routière de Rio, la « Rodoviária Novo Rio », se trouve avenida Francisco Bicalho (quartier peu sûr). Depuis/vers la Rodoviaria :

- **Les bus classiques** coûtent 3,80 R$: déconseillés.
- **Le tramway VLT + métro.** Le tramway, le VLT), relie Rio Novo à l'aéroport Santos Dumont. Connexion au métro pour la *zona sul* aux stations Carioca o, Cinelândia.
- **Les bus Frescão** coûtent 14 R$. Recommandés, s'arrêtent devant les hôtels des plages de la zone sul.
- **Pour quitter Rio en bus vers d'autres villes,** le site Internet de la Rodoviaria est utile www.buscaonibus.com.br

VIAÇÃO 1001

✆ +55 21 4004 5001
www.autoviacao1001.com.br

Viaçào est une Compagnie de bus spécialisée sur la Costa do Sol (Buzios entre autres). Les principales villes de cette partie très touristique de l'Etat de Rio sont desservies depuis Rio de Janeiro ou Niterói : Arraial do Cabo, Araruama, Búzios, Cabo Frio et Saquarema. Quand on arrive à Rio ou que l'on part de Rio pour prendre la compagnie Viação, il faut se rendre à la Rodoviaria Novo Rio dans la zone nord. De 10 à 15 départs par jour en fonction de la destination et de la saison. Consultez les horaires (changeants) sur le site Internet de la compagnie.

CCR BARCAS

Praça XV de Novembro, 34 - Centro
✆ +55 80 0704 4113
www.grupoccr.com.br/barcas

Billet : 6,10 R$; billet combiné bateau + bus/tramway/metro : 8,55 R$.

On peut se rendre à Niteroi en empruntant le long pont qui enjambe la baie mais on peut également prendre le ferry pour aller à Niteroi pou voir son atour principal : le musée Niemeyer aux allures de soucoupe volante ou d'édifice post-moderne. La compagnie CCR Barcas assure des traversées tous les quarts d'heure pour la ville de Niteroi, sur la Praça Arariboia (20 minutes de traversée), en face de la baie et pour la petite île de Paqueta toutes les 2 heures (70 minutes de traversée). Paquetà, île sans voiture, constitue une intéressante opportunité de balade.

AVIS

Av. Princesa Isabel, 350 -Copacabana
✆ +55 80 0725 2847
www.avis.com.br

À partir de 51 R$ par jour pour une semaine de location via promotion sur le site Internet.

Avis est une enseigne internationale bien connue. Les prix sont plutôt compétitifs, même si l'apparition d'Uber a cassé les prix. L'agence est également présente dans les deux aéroports. En fonction de votre contrat, vous devrez soit rendre le véhicule là où vous l'avez pris soit le rendre dans une autre agence de la société, très présente dans le pays. Pour conduire, munissez-vous d'un permis international mais les permis français et européens sont également autorisés si vous restez moins d'un an sur le territoire brésilien.

UNIDAS

Av. Princesa Isabel, 214 - Copacabana
✆ +55 21 2543 2067
www.unidas.com.br

À partir de 58 R$ par jour en kilométrage illimité en location à la semaine via promotion Internet.

Unidas est une compagnie nationale très sûre qui dispose de nombreuses agences dans le pays, même dans les petites villes. Il faut bien sûr disposer d'un permis de conduire international ou du pays de conduire français, européen ou canadien. Le règlement se fait par carte bleue. Comme dans toutes les agences, il faut être très attentif au moment de la rédaction de l'état des lieux du ou des véhicules pour ne pas avoir de mauvaises surprises au moment du rendu des clefs. Pour rappel, les nuits brésiliennes ne sont pas toujours sûres.

BIKE E LAZER

Rua Visconde de Pirajá, 135 - Ipanema
✆ +55 21 2267 7778
www.bikeelazer.com.br

Ouvert du lundi au vendredi de 9h à 20h et le samedi jusqu'à 18h. À partir de 20 R$ de l'heure ou 80 R$ la journée.

Tous types de vélos, de promenade ou VTT, à louer à l'heure, à la journée ou sur plusieurs jours. Comme dans toutes les compagnies de localtion de vélo, on peut louer sa bicyclette à l'heure ou à la journée. On trouve différents points de location, un à Ipanema et un à Laranjeiras. On peut également acheter sa bicyclette si on compte rester une personne assez longue à Rio. Sur le site de Bike e lazer, on trouvera quelques conseils de balade le long des plages de la zone Sud ou autour de la lagune Rodrigo de Freitas et l'hippodrome..

BIKE RIO

✆ +55 21 4063 3999

Tarif journée 5 R$, tarif mois 10 R$ (après enregistrement du compte en ligne).

L'idée du vélo en libre-service a fait florès. Désormais, à Paris ou à Rio, on peut se déplacer en vélo sans passer par les contraignantes locations en magasin. Il faut s'inscrire sur le site Internet puis utiliser son téléphone portable. C'est vrai, cette étape peut être un peu compliquée, mais au final nous vous conseillons de payer un *pass* mensuel en ligne (plus facile que par téléphone). Les vélos se prennent et se déposent en des points définis (dans la Zone Sud en particulier où les pistes cyclables sont les plus développées).

COOPARIOCA

Rua Nerval de Gouvêia, 45 - Quintino Bocaiuva

✆ +55 21 2518 1818

www.cooparioca.com.br

Les taxis de la coopérative Cooparioca sont des taxis jaunes avec une bande horizontale bleue. On peut les commander par internet ou par téléphone ou encore les prendre en tête de station. On rappelle toujours les consignes de sécurité de base. Il ne faut pas héler les taxis dans la rue mais les faire appeler par la pousada ou le restaurant ou encore les prendre dans les stations où ils sont nombreux. Il existe des tarifs de nuit et des tarifs de jour aux horaires clairement définis. Les chauffeurs doivent mettre le taximètre dès la prise en charge du client.

COOPERTRAMO RÁDIO-TÁXI

Rua Barros Barreto, 30 - Bonsucesso

✆ +55 21 2209 9292

www.radio-taxi.com.br

Taxis blancs avec deux bandes rouge et jaune. Les taxis (en général, pas seulement ceux de cette compagnie) fonctionnent au compteur (vérifiez bien qu'il est enclenché) et les prix changent après 18 heures. On peut évaluer le prix des courses sur le site www.tarifadetaxi.com/rio-de-janeiro. On conseille de prendre les taxis en tête de station ou de les appeler au téléphone. C'est plus sûr. Comptez 70 réais de l'aéroport international jusqu'à la zone sud. Evitez de prendre des taxis « pré-payés » à l'aéroport, ils sont plus chers. Prenez-les dans les files dédiées.

COOTRAMO

Rua Capitão Carlos, 221 - Bonsucesso

✆ +55 21 3976 9944

www.cootramo.com.br

Les taxis de la coopérative Cootramo sont des taxis bleus. On peut les commander par internet ou par téléphone ou encore les prendre en tête de station. On rappelle toujours les consignes de sécurité de base à Rio. Il ne faut pas héler les taxis dans la rue mais les faire appeler par la pousada ou le restaurant ou encore les prendre dans les stations où ils sont nombreux. Il existe des tarifs de nuit et des tarifs de jour aux horaires clairement définis. Les chauffeurs doivent mettre le taximètre dès la prise en charge du client.

METRÔRIO

✆ +55 08 0059 5111 - www.metrorio.com.br

De 5h à minuit, de 7h à 23h le dimanche. Ticket (unitario) 6,50 R$ ou carte pré-payée (Cartão do MetrôRio) à créditer.

Le métro de Rio est moderne et se prolonge par des lignes d'autobus. Le ticket de métro n'est pas restitué après passage au portillon.

- **La ligne n° 1 (orange) :** d'Ipanema (Osório) à Copacabana, Botafogo, Flamengo, Catete, Glória, le centre-ville (jusqu'à Central) puis a été prolongé depuis Estacio jusqu'à Uruguaí à Tijuca.
- **La ligne n° 2 (verte)** part de la Zone Nord (Pavuna) desserte du Maracanã et de la feria São Cristovão.
- **La ligne n° 3 (bleue)** n'est qu'à l'état de projet.
- **La nouvelle ligne n° 4 (jaune),** relie le quartier de Barra da Tijuca à Ipanema et Copacabana

VLT

www.vltrio.rio

Le billet coûte 3,80 R$.

En juillet 2016, *in extremis* avant les J.O., la ligne 1 du VLT. *(Veículo Leve sobre Trilhos)*, un tramway ultra moderne, a été inaugurée entre le terminal de bus de Rio (la Rodoviária Novo Rio) et l'aéroport Santos Dumont, en passant par le nouveau Porto Maravilha et par la grande Avenida Rio Branco. La ligne 2, inaugurée en février 2017, relie la Praça Formosa à la praça XV. Il peut s'avérer pratique pour se déplacer dans le centre, mais il n'est pas très rapide. Par contre, c'est un moyen de transport assez sûr qui permet d'apprécier Rio.

PASSEPORT

À VOIR / À FAIRE

Les possibilités offertes par Rio étant innombrables, il y en aura forcément pour tous les goûts.

Les amateurs de plage s'y prélasseront des journées durant, bercés par le bruit des vagues . Les amoureux de la nature exploreront le Corcovado, la forêt da Tijuca. Les sportifs tenteront l'aventure d'un saut en parapente depuis le morro de Sao Conrado. Les urbains s'enthousiasmeront devant Cinêlandia, l'avenida Rio Branco et ses immeubles haussmanniens et apprécieront l'agitation des rues commerçantes du Centro ou de Copacabana. Les amateurs d'histoire parcourront les petites rues du vieux Rio ou les palais et églises du temps de l'empire et découvriront les trésors des nombreux musées de la ville. Les esprits bohêmes apprécieront l'atmosphère décalée de Santa Teresa. Les fêtards arpenteront les rues de Lapa à la recherche des meilleures casas de samba, ou sillonneront Ipanema la branchée en quête du meilleur club.

A VOIR / A FAIRE

HORAIRES

Les horaires d'ouverture des magasins les plus fréquemment constatés sont de 8h à 21h, avec quelquefois une pause de 12h à 14h. Certains magasins, notamment des magasins d'alimentation, sont ouverts 24h/24, même le dimanche. Les musées, comme en France, sont ouverts de mardi à dimanche de 8h ou 9h à 17 h ou 18h. Cependant, ceci n'est qu'une indication très générale car selon la saison, la ville... ou le musée, les horaires sont très variables. Le parc du « pain de Sucre » à Rio est ouvert de jeudi à lundi de 10h à 19h. Lors de la haute saison (vacances scolaires de décembre par exemple), les zones touristiques, les musées et les monuments sont très fréquentés. Les centres-villes en général, celui de Rio en particulier, sont à éviter le soir et à partir du samedi après-midi. Peu fréquentés, ils sont dangereux.

A RÉSERVER

Certains lieux, certains événements, ont une fréquentation très « encadrée » et le nombre de visiteurs contingentés. Il est alors fortement conseillé de réserver. Tout au long du guide, ces événements particuliers seront reprécisés. Pour l'événement le plus emblématique, le carnaval (quelle que soit la ville), les billets d'avion et les hôtels bien sûr, mais également les places pour le sambodrome à Rio ou la participation au carnaval doivent être réservés très en amont (au moins six mois, quelquefois un an !). Les réservations pour des derbys de football (Flamengo-Fluminense à Rio de Janeiro par exemple) sont également très fortement conseillées. Les fêtes de Pâques à Ouro Preto sont également très prisées des Brésiliens. Les hôtels sont complets, il faut donc soit réserver à l'avance, soit éviter Ouro Preto ces quelques jours.

Carnaval de Rio.

BUDGET / BONS PLANS

Dans les monuments, les transports en commun et les musées, les personnes de plus de 65 ans (60 ans dans certains Etats) et les enfants de moins de 5 ans ne payent pas l'entrée. Un des postes de dépense est souvent le prix du ou des billets d'avion pour voir le plus de pays. Pour ceux qui veulent traverser ce vaste pays en peu de temps, en négligeant leur empreinte carbone, le « Brazil Air Pass » est une bonne alternative. On conseille bien sûr de privilégier le bus mais les distances interurbaines sont quelquefois si importantes que l'avion s'impose en dernier ressort comme une alternative pertinente. Les compagnies Azul et Gol proposent des pass à respectivement 399 et 505 US$ pour 4 coupons. Il faut les prendre depuis la France ou des pays de départ obligatoirement dès que l'on a son billet pour le Brésil.

LES ÉVÉNEMENTS

Le Brésil se visite toute l'année. Les événements majeurs se répartissent tout au long de l'année.

- **Entre le 31 décembre et le 1er janvier**, lors de la fête du Nouvel An, des milliers de personnes vêtues de blanc, en l'honneur de la déesse Iémanjà, jettent des offrandes pour l'honorer.
- **En février**, quelquefois en mars, la folie carnaval envahit tout un pays. Les carnavals les plus connus sont ceux de Rio de Janeiro, Salvador de Bahia et Olinda, ce dernier étant peut-être le plus authentique.
- **A Pâques**, en avril, les rues d'Ouro Preto se colorent de parterres de fleurs que vont fouler les confréries de pénitents.
- **En juin**, les fêtes « juninas » font vibrer les nuits brésiliennes et nordestines, en particulier à Diamantina, dans le Minas, ville natale de l'ancien président Juscelino Kubitschek.

- **En juillet**, le FLIP, Festival international du livre de Paraty, honore le livre sous toutes ses formes et un auteur brésilien différent chaque année.
- **En décembre, les fêtes des Rois mages** font partie des événements les plus marquants du folklore brésilien, présentes dans de nombreuses villes de Rio et du Minas, comme celle de Pouso Alegre.

VISITES GUIDÉES

Passer par les offices de tourisme ou les bureaux des guides est toujours pertinent lorsque l'on veut bénéficier d'un guide, que l'on soit seul ou en groupe constitué. C'est la garantie d'être pris en charge par un guide accrédité, formé et compétent. Cela évite en général les arnaques attrape-touristes et suppose en général un tourisme respectueux des hommes et de la nature. Désormais, de nombreuses structures de tourisme présentent des tours sur mesure, adaptés à la demande des voyageurs, loin du tourisme de masse et qui permettent la rencontre avec le peuple brésilien et la nature. Des organismes français, comme ARVEL-Voyages, proposent des voyages organisés, en petit groupe, avec des latitudes pour les voyageurs qui ne veulent pas forcément et en permanence suivre le groupe. Pour les visites « nature », dans les magnifiques parcs nationaux de Rio et du Minas, c'est souvent la garantie d'une expérience sûre et réussie.

FUMEURS

Comme en France, la législation brésilienne interdit de fumer dans les lieux publics et dans les transports publics. La vente de cigarettes est interdite aux mineurs.

LES ATTRAPE-TOURISTES

Pour être sûr de la qualité des guides, il faut systématiquement passer par les « vrais » bureaux des guides locaux. Ils garantissent l'accréditation desdits guides, elle-même liée à une formation de qualité. Les pousadas sérieuses proposent en général des guides qu'elles connaissent et en qui elles ont pleine confiance. On évitera les rabatteurs dans les lieux publics, comme les gares routières ou les aéroports des villes touristiques.

C'EST TRÈS LOCAL

On respectera les dress codes locaux... qui permettront de se fondre plus facilement dans la foule et éviter les sollicitations des rabatteurs.

LES PHRASES CLÉS

Bonjour, puis-je avoir deux entrées adultes et un enfant s'il vous plait ?
Bom dia, queria duas entradas para adultos e uma para criança, se faz favor?

Le tarif enfant est jusqu'à quel âge ? Et pour les seniors, est-ce qu'il y a une réduction ?
O preço para criança é até que idade? E para a terceira idade, há descontos?

Est-ce qu'il y a des visites guidées en français ou un audioguide ?
Há visitas guiadas em francês ou audioguiadas?

Combien de temps faut-il pour faire la visite ?
Quanto tempo demora a visita?

J'ai du mal à monter les escaliers, avez-vous un ascenseur ?
Não consigo subir as escadas, tem elevador?

Excusez-moi, pouvez-vous me dire où sont les toilettes ? Merci beaucoup.
Por favor, onde estão as casas de banho? Muito obrigado(a)!

BRAZIL ECOTOUR

✆ +55 11 94448 5335
www.brazilecotour.com

© @PEJOTA23 @PEJOTA_PORTRAIT PAULO JOSÉ

Brazilecotour est une agence de voyages qui propose depuis plusieurs années des voyages sur mesure au Brésil, garantissant une immersion dans un Brésil hors des sentiers battus. L'équipe franco-brésilienne propose, pour des voyageurs seuls, en groupe ou en famille plusieurs circuits à Rio et dans l'Etat de Rio : Cabo Frio et Buzios, de Rio à Paraty, Rio en temps de Carnaval et/ou d'autres destinations dans le pays. Cette structure vous accompagne avec un grand professionnalisme de la conception de votre séjour jusqu'à votre vol de retour.

PREFEITURA DE RIO DE JANEIRO

Rua Afonso Cavalcanti, 455
✆ +55 21 2503 3000
www.rio.rj.gov.br

Quelques informations pratiques sont disponibles sur le site Internet de la mairie de Rio. L'onglet « turismo » permet d'avoir accès à un menu déroulant très riche. Il faut dire que la ville merveilleuse à plus d'un atout dans son sac et que le tourisme, national et international, apparaît comme une source de développement non négligeable, malgré une conjoncture qui n'est pas toujours favorable à cette activité. Pas de traduction du site en français.

RIOTUR

Av. Princesa Isabel, 183 - Copacabana
✆ +55 21 2541 7522
www.rio.rj.gov.br/riotur/
Ouvert tous les jours de 9h à 18h.

Riotur est l'Office de tourisme de la ville de Rio de Janeiro. Le siège se trouve dans le quartier de Barra da Tijuca, mais Riotur dispose également d'un kiosque d'information à Copacabana et également dès l'arrivée à l'aéroport international de Rio Antonio Carlos Jobim (Galeão). En général, l'accueil par un personnel sympathique et compétent se fait en différentes langues... dont quelquefois le français. On y trouve des cartes de Rio, des brochures et souvent une revue mensuelle gratuite qui fournit des informations complètes.

EMBRATUR

Rua Uruguaiana, 174 - Centro
✆ +55 21 2509 6017
www.embratur.gov.br
De 8h à 18h de lundi à vendredi

C'est le bureau d'information à Rio du ministère du Tourisme brésilien dédié à la promotion internationale du tourisme brésilien. Cette structure est très importante pour un pays dont le potentiel est immense et qui peine à attirer les touristes étrangers, à l'exception des voisins sud-américains. Le siège d'Embratur est à Brasilia, mais le Congrès évoque son transfert à Rio, comme lorsqu'elle était la capitale du Brésil. Le bureau de Rio se trouve, au centre, près de l'arrêt de métro Uruguaiana (à éviter le soir). Services variables.

TURISRIO

R. Uruguaiana, 118 - Centro
✆ +55 21 2215 0011
www.turisrio.rj.gov.br
Ouvert du lundi au vendredi de 9h à 18h.

Turisrio est l'Office de tourisme de l'État de Rio de Janeiro. Si l'accueil y est excellent, le matériel promotionnel est limité. On pourra néanmoins se renseigner auprès d'un personnel affable et compétent, mais mal doté en matériel à mettre à la disposition des visiteurs. Pour rappel, la ville de Rio de Janeiro, si elle est incontournable, n'est pas le seul point d'intérêt de l'Etat fluminense. On vous renseignera sur la Costa Verde, Costa do Sol, Vale do Café et sur l'écotourisme en plein développement dans les zones montagneuses de l'Etat de Rio.

RIO NATURAL ECOTOURISM

✆ +55 21 99992 1666
www.rionatural.com.br
Opère sur Rio de Janeiro et sa région.

Rio Natural Ecotourism est un tour-opérateur d'écotourisme, offrant des services spécialisés. Votre expérience sera inoubliable au milieu de paysages à couper le souffle. Vous découvrirez l'extraordinaire partie naturelle de Rio et sa riche culture. Les tours et activités peuvent être adaptés à la carte selon vos besoins et centres d'intérêt. Pour ceux qui recherchent la tranquillité, il est possible d'explorer Rio par une approche plus culturelle et « écologique ». Pour les amateurs de sensations fortes, parapente, randonnées ou escalade vous attendent.

TERRA BRAZIL

✆ +55 21 2295 1998
www.tourisme-bresil.com
Pour le prix d'un appel local en France, composer le ✆ 09 70 40 53 54.

L'équipe franco-brésilienne est installée au cœur de Rio et opère sur tout le pays. Tête de pont du groupe Terra Group au Brésil, l'agence bénéficie également d'un réseau d'agences depuis des années : Argentine, Bolivie, Pérou, Chili, Colombie, Costa Rica,... Spécialiste du voyage sur mesure, Terra Brazil propose des formules de voyages au Brésil, mais aussi sur toute l'Amérique du Sud. « À la carte », trek dans les dunes du Lençois Maranhaense ou dans le Parc national de la Chapada Diamantina. On saura vous écouter et vous conseiller pour votre séjour.

BE A LOCAL TOURS ★★

Rua Barata Ribeiro, 111 - Copacabana
✆ +55 21 99643 0366
www.bealocal.com
Visites guidées. Tarifs par personne : City Tour : comptez 300 R$ (durée : 5-6 heures) ; Favela Tour : 100 R$ (3 h).

Voici un excellent moyen de découvrir la ville ! Be A local propose différents service : visite guidée des monuments emblématiques de Rio, visite d'une favela, assister à un match de football, à une fête Funk ou obtenir des billets pour le carnaval... L'agence possède des véhicules neufs et confortables équipés de climatisation. Les guides parlent anglais, espagnol et bien sûr portugais. Ponctualité, professionnalisme des guides et organisation sans faille. Les tarifs incluent les entrées des monuments. Chaleureusement recommandé.

BONJOUR RIO

✆ +55 21 99504 4504
www.bonjourrio.com
Entre 30 et 75 €.

© BONJOUR RIO

Animée par un amour inconditionnel pour Rio de Janeiro, Johanna, Française à l'origine de Bonjour Rio, a décidé de faire découvrir cette ville non pas comme elle est présentée aux touristes, mais à la façon dont les Cariocas y vivent. Loin des clichés, on découvre avec elle la richesse de la street food brésilienne, on survole et admire la ville en deltaplane, on visite et comprend l'histoire des favelas, et elle propose même de participer au carnaval en défilant avec les écoles de samba. Laissez-vous guider, on y vient en touriste et on repart en Carioca.

GOOD GUIDE IN RIO

✆ + 55 21 98078 4646
www.goodguideinrio.com
Prix sur devis (voir site).

Cette agence fondée il y a presque une décennie par Antoine Pauwels propose des tours dans Rio et ses alentours d'une durée d'un à quatre jours. Le but de cette équipe de passionnés est de proposer une expérience carioca qui associera les classiques de la ville merveilleuse et de sa région aux lieux plus confidentiels et surprenants de l'ancienne capitale brésilienne, en fonction des desiderata des hôtes et avec les conseils éclairés de l'équipe de Good Guide in Rio. On vous propose de vous imprégner de la ville comme un vrai Carioca.

JERÔME RIO TOURS

✆ +55 21 98698 1491
www.jeromeriotours.com
Prix sur demande.

© JEROME RIO TOURS

Jérôme est un jeune guide français passionné et professionnel. Carioca depuis 2012, il sait transmettre sa passion pour la ville merveilleuse et sa région à travers différents thèmes et circuits « authentiques ». Ilha Grande et Paraty sont deux merveilles incontournables que Jérôme propose aux visiteurs. Il fait également découvrir Rio grâce à des visites privées hors sentiers battus. Des circuits personnalisés de 1, 2 ou 3 jours permettent de compléter l'approche de l'ancienne capitale brésilienne et s'imprégner de ses richesses culturelles et naturelles.

JUNGLE ME ★★

✆ +55 21 4105 7533
www.jungleme.com.br
Agence d'aventures. Appels de 8h à 20h. A partir de 250 R$ par personne le trek.

Cette excellente agence organise des treks dans le Parc national de la Tijuca. Plusieurs options possibles en fonction du budget et du niveau technique. Le trek Express passant par la Pedra Bonita qui offre une vue spectaculaire sur la *Cidada Maravilha*, trek plus long pour ceux qui désirent accéder aux sommets et aux cascades et enfin un trek familial. Egalement au programme : visite de la favela de Rocinha, cours de cuisine brésilienne. L'agence vient vous chercher et vous dépose à votre hôtel. Le site internet permet de connaître toutes offres !

MADSON - GUIDE PERSONNEL FRANCOPHONE ★★

✆ +55 21 9 9395 3537
fr.tourguiderio.com
Tarif fixé sur devis pour 5 h selon le nombre de personnes (jusqu'à 6). Entrées lieux payants non comprises.

Reconnu comme « le meilleur guide du monde » par l'équipe de Thalassa qu'il a accompagnée, Madson Araujo est un Carioca francophone. En accord avec les desiderata des participants, ce guide expérimenté saura présenter des lieux cachés de Rio, loin des circuits touristiques, mais également les « incontournables ». Madson fait de chaque excursion un moment inoubliable. Son site, disponible en français, est très bien fait et permet de réserver directement son excursion.

HELISIGHT ★★

Rua Conde Bernadotte 26/119 - Leblon
✆ +55 21 2259 6995
www.helisight.com.br
Ouvert tous les jours de 9h à 18h. De 320 R$ (tour de 7 minutes) à 1 860 R$ par personne (grand tour de 60 minutes).

Pour qui en a l'occasion, et si les considérations écologiques ne vous posent pas de problème de conscience, l'hélicoptère reste un moyen privilégié pour admirer le site de Rio de Janeiro. Helisight vous propose 8 tours différents en hélicoptère, de quelques minutes pour le plus court (autour du Pain de Sucre, du Corcovado et de Copacabana) jusqu'à plus d'une heure pour le plus riche (quasiment toute la ville survolée, depuis la plage de Grumari au sud jusqu'à Niteroi à l'est et le Maracanã au nord). Programme à caler directement avec eux.

RIO AUTÊNTICO TOURS

rua almirante alexandrino 2023
✆ +55 21 9652 50772
www.rio-autentico.com
Tour privé pour 2 personnes la 1/2 journée à partir de 500 R$. En petit groupe, à partir de 150 R$/personne.

Amoureux de Rio depuis 2009, Axel devient guide officiel afin de faire partager sa passion pour le Brésil. Avec son équipe, il propose des tours dynamiques et sur mesure parmi les Cariocas : Santa Teresa, Centro, favelas, randos en forêt de Tijuca, virées aux plages sauvages de Grumari et Prainha, tours à vélo… En bonus : la ville jumelle de Niteroi, les criques de la Costa Verde et les sommets de la Serra dos Órgãos. Féru du carnaval, il vous fournit costumes et places pour le défilé au sambodrome. Le tout avec une organisation très pro et une grande flexibilité.

RIO JEEP TOUR ★

✆ +55 21 2108 5800
www.jeeptour.com.br
A partir de 170 R$/personne pour un parcours en Jeep (départs à 8h et 13h).

© JEEP TOUR

Rio Jeep tour est une agence qui propose une approche diversifiée de Rio et sa région. Une quinzaine de combinaisons de tours de 4 à 8 heures permettent une rencontre originale de Rio et des alentours. Une Jeep avec un guide francophone vous emmène, pour une visite éclairée et commentée de la forêt urbaine de Tijucà. On peut voir au choix, le Corcovado, la favela de Rocinha, Santa Teresa, la plage de Grumari (possibilité également de tour à vélo sur la orla de Rio). *Last but not least*, on peut visiter les magnifiques montagnes de Petropolis et des fermes bio.

RIO STREET ART TOUR ★★

✆ +55 21 99762 8083
riostreettart.tour.com
120 R$/pax pour circuit Zona Sul (4 h), lundi, mardi, jeudi, samedi, départ 10h ; 60 R$ pour circuit Zona Norte (2 h).

Nina et Julia, respectivement designer et cinéaste, sont deux jeunes femmes qui ont décidé de créer ce circuit guidé passionnant sur le *street art* à Rio. Une autre façon d'explorer la ville à pied ! Le circuit « Zona Sul » de 4h passe par *une favela*, le Jardin botanique et des lieux alternatifs incroyables hors des sentiers touristiques. La visite se termine dans un bar-galerie d'art où sont exposés les meilleurs graffeurs *cariocas*. Possibilité de visiter la communauté de Tijucà, dans la zone nord. Des *workshops* sont proposés avec les meilleurs graffeurs de Rio.

SAVEIROS TOUR ★

Avenida Infante Dom Henrique – Glória
✆ +55 21 2225 6064
www.saveiros.com.br
Uniquement les samedis, dimanches et jours fériés. Départ à 9h. Durée : 2 heures. Tarif : 60 R$ par personne.

Les saveiros, à l'origine, sont des embarcations traditionnelles brésiliennes. Certaines sont anciennes, d'autres sont de construction plus récente. L'entreprise Saveiros Tour propose une balade en goélette autour de la baie de Guanabara, le matin, mais l'offre est relativement riche (voir le site). Le départ s'effectue de la Marina da Glória. Les principaux points d'intérêt sont le Pain de Sucre et la baie de Botafogo avec le Christ au fond, les forteresses de São João et de Santa Cruz, le pont Rio Niteroi et l'île de Villegaignon.

VOYAGEZ RIO

✆ +55 21 99013 5692
www.voyagez-rio.com
Compter 60 € par personne pour une demi-journée d'excursion.

© VOYAGEZ RIO

Cécile et Marcelo, un couple franco-brésilien, guides officiels Cadastur, ont su transformer leur passion pour le pays et son peuple en une agence de tourisme qui allie professionnalisme et humanisme depuis 2012. Les escapades dans la nature carioca sont une de leurs spécialités mais le voyageur à l'esprit curieux pourra visiter la favela Rocinha de l'intérieur, la petite Afrique cachée de Rio mais également les communautés amérindiennes, et bien sûr les écoles de Samba. Au-delà, Voyagez Rio vous proposera des séjours dans tout le Brésil. Une belle adresse.

À VOIR / À FAIRE

ANTIGUA FÁBRICA BHERING ★★

R. Orestes, 28 - Santo Cristo
✆ +55 21 2213 0014
Ouvert du lundi au vendredi de 9h à 18h et le samedi de 12h à 20h. Chaque 1er samedi du mois, entrée gratuite.

Ouvert dans une ancienne usine de chocolat, ce lieu alternatif culturel et artistique abrite 52 ateliers et 21 entreprises. C'est une une belle pépinière de création alternative de 15 000 m^2. Elle est située dans l'ancien quartier afro de Rio, Santo Cristo, au milieu des ruelles de ce qui fut la « Pequena África ». Géré en association créative depuis 2012, le squat artistique est désormais en passe d'être régularisé. La fábrica Bhering s'oriente désormais vers la promotion d'actions culturelles, artistiques et de développement de l'économie créative à Rio.

BAIE DE GUANABARA ★★

Av. Alfredo Agache - Centro
✆ +55 21 2532 5992
Du jeudi au dimanche à 13h15 et à 15h. Entrée : 25 R$ pour les adultes, 12 R$ pour les - 12 ans et + 60 ans.

À bord du bateau remorque *Laurindo Pitta*, la promenade dure une bonne heure et, si le soleil brille, c'est une petite croisière agréable, à ne pas manquer si l'on veut connaître la baie de Rio. Un guide parlant portugais accompagne toujours la croisière, qui commente les différents bateaux de la marine présents dans la baie, puis les points touristiques de la ville de Niterói, des îles ensuite et des différents forts qui jalonnent la baie de Guanabara. On pourra apercevoir l'ancien porte-avions français *Foch*. Compter environ 1h20 de balade en bateau.

ARCOS DA LAPA ★★

Largo da Lapa – Lapa

© CELSOPUPO - ISTOCKPHOTO.COM

Construit en 1744, cet aqueduc est l'un des principaux emblèmes de la ville de Rio. Le décor est un exemple typique d'enchevêtrement architectural propre à Rio avec, le modernisme du siège de Petrobras, et le futurisme, de la cathédrale métropolitaine São Sebastião. Les arches blanches de l'aqueduc et l'esplanade juste devant forment un véritable décor à la De Chirico. C'est sur cette arche que passe le tramway (*bonde*) qui part du centre et mène à Santa Teresa. Un tronçon de 1,7 km a été rouvert jusqu'à Largo do Guimarães. Attention, le quartier est peu sûr !

BONDE DE SANTA TERESA - BONDINHO ★★★

Rua Lélio Gama, 2 - Centro
ww.visitesantateresa.rio/bonde/
Du lundi au vendredi de 8h à 17h45, samedi de 10h à 18h, dimanche et jours fériés de 11h à 16h30. 20 R$ aller-retour.

Le célèbre tramway de Rio est connu sous le nom de *bonde* (ou *bondinho*). Il n'en existe plus qu'un seul, qui fait l'aller-retour entre le Centro et Santa Teresa, en passant au-dessus de l'ancien aqueduc Arcos da Lapa. Ce wagon rétro jaune qui monte et descend le *morro* ne passe pas inaperçu dans la rue principale du quartier. C'est la manière la plus agréable pour se rendre à Santa Teresa la journée.

Sa réhabilitation progressive depuis 2015 est une véritable joie pour les habitants du quartier. Un accident avait fait plusieurs morts en août 2011, causant l'arrêt du service.

À l'heure actuelle, il ne fonctionne que sur une partie de son itinéraire historique, toutes les 20 minutes. Il faut faire la queue patiemment pour pouvoir prendre le *bondinho*, qui emmène à Santa Teresa depuis le centre d'affaires de Rio, près de la cathédrale, des tours Petrobras et de la station de métro Carioca. Le tramway va pour l'instant jusqu'à Largo do Guimarães. Pour des raisons de sécurité, il faut avoir une place assise pour monter dans le *bondinho* et les comportements sont plus policés, notamment car l'Arcos da Lapa est très étroit.

Pendant le carnaval, ce petit tram, vénéré des habitants du quartier, revêt ses habits de fête et devient même acteur de la fête, puisqu'un des *blocos* défile à son bord.

Les bus n° 6, 7 et 14 grimpent et descendent le *morro* de Santa Teresa depuis Lapa, ce qui en fait un quartier bien desservi car le *bondinho* est désormais plus une attraction. Visite commentée le samedi.

CAIS DO VALONGO ★

Av. Barão de Tefé - Saúde

Ce vestige archéologique exceptionnel a été excavé pendant les travaux du Porto Maravilha. Il s'agit d'un quai de débarquement des esclaves dans le port de Rio, construit en 1811. En 20 ans, entre 500 000 et un million d'Africains y furent débarqués. 15 ans plus tard, le quai fut transformé lors du mariage de la princesse Teresa Cristina de Bourbon avec l'Empereur Don Pedro II et le lieu fut rebaptisé « quai de l'Impératrice ». Entre 1850 et 1920, le quartier resta aux mains des anciens esclaves ou d'esclaves affranchis et gagna le surnom de « Pequena Africa ».

CATEDRAL SÃO SEBASTIÃO ★★

Av. Republica do Chile, 245 - Centro

✆ +55 21 2240 2669

www.catedral.com.br

Ouverte tous les jours de 7h à 19h. Horaires de la messe dominicale : 10h.

La cathédrale métropolitaine São Sebastião, dont l'architecture moderniste est inspirée des pyramides mayas du Yucatan, est un édifice aux dimensions impressionnantes (75 m de haut et 106 m de diamètre). Inaugurée en 1976, c'est l'un des plus grands bâtiments catholiques au monde, pouvant accueillir plus de 20 000 fidèles. Les quatre vitraux intérieurs, gigantesques (60 m de haut) et superbes, donnent à l'ensemble une tonalité sereine et chaleureuse qui contraste avec l'extérieur de la cathédrale, austère et monolithique, à l'architecture dite brutaliste.

CASA FRANÇA BRASIL ★

Rua Visconde de Itaboraí 78 - Centro

✆ +55 21 2332 5275

www.casafrancabrasil.rj.gov.br

Ouvert du mardi au dimanche, de 10h à 20h. Entrée libre.

Œuvre de l'architecte français Grandjean de Montigny, le bâtiment de la Casa França-Brasil se caractérise par la sévérité de sa façade néoclassique. Cela s'explique peut-être par ses fonctions d'origine. Elle était autrefois un bâtiment du service des douanes. Aujourd'hui, pour répondre à ses nouvelles fonctions plus artistiques, l'espace de la maison abrite de nombreuses expositions et évènements, mettant en relief la culture française au Brésil. La maison dispose également d'une salle de cinéma. On évoque hélas la fermeture prochaine de la Casa França-Brasil.

CENTRO CULTURAL BANCO DO BRASIL (CCBB) ★★

Rua Primeiro de Março, 66 – Centro

✆ +55 21 3808 2020

Du mercredi au lundi de 9h à 21h. Entrée libre pour les expos, 20 R$ pour arts scéniques et 10 R$ pour le cinéma.

La banque fait œuvre utile en consacrant tout un immeuble à la culture. Un petit Beaubourg, de style néoclassique, aux ascenseurs rétro. Expositions, concerts, spectacles, bibliothèque avec documents en français, salon de thé, cinéma... Les expositions proposées rayonnent au niveau national et international. Les commissaires proposent toujours une excellente programmation que l'on peut consulter sur le site Internet. de la CCBB. Idéal pour les jours de pluie.

Le bondinho de Santa Teresa, Largo de Guimarães.

CINELÂNDIA - PRAÇA FLORIANO PEIXOTO ★★

C'est l'une des places les plus emblématiques du centre historique de Rio. Au XXe siècle, plusieurs édifices d'importance y furent élevés, à l'instar du tribunal Supérieur, du théâtre municipal, du palácio Pedro Ernesto (Chambre municipale de Rio de Janeiro) ou la biblioteca Nacional. Si son nom rend hommage au président du Brésil, Floriano Peixoto, son surnom, « Cinelândia » fait référence aux anciens cinémas qui l'occupaient et c'est aussi le nom de la station de métro de la place.

MUSEU NACIONAL DE BELAS ARTES - MNBA ★★

Avenida Rio Branco, 199 – Centro
✆ +55 21 3299 0600 - www.mnba.gov.br
Ouvert du mardi au vendredi de 10h à 18h, week-end et jours fériés de 13h à 18h. Entrée : 8 R$, gratuit le dimanche.

Situé en face du Théâtre municipal, et construit en même temps au début du siècle, c'est le principal musée de Rio pour les collections d'art brésilien des XIXe et XXe siècles. Les collections sont très limitées.

Exposition permanente : impressionnisme brésilien (Eliseo Visconti) dans le style Pissarro et Renoir, art contemporain d'artistes brésiliens. La galerie du XXe siècle au deuxième étage est la plus intéressante, avec notamment la grande fresque de Di Cavalcanti, *Navio Negreiro.*

THEATRO MUNICIPAL DO RIO DE JANEIRO ★★

Praça Floriano – Centro
✆ +55 21 2332 9191
www.theatromunicipal.rj.gov.br
Du mardi au vendredi, visite guidée à 11h30, 12h, 12h30, 14h, 14h30 et 16h. Samedi & fériés à 11h, 12h et 13h. 20 R$.

Fortement inspiré par l'Opéra Garnier à Paris, le Théâtre municipal de Rio fut inauguré en 1909. Il abrite aujourd'hui l'Opéra et l'orchestre philharmonique de Rio. La programmation est souvent excellente. Des opéras classiques et des ballets sont régulièrement proposés. On peut consulter la programmation et réserver ses places directement sur le site Internet, à des tarifs beaucoup moins élevés qu'en France. Des visites du théâtre sont organisées.

CORREDOR CULTURAL ★★

C'est un ensemble regroupant la Maison France-Brésil, l'Espace culturel des Courriers et le Centre culturel de la Banco do Brasil, trois bâtiments historiques situés dans le même périmètre, dans le centre-ville, juste à côté de l'Igreja da Candelaria. Appelez pour connaître le programme des expositions (renouvelées environ tous les deux à trois mois). Les budgets pour la culture n'étant les priorités, les coupes budgétaires ont mis à mal le fonctionnement de cet ensemble, il semblerait que la Maison France-Brésil soit en voie de fermeture !

Theatro Municipal do Rio de Janeiro.

CONVENTO DE SANTO ANTÔNIO ★★

Largo da Carioca, 5 – Centro
✆ +55 21 2262 0129
conventosantoantonio.org.br
Du lundi au vendredi, de 8h à 18h ; le samedi, de 8h à 11h. Eglise : entrée libre ; musée et chapelles : entrée à 10 R$.

Le convento de Santo Antonio apparaît comme un îlot surgit du passé colonial dans le centre des affaires postmoderne de Rio de Janeiro. Fièrement dressés sur le *morro* de Santo Antônio, en plein centre de Rio, l'église et le couvent de Santo Antônio se distinguent au milieu des tours et du béton et présentent un remarquable ensemble architectural de style colonial. Du haut du *morro*, on peut profiter d'une superbe vue sur le centre commercial de Rio et sa fourmilière de cadres, employés et vendeurs ambulants. On peut ainsi imaginer le poids de l'Eglise catholique lors de la colonisation de la » terre de la Vraie Croix » et celui des confréries religieuses.

Les premiers frères franciscains choisirent cet emplacement, déjà appelé Outeiro do Carmo, en raison de la confrérie de Santo Antônio qui s'y trouvait. Le premier couvent fut construit entre 1608 et 1616. Par la suite, entre 1617 et 1620, les travaux de l'église se terminèrent. Celle-ci disposait alors de trois arcades sur sa façade et de trois autels. Si l'intérieur de l'église est de style baroque, la façade a été remodelée en style colonial. Sa structure architectonique est simple : une nef sans chapelles latérales, selon le plus pur style franciscain. La légende veut que l'image disposée sur la amurada du couvent soit inspirée de la victoire des Portugais sur les envahisseurs français, premiers colonisateurs de la région. Des ascenseurs permettent aux personnes à mobilité réduite d'accéder à ce lieu.

ESCADARIA SELARÓN ★★★

Rua Joaquim Silva - Lapa

© FILIPE FRAZAO - SHUTTERSTOCK.COM

En 1990, le peintre chilien Jorge Selarón, en hommage au peuple brésilien, se lance dans la Grande Locoura (la Grande Folie) : peindre et décorer les escaliers de toute une rue, entre Santa Teresa et Lapa. Pris de passion par les azulejos, il s'attache ensuite à en tapisser les 215 marches de cet escalier. Les azulejos proviennent du monde entier, envoyés par des visiteurs tombés sous le charme de cette œuvre, ou glanés par l'artiste lui-même. Stop Idéal en fin de visite de Santa Teresa, il vous fera arriver dans la rua Joaquim Silva, à Lapa.

EDIFÍCIO JOSEPH GIRE ★

Praça Mauá

Construit à la fin des années 1920 sur la place Mauá, le premier gratte-ciel de la ville, surnommé « A Noite » (« la nuit »), compte 22 étages et fait 102 mètres de hauteur. Conçu par l'architecte français Joseph Gire, également auteur du fameux Copacabana Palace, il lancera la vague post-moderne et verticale de l'architecture du centre de Rio, influencée par l'architecture des Etats-Unis. Tombé en désuétude pendant toutes les années d'abandon du centre de Rio, des agences gouvernementales y ont aujourd'hui élu domicile et il ne se visite pas.

ESPAÇO CULTURAL DA MARINHA

Avenue Alfred Agache – Centro
✆ +55 21 2104 5592
Ouvert du mardi au dimanche de 11h à 16h30. Entrée : 10 R$ (5 R$ en demi-tarif).

Ce centre culturel dédié à la marine et situé en bord de baie de Guanabara propose une très intéressante exposition permanente sur l'histoire de la navigation brésilienne, de nombreuses cartes et de multiples instruments de navigation de la marine brésilienne. On peut visiter une réplique d'une caravelle de conquistadores portugais du XVIIe siècle, et surtout le *Riachuelo*, un sous-marin de guerre de la marine brésilienne datant de 1973 et transformé en musée-découverte en 1997.

Le stade Maracana de Rio.

ESTÁDIO DO MARACANÃ ★★

Rua Profesor Eurico Rabelo - São Cristovão
✆ +55 21 2159 0100
www.tourmaracana.com.br

Achat des billets sur le site ou en agences. Visite du stade tous les jours de 9h à 18h (sauf en cas de match) : 60 R$.

On dit qu'au Brésil, le football (*futebol*) est une religion. Alors le Maracanã est sans conteste son plus grand temple. C'est à a fois un stade et une institution, un musée et une part de l'histoire sportive du Brésil. Ce lieu est rempli de vibrations (*Brasil, Brasil*) que l'on peut entendre lors des visites guidées ou ressentir lors des matches. On ne peut que vous conseiller d'assister à un match de football au Maracanã, le stade mythique qui accueille l'équipe de Flamengo, la plus grande et populaire équipe de Rio et du Brésil, mais également l'équipe rivale de Fluminense. La *torcida* (club de supporters) de Flamengo est réputée la plus chaude de la ville, voire du pays, et le spectacle dans les tribunes est tout simplement ahurissant !

Renseignez-vous dans les journaux sur les prochains matches (en espérant que vous ayez la chance d'assister à un *clasico* : *Fla-Vasco, Fla-Flu, Fla-Botafogo*…) et achetez les places directement au siège du club de Flamengo. Si vous êtes supporter du Flamengo, profitez-en pour acquérir une petite *camiseta rubro-negra* (maillot rouge et noir) à la belle boutique du club. N'hésitez pas à y partir tôt afin de profiter au mieux de l'ambiance qui monte et de l'énergie qui se dégage de la *nação flamenguista* (la nation de Flamengo !).

Rénové pour la Coupe du monde 2014, le mythique stade a été réduit à environ 78 000 places (contre 200 000 dans les années 1970 !). Des visites guidées sont dorénavant organisées, mais mieux vaut assister à un match pour prendre le pouls du lieu !

IGREJA NOSSA SENHORA DA CANDELÁRIA ★★

Praça Pio X – Centro
✆ +55 21 2233 2324

Ouvert du lundi au vendredi de 7h30 à 16h, le samedi de 8h à midi et le dimanche de 9h à 13h.

La Candelaria fut à l'origine une chapelle érigée en 1634 par un capitaine de navire appelé Antonio Martins Palma, rescapé après avoir essuyé une forte tempête. Le récit de celle-ci est d'ailleurs narré sur le plafond de l'église. Elle fut inaugurée en 1811, en style néoclassique, à la place de la vieille chapelle. La coupole en pierre de Lioz Abancado de Lisbonne, entourée de huit statues de marbre blanc, est magnifique, ainsi que les portes de bronze de l'entrée de l'église.

IGREJA NOSSA SENHORA DE PENHA

Bien qu'elle soit distante du centre de la ville, chacun peut la voir de l'avion, ou en parcourant la route depuis l'aéroport international qui mène au centre-ville, église féerique avec ses deux clochers pointus, perchée sur un mont au milieu de la baie. On y accède par un chemin de croix de 365 marches, ou par un ascenseur bienvenu. Elle est cependant située en pleine Zona Norte, dans un quartier au sein duquel il est déconseillé de se rendre seul.

IGREJA SÃO FRANCISCO DA PENITÊNCIA ★★

Largo do Carioca, 5 – Centro
✆ +55 21 2267 0197
Ouvert du mardi au vendredi de 9h à midi et de 13h à 16h.

Une des plus riches églises baroques du XVIIIe siècle. Elle fut inaugurée en 1737. Au plafond, on peut admirer la première peinture en perspective faite au Brésil : elle symbolise l'apothéose de São Francisco et réalisée de 1737 à 1740 par Caetano da Costa Coelho. A la sortie, une petite terrasse donne sur la zone nord-ouest de la ville, et devant se dresse la porte du cimetière du troisième ordre religieux construit au début du XIXe siècle en style néoclassique.

MOSTEIRO DE SÃO BENTO ★★

Rua Dom Gerardo, 68 – Centro
✆ +55 21 2206 8100
www.mosteirodesaobentorio.org.br
Ouvert tous les jours de 6h30 à 18h30. Entrée libre, audioguide optionnel : 10 R$.

Par sa façade, on devine qu'il fut un bâtiment religieux construit non seulement comme un lieu de culte mais aussi pour la défense de son territoire. L'abbaye São Bento (Saint Benoît) est avant tout une église forteresse telle qu'on les faisait à l'époque coloniale ; sa façade blanche constituée de gargouilles en forme de canons et ses tourelles où sont juchés des boulets de canons montrent cette dimension.

Après les portes d'entrée originales en bois massif, le visiteur se plonge directement dans l'histoire d'un temps où l'or se récoltait en quantité telle que l'on en recouvrait les murs des églises. Ce style baroque est de loin l'architecture la plus exubérante. Tous les murs sont recouverts de stuc en forme de feuilles de palme peintes à l'or fin, et tous les chérubins, très expressifs, veillent sur la Vierge de Montserrat, patronne du monastère et ses saints. Saint Benoît fut un martyr, brûlé sur une grille rougie à vif. Il est aussi représenté portant un calice avec un serpent et un corbeau avec du pain dans le bec, ce qui est censé représenter la tentation à laquelle il aurait résisté. En passant, le porche au-dessus de votre tête, on remarque les sirènes qui supportent le balcon où se trouve un ancien orgue allemand de 1773. Les lustres en argent pèsent 227 kg chacun et sont le témoignage de la richesse de ce monastère, classé au patrimoine mondial de l'humanité.

A ne pas manquer, même si on n'est pas coutumier du fait, la messe dominicale à partir de 10h du matin avec les chants grégoriens des frères bénédictins.

ILHA FISCAL ★★

Av. Alfredo Agache - Centro
✆ +55 21 2233 9165
www.marinha.mil.br/dphdm/ilha-fiscal
Du jeudi au dimanche. Visites à 12h30, 14h et 15h30. 30 R$ et 15 R$. Départ Espace Culturel de la Marine. Visite : 2h.

On ne peut rater cet édifice plutôt kitsch qui trône sur une petite île de la baie de Guanabara. C'est l'architecte Adolfo del Vecchio qui fut chargé, en 1889, de dessiner les plans du nouveau palais de style néogothique. Vue de loin, l'île Fiscale paraît de couleur turquoise, mais elle est en fait vert pistache, couleur très en vogue à l'époque de l'empire. Elle éveille la curiosité du promeneur par sa situation et son architecture, comme inspirée d'un conte de fées. On lui trouverait presque des ressemblances avec le château de Louis II de Bavière ou ceux que l'on peut voir dans les dessins animés de Walt Disney.

Quand l'empereur Don João VI s'installa à Rio, il décida d'y faire construire un petit palais qui, quand les navires entreraient dans la baie, ferait bonne impression sur tous les étrangers venant pour la première fois à Rio. Le palais fut bâti dans le style manuélin du Portugal, très en vogue à l'époque.

L'île Fiscale doit son nom au fait qu'elle devait être le lieu où se faisait l'imposition des navires entrant dans la baie. L'existence de la capitainerie fut de courte durée, car une fois sa construction terminée, l'empereur décida d'y célébrer le fameux « bal de l'empereur », en l'honneur de personnalités chiliennes. Six jours plus tard, le 15 novembre 1889, l'empereur fut renversé et l'empire remplacé par la république.

À l'intérieur du palais, les murs portent les armoiries des deux familles impériales, la fleur de lys de la famille du comte d'Eu et les armes de la famille de Bragança.

À VOIR / À FAIRE

MUSEU CASA DE BENJAMIN CONSTANT ★

Rua Monte Alegre, 255 – Santa Teresa
✆ +55 21 3970 1177
www.museubenjaminconstant.blogspot.com
Du mercredi au vendredi : 10h-17h, week-end : 13h-17h. Parc 7j/7 : 8h-17h. 2 R$. Visites guidées sur inscription.

Benjamin Constant, homonyme de l'écrivain suisse, contribua à la diffusion de la théorie du positivisme au Brésil (la reprise de la devise d'Auguste Comte pour la République du Brésil en dit l'importance). Leader du mouvement républicain et ministre de la Vieille République, Constant dirigea également, pendant de nombreuses années, l'Institut des enfants aveugles. Le musée présente divers meubles, objets, photographies et documents ayant trait à sa personne et à son époque.

MUSEU CHACARÁ DO CEÚ ★★

Rua Murtinho Nobre, 93 – Santa Teresa
✆ +55 21 2507 1932
www.museuscastromaya.com.br
Ouvert tous les jours de midi à 17h, sauf le mardi. Entrée : 6 R$, gratuit le jeudi.

Dans la belle demeure de Raymundo de Castro Maya, riche mécène de nationalité française, sont exposées ses œuvres achetées au cours de ses voyages, jusqu'à sa mort en 1972. Le musée est composé de 2 parties : l'art européen et l'art brésilien. belle collection de peintures, du paysagisme à l'abstrait (Courbet, Rousseau) et des Matisse, Picasso, Dali, Braque, Seurat, Degas, Miro, Modigliani, Léger et Dufy ; toiles d'impressionnistes, fauvistes, cubistes, pointillistes et surréalistes ; 61 dessins de Jean-Baptiste Debret. 18 000 m² de jardins créés par Burle Marx.

MUSEU DA REPÚBLICA - PALÁCIO DO CATETE ★★

Rua do Catete, 153 – Catete
✆ +55 21 2127 0324
www.museudarepublica.org.br
De 10h à 17h en semaine week-end et jours fériés de 11h à 18h. Entrée : 6 R$. Jardin, en semaine de 8h à 18h (gratis).

Bâti en 1867, il s'agit de l'ancien palais des présidents de la République du Brésil entre 1897 et 1960. Le palais, qui était une demeure particulière avant de devenir le palais présidentiel, a gardé sa décoration d'époque. À la fin de la visite, on peut voir la chambre de Getúlio Vargas dans l'état où elle a été laissée le jour de son suicide le 24 août 1954. Avant de partir, il est reposant de flâner un peu dans le magnifique parc du musée, couronné de superbes palmiers impériaux.

MUSEU DE ARTE DO RIO - MAR ★★

Praça Mauá, 5
✆ +55 21 3031 2741
www.museudeartedorio.org.br
Du mardi au dimanche : 12h-19h. Gratuit le mardi. 20 R$; 10 R$/-21 ans. Combinée avec le Museu do Amanhã : 32 R$.

Le MAR, Musée d'Art de Rio, est devenu en quelques années un des lieux de culture incontournables de Rio de Janeiro, voire du Brésil. Il fait partie d'un ambitieux programme de remise en valeur du centre de Rio et surtout symbolise une renaissance culturelle voulue par le gouvernement de la présidente Dilma Rousseff. Ce magnifique Musée d'Art de Rio, le MAR, a ouvert ses portes en 2014 après plusieurs années de travaux. Il est situé sur la fameuse Praça Mauá, dans le nouveau Porto Maravilha, le « port merveilleux », avec le nouveau Museu do Amanhã. Le MAR est étalé sur deux bâtiments : le remarquable Palacete Dom João VI, construit dans un style éclectique inauguré en 1918, mais resté à l'abandon pendant des décennies après la désaffection du port, et le second bâtiment, une structure moderne qui était un terminal de bus nommé Mariano Procopio avant d'être transformé en musée. Aujourd'hui, il compte une cafétéria au rez-de-chaussée, des salles d'expositions, et au denier étage un restaurant avec terrasse. Une structure en forme de vague couvre le musée moderne et le bâtiment ancien, union entre le passé et le futur. À ce titre, des collections du passé du Brésil baroque coexistent avec des expositions d'art moderne ou contemporain, le tout bien éclairé le long d'un parcours interactif, très instructif et distrayant sur l'histoire de Rio et sa culture. De nombreuses expositions temporaires mettent la photo à l'honneur. Chaudement recommandé.

MUSEU DE ASTRONOMIA E CIÊNCIAS AFINS (MAST) ★

Rua General Bruce, 586 – São Cristovão
✆ +55 21 2580 7010
www.mast.br
Ouvert les mardis, jeudis et vendredis de 10h à 17h, le mercredi de 10h à 20h et le week-end de 16h à 20h.

Un peu à l'image du musée d'Ouro Preto, la collection du musée des sciences est principalement composée d'instruments scientifiques qui appartenaient à l'observatoire national. Une exposition permanente s'intéresse aux quatre aspects différents de la science moderne : l'origine de l'univers, l'origine de la matière, l'origine de la vie et l'origine de l'information. On peut bien sûr observer le ciel, au centre d'une coupole de verre équipée de télescopes.

MUSEU DO AMANHÃ ★★★

Praça Mauá
✆ +55 21 3031 2741
www.museudoamanha.org.br
Du mardi au dimanche, de 10h à 18h. Fermeture billetterie à 17h. 20 R$, combinée avec le MAR : 32 R$. Gratuit le mardi.

Voici la dernière merveille de Rio, le « musée de demain » qui, par son édifice et sa collection permanente, est effectivement assez futuriste, mêlant art et sciences, et questionnant l'humanité sur les enjeux de la dégradation de l'environnement de la planète, d'un point de vue scientifique, social et écologique.

L'édifice. Avec son voisin le MAR, un autre musée inauguré en 2014, il donne une nouvelle impulsion à cette zone portuaire toute proche du centre, réhabilitée en lieu de vie culturel incroyable. Le projet qui a coûté 230 millions de R$ a été inauguré par Dilma Rousseff en décembre 2015. Situé sur une jetée face à l'océan dans la baie de Guanabara sur la nouvelle Praça Mauá transformée en Porto Maravilha, le nouvel édifice est immanquable. Réalisé par l'architecte espagnol Santiago Calatrava, ce bâtiment blanc de 15 000 m^2 rappelle les bromélias (fleurs) de la forêt Mata Atlântica de Rio. Il est conçu avec des systèmes d'énergies renouvelables : des épines solaires situées sur le toit tout autour d'une verrière s'orientent en fonction des conditions climatiques pour capter l'énergie solaire, l'eau de la mer est utilisée pour climatiser le bâtiment et réutilisée pour les miroirs d'eau qui l'entourent. Le musée veut s'inscrire aussi comme un pôle de recherche et de réflexion scientifique sur les questions environnementales.

La visite. L'exposition passe en revue les dangers des dégradations de l'environnement qui provoquent des catastrophes humanitaires et sociales sans précédent. On est cependant déçu du côté démagogique du musée : pour expliquer que la planète est en péril, le discours est accompagné de films catastrophe à l'américaine, passés sur des écrans plasma à grand renfort de lumières gourmandes en énergie... La géode en introduction est une bonne attraction, tout comme la salle des photos sur les cultures et l'humanité. Le reste est un résumé scientifique instructif pour qui a séché les cours de SVT, grâce à des écrans interactifs qui raviront les plus petits par son aspect ludique et futuriste. On demande néanmoins à des visiteurs déjà absorbés par leur écran de smartphone et d'ordinateur de se plonger dans d'autres écrans plasma pour parler environnement et nature...

Conseil : depuis son ouverture, le musée est souvent saturé et bien souvent les guichets ferment à 15h en raison de l'affluence... Le mardi, l'entrée est gratuite mais la queue est encore plus longue. Aussi, pour éviter d'attendre des heures, nous vous conseillons d'acheter un billet sur Internet suivant un créneau horaire défini.

MUSEU DO FOLCLORE EDISON CARNEIRO ★

Rua do Catete, 179 – Catete
✆ +55 21 3826 4325
www.cnfcp.gov.br
Ouvert du mardi au vendredi de 11h à 18h et le week-end de 15h à 18h. Entrée libre.

Juste à côté du Museu da República, ce petit musée mérite une petite visite. Le musée réunit des objets des modes de vie et les valeurs de la société brésilienne (religion, fête, travail, etc.). Belle collection de déguisements et de costumes et d'œuvres d'artistes brésiliens. Ce musée est intéressant car il donne l'occasion de découvrir, à travers des sculptures, figurines et peintures, les traditions et arts populaires du Brésil, qui sont plus que jamais actuels.

MUSEU HISTÓRICO NACIONAL ★★

Praça Marechal Âncora – Centro
✆ +55 21 3299 0324
mhn.museus.gov.br
du mardi au vendredi, de 10h à 17h30 et le week-end et certains jours fériés de 13h à 17h. 10 R$, gratuit le dimanche.

Dans le quartier du port, ce musée a été créé en 1922 pour commémorer le centenaire de l'indépendance du Brésil et il est l'un des plus grands du Brésil, avec un espace de 20 000 m^2 et plus de 270 000 objets. C'est une rare occasion de pouvoir mieux comprendre l'histoire du Brésil, de la colonisation aux débuts de la République (La période républicaine de l'histoire du Brésil, qui s'ouvre à compter de 1889, est elle à découvrir au Palais de la République, à Catete), à la fois par sa bâtisse, par ses œuvres et par ses constantes expositions.

Le musée est installé dans un ancien fort qui contenait l'artillerie du roi ; il possède une cour intérieure dans laquelle on peut admirer une superbe collection de canons du XVIe au XIXe siècle. À remarquer que certains canons sont décorés par des têtes sculptées d'origine mythologique comme les Français avaient l'habitude de le faire.

La salle aux carrosses est riche et rappelle qu'avant l'arrivée de l'Empereur en 1808, le transport à Rio n'était pas des plus évolués : chaussée étroite, peu de lumière et personne pour nettoyer les rues. En 1808, le roi du Portugal arrive avec 20 000 personnes de la cour et 40 véhicules à bagages, et entreprend de nombreux travaux pour améliorer les rues de Rio de Janeiro. La salle militaire offre une collection d'uniformes militaires de différentes époques ainsi que des armes à feu, des sabres et des peintures de Don Pedro II, de la bataille navale du Riachuelo et de la terrible guerre contre le Paraguay, au XIXe siècle.

PAINEL ETNIAS ★★

Av. Rodrigues Alves, 241 - Gambôa

Le *painel Etnias* est une œuvre titanesque, colorée et surprenante. Le long des quais, une peinture murale de 3 km orne les façades. L'artiste n'est autre que Eduardo Kobra, qui a peint *Etnias* pour les Jeux olympiques de 2016. Cinq visages représentant les différentes ethnies du Brésil, dans un tourbillon de couleurs et de démesure. Le lieu est devenu un incontournable à « selfies » mais c'est surtout un travail dantesque de la part de l'artiste. Une véritable curiosité à découvrir en flânant. Un véritable hymne à la tolérance et à la connaissance.

PARQUE MUNICIPAL DA QUINTA DA BOA VISTA ★

Avenida Dom Pedro II – São Cristóvão

✆ +55 21 2232 4398

Ouvert tous les jours de 5h à 20h (18h le dimanche). Zoo ouvert du mardi au dimanche de 9h à 16h30, entrée : 6 R$.

Ce très beau parc urbain aux nombreux lacs et jardins fut l'un des lieux de résidence de la famille impériale. C'est l'un des lieux de villégiature préférés des Cariocas, le week-end : on y pratique le football, on y pique-nique, on y visitait le palais Saint-Christophe de l'empereur João VI. Malheureusement, en septembre 2018, ce dernier, qui abritait les trésors du Museu Nacional, a été entièrement détruit par les flammes, un traumatisme pour le pays tout entier...

PALÁCIO ITAMARATY ★

Avenida Marechal Floriano, 196 – Centro

✆ +55 21 2253 2828

www.itamaraty.gov.br

Fermé au public.

Anciennement Museu Histórico e Diplomático. Superbe exemple d'architecture néoclassique, le palais Itamaraty, terminé en 1854, accueillit la présidence de la République de 1889 à 1897, puis le ministère des Relations extérieures de 1899 à 1970. On pouvait jadis accéder au musée, dorénavant fermé. Les archives renferment près de 6 millions de documents remontant, à 1808. La cartothèque réunit une collection de plus de 30 000 cartes, atlas et globes. La bibliothèque abrite près de 160 000 volumes, ainsi qu'une collection de journaux de plus de 1 500 titres.

MUSEU NACIONAL

Quinta de Boa Vista – São Cristovão

www.museunacional.ufrj.br

Le musée a malheureusement été complètement ravagé par un incendie en septembre 2018.

C'était l'un des plus anciens et des plus prestigieux musées de Rio. Il a été ravagé par un incendie en septembre 2018. Intellectuels, étudiants et chercheurs n'ont pas tardé à s'indigner, dénonçant de drastiques restrictions budgétaires dans le domaine de la culture responsables d'un manque de sécurité au sein du bâtiment. Ouvert en 1818, le musée possédait plus 20 millions de pièces, pour beaucoup parties en fumée, dont « Luzia », le plus ancien fossile humain d'Amérique latine découvert dans le Minas Gerais en 1970. Il datait de 12 000 ans.

PARQUE DAS RUINAS ★

Rua Murtinho Nobre, 169 – Santa Teresa

✆ +55 21 2215 0621

Ouvert du mardi au dimanche de 8h à 18h. Entrée libre.

Par sa situation privilégiée, au cœur de Santa Teresa et surplombant la ville, le parc des Ruines est un belvédère fort apprécié, et cependant peu connu et peu visité, de Rio de Janeiro. Le Parque Das Ruinas est en fait une maison en ruine, comme son nom l'indique, vestige du palais Murtinho Nobre. Cet ancien palais garde aujourd'hui sa vocation originelle de rendez-vous culturel : auditorium de cent places – et des expositions temporaires. La visite du parc des Ruines précède ou suit idéalement la visite du musée Chacará do Ceú, situé à quelques pas.

PRAÇA PARIS

La Praça Paris est une rue du quartier de Glória, construite en 1926 et dessinée par l'urbaniste Français Alfred Agache. Ce projet reproduit l'aménagement d'un jardin typiquement parisien de l'époque, abritant nombre de grands amandiers, des œuvres d'art et des sculptures. Ce joyau de la belle époque avait subi les outrages du temps.La place a été totalement restaurée et ré-inaugurée en 1992 et a tretrouvé ses atours d'antan. C'est un endroit populaire pour les athlètes et les randonneurs, surveillé jour et nuit par la police.

PARQUE NACIONAL DA TIJUCA - SERRA DA CARIOCA ★★★★

www.parquedatijuca.com.br

L'empereur Pedro II a incontestablement été un des précurseurs de l'écologie moderne ou du génie écologique. Le site initial de la forêt avait été presque totalement défriché pour être transformé en plantation de café. Conscient des dégradations environnementales (perte de la faune et de la faune originelle, stérilisation des sols), il oeuvra pour la restauration écologique du site. La Serra da Carioca est l'un des trois secteurs principaux du parc national de Tijuca qui délimite ce qui est la plus grande forêt urbaine au monde. Les deux autres secteurs sont la Floresta da Tijuca, au nord-ouest, et le secteur Pedra da Gavea et Pedra Bonita, à l'ouest, jouxtant le quartier de São Conrado.

Vous accéderez rapidement à la Serra da Carioca car elle est au cœur de la ville. Attention toutefois, la forêt est grande (3 300 ha) et si vous décidez de vous y balader à pied hors des sentiers balisés, partez accompagné d'un guide. La proximité des *favelas* peut être dangereuse.

▸ **Depuis le Parque Lage,** au pied du Morro du Corcovado, vous pourrez même monter au Corcovado par la forêt à pied. Il vous faudra compter environ 3 heures.

▸ **Par le jardin botanique et en continuant la rue Pacheco Leão.** En la remontant, on passe devant la cascade dos Macacos, où certains se baignent et où les croyants pratiquent la macumba. Plus haut, on arrive aux deux principaux belvédères de la forêt, dont la Table de l'Empereur, où celui-ci pique-niquait avec les membres de la cour pour échapper à la chaleur étouffante de la ville : en effet, dans la forêt, il fait toujours 5 °C environ de moins que du côté mer.

▸ **Vista Chinesa** (vue chinoise), promontoire d'où vous pourrez prendre une superbe photo du Corcovado, du Pain de Sucre, de toute la Zona Sul et au loin la côte nord et les plages de Niteroi. C'est une des rares vues où l'on peut avoir en même temps le Pain de Sucre et le Corcovado. Ce mirador construit en 1906 est une pagode orientale qui rend hommages aux Chinois qui importèrent le thé au Brésil au début du XIXe siècle.

▸ **Cachoeiras do Horto.** Idéal pour prendre un bain rafraîchissant dans les cascades du parc enfouies dans la végétation. En bus, comptez 2 km de montée à pied après le terminal du bus n°409. Combinable avec la Vista Chinesa.

▸ **Mirador Dona Marta.** Perché à 360 m d'altitude, ce mirador permet d'embrasser en un seul regard le Pain de Sucre, le stade Maracanã, la baie de Guanabara et le Corcovado. Plutôt recommandé en voiture depuis la route qui mène de Cosmo Velho au Corcovado.

© CESAR OKADA - ISTOCKPHOTO.COM

PRAÇA MAUÁ ★★

Dans l'immense chantier de remise en valeur du centre de Rio, le relifting de la place Mauà est assez symbolique de la politique urbaine de « marketing urbain » des métropoles des pays émergents. La Praça Mauá a une longue histoire, intéressante pour comprendre l'évolution urbaine de Rio. La statue du baron Mauá (pionnier industriel brésilien), réalisée par le sculpteur Rodolpho Bernardelli et inaugurée en 1910 au centre de la place, ne doit pas en croire ses yeux. Les transformations au cours du siècle passé ont été spectaculaires. Baptisé Plage de Notre-dame puis Largo da Prainha à la création de la ville, le lieu était au départ propice à la baignade, à deux pas du Monasterio São Bento sur la colline. Un cadre bucolique qui fut très vite urbanisé, notamment en 1914 car elle devient le port de débarquement des bateaux arrivant du Vieux Continent et des autres pays d'Amérique latine. Lieu de nuit louche, la Praça Mauá était bordée de bars, de salles de concerts et de maisons closes pour marins de passage pendant tout le XXe siècle et assez mal fréquentée la nuit. Inscrite au centre du projet de réhabilitation de la zone portuaire au cœur de la ville en Porto Maravilha, elle est aujourd'hui très fréquentée par les touristes comme par les Cariocas. Les lettres géantes "Cidade Olimpica" ont été placées sur cette nouvelle esplanade, bordée de nombreux palmiers souvent battus par le vent. On vient s'y photographier entre deux visites du MAR et du Museo do Amanhã, ou simplement pour passer un bon moment en famille.

PRAÇA XV ★★

Praça XV de Novembro – Centro

La visite de la « Praça XV » est incontournable de la visite du « Centro » en journée. Le terrain de la place appartenait à l'origine aux pères Carmélites, qui y érigèrent leur couvent dès 1590. Il fut acheté par la ville à condition de ne rien y construire, et on l'appela pendant longtemps la place du Carmel. La première fontaine date de 1750 et fut sculptée par le fameux Mestre Valentim. Le général Osorio dont la statue trône sur la place fut un héros de la sanglante guerre que le Brésil (soutenu par l'Uruguay et l'Argentine) gagna contre le Paraguay entre 1865 et 1870. Le général Osorio est enterré sous la statue, les boulets de canon qui entourent le monument proviennent de vrais canons paraguayens. La mer venait au pied de la fontaine jusqu'au moment où la place fut agrandie en gagnant la terre sur l'eau.

À droite de la place en regardant la mer trône le Palais impérial, qui fut la modeste résidence des empereurs Dom Pedro Ier et II. En face du Palais, de l'autre côté de la place, on aperçoit un arc qui donne dans une petite rue piétonne. C'est l'Arco do Teles. Cet endroit, qui garde un cachet ancien, est très utilisé pour des tournages de films historiques. La petite rue fut tracée avec des angles droits pour couper les courants d'air assez violents provenant de la mer. Cela engendra en fait de graves problèmes d'insalubrité, des fièvres amenées par les moustiques, qui pullulaient. Aujourd'hui, l'Arco do Teles est un des endroits les plus animés le soir dans le centre-ville, de nombreux bars s'y sont installés.

PRAÇA PASSEIO PÚBLICO

290, Rua do Passeio

Cette place a été inspirée par la promenade publique de Lisbonne, inaugurée dans les années 1760. Le vice-roi de l'Etat du Brésil, Luís de Vasconcelos e Sousa, entre 1779 et 1783, a chargé le sculpteur et architecte Valentim da Fonseca e Silva (« Mestre Valentim ») de construire un parc pour la ville de Rio. Elle a été totalement rénovée entre 2016 et 2017. Les fouilles ont permis de dégager des restes du « théâtre-casino ». Ces aménagements ont permis de valoriser ce patrimoine artistique et culturel et historique de la ville de Rio de Janeiro.

PAÇO IMPERIAL ★★

Praça XV de Novembro, 48 – Centro

✆ +55 21 2215 2622

www.amigosdopacoimperial.org.br

Ouvert du mardi au dimanche de midi à 19h. Entrée libre.

Construit en 1703 comme entrepôt royal, ce fut à partir de 1743 la résidence des gouverneurs, vice-rois, puis des empereurs Pedro I et Pedro II. C'est ici que la princesse Isabelle signa en 1888 l'acte abolissant l'esclavage ; d'ici, s'exilèrent les derniers monarques. Il ne reste que les façades de l'édifice originel, aujourd'hui centre culturel, dont les amples pièces accueillent des expositions de peinture, et abritent aussi une bibliothèque de livres peu anciens, notamment français d'avant 1950. Le Palais abrite le Bistrô do Paço et le restaurant Arlequim.

PALÁCIO TIRADENTES - ASSEMBLEIA LEGISLATIVA ★★

Praça XV de Novembro – Centro
✆ +55 21 2588 1251
www.palaciotiradentes.rj.gov.br
Du lundi au samedi de 10h à 17h, dimanche de 12h à 17h. visite guidée obligatoire gratuite (toutes les 20 minutes).

© SVETLANATESTOVA - SHUTTERSTOCK.COM

Le Brésil est un pays fédéral. Chaque Etat, doté de nombreuses compétences, élit donc ses représentants qui constituent l'Assemblée législative de chacun des 26 Etats brésiliens. Pour l'Etat de Rio C'est dans ce beau monument néoclassique, inauguré en 1926, que siège l'Assemblée législative de l'Etat fluminense (habitants de l'Etat). Au rez-de-chaussée, petite exposition retraçant l'histoire politique du Brésil et de l'Etat de Rio, ainsi que la création du palais.

PRAIA DE RAMOS ★

C'est la grande (et belle, si elle n'était pas polluée) plage de la Zona Norte de Rio. Un lac artificiel y a été créé par la municipalité pour permettre aux habitants de cette zone défavorisée de pouvoir se rafraîchir sans devoir faire 2 heures d'autobus pour se rendre vers les plages plus huppées (et moins polluées !) de la Zona Sul. Comme souvent pour les points d'intérêt de la zone nord, les lieux sont peu connus et les touristes et les habitants de la zone sud ne s'y rendent pas, pour des raisons de sécurité. Les lieux sont peu sûrs.

REAL GABINETE PORTUGUÊS DE LEITURA ★★★

Rua Luís de Camões, 30 – Centro
✆ +55 21 2221 3138
www.realgabinete.com.br
Bibliothèque. Ouverte du lundi au vendredi de 9h à 18h. Entrée gratuite.

L'un des bijoux architecturaux du Rio du XIXe siècle, pourtant peu visité. Cette magnifique bibliothèque au style dit « néomanuelin » (inspirée des édifices religieux portugais, en particulier du monastère Saint-Jérôme de Lisbonne) fut inaugurée en 1837 par l'empereur Dom Pedro II, et contient plus de 350 000 volumes, certains datant des XVIe et XVIIe siècles. La salle principale des livres est d'une beauté époustouflante. Tout simplement l'une des plus belles bibliothèques du monde !

SAMBÓDROMO DA MARQUÊS DE SAPUCAÍ ★★

Rua Marquês de Sapucaí - Santo Cristo
✆ +55 21 2976 7310
www.sambadrome.com
Tribunes au meilleur rapport qualité-prix dans secteurs 5, 7 et 9. Prix de 230 R$ à 1 000 R$ ou plus selon emplacement.

Le Sambodrome est une avenue artificielle à ciel ouvert entourée de gradins vertigineux, tout à l'ouest du Centro et de Lapa. Le site baptisé avenue Marquês de Sapucaí est fermé quasiment toute l'année, mais il est le point névralgique du carnaval de Rio pendant les jours de fête. C'est ici, depuis 1984, que défilent les écoles de samba devant une foule verticale et compacte de 88 500 personnes chaque année, composée du jury qui élira la meilleure école, des Cariocas fanatiques et bien sûr des fans. Conçue par le célèbre Oscar Niemeyer, l'avenue fait 800 m de long, dont 650 m sont parcourus devant les juges attentifs. Il a été entièrement rénové pour les Jeux Olympiques de Rio en 2016.

▶ **Conseils.** Pendant les mois précédant la préparation du carnaval, toutes les écoles de samba viennent défiler au Sambodrome pour ce que l'on appelle les *ensaios técnicos*, les « répétitions techniques », avec costumes et défilé millimétré pour que tout soit parfait le jour J. Ainsi, chaque samedi et dimanche, trois écoles de samba défilent ici, et le spectacle est gratuit ! Profitez-en. Pour la programmation complète, consultez la rubrique « Ensaios tecnicos no Sambodromo » du site officiel du Sambodrome ou le site www.rio-carnival.net. Le lieu est sécurisé, donc aucun problème pour emmener votre appareil photo, mais les abords du Sambodrome sont très mal fréquentés. Venez et repartez impérativement en taxi (qui attendent tranquillement devant le cordon de sécurité).

CRISTO REDENTOR - CORCOVADO ★★★★

Rua Cosme Velho, 513 - Cosme Velho
✆ +55 21 2558 1329 - www.corcovado.com.br
Trains de 8h à 19h, ttes les 30 minutes. adulte 62 R$ ou 75 R$; enfant 49 R$. Minivan de Copacabana : 52 R$ ou 64 R$.

C'est la deuxième carte postale avec le célèbre Pain de Sucre. Le Christ Rédempteur dressé debout, les bras en croix au sommet de la colline Corcovado, bénit et protège la ville. On découvre de cet endroit magique une vue merveilleuse de la baie de Guanabara, des plages de la Zona Sul, de la lagune Rodrigo de Freitas, de la Zone Nord avec le Maracanã. Lorsque le temps est beau et que la visibilité le permet, on découvre parfaitement toute la chaîne de montagnes Sierra dos Orgãos. Le spectacle est inoubliable.

La montagne qui fait 709 m d'altitude est nichée au cœur d'une épaisse forêt verdoyante appelée la forêt de Tijuca, en réalité un Parc national dans lequel Rio est intégré, que le colonel Archer a eu la charge de replanter après qu'elle eût été dévastée pour y faire des plantations.

Le train du Corcovado fut inauguré le 9 octobre 1884 par l'empereur Dom Pedro avec une locomotive à vapeur. En 1910, il devint le premier chemin de fer électrifié du pays, utilisant des trains à capacité pour 70 passagers. Les trains actuels, d'origine suisse, ont commencé à circuler en 1979.

La sculpture est classée patrimoine historique ; le Christ fait 31 m de hauteur et 27 m de largeur d'une main à une autre et pèse 1 145 tonnes, tout ceci sur un socle de 8 m de haut. Il est recouvert de pierre de savon, une roche qui sort molle de la terre et durcit au contact de l'air. Cette œuvre fut édifiée pour célébrer les cent ans d'indépendance du Brésil sous la présidence de Getúlio Vargas. Elle fut inaugurée le 12 octobre 1931. Les mains et le visage furent sculptés par le Français Paul Landowski ; sous la sculpture, on trouve une petite chapelle dédiée à la patronne du Brésil, Santa Aparecida, la sainte des miracles.

Début janvier 2014, la foudre s'abat sur la statue et lui endommage deux doigts. Les photos font le tour du monde même si, selon les spécialistes, le phénomène est courant : environ six éclairs par an frappent le Christ.

Consultez une météo détaillée à votre arrivée ! Le Corcovado est LA visite incontournable à Rio, mais certains passeront sans doute à côté, car pour s'y rendre il faut avoir un ciel dégagé entièrement et la météo à Rio est souvent instable, car le climat y est tropical. La statue est tellement élevée que si quelques nuages sont présents dans le ciel, il y a des chances pour que vous arriviez… au-dessus d'eux ! La vue est alors bouchée et s'ouvre quelques minutes sur la ville par endroits lorsque le vent les balaye, mais ce n'est vraiment pas le moment optimal pour aller au Corcovado. Consultez donc une météo précise jour par jour, voire heure par heure si vous êtes à Rio en été et que la saison des pluies rythme les alternances orages-soleil.

Allez-y très tôt le matin, car il faut du temps pour monter là-haut et les fortes chaleurs forment une brume blanche altérant la visibilité dès 11h du matin jusqu'au soir.

En train. Le fameux petit train du Corcovado est amusant et agréable, mais ne transporte que peu de privilégiés. Si vous arrivez à la station basse, vous découvrirez très probablement qu'aucun train n'est libre avant 15h, 16h ou 17h, voire avant le lendemain ! Car avec l'arrivée d'Internet, les réservations sur place sont compromises par l'achat de billets *online* sur le site du train… : réservez vous-même en ligne ***et*** faites en sorte d'arriver à l'heure, car il y a des bouchons à Rio dans cette zone, ou bien prenez un minibus.

En minibus. Une compagnie de minibus assure les navettes entre le Corcovado et Copacabana, Largo de Machado et Paineiras. Le système est bien rodé, bien organisé, et il est possible d'acheter les billets en ligne ou sur place. Nous vous recommandons cette option, la plus rapide et la plus sûre pour visiter le Corcovado au jour le jour. Si vous êtes en transport en commun et que vous séjournez à Copacabana ou à Ipanema, prenez la navette depuis Copacabana. Si vous logez n'importe où ailleurs à Rio, prenez le métro jusqu'à Largo de Machado, et à la sortie sur la place se trouve le départ en minivan pour le Corcovado. Pratique, car vous ne perdez pas de temps dans les bouchons et d'argent dans les taxis, la montée est quasi directe, le billet est prévu aller-retour et il n'y a pas beaucoup de queue à cet endroit pour attendre les minivans. Si vous logez à Santa Teresa et que vous êtes débrouillard et petit budget, prenez un taxi jusqu'à Paineiras en passant par le haut de Santa Teresa qui monte toujours tout droit après le Largo de Guimarães (compteur obligatoire, environ 30 R$ la course), insistez bien pour qu'il vous dépose tout en haut et qu'il ne descende pas au train… vous passerez par cette route de jungle et de corniche magnifique et sans bouchon. Pour le retour en revanche, vous n'allez certainement pas trouver de taxi, car Paineiras est davantage conçu pour les touristes motorisés qui se garent sur place. Prévoyez de réserver un taxi.

En voiture. Si vous êtes motorisé, montez jusqu'à Paineiras au pied du Corcovado (le dernier point accessible pour les véhicules privés et les taxis) sur les hauteurs de Cosmo Velho, et garez-vous au parking prévu à cet effet. Il vous en coûtera moitié prix pour accéder au Corcovado par personne !

À pied. Plus de 3 heures de marche depuis le Parque Lage, avec guide obligatoire, car le chemin est compliqué à trouver. Contactez pour cela une agence spécialisée comme Rio Adventures.

Christ-Rédempteur du Corcovado.

INSTITUTO MOREIRA SALLES - IMS ★

Rua Marquês de São Vicente, 476 – Gávea
✆ +55 21 3284 7400
www.ims.com.br
Ouvert du mardi au dimanche de 11h à 20h. Entrée libre.

Situé dans une belle demeure, cet institut culturel abrite des salles d'expo, un cinéma, une bibliothèque, un auditorium, une boutique d'artisanat et un bel atelier. Il dispose surtout d'une incroyable collection de photos de l'histoire de la ville, qui nous montre en particulier l'urbanisation croissante de Rio au cours des XIXe et XXe siècles. De nombreuses expositions temporaires de grands photographes brésiliens et étrangers. Superbe jardin également, dessiné par Burle Marx.

LAGOA RODRIGO DE FREITAS ★★

Lagoa Rodrigo de Freitas

La *Lagoa*, qui a donné son nom au quartier éponyme, est un immense lac de 4 km² en pleine ville, séparé de la mer par la langue de terre urbanisée d'Ipanema et Leblon. Elle est bordée par trois *morros*, des montagnes granitiques si caractéristiques des paysages *cariocas* : à l'est par la montagne qui surplombe le quartier Gavea, le Jardim Botânico et l'hippodrome Jockey Club, à l'ouest par la vertigineuse montagne du Corcovado aboutissant au Parque Lage qui borde la lagune, et au sud par les *morros* Cantagalo et dos Cabritos qui la séparent de la plage de Copacabana. Le quartier de Humaitá est souvent saturé de voitures, car il relie le quartier de Lagoa à la Zona Norte par Botagofo. Il permet aussi un passage vers Cosmo Velho via le tunnel Rebouças.

La lagune est alimentée par le rio Macaco (aujourd'hui canalisé) et d'autres petites rivières, et est relié à l'océan Atlantique par un canal d'eau salée artificiel. Elle compte deux îles : Piraquê, à l'ouest, porte le nom de la lagune lorsqu'elle était peuplée par les indiens Tamoios à l'arrivée des colons et abrite le club naval sportif de la ville, et Caiçaras, au sud, qui accueille le club de sport éponyme. La lagune est entourée d'une piste cyclable sécurisée et compte d'autres clubs sportifs, notamment de régate de bateau et d'aviron.

▶ **Pollution.** Depuis quelques années, la *Lagoa* connaît un problème de pollution sérieux avec la prolifération d'une algue invasive toxique pour les poissons car elle consomme toute l'oxygène présente dans l'eau.

JARDIM BOTÂNICO ★★

Rua Jardim Botânico, 1008 – Jardim Botânico
✆ +55 21 2274 7012
www.jbrj.gov.br
le lundi de 12h à 19h, du mardi au dimanche de 8h à 19h. Entrée : 60 R$ (gratuits pour seniors). Paiement en espèce.

Parmi les merveilles de Rio que l'on ne peut rater, le jardin botanique figure en bonne place, juste après, peut-être, le pain de sucre et le christ rédempteur. Ce superbe parc est considéré comme l'un des dix plus importants jardins botaniques du monde. Outre la connaissance de plantes et arbres venant du monde entier, le jardin botanique apparaît comme un havre de paix et de contact avec la nature dans lequel on pourra se prélasser.

Quand le prince régent du Portugal, Dom João VI, s'installa à Rio en 1808, il eut tout de suite envie de construire un jardin d'acclimatation pour ses besoins personnels, comme le thé, coutume qu'il avait rapportée d'Europe.

Le jardin botanique fait environ 140 hectares et inclut une partie de la plantation de canne à sucre qui existait à l'époque coloniale. Le jardin royal est traversé par deux cours d'eau appelés le riacho Iglesias et le rio dos Macacos, qui alimentent le jardin en eau provenant de la forêt de Tijuca. Il contient environ 6 000 espèces de plantes et d'arbres du monde entier sans compter les espèces originales du Brésil. Les deux premiers bâtiments que l'on aperçoit sur la droite, une fois l'entrée passée, appartenaient à deux des nombreux directeurs du jardin botanique. La maison bleue de Pacheco Leão, fin XIXe siècle, est utilisée pour des expositions diverses. L'un des symboles forts du jardin botanique est ses longues rangées de palmiers impériaux qui longent la grille, avec vue en toile de fond sur le Corcovado. Ces palmiers viennent de Malaisie et ont été amenés par Dom João VI, lors de son arrivée à Rio.

Le jardin renferme deux petits jardins miniatures, l'un d'inspiration japonaise, l'autre de l'Amazonie. Toutes les fontaines en fonte et les sculptures du jardin proviennent du Centro et furent transférées lors de la modernisation des avenues.

À retenir, le nom du maréchal Manoel Marques, qui rapporta aussi de nombreuses plantes de la Guyane française dont le fameux café. La fontaine centrale date de 1905 et provient de la porte de l'ancienne académie des Beaux-Arts. Dans l'allée tout droit, on pourra voir un arbre du bois *pau-brasil*, qui a donné le nom au Brésil et l'étang couvert des magnifiques et célèbres Vitoria Regia, nénuphars géants. La verrière en face propose une jolie variété de plantes carnivores. L'allée suivante mène à la verrière des Orchidées. Le parc aux cactus renferme un nombre impressionnant, aux formes on ne peut plus variées ! La boutique du jardin botanique propose de beaux ouvrages et vos achats permettront d'aider à entretenir le jardin.

LARGO DO BOTICÁRIO ★★

Rua Cosme Velho, 822
Cosme Velho
www.largodoboticario.com.br

© DONATAS DABRAVOLSKAS - SHUTTERSTOCK.COM

Sur cette place coloniale et bucolique aux arbres centenaires, on remarquera cinq maisons de style colonial portugais complètement décrépites, avec leurs fenêtres peintes et leurs balcons de bois au charme suranné, totalement abandonnées. Elles donnent un avant-goût du style baroque, tel qu'on peut l'observer à Paraty, Ouro Preto ou Olinda. Une fontaine et des lampadaires à gaz participent au décor de la place envahie par la végétation.Le Boticário était un pharmacien, un certain monsieur Da Silva, qui a donné son nom à la place. On y donne parfois des spectacles.

MUSEU CARMEN MIRANDA

Avenida Rui Barbosa, 560 – Flamengo
✆ +55 21 2334 4293
Actuellement fermé.

Ce n'est certes pas la personnalité brésilienne la plus connue des Français (et ce n'est donc pas le musée le plus connu et le plus visité de Rio par nos compatrioites) mais c'est par contre une star qui a traversé les âges en terre brésilienne et à Rio en particulier. Dans ce musée, on pourrait voir des costumes, des bijoux et des photos de l'actrice et chanteuse luso-brésilienne qui conquit Hollywood dans les années 1940, et à qui certains Brésiliens et Carioca vouent encore un véritable culte. Elle est l'une des précurseures du « tropicalisme ».

MUSEU HISTORICO DA CIDADE - MHC ★

Estrada de Santa Marinha – Gávea
✆ +55 21 3443 6341
museudacidadedorio.com.br
Ouvert du mardi au dimanche de 10h à 17h.
Entrée libre.

Anciennement propriété du marquis de São Vicente, la demeure du XIXe siècle qui abrite le musée faisait partie d'une *fazenda* de café et fut, par la suite, acquise par le comte de Santa Marinha. Le musée présente l'histoire de la ville de Rio, depuis sa fondation en 1565 jusqu'au milieu du XXe siècle, à travers près de 17 000 pièces, incluant de nombreux tableaux d'artistes comme Taunay, Grandjean de Montigny, Visconti, du mobilier et des photographies.

PARQUE LAGE ★★

Rua Jardim Botânico, 414 – Jardim Botânico
✆ +55 21 2538 1091
www.eavparquelage.rj.gov.br
Ouvert tous les jours de 9h à 17h.

Un superbe parc au pied du *morro* du Corcovado. Des petits sentiers, une atmosphère étouffante qui nous familiarisent avec l'ambiance luxuriante de la *Mata Atlântica*. La belle demeure du début du XXe siècle est l'œuvre de l'architecte italien Mario Vrodet pour Henrique Lage. Les murs en marbre, la baignoire Art déco dans l'une des salles de bains (que l'on retrouve dans le film *Macunaima*, en 1969) inspirent les étudiants de l'école des arts visuels, qui a élu domicile ici ! On songera à grignoter au café attenant, sans oublier de jeter un coup d'œil du Corcovado.

PRAIA DE BOTAFOGO ★

La plage de Botafogo, dans la zone sud de Rio de Janeiro, est peu fréquentée car polluée, malgré la superbe vue sur le Pain de Sucre et une magnifique anse abritant le yacht-club de la ville. Un peu de foot et de volley sur le sable, néanmoins. Aujourd'hui, la plage de Botafogo, ou plutôt les jardins qui la jouxtent, et les points d'intérêt du quartier (museu do Indio, maison de Rui Barbosa, museum Vila-Lobos) font de ce quartier de la zone Sud un espace de plus en plus attractif et c'est bien normal, car sa situation est exceptionnelle.

ELEVADOR DO MORRO DO CANTAGALO ★

Rua Texeira de Melo - Ipanema

Ouvert tous les jours de 7h à minuit.

Le magnifique édifice éclairé de vert la nuit que l'on aperçoit depuis le Posto 8 au fond de la rue Texeira de Melo est… un ascenseur ! Inauguré en juin 2010, il permet dorénavant aux habitants de la *favela* de Cantagalo (et ceux de la communauté voisine de Pavão pacifiée) de rentrer chez eux sans avoir à affronter les escaliers raides depuis le pied du *morro*. Au sommet, à 65 m de haut, une passerelle tout en verre et acier rejoint les premières habitations. Belle vue.

MONUMENTO AOS PRACINHAS ★

Av. Infante Dom Henrique, 75 – Glória

✆ +55 21 2240 1283

www.mnmsgm.ensino.eb.br

Ouvert du mardi au dimanche de 9h à 17h. Entrée libre.

Construit en 1960, le monument aux morts de la Seconde Guerre mondiale, assez majestueux (vous ne pouvez pas le rater, sur l'Aterro de Flamengo, tout de suite après l'aéroport Santos-Dumont en direction de la Zona Sul), comprend un musée présentant les faits de gloire de l'armée brésilienne durant la Seconde Guerre mondiale, ainsi qu'un mausolée avec les dépouilles de quelques soldats brésiliens ayant participé à la campagne d'Italie en 1944 aux côtés des Alliés. Les Américains avaient poussé les Brésiliens à s'engager au côté des Alliés.

IGREJA NOSSA SENHORA DA GLÓRIA DO OUTEIRO ★

Praça Nossa Senhora da Glória, 26 - Glória

Du lundi au vendredi de 8h à midi et de 13h à 17h. Samedi et dimanche de 8h à midi.

Son étrange architecture baroque octogonale date de 1714. Perchée sur une colline de 61 m, entourée de palmiers, cette église est le symbole du quartier de Gloria ; elle offre une jolie vue sur le parc de Flamengo et la baie de Guanaraba au loin. Des azulejos bleus et blancs décorent l'intérieur ; un musée consacré à l'art religieux et aux empereurs, qui ont baptisé ici leur progéniture, complète la visite. Attention : les horaires d'ouverture sont assez aléatoires…

MORRO DE LEME - FORTE DUQUE DE CAXIAS ★

Praça Almirante Júlio de Noronha – Leme

✆ +55 21 3223 5076

www.cep.ensino.eb.br

Ouvert du mardi au dimanche de 9h30 à 16h30 (en été à partir de 8h30). Entrée 4 R$, étudiants 2 R$.

Tout à l'est de la baie de Copacabana, le Morro de Leme se visite depuis le fort militaire du même nom, situé à son pied, mais seulement le week-end. 20 petites minutes de montée tranquille à travers la forêt Atlantique jusqu'au fort Duque de Caxias (construit en 1935), depuis lequel on bénéficie d'une vue absolument unique sur l'entrée de la baie de Guanabara, au nord, et la magnifique baie de Copacabana, au sud. Balade à faire absolument si vous passez le week-end à Rio.

Monumento Aos Pracinhas.

MUSEU CASA RUI BARBOSA ★

Rua São Clemente, 134 – Botafogo
✆ +55 21 3289 4600
www.casaruibarbosa.gov.br
Du mardi au vendredi : 10h-17h30 (20h le dernier mardi du mois), le week-end : 14h-18h. Musée et jardin gratuits.

Né en 1849, Rui Barbosa, Bahianais d'origine exerça les fonctions de jurisconsulte, journaliste, homme politique et diplomate, et fut partie prenante dans quelques-uns des événements fondateurs de l'histoire du Brésil. Construite en 1849, la maison qui abrite le musée, dans laquelle Rui Barbosa vécut ses 28 dernières années, constitue un superbe exemple d'architecture carioca, d'influence néoclassique, du XIXe siècle. Le musée expose une importante collection de mobilier, objets divers, tableaux, ainsi qu'une somptueuse bibliothèque d'époque. Beau parc du musée.

MUSEU DE ARTE MODERNA - MAM ★★

Av. Infante Dom Enrique, 85 - Glória
✆ +55 21 3883 5600
https://mam.rio/
Du mardi au vendredi 12h à 18h, week-end et jours fériés 11h à 18h. Dernier ticket : 17h30. 14 R$ Cinémathèque : 8 R$.

Le MAM de Rio regroupe 11 000 œuvres d'art appartenant au diplomate et mécène Gilberto Chateaubriand. Cette somptueuse collection regroupe art moderne brésilien (des créations d'Emiliano di Cavalcanti,), ainsi que de nombreuses œuvres d'artistes étrangers (Picasso, Andy Warhol, Jackson Pollock ou Le Corbusier..). Outre les collections d'art, le MAM abrite une bibliothèque spécialisée ainsi qu'une cinémathèque. Les jardins sont signés du paysagiste Burle Marx. Restaurant ouvert le midi.

MUSEU DO INDIO ★★

Rua das Palmeiras, 55 – Botafogo
✆ +55 21 3214 8700
www.museudoindio.gov.br
Ouvert du mardi au vendredi de 9h à 17h30 et le week-end de 13h à 17h. Entrée libre.

La belle demeure coloniale aux teintes rosées de 1880 abrite l'une collection les plus importantes d'Amérique latine sur les peuples et cultures indigènes du continent, réunissant textes, images, films, vidéos et objets en tout genre (poteries, instruments musicaux, objets de cérémonie, objets des tribus des régions du Xingu, du Para). Dans le jardin du musée se trouve une petite hutte en bois, construite par les Indiens Guaranis de Bracui, qui donne aux visiteurs une idée du mode de vie des tribus dans leurs villages. Petit magasin d'artisanat indien à la sortie.

MUSEU HISTÓRICO DO EXÉRCITO - FORTE DE COPACABANA ★

Praça Coronel Eugênio Franco, 1 Posto 6 - Copacabana
✆ +55 21 2521 1032
www.fortedecopacabana.com
Ouvert du mardi au dimanche de 10h à 18h (musée), le site reste ouvert jusqu'à 20h. Entrée : 6 R$.

Construit en 1914, le fort a conservé ses principales caractéristiques d'origine, depuis ses murs, épais de 12 m, jusqu'à ses coupoles blindées équipées de canons Krupp. L'intérêt principal de cette petite halte entre Copacabana et Ipanema n'est pas tant le musée que la vue absolument extraordinaire qu'on a sur la ville. C'est le seul endroit d'où l'on peut apprécier l'immensité et la beauté de la baie de Copacabana, avec en toile de fond le Pain de Sucre et le Christ Rédempteur.

MUSEU VILLA-LOBOS ★

Rua Sorocaba, 200 - Botafogo
✆ +55 21 2226 9818
www.museuvillalobos.org.br
Ouvert du mardi au vendredi de 10h à 17h. Entrée libre.

La petite maison de la fin du XIXe siècle abrite une collection d'objets personnels ayant appartenu au célèbre compositeur brésilien de musique classique, Heitor Villa-Lobos (1887-1959), célèbre pour ses *Bachianas brasileiras*. Le musée a été créé en 1960 par sa seconde épouse, Dona Arminda, et l'exposition permanente occupe trois salles qui présentent des partitions, correspondances, photographies, vidéos, instruments, objets divers, vidéos. Programme musical du musée intéressant. Dans le jardin, une petite conque acoustique permet des concerts en plein air.

OI FUTURO FLAMENGO ★

Rua Dois de Dezembro, 63 – Flamengo
✆ +55 21 3235 5815
Ouvert du mardi au dimanche de 10h à 17h. Entrée libre.

Comme tous les pays du monde et en particulier les pays émergents, la télécommunication a une grande importance au Brésil. Occupant trois étages de l'édifice où fonctionna la première station téléphonique du pays (devenue l'Institut *Oi Futuro*), le Musée des Télécommunications présente diverses curiosités (parmi lesquelles une réplique du premier téléphone, installé dans le palais impérial de Petrópolis pour communiquer directement avec la cour), et conte l'aventure des télécommunications (téléphone, télex, mobiles, Internet…) de façon interactive et ludique.

PÃO DE AÇÚCAR - PAIN DE SUCRE ★★★★

Av. Pasteur, 520 – Urca ✆ +55 21 2461 2700
www.bondinho.com.br
TLJ de 9h à 20h50 ttes les 15 minutes. 120 R$, 50 % pour les 6/21 ans et plus de 60 ans, gratuit pour moins de 6 ans.

Une promenade indispensable lorsqu'on arrive à Rio ou qu'on y retourne. Le pain de sucre est un des marqueurs spatiaux de la ville de Rio et une de ses plus célèbres cartes postales avec le Christ rédempteur. Beaucoup de signatures graphiques, de marques (dont une marque de grande distribution) reprennent le nom ou l'effigie de ce phénomène géologique situé dans la partie sud de la ville, à proximité de la praia Vermelha. D'une hauteur de 395 m, le Pain de Sucre est situé à l'entrée de la baie de Guanabara. On atteint son sommet par deux téléphériques, le premier vous emmenant au Morro da Urca, le second au Pain de Sucre proprement dit. D'ici, on découvre Rio et sa baie entourant le roc de toutes parts, avec l'étrange sentiment d'être au cœur de la ville. Le nom du Pain de Sucre (*Pão de Açucar* en portugais) viendrait du moule à sucre que l'on utilisait jusqu'au siècle dernier pour former les blocs de sucre. C'est littéralement un bloc de quartz de 500 millions d'années. C'est lors de l'exposition internationale de 1908 que l'on décida de construire le téléphérique, dont la première version était en bois. Puis vinrent le deuxième en 1912, et le troisième en 1913 qui relièrent le *morro* d'Urca avec celui du Pain de Sucre. Celui que l'on utilise aujourd'hui a été construit en 1972 et peut transporter jusqu'à 73 personnes. La première cabine emmène les touristes en 3 minutes jusqu'à la station du Morro de Urca ; au premier arrêt, on découvre une superbe vue panoramique ; c'est aussi l'endroit où se posent les hélicoptères pour un tour de la baie en 15 minutes ; on y trouve une aire de spectacle pour le soir et un restaurant ; la cabine suivante vous emmène tout en haut du Pain de Sucre où l'on domine la baie, et la perspective sur la ville est superbe. On a une vue d'ensemble des forts qui défendaient la baie, alors point stratégique de l'entrée de la ville, d'environ 1 km de large entre le fort Santa Cruz et le fort São José. De l'autre côté de la baie, vous apercevrez la ville de Niterói et ses belles plages de sable fin. Les pistes de l'aéroport Santos Dumont sont dans l'axe du Pain de Sucre, si vous appréciez le ballet aérien. Puis viennent plus au sud les plages de Flamengo et de Botafogo. En face de vous, le Christ Rédempteur du Corcovado vous salue. La vue sur celui-ci depuis le *morro* da Urca à la nuit tombante est merveilleuse. On vous conseillera de privilégier ce moment-là si vous avez choisi de monter par le chemin de randonnée. Enfin, tout au sud, la baie mythique de Copacabana et le *morro* de Leme. N'oubliez surtout pas votre appareil photo !

▶ **Le moyen le plus facile de s'y rendre est le taxi**. Tous les chauffeurs de taxi connaissent bien sûr ce haut lieu du tourisme *carioca*. Les taxis déposent les touristes au pied de la station de départ et les personnes à mobilité réduite ont un accès facile au funiculaire. En métro, on descendra à la station Botafogo et on prendra ensuite le bus SP513 Urca.

▶ **Conseil n° 1.** On peut monter et descendre à pied par un chemin de randonnée dans la forêt gratuitement jusqu'au premier Pain de Sucre, jonction des deux téléphériques, dont le mirador offre déjà une vue spectaculaire sur Rio. Si vous voulez monter jusqu'en haut, il n'existe malheureusement pas de tarif réduit pour emprunter seulement le second téléphérique. Le chemin est peu indiqué, mais il suffit de demander sa route, tout le monde le connaît ! C'est un point de départ du corridor vert de Rio. Nous conseillons de redescendre à pied même si vous payez le billet complet, car vous évitez ainsi la queue et surtout vous découvrez une atmosphère de jungle où vous observerez à coup sûr des petits singes typiques de la jungle de Rio. On trouve trois espèces : *macaco-prego, mono capuchino* et el *macaco-estrela*. Ils sont peu timides et se nourrissent de fruits. Ils prennent aisément la pose photo, car ils recherchent de la nourriture, habitués au flot continu de touristes... Ne nourrissez jamais ces animaux sauvages, car cela mettrait en danger leur métabolisme, au risque de créer des maladies, et leurs capacités à trouver de la nourriture et donc leur survie. Vous risquerez de vous faire mordre au passage. Vous y observerez aussi des varans et de nombreux colibris dans la zone dégagée du bas du Pain de Sucre. Prévoir un bon anti-moustique si vous optez pour la descente à pied, et des bonnes chaussures, car certains passages sont assez raides et glissants en raison de la boue présente lorsqu'il pleut (c'est assez fréquent). Prévoir 30 minutes pour descendre tranquillement, et lorsque vous arrivez en bas du chemin, prenez l'allée goudronnée à droite qui longe la baie et rejoint la Praia Vermelha d'où part le téléphérique. Certains adeptes de la varappe montent en utilisant des voies sur le Pain de Sucre. Il y en a plus de 100 et parmi celles-ci on trouve les plus emblématiques du Brésil (Italianos com Secundo, Cepi).... il faut compter 4 à 6 heures d'escalade de niveau moyen à difficile et d'intensivité physique moyenne. Bien sûr, on vous recommandera de pratiquer l'escalade avec des guides agrémentés (comptez alors 380 R$ par personne, 290 à partir de 2 personnes).

▶ **Conseil n° 2.** Si vous réservez une table dans l'un des restaurants très onéreux du Pain de Sucre, pour dîner notamment, l'accès en téléphérique est gratuit et la vue au coucher de soleil est sublime...

PARQUE DO FLAMENGO ★

Avenida Infante D. Henrique - Flamengo

Le parc de Flamengo est une avancée artificielle de terre sur la mer (aterro) conçue en 1965. Il s'étend depuis l'aéroport Santos-Dumont, au centre-ville, jusqu'au début de la baie de Botafogo, et marque l'entrée dans les quartiers sud (et chics) de la ville. Ce jardin urbain de plus de 1,2 million de m² a été dessiné par l'architecte et paysagiste brésilien Roberto Burle Marx. C'est l'un des endroits préférés des Cariocas pour courir, jouer au foot ou au tennis, ou flâner dans sa verdure (en particulier le dimanche, quand l'avenue est fermée à la circulation).

PRAIA DA URCA ★

Praia da Urca

Urca est assurément un petit coin de paradis au pied du Pain de Sucre. Ce petit quartier très recherché, où résident beaucoup de militaires, à l'image des quartiers de la zone sud, appelés « Côté mer » par le Petit Futé, dispose d'une petite plage. La petite plage d'Urca, au pied du *morro* du même nom, serait exquise si elle n'était pas régulièrement impropre à la baignade. La vue sur la baie de Botafogo vaut le coup d'œil. Arrêtez-vous donc aux Bar Urca, le célèbre bar en bordure de plage, ou au Garota Da Urca pour en profiter.

PARQUE GAROTA DE IPANEMA ★

Ce parc est situé au-dessus de la plage d'Arpoador et compte un skate parc, et une vue sur le rocher appelé Pedra do Arpoador, d'où les Cariocas viennent applaudir le coucher de soleil. C'est bien sûr une référence à Elo Pinheiro, la muse qui a inspiré Tom Jobim et Vinicus de Moraes pour la plus célèbre de leurs chansons « A garota de Ipanema ». Le petit quartier d'Arpoador est en lui-même très plaisant, avec des bars et ses restaurants agréables. Finir la journée dans ce parc en attendant le coucher du soleil est forcément agréable !

PRAIA DE FLAMENGO ★

Praia do Flamengo

Ce magnifique Aterro réalisé par Burle Marx a été gagné sur la mer. Il devait ne constituer qu'une grande artère routière reliant la Zone Sul au centre-ville en longeant la côte. Mais grâce à l'acharnement d'urbanistes sensés, le projet d'un immense parc parallèle au tracé de la route a été accepté. Des courbes, des sentiers qui slaloment, des parcs, des arbres qui s'entrelacent, des pistes de jogging, des terrains de tennis ou de football, et, au bord, la plage. Souvent oublié par les touristes, ce parc du Flamengo est un lieu fort agréable pour flâner.

PLANETARIO ★

Rua Padre Leonel Franca, 240

✆ +55 21 2274 0096

www.planetariodorio.com.br

Ouvert du mardi au vendredi de 9h à 17h, les samedi et dimanche de 15h à 17h. Entrée : 6 R$.

Le planétarium de Rio, ou musée de l'Univers, invite à des expériences ludiques pour découvrir les secrets des cieux. Quatre thématiques sont proposées : la Terre et ses mouvements, l'espace et le temps, l'astronomie stellaire (on peut observer le ciel par télescope !) et la fusée « scolaire » (que les enfants adorent). Un *must* du quartier de Gavea qui change des musées plus traditionnels ! C'est certes un peu plus ludique que scientifique et ce sont surtout les enfants qui apprécient. C'est donc une excellente occasion de sortie un jour de pluie.

PRAIA DO ARPOADOR ★★★

Praia do Arpoador

La plage d'Arpoador (et la pointe rocheuse du même nom, qui signifie « harponneur » en portugais) est située au début de la baie d'Ipanema, face au *posto 7*. Elle fait le bonheur des surfeurs et des body-boarders. À gauche du rocher, la petite plage sauvage du Diabo (le Diable), surnommée ainsi en raison de ses incessants remous. Du haut du rocher, une belle vue sur les quartiers d'Ipanema et de Leblon. C'est ici que le coucher de soleil est le plus spectaculaire avec la vue superbe la baie d'Ipanema et le soleil qui passe entre les monts des *Dois Irmãos*.

PRAIA DE IPANEMA E LEBLON ★★★★

Elles ne sont en réalité qu'une seule et même plage, séparée au milieu par le canal Jardim de Alá, qui relie la Lagoa Rodrigo de Freitas à l'océan. Ipanema est aujourd'hui la plage la plus chic de la ville, même si elle diffère peu dans le fond de Copacabana, hormis peut-être les vagues, un peu plus fortes (Ipanema veut d'ailleurs dire *mauvaises eaux* en langue guarani). La plage d'Ipanema fut immortalisée par la chanson culte *Garota de Ipanema*, de Tom Jobim. La statue du chanteur, y trône, la guitare sur le dos !

Leblon est plus calme, quoique aux eaux un peu moins propres qu'à Arpoador ou Ipanema. On commande sa chaise pliante (*cadeira*) et son parasol (*cobra-sol*) auprès de l'une des nombreuses *barracas* plantées sur la plage, ou les fameux *globos* (il s'agit de chips).

Chaque « communauté » s'identifie à son petit périmètre de plage, défini en fonction des postes de surveillance. Le poste 7 (Arpoador) a ses surfeurs, le poste 8 est le préféré des gays, le poste 9 celui des jeunes bobos, chacun répondant à certains codes de conduite, certaines modes. Tout le long de la plage, des terrains de volley, mais surtout la grande mode du foot-volley, sont occupés à la tombée du jour lorsqu'il fait plus frais par des jeunes sportifs aux corps musclés.

Le belvédère du Mirante do Leblon, au bout de la plage de Leblon et au début de l'Avenida Niemeyer, contourne le *morro* des *Deux Frères* : c'est un endroit parfait pour siroter une *agua de coco* en profitant du panorama.

© LAZYLLAMA - SHUTTERSTOCK.COM

PRAIA DE COPACABANA E LEME ★★★

Avenida Atlântica

Copacabana est certainement la plage la plus célèbre au monde.

De Leme au fort de Copacabana, la Orla (plage) fait 4,15 kilomètres de long. Ses trottoirs aux pavés en forme de vagues, d'inspiration portugaise, sont fréquentés par des millions de Cariocas et de touristes qui déambulent en prenant le temps d'apprécier ce lieu magique. Si elle a perdu son titre de plage la plus chic de la ville au profit d'Ipanema, elle n'en demeure pas moins une promenade obligée. Ici, on vient pour profiter des bons rouleaux des vagues, tout en prenant garde car le courant peut être fort. Le touriste contemplatif admirera la statue en bronze du poète Carlos Drummond de Andrade assis sur un banc de la promenade. Comme sur toutes les plages de Rio, les *postos* des maîtres-nageurs jalonnent la plage. Le plus fameux à Copacabana est le posto 6, celui des retraités et des pêcheurs. Comme sur toutes les plages de Rio, les postes de maîtres-nageurs et les plages qui les entourent ont un profil sociologique spécifique. Ici, les surfeurs, là, les familles.

Fréquentée à toute heure par les Cariocas, les touristes et les vendeurs ambulants, elle constitue l'un des principaux centres d'attraction de Rio. Surfeurs, hédonistes et joggeurs s'y croisent en un ballet presque ininterrompu. C'est surtout le week-end que l'on comprend l'attrait des Brésiliens pour la plage. Le dimanche, la circulation est interdite sur l'Avenida Atlântica et les joggers, les cyclistes et les rollers s'y donnent rendez-vous. Elle est jalonnée de petites baraques où l'on sirote une *agua de coco* pour 5 reais, et est bordée, de l'autre côté de l'Avenida Atlântica, de cafés-restaurants vivant par et pour le tourisme.

C'est ici qu'est tiré chaque année le feu d'artifice du nouvel an, que les grands rassemblements populaires s'y tiennent (concerts et victoire de la seleção de foot notamment). En 2013, près de 3 millions de jeunes Brésiliens s'y sont rassemblés pour prier lors de la clôture des JMJ en présence du pape François ! Quoi de plus naturel que cette carte postale de la ville ait été choisie pour accueillir les compétitions de beach-volley lors des JO de 2016 ?

▶ **La portion de Leme**, au bout à gauche de la plage de Copacabana (*postos* 1 et 2), est certainement le meilleur coin de la baie : la plage y est large, l'eau y souvent plus propre qu'ailleurs sur Copacabana, nous sommes au pied du *morro* de Leme, quasiment dans la verdure, et la circulation y est bien moindre. A tester !

PRAIA VERMELHA ★★

Praia Vermelha

Petite plage de Rio peu connue des touristes, la plage Vermelha (rouge, dit-on, du sang des Indiens massacrés par les conquistadores portugais au XVIIème siècle) est un havre de paix entre le *morro* d'Urca et celui de Leme, tout de suite à la sortie de la baie de Guanabara. Vous pourrez venir vous y reposer après avoir profité de la montée en haut du Pain de Sucre, et même y tremper les pieds (mais pas plus, la baignade n'y est pas très conseillée…). Cette petite plage populaire est beaucoup moins fréquentée que les grandes plages de la zone sud.

PARQUE NACIONAL DA TIJUCA - FLORESTA DA TIJUCA ★★

Estrada da Cascatinha, 850
✆ +55 21 2492 2252
www.parquedatijuca.com.br
Ouvert tous les jours de 8h à 17h.

C'est la zone du parc la plus éloignée de Rio, située plus à l'intérieur des terres et plus en hauteur. On y accède par la route reliant Cosmo Velho à Tijuca. Ici deux principaux chemins de randonnée existent, qu'il faut réaliser avec un guide, car le chemin est peu balisé :

▶ **Circuit des « dos picos »**, reliant les pics de Papagayo et Tijuca sur 19 km de chemin passant aussi par Tijuca Mirim, Archer, Morro do Anhanguera, Excelsior Pedra do Conde, Morro da Taquara, Castelos da Taquara et Cocanha. Assez difficile en raison du dénivelé, pour des randonneurs chevronnés surtout s'il fait très chaud.

▶ **Circuit do « Vale Histórico »**, un chemin de 7,5 km passant par les ruines, fontaines et monuments des anciennes fazendas de café. Vous serez surpris d'y découvrir une fontaine Wallace en pleine nature, ou la chapelle Mayrink. Optionnellement, on peut visiter 4 grottes par un chemin additionnel.

▶ **Bon plan :** des visites guidées gratuites sont proposées tous les jeudis à 9h au centre des visiteurs du parc (arriver à 8h30 à pied, car il y a 30 minutes de montée à inclure). La première est le « chemin des esclaves », qui met en lumière le travail des esclaves dans les plantations de café (passe par Cachoeira das Almas, Lago das Fadas et as Ruínas do Midosi). Le second est le « chemin des artistes » sur les pas des peintres Nicolas Taunay et Cândido Portinari, mais aussi des paysagistes Glaziou et Burle Marx. Il passe par la Capela Mayrink, le Mirante da Cascatinha et le Recanto dos Artistas.

PEDRA BONITA ET PEDRA DA GÁVEA ★★★

www.parquedatijuca.com.br

Voici la zone du parc national la plus proche de l'océan, sur les hauteurs surplombant le quartier de São Conrado. C'est la partie la plus recommandable pour une randonnée à la journée, celle qui va jusqu'à la Pedra da Gávea et offre des panoramas sublimes. Des agences spécialisées à Rio l'organisent plusieurs fois par semaine en randonnée guidée pour un prix raisonnable en combinant Pedra Bonita et Pedra da Gávea.

▶ **Pedra Bonita.** Tout au bout de l'Estrada da Vista Chinesa, vous emprunterez l'Estrada da Gávea Pequena, puis l'Estada da Pedra Bonita. Déposez votre voiture au parking prévu (au voisinage des nombreux amateurs de deltaplanes ou de parapentes qui viennent ici s'élancer), et vous pourrez alors monter la Pedra Bonita, le long d'un petit chemin d'une cinquantaine de minutes, qui vous conduira au sommet de cette « Belle Pierre », où vous profiterez d'une incroyable vue, à l'est sur le quartier de São Conrado, à l'ouest sur celui de Barra da Tijuca. Une formidable balade, facile à faire, pour toute la famille ! Attention, certains passages jouxtent des *favelas*. Informez-vous si vous décidez de partir sans guide.

▶ **Pedra da Gávea.** Située à 800 m d'altitude, c'est le point de vue le plus spectaculaire offrant une vue panoramique sur Ipanema, Leblon, São Conrado et Barra de Tijuca. La randonnée est d'un niveau assez difficile à cause du dénivelé, surtout avec la chaleur, mais tout à fait réalisable et même très recommandable ! Compter la journée entière pour la randonnée.

PRAIA DA BARRA DA TIJUCA ★★

Av. Lúcio Costa

Barra da Tijucà est un quartier résidentiel excentré de Rio. C'est aussi, avec ses 18 km, la plus grande plage de Rio. Les eaux y sont bien plus propres qu'à Copacabana ou Ipanema. Le début de la plage s'appelle Pepê, c'est le coin le plus branché et le plus dense. Bon spot de surf (et de kite-surf) également. Plus au sud, la plage de Reserva, en face de la « réserve écologique » séparant Barra du quartier de Recreio, est plus sauvage et moins peuplée. Tout au bout de Barra, la plage de Recreio et son promontoire rocheux est très appréciée des familles.

PRAIA DE GRUMARI - PRAIA DO ABRICÓ ★

Ces deux plages sont deux merveilles assez peu connues des touristes et même des Cariocas. Très excentrée, Grumari est la plage la plus au sud-ouest de la ville de Rio, très sauvage, entourée par les montagnes et la Mata Atlântica. Sauvage et belle… mais à près d'une heure en voiture d'Ipanema, tout de même !

La plage d'Abricó qui lui est accolée juste à l'est est une belle plage naturiste située dans la zone naturelle de Grumari. Elle est peu facile d'accès.

PRAIA DE PEPINO E SÃO CONRADO ★★

Ces deux plages ne sont pas les plus connues de Rio de Janeiro. Elles sont un peu éloignées des zones les plus agitées de la zone sud. Pourtant, elles méritent que l'on s'y arrête quelques heures. Les plages de Pepino et de São Conrado sont survolées par les ailes des parapentes qui descendent depuis la Pedra Bonita et s'y posent. Elles sont peu fréquentées la semaine mais le week-end, surfers et baigneurs y affluent. Le quartier est huppé et agréable.

PRAINHA ★

Av. Estado da Guanabara, 1102 - Recreio dos Bandeirantes

Cette plage pourrait faire partie d'un guide « les merveilles à ne pas dévoiler ». Insérée dans des collines à la végétation luxuriante, c'est une merveilleuse petite anse, à quelques kilomètres après la plage de Recreio dos Bandeirantes. Elle est considérée comme le meilleur spot de surf de Rio. Un sympathique petit restau de poissons au bout du belvédère, est idéal pour se remettre de ses émotions dans les vagues agitées de Prainha. Cette plage est enchâssée dans une zone privilégiée où aucune construction n'est autorisée. Le bonheur, quoi !

SE LOGER

Rio est la ville phare du tourisme brésilien. L'offre y est à la fois vaste et variée et cependant, elle est souvent insuffisante, en particulier les fins de semaine en haute saison, ou lors d'évènements particuliers. La ville de Rio s'était engagée à renforcer son parc hôtelier pour accueillir les Jeux Olympiques de 2016 car le comité olympique, dans ses rapports préliminaires, avait estimé ce secteur déficitaire. La capacité hôtelière de la ville reste quelquefois « tendue ». Le carnaval de Rio est bien sûr l'évènement phare de la saison touristique. Il faut réserver longtemps à l'avance (certains réservent dès la fin du carnaval de l'année précédente) et s'attendre à payer les nuitées à des prix très supérieurs aux tarifs habituels. Les touristes privilégieront les établissements de la zone Sud ou de Santa Teresa, bien desservis par les transports en commun et plus sûrs. Il existe des « hostels » dans des favelas pacifiées, assez sûrs.

Vue sur Rio et sur le Pain de Sucre.

PRATIQUE

SE LOGER

BUDGET / BONS PLANS

Le budget varie énormément, entre les « hostels » [auberges de jeunesse] et les hôtels de luxe de la zone sud de Rio. Le prix varie entre 20 et 100 euros par nuit et par personne entre un lit en dortoir et une chambre dans une *pousada* d'assez belle facture. Pour une nuit au Copacabana palace, il faudra débourser prés de 500 euros pour une chambre. Airbnb a désormais étendu son réseau à Rio et de nombreuses locations sont proposées. Le paiement par carte est proposé dans presque tous les établissements. A Rio, il est fortement conseillé de se loger en zone Sud, plus sûr en termes de sécurité.

A RÉSERVER

Selon les périodes [week-end, vacances brésiliennes, carnaval], les prix peuvent varier considérablement pour de mêmes prestations et surtout, les hébergements peuvent être difficiles, voire impossibles à trouver si on n'a pas réservé très longtemps à l'avance. Il faut tenir compte de ces réalités et anticiper éventuellement ses réservations pour ne pas avoir de mauvaises surprises.

POUR LES GOURMANDS

En général, le « café da manha » [petit déjeuner au Brésil] est compris dans le prix des nuitées. Selon les établissements, la qualité du petit déjeuner varie considérablement. En certains lieux, comme l'hôtel Paranaguà par exemple, c'est la première rencontre gastronomique de la journée.

FUMEURS

La législation brésilienne, comme en de nombreux pays, interdit de fumer dans les chambres et les lieux publics. C'est mieux pour les poumons !

LES ATTRAPE-TOURISTES

On évitera les rabatteurs, bien sûr [peu nombreux à Rio et dans le Minas] et on s'assurera de la qualité du lieu par des recherches, même basiques, en amont.

LES PHRASES CLÉS

Bonjour, avez-vous de la disponibilité pour une chambre double pour ce soir ou demain soir ?
Bom dia, tem algum quarto duplo para esta noite ou amanhã à noite?

Avez-vous un code wifi… les enfants ne tiendront pas sans !
Tem código wifi… as crianças não vão aguentar sem internet!

C'est bruyant, est ce que je peux changer de chambre ?
Há muito barulho, posso mudar de quarto por favor?

Jusqu'à quelle heure est-ce que nous pouvons aller à la salle de sport et à la piscine ?
Até que horas podemos ir para a sala de desporto e piscina?

Est-ce que je peux laisser mon bagage et revenir plus tard le récupérer ?
Posso deixar a minha bagagem e recuperar mais tarde?

Est-ce que vous pouvez nous appeler un taxi ? Merci beaucoup.
Pode me chamar um táxi, por favor? Muito obrigado[a]!

SE LOGER

Rio est la ville phare du tourisme brésilien. L'offre y est à la fois vaste et variée et cependant, elle est souvent insuffisante, en particulier les fins de semaine en haute saison, ou lors d'évènements particuliers. La ville de Rio s'était engagée à renforcer son parc hôtelier pour accueillir les Jeux Olympiques de 2016 car le comité olympique, dans ses rapports préliminaires, avait estimé ce secteur déficitaire. La capacité hôtelière de la ville reste quelquefois « tendue ». Le carnaval de Rio est bien sûr l'évènement phare de la saison touristique. Il faut réserver longtemps à l'avance (certains réservent dès la fin du carnaval de l'année précédente) et s'attendre à payer les nuitées à des prix très supérieurs aux tarifs habituels. Les touristes privilégieront les établissements de la zone Sud ou de Santa Teresa, bien desservis par les transports en commun et plus sûrs. Il existe des « hostels » dans des favelas pacifiées, assez sûrs.

COUCHSURFING €€

www.couchsurfing.com

Plateforme internet pour séjourner chez l'habitant. Tarif d'adhésion : 15€ environ.

Couchsurfing est le service d'hébergement gratuit en ligne regroupant le plus d'adhérents. Il suffit de s'inscrire pour accéder aux profils des locaux ou faire sa demande d'hébergement pour quelques jours, voire quelques semaines. En échange, vous pouvez par exemple inviter votre hôte à manger, lui offrir un cadeau ou bien l'accueillir chez vous. Le site Internet met en place des systèmes de contrôle : notation des membres, numéro de passeport exigé à l'inscription, etc. Les participants ont accès à des hébergements volontaires dans plus de 200 pays.

HOSTELWORLD €

www.hostelworld.com

Depuis 2005, cette centrale de réservation en ligne permet de planifier son séjour à prix corrects dans le monde entier. Afrique, Asie, Europe, Amérique… Hostelworld est spécialisé dans les logements peu onéreux (auberges de jeunesse ou *hostels*…), mais proposant des services et un cadre plutôt soignés. Une plateforme bien pratique pour les baroudeurs. A Porto Rico, c'est à San Juan que le choix sera le plus grand (une douzaine d'établissements), mais on trouve également quelques auberges de jeunesse à Vieques, Rincón, Aguadilla et Luquillo.

HOME EXCHANGE €€

www.homeexchange.fr

Abonnement annuel 149 €.

Et si vous échangiez votre maison avec d'autres pour partir en vacances ? HomeExchange est une plateforme d'échange de maisons et d'appartements entre particuliers. L'idée : un site Internet pour échanger son logement (studio, appartement, villa…) moyennant un abonnement annuel à l'agence en ligne, qui se charge de la présentation du bien et de la mise en contact des intéressés. Un excellent moyen de faire des économies pour partir en vacances et réduire ainsi les frais d'hébergement sur place. Le choix est large, avec plus de 450 000 offres dans 159 pays.

WORKAWAY €€

www.workaway.info

Abonnement annuel à la plateforme : 49 € pour un voyageur seul, 59 € pour deux voyageurs.

Ici, le système est simple : être nourri et logé en échange d'un travail. Des fermes, des maisons à retaper, ou plus simplement des vendanges ou cueillettes… Une expérience unique en son genre où l'on ne paye pas son hébergement avec de l'argent mais en rendant des services. Ce mode de logement alternatif, s'il n'est pas de tout repos, est de plus en plus populaire. Lors de notre dernière visite, des hôtes proposaient le gîte et parfois le couvert, majoritairement en échange de la pratique de l'anglais avec eux… Un bon deal !

FÉDÉRATION BRÉSILIENNE DES AUBERGES DE JEUNESSE €€

Rua da Assembléia, 10, sala 1617.
✆ +55 21 2531 1085
www.hostel.org.br

La fédération des auberges de jeunesse brésilienne propose des établissements affiliés dans une trentaine de villes. Normalement, la possession de la carte de la fédération internationale des auberges de jeunesse permet d'avoir une réduction. S'il existe de beaux établissements affiliés à la fédération, l'affiliation n'est pas en soi une garantie de prestations ni de prix standardisés. Depuis l'épidémie de covid, certains établissements ne proposent plus de lits en dortoir.

CAMPING CLUB BRASIL

Rua Senador Dantas, 75 29° andar
✆ +55 21 2532 0203
www.campingclube.com.br

Comme le camping-club de France, le camping club do Brasil est une association sans but lucratif dont l'objectif est de rassembler les familles autour du camping comme forme de loisir et de tourisme. L'institut d'écotourisme du Brésil est par ailleurs rattaché au camping club do Brasil. On trouve des campings affiliés au CCB dans de nombreuses localités touristiques, que ce soit sur les zones littorales ou en montagne. Pour des raisons de sécurité, il est très fortement déconseillé de faire du camping sauvage au Brésil mais le camping au CCB reste une option sûre.

ALEX RIO FLATS €

Av. Atlântica, 3332 - Copacabana
✆ +55 21 98715 2833
www.alexrioflats.com

Alex Rio Flats propose une dizaine d'appartements confortables dans les quartiers prisés d'Arpoador et de Copacabana à des tarifs ultracompétitifs dans la zone sud. L'offre répond à des demandes de courte et de longue durée, de 3 à 90 nuitées. La compagnie propose des studios de 2 à 5 personnes, ainsi qu'un trois-pièces. La localisation de tous ces appartements permet un accès optimisé aux plages et aux stations de métro. La société Alex Rio Flats s'investit très professionnellement pour rendre inoubliable le séjour de ses hôtes dans la « ville merveilleuse ».

RIO ACCUEIL €€

Av. Presidente Antônio Carlos, 58 - Centro
www.rioaccueil.com.br

Rio Accueil est l'association des Français de Rio de Janeiro et les expatriés ou les voyageurs au long court connaissent l'intérêt de ces associations dont la finalité est d'aider les nouveaux venus. L'association des français de Rio, « Rio Accueil », peut proposer ponctuellement des appartements en sous-location, en particulier durant la saison estivale. Vous l'aurez compris, ce n'est pas à proprement parler une structure qui propose des logements mais on peut souvent y recevoir des conseils qui orienteront les recherches des néo-cariocas.

WHEREINRIO €€

Rua Farme de Amoedo, 80 B - Ipanema
✆ +55 21 3256 9775
www.whereinrio.com

Agent immobilier de luxe.

L'agence WhereInRio ne propose que des appartements et des maisons de caractère soigneusement sélectionnés et idéalement situés dans les plus beaux quartiers de la zone sud de Rio de Janeiro pour une clientèle de vacanciers et d'affaires. Du petit studio au luxueux appartement de 2, 3, 4 chambres comme un splendide penthouse de 1 500 m² face à la plage de Copacabana ou une élégante demeure coloniale... Pour les clients fortunés qui cherchent une location d'exception, WhereInRio est la bonne adresse. Conseils en français par Frédéric.

CASA 48 RIO €

rua almirante alexandrino 2023, casa 48
+55 21 4103 1994
www.casa48-rio.com

Chambre classique pour 2 personnes 190 R$, suite 250 R$, petit déjeuner inclus. Personne supplémentaire 60 R$.

Valentin et Axel accueillent leurs hôtes dans leur demeure, une charmante *pousada* de 7 chambres d'un bon rapport qualité-prix. Située à l'entrée du quartier bohème de Santa Teresa et d'une petite et tranquille *favela* pacifiée, la Casa 48 offre une vue à couper le souffle sur la baie de Guanabara. Bien équipées, les 5 chambres classiques et les deux suites peuvent loger jusqu'à 3 personnes. Les propriétaires sont de véritables amphitryons qui sauront vous prodiguer leurs conseils attentionnés et éclairés, au petit déjeuner ou à l'apéro caïpirinha.

CASA DA GENTE €

Rua Gonçalves Fontes,33 - Santa Teresa
+55 21 2232 2634
www.casadagente.com

A partir de 170 R$ pour une chambre double.

Comme son nom l'indique, les propriétaires ont voulu faire de leur maison de Santa Teresa une maison d'hôte au sens premier du terme, sûre et accueillante. Tranquillement assise sur une colline verdoyante, la Casa da Gente surplombe les quartiers effervescents de Lapa et du Centro, où bat le cœur du Rio bohême. L'esprit du quartier se retrouve d'ailleurs dans la décoration, simple et de bon goût, chinée chez les artisans de Santa Teresa. Les chambres sont à l'image de l'esprit des lieux. Elles sont simples, lumineuses et impeccablement bien tenues.

CASA GERANIO €€

Rua Joaquim Murtinho, 383
+55 21 99190 5157
www.casageranio.com.br

A partir de 623 R$ par nuit pour 2.

La Casa Geranio est un lieu qu'on aura certainement du mal à quitter. Ce petit boutique-hôtel est un ravissement. Tous les espaces sont conçus pour amener plaisir et confort aux hôtes. La piscine à débordement laisse embrasser une vue à 180° sur le centre de Rio. Les 5 chambres, aux noms sensuels d'épices, sont toutes des havres alliant simplicité et confort. Les communs sont ornés de magnifiques azulejos et la terrasse amène un petit air de nature en ce lieu mélant art, pierres et fer forgé. Un subtil mélange du Santa du début du XXème siècle et de la modernité.

CHEZ GEORGES €€€

Ladeira Do Meireles 90 - Santa Teresa
+55 21 97232 7563
www.georges.life/fr/rio/

A partir de 890 réais les chambres standard.

En entrant chez Georges, on entre dans un « temple » de l'architecture moderniste brésilienne des années 70. On a quelquefois l'impression que le facétieux Oscar Niemeyer va nous rejoindre au bar pour une caipirinha. A partir du patio, La vue à 360° permet d'embrasser du regard la magnifique baie de Rio. Le béton se mélange subtilement aux essences précieuses de bois tropical. La piscine semble fusionner avec la forêt tropicale. Les magnifiques suites, aux douches qui regardent la forêt, ont des noms d'artistes… forcément. Un lieu incontournable à Santa Teresa.

GERTHRUDES BED & BREAKFAST €€

Rua Bernardino dos Santos, 31 - Santa Teresa
+55 21 3437 9218
www.gerthrudesrio.com

De 460 R$ à 650 R$ la chambre double, avec petit déjeuner. Wifi.

A l'image des fresques du garage, la *pousada* Gerthrudes est riche en couleurs. Les boiseries, les azulejos, les pierres apparentes dans certaines chambres amènent cet incontestable « Santa Teresa touch » entre esprit bohème et raffinement. Son emplacement privilégié permet d'embrasser la baie de Rio au coucher du soleil. La déco des chambres est digne d'un catalogue de décoration. Pour 2, 3 ou 4 personnes, elles donnent sur la montagne, la piscine ou le jardin. Piscine et un bar.

HOTEL ATLÂNTICO BUSINESS €€

Rua Senador Dantas, 25 - Centro
+55 21 3626 7000

A partir de 189 R$ pour une chambre double, petit déjeuner compris. Wifi.

Le Centro n'est pas le quartier privilégié des touristes pour les hébergements. Ce quartier n'est pas sûr la nuit et le week-end. Cependant, quelques hôtels sont recommandés. L'hôtel Atlantico totalement rénové offre 210 chambres bien équipées (air conditionné, TV 32 pouces). À quelques minutes de Cinelândia, de la Bibliothèque nationale et des arches de Lapa. Très orienté « business », cet établissement moderne et bien équipé (restaurant, bar lounge, sauna, piscine sur le toit) reste une intéressante option pour un hébergement en centre-ville.

VILLA PARANAGUA HOTEL & SPA €€€

Rua Visconde de Paranaguá, 71 - Santa Teresa
✆ +55 21 3596 7020
www.villaparanagua.com

Compter de 1 420 R$ à 3 150 R$ selon la catégorie et la saison.

Les propriétaires de l'hôtel & Spa Villa Paranagua ont réussi un audacieux pari : redonner à cette magnifique demeure son faste et son charme d'antan tout en y associant modernité et luxe, grâce à une décoration de très bon goût. La nature omniprésente, une superbe piscine, un spa et une piste de pétanque complètent un cadre idyllique. Le couple franco-brésilien a su allier avec bonheur les savoir-faire français et brésilien et le sens inné de l'accueil carioca.

MAMA RUISA €€€

Rua Santa Cristina, 132 - Santa Teresa
✆ +55 21 2242 1281
www.mamaruisa.com

A partir de 1 171 R$ pour une suite jusqu'à 1 100 R$ pour une suite supérieure, petit déjeuner compris. Wifi.

Splendide demeure coloniale blanche de sept chambres, portant le nom d'artistes français (le propriétaire est lui-même français). La décoration allie meubles design et élégants à un univers « entre-deux guerres », avec une collection de dessins et de photos originales de Cocteau, Colette, Joséphine Baker ou Carmen Miranda. Vue magnifique sur la baie de Guanabara et le Pain de Sucre, piscine entourée d'une pelouse impeccable et de palmiers, décoration épurée, sobre, alternant blancs lumineux et couleurs ! Massage, manucure, chauffeur sur demande. La grande classe.

MGALLERY SANTA TERESA HOTEL €€€

Rua Almirante Alexandrino, 660 - Santa Teresa
✆ +55 21 3380 0200
ww.santateresahotelrio.com

Chambre double à partir de 1 290 R$. 41 chambres. Wifi. Tv satellite.

Ce *casarao* pluricentenaire associe avec bonheur la dimension historique et solennelle du lieu et le confort d'un hôtel de luxe moderne. La part belle est faite à l'art amérindien. Les mélanges « bois tenture fer forgé » sont particulièrement réussis. Les jardins rajoutent au lieu une dimension enchanteresse. On y trouve le Spa by l'Occitane et un bar lounge incontournable du quartier, Bar dos Descasados. Le restaurant Téreze est exceptionnel, sous la toque du chef Esteban Mateu.

NOVOTEL RJ SANTOS DUMONT HOTEL €€

Av. Mal. Câmara, 300 - Centro
✆ +55 21 3506 8500

A partir de 332 R$ la chambre double, petit déjeuner compris. Wifi.

Cet hôtel est le meilleur de ce quartier proche de l'aéroport domestique de la ville, l'aéroport Santos-Dumont. Il est idéalement situé entre les animations de la zone Sud, celles du Centro et du bohème Santa Teresa. Proche du métro et des lieux touristiques, cet établissement est bien équipé et calme. Les chambres sont dénuées de charme, mais offrent tout le confort moderne. Le service est très efficace. Bon rapport qualité-prix entre l'aéroport et la zone sud.

VELINN SANTA TERESA €€

R. Aprazível, 143
✆ +55 21 3547 4315

A partir de 264 R$ la chambre double.

Le Velinn Santa Teresa est un hôtel de Rio de Janeiro qui conserve l'atmosphère du vieux Rio. Les chambres, réparties en 4 catégories, sont assez simples, confortables et bien tenues. Certaines proposent des vues extraordinaires sur la ville merveilleuse. Dans les espaces communs, l'ambiance du vieux Santa Teresa s'exprime à travers des meubles coloniaux, des livres anciens. On y trouve des jardins, une piscine, un solarium, une immense étendue de forêt tropicale pleine de singes et d'oiseaux, et même un sentier privé. Une bonne adresse.

VILA SANTA TERESA €€€

Rua Almirante Alexandrino, 2305 - Santa Teresa
✆ +55 21 2051 1905
www.vilasantateresa.com

Chambre double à partir de 1360 R$, petit déjeuner compris. Wifi.

La vila Santa Teresa est un boutique-hôtel et un véritable « oasis urbain » de ce quartier bohême de Rio. Dans cette magnifique demeure, les sept suites (Master, deluxe et premier) ont pour finalité de restituer un style « résidentiel » dans lequel les hôtes vont se sentir comme chez eux. La master suite propose une vue imprenable sur le pain de sucre, marqueur spatial de Rio. L'esprit « maison raffinée », issu de ce projet qui était initialement la maison des propriétaires, habite ces lieux où tout est fait pour proposer un séjour inoubliable.

VILLA LAURINDA €€

Rua Laurinda Santos Lobo, 98
✆ +55 21 2507 2216
www.villalaurinda.net

Chambre double à partir de 360 R$, triple à 480 R$, petit déjeuner inclus. Wifi.

Cette charmante maison coloniale est au cœur de Santa Teresa, à quelques centaines de mètres du cœur du quartier bohème. Mauricio, francophone, fait tout pour que ses hôtes se sentent à la maison. Ici, tout est simplicité et bon goût. Les chambres sont meublées avec de belles boiseries à l'ancienne. Certaines sont équipées de la climatisation et salle de bain privative, les autres avec ventilateur et/ou salle de bain partagée. La piscine est magnifique et l'accueil en français. Les marmousets épient les hôtes pendant le petit déjeuner.

HOTEL REGINA €€

Rua Ferreira Viana, 29 - Flamengo
✆ +55 21 3289 9999
www.hotelregina.com.br
À partir de 220 R$ la chambre double avec petit déjeuner. Wifi.

L'élégant hôtel Regina, à quelques encablures de l'ancien palais présidentiel, offre tous les services d'un hôtel classique et surtout à des prix imbattables dans sa catégorie. Il a été entièrement refait il y a 10 ans. Les chambres, avec parquet, sont sobres, mais équipées de la climatisation, d'un mini bar, d'un coffre électronique et de la TV câblée. Le petit déjeuner, désormais servi au rez-de-chaussée, est très varié et copieux. Une valeur sûre et un hôtel d'un excellent rapport qualité-prix, dans une localisation centrale. Réception 24h/24.

JO&JOE €

Largo do Boticário, 32
www.joandjoe.com/rio/
A partir de 269 R$ la chambre double

Le groupe Accor a choisi une deuxième ville d'Amérique latine aprés Medellin, pour y établir un des établissements Joe&Joe. Grand bien lui en a pris. La belle demeure du largo do Boticario, dans le quartier de Cosme Velho, semble sortie d'une estampe d'art naïf. La décoration donne le ton des lieux, ouvert, local, bohême avec ses peintures qui semble être le fruit des mains habiles des artistes des favelas. Routard seul, couple, famille, chacun y trouvera un espace pour dormir en chambre individuelle ou en dortoir. Bar et restaurant. Un lieu « cool ».

PETIT RIO HOTEL €

Rua Artur Bernardes, 39
✆ +55 21 2225 7767
petitriohotel.com.br
A partir de 450 R$ pour 2 (promotion trés importante sur Internet)

Belle découverte dans le quartier de Catete, à proximité des plages et du centre-ville, moins cher que les autres quartiers de la zone sud. Les catégories Standard et Supérieur offrent des chambres fonctionnelles, toutes organisées sur le même modèle. Tout est fait pour rendre le séjour des hôtes agréables. Un service de conciergerie aide les hôtes 24/24. Un restaurant, une salle de sport, un service de chambres complètent une offre d'un bon rapport qualité-prix dans ce quartier à proximité de l'ancien palais de la République.

POUSO VERDE B&B €€

Rua Caminhoá, 14 - Jardim Botânico
✆ +55 21 2529 2942
www.pousoverde.com
A partir de 220 réais la chambre double.

Le Pouso Verde est un B&B situé dans le quartier du jardin botanique. Une vénérable demeure de 1892, la *chacará* du coton, a été transformée avec soin et bon goût en une belle et agréable *pousada*. Un mobilier ancien décore certaines pièces quand la modernité en redessine d'autres. L'environnement est sûr, calme et agréable, à proximité de restaurants et de bars sophistiqués et variés. La devise de cet agréable établissement est « sentez-vous à la maison quand vous êtes loin ». Tout est fait pour accueillir l'hôte dans un cadre *cosy* et famillial.

RIAL IMPERIAL HOTEL €€

Rua do Catete, 186 – Catete
✆ +55 21 2112 6000
www.imperialhotel.com.br
A partir de 257 R$ la chambre double avec petit déjeuner. Wifi.

Prés de la station de métro Catete et du Largo do Machado, l'Imperial Hotel jouit d'une localisation idéale. C'est un des meilleurs hôtels du secteur dans sa gamme de prix. Piscine à l'arrière et quelques transats pour bronzer. Le petit déjeuner est très copieux mais la salle de restaurant est impersonnelle. Les 92 chambres sont simples pour les « standard », cosy pour les « luxe » et « suites » mais toutes décorées avec goût. Les chambres sur la rue du Catete sont plus lumineuses, mais un peu bruyantes ; demandez plutôt une chambre sur cour (*de fundo*).

VILLA 25 HOSTEL & SUITES €

rua Gago Coutinho, 25 ✆ +55 21 3596 2069
http://villa25.com.br/
A partir de 80 R$ par personne en dortoir, suites à partir de 197 R$ par chambre pour 2 et à partir de 377 R$ pour 4.

La villa 25 Hostel &Suites est assurément une belle découverte dans le quartier agréable de Laranjeiras, un peu à l'écart des circuits touristiques de Rio. Cette magnifique demeure classée de 1889 a conservé ses plus beaux atours et propose également une extension moderne réalisé avec bonheur par le cabinet d'architecture C+P. Le Villa 25 propose des suites (classique, design pour 3 et 4 personnes et loft) et des dortoirs de 6 et 12 lits lumineux. Un restobar, aux mains expertes du chef marco Espinoza, propose des plats intéressants.

AQUARELA DO LEME €

Ladeira Ary Barroso 21 - Leme
✆ +55 21 2148 4740
www.aquareladoleme.com
a partir de 270 R$ pour une chambre double et 95R$ pour lit en dortoir

Dans le petit quartier de Leme, la *pousada* et auberge de jeunesse « haut de gamme » Aquarela do Leme apparaît comme un havre de paix, à proximité d'une communauté pacifiée. Dans de grands espaces, les propriétaires franco-suédois reçoivent avec soins leurs hôtes dans un décor moderne et cosy, tout de blanc et de carreaux de couleur. Les chambres sont doubles, familiales (jusqu'à 4) ou des dortoirs lumineux. On trouve, sur le roof-top, un restaurant, des espaces pour le coworking et le fitness. La vue sur Leme et l'océan est magnifique. Une excellente découverte !

ARENA COPACABANA HOTEL €€

Avenida Atlântica, 2064 – Copacabana
✆ +55 21 3034 1500
www.arenacopacabanahotel.com.br/
A partir de 488 R$ pour une chambre double avec petit déjeuner. Wifi.

Cet hôte du groupe Arena est situé en face de la plage de Copacabana. L'immeuble, tout en baies vitrées, est superbe et offre quatre catégories de chambres de très bon standing, meublées et décorées dans un style épuré et moderne de très bon goût. La literie en particulier est de qualité optimale ! Le service est soigné et chaleureux, et les services nombreux : piscine en terrasse, sauna, salle de fitness, cybercafé… sans compter l'incroyable vue depuis la terrasse sur la baie la plus célèbre au monde. Une adresse de grande qualité.

COPACABANA PALACE, UN HÔTEL BELMOND €€€

Avenida Atlântica, 1702 - Copacabana
✆ +55 21 3500 0292
www.copacabanapalace.com
À partir de 2 100 R$ pour 2 personnes et jusqu'à 3 400 R$ pour une suite avec vue sur la mer en haute saison. Wifi.

Copacabana Palace, un Hôtel Belmond qui est sans doute l'hôtel le plus renommé de Rio, dessiné en 1920 par le Français Joseph Gire sur le modèle des palaces de la Côte d'Azur. Au premier étage, le salon peut recevoir 2 000 personnes sous ses lustres. Certaines chambres font 50 m². Les baignoires y sont taillées dans le marbre ; les peignoirs et serviettes sont luxueusement brodés. Tout y est raffiné. L'institution ne se démode pas. On y trouve un excellent restaurant italien « la Pérgula ».

EL MISTI HOSTEL IPANEMA €

R. Joana Angélica, 47
www.elmistihostelipanema.com
A partir de 100 R$ la nuit dans un dortoir de 12 lits, 130 dans un dortoir de 6 lits. 558 R$ la chambre double.

L'auberge de jeunesse El Misti Ipanema est certainement une des meilleures options de la catégorie dans ce quartier chic de la zone Sud. La devanture bleue et blanche « cache » une infrastructure agréable, fonctionnelle et très bien tenue. Les dortoirs proposent 6, 8, 9 et 12 lits. Un dortoir est réservé exclusivement aux femmes. Ils sont basiques mais très propres. Les chambres doubles, triples et quadruples sont fonctionnelles et confortables. L'auberge se trouve à quelques minutes de la célèbre plage… ce qui explique des prix un peu élevés.

EMILIANO RIO €€€

Av. Atlântica, 3804
✆ + 55 21 3503 6600
emiliano.com.br
A partir de 1920 R$ la nuit en chambre de 2

Comme dans l'hôtel du même groupe à São Paulo, l'Emiliano Rio propose ici un must sur Copacabana en termes de confort et de raffinement. Du hall d'entrée au rooftop, rien n'est laissé au hasard. Le design des mobiliers et des pièces est assuré de manière différente dans chacune de ses 90 chambres. Le parti pris de laisser la lumière naturelle s'insinuer dans les lieux explique les « moucharabiehs » des façades pour mieux connecter l'établissement à la ville et au monde qui l'entoure. Un restaurant, l'Emile, et un bar complètent une offre de haute qualité.

FASANO RIO DE JANEIRO €€€

Avenida Vieira Souto, 80 – Ipanema
✆ +55 21 3202 4000
www.fasano.com.br
A partir de 2 107 R$ la chambre double, petit déjeuner compris. Wifi.

Sans doute l'un des plus beaux hôtels de Rio, « designé » par le Français Philippe Starck. Les stars internationales s'y donnent rendez-vous. L'ensemble dégage une impression de bien-être et de luxe raffiné. Magnifique piscine sur le toit. Confort optimal : TV plasma, lecteur DVD, petit business center dans chaque chambre, coffre, minibar, lit king size… Le restaurant Fasano Al Mare est l'un des meilleurs en ville (gastronomique… mais l'addition est salée), et le Londra (y aller après 23h), l'un des bars les plus sélects de Rio.

SOL IPANEMA HOTEL

Avenida Viera Souto, 320 - Ipanema
✆ +55 21 2525 2020
www.solipanema.com.br
reservas@solipanema.com.br
A partir de 626 R$ la chambre double, petit déjeuner compris. Wifi.

Situé en face du mythique posto 9, sur la plage d'Ipanema, cet hôtel offre une vue superbe. Les chambres sont spacieuses, et ont été remises au goût du jour il y a peu, avec un mobilier aux lignes épurées et des couleurs choisies. Le petit déjeuner est copieux, la piscine panoramique sur le toit vraiment agréable et le service à la hauteur. Un restaurant d'inspiration italienne se trouve au rez-de-chaussée et aligne de belles chaises et des tons bleus, toujours avec la vue sur la mer. L'emplacement est idéal. Une valeur sûre.

HOTEL ARPOADOR €€

Rua Francisco Otaviano, 177 - Arpoador
✆ +55 21 2529 1000
hotelarpoador.com
De 750 à 2 700 R$ (des promotions régulières).

L'emplacement, près de la pointe de l'Arpoador (le harponneur !), est certainement un des points forts de ce petit hôtel de 50 chambres : un bout de plage tranquille (populaire auprès des surfeurs, mais fermé à la circulation), qui relie Copacabana à Ipanema. L'autre atout réside dans la qualité des prestations : de 16 à 50 m², les suites allient avec bonheur bois, fibres végétales, fournitures bleues qui s'harmonise avec le bleu de l'océan. L'hôtel est très engagé dans un programme de durabilité. Son bar restaurant « Arp » est un autre lieu de raffinement.

HOTEL VERMONT IPANEMA €€

Rua Visconde de Pirajá, 254 - Ipanema
✆ +55 21 3202 5500
www.hotelvermont.com.br
A partir de 339 R$ la chambre double avec petit déjeuner. Wifi..

À quelques pas de la mythique plage d'Ipanema, l'hôtel Vermont dispose de 84 confortables suites dont certaines bénéficient d'une vue sur le Christ du Corcovado. Toutes sont lumineuses et bien tenues et elles disposent de la climatisation, de la télévision câblée, du téléphone, d'un frigo-bar, d'un coffre et d'un espace bureau. C'est davantage un hôtel business que tourisme, il n'en constitue pas moins une adresse d'un bon rapport qualité-prix. L'hôtel est activement engagé dans le respect des normes de tourisme durable et conscient.

IBIS COPACABANA POSTO 5 €

Rua Xavier Da Silveira 82
✆ +55 21 3721 2900
all.accor.com/hotel/9361
A partir de 369 R$ la chambre double.

L'Ibis Copacabana Posto 5 n'est certes pas le plus glamour des hôtels de Copacabana mais il est bien situé à quelques minutes de la plage éponyme et on peut s'y rendre en maillot de bain... Cet établissement est fonctionnel, à l'image des hôtels de la chaîne et de la gamme Ibis. Les chambres sont en général propres et bien tenues. La station de métro Cantagalo se trouve à quelques centaines de mètres. La vue sur les cours intérieures n'est certes pas top mais le rapport qualité-prix reste intéressant dans le quartier. Restaurant de 6h30 à 22h30.

IPANEMA BEACH HOUSE €

R. Barão da Torre, 485 - Ipanema
✆ +55 21 3202 2693
www.beachhouseipanema.com
De 65 à 110 R$ pour un lit en dortoir, à partir de 250 R$ la double et 310 R$ la triple, petit déjeuner inclus. Wifi.

Cette jolie bâtisse avec peu de chambres offre une ambiance conviviale et intimiste aux voyageurs de passage, avec des petits recoins cosy, des hamacs pour se détendre. Au fond, on trouve un petit jardin bien agréable pour se prélasser après une journée de visite avec une belle et rafraîchissante piscine. Dortoirs de 6 à 9 lits, dont certains réservés aux femmes, tous climatisés, propres et confortables. Cuisine commune et salles de bain fonctionnelles, ainsi que quelques chambres doubles avec balcon et salle de bain privée.

IPANEMA INN €€

Rua Maria Quitéria, 27 - Ipanema
✆ +55 21 2529 1000
ipanemainn.com.br/fr
A partir de 780 R$ la chambre double, avec petit déjeuner. Wifi. Promotions sur le site internet.

L'ipanema Inn est l'histoire d'une rencontre entre une architecte de talent, Bel Lobo et un bel édifice de 1950. Cet hôtel est idéalement situé près du Posto 10, à quelques mètres de la plage d'Ipanema. Les suites duplex, supérieur et standard, sont spacieuses et agréables avec une décoration sobre et moderne. Rien n'est négligé. Tout est fait pour se maintenir aux standards d'Ipanema. Restaurant brésilien avec au piano la chef Ale Maidena qui revisite la cuisine traditionnelle, salle de fitness, service de plage, organisation de circuits... Un bel établissement.

JANEIRO HOTEL €€€

Av. Delfim Moreira, 696 - Leblon
✆ +55 21 2172 1001
A partir de 300 réais la chambre double.

Cet hôtel, qui allie charme et modernité, est idéalement situé à proximité de la plage de Flamengo, dans la zone sud. Il est ainsi aussi facile de se rendre dans le centre, pour le travail ou le tourisme, que dans les quartiers de la zone Sud où se trouvent la majorité des sites touristiques. Les chambres (2 ou 3 personnes, standard ou luxe) sont sobres, bien équipées et très fonctionnelles, avec bureau, TV grand écran, lits king size. Un accent particulier est mis sur la qualité du service. Un service de conciergerie aide les hôtes 24h/24.

JW MARRIOTT HOTEL RIO DE JANEIRO €€€

Avenida Atlântica, 2600 - Copacabana
✆ +55 21 2545 6500
229 chambres et 16 suites haut de gamme. A partir de 820 R$ par nuit pour deux personnes.

Ne vous fiez pas à sa façade (qui, selon certains de ses détracteurs, défigure le bord de mer de Copacabana), le JW Marriott est un hôtel de grand luxe. Commodités exemplaires (dont l'accès Internet haut débit), centre Fitness & Spa, l'incontournable piscine sur le toit, deux restaurants, dont le Terraneo, qui sert une excellente cuisine méditerranéenne, et le Taiyou Sushi Bar. Room service 24h/24... Une valeur sûre pour touristes exigeants et hommes d'affaires. Exceptionnel.

MANGO TREE €

Rua Prudente de Moraes, 594 – Ipanema
✆ +55 21 3083 5031
www.mangotreehostel.com
A partir de 50 R$ pour un lit en dortoir et de 228 R$ pour une chambre double privative, selon saison. Petit déj.

Petite maison blanche et bleue dans un quartier vertical, le Mango Tree apparaît comme un havre de verdure à un bloc de la plage d'Ipanema. Cette *pousada* propose une ambiance familiale avec une qualité de service irréprochable. Les 5 dortoirs sont vastes, aérés et lumineux et s'ouvrent sur un petit jardin. Les chambres privatives ont été décorées avec goût et sobriété, parquet chaleureux. De nombreux services sont proposés pour assurer un séjour agréable. Une salle de TV commune et Internet complètent le confort et la fonctionnalité du lieu. Une valeur sûre.

MAR PALACE €€

Av. Nossa Senhora de Copacabana, 552 - Copacabana
✆ +55 21 2132 1500
hotelmarpalace.com.br
A partir de 273 R$ la chambre double, avec petit déjeuner. Wifi.

Le Mar Palace est une intéressante option d'hébergement de la zone sud de Rio de Janeiro. Bien situé à proximité de la plage mythique de Copacabana, cet établissement moderne offre de belles et vastes chambres, bien équipées. Malgré l'animation des alentours, l'hôtel est calme et proche de toutes les commodités (commerces, station de métro). Cet établissement, moderne et fonctionnel, est davantage pour une clientèle d'affaires mais son bon rapport qualité-prix dans le quartier en fait une bonne option pour un séjour touristique.

MENGO PALACE HOTEL €€

Rua Corrêa Dutra, 31 – Flamengo
✆ +55 21 3262 1616
www.mengopalace.com.br
A partir de 170 R$ la chambre double, petit déjeuner compris. Wifi.

Le Mengo Palace est localisé à quelques mètres de la station de métro Catete, à 500 mètres de la plage de Flamengo. Les 36 chambres, de trois types (standard, suite et luxe), sont fonctionnelles et agréables, que l'on vienne pour travailler ou se détendre (TV écran plat, salle de sport). Certaines disposent d'une baignoire à hydromassage. Pour ceux qui souhaitent profiter des lieux, le restaurant propose une cuisine de qualité que l'on peut expérimenter dès le goûteux petit déjeuner. Parking gratuit, réception 24h/24. une valeur sûre dans cette catégorie.

ORLA COPACABANA €€

Av. Atlântica, 4122 – Copacabana
✆ +55 21 2525 2425
www.orlahotel.com.br
À partir de 410 R$ la chambre double standard avec petit déjeuner. Wifi.

Élégant et moderne, l'Orla Copacabana est un magnifique hôtel situé à quelques mètres de la plage mythique. Face à l'océan, il compte 115 chambres raffinées, décorées chacune dans un style très personnel. Elles disposent toutes d'un climatiseur. Les appartements de catégories supérieures offrent une vue époustouflante sur la plage de Copacabana. La suite Master, de grand luxe et sophistiquée, s'étale sur 55 m². Sur la terrasse avec piscine chauffée, avec un très beau panorama sur le Pain de Sucre, on sert de très bons cocktails exotiques. Un confort haut de gamme.

PORTOBAY RIO INTERNACIONAL €€

Av. Atlântica, 1500 - Copacabana
✆ +55 21 2546 8000
A partir de 650 R$ la chambre double avec petit déjeuner. Wifi.

Le Porto Bay est une belle adresse à Copacabana, au bord de l'avenue Atlantica. Il propose cent dix-sept chambres bien agencées, divisées en chambres de luxe (19 m²), supérieures (21 m²) ou suites (40 m²). Toutes sont décorées sobrement et bénéficient de tout le confort moderne. L'hôtel possède un très beau *rooftop* avec piscine et bar offrant une vue saisissante sur la baie. Il propose également un restaurant panoramique La Finestra et un bar d'hôtel, le Negroni. Une valeur sûre.

PRAIA IPANEMA HOTEL €€€

Av. Vieira Souto, 706 - Ipanema
✆ +55 21 2540 4949
www.praiaipanema.com.br
A partir de 799 R$ la chambre double avec petit déjeuner. Wifi.

Établissement prestigieux, l'hôtel Praia Ipanema est une de nos adresses favorites dans sa catégorie. Il est idéalement situé en front de mer de la mythique plage d'Ipanema. L'hôtel possède 101 appartements qui offrent tous une belle surface. Ils sont très confortables et soigneusement décorés, avec une véranda avec vue sur la mer. Bar sur la terrasse et agréable piscine en *rooftop*. Le petit déjeuner se prend face à la mer dans le restaurant de l'hôtel, ouvert également pour le déjeuner et le dîner (bonne cuisine internationale). Service de grande qualité.

PREMIER COPACABANA €€

Rua Tonelero, 205 - Copacabana
✆ +55 21 3816 9090
www.premier.com.br
117 chambres. À partir de 240 R$ la chambre double avec petit déjeuner. Wifi.

Le Premier Copacabana est un établissement très orienté « business » mais qui offre cependant un rapport qualité-prix intéressant. Les chambres sont décorées sobrement et possèdent tout le confort dont le client peut avoir besoin. On trouve une piscine et un sauna sur le toit, délivrant un très beau panorama sur le quartier de Copacabana. Le restaurant de l'hôtel propose une cuisine de bonne facture. C'est le célèbre paysagiste brésilien Burle Marx qui dessina le jardin d'hiver à côté du bar. Un établissement professionnel et agréable.

SHERATON RIO HOTEL & TOWERS €€€

Avenida Niemeyer, 121 - Leblon
✆ +55 21 2274 1122
www.sheraton-rio.com
559 chambres. À partir de 800 R$ la chambre double avec petit déjeuner. Wifi.

À 30 minutes à pied de Leblon, c'est l'immense édifice que l'on distingue au bout de la plage. L'ensemble est de très bonne facture, mais il vaut mieux savoir que l'hôtel a été construit devant la favela Vidigal : les chambres côté montagne donnent donc sur un panorama de maisons entassées. Toutefois, la superbe plage privée de l'hôtel est sûre et les prestations sont de premier ordre : 3 piscines, chambres spacieuses et lumineuses (avec vérandas et nouvelle déco), service impeccable.

WINDSOR EXCELSIOR €€

Avenida Atlântica, 1800 - Copacabana
✆ +55 21 2195 5800
www.windsorhoteis.com
À partir de 550 R$ la chambre double avec petit déjeuner. Wifi.

Le Windsor Excelsior fait partie du groupe hôtelier éponyme. L'établissement de Copacabana est un bel hôtel, avec vues imprenables sur l'océan. Les chambres les plus spectaculaires sont les « luxo frentemar », qui offrent une vue imprenable sur la plage mythique de Copacabana. D'autres chambres ont une vue plus modeste. Toutes sont impeccables, très bien tenues et agréables. Le petit déjeuner buffet est copieux et varié. Parking gratuit. Piscine sur le toit avec terrasse. Pas de mauvaises surprises en vue, mais une note un peu élevée.

WINDSOR FLORIDA HOTEL €€€

Rua Ferreira Viana, 81 - Flamengo
✆ +55 21 2195 6800
A partir de 330 R$ la double et 415 R$ la triple. promotions sur le site Internet.

Il est difficile de ne pas remarquer ce bel édifice de la rue Ferreira Viana. La belle façade, devant laquelle s'affairent des grooms à la livrée impeccable, offre un aperçu du lieu, charme de l'ancien et fonctionnalité moderne. Les chambres sont d'une tenue irréprochable, vastes et bien équipées. Elles disposent toutes d'un frigo-bar, d'air conditionné, de TV câblée, coffre...Le toit-terrasse, qui propose une belle piscine, offre une belle vue de Rio.. La localisation est optimale, proche de la plage de Flamengo, du palais de Catete et de la station de métro.

CASANOVA RESIDENCE €€

Alameda das Mangueiras, casa 1, Beco das Artes, Ilha da Gigóia

www.casanovaresidence.com.br

A partir de 240 R$ la nuit pour une chambre.

Les touristes s'aventurent peu à Barra de Tijucà, banlieue intérieure de Rio, résidentielle et éloignée de la zone sud et des points d'intérêt de la ville merveilleuse. Cette adresse intéressera ceux qui recherchent une localisation privilégiée, sur la lagune de Barra, dans la mangrove de l'île de Giboia et à dix minutes à pied de la plage. Les amateurs d'art et de nature seront ravis de ce lieu cosy et arty où on se sent comme à la maison. Dans une salle commune, on peut apprécier la riche vidéothèque des propriétaires. A connaître !

HOTEL NACIONAL RIO DE JANEIRO €€€

Av. Niemeyer, 769 - São Conrado

✆ +55 21 3094 4900

https://hotelnacionalriodejaneiro.com/

À partir de 500 R$ la chambre double, avec petit déjeuner. Wifi.

Ce bâtiment emblématique conçu par Oscar Niemeyer a été repensé pour devenir récemment l'Hotel Nacional Rio tout en préservant sa vocation artistique. Les chambres sont luxueuses et bénéficient toutes d'une vue incroyable, sur la plage de São Conrado, le Christ Rédempteur ou les montagnes. restaurant haut de gamme, deux bars, SPA par Clarins, piscine, salle de fitness... Son emplacement privilégié dans ce quartier sûr et boisé en fait un bon choix pour un séjour à Rio.

LE RELAIS DE MARAMBAIA €€€

Estrada Roberto Burle Marx, 9346 - Barra de Guaratiba ✆ +55 21 2394 2544

www.lerelaisdemarambaia.com.br

A partir de 550 R$ pour une chambre double vue mer avec le petit déjeuner. Wifi.

Cet hôtel de charme se trouve dans la baie de Guaratiba, un des derniers refuges écologiques de la ville. Face à la magnifique plage de Marambaia et dans un cadre idyllique, ce petit hôtel vous séduira par sa douceur et vous accueillera dans ses 7 suites de charme, lumineuses et décorées avec soin. Tout est fait pour le bien-être des hôtes. Piscine et sauna dans la pousada, à côté du Marambaia Spa : bains à remous, soins de beauté et de bien-être et un bon restaurant. Un lieu idéal pour se relaxer dans une ambiance locale avec une délicate « french touch ».

TUAKAZA €€€

Estrada da Canoa 2600 – São Conrado

✆ +55 21 3322 6715

www.tuakaza.com

À partir de 1 000 R$ la chambre double avec petit déjeuner. Wifi.

Un avant-goût de paradis. La pousada Tuakaza propose 6 magnifiques suites très spacieuses au nom de fruits en plein cœur de la forêt de Tijucà. Le design intérieur a été réalisé dans un souci permanent de fusion avec un environnement exceptionnel et de bien-être des hôtes. De la décoration à la literie en passant par le linge de maison, tout est choisi avec les meilleurs matériaux. Cette *pousada* portée sur pilotis n'est pas sans ressembler au radeau des cimes. On embrasse Rio du regard et on est pénétré par la magie des lieux. Un lieu d'exception.

VANAZUL HOME €

Estrada das canoas, 101 - São Conrado

✆ +55 21 3256 3233

www.vanazul.net

À partir de 170 R$ pour une chambre double, avec petit déjeuner. Wifi.

Point de chute idéal pour les passionnés de tourisme écologique, la *pousada* Vanazul bénéficie d'un excellent emplacement : au calme, dans le quartier de Sao Conrado, entouré d'une nature exubérante et à moins de 100 m de la plage comme de l'entrée du parc national de Tijuca. Le Vanazul propose deux types d'habitations : de confortables et lumineuses suites pouvant recevoir jusqu'à 6 personnes pour l'une d'entre elles, parfaite pour les familles ou groupes d'amis, ainsi que 3 chambres collectives très soignées. Une bonne adresse pour un repos total !

WYNDHAM RIO BARRA €€

Avenida Lúcio Costa, 3150 – Barra da Tijuca

✆ +55 0800 047 4766

www.wyndhamhotels.com

A partir de 350 R$ la chambre double, petit déjeuner compris. Wifi.

Si vous voulez loger à Barra da Tijuca, voici sans doute l'une des meilleures adresses, le Wyndham, ex-Sheraton et ex-Gran Nobile Rio Barra étant par ailleurs l'un des hôtels les plus modernes et les plus luxueux de Rio. Toutes les chambres disposent d'un balcon et d'un panorama à couper le souffle sur l'océan. Plus on s'élève dans les étages, plus la vue est belle. Les commodités sont exemplaires, la literie excellente. Pour vous détendre, deux piscines, un centre de remise en forme, et un centre d'affaires très bien équipé.

SE RÉGALER

Rio propose une offre presque infinie de destinations culinaires. Du petit bouiboui sans prétention aux restaurants étoilés, du *camelo* vendeur d'*acarajés* à la sauvette aux grands chefs de renommée mondiale, l'esprit curieux aux papilles audacieuses ne sera jamais en manque d'inspiration. La cuisine brésilienne en elle-même n'est peut-être aussi variée que les cuisines française, italienne ou asiatique mais certaines de ses spécialités prennent une dimension presque sociétale : les restaurants « au kilo », où l'on pèse sa nourriture, les *churrascarias* (viande grillée) de Rio, le Beco da Sardinha du Centro, les *bolinhas de queijo* que l'on prendra dans un petit bar, le poulet grillé (*galleto*) de midi au Cobal de Humaita. Entre les plats typiquement brésiliens et *cariocas* et la cuisine raffinée du Lasai ou de la « tribu » des Troisgros, la restauration à Rio laissera sans aucun doute un goût de revenez-y.

HORAIRES

Selon le type de restaurants, les horaires d'ouverture vont varier. Certains établissements vont essentiellement fonctionner entre 11h et 15h et servir « buffets » et nourriture au kilo. D'autres fonctionnent midi et soir (en général de 11h à 15h et 19h à 23h). Le plus souvent, ceux qui proposent buffet et kilo à midi ne proposent que des plats à la carte le soir. Les Brésiliens vont souvent manger au restaurant en famille le vendredi soir ou le week-end. Le délai d'attente est alors un peu long. Pour certains établissements, il est vivement conseillé de réserver.

BUDGET / BONS PLANS

La gamme des prix des restaurants est très variable. On peut manger quelques salgados pour une poignée de reais, un PF (prato feito ou plat préparé) pour une vingtaine de reais ou casser sa tirelire en mangeant chez « Claude » (Claude Troisgros à Rio), où la note dépassera allègrement 100 euros par personne. Globalement, on peut manger correctement pour une centaine de reais. Un kilo de gamme moyenne coûtera 35 reais le kilo, comme au Rancho à Mariana (Minas Gerais) ou 75 reais au restaurant Catete Grill à Rio mais les prix ont tendance à subir une inflation forte.

EN SUPPLÉMENT

Le prix s'entend en général toutes taxes comprises. On rajoute un pourboire car le salaire des serveurs n'est pas très élevé. entre 5 et 10 %, on peut estimer que le pourboire est correct. On peut être plus généreux encore si on estime que le service le mérite. Lorsqu'il y a des musiciens qui se produisent, beaucoup de restaurants font payer un couvert musical. C'est souvent marqué à l'entrée ou sur les menus. Le prix peut être assez élevé.

C'EST TRÈS LOCAL

Certains plats sont présentés comme étant pour une, deux, voire 3 personnes. Il est judicieux de vérifier la taille réelle des plats dans l'assiette des convives alentour car effectivement, certaines assiettes pour une personne sont largement suffisantes pour deux, ou pour trois... Les churrascarias sont des restaurants typiques où on vous sert de la viande à volonté. Il faut mettre le petit disque de la table en position verte pour être servi par les serveurs. Bon, rappelons-le, la production de viande détruit l'Amazonie et un régime trop carné n'est pas forcément bon pour la santé Dans de nombreux restaurants brésiliens, on trouvera systématiquement comme accompagnement des plats les traditionnels feijão (haricots rouges), farofa

Salgados.

(farine de manioc) et riz. Souvent issues des traditions culinaires africaines, indiennes et « cabocla », ces aliments de base permettaient de fournir les calories nécessaires aux difficiles journées de travail dans les champs.

A ÉVITER

Dans certains bouibouis, on évitera les crudités et les fruits de mer. L'eau minérale est de rigueur en tout lieu. Les plus méfiants ou fragiles éviteront les glaçons.

ENFANTS

Certaines pousadas refusent les enfants pour garantir la tranquillité des hôtes. Ce n'est pas le cas pour les restaurants. C'est aux parents de voir si les enfants risquent de déranger les convives.

FUMEURS

Il est interdit de fumer dans les bars et les restaurants, comme dans tous les lieux fermés destinés à recevoir du public.

LES ATTRAPE-TOURISTES

Près des plages et des lieux touristiques, comme à Copacabana, les incontournables rabatteurs tentent d'appâter le chaland en tendant le menu et en ventant quelques avantages..

LES PHRASES CLÉS

Bonjour, je voudrais réserver une table pour deux personnes pour ce midi ou ce soir.
Bom dia, queria reservar uma mesa para duas pessoas para o meio-dia ou esta noite.

Avez-vous un menu en français ou en anglais ?
Tem uma ementa em francês ou inglês?

Je suis végétarien, y a t-il des plats sans viande ?
Sou vegetariano(a), há pratos sem carne?

Je n'ai vraiment plus faim mais avez-vous une carte des desserts ?
Não tenho mais fome, mas posso ver a carta das sobremesas?

Puis-je avoir l'addition s'il vous plait ? Je peux payer par carte ou en espèces ?
Pode trazer a conta, por favor? Posso pagar com cartão ou em líquido?

C'était très bon, nous reviendrons. Merci et à bientôt.
Estava muito bom, voltaremos. Obrigado(a) e até à próxima!

ADEGA FLOR DE COIMBRA €€

Rua Teotônio Regadas, 34 - Lapa

✆ +55 21 2224 4582

Cuisine portugaise. Ouvert du lundi au samedi de midi à minuit. Compter environ 70 R$ pour un repas.

Dans ce beau bâtiment datant de 1936, proche de l'escalier Selarón, l'Adega Flor de Coimbra propose une très bonne cuisine portugaise. De nombreux artistes et intellectuels brésiliens, comme le peintre Candido Portinari, ont fréquenté ce lieu historique, et dorénavant classé, de la ville. Le cadre est un peu fatigué et le coin très touristique, mais un repas dans ce restaurant reste une belle expérience à Lapa… mais assez dispendieuse. Aujourd'hui Lapa semble être redevenu un quartier à l'abandon, où il faut donc être prudent.

APRAZÍVEL €€€

Rua Aprazível, 62 - Santa Teresa

✆ +55 21 2508 9174

www.aprazivel.com.br

Cuisine brésilienne. du mardi au samedi de midi à 23h, le dimanche de midi à 18h. Fermé le lundi. entre 100 et 200 R$.

Un « resto d'hôtes » en plein Santa Teresa. La chef Ana Castilho vous accueille dans sa maison et dans son jardin. Perché en haut d'une colline, le restaurant offre un cadre romantique avec une vue splendide sur la ville merveilleuse. La cuisine proposée est une cuisine brésilienne revisitée : cœur de palmier grillé, poisson grillé sauce à l'orange (et son riz au lait de coco), agneau grillé et son couscous… L'Aprazivel est assurément une des bonnes adresses de Santa Teresa, agréable, chic...et cher. Réservation conseillée le week-end.

ADEGÃO PORTUGUÊS €€

Campo de São Cristovão, 212 - São Cristovão

✆ +55 21 2580 7288

www.adegaoportugues.com.br

Cuisine portugaise. Ouvert tous les jours de midi à 23h. Compter environ 120 R$ pour un repas.

Il y a peu d'animations proposées dans la zone nord de Rio, pourtant, depuis de nombreuses années, l'Adegao s'impose comme une valeur sûre de la cuisine portugaise. En face de la célèbre foire nordestine de São Cristovão, ce restaurant s'est spécialisé dans les plats de morue (*bacalhau*) qui se déclinent sous différentes préparations toutes aussi raffinées les unes que les autres. La *feijoada* est également très célèbre le samedi. Le soir, le quartier est peu sûr, mais le restaurant et l'intérieur de la foire sont tranquilles dès lors que l'on s'y rend en taxi.

L'ATELIER DU CUISINIER €€€

R. Teófilo Otoni, 97 - Centro

✆ +55 21 3179 0024

www.latelierducuisinier.com.br

Cuisine française. du lundi au vendredi de midi à 14h (dernière commande). Menu exécutif à 90 R$, menu Atelier à 125 R$.

Le resto « Atelier du Cuisinier » est une table française d'exception proposée par le chef David Jobert, qui a travaillé avec le grand chef Paul Bocuse et dans de nombreux restaurants étoilés. Dans un cadre, simple et minimaliste, ce restaurant est tout simplement l'un des meilleurs de la ville. Le chef a voulu reproduire une ambiance de bistro français avec des produits brésiliens. Le menu varie en fonction de l'inspiration du chef et la présentation est exquise. Les tarifs restent très abordables pour une cuisine gastronomique de haute excellence. Recommandé.

AMARELINHO DA CINELÂNDIA €€

Praça Floriano, 55 - Centro

✆ +55 21 2240 8434

osmdigital.wixsite.com/amarelinho

Cuisine brésilienne. Ouvert tous les jours de 10h à 1h du matin. Compter environ entre 60 et 120 R$ par repas.

Dans le quartier de Cinelandia, cette brasserie fondée en 1921 fait figure d'historique dans le quartier et un lieu de résistance...qui a failli disparaître. L'intérieur est très simple et très carioca. Les employés pressés et les touristes s'y mélangent dans une ambiance très locale. La grande terrasse du « petit jaune », sur la Praça Floriano, est particulièrement agréable pour flâner le soir, une choppe à la main. Les garçons de café s'affairent à servir les nombreux clients. Au menu, des plats traditionnels : *feijoada, picanhas, churrascos*...Un classique.

BAR DO MINEIRO €

Rua Paschoal Carlos Magno, 99 – Santa Teresa

✆ +55 21 2221 9227

www.bardomineiro.net

Cuisine brésilienne. du mardi au dimanche de 11h à 1h. Compter 55 R$ la feijoada pour une personne et 84 R$ pour 2.

A la fois bar et restaurant, ce petit établissement avec ses carreaux blancs au mur possède un charme qui séduit touristes et locaux. On y vient aussi bien pour le plat du jour au déjeuner que pour les beignets de haricots noirs, de chou vert, de viande séchée ou ceux plus traditionnels à la tomate, fromage et herbes, que l'on grignote entre amis. Excellente et très copieuse *feijoada* également. C'est aussi une des meilleures *caipi* de Rio, selon l'ami Fred. Très vite, on verse dans l'âme de Santa Teresa en conversant avec son voisin. Une institution.

BECO DAS SARDINHAS €

Rua Miguel Couto, 139 – Centro

Spécialités de sardines. Ouvert du lundi au vendredi de 11h à 22h. Compter de 20 à 40 R$.

Certains lieux permettent de découvrir la sociologie et le quotidien des gens qui y passent. Les lieux traditionnels, par définition, sont des leçons d'histoire, de tradition et/ou de modernité. Le Beco das Sardinhas est ainsi un lieu traditionnel de Rio depuis les années 1960 situé dans une petite portion piétonne de la rue Miguel Couto. Plusieurs petits établissements partagent leurs terrasses et servent d'excellentes sardines grillées (comme à Sète ou à Casablanca) dites *frangos marítimos*. À déguster avec une bonne bière pression !

BISTRO DO PAÇO €

Praca XV de Novembro, 48 - Centro

✆ +55 21 2262 3613

www.bistro.com.br

Cuisine européenne. tous les jours de 11h30 à 19h. Formules buffet et à la carte. environ 60 R$ pour un repas complet.

En 1989, une médecin suisse eut l'idée d'ouvrir un « bistrot » à l'esprit un peu français au cœur de ce très agréable lieu chargé d'histoire. Grand bien lui en a pris. 3 décennies plus tard, le bistro est une institution, à la cuisine simple et de qualité. C'est un restaurant qui sert d'énormes salades et de très bonnes quiches. A l'heure du déjeuner, en semaine, il est fréquenté par les jeunes cadres dynamiques du quartier des affaires de Rio – ainsi que par le personnel du consulat de France, dont les bureaux sont voisins du Bistro.

BOTEQUIM DO JÓIA €

Rua Júlia Lopes de Almeida, 26 - Centro

✆ +55 21 2263 0774

Cuisine brésilienne. Ouvert du lundi au vendredi de midi à 15h30. Compter environ 40 R$ pour un repas.

Rio a entamé une reconquête de son centre. Certains quartiers autrefois malfamés se revêtent de leurs plus beaux atours et offrent aux visiteurs ce petit supplément d'âme que n'apportent plus toujours les zones internationalisées. Le botequim do Joia est un de ces lieux chargés d'histoire. Ce petit bar à la périphérie du quartier de Saúde est un établissement classé qui a ouvert ses portes en 1909. Également connu sous le nom de Bar do Jóia, il est réputé pour sa bière glacée, ses plats de viande sèche et sa *feijoada* du vendredi. Un lieu à découvrir.

CAIS DO ORIENTE €€

Rua Visconde de Itaboraí, 8 – Centro

✆ +55 21 2233 2531

caisdooriente-rj.com.br

Cuisine brésilienne fusion. du lundi au samedi de 11h30 à 22h et dimanche de 11h30 à 17h.environ 100 R$ pour un repas.

Dans le quartier très animé du Centro en journée, le Cais do Oriente semble faire fusionner l'architecture industrielle du passé à celle des établissements modernes.Situé dans un superbe édifice du XIXe, le restaurant possède une magnifique terrasse intérieure où il fait bon flâner. Vous y dégusterez une cuisine brésilienne moderne de haut vol, mâtinée d'influences orientales, méditerranéennes et asiatiques. Le bar ne désemplit pas lors des concerts du vendredi et du samedi soir. Un must de la gastronomie carioca, en plein centre du carré culturel de la ville.

CASA PALADINO €

Rua Uruguaiana, 226 – Centro

✆ +55 21 2263 2094

Bar - boutique. Ouvert du lundi au vendredi de 7h à 20h30, le samedi de 8h à midi. A partir de 12 R$ le sandwich.

Depuis 1907, le Paladino sert des sandwichs, snacks, omelettes, sardines… A un prix défiant toute concurrence ! Bière pression « *bem gelada* ». Parfait pour un déjeuner rapide ! Le lieu paraît être figé dans le temps, avec ses boiseries et ses murs remplis de bouteilles de vins et d'alcools (en vente dans la partie boutique). Bon, chaque fois que l'on repasse, on a peur que la modernité ait englouti ce vénérable établissement, mais il semble résister, montrant que le passé n'est pas aussi facile à faire disparaître. On aime son charme suranné.

EMPÓRIO SANTA FÉ €€

Praia do Flamengo, 2 - Catete

✆ +55 21 2245 6274

www.emporiosantafe.com

Cuisine brésilienne. Du lundi au samedi de midi à minuit, dimanche de midi à 18h. Compter environ 80 R$ pour un repas.

L'un de nos restos préférés de Catete. Wine bar au rez-de-chaussée, ambiance feutrée et élégante à l'étage. Choisissez les pâtes, succulentes : raviolis aux crevettes et leur sauce au poireau et champignons à recommander. La *moqueca* à l'huile de palme artisanale est un chef-d'œuvre. Les viandes ne sont pas en reste (tournedos dans son jus au vinaigre balsamique). Carte des vins très étendue. De plus, le quartier se trouve idéalement placé entre le centre et ses activités diurnes et la zone sud, lieu de résidence des voyageurs.

NOVA CAPELA €

Avenida Mem de Sá, 96 – Lapa
✆ +55 21 2252 6228
Cuisine brésilienne traditionnelle. du mardi au dimanche de 11h à minuit et lundi de 11h à 16h. de 50 à 100 R$ le repas.

Un endroit incontournable des nuits de Lapa. La Nova Capela est une institution du quartier est un symbole de sa renaissance. Cette taverne plus que centenaire est un rendez-vous apprécié des musiciens, artistes et journalistes. Son style est tellement old school, que, pour beaucoup, il en devient délicieusement branché. On y propose des bières glacées, snacks et une ambiance des plus décontractées. On y déguste également des viandes que l'on trouve rarement à Rio, comme le cabri ou le sanglier ! Un classique de la scène gastronomique du quartier.

RESTAURANT VILLA PARANAGUA €€

rua visconde de paranaguà, 71
✆ +55 21 3596 7020
https://www.villaparanagua.com/
A partir de 84 R$ le plat.

A l'image de l'hôtel éponyme, le restaurant villa Paranaguà propose une cuisine raffinée, fruit d'une fusion subtile entre méditerranée et saveurs locales brésiliennes dans une ambiance décontractée autour de quelques tables, dans la salle à manger ou sur la terrasse à proximité de la piscine. Des plats délicats, (toats de saumon gravelax déconstruits, taglioni au pesto, poisson à la sauce d'igname), des desserts goûteux à l'incontestable sensation de revenez-y.

RESTAURANTE MOSTEIRO €€€

Rua Sao Bento, 13/15 - Centro
✆ +55 21 2233 6478
www.restaurantemosteiro.com.br
Cuisine portugaise. Ouvert du lundi au vendredi de midi à 16h. a partir de 48 R$ par repas. Wifi.

En face du monastère de São Bento qui lui a inspiré son nom (*mosteiro* signifie monastère en portugais), ce restaurant d'inspiration portugaise, tenu de main de maître par José Temporao offre depuis près d'un demi-siècle d'excellents plats de poissons (dont la délicieuse morue Mosteiro) ou de mollusques (poulpe dans son riz au safran). On y trouve bien sûr les célèbres petits *pasteis* portugais. La qualité de la cuisine et du service est reconnue à juste titre par nombre de critiques gastronomiques et par plus de convives encore.

RIO MINHO E CABAÇA DO MINHO €€

Rua do Ouvidor, 10 – Centro
✆ +55 21 2509 2338
Cuisine brésilienne, spécialités de poissons & fruits de mer. du lundi au vendredi de 11h à 16h. Entre 60 et 80 R$

Le rio Minho est un fleuve qui prend sa source au Portugal et se jette ensuite dans l'Océan en Espagne. Vous l'aurez compris, ce restaurant est d'inspiration portugaise et espagnole. C'est un excellent restaurant de poissons, ouvert depuis 1884, ce qui en fait le plus ancien restaurant de la ville de Rio encore en « activité » et Rendez-vous de certaines personnalités, comme le baron de Rio Branco ! À essayer : la soupe *leão velloso*, adaptation tropicale de notre bouillabaisse !

SOBRENATURAL €€

Rua Almirante Alexandrino, 432 – Santa Teresa
✆ +55 21 2221 9465
Cuisine brésilienne, poissons. du mardi au vendredi de midi à 22h30, samedi de midi à 0h. de 80 à 120 R$ pour un repas.

Une valeur sûre à Santa Teresa. A quelques encablures du largo de Guimaraes, près des voies du célèbre « bonde » jaune, Le Sobrenatural est un super restaurant de poissons : tout y est bon, dans un cadre marin adorable. En entrée, goûtez aux délicieuses *casquinhas de siris*, excellentes et aromatisées. Vous pouvez aussi tester des *pasteis* de *caranguejo* et de délicieuses *moquequas*, dont celle à la morue et au lait de coco. Des musiciens se produisent fréquemment *ao vivo* le soir. On reprochera seulement une addition un peu trop salée.

TÉRÈZE €€€

Rua Felício dos Santos, 15 – Santa Teresa
✆ +55 21 3380 0259
Cuisine internationale contemporaine. tous les jours de 7h à 23h (pause de 11h à 12h30). de 140 à 180 R$ le repas.

Le Térèze est le restaurant du magnifique hôtel Santa Teresa, aujourd'hui McGallery, dans le quartier éponyme, l'un des plus beaux établissements de la ville de Rio. La carte, concoctée par le chef Esteban Mateu, est d'inspiration contemporaine et de grande qualité et l'utilisation de « plantes non conventionnelles » est surprenante. La carte des vins (chiliens en particulier) réserve quelques bonnes surprises. Le jeudi à dîner, menu dégustation (avec vins). Excellent petit déjeuner également, accessible tous les jours aux non-hôtes. Les prix sont corrects.

ADEGA DO PIMENTA SANTA TERESA €

Rua Almirante Alexandrino, 296 – Santa Teresa
✆ +55 21 2224 7554
www.adegadopimenta.com.br
Cuisine allemande. du lundi au vendredi de 12 à 22h, samedi de midi à 20h, dimanche de midi à 18h. 80 R$ pour un repas.

Bon, on associe plus Blumenau à la cuisine d'outre-Rhin que le quartier bohème de Santa Teresa. Et pourtant... En cas d'envie subite de choucroute ou de saucisses à la mode allemande, l'Adega do pimenta est une bonne adresse. Dans un cadre rustique et quasi alpin, Herr Pfeffer vous accueillera avec sa bonhomie habituelle pour déguster des spécialités d'outre-Rhin de très bonne facture. Vous pourrez même goûter à une *feijoada* à l'allemande ! Egalement un très bon strudel en dessert.

BRASEIRO DA GAVEA €€

Praça Santos Dumont, 116
✆ +55 21 22397494
http://braseirodagavea.com.br/
Comptez 100 R$ pour un repas.

Dans le très agréable quartier de Gavea, à proximité du Jockey Club, le Braseiro da Gavea est une véritable institution. Dans un cadre assez simple et cosy, on mange une nourriture simple et de qualité. La traditionnelle picanha se taille la part du lion. Les accompagnements sont également de qualité (riz au brocoli, patates, saucisses...). Il faut arriver tôt le week-end, car les tables sont rapidement occupées. La bière et la caipirinha permettent d'accompagner les plats. Le service est très pro, le cadre agréable... *What else ?*

BRÁZ PIZZARIA €

Rua Maria Angélica, 129 - Jardim Botânico
✆ +55 21 2535 0687
www.brazpizzaria.com.br
Pizzeria. Ouvert tous les jours de 18h à minuit. Pizza à partir de 50 R$.

Originaire de São Paulo, l'autre capitale mondiale de la pizza, la Pizzaria Bráz est une des meilleures de Rio. Dans ce cadre traditionnel du quartier du Jardim Botânico, les grands classiques italiens constituent certes la base de la carte, mais de nombreuses variantes sont proposées, de la classique caprese maintes fois récompensée à la basique napolitaine... ou l'*imigrante*. La carte des vins permet de mettre en valeur les saveurs du lieu. En dessert, les traditionnels *panettones* et les tiramisus sauront satisfaire les spécialistes.

CAFÉ LAMAS €€

Rua Marquês de Abrantes, 18 - Flamengo
✆ +55 21 2556 0799
www.cafelamas.com.br
Cuisine brésilienne traditionnelle. Ouvert tous les jours de 9h30 à 1h du matin. environ 80 R$ pour un repas complet.

Fondé en 1874, le Café Lamas est un établissement historique du quartier du Flamengo. Il est vrai qu'en franchissant la porte, on a l'impression de faire un saut dans l'histoire. Comme dans beaucoup d'établissements populaires, la salle est immense, très simple, mais la bière y est excellente et la cuisine délicieuse. Le choix des plats est impressionnant, presque autant que le ballet bien réglé des hommes à la veste blanche et au nœud papillon. On recommande particulièrement le succulent *filé mignon* (pièce de bœuf). Un lieu pittoresque.

CANTINA DO GAÚCHO €

Rua Almirante Alexandrino, 3056 - Santa Teresa
✆ +55 21 2256 6638
www.cantinadogauchorj.com.br
Churrascaria. Ouvert du lundi au samedi de 11h à 16h45. Compter environ 50 R$ par personne.

Encore un petit coin à découvrir dans le charmant quartier de Santa Teresa. Cette cantine ne paie pas forcément de mine, mais propose d'excellents (et copieux !) plats de viandes diverses, *churrasco* bien sûr, *picanhas*, faux-filet, côtelettes... le choix est vaste. Le tout est souvent accompagné de frites, de riz et de haricots noirs (*feijão*). Une bonne option pour un déjeuner typique en semaine. Ah oui, vous l'aurez compris, on est ici en terre gaucha, loin de la nouvelle cuisine. Un plat peut aisément rassasier deux personnes, à bon entendeur...

LA CARIOCA CEVICHERIA €€

Rua Maria Angélica, 113A
✆ +55 21 2226 8821
www.lacariocacevicheria.com.br
Ouvert de 12h00 à 1h00 tous les jours. A partir de 40 R$ le plat

Vous l'aurez compris, ici, on met à l'honneur la cuisine péruvienne mais toujours avec une petite touche brésilienne. Depuis plus d'une décennie maintenant et dans différents restaurants et points de vente à Rio, la Cevicheria propose des plats à base de fruits de mer frais et légers. Les ceviches donc, mais également des entrées comme les *pasteis de Siri*, des plats plus consistants (riz aux fruits de mer, entre autres) sont proposés à la carte, tous d'un bon rapport qualité-prix. La Cevicheria propose également d'excellentes bières artisanales.

CATETE GRILL €

Rua do Catete, 239 – Catete
✆ +55 21 2285 3442
www.catetegrill.com.br
Buffet. Ouvert tous les jours de 11h à minuit, le dimanche jusqu'à 23h. Compter 90 R$ le kilo (environ 50 R$ le repas).

Le Catete Grill est l'annexe des groupes Arvel-voyage. Bien situé, à proximité du métro Catete. C'est un excellent restaurant au kilo, certainement le meilleur du quartier. Le buffet est varié et de bonne qualité (salades, plats chauds, viandes grillées…). S'il reste un peu de place, essayez les dessertes. On y trouve aussi bien des sushis que des viandes cuites « minute », de la langouste, des crudités. À recommander pour les grandes faims de midi ! Comme tous les restaurants populaires, c'est un peu bruyant et plein. Une adresse où on retourne souvent.

GRADO RESTAURANTE €€

Rua Visconde de Carandai 31
✆ +55 21 3253 3101
Ouvert tlj sauf lundi de 12h à 23h. Comptez 200 R$ le repas.

Le restaurant italien Grado est assurément une belle découverte. Les amoureux de cuisine italienne sont toujours légion parmi les Français et les Européens. L'établissement du chef Nello Garaventa permettra à un prix somme toute contenu (entre 150 et 200 R$) de goûter à une bonne cuisine italienne dans un cadre agréable qui n'est pas sans rappeler les petits restaurants transalpins. Les plats italiens sont préparés dans une cuisine ouverte et cuits au four à bois. La carte est volontairement limitée, mais tout y est goûteux.

COBAL DO HUMAITÁ €

Rua Voluntários da Pátria, 446 - Humaitá
Ouvert tous les jours de 8h à 23h.

Le Cobal de Humaita est un marché couvert de jour et qui concentre le soir une grande quantité de restaurants, simples et corrects, très fréquentés par les jeunes. Si vous êtes en manque d'idées pour le repas du soir, vous êtes sûr d'y trouver votre bonheur. Le Cobal de humaita, à l'instar des autres Cobal de Rio est un lieu animé, convivial, qui permet de s'imprégner de l'âme de Rio dans toute sa diversité. L'ambiance est conviviale, le lieu est assez sûr et la gamme de restauration proposée presque infinie à quelques encablures de Flamengo, quartier animé.

JOAQUINA BAR €

Voluntários da Pátria 448
✆ +55 21 25352774
joaquinabar.com.br
Plats à partir de 54 R$.

Le Joaquina Bar propose deux établissements. Un se situe dans l'agréable quartier de Leme et l'autre à Cobal de Humaita, une agréable galerie ouverte dédiée aux plaisirs de la table. Depuis 2014, le chef étoilé au Michelin Richard Langa met à l'honneur la cuisine brésilienne en proposant les traditionnels « petiscos » mais également des plats comme la moqueca de crevettes, de poissons, la viande « sèche », de la feijoada végane, des salades et des sandwichs. C'est une belle rencontre gastronomique dans le cadre carioca typique de Cobal et de Humaità.

GENEAL €

Rua Lauro Müller, 116 - Botafogo
✆ +55 21 2254 2000
www.geneal.com.br
Fast-food. ouvert tous les jours de 10h à 22h.

Depuis 1963, les hot- dogs Geneal font le bonheur des Cariocas. C'est une adresse incontournable pour les hot-dogs, de différentes tailles en fonction de votre appétit. On y sert aussi d'excellentes pizzas, des croissants et des desserts sucrés. On en trouve un peu partout dans Rio, dans tous les quartiers. Bon, les lieux ne sont pas forcément les plus attrayants et authentiques, puisque en général, les échoppes Geneal se trouvent dans les grands « shopping centers » de Rio de Janeiro. Incontestablement, une « toca carioca » pour ces « cachorros quentes ».

LASAI RESTAURANTE €€€

Largo dos Leões 35
✆ +55 21 3449 1834
lasai.com.br
Sur réservation de mardi à samedi. 875 R$ le menu dégustation.

Le chef Rafa Costa e Silva, aprés avoir officié 5 ans dans le prestigieux restaurant espagnol Mundaritz, a choisi de poser ses valises en 2014 dans son établissement « Lasai » de Humaita en 2014. Il présente sa cuisine comme « une collection d'ingrédients exceptionnels que nous essayons de cuisiner de la meilleure façon possible ». On parle vraiment à ce niveau d'art culinaire. Les légumes proviennent du jardin bio et les viandes et les ingrédients des producteurs les plus exigeants. Le menu dégustation, dans un cadre intimiste, est un des meilleurs du Brésil.

MR.LAM €€

Rua Maria Angélica, 21
✆ +55 21 22866661
www.mrlam.com.br
A partir de 300 R$ le menu dégustation, 130 R$ le plat, 40 R$ l'entrée

Pour les amateurs de cuisine asiatique, Mr Lam apparaît de plus en plus comme un incontournable. Le lieu en lui-même, près de la lagoa, dans un des quartiers les plus prisés de Rio, est déjà une invitation au voyage. Cette magnifique demeure nous propulse en Chine, sous l'ombre protectrice des statues Ming. Le chef Lam a « rapatrié » nombre de ses plats de ses établissements de Londres et de New York. Des traditionnels plats de satay (crevettes et poulet), les rouleaux de printemps mais aussi un intéressant menu dégustation à 300 R$. A connaître !

ROTISSERIA SIRIO LIBANESA €€

Largo do Machado 29 Loja 32
✆ +55 21 21464915
De lundi à samedi de 8h à 23h. A partir de 30 R$.

Ici, on n'est pas dans les standards de la grande restauration mais c'est justement ce qu'on aime dénicher au hasard des rues de Rio. Dans le quartier de Catete, très central entre les activités commerciales et culturelles du Centro et les plages et les animations de la zone Sud, la rotisseria Sirio Libanesa est une option intéressante. Dans ce petit restaurant, souvent bondé, on trouve les classiques esfiha, les kibe, de très bons jus de fruits. Un bon plan, bon marché.

PLAGE CAFÉ €€

Rua Jardim Botânico, 414 - Jardim Botânico
✆ +55 21 2535 7336
Café. Ouvert du lundi au vendredi de 9h à 18h, le samedi et le dimanche de 9h à 17h. Compter environ 50 R$ par personne.

Dans le cadre très agréable et cosy du parc lage, cet établissement est une adresse qui monte à Rio, à juste titre, d'ailleurs. Le Plage Café sert des petits déjeuners, des lunchs ou des dîners de bonne facture. Une carte assez complète propose à la fois des plats légers, salades, sandwichs, et un choix de plats consistants. Café délicieux et fond musical jazzy. Un lieu enchanteur pour bien commencer la journée, mais aussi pour la finir, car la carte propose un bon choix de cocktails, à consommer avec modération, et des tapas succulents.

TACACA DO NORTE €

Rua Barão do Flamengo 35
✆ +55 21 22257329
A partir de 20 R$ l'açai, 40 R$ le tacacà.

Depuis quelques années déjà, cette boutique de spécialités culinaires amazoniennes a su amener les saveurs du Parà à Rio de Janeiro et séduire les exigeants Cariocas. Il faut dire que les vertus et les saveurs de l'açai, baie amazonienne, sont désormais connues bien au-delà des frontières du Parà. La boutique Tacacà do Norte est toute entière dédiée à l'*açai na tigela,* (glace à l'açai). La boutique voisine Tacacà do Norte Gourmet, propose les plats typiques d'Amazonie, comme le tacacà éponyme ou le vatapa, soupe aux crevettes. Dépaysement garanti !

PRANA VEGETARIANO €€

Rua Erere 11
✆ +55 21 2294 9887
www.pranavegetariano.com
A partir de 27 R$ l'entrée, 50 R$ le plat.

A Rio comme de plus en plus de lieux de la planète, la nourriture végétarienne et biologique fait des émules. Et ça tombe bien, car cela va dans le sens d'une nourriture plus saine et plus respectueuse de la planète. Les plats proposés par Prana sont très créatifs (chou-fleur croquant et sa sauce chili doux, gyoza de betterave farcie à l'aubergine, strogonoff de champignon, feijoada de légumes). Arrosée d'un excellent kombucha et dans un cadre cosy et simple à la fois, on appréciera cette expérience culinaire au bon rapport qualité-prix.

VIA FARANI €

Rua Barão de Itambi, 73
✆ +55 021 2551 1395
viafarani21.vtto.com.br
85 R$ le rodizio de sushis.

Dans ce restaurant qui ne paye pas de mine, on découvre une cuisine italienne et japonaise d'un rapport qualité-prix imbattable et d'une réelle qualité. Les amateurs de sushis et autres sashimis pourront choisir entre un rodizio et des plats à la carte. Le missoshiru (soupe) ravira les gourmets. La fraîcheur et la qualité des produits sont irréprochables et le service efficace et professionnel. Même les desserts laissent un goût de revenez-y. La cuisine italienne est servie dans la salle du bas, la japonaise dans celle du haut. Une bonne adresse.

ACADEMIA DA CACHACA

Rua Conde De Bernadotte 26
✆ +55 21 25292680
academiadacachaca.com.br
ouvert tous les jours de 12h à 2h.

On ne peut passer à Rio sans honorer l'alcool local de canne à sucre, la cachaça. L'academia da cachaça, dans le quartier chic de Leblon, est un bar qui lui est tout entier dédié. Un drapeau brésilien fait de rubans colorés décore le plafond de la petite salle, mais vous repérerez rapidement le lieu... car les convives préfèrent s'attabler à l'extérieur, sur le trottoir. Pour ceux qui veulent s'essayer à la dégustation de la cachaça, il y a plus de 100 références et des compositions spéciales. On peut manger quelques *petiscos* pour tenir la soirée !

AMAZÔNIA SOUL €

Rua Texeira de Melo, 37 - Ipanema
✆ +55 21 2247 1028
Épicerie spécialisée - petite restauration. Ouvert tous les jours de midi à 21h.

Rencontrée par hasard près du Carretao, il y a plus de 10 ans, cette petite échoppe a survécu à la crise du covid. Elle offre toujours à la fois du jus d'açaï et des plats amazoniens de qualité plus consistants. Bon, dommage collatéral, le magasin de magnifiques produits artisanaux amazoniens (poteries marajoarenses et/ou miel, liqueur) a disparu. Bref, les merveilles d'Amazonie s'offrent toujours à proximité de la *feira* hippie. Un lieu à voir et une manière agréable de se sustenter en goûtant l'açaï aux vertus antioxidantes !

ALESSANDRO & FREDERICO CAFÉ €€

Rua Gárcia d'Avila, 134 – Ipanema
✆ +55 21 2521 0828
alessandroefrederico.com.br
Cuisine italienne. Ouvert tous les jours de 8h à minuit. Compter environ 120 R$ pour un repas.

L'Alessandro & Frederico café est un charmant restaurant un peu chic, mais avec une terrasse décontractée et des plats légers pleins d'inventivité. C'est un lieu agréable pour déjeuner ou dîner en terrasse. Le cadre est moderne et la cuisine est plutôt d'inspiration italienne, avec un vaste choix de paninis et de salades composées. C'est un lieu idéal pour manger léger lors d'une pause-déjeuner. Peut-être un peu trop « light » pour les gros appétits.

D'AMICI €€

Rua Antônio Vieira, 18 - Leme
✆ +55 21 2541 4477
https://damici.com.br/
Cuisine italienne. du lundi au jeudi de midi à minuit, du vendredi au dimanche de midi à 1h.environ 150 R$ par personne.

Ici bien sûr, comme son nom l'indique, nous entrons dans un lieu dédié à la gastronomie italienne. Ouvert depuis 1999, cet établissement italien jouit d'une excellente réputation. On y va pour goûter un fabuleux canard rôti et une excellente côte d'agneau. Le sanglier grillé convertira également tous ceux qui sont hostiles au gibier. Côté mer, la Grigliata Mista Di Mare pour deux personnes est un pur plaisir (395 réais tout de même). Carte des vins impressionnante. Service haut de gamme. Une soirée gastronomique à Leme assurée !

ALFAIA €€

Rua Inhangá, 30 – Copacabana
✆ +55 21 2236 1222
www.restaurantealfaia.com.br
Cuisine portugaise. Ouvert TLJ de midi à minuit (le dimanche jusqu'à 23h). environ 140 R$ pour un repas, avec le vin.

Ses *bolinhos de bacalhau* (boulettes de morue) sont classées parmi les meilleures de Rio ; à déguster avec une bière pression, c'est l'un des amuse-gueules préféré des Cariocas. Les origines portugaises sont encore très présentes (découvrez le *bacalhau a patuscada* par exemple ou le *bacalhau spiritual*). On peut aussi porter son choix sur un très bon poulpe grillé au piment rouge. Les plats varient tout au long de la semaine et on peut se faire livrer. La carte des vins propose d'excellents crus lusitaniens. Très populaire dans le quartier.

AMIR €

Rua Ronald de Carvalho, 55 – Copacabana
✆ +55 21 2275 5596
www.amirrestaurante.com.br
Cuisine Moyen-Orient. du lundi à samedi de 12h à 0h00, le dimanche à 23h. buffet TLJ de midi à 16h. carte le soir 60 R$.

Tout le monde ne le sait pas, mais la culture arabe et la cuisine arabe sont très présentes au Brésil, depuis près d'un siècle, quand les premiers membres de la communauté syro-libanaise débarquèrent au Brésil. L'Amir est certainement l'un des meilleurs restaurants arabes de la ville... et il est vrai qu'ils ne sont pas si nombreux à Rio. Le menu en semaine est d'inspiration libanaise (houmous, falafels, esfiha – cake salé – autour d'un très bon buffet à volonté) et la spécialité du week-end est un excellent couscous marocain.

ANTIGA MERCEARIA E BAR €

Rua Voluntários da Pátria, 446 - Humaitá
✆ +55 21 2226 6553
Bar. Ouvert tous les jours de 9h à minuit, le week-end jusqu'à 2h.

Dans le très animé Cobal de Humaità, l'antiga mercearia a ouvert ses portes en 2013. Bien lui en a pris, ce petit bar à l'ambiance très conviviale s'est vite fait connaître pour la qualité des *tira gostos* qu'il propose, arrosés d'une dose de cachaça ou d'une bière artisanale. Bon, tout le monde ne s'attaquera pas aux énormes sandwiches de type Bauru de São Paulo, mais de nombreux plats attireront le client. Bobo de camarao, quiche au fromage du Minas, filet mignon...Une raison de plus d'aller voir le marché couvert de Cobal de Humaitá.

BAR BRACARENSE €€

Rua Jose Linhares 85
✆ +55 21 22943549
ouvert de lundi à samedi de 8h à 0h00, le dimanche de 10h00 à 22h00

Il est toujours très difficile de savoir si on met certains Brésiliens dans la catégorie « faire une pause » ou « se régaler », tant la tradition des botecos veut qu'on boive une bière ou une cachaça et qu'on y mange. Le bar bracarense, comme le Jobi et tant d'autres, fait partie de cette catégorie. On dit avec humour qu'Aipim (manioc), crevette et catupiry (fromage) composent une trinité bien établie chez Bracarense, à travers la célèbre « empada » maison. On est dans un vrai « pé sujo », bar où l'on vient, les pieds encore pleins de sable de la plage.

AZUMI €€

R. Min. Viveiros de Castro, 127 - Copacabana
✆ +55 21 2295 1098
Cuisine japonaise. les jours de midi à 15h et de 19h à minuit (1h le vendredi & samedi). environ 100 R$ par personne.

Depuis de nombreuses années, l'Azumi s'est forgé la réputation d'être un des plus traditionnels restaurants japonais de Rio de Janeiro… et ils sont nombreux. C'est en tout cas un bon restaurant de sushis à Copacabana ! Certes le cadre n'est pas franchement le plus joli qu'il nous ait été donné de voir, mais les plateaux de sushis et sashimis sont très bons. Mieux vaut manger au bar pour voir le chef à l'œuvre (et détourner les yeux de la salle !). Il n'y a pas de cuisine « fusion ». Les plats sont des plats traditionnels. Le service est de qualité variable.

BAR DO DAVID €

Rua Barata Ribeiro 7
✆ +55 2132985975
Comptez 60 R$ pour un plat et une boisson.

Le Bar do David est devenu une véritable institution. Plusieurs raisons expliquent ce succés mérité. Tout d'abord, c'est un véritable lieu de convivialité dans la favela pacifiée de Chapeu da Mangueira. Le trés affable David a su créé un lieu et une ambiance à son image. On y va également pour la nourriture de « boteco ». Le bar do David vient de remporter pour la troisième fois le concours de « comida de boteco » de l'Etat de Rio avec son bolinho « ousadia ». Bref, un lieu authentique à connaître, trés sûr, même s'il est localisé dans une favela.

BALADA MIX €

Rua Aníbal de Mendoça, 35 - Ipanema
✆ +55 21 3687 8739
www.baladamixrestaurante.com.br
Petite restauration. TLJ de 11h à 0h00. Buffet petit déj le week-end de 8h30 à 12h30. Plats à partir de 30 R$.

Depuis 2002, la chaîne Balada Mix a ouvert plus de 20 échoppes à Rio de Janeiro. Celle d'Ipanema est une des plus agréables. Dans une belle demeure blanche, à un bloc de la plage d'Ipanema, on pourra savourer un jus de mangue ou d'açaï ou un plat plus consistant dans un cadre agréable et calme, idéal avant d'affronter la orla… ou après. La cuisine se veut à la fois simple et *healthy*. Certes, c'est un peu la tendance générale à Ipanema, mais ici la combinaison du lieu, du service et du rapport qualité/prix en font assurément une place à connaître.

BARRACA DA CHIQUITA €

Rua Santa Clara 33
✆ +55 21 2548 9144
Comptez 80 R$ pour un repas.

Un petit coin de Nordeste à Copacabana. La barraca da Chiquita amène la cuisine nordestine à Rio. Tous les plats traditionnels, carne do sol, baiao, picanha de carne do sol, churraso misto com tropeiro...sont proposés avec goût dans un cadre très traditionnel. Pour un peu, on s'attendrait à ce que Lampiao et Maria Bonita surgissent de leur sertao aprés une longue chevauchée. Le personnel, coiffé du tradionnel chapeau de cuir des vaqueiros est serviable et très pro. Des groupes de Forro se produisent en fin de semaine. Annexe à la Feira do Nordeste à Sao Cristovao.

BIBI SUCOS €

Av. Ataulfo de Paiva, 591 – Leblon
✆ +55 21 2259 0000
www.bibisucos.com.br

Ouvert TLJ de 8h à 1h du matin, vendredi et samedi jusqu'à 2h. de 8 à 10 R$ pour un jus, de 15 à 20 R$ pour un sandwich.

Pour les amateurs de jus, voici un immanquable à Rio ! La chaine a choisi d'installer ses échoppes dans de nombreux quartier de la zone sud. Le Bibi Sucos de Leblon est un lieu où peut se sustenter pour pas cher dans quartier plutôt dispendieux. On peut aussi grignoter hamburgers, sandwiches et douceurs brésiliennes. Les portions sont généreuses. Beaucoup de Brésiliens viennent pour les plats végétariens de Bibi Sucos. les salades sont très bonnes Les jus d'açaï ne sont pas en reste. De nombreuses adresses (Copacabana, Jardim Botânico…).

LE BLÉ NOIR €€

Rua Xavier da Silveira, 19 – Copacabana
✆ +55 21 2267 6969
www.leblenoir.com

Crêperie. Ouvert du lundi au samedi de 19h30 à minuit. Compter 85 R$ pour un repas complet.

La Bretagne en plein Copacabana… Ce n'est pas si courant et cela vaut le coup d'être mentionné, même si les crêpes sont certainement un des éléments du patrimoine breton les plus connus mondialement ! Le « blé noir » est une petite crêperie sympathique avec concert d'accordéon tous les mercredis. Les crêpes préparées sont très bonnes et suffisamment copieuses pour les partager à deux. Crêpes salées et sucrées bien sûr ! Victime de son succès, l'endroit est souvent bondé, il faut quelquefois faire la queue pour attendre une table.

BISTRÔ SALOME €€

Avenida Atlantica 994
✆ +55 21 2541 2416

A partir de 80 R$ le plat.

Indubitablement, on trouvera un petit côté bistrot parisien à ce bistrô Salomé dont le nom ne doit rien au hasard. Les bois patinés et lasurés, les vieilles tables de bistrot et bien sûr tout un environnement soigné et végétal donnent un petit côté Saint-Germain-des-Prés, un café de Flore carioca. On peut y manger des salades pour une quarantaine de réais, des entrées à grignoter pour le même prix. Les boissons ne sont pas en reste. Certes, c'est très branché, mais cela reste plaisant et décontracté, à la Carioca et les prix ne sont pas excessifs.

BOTECO BELMONTE €

Praia do Flamengo, 300 – Flamengo
✆ +55 21 2552 3349

Cuisine brésilienne. Ouvert tous les jours de 9h à 3h du matin. Compter environ 70 R$ pour un repas.

Les *botequins* sont des lieux incontournables de la culture carioca. Le boteco Belmonte, sur l'avenue Atlantica, en face de la célèbre « orla » est un classique, un bistrot qui date de 1952, le premier de la chaîne de *botequins* Belmonte, qui a depuis essaimé dans tout Rio (7 adresses au total, à Leblon, Ipanema, Lapa…). Les serveurs sont toujours sympathiques et les débats autour du foot vont bon train ! Tout est bon sur la carte ! Le steak au poivre est délicatement épicé et la *moqueca* de crevettes est vraiment copieuse comme les *salgados* de différentes saveurs.

BISTRÔ SANTA SATISFAÇÃO €

Rua Santa Clara, 36 - Copacabana
✆ +55 21 2255 9349
santasatisfacao.com

Cuisine contemporaine. du lundi au samedi de 11h à minuit, le dimanche de 10h à 23h. Compter environ 60 R$ par personne.

Dans une petite échoppe aux couleurs « bonbon acidulé », et avec une décoration que les propriétaires qualifient de « rustique-provençale », la bonne odeur des petits plats bien préparés capte forcément les gourmets de passage ou les habitués du lieu. Tartare de saumon, brie chaud aux abricots sur son toast, ou plus simplement des melons au jambon. On a le choix entre la simplicité et des plats un peu plus sophistiqués. Un menu « Santa Fit » a été élaboré par la cheffe Carol Figueiredo pour ceux qui veulent manger sain et léger.

BOTEQUIM €€

Rua Visconde de Caravelas, 184 - Botafogo
✆ +55 21 2286 3391
www.botequimrestaurante.com.br

Le lundi de midi à 16h, du mardi au samedi de 12h à minuit, dimanche de midi à 19h. environ 70 R$ à la carte.

Dans une grande maison au fond d'une petite rue tranquille de Botafogo, le restaurant Botequim est ouvert depuis 1979. L'architecture du restaurant est fort agréable, l'établissement est divisé en plusieurs salles, un patio, une mezzanine, on y mange une bonne cuisine brésilienne ou une honnête pizza en observant les serveurs monter et descendre les nombreux escaliers. La carte est composée de nombreux plats de viande et de poisson, mais le Botequim propose une *moqueca* végane et des raviolis de ricotta végétariens. Bon rapport qualité-prix

CAFEÍNA €€

Rua Farme de Amoedo, 43 – Ipanema
✆ +55 21 2521 2194
www.cafeina.com.br

Ouvert tous les jours de 8h à 23h30. Comptez 35 R$ pour un petit déjeuner complet et environ 25 R$ pour un sandwich.

Rien ne commence à Rio et au Brésil en général sans un bon « café da manha », petit déjeuner brésilien. Le caféina est un lieu qui se veut dédier à cet effet. Un mélange de boulangerie, pâtisserie et delicatessen. On peut y prendre un bon petit déjeuner avant la plage, ou un énorme sandwich assorti d'une pâtisserie après la plage ! Livraison à domicile sans frais. Une autre adresse à Leblon, au bout de la grande avenue commerçante. Régulièrement élue meilleure adresse pour le *café da manha,* le caféina est une adresse agréable pour les petits creux.

CARAVELLE €

Rua Domingos Ferreira, 221 - Copacabana
✆ +55 21 2236 7771

Pizzeria. Ouvert tous les jours de 17h à minuit. Compter de 30 à 50 R$ pour une grande pizza.

Cette pizzeria a presque 50 ans de bons et loyaux services, de même que ses serveurs légèrement fatigués. Les habitués de Copacabana en on fait leur quartier général d'après la plage. La caravelle propose quatre tailles différentes de pizzas, dont une gigantesque pour les faims de loup. La plus commandée est la traditionnelle Margarita. Celle qui porte le nom de l'établissement est à base de cœur de palmier, champignons, jambon et fromage. Un autre motif pour se restaurer dans ce lieu mythique, c'est sa terrasse, très calme, au cœur de Copacabana.

CARRETÃO €€

Rua Visconde de Pirajá, 112 – Ipanema
✆ +55 21 2267 3965
www.carretaochurrascaria.com.br

Churrascaria. Ouvert tous les jours de 12h à 23h. Compter environ 70 R$ par personne.

La churrascaria Carretao est une institution pour les amateurs de viande. Le meilleur rapport qualité/prix de toutes les *churrascarias* de la Zona Sul. On vient vous servir à table jusqu'à plus faim. Les viandes sont variées et excellentes, le buffet comprend une vaste sélection de salades, de sushis, de saumon et truite fumée… C'est très bon, pas trop cher et populaire. Les enfants de moins de 5 ans ne paient rien et ceux de moins de 10 ans paient demi-tarif. Les desserts (qui ont belle allure) sont par contre payants et moins bon marché.

CASA DA FEIJOADA €€

Rua Prudente de Moraes, 10 - Ipanema
✆ +55 21 2247 2776
www.cozinhatipica.com.br

Cuisine brésilienne traditionnelle. Ouvert tous les jours de midi à minuit. Compter environ 70 R$ par personne.

On n'y vient pas à la casa da feijoada pour la décoration, qui pour être tout à fait honnête n'est pas extraordinaire ; ni même parce que la *feijoada* serait la meilleure en ville (ce qui n'est pas tout à fait exact) : mais surtout parce qu'on peut déguster une feijoada n'importe quel jour de la semaine (en général, le jour traditionnel de la feijoada, c'est le samedi, comme le vendredi est le jour du couscous). L'ensemble reste de très bonne facture. A accompagner d'une *batida de limão* (cocktail de citron). Certains trouvent cette adresse trop « touristique ».

CIPRIANI €€€

Avenida Atlântica, 1702 - Copacabana
✆ +55 21 2545 8747
www.belmond.com

Cuisine italienne et brésilienne. de lundi à samedi de 12h30 à 15h et 19h-0h00, dimanche de 13h à 16h. de 200 à 300 R$.

Le Cipriani est le restaurant principal du Belmond Copacabana Palace. Autant dire que le service est d'une classe et d'un goût irréprochables. On surplombe le patio et la piscine, dans un décorum à l'avant-goût de paradis. La cuisine est teintée d'une influence du nord de l'Italie : le chef Carli dirigeait auparavant les cuisines de l'hôtel Cipriani, à Venise. A essayer : les fines tranches d'agneau avec raviolis au fromage de chèvre et tartelettes à la moutarde de Dijon ! On peut réserver la table du chef au cœur de la cuisine (990 réais), un must… onéreux !

CHEZ CLAUDE €€€

Rua Conde de Bernadotte, 26 - Leblon
✆ +55 21 3579 1185

Cuisine française & brésilienne fusion. du lundi au samedi de 18h30 à 0h00. A partir de 250 R$. Droit de bouchon 42 R$.

« Dans la famille Troigros, je voudrais un des restaurants du père ». « Chez Claude » est tout simplement un des derniers restaurants en date de Claude Troisgros, le chef français en vogue dans la capitale carioca, déjà responsable des établissements Olympe, CT Boucherie, CT Brasserie et Leblon. On dîne presque dans la cuisine et on peut le voir à l'œuvre derrière ses fourneaux. C'est de la haute gastronomie issue de la cuisine du chef roannais et par conséquent l'addition s'en ressent ! Pour les fins palais et les gastronomes exigeants.

COLHER DE PAU €

Rua Rita Ludolf, 90 - Leblon
✆ +55 21 2274 8295
www.colherdepauleblon.com
Pâtisseries, snacks. Ouvert tous les jours de 10h à 19h.

On entre dans le monde de la pâtisserie. Depuis 45 ans, le colher de pau, excelle en douceurs maison, dont le fameux *brigadeiro* (chocolat et lait condensé) et l'excellente *rocambole de chocolate*, que l'on trouve en spécialité à Tiradentes. Les tartes se déclinent de mille façons : charlotte aux fraises, tarte au fruit de la passion, au citron, à la noix. Les gâteaux salés type *pasteis* sont également très bons. Bien sûr, on trouve en décoration un grand nombre de cuillères de bois du monde entier (colher de pau) envoyaient par des amis de tous les pays du monde.

CT BOUCHERIE €€

Rua Dias Ferreira, 636 - Leblon
✆ +55 21 2529 2329
www.ctboucherie.com.br
Cuisine française & brésilienne. du lundi au vendredi de midi à 16h et 19h à 0h00, week-end de 12h-0h00. environ 130 Rs.

Bon, même si la viande au Brésil est de plus en plus associée à la déforestation, il faut forcément évoquer un restaurant qui lui est dédié. Dans cet établissement aux murs blancs et au comptoir recouvert de décorations glanées lors de comices agricoles en France, le chef Claude Troigros a choisi de mettre la viande à l'honneur. Ici, les clients choisissent la viande et les serveurs amènent les goûteux accompagnements. Le *rodizio* de viande prend ici une certaine hauteur… Une expérience à connaître pour les amateurs de viande.

DELIRIO TROPICAL €

Rua Garcia d'Ávila, 48 – Ipanema
✆ +55 21 3624 8164
www.delirio.com.br
Cuisine végétarienne. Ouvert tous les jours de 9h à 21h. Compter 50 R$ par personne pour un repas complet.

Le Delirio Tropical est un des premiers réseaux de restos cariocas (7 autres adresses dans la ville) qui a osé l'audacieux pari de proposer des salades comme plat principal, une gageure dans un pays où la viande semble incontournable à chaque repas et reste un signe d'aisance financière ! Il faut dire que les salades, variées et savoureuses, les tartes salées et les crêpes (salées et sucrées) composent un excellent déjeuner. Cerise sur le gâteau, on les savoure à 30 m de l'océan dans un beau local aux larges vitres apparentes, sur deux étages.

DONA EMPADA X €

Rua Barata Ribeiro, 391 – Copacabana
✆ +55 21 2549 4020
donaempadax.com.br
Empadaria. Ouvert du lundi au samedi de 9h à 20h. Compter entre 20 et 40 R$ pour un « grignotage » complet !

En cas de petite faim ou de fringale plus marquée, le Dona Empada X est une très bonne adresse pour déguster de délicieuses *empadas* (brioches fourrées) aux crevettes, au poulet ou encore au crabe... mais également pour les *empadas* sucrées, au chocolat ou à la goyave. On y trouve aussi des sandwichs (végétarien, thon, fromage) mais aussi des pastels de forno (poulet et fromage catipury), mini-empadas et empadao. Quelques desserts sucrés (brigadeiro au chocolat, pudim) permettront de finir la collation en douceur. Plusieurs adresses.

EBISU €

Rua Visconde de Ouro Preto, 5 - Botafogo
✆ +55 21 3237 7007
Cuisine japonaise. du mardi au samedi de 12h à 15h et de 18h à minuit, dimanche de 12 à 23h. kilo. 75 R$ pour un repas.

Une bonne cuisine japonaise est proposée dans ce petit restaurant. Les amateurs de cuisine japonaise auront ici la possibilité de manger au kilo. On y trouve une Grande diversité de yakisoba, teppanyaki, temaki, proposée également sous la forme originale de rodizio, où les serveurs passent en permanence en présentant des plats… Les gourmets de la cuisine nippone trouveront ici des produits intéressants pour un bon rapport qualité/prix. On peut également se faire livrer dans toute la zone sud (jusqu'à 73 pièces pour les plats combinés !).

ESTAÇÃO MINAS €

Rua Figueiredo Magalhães, 131 - Copacabana
✆ +55 21 2255 8995
estacaominas.negocio.site
Cuisine mineira. Ouvert du lundi au samedi de 9h à 17h. 80 R$ le kilo. Compter environ 50 R$ pour un repas.

La cuisine du Minas est une véritable institution dans le sud-est du Brésil. Bon, d'aucuns diront que c'est l'antithèse de la collation légère mais elle n'en est pas moins fort goûteuse. L'Estaçao Minas, comme son nom l'indique propose une formule économique pour connaître une très bonne cuisine du Minas Gerais, avec une dizaine de salades et une quinzaine de plats chauds dont des spécialités *maison* comme le *torresmo* ou le *feijão tropeiro*. Les amateurs de desserts n'oublieront pas de goûter à la tarte de banane. Bon rapport qualité-prix.

FAZENDOLA €€

Rua Jangadeiros - Praca General Osorio 14
✆ +55 21 22479600
fazendola.com.br
ouvert de lundi à samedi de 11h30 à 17h, vendredi et samedi de 11h30 à 1h00. Dimanche de 11h30 à minuit.

Les options bon marché sont rares à Ipanema. Le restaurant kilo et buffet Fazendola apparait comme un bon plan, à proximité de la place General Osorio où se déroule chaque dimanche la « feira hippie ». Le Fazendola propose des plats japonais (possibilité de rodizio de sushi à 80 et 90 R$), des pizzas (également des rodizios pour 40 R$). Le traditionnel churrasco est bien sûr proposé aux convives. La nourriture est plutôt bonne et d'un bon rapport qualité-prix. Comme dans beaucoup de restaurants au kilo, c'est souvent bruyant. Une bonne adresse.

GAIA ART & CAFE

Rua Gustavo Sampaio, 323 - Loja A
✆ +55 21 22443306
gaia-art-cafe.negocio.site
ouvert de mercredi à vendredi de 10h à 16h et samedi et dimanche de 10h à 18h.

Le Gaia Art & Café est un restaurant végétarien, qui comme son nom l'indique en partie, fait également office de galerie d'art. Avant ou après la plage, qui se trouve à quelques centaines de mètres, les amateurs de cuisine végan ou végétarienne, les artistes en quête d'inspiration... de plats réconfortants ou de café trouveront de quoi se sustenter en ce lieu agréable et intimiste, aux quelques tables. Quelques dessins amérindiens stylisés décorent les murs en béton ciré. De bons groupes de musique égayent certaines soirées. On pourra goûter de l'hydromel !

GALETO SAT'S €

Rua Barata Ribeiro 7
✆ +552125438841
environ 15 R$ le galeto simple, 38 le galeto complet.

Le Galeto sat's est, comme son nom l'indique tout entier dédié au « galeto », c'est à dire du poulet grillé. Cette spécialité brésilienne est typique de certains botecos. les galetos peuvent se consommer seuls (simples) ou « completos », c'est à dire avec des frites, de la farine de manioc avec des oeufs, du riz. On peut trouver ce plat de poulet grillé typique dans différentes échoppes de la même enseigne dans la zone sud. C'est un moyen rapide et peu onéreux de se sustenter entre deux baignades sur la orla de Copacabana toute proche.

GALITOS GRILL €

Farme de Amoedo, 62 - Ipanema
✆ +55 21 2287 7864
www.galitos.com.br
Cuisine brésilienne, spécialités de grillades. tous les jours de 11h30 à 1h du matin. environ 50 R$ par personne.

Dans ce grill convivial, les Brésiliens et les touristes se pressent pour apprécier le poulet grillé (*galeto*). Type de restaurant très brésilien, on s'y précipite pour manger sur le pouce ou boire une *choppe* entre amis. En plus d'être bon marché, ce type de cuisson à la braise permet de débarrasser le poulet de sa graisse. Les plats sont servis avec du manioc grillé (*aipim,*), les « frites nordestines ». On trouvera également sur la carte de la morue cuite à la braise et sa purée ainsi que des brochettes de filet mignon. Une bonne adresse aux prix corrects.

GERO €€€

Avenida Vieira Souto, 80
✆ +55 21 32024030
Restaurant italien. Comptez à partir de 300 R$ par personne.

Le Gero est le restaurant du prestigieux hôtel Fasano d'Arpoador, sur la plage d'Ipanema. Le décor est posé d'emblée. Il s'agit bien d'une cuisine italienne de haute volée. On peut manger en face de la mer, à quelques mètres de la plage mythique associée à la musique de la « Garota » de Viinicius. Toute la tradition de la cuisine italienne se décline, avec quelques accents brésiliens. Les tagliolini au cacao, champignons et burrata sont à essayer ! A midi, en semaine, on peut prendre un menu déjeuner à 152 réais. Romantique à souhait.

GIUSEPPE GRILL €€

Ave. Bartolomeu Mitre, 370 – Leblon
✆ +55 21 2249 3055
Cuisine argentine. En semaine de 12h à 16h puis de 19h à 0h, service continu le week-end. Entre 100 et 180 R$ le repas.

Comme son nom le laisse présumer, le Giuseppe Grill est dédié à la viande. Pour beaucoup de Cariocas et de guides gastronomiques, cet établissement est un des meilleurs restaurants de viande de Rio, celle-ci venant tout droit d'Argentine, gage de qualité s'il en est. Le cadre est chaleureux et le décor présente des œuvres de peintres cariocas contemporains, représentant toutes un… taureau. Bien sûr ! La *maminha* est tendre et savoureuse. La carte des vins est variée et de bonne tenue, en particulier pour les vins… argentins. Fruits de mer également.

HARU SUSHI BAR €€

Rua Raimundo Corrêa, 10
✆ +55 21 2547 6867
Comptez 100 R$ pour un repas.

Pour les amateurs de sushi de bonne facture, le Haru sushi bar est une assurément une belle adresse, à quelques pas des pavés décorés de la orla de Copacabana. Le restaurant propose un menu à midi pour environ 40 R$ et le soir pour 50 R$. le plat combiné mix propose 15 pièces (des sashimis de saumo, des sushis, rouleux californiens et de Philadelphie). Le soir, une des spécialités de la maison est le ceviche de poisson blanc. Les huitres sont également mises à l'honneur. Les prix sont corrects en relation d'une qualité incontestable.

JOBI €

Avenida Ataulfo de Paiva, 1166 - Leblon
✆ +55 21 2274 5055
Cuisine brésilienne & portugaise. tous les jours de 11h à 4h, vendredi et samedi jusqu'à 6h. Snacks à partir de 30 R$.

Le bar Jobi est une adresse fort appréciée des Cariocas depuis 1956... Sa devanture en rouge et vert, les nappes à carreaux rouges et blancs font partie du « paysage » des traditionnels *botequins* de Rio. Le Jobi fait la liaison entre le Rio d'hier et celui d'aujourd'hui. L'esprit bohème perdure dans une ambiance conviviale. L'attente est quelquefois un peu longue, mais les croquettes de morue et la soupe aux fruits de mer valent le déplacement. On y vient également pour la bière glacée, la meilleure de Rio pour certains « fans ».

JULIETA RESTAURANTE €€€

Praia de Flamengo, 340
✆ +55 21 2551 1278
julietadeserpa.com.br
Cuisine internationale. du mercredi au samedi, de 19h à 23h30, le dimanche de 12h à 17h. environ 150 R$ pour un repas.

Le Julieta restaurante est situé dans une superbe maison de style néoclassique français dédiée aux arts et à la culture, située sur la plage de Flamengo. Le Salon d'Or offre un thé extraordinaire qui se substitue aisément à un repas. Pour déjeuner ou dîner, le restaurant Julieta propose un menu de haute volée. Le décor est tout aussi incroyable que l'assiette, des nappes blanches et des chandeliers sur les tables et des dorures du sol au plafond. A midi, le restaurant Julieta propose une formule entrée-plat ou plat-dessert à 80 R$.

MAJÓRICA €€

Rua Senador Vergueiro, 11 – Flamengo
✆ +55 21 2205 6820
www.majoricario.com.br
Churrascaria. Ouvert tous les jours de midi à minuit, le week-end jusqu'à 1h. Compter environ 100 R$ pour un repas.

Le Majorica est une adresse très années 1960, avec une déco tellement kitsch qu'elle en devient presque chic ! Une fois le ton donné, on comprend pourquoi le restaurant a pignon sur rue depuis des décennies. La carte est classique et de qualité. Le Majorica propose d'excellentes viandes au menu (les amateurs de *picanha* apprécieront la *picanha* locale qui est excellente !) et une saucisse grillée à demander en apéritif. Les poissons et fruits de mer avec notamment plusieurs recettes de morue *(bacalhau)*. Carte des vins bien fournie. Un classique.

MANOEL E JUAQUIM €

Av. Atlântica, 1936 - Copacabana
✆ + 55 21 2547 8192
www.manoelejuaquim.com.br
Bar & botequim. Ouvert tous les jours de midi à 2h. Compter environ 60 R$ pour un repas.

Les restaurants Manoel e Juaquim font désormais partie du paysage de Copacabana. Dans ce *botequim* qui fait front à la *orla* se mêlent habitués et touristes. Tradition portugaise oblige, on testera les croquettes de morue, le manioc frit au fromage ou on se sustentera de la copieuse *picanha* maison, arrosée d'une *chopp* de Brahma ambrée. Les plats sont généreux, à l'image de l'esprit de la maison qui traite chaque convive avec respect et sympathie. Le service est pro et familial, ce qui n'est pas toujours le cas en haute saison à Copacabana.

MARIUS DEGUSTARE €€€

Avenida Atlântica, 290 – Leme
✆ +55 21 2275 0652
www.marius.com.br
Cuisine brésilienne et méditerranéenne. Ouvert tous les jours de midi à minuit. Compter environ 200 R$ par personne.

Marius Degustare est un restaurant incontournable de la ville merveilleuse. On est bien loin du design épuré du Lasai et de sa cuisine presque chirurgicale. Ici, dans un décor donnant l'impression de pénétrer dans l'antre d'un pirate, le restaurant propose un buffet gargantuesque faisant la part belle aux produits nobles, et notamment aux produits de la mer comme la langouste, les huîtres, le crabe... Le service est haut de gamme et riche en couleur. C'est bien simple, le Marius fait l'unanimité. Bien évidemment la note est salée elle aussi...

MEE RESTAURANTE €€

avenida atlantica, 172

✆ +55 2125487070

Comptez à partir de 300 Réais par personne.

Le restaurant Mee apparaît comme une des plus fines tables japonaises de tout le Brésil, dans le magnifique écrin qu'est le Belmond Copacabana Palace,. Le guide Michelin lui a octroyé une étoile et le classe régulièrement dans le top 5 des restaurants japonais de Rio de Janeiro. Tako au shisso, ventre de porc, salade thaïe à la mandarine. Tout y est aussi sublime que les noms exotiques des plats et des mets. Bien sûr, l'excellence a un prix et l'addition sera la seule chose au goût vraiment salé. Cela vaut vraiment la peine si on en a les moyens.

NAM THAI €€

Rua Rainha Guilhermina, 95 – Leblon

✆ +55 21 2259 2962

www.namthai.com.br

Ouvert le lundi de 19h à minuit, du mardi au dimanche de midi à minuit, 22h30 le dimanche) environ 100 R$ le repas.

C'est sans nul doute le meilleur restaurant asiatique de Rio, tout simplement. Dans un décor boisé et chaleureux, le Nam Thai fait la part belle aux plats… thaïlandais, n'hésitant pas à épicer certains d'entre eux jusqu'à leur donner quasiment la saveur originale du royaume de Siam. Certains plats sont incontournables : le Nuea Massaman (lamelles de bœuf, sauce coco, amandes et curry d'anis et de cannelle, très épicé !), ou encore le Pad Pong Garee (crevettes, gingembre, piments doux et curry indien). À tester les yeux fermés !

MIL FRUTAS €

Rua Garcia d'Avila, 134 – Ipanema

✆ +55 21 2521 1384

www.milfrutas.com.br

Glacier, petite restauration. tous les jours de 10h à minuit. Comptez 6 R$ par boule, et 40 R$ pour un repas léger.

Savourer une bonne glace lors des étés carioca relève du bonheur intense. Certains ont décrit la découverte d'une boutique Mil Frutas comme la découverte de la grotte aux diamants par Ali Baba. Le glacier Mil Frutas d'Ipanema est l'une des filiales d'un des meilleurs glaciers de Rio (plusieurs autres adresses à Rio, dont une au Shopping Leblon). On y sert aussi des jus, des cafés, des soupes et des salades. La diversité des parfums est presque aussi infinie que celle des des fruits brésiliens. Certaines contiennent de l'alcool. Un très bon endroit.

NEW NATURAL €

Rua Barão da Torre, 167 - Ipanema

✆ +55 21 2287 0301

Cuisine végétarienne, self-service. Ouvert tous les jours de 7h à 22h. 60 R$ le kilo.

C'est devenu le rendez-vous de ceux qui aiment la nourriture saine et légère. Formule au kilo. Au menu, tofu, riz intégral, de nombreuses salades… Le tout parfaitement bio, s'il vous plaît ! Pour faire passer votre repas, commandez l'un des innombrables jus à votre disposition et pressés devant vous : carotte, betterave, fraise, orange, ananas, melon… Le cadre est sympathique, la décoration rustique, les meilleures places sont dans la mezzanine. Une boutique de produits diététiques et ésotériques est aussi à la disposition des hôtes.

LA MOLE €

Rua Dias de Rocha, 31 – Copacabana

✆ +55 21 2235 3366

www.lamole.com.br

Cuisine brésilienne. tous les jours de 11h à 0h00. Compter environ 50 R$ pour un repas. Menus à partir de 20 R$ le midi.

Un des restaurants les plus populaires de Rio depuis plus de quarante ans. L'endroit préféré des Cariocas, surtout le dimanche midi, un moment où on a quelquefois du mal à trouver de la place. Le couvert, constitué de différents pains, avec saucisson, pâté et crudités, est un festival avant le repas. Le plat le plus demandé est le médaillon à la piémontaise, et, comme tous les autres plats, il suffit largement pour deux personnes. Un très bon choix de salades dont celle du chef, que vous choisissez vous-même en assemblant huit différents ingrédients.

NOSSO €€

rua maria quitéria, 91

✆ +55 21 99619 0099

www.nossoipanema.com

Plats à partir de 70 R$.

Le Nosso est une belle découverte. Le chef Bruno Kratz, après avoir exercé son art auprès de Thomas Troisgros, a ouvert un restaurant-concept, à la fois bar où on peut manger et restaurant à cocktails ou bar à vin. Dans cet espace convivial, le chef sert une cuisine contemporaine « sans chichi », selon ses propres dires. Tout y est design, tout en étant simple, avec des produits bio et locaux. Les plats sont de belles compositions visuelles. Les lieux sont conviviaux et les prix sont accessibles au regard des prestations. Pourquoi s'en priver ?

PÉRGULA €€€

Avenida Atlântica, 1702 - Copacabana
✆ +55 21 2548 7070
www.copacabanapalace.com.br
Cuisine carioca. Ouvert tous les jours matin, midi et soir. Brunch du dimanche de 11h à 16h. environ 150 R$ le repas.

Le Pérgula est un des trois restaurants situés dans le merveilleux Belmond Copacabana Palace. La majesté des lieux et la qualité des mets justifieront peut-être que l'on casse son petit cochon pour pouvoir apprécier un petit déjeuner ou un buffet de midi dans ce lieu mythique. S'il y a une incontestable touche italienne, la cuisine peut être qualifiée d'internationale. Dès le « copperto », le ton est donné : pain de châtaigne, chips de manioc, pickle d'artichaut... Viande, poisson, plat végétarien. Tout y est délicat. Le week-end, c'est feijoada et brunch !

RESTAURANTE ORO €€€

Rua General San Martin, 889
✆ +55 21 985962230
http://ororestaurante.com.br/
655 R$ pour le menu « criatividade » et 545 R$ le menu afetividade.

Avec le restaurant Oro, on entre assurément dans la grande gastronomie. Le chef Felipe Bronze est plébiscité par toutes les revues gastronomiques brésiliennes depuis plus d'une décennie. Il fait dire que la cuisine proposée a de quoi séduire. Il s'agit d'associer légumes et fruits de saison bio et locaux à des poissons et viandes certifiées bio avec la créativité de Felipe Bronze et de Rodrigo Guimaraes, formé au master de gastronomie d'avant-garde de Saint-Sébastien. Et le résultat est bien avant-gardiste et créatif… C'est cher mais la qualité a un prix.

PICI TRATTORIA €€

Rua Barão da Torre 348
✆ +55 21 3269 3732
ouvert tous les jours de 12h00 à minuit. A partir de 50 R$ le plat

Dans la rue Barao da torre, dans le district d'Ipanema, le Pici Trattoria est une belle surprise pour les amateurs de cuisine italienne. Dans une ambiance colorée, trés italienne, on pourra choisir, sur une carte originale car écrite sur les fenêtres, des plats italiens classiques (bruschetta en entrée, croquettes de Parme, jambon de buffle), spaghetti, ravioli de veau, rigattoni à la matriaciana...Plats de viande et de poissons en « segondi piatti ». Un goût d'Italie avec des ingrédients brésiliens, avec une douce musique de jazz...A connaître !

SATYRICON €€€

Rua Barão da Torre, 192 – Ipanema
✆ +55 21 2521 0627
www.satyricon.com.br
Spécialités poissons et fruits de mer. tous les jours de 11h à 23h. environ 150 R$ par personne pour un dîner avec vin.

Le Satyricon est considéré comme le temple des amateurs de poissons à Rio. Sans doute est-ce la meilleure place pour déguster une cuisine de mer méditerranéenne. On y déguste gambas, huîtres, langoustines, langoustes, avec une petite touche italienne plutôt réussie (les pâtes aux fruits de mer sont à essayer absolument). Le *misto de crustáceos*, une sélection des meilleurs fruits de mer permet d'apprécier la diversité de l'offre. Ambiance tamisée, service apprêté, tout pour passer un moment agréable en tête à tête. On trouve une annexe du satyricon à Buzios.

QUIOSQUE ARAB €€

Avenida Borges de Medeiro, 51 - Lagoa
✆ +55 21 2540 0747
www.restaurantearab.com.br
Cuisine du Moyen-Orient.du lundi au vendredi de 10h à 23h et le week-end de 9h à 2h. environ 80 R$ pour un repas.

Le quiosque Arab est un kiosque très agréable au bord de la lagoa. On y vient pour sa bonne cuisine libanaise et syrienne et son ambiance populaire (houmous et compagnie, prix relativement élevés). Depuis 1996, le restaurant Arab, en première ligne à Copacabana et le quiosque Arab, deux atours d'une même maison, enchantent les amateurs de cuisine orientale. Il faut dire que la cheffe éponyme Vivian Arab, passionnée par la cuisine de ses aïeux, cherche à partager sa passion avec les convives. Très bon buffer à midi. Musique *ao vivo*.

SHIRLEY RESTAURANTE €€

Rua Gustavo Sampaio, 610 - Leme
✆ +55 21 2275 1398
Cuisine espagnole, poissons & fruits de mer. Ouvert tous les jours de midi à 1h. Compter environ 100 R$ par personne.

Le Shirley restaurante est un petit établissement, caché dans une petite rue du très agréable quartier de Leme, au cadre marin et à l'ambiance simple et décontractée. On se croirait presque en quelques lieux d'Espagne. Et ça tombe bien car on y sert une cuisine d'influences espagnoles et bahianaises. On propose des paellas, forcément... Noire, valenciana, fruits de mer, avec de la langouste. Les amateurs n'auront que l'embarras du choix. Bons plats de poissons également. C'est un peu cher peut-être, mais la paella est bonne et servie généreusement.

SE RÉGALER

SUSHI LEBLON €€

Rua Dias Ferreira, 256 – Leblon
✆ +55 21 2512 7830
Cuisine japonaise. Ouvert le lundi : 12h-16h et 19h-1h30, et du mardi au samedi : 12h-1h30. environ 100 R$/pers.

C'est le restaurant de sushis à la mode et l'un des plus anciens de la ville. L'ambiance est festive. Totalement repensé, il comprend aujourd'hui une terrasse en bois face à la rue. L'espace est design et sobre, bois, et une légère touche de noir à la Soulage. Au niveau assiette : Won ton, calamars grillés, shiitake, nira… les délicates saveurs japonaises sont servies avec une subtile « touch » brésilienne. Les desserts ne sont pas les oubliés du lieu. Une des places raffinées de ce quartier chic où la *gente bonita* aime se montrer.

TABERNA ATLÂNTICA €€

Av. Atlântica, 958 - Leme
✆ +55 21 2542 0996
Cuisine brésilienne. Ouvert tous les jours de 11h à 2h. Compter environ 70 R$ par personne.

Dans le très agréable petit quartier de Leme, qui jouxte Copacabana, pas très loin du posto 1, la taberna Atlântica est un restaurant qui propose une carte bien fournie de spécialités locales. Viandes, poissons & fruits de mer... Ce n'est certes pas de la cuisine gastronomique, mais l'ambiance brasserie de cet établissement face à la plage est agréable. La décoration est simple, la cuisine aussi, mais elle est de qualité, sans prétention, tout en étant goûteuse, et c'est bien l'essentiel. C'est moins cher que les restaurants du quartier !

TERRA BRASILIS €€

Praça General Tibúrcio - Praia Vermelha, Urca
✆ +55 21 2275 4651
www.restauranteterrabrasilis.com.br
Cuisine brésilienne. Ouvert tous les jours de 11h30 à 1h. Buffet au kilo à midi, pizzeria le soir. environ 80 R$

Une belle adresse à proximité de la petite plage de praia Vermelha, dans le quartier d'Urca, au pied du Pain de Sucre. Sans nul doute une des plus belles vues de Rio, face à la mer, à sa gauche le Pain de Sucre et sa forêt, et devant le sable. Certains auront la chance de manger face aux grandes baies vitrées. On peut y manger au kilo ou à la carte à un prix raisonnable des mets de qualité. L'endroit y est tranquille et bien protégé, car il est à l'intérieur d'une zone militaire, mais tout le monde y a accès. Des musiciens se produisent fréquemment.

LA TRATTORIA €

Rua Fernando Mendes, 7 - Copacabana
✆ +55 21 2255 3319
www.latrattoria.com.br
Cuisine italienne. Ouvert tous les jours de 11h à minuit. Compter environ 50 R$ par personne.

Le restaurant la Trattoria est peut-être un des établissements au meilleur rapport qualité-prix de la ville. Dans une ambiance un peu rétro (nappes à carreaux), avec des murs en brique à quelques pas du Copacabana Palace, une chef turinoise et sa famille officient en cuisine depuis 1976. Pour un peu, on s'attendrait à voir des chefs mafieux venir s'attabler. Les pâtes sont mises à l'honneur, bien sûr, et se déclinent en version terre et mer. Les crevettes à la napolitaine sont un véritable délice. Une bonne cantine, les yeux fermés, assurément.

VENGA CHIRINGUITO €€

Av.Atlântica, 3880
✆ +5521 32649806
venga.com.br/restaurantes
comptez 80 R$ le repas.

Le Venga Chiringuito est un bar à tapas tout entier dédié à la « comida espanola ». Dans son adresse cosy de Copacabana (il en existe plusieurs à Rio), à proximité de la « colonia de pesca » du poste 6, ce sont surtout les fruits de mer et les poissons qui sont mis à l'honneur. Tapas chaudes, tapas froides, « Piquillo Relleno », « Calamares Crujientes » et « Perrito Caliente »), paëlla et fideuia, poissons entiers, tout y bien servi et bien préparé. Les clients, locaux ou touristes, les revues gastronomiques ont depuis longtemps adoubé le lieu...

ZAZÁ BISTRÔ TROPICAL €€€

Rua Joana Angélica, 40 – Ipanema
✆ +55 21 2247 9101
www.zazabistro.com.br
Cuisine fusion moderne. du lundi à jeudi de 18h30 à 0h30, du vendredi à dimanche de 13h à 0h00. environ 130 R$ le dîner.

Difficile de ne pas tomber sous le charme de cette maisonnette bleue aux volets roses : décor oriental, éclairé à la bougie, musique douce. On entre pieds nus et on s'assied par terre, sur des coussins et des tapis persans. Les plats sont un savant mélange entre cuisine occidentale et orientale : thon grillé sauce aux huîtres et aux fruits de la passion, mérou au beurre blanc parfumé au curry et au basilic, couscous marocain aux légumes et aux fruits, canard sauce jabuticaba… Le visuel des assiettes est très recherché et sophistiqué. Prix élevés…

ADEGA SANTIAGO €€

avenida das americas, 3900
✆ +51 21 3900 1605
https://www.adegasantiago.com.br/
Ouvert de 12h à 23h en continu de lundi à dimanche. Comptez 120 R$ le repas.

Dans le beau centre commercial « Village mall » de Barra de Tijuca, l'Adega Santiago (franchise que l'on retrouve à São Paulo) met à l'honneur la cuisine espagnole et portugaise. On conseillera plutôt les plats de la mer (morue, paella, paella noire, salade de thon, beignets de morue) qui sont de très bonne facture. Les végans pourront goûter une très bonne paella veggie. Sur une belle carte des vins, on pourra trouver d'excellents crus chiliens. Les places à proximité des grandes baies vitrées offrent une superbe sur la plage de Barra. Un peu cher.

GIUSEPPE MAR €€

avenida das americas, 3900
✆ +51 21 3252 2588
www.giuseppemar.com.br
De 12h à 23h en semaine. Ouvert jusqu'à 0h le week-end. Menu à partir de 88 R$ à midi.

Le Giuseppe Mar est un restaurant de Village Mall de Barra, entièrement dédié aux produits de la mer. Marque de la maison, un présentoir rempli de glace, de poissons et de fruits de mer apportés quotidiennement par les équipes de plongeurs et de pêcheurs trône au milieu de la salle. Selon l'arrivage du jour, les convives pourront choisir parmi les mérous, les merlans, ou les bars qui constitueront leurs plats. Les prix sont élevés mais la carte, très travaillée, justifiera certainement que l'on dépasse le budget qu'on s'était alloué.

CAPIM SANTO €€

Av. das Américas, 3900 - Barra da Tijuca
✆ +55 21 3252 2528
Cuisine brésilienne. Buffet du déjeuner tlj à 73 R$ et à 99 R$ le week-end. A la carte tous les soirs de 19h à 23h30.

Depuis 2016, la Capim Santo (nom de la citronnelle en portugais) ravit le palais des Cariocas et des touristes de tous les horizons. Dans un superbe décor, bois, couleur verte et plantes, moderne et épuré, on propose une cuisine composée de produits brésiliens de qualité, avec un technique « à la française » et dans un esprit « cuisine healthy ». Il faut dire que la cheffe Morena Leite a étudié la cuisine à Paris. On déguste un excellent buffet à l'heure du déjeuner et de bonnes spécialités brésiliennes, de fruits de mer notamment, pour le dîner.

LA PLANCHA €€

Av. Ayrton Senna, 1791 – Barra da Tijuca
✆ +55 21 3030 4166
laplancha.com.br
Cuisine brésilienne, spécialités de poissons & fruits de mer. Ouvert TLJ de 11h à 1h. Environ 100 R$ le repas complet.

Un des intérêts majeurs du restaurant La Plancha, l'un des bons établissements de poissons de Rio, c'est sa localisation en plein cœur du Mercado do Produtor, le plus grand marché de poissons de la ville. On a ainsi la garantie de la grande fraîcheur des produits qui sont servis. Au buffet, on trouvera des grillades de différents poissons et fruits de mers (langoustes, crevettes…), que l'on peut partager à plusieurs. Le service est bien rôdé et professionnel. Pas top pour un plan en amoureux : l'endroit est vaste (250 places assises) et trop bruyant !

GABBIANO €€

avenida das americas, 3255
✆ 21 31535529
https://gabbiano.com.br/
ouvert de midi à minuit (ferme à 22h le dimanche) tous les jours. A partir de 150 R$.

On n'appréciera pas forcément sa localisation, dans un shopping center, a fortiori celui de Barra, éloigné du centre et de la zone sud de Rio, où se trouvent en général les touristes. Pourtant, une fois dans le lieu, force est de constater que le Gabbiano est un bon restaurant italien et qui mérite donc que l'on se « délocalise » pour un soir dans ce quartier éloigné. En fait, tout est fait pour faire aimer le lieu. Le restaurant a été dessiné par l'architecte Bel Castro, les serveurs sont super pro et la cuisine très bonne. L'ospitalità italiana !

QUADRIFOGLIO €€€

Av. das Américas, 3900 - Barra da Tijuca
✆ +55 21 2294 1433
www.quadrifogliorestaurante.com.br
Cuisine italienne. du lundi au vendredi de 12h à 16h et de 19h à 0h, le samedi de 12h à 0h. De 120 à 150 R$ le repas.

Le chef Renato Lalenti est aux commandes de ce restaurant dont les qualités font du Quadrifoglio le meilleur italien de Rio (pour la revue *Veja Rio*) : la cuisine a vraiment quelque chose de différent ! On pourra découvrir les mignonnettes au gorgonzola et un délicieux *agnello al rosmarino* (filet d'agneau grillé au romarin). Les plats sont copieux et caloriques et la carte des vins est intéressante (on trouve de nombreux crus italiens). Gardez toutefois une place pour les desserts (figue fraîche rôtie et sa glace à la lavande).

FAIRE UNE PAUSE

« Faire une pause » semble être une activité pour laquelle les Cariocas sont génétiquement adaptés. il faut dire que l'offre de divertissement, de sorties (qu'elles soient culinaires ou pour boire un verre), ou de promenades est grande. A partir du vendredi soir surtout, et pendant tout le weekend, les Cariocas sont « en pause ». Cette pause s'organise bien sûr autour de la plage, mais pas seulement. La tradition des *botecos*, ces bars de quartier et d'habitués est ici une institution. On ne manquera pas de faire un peu de sociologie locale en se perdant un vendredi soir dans un de ces établissements. Boire une *caipirinha* commandée dans une *cabana* sur la plage de Copacabana est une autre tradition à laquelle on ne peut échapper. Les cafés de ces lieux magiques que sont le parc Lage ou le jardin botanique se prêtent particulièrement à la pause « Carioca ». Quelques salons de thé huppés complètent une offre presque infinie.

PRATIQUE

FAIRE UNE PAUSE

HORAIRES

Toutes les villes proposent des pâtisseries, cafés et salons de thé. Ici encore, les horaires sont très variables, selon les villes, la saison, le jour de la semaine. Globalement, ils sont ouverts de 9h à 18h, voire 22h dans certains cas, lorsqu'ils sont intégrés à un café. Les jours de relâche varient. Dimanche, dans les centre-ville, rappelez-vous, tout est désert car tout est fermé. Ainsi, la magique confeitaria Colombo est fermée le dimanche dans son adresse du centre de Rio. Les autres jours elle ferme à 18h ou 17h. Dans sa filiale du centre culturel de la Banco Do Brasil, elle est fermée seulement le mardi. Elle est fermée le lundi dans son adresse du fort de Copacabana. Les bars ferment souvent à minuit en fin de semaine, voire plus tard, jusqu'au dernier client. Dans la semaine, s'il y a peu d'affluence, ils ferment plus tôt. Beaucoup de bars proposent aussi des plats

BUDGET / BONS PLANS

Le Brésil n'est plus un pays bon marché. Le prix des pauses gourmandes et des consommations alcoolisées est relativement semblable à ceux pratiqués en Europe. Le prix des en-cas salés ou sucrés est peut-être un peu moins cher. Certaines choses sont plus chères en revanche, le vin, à qualité égale sera un peu plus cher qu'en France. Le prix d'une bouteille de bière basique de 600 ml varie entre 9 et 12 R$ dans les bars de Belo Horizonte et Rio et 15 R$ la choppe, et 5 à 7 R$ le pastel de crevettes. Désormais, la mode de l'happy hour est de plus en plus présente dans les grandes villes brésiliennes. C'est alors l'occasion de se mélanger à moindre prix avec la gente bonita locale. Bien sûr, l'affluence est alors plus importante à ce moment ; pour un tête à tête en amoureux, c'est un peu plus compliqué.

A PARTIR DE QUEL ÂGE

La loi brésilienne interdit de vendre et de servir de l'alcool aux mineurs. L'âge légal de majorité est fixé à 18 ans comme en France. Vous ne pourrez donc pas consommer de l'alcool si vous avez moins de 18 ans. Il est cependant très rare que l'on demande au client de justifier son âge avec des papiers d'identité.

C'EST TRÈS LOCAL

La tradition, surtout à Rio, veut que l'on retrouve ses amis en fin d'après-midi, après la travail, ou plus prosaïquement après la plage, dans « son » botequim, bar de quartier à forte identité. C'est à partir du vendredi soir que cette pratique sociale bat son plein. On refait le monde, on commente le dernier match de son équipe de foot favorite et on parle du futur. Quand le temps s'y prête, fort heureusement assez souvent, l'ambiance des quartiers est à la fête. Dans les bars de plages ou les petits établissements, les habitués ont l'habitude de déposer les bouteilles de bière sous la table et lors de l'addition finale, elles servent de « factures ». Des petits malins glissent quelquefois leurs bouteilles dans le tas des voisins. Les amoncellements de bouteilles de bières sont souvent impressionnants en fin de soirée. La tradition du cafezinho offert aux convives semble être une tradition qui résiste, tant bien que mal, à l'évolution de la société brésilienne. Comme la cachaça, on peut se servir ou se faire servir de petites doses ou une tasse dans certains bars-restaurants traditionnels brésiliens. Ce sujet est si sérieux au Brésil que certaines thèses de doctorat s'y sont intéressées.

ENFANTS

Les enfants sont acceptés dans les cafés, bien sûr, et dans les bars. La législation n'interdit pas la présence de mineurs dans les débits de boisson... dans la mesure où ils ne consomment pas d'alcool bien sûr.

FUMEURS

Comme dans tous les lieux fermés destinés à recevoir du public, il est interdit de fumer dans les bars et les cafés. Comme en France, il faudra sortir de l'établissement si la nicotine vous manque.

LES PHRASES CLÉS

Bonjour, quelle est la spécialité de la maison ? Nous voulons découvrir.
Bom dia, qual é a especialidade da casa? Queremos descobrir.

Avez-vous de la place en terrasse ?
Tem mesa livre na esplanada ?

Quel est votre nom ? Je m'appelle… Ravi de vous rencontrer !
Qual é o seu nome? Chamo-me... Prazer em conhecer!

A votre santé ! Zut, j'ai renversé mon verre… pouvez-vous m'aider ?
À sua saúde! Ai, deixei cair o meu copo... pode ajudar-me se faz favor ?

C'était très bon. Nous allons reprendre la même chose s'il vous plait.
Estava muito bom. Vamos querer a mesma coisa, por favor.

ANGU DO GOMES

R. Sacadura Cabral, 75 - Saúde

✆ +55 21 2233 4561

www.angudogomes.com.br

Ouvert de 11h à 22h de lundi à jeudi, jusqu'à 23h le vendredi, jusqu'à 18h le samedi.

Pas très loin de la Pedra do Sal, où les Cariocas amateurs de samba se regroupent en fin de semaine, l'Angu do Gomes est un lieu chargé de tradition. Dans ce bar-restaurant traditionnel, on vient bien sûr déguster le traditionnel *angu*, sorte de beignet importé d'Afrique par les esclaves. Ce lieu est aujourd'hui un lieu de la bohème carioca où des clients de différents horizons honorent un Rio traditionnel et tolérant où la diversité n'est pas combattue, mais au contraire honorée. À découvrir. L'angu do Gomes participe à coup sûr à la renaissance du quartier.

ARCO DE TELES

Praça XV de Novembro, 34 – Centro

L'arco de Teles est un des quartiers les plus animés du centre le soir pour prendre un verre. L'accès se fait par la Praça XV de Novembro, à travers un portail en forme d'arc (le fameux Arco do Telles). A partir du mercredi, l'endroit est plein comme un œuf. Les rues piétonnes sont envahies par les tables de bar et nombreux sont ceux qui boivent debout par manque de place. Quatre bars-discothèques fonctionnent dans cette rue. Le décor de cette rue est utilisé dans de nombreux films historiques qui présentent le Rio du XIXe ou du début du XXe siècle.

ARMAZÉM DO SENADO

Avenida Gomes Freire, 26 - Centro

✆ +55 21 250 7201

Bar à bière, snacks. Ouvert du lundi au vendredi de 8h à 20h et de 8h à 16h le samedi.

Cette ancienne mercerie fait partie des bars classés au patrimoine de la ville. Edifiée en 1907, l'Armazém apparaît aujourd'hui comme une fusion entre un vieux magasin et un « botequim ». Bien sûr, c'est surtout en fin de semaine que va battre le cœur du Centro et cette honorable demeure va alors se revêtir de ses atours de fête. Dans une ambiance conviviale, on mange de bons amuse-bouches (au poids) et la carte des bières est très variée. Des *rodas de samba* électrisent l'ambiance le jeudi de 17h à la fermeture et le samedi dès 14h.

BAR AGÔ

Rua Áurea, 30

✆ +55 21 987320064

Ouvert tous les jours de midi à minuit

Le bar Agô (« merci » en yoruba, un des idiomes parlés lors des cérémonies de candomblé) est une belle découverte à Santa Teresa. Kananda Soares, qui a créé la boutique concept « Favela Hype », est à l'origine de ce bar qui honore les origines afro-brésiliennes du lieu. Des peintures stylisées des orixas donnent le ton. La décoration mêle nouveau et ancestral, comme la carte des cocktails (Agua de Oxum, Vulgo Malvadao) et des plats (l'échine de porc flambée à la cachaça). Très bonne musique certains soirs. Une « place to be » à Santa Teresa !

BAR BAIXO GAGO

Rua Gago Coutinho, 51

De 10h à 0h tous les jours. A partir de 35 R$ les 6 pasteis.

Découvert grâce à l'ami Laurent, le Baixo Gago est une véritable institution du quartier de Laranjeiras depuis 1940. C'est à la fois un bar de quartier aux allures classiques et un des meilleurs botecos de la ville. Les petiscos y sont excellents et sont régulièrement gagnants lors des concours de « comida de boteco ». La carte propose un mélange heureux de petiscos traditionnels et créatifs. Les croquettes de viandes et de bacalhau sont à faire damner un végétarien ! Le churrasco nordestin mixte est suffisant pour 4 personnes. De bonnes bières IPA ou classiques.

BAR DA LAPA

Avenida Mem de Sa, 69

✆ +55 21 22212542

ouvert de 10h à 0h dimanche et lundi, de 18h à 0h de mardi à samedi.

Le Bar da Lapa est un lieu incontournable pour qui veut connaître l'âme carioca du quartier éponyme. Si le quartier festif de Lapa, coeur des nuits de la ville s'est quelques peu dégradé ces dernières années, le beau bâtiment historique qui abrite le bar reste un haut de la samba raiz et du pagode. La bière est servie bien gelée, conformément à la tradition locale, les petiscos sont excellents et le service trés pro. Les nuits, au son d'excellents groupes de samba, sont festives, la foule nombreuse et joyeuse et le lieu trés sûr.

BAR DO ADONIS

Rua São Luiz Gonzaga, 2156 - Benfica
✆ +55 21 3890 2283
Bar-restaurant, cuisine portugaise. tous les jours de 9h à 23h45, le dimanche jusqu'à 16h. environ 80 R$ pour un repas.

Ce *botequim* classé mérite un détour à lui seul dans la zone nord de la ville. Depuis 1954, on y sert d'excellentes croquettes de morue. Dans ce vaste établissement, on dégustera avec modération une excellente bière glacée et pour ceux qui aiment la cuisine portugaise, c'est également une des meilleures adresses de Rio. La carte est riche et variée. De la viande, de la morue bien sûr, tradition portugaise oblige, des sandwichs et des petiscos ravissent les hôtes depuis prés 70 ans. Du vin, de la cachaça, des apéritifs, de la bière accompagneront vos repas.

BAR DO OMAR

Rua Sara, 114
✆ +55 21 2223 4249
Ouvert jeudi et vendredi de 17h à 22h, samedi de 13h à 20h, dimanche de 13h à 22h.

Le bar do Omar, dans le quartier de Santo Cristo, à quelques centaines de mètres de la fabrica Behring, est devenue « the place to be » des Cariocas progressistes et des habitants du quartier. C'est un hymne à la tolérance où se croisent des populations de toute origine, sous le regard bienveillant de Lula. Omar, comme on dit là-bas, c'est l'anagramme d'amor. Il faut goûter son « omaracuja », en observant Rio au loin, pour apprécier ce lieu qui illustre ce Brésil que les Cariocas et les touristes aiment. Il faut arriver tôt car la foule s'y presse.

BAR DOS DESCASADOS

Rua Felício dos Santos, 15 – Santa Teresa
✆ +55 21 3380 0280
Bar lounge. Ouvert du dimanche au jeudi de 17h à 23h, le vendredi et le samedi de 17h à 1h.

Le bar de l'hôtel Santa Teresa est assurément un lieu de raffinement, à la hauteur de l'hôtel dans lequel il est abrité : il offre une ambiance « lounge » décontractée, où s'égrènent quelques notes de jazz brésilien. A partir de 20h, le bar propose de la musique *ao vivo*. Un DJ anime le vendredi ; et le samedi et le dimanche, un concert de jazz agrémente les belles soirées de Santa Teresa. Le coucher du soleil sur Rio est magnifique. Quand on sirote une caïpirinha aux fruits rouges (ou jaunes), et on est alors tout près du paradis…

BAR SIMPLESMENTE

Rua Paschoal Carlos Magno, 115 – Santa Teresa
✆ +55 21 2508 6007
www.subasanta.wordpress.com
Bar-restaurant. Ouvert du mardi au dimanche de 18h à 1h du matin. Repas à partir de 60 R$.

L'offre de Santa Teresa est riche et variée. Le bar Simplesmente fait partie de ces petits établissements qui ravissent les gens par le seul fait d'être là et d'avoir ce tout petit supplément d'âme, justement par ce qu'ils sont simples, à l'image de la vie de tous les jours, à Rio de Janeiro ou ailleurs. C'est un Petit bar comme on les aime. Tranquille, décontracté, service nonchalant, musique *ao vivo* de temps en temps (*roda de samba* le dimanche soir). Bonnes petites pizzas pour les petits creux. Santa Teresa, c'est tout simplement ça !

BARODROMO

Rua Dona Zulmira, 41
Du mardi au dimanche (12h à 22h jeudi et dimanche, de 17h à 1h vendredi, samedi de 12h à 1h).

Les esprits futés l'auront compris... Barodromo rime avec Sambodromo. Le Barodromo est un bar musical dédié à la samba et au carnaval. QG de l'ami Nico, le Barodromo a pris ses nouveaux quartiers à proximité de Maracana. Dans ces nouveaux murs, plus grands que ceux du Centro, et par là même plus festifs, on retrouve les mêmes décorations des « fantasias » carnavalesques, sous les fanions des écoles de samba du GRES. Les fins de semaine, c'est feijoada pour ceux qui aiment sous les accords des groupes de samba. Ici, c'est carnaval toute l'année !

BECO DO RATO

Rua Joaquim Silva, 11 – Lapa
✆ +55 21 2508 5600
www.becodorato.com.br
Bar, spectacles. Du mardi au samedi de 17h30 à 3h, dimanche de 14h à 23h. Entrée payante certains soirs (20 R$).

Le Beco do Rato est une adresse typique du quartier délabré, néanmoins enfiévré et entraînant, de Lapa : un cadre modeste, une mini-scène à l'extérieur, mais une âme vraie qu'on adore ! Comme on peut le lire sur l'enseigne de cette belle adresse, c'est un lieu de résistance culturelle et un lieu de promotion d'une musique de qualité. L'ambiance torride à partir de minuit avec des musiciens *ao vivo* se poursuit souvent jusqu'à la fin de la nuit, dans une des rues les plus animées des nuits de Lapa. Une très bonne programmation. Vraiment sympa !

BOTECO CARIOQUINHA

Avenida Gomes Freire, 822 - Lapa
✆ +55 21 2252 3025
Bar à bière. Ouvert du mardi au jeudi de 17h à 1h, vendredi et samedi jusqu'à 3h et le dimanche de 15h à 1h.

Ce bar qui existe depuis 1966 a été totalement refait et remis au goût du jour, avec un style un peu plus moderne. Il fait partir des « botecos » typiques du Centro. D'extérieur, il est simple, la déco n'est pas exceptionnelle, mais on y va pour l'ambiance amicale et la carte des plats et des boissons. La carte des bières a été particulièrement soignée et les amateurs de breuvage houblonné trouveront des crus de tous les pays, de tous les tons, aromatisés ou non. Plus de 417 marques de boissons proposées, nationales et internationales.

CASA DA CACHAÇA

Avenida Mem de Sá, 110 - Lapa
✆ +55 21 2531 7219
Cachaçaria. Ouvert tous les jours de 17h à 5h.

Bien loin des adresses cosy, hébergées dans les ors des plus beaux hôtels, la casa da cachaça fait un peu figure d'ancêtre et de témoin d'un temps que les moins de 20 ans ne peuvent pas connaître. Elle a résisté à l'épreuve du Covid. Ce petit bar classé dispose d'une impressionnante gamme de cachaças du Brésil tout entier. On trouve plus de 100 « modèles » différents. Pour ceux qui veulent se familiariser avec la boisson nationale du Brésil et saisir les infinies subtilités qu'elle propose, c'est « the » lieu à connaître à Lapa.

CACHAÇARIA MANGUE SECO

Rua do Lavradio, 23 – Centro
✆ +55 21 3852 1947
www.manguesecocachacaria.com.br
Bar, cachaçaria, restaurant. Ouvert le lundi de 11h à 16h et du mardi au samedi de 11h à 4h (ouverture à 18h le jeudi).

La rue du Lavradio est (re) devenue un lieu emblématique des nuits et de la samba à Rio. La cachaçaria Mangue Seco fait désormais partie des lieux de référence où se pressent sambistas pur jus et supporters lors des matches de *futebol* retransmis. Dans ce club de samba, on trouve un bar qui propose plus de cent étiquettes de cachaça, dont la Mangue Seco. On peut se sustenter de quelques plats de *caranguejos* (crabes) ou de plats bahianais d'assez bonne facture. À l'étage, c'est samba et choro *ao vivo* dans un cadre avenant et chaleureux.

CONFEITARIA COLOMBO

Rua Gonçalves Dias, 32 – Centro
✆ +55 21 2505 1500
www.confeitariacolombo.com.br
Café-restaurant-salon de thé-pâtisserie. Du lundi au vendredi de 9h à 19h le samedi de 9h à 17h. environ 80 R$ le repas.

La Confeitaria Colombo, fondée en 1894 par des immigrants portugais, est l'un des plus beaux restaurants de Rio. L'architecture de style Belle Epoque évoque le Paris des années folles. Les splendides miroirs en cristal d'Anvers apportent une touche Art déco. Le *Salão superior* date de 1922. Le déjeuner et le buffet, servis à l'étage, valent le déplacement. On peut tester une (excellente) pâtisserie à l'heure du thé au rez-de-chaussée, près du piano à queue. Des événements sont régulièrement organisés (consulter le site Internet de l'établissement).

CASA CAVÉ

Rua Sete de Setembro, 133, 137 - Centro
✆ +55 21 2221 2520
www.casacave.com.br
Salon de thé - pâtisserie. Au 133 : du lundi au vendredi de 8h30 à 19h30, le samedi de 9h30 à 14h.

Rio réserve quelques heureuses surprises gourmandes. Les gourmands se rendront sans complexe à la Casa Cavé, la plus ancienne *confeteira* de la ville. Les pâtisseries raviront les papilles de nombreux visiteurs. C'est un de nos compatriotes, Charles Auguste Cavé, qui la fonda en 1860 et en resta le chef jusqu'en 1922. Depuis 1860, on y sert les meilleures glaces du centre, ainsi que de très bonnes douceurs. L'architecture d'époque confère au lieu une atmosphère surannée. Deux salles sont adjacentes, aux numéros 133 et 137 de la rue.

TRAPICHE GAMBOA

Rua Sacadura Cabral, 155 - Praça Mauá
✆ +55 21 2516 0868

Situé entre Pedra do Sal et Cais do Valongo, haut lieu de la samba, le Trapiche Gamboa est un lieu incontournable pour écouter la forme la plus authentique et la plus originale de la musique brésilienne : la samba de roda. Cette « casa grande » (maison des maîtres) date de 1857, dans un quartier où les bateaux négriers débarquaient le « bois d'ébène » jusqu'en 1888, est aujourd'hui un lieu magnifique et magique qui honore cette musique, aux racines afro-brésiliennes profondes. Des grands maîtres de la samba s'y produisent depuis de nombreuses années.

32 LARGO DO BOTICÁRIO

Largo do Boticário, 32 - Cosme Velho
largodoboticario.com.br
Bar ouvert en fonction des évènements programmés.

Cette maison coloniale magnifique s'étale sur 700 m² au cœur d'un jardin luxuriant. On peut y admirer des *azulejos* portugais, les portes d'un église du XVIIIe siècle peinte à la main, des plafonds sculptés du XVIIe siècle, un escalier en marbre importé d'Italie... Le premier espace compte une galerie d'art, une cuisine, un bar, le second plein de recoins pour se détendre tandis que le troisième est un espace en pleine forêt pouvant accueillir 600 personnes. Le Corbusier, Niemeyer, Burle Marx, tous les grands architectes visitèrent cette maison exceptionnelle.

BAR LAGOA

Av. Epitácio Pessoa, 1674 - Lagoa
✆ +55 21 2523 1135
Bar-restaurant. Ouvert tous les jours de midi à minuit environ.

Parce que toute l'animation de Rio ne se cantonne pas aux plages de Rio, fort belles au demeurant, le bar Lagoa est un lieu à connaître. Dans un magnifique salon de style Art déco aux murs couleur pistache, inauguré en 1934, on savourera une bière en mangeant quelques plats plus consistants comme la célèbre salade de pommes de terre ou un poisson sauce Lagoa... On peut y trouver un côté un peu désuet, peut-être dû aux uniformes blancs et noirs des serveurs, et c'est sans doute ce qui fait son charme. C'est un *botequim* incontournable du quartier !

ARMAZÉM CARDOSÃO

Rua Cardoso Júnior, 312 - Laranjeiras
✆ +55 21 2225 3493
Bar-restaurant, boutique. Ouvert du mardi au samedi de midi à 23h et le dimanche de midi à 20h. environ 60 R$ le repas.

Comme d'autres établissements faisant partie du patrimoine culturel carioca, l'Armazem Cardosao est désormais classé par la ville de Rio de Janeiro. Comme l'Armazem do Senado, cet établissement fait aussi fonction d'épicerie. Il est considéré comme le plus traditionnel *boteco* du quartier de Larangeiras. Elegamment installé dans un coin d'une rue animée en fin de semaine, des groupes de samba l'animent et donnent à ce lieu une âme bien à lui. On peut un boire un verre. Une excellente *feijoada* est proposée le samedi. À découvrir !

EXPLORER BAR

Rua Almirante Alexandrino, 399 - Santa Teresa
✆ +55 21 3264 9665
www.explorerbar.com
Bar à cocktail, restaurant. du mardi au vendredi de 17h à minuit, le samedi de 14h à tard, dimanche de 14h à minuit.

Un superbe bar-restaurant idéalement placé au-dessus du Largo do Guimarães. L'endroit propose une ambiance intimiste, avec des tables sous les arbres disséminés sur une grande terrasse de plusieurs niveaux. Le menu est varié et de qualité : snacks, burgers *maison* et plats d'excellente qualité. La carte des cocktails est soignée. Service agréable. L'un des bars les plus romantiques du quartier qui ne manque pourtant pas de belles adresses. Bon, c'est vrai, ça change un peu de l'esprit alternatif de Santa mais on apprécie. A découvrir !

BAR DO GOMES - ARMAZÉM SÃO THIAGO

Rua Áurea, 26 - Santa Teresa
✆ +55 21 2232 0822
www.armazemsaothiago.com.br
Ouvert tous les jours de midi à 1h du matin, et jusqu'à 22h le dimanche.

Ouvert en 1919, le Bar Do Gomes est une véritable institution de Santa Teresa. Les habitués viennent y boire un verre entre amis, debout sur le trottoir. On se fond rapidement dans cette foule composite mélangeant habitants du quartier et visiteurs. Les *caipirinhas* sont préparées avec l'une des nombreuses cachaças à la carte. Dans ce décor à l'ancienne, on découvrira des bouteilles empilées jusqu'au plafond, de jolies mosaïques au sol et des serveurs chaleureux.

GAROTA DA URCA

Avenue João Luiz Alves, 56 – Urca
✆ +55 21 2541 5040
Bar-restaurant. Ouvert tous les jours de midi à minuit.

La Garota de Urca fait partie de la chaîne des bars et restaurants Garotas. Bien sûr, la première et la plus célèbre restera toujours celle d'Ipanema, mais la Garota da Urca dispense sa petite touche magique. A quelques encablures du pain de sucre, carte postale de Rio, la Garota bénéficie d'une vue magnifique sur la baie de Guanabara. C'est assurément un excellent endroit pour grignoter des *bolinhos de bacalhau* (boulettes de morue) et boire une petite *chopp* (bière pression) après la visite du Pão de Açucar, au soleil couchant.

ACADEMIA DE CACHAÇA

Rua Conde de Bernadote, 26 – Leblon
✆ +55 21 2239 1542
www.academiadacachaca.com.br
Ouvert tous les jours de midi à 1h (2h le vendredi et samedi).

La fondation de cette Academia avait pour objet de faire connaître la diversité des cachaças. Le pari est réussi puisque plus de trois cents cachaças différentes y sont disponibles ! Une véritable invitation à venir découvrir cette eau-de-vie de canne à sucre, partie intégrante du patrimoine culturel brésilien. Le personnel y est extrêmement sympathique, l'ambiance est détendue, presque familiale, on se croirait, dit-on, dans le Nordeste du Brésil, l'accent carioca en plus. On peut y déguster la légendaire caipirinha ou l'une de ses innombrables variations.

ADEGA PÉROLA

Rua Siqueira Campos, 138 - Copacabana
✆ +55 21 2255 9425
Bar à tapas. Ouvert du lundi au samedi de 11h à 1h.

C'est un *botequim* à forte identité, forcément, puisqu'il a été racheté par des passionnés du lieu qui ne supportaient pas l'idée de le voir vendu au Grand Capital pour en faire un bar d'une grande chaîne sans âme. L'adega Perola est resté un lieu de convivialité, où les discussions entre personnes qui ne se connaissaient pas deux minutes avant se font autour de grandes tables. Un zinc, des serveurs affables en chemise blanche. On y sert des petits plats dans une ambiance bohème très Copa « pé sujo » ou pieds sales, surnom des « vrais » *botequim*.

ARMAZÉM DEVASSA

Rua Visconde de Pirajá, 539 - Ipanema
✆ +55 21 2540 8380
Bar. Ouvert tous les jours de midi à 2h du matin (3h du matin le vendredi et samedi).

Cette chaîne de bars-restos est le fruit de l'union de deux experts de la nuit carioca, Marcelo do Rio, du Caroline Café et du Melt, et Cello Macedo, du Zero Zero et du Zazá Bistrô, pour former un bistrot moderne. L'Armazém Devassa est assurément un endroit très animé qui propose avec fierté sa propre bière pression, la fameuse Devassa, qui s'est imposée comme une bière de référence dans un secteur très concurrentiel au Brésil. Une douzaine d'autres adresses ont ouvert sous la même enseigne un peu partout à Rio ces dernières années.

THE BAKERS

Rua Santa Clara, 86 – Copacabana
✆ +55 21 3209 1212
www.thebakers.com.br
Boulangerie-pâtisserie. Ouvert tous les jours, de 9h à 20h. Compter 35 R$ pour un déjeuner rapide et complet.

Comme son nom l'indique, « the Backers » est l'une des meilleures boulangeries en ville, dans une ambiance agréable. Au-delà des sandwichs, des pains d'excellente facture, on découvre une pâtisserie qui ravit les Cariocas depuis 1994. C'est très bien pour grignoter le midi ou pour un petit creux en fin d'après-midi. Dans une salle qui peut accueillir une centaine de convives, on peut également manger des plats consistants comme des magrets de canard sauce oignon rouge, filet mignon et son risotto de champignons aux amandes sautées.

BAR DA LAJE

Rua Armando Almeida Lima, 8 - Vidigal (Arvrão)
✆ +55 21 3323 5807
bardalaje.rio
Bar-restaurant lounge. Ouvert du mardi au jeudi de 12h à 20h et du vendredi au dimanche de 12h à 22h.

Une sensation qui perdure à Rio ! il faut dire que le lieu a quelque chose de magique. Perché au sommet de la favela Vidigal, en pleine mutation, proche du *Morro Dois Irmãos*, le Bar Do Laje offre une vue imprenable sur les plages de Leblon et Ipanema. Atmosphère chic et *lounge* pour ce restaurant-bar qui propose également des concerts le week-end. Un *kombi* à l'ancienne peut venir vous chercher (et vous ramener) sur la plage de Leblon. Une adresse rare que seuls quelques *happy few* connaissent ! On a presque envie de garder çà pour nous !

BAR URCA

R. Cândido Gafree, 205 - Urca
✆ +55 21 2295 8744
www.barurca.com.br
Bar & restaurant. Ouvert tous les jours de 11h à 23h.

Pour tous ceux qui connaissent Urca, petit quartier magique au pied du pain de sucre, l'idée d'un bar avec d'immenses baies vitrées qui embrassent la baie de Guanabara et le Christ Rédempteur est forcément envoûtante. Si on rajoute à ceci l'esprit des lieux, on comprend alors qu'il n'y a nul besoin d'autres choses pour trouver au coucher de soleil et à sa caïpirinha une dimension qui ne se rencontre nulle part ailleurs dans le monde. On peut siroter son verre à l'intérieur ou le long de la promenade bordant la baie, comme le font les Cariocas.

BIP BIP

Rua Almirante Gonçalves, 50 - Copacabana
✆ +55 21 2267 9696
Bar musical. Ouvert tous les soirs de 19h a 1h.

Bon, pour les amateurs de Samba et de Bossa, le seul fait de présenter ce bar peut apparaître comme une hérésie. Depuis près de cinquante ans, ce bar en plein cœur de Copacabana est un des hauts lieux de la samba. Ouvert en 1968 par Alfredino pour permettre aux gens de gauche de se rencontrer et d'oublier les persécutions des militaires, le Bip Bip continue depuis d'égayer les nuits cariocas. De nombreux groupes de qualité s'y produisent au milieu d'une foule d'habitués et de quelques touristes. Un vrai *boteco* de quartier. A connaître, forcément.

BLUE AGAVE

R. Vinícius de Moraes, 68 - Ipanema
✆ +55 21 3592 9271
Bar de sport, cuisine Tex Mex. Ouvert tous les jours de midi à 2h.

C'est sans aucun doute un des rendez-vous préférés des insomniaques d'Ipanema. Ce petit bar-resto à l'ambiance un semble tout le temps ouvert ! Jason le propriétaire propose une carte assez sympa de cachaças et tequilas. Ici aussi, on ne sait si on doit proposer le Blue Agave comme un bar, un restaurant, un lieu où on festoie....C'est tout çà à la fois. Les plus sages regarderont la gente bonita passait dans la rue Vincius de Moraes, en sirotant avec modération une bière « gelado », les fêtards s'y répendront jusqu'au bout de la nuit.

COBAL DO HUMAITÁ

R. Voluntários da Pátria, 446 - Humaitá
✆ +55 21 2537 0186
Ouvert tous les jours du matin au soir.

Dans ce quartier très agréable de Humaita, à proximité de la favela pacifiée de Santa Marta, on peut se rendre au Cobal. Tout comme le Scenarium se mue en boîte de nuit le soir après avoir été un magasin d'antiquités la journée, le Cobal se transforme. Place de marché de fruits et légumes et autres durant la journée, cet endroit se transforme en lieu extrêmement animé le soir. Agglomération de petits bars et de restaurants les uns à côté des autres, le Cobal est très fréquenté par les Cariocas et certains touristes qui recherchent de l'authentique.

CONFEITARIA COLOMBO COPA

Praça Coronel Eugênio Franco, 01 - Copacabana
✆ +55 21 3201 4049
www.confeitariacolombo.com.br
Pâtisserie. du mardi au dimanche, de 10h à 20h. Compter environ 60 R$ le brunch, et environ 75 R$ le déjeuner complet.

Le restaurant se trouve à l'intérieur des enceintes du fort militaire, après l'impressionnante entrée. Annexe de la somptueuse Confeitaria Colombo du centre-ville, c'est une adresse coup de cœur pour la vue incroyable que la terrasse offre sur toute la plage de Copacabana. Idéal pour un petit déjeuner paresseux, à l'ombre des arbres et quasiment les pieds dans l'eau. Le menu, un peu cher peut-être, offre un grand choix de brunchs, sandwichs, pancakes, gâteaux et tartes... Tout est bon, mais le meilleur reste le panorama sur la plus belle baie du monde !

DELIRIUM CAFÉ

Rua Barão da Torre, 183 - Ipanema
✆ +55 21 2502 0029
Bar belge. de lundi à mercredi de 17h à 1h, jeudi jusqu'à 2h, vendredi et samedi jusqu'à 3h, dimanche jusqu'à minuit.

A défaut de s'être rendu récemment à Bruxelles ou à Bruges, dans le pays de la bière, on pourra se rendre au Délirium Café, du nom d'une bière belge connue, et qui a d'ailleurs également donné son nom à des bars de Toulouse et Montpellier. Pour les adeptes des breuvages houblonnés, c'est *the place to be*. La référence est clairement affichée avec le drapeau belge fièrement accroché au plafond. Les bières sont variées, à tous les goûts et de tous les pays. Il y a plusieurs centaines de références. L'ambiance « estaminet » est forcément originale à Rio !

GAROTA DE COPACABANA

Avenida Atlântica, 3744 – Copacabana
✆ +55 21 2521 4705
Bar-restaurant. Ouvert tous les jours de midi à 1h.

Les Garotas sont des bars désormais connus de tout Rio et à l'étranger. Cette Garota de Copacabana est une « petite sœur » de la Garota de Ipanema (le bar mythique sur la rue Vinicius de Moraes), tout comme la Garota de Urca. La Garota de Copacabana se trouve elle aussi en face de la célèbre orla de Copacabana et de l'océan. C'est sur l'avenida Atlântica que l'on retrouvera cette jeune fille (traduction de *garota*), où l'on pourra savourer une bière *bem gelada* ou une caïpirinha avec vue sur l'une des plus belles baies du monde !

GAROTA DE IPANEMA

Rua Vinícius de Moraes, 49 – Ipanema

✆ +55 21 2523 3787

Bar-restaurant. Ouvert tous les jours de 11h30 à 2h.

Le bar mythique Garota de Ipanema est le lieu où a été écrite et composée la chanson brésilienne la plus connue, *Garota de Ipanema (Girl From Ipanema)*, par Antônio Tom Jobim et Vinícius de Moraes, tube qui fit connaître au monde la bossa-nova. Outre l'aspect historique qui justifie au moins de prendre un verre, les *pasteis* sont excellents à déguster en revenant de la plage. La clientèle y est très touristique, mais quelques vieux habitués d'Ipanema s'y rencontrent dans les calmes après-midi des jours de semaine. C'est un lieu idéal pour observer la vie du quartier.

SHENANIGAN'S

Rua Visconde de Pirajá, 112 - Ipanema

✆ +55 21 2267 5860

Pub irlandais. Ouvert du lundi au samedi de midi à tard dans la nuit.

D'aucuns diront qu'on ne va pas à Rio pour découvrir les pubs irlandais, tout en sachant que les restaurants italiens et les pubs irlandais sont des lieux qui garantissent universellement une certaine qualité de prestations. Le Shenigan's est un pub irlandais vrai de vrai, bondé le week-end, où la bière coule à flots, esprit à la fois Temple Bar et Carioca. La clientèle y est très cosmopolite, composée de touristes et de jeunes Cariocas. Musique *live* du mercredi au samedi. Grosse ambiance les jours de matchs de rugby des VI nations.

JULIETA - CHÁ DA TARDE

Praia do Flamengo, 340

✆ +55 21 2551 1278

julietadeserpa.com.br

Salon de thé. « Chá da tarde » du mercredi au dimanche de 16h à 19h. Réservation conseillée.

Encore une adresse magique que seule Rio sait offrir aux audacieux. Dans un palais de 1920 de style néo-classique français, digne des *Mille et Une Nuits*, la Casa Julieta propose pour le traditionnel *chá da tarde*, c'est-à-dire le *tea time* à la brésilienne ! Pâtisseries fines et thés de qualité dans un cadre sublime. Les pâtisseries et les thés sont à l'image des lieux, mais le goût particulier c'est la satisfaction de savoir que l'on peut profiter d'un lieu qui aurait été détruit en 1977 si la mairie ne l'avait pas interdit. Un lieu magique à connaître assurément.

SORVETE ITÁLIA

Rua Constante Ramos, 44 – Copacabana

✆ +55 21 2256 6139

www.sorveteitalia.com

Glacier. Ouvert tous les jours de 9h à 22h.

Sorvete Italia est un réseau de petites échoppes disposant de nombreuses adresses à Rio (25, dont 3 sur Copacabana) et préparant parmi les meilleures glaces et pâtisseries sucrées de la ville ! On pourra trouver une des échoppes en de nombreux lieux de la zone Sud. Bien sûr, on trouvera les parfums classiques des glaciers italiens mais l'originalité de Sorvete italia est de proposer des parfums aux senteurs toutes brésiliennes : ainsi les saveurs Cuscuz, Tapioca, Açaí ou Milho verde surprendront.. ou non. À tester un après-midi de grande chaleur après la plage !

KURT

Rua General Urquiza 117 - Leblon

✆ +55 21 2294 0599

www.confeitariakurt.com.br

Pâtisserie. Ouvert du lundi au vendredi de 8h à 19h, le samedi de 8h à 17h.

Dans certains métiers, l'art est transmis dynastiquement de père ou mère en fille ou fils. Les petits-enfants de Kurt, qui dirigent aussi The Bakers, proposent cake à l'abricot, *apfel strudel* et une curieuse *picada de abelha*, un cake au chocolat de fabrication artisanale. Cette pâtisserie propose sûrement les meilleurs desserts de la capitale depuis 1942 ! Le festival de millefeuilles est impressionnant, tout comme les macarons ou les tartes aux fruits. Les revues *Globo*, *Veja*, ou *O Fluminense* ne s'y sont pas trompées en lui décernant de nombreux prix.

VERO

Rua Visconde de Pirajá, 229 - Ipanema

✆ +55 21 3497 8754

www.gelatovero.com.br

Glacier, café, pizzeria. Ouvert tous les jours de 10h à 0h30.

Vero, cela veut tout simplement dire « vrai » en italien. Il s'agit bien ici d'un vrai glacier italien, formé à Bologne, qui présente d'excellents sorbets maison aux parfums originaux et surprenants. Les parfums lavande et citron ont la bonne idée d'évoquer les senteurs de la Drôme provençale et de l'Italie du Sud, chère à tant de Seyssinois. Bon, si on a vraiment faim, le Vero propose également des snacks salés (dont bien sûr des pizzas) et un bon café. Tous les glaces et les plats en général sont faits dans l'esprit d'une cuisine de qualité.

[SE] FAIRE PLAISIR

Le Brésil est un pays pluriel en termes de cultures, de spécialités artisanales ou culinaires et cela se retranscrira en autant de possibilités d'achats pour soi ou de souvenirs à rapporter à la maison ou à offrir à ses proches. Les tongs Havaianas et les maillots de foot figurent bien souvent en haut de la liste des souvenirs de voyage. Il est important de sensibiliser autant que se peut les voyageurs à des achats « durables » qui permettent aux petites structures économiques de se développer. Bien sûr, sensibilisation ne signifie en rien « diktat » mais souvent se faire plaisir peut-être compatible avec une « consomm'action ». L'artisanat amérindien, par exemple, permet à certaines communautés de se développer tout en maintenant leurs spécificités culturelles en ces temps difficiles où elles sont particulièrement exposées aux pillages et à la crise sanitaire. Il faut donc s'assurer de l'origine de cet artisanat, quitte à payer un peu plus.

(SE) FAIRE PLAISIR

HORAIRES

Les horaires des commerces varient mais en général, la majorité des établissements sont ouverts du lundi au samedi, de 9h à 18h. Les magasins d'alimentation et certains supermarchés sont en général ouverts de lundi à dimanche de 10h à 21h. Les « commerces de rue » fonctionnent en général le dimanche de 9h à 18h ou 20h. Dans les centre-villes « commerciaux » des grandes villes, les dimanche sont synonymes de désert, tout est fermé, ce sont des lieux à éviter. Les quartiers littoraux et balnéaires sont en général très animés le week-end, les commerces y sont souvent ouverts. Il y a 7 jours fériés nationaux au Brésil : le premier janvier, le 21 avril, le 1er mai, le 7 septembre, le 2 novembre, le 15 décembre et le 25 décembre. Pendant ces jours, les horaires sont modifiés ainsi que pendant les jours de carnaval, évidemment...

BUDGET / BONS PLANS

Au Brésil, les productions locales (vêtements, Havaianas, agro-alimentaire, alcool...) sont généralement meilleur marché qu'en France et en Europe. L'électronique et autres produits importés sont souvent plus cher qu'en Europe. L'usage de la carte de crédit s'est généralisé. Même les vendeurs ambulants de maillots de bain de Copacabana disposent d'un terminal pour cartes. Les banques prennent une commission au niveau du change et de la transaction mais cela reste sûr et efficace.

SOLDES

Le Brésil est pris par la frénésie des soldes lors du Black Friday, récemment importé, et pendant des périodes de l'année (février, juin...) variables ou organisés par des chaines de magasins, ce qui donne lieu à des scènes ahurissantes « d'invasion » des supermarchés par des clients déchainés.

C'EST TRÈS LOCAL

Il y a, au Brésil comme dans tous les pays, des grands classiques à rapporter dans ses valises, pour soi, sa famille ou ses amis. Le classique maillot de la « Seleção », des tongs Havaianas (chinelas), des pareos (cangas), des peluches de coatis, de perroquets pour les produits bon marché, mais également des pierres précieuses ou semi-précieuses à Ouro Preto, certificat d'authenticité à l'appui, de l'artisanat amérindien authentifié et garanti « équitable », de la cachaça. Bref, à l'image de la diversité du pays, les opportunités sont grandes, en fonction de ses goûts et de ses moyens. Les foires hippies d'Ipanema et les marchés de Rio, d'Ouro Preto, le marché de SAARA à Rio, le Mercado Modelo à Salvador pour la verroterie, les lieux sont aussi multiples que les produits à acheter. Le marchandage se pratique dans un cadre amical et de manière assez mesurée... Essayez mais n'insistez pas si vos propositions ne font pas mouche.

LES ATTRAPE-TOURISTES

Evidemment, certaines marchandises sont interdites au Brésil. La législation sur les plantes et les animaux (ou des « produits dérivés » comme certaines parures de plume d'oiseaux protégés) est également très stricte. Les « classiques » comme les maillots de futebol, par exemple, les CD et DVD de musique et de films sont souvent des contrefaçons. Il faut donc être vigilant.

LES PHRASES CLÉS

Bonjour, c'est superbe, mais combien ça coûte ?
Bom dia, gosto muito, quanto custa?
Vous auriez ma taille ? Où se trouvent les cabines d'essayage ?
Tem o meu tamanho? Onde estão os provadores?
Est ce que je pourrai vous le rapporter et l'échanger si ça ne va pas ?
Posso trazer de volto e trocar se não servir?
J'ai trop dépensé aujourd'hui, pouvez-vous me faire une réduction sympa ?
Gastei muito dinheiro hoje, pode me fazer um desconto simpático se faz favor?
Je prendrai celui-ci. Pouvez-vous me faire un paquet cadeau ?
Vou levar isto. Pode embrulhar, se faz favor?
Vous prenez la carte de crédit ? Où puis-je trouver un distributeur de billets ?
Aceita cartão de crédito? Onde posso encontrar uma caixa multibanco?

BARRASHOPPING

Av. das Américas, 4666 – Barra da Tijuca
✆ +55 21 3089 1050
www.barrashopping.com.br
Ouvert de 10h à 22h du lundi au samedi et de 13h à 21h le dimanche.

Un peu éloigné de la zone Sud, dans le quartier ésidentiel de Barra de Tijuca, s'autoproclamant le plus grand centre commercial d'Amérique latine (un titre qui doit être envié...), le Barrashopping compte près de 540 boutiques (4 km de vitrines), un théâtre, un complexe de cinéma et 42 restaurants. Une vraie ville pour passer son temps les jours de pluie avec l'unique monorail du Brésil qui sert à transporter les clients du parking au centre commercial. C'est joli mais complètement inutile, on a plus vite fait d'y aller à pied.

GALERIA RIVER

Rua Francisco Otaviano, 67 – Copacabana (Arpoador)
✆ +55 21 2267 1709
www.galeriariver.com.br
Ouvert du lundi au samedi de 9h à 21h et le dimanche de 10h à 19h.

Rio est une ville de plage et de sports de glisse. L'esprit surf plane sur la ville et les tenues de plage et d'été en sont fortement inspirées. La boutique Galeria Rivera est un peu La Mecque des sports de glisse. C'est la galerie spécialisée dans les sports de glisse, en particulier le surf (il faut dire que nous sommes tout près de la pointe d'Arpoador, l'un des gros spots de surf de Rio). Plusieurs enseignes (Invicta, Votrec, Spirit) vendent matériels et textiles (maillots, bodies) dédiés au surf. Également de la location de planches.

SHOPPING DA GAVEA

Rua Marquês de São Vicente, 52 – Gávea
✆ +55 21 2294 1096
www.shoppingdagavea.com.br
tous les jours de 10h à 22h

L'intérêt majeur de cet autre centre commercial, outre sa myriade de boutiques en tous genres, est qu'il recèle les principaux théâtres pour enfants de la ville (Clara Nunes, Vannucci, Das Artes...) ! Une option salvatrice un week-end de pluie à Rio ! Plus d'informations sur la programmation et les horaires sur le site du centre commercial. Ce shopping se trouve, comme son nom l'indique, dans un des quartiers les plus agréables de la zone sud de Rio. On peut donc associer courses et animations dans le centre commercial et promenade autour de la lagune.

SHOPPING LEBLON

Rua Afrânio de Melo Franco, 290 – Leblon
✆ +55 21 3138 8001
www.shoppingleblon.com.br
Ouvert du lundi au samedi de 10h à 22h, le dimanche de 13h à 21h.

Les Brésiliens, comme les Occidentaux en général, raffolent des centres commerciaux. Le Shopping Leblon est à l'image du profil socio-économique du quartier. C'est certainement le plus chic des centres commerciaux de la Zona Sul, voire de tout Rio. Dans une ambiance plutôt fraîche (climatisation oblige) se succèdent les enseignes de prêt-à-porter de luxe, mais aussi quelques adresses sympas pour déjeuner (nous recommandons le Rascal, au 3e étage du magasin) ou pour boire un café (Starbucks !). S'y promener constitue en soi un spectacle.

SHOPPING RIO SUL

Rua Lauro Müller, 116 – Botafogo
✆ +55 21 2545 7200
www.riosul.com.br
Tous les jours de 10h à 22h

Le Shopping Rio Sul est presque une institution dans la zone Sud, qui se veut être la plus chic de Rio. Le Rio Sul a tout ce qu'un centre commercial doit avoir, une bonne variété de produits de qualité, de bons restaurants et des cinémas. Plus de deux cents boutiques, boîtes, académies de gymnastique et crèches. Situé juste après le tunnel qui part de Copacabana pour aller vers le centre-ville, c'est le plus ancien centre commercial de la Zona Sul (45 ans en 2020), mais néanmoins toujours le plus grand, et l'on y trouve à peu près tout.

SUPERMERCADO ZONA SUL

Rua Francisco Sá, 35
✆ +55 21 25234846
www.zonasul.com.br
de 6 à 22h en semaine. dimanche de 7h à 20h

La marque de supermarchés zona sul est présente dans toute la zone sud et ouest de la ville, comme son nom l'indique. Plus de 48 supermarchés de la chaine offrent tout ce dont peut avoir besoin une personne qui séjourne sur Rio, en particulier, ceux qui ont choisi de louer un appartement et qui sont de plus en plus nombreux. Les prix pratiqués sont en général un peu plus élevés que dans d'autres supermarchés mais l'offre est en général de qualité et on y trouve nombre de produits prisés par les touristes européens. Une adresse de proximité.

BALI ONE

Rua Santa Clara, 75 – Copacabana
✆ +55 21 2255 0737
Ouvert du lundi au vendredi de 9h à 18h et le samedi de 9h à 14h.

Le Bali One est une super adresse pour trouver le paréo qui vous accompagnera sur les plages de Copacabana et d'Ipanema. C'est parfait également pour faire un petit cadeau bien typique tout en étant de bon goût. On trouvera d'autres boutiques de maillots de bain de tous styles et tailles dans le même (petit) centre commercial. On trouvera ces magasins dans la rue Santa Clara, à proximité de la plage et donc souvent proche des lieux de résidence. Bien sûr, c'est plus cher que les produits achetés dans les « feiras » nocturnes mais c'est de qualité.

FEIRA SAARA

Rua da Alfândega, 278 - Centro
Marché. Du lundi au samedi de 9h à 19h.

Le marché de Saara est un marché incontournable du centre-ville de Rio. Le pôle commercial Saara regroupe plusieurs marchés (à l'air libre, couvert) dans deux rues hyper animées avec des dizaines d'échoppes et de boutiques qui vendent de tout et de rien, à des prix bien plus attractifs que dans la Zona Sul. Des chapeaux, des sacs multicolores, des paréos, des serviettes de bain, des tongs, des ustensiles de cuisine, des colliers, des bracelets, des costumes de carnaval, des sifflets... Bref tout ce que l'on peut imaginer rapporter d'un séjour à Rio !

BOUTIQUE DU PAIN DE SUCRE

avenida pasteur 520
✆ +55 21 25468433
De 9h à 19h tous les jours.

Au sommet du pain de sucre, comme au pied du Corcovado, les marchands du temple ont établi leurs quartiers et proposent des souvenirs et autres bibelots plus ou moins intéressants. Les classiques (stylos, porte-clés, t-shirts, Corcovado en miniature) peuvent souvent paraître kitsch, mais force est de constater que certains rempliront bien leur fonction de souvenir et pourront être de petits cadeaux fort appréciés. Les stylos et les porte-clés aux couleurs du Brésil sont plébiscités.

FEIRAS DE COPACABANA

Avenida Atlântica - Copacabana
Marchés d'artisanat et de souvenirs.

Le long de la mythique plage, des foires à l'ambiance sympathique permettent de finaliser les cadeaux. Deux adresses sur l'Avenida Atlântica pour acheter une myriade de bibelots (sculptures en bois, porte-monnaie plastifiés, pilons pour caïpirinha...), de T-shirts de football, de peintures (dont certaines plutôt réussies), de paréos, de tongs Havaianas... La première en face de la praça do Lido (avant l'hôtel Porto Bay Internacional), la seconde au niveau du Posto 5, sur le terre-plein central de l'avenue (en face de l'hôtel Othon Palace). Sympa et central !

BOUTIQUE FLAMENGO

Avenida Borges de Medeiros, 997
✆ +55 21 35590982
loja.flamengo.com.br
De lundi à vendredi, de 9h à 18h.

Cette boutique (en fait, il y en a plusieurs sur la ville) est dédiée, sans surprise, aux produits dérivés de club de sport de Flamengo. On connaît surtout le club de football de Flamengo et ce à juste titre. En effet, c'est un des clubs qui a le plus de « torcedores » (supporteurs) de la planète. Certains jours, une partie de la ville se revêt des couleurs « rubonegro » (rouge et noir). Des maillots officiels mais également des t-shirts, des stylos, des porte-clés... Depuis 2018, on trouve un « méga-store Flamengo » à Gavea. De bonnes idées de cadeaux.

GILSON MARTINS

Rua Visconde de Pirajá, 462 – Ipanema
✆ +55 21 2267 6178
www.gilsonmartins.com.br
Maroquinerie. Ouvert du lundi au vendredi de 9h à 20h, le samedi de 9h à 19h.

Gilson Martins est un créateur carioca qui s'est spécialisé dans la confection de sacs à main, sacs de voyage, portefeuilles en matière synthétique. Il décore la plupart de ses produits des attributs phares de la ville (Corcovado, Pain de Sucre) ou du pays (le drapeau brésilien se décline de multiples manières). Une super adresse pour faire (ou se faire) un cadeau original et tendance. Beaucoup de produits sont faits de manière durable, avec des motifs ethniques. C'est un achat « intelligent ». La démarche est inclusive et lutte contre les discriminations.

ALDA MARIA DOCES PORTUGUESES

Rua Alm. Alexandrino 1116,
✆ +55 21 22321320
Fermé le lundi, ouvert de 11h à 18h de mardi à samedi et de 14h à 18h le dimanche.

Comme le nom de la boutique l'indique, ce sont bien des douceurs et pâtisseries du pays de la langue de Camoes qui sont l'honneur ici. Cette boutique de Santa Teresa tenue de main de maître par la fille d'Alda Maria présente des pasteis de Santa Clara, des « toucinhos do ceu », que l'on peut accompagner de cafés biologiques. Sans aucun doute, les meilleures pâtisseries portugaises de la ville, avec, pour joindre l'utile à l'agréable, un musée sur le monde de la confiserie.

CONFLOR CONFEITARIA VEGANA

Rua Orestes, 28
✆ +55 21 9 8167 7220
www.conflorvegan.com
ouvert de lundi à samedi de 13h à 18h. Vente en ligne.

La cheffe Luisa Mendoçà (« Lu » pour les intimes) a créé son concept « Conflor » en alliant ses deux passions : la cuisine et la botanique. Si vous voulez un gâteau spécial, avec des fleurs, alors la boutique Conflor vaut le détour. C'est le règne du véganisme. Ici, les gâteaux sont fabriqués sans lait, sans œuf, sans caséine et sont tous décorés avec des fleurs naturelles. La plupart des gâteaux sont faits à la demande, avec le plus grand soin. A visiter avant d'aller au bar do Omar.

BEL TRUFAS

Rua Gen. Venancio Flores 481, lj. B
✆ +55 21 3114 8035
www.beltrufas.com.br
du lundi à dimanche de 12h à 18h. Boite de truffes à partir de 46 R$

Dans cette jolie petite échoppe de Leblon, le chocolat et les truffes sont à l'honneur, vous l'aurez compris. Les truffes sont proposées en 6 saveurs. L'offre de gâteaux est cependant bien plus large : brownie, brigadeiro, gâteau à la carotte, cheesecake... On peut prendre des gâteaux entiers ou choisir une part seulement. Chaque jour, Bel, la créatrice du lieu, se laisse porter par sa créativité et propose chaque jour des créations originales. LA boutique propose également des « kits » pour pouvoir confectionner ses propres truffes.

FEIRA DO RIO ANTIGO

Rua do Lavradio - Lapa
Marché aux puces. Tous les 1er samedis du mois, de 10h à 18h.

On connaît la rue do Lavradio pour ses animations nocturnes, avec entre autres le Rio Scenarium et pour ses nombreuses boutiques d'antiquités. Une fois par mois, une belle foire fait l'animation du quartier. Cette *feira* s'étale sur toute la rua Lavradio de Lapa au quartier du Centro. Bibelots, disques, fringues, bijoux, accessoires, quelques antiquités... C'est surtout l'occasion de flâner dans le quartier et de profiter de son ambiance agréable. Musique *ao vivo,* stands de nourriture, de boissons... Le 1er samedi du mois uniquement.

CAKE & CO

Rua Conde de Irajá, 132
de 9h à 20h de lundi à samedi. A partir de 23 R$ la part de tarte.

La boutique Cake & Co apparaît comme un des pionniers « gastronomiques » de cette rue désormais incontournable pour les gourmets. Dans une ambiance de fazenda de café, depuis 1996, les propriétaires tentent de faire découvrir les recettes de la grand-mère qui ont inspiré la carte proposée aujourd'hui. Les gâteaux et tartes se déclinent en plus de 30 variétés. On peut aussi y prendre de très bons petits déjeuners. Le *deliciosa* est le gâteau phare de la maison à la crème recouverte de fraises et d'une légère couche de meringue. Une belle adresse.

L'ÉCLAIR SHOP

Largo do Machado, 29, sobreloja 248
✆ +55 21 985603456
Ouvert de 10h à 19h, fermé dimanche et lundi.

Nicola et Maria Fernanda Picavet se sont installées dans une échoppe au deuxième étage de la Galeria Condor à Catete. Formées à la pâtisserie en France, leur pays d'origine, elles proposent cette spécialité très française, souvent imitée, rarement égalée : des éclairs en deux tailles et neuf parfums. Vanille, chocolat, café, chocolat amer mais également des saveurs plus originales (cerises avec une touche de rose, capuaçu...). En cas de coup de blues peu probable au Brésil... ou de petite faim, une adresse à connaître, forcément.

AMSTERDAM SAUER

Av. Atlântica, 1782 – Copacabana
✆ +55 21 3208 7264
www.amsterdamsauer.com.br
Bijouterie. Ouvert du lundi au vendredi de 10h15 à 19h et le samedi de 10h15 à 17h.

Success-story à l'américaine pour Jules Sauer, Alsacien arrivé en 1939 au Brésil, à 18 ans, pour faire fortune. Tout d'abord prospecteur de diamants, ses qualités personnelles l'amènent à se lancer dans le commerce de pierres précieuses et à ouvrir sa première boutique, en 1953, au Copacabana Palace. C'est aujourd'hui l'un des principaux bijoutiers du pays. Dans sa boutique d'Ipanema, on visite un musée qui retrace l'histoire brésilienne des pierres précieuses. On trouve de nombreuses boutiques de la marque dans des hôtels de luxe.

BALI ONE

Rua Santa Clara, 75 – Copacabana
✆ +55 21 2255 0737
Ouvert du lundi au vendredi de 9h à 18h et le samedi de 9h à 14h.

Le Bali One est une super adresse pour trouver le paréo qui vous accompagnera sur les plages de Copacabana et d'Ipanema. C'est parfait également pour faire un petit cadeau bien typique tout en étant de bon goût. On trouvera d'autres boutiques de maillots de bain de tous styles et tailles dans le même (petit) centre commercial. On trouvera ces magasins dans la rue Santa Clara, à proximité de la plage et donc souvent proche des lieux de résidence. Bien sûr, c'est plus cher que les produits achetés dans les « feiras » nocturnes mais c'est de qualité.

BLUE MAN

Rua Visconde de Pirajá, 351 – Ipanema
✆ +55 21 2247 4905
www.blueman.com.br
Ouvert du lundi au samedi de 9h à 20h et le samedi de 9h à 18h.

Si la marque de maillots Bum Bum est dédiée aux maillots de bains féminins, la marque Blue Man s'adresse aux hommes et aux femmes dans le choix de leurs effets de plage. C'est certainement la marque de maillots de bain la plus tendance de Rio (en concurrence avec Bum Bum), en tout cas celle qui offre le plus de choix, en particulier pour les hommes. Il faut aimer les maillots près du corps et taillés court ! Un choix de couleurs quasi infini. Sept autres adresses à Rio (dans presque tous les *shopping centres* de la Zona Sul).

BUM BUM

Rua Lauro Muller, 116 - Botafogo
✆ +55 21 2542 9614
www.bumbum.com.br
De 10h à 22h tous les jours sauf dimanche 13h-21h.

Le bikini est associé aux plages de Rio. On peut en acheter sur toutes les plages du pays aux vendeurs ambulants (qui disposent d'ailleurs d'un terminal pour cartes bleues). Mais La Mecque du bikini a un nom, c'est le magasin Bum Bum. Le *bum bum*, littéralement, veut dire « le fessier ». Bref, cette enseigne de maillots de bain *do Brasil* est la plus réputée pour habiller les belles Cariocas et plus généralement les Brésiliennes. On en trouve à (presque) tous les prix mais dans ce quartier, la qualité a un prix... plutôt élevé.

CASA TURUNA

Rua Senhor dos Passos, 122/124 - Centro
✆ +55 21 2242 9187
Déguisements et articles de fête. Ouvert du lundi au vendredi de 9h à 19h et le samedi de 8h30 à 14h30.

Le Carnaval fait partie intégrante de la vie des Cariocas, même si cette année ne sera pas marquée par ce rite, pour la première fois depuis 1912. On trouvera dans la Casa Turna tout pour le carnaval : des costumes indescriptibles en plumes, paillettes, strass, à louer ou à acheter. La Mecque en la matière. Plusieurs autres adresses dans la Rua dos Passos pour compléter votre attirail de fêtes pour le jour J ! Bien sûr, cela vous intéressera si vous comptez participer à cet évènement majeur, et cela peut aussi constituer de bonnes idées de cadeaux.

FAVELA HYPE

Rua Paschoal Carlos Magno, 103a - Santa Teresa
✆ +55 21 35765107
Prêt-à-porter pour femme. Ouvert du mardi au dimanche de 10h à 23h.

Cette marque carioca créée en 2003 a rapidement attiré l'attention du public féminin. La boutique située à Santa Teresa propose des créations modernes et originales. Favela hype promeut une mode « baba chic », de bon goût et souvent d'inspiration afro-brésilienne. Ce magasin et cette marque portent l'esprit frondeur, branché et alternatif à la fois typique de ce magnifique quartier qu'est Santa Teresa. C'est aussi un bar qui porte le même esprit, avec des programmations musicales intéressantes. Bref, ce sont des achats socialement intelligents.

LA GEMME

Rua Visconde de Pirajá, 550 - Ipanema
✆ +55 21 2541 3192
www.lagemmeleiloes.com.br
Bijouterie. Ouvert du lundi au vendredi de 10h à 17h et le samedi de 10h à 13h.

Le Brésil est une terre de pierres précieuses. La Gemme est une maison d'exception dont la notoriété de la maison s'est construite dans sa capacité à trouver des pierres anciennes de très haute qualité et de les mettre en valeur, sans les trahir, grâce aux techniques et au design contemporain. La Gemme a redonné vie à des pierres portées par Coco Chanel, l'impératrice Joséphine Bonaparte, la princesse Soraya ou le roi Farouk. Le Brésil est également un champ d'exploration privilégié avec ses diamants rares des XVIIIe et XIXe siècles et de la période Art déco.

JOYA

Rua Visconde de Pirajá, 351 loja 121
✆ +55 21 9 9917 7006
De lundi à vendredi, de 12h à 18h, samedi de 10h à 16h.

En entrant dans la boutique Joyà, on a l'impression d'entrer dans une galerie d'art. Les bijoux sont disposés dans de nombreuses vitrines dont le fond a été peint par Samina, un artiste carioca. Le concept de la boutique est d'exposer, promouvoir et vendre le travail d'une nouvelle génération de créateurs dans un environnement détendu et accueillant. Ce pari, depuis 9 ans, est fort réussi par sa créatrice Lara Mader qui s'est entourée d'une équipe de créateurs qui a su concevoir des bijoux design et à la mode. Une bonne adresse.

H.STERN

Rua Visconde de Pirajá, 490 - Ipanema
✆ +55 21 2274 3447
www.hstern.net
Bijouterie-joaillerie. Ouvert du lundi au vendredi de 9h à 18h, le samedi de 9h à midi.

Le principal concurrent de Amsterdam Sauer avec ses 18 boutiques réparties dans la ville. On peut visiter les ateliers où l'on voit les orfèvres au travail. La visite, bien organisée, est commentée par baladeur, en français. Les prix des pierres vont de 30 réais à des sommes très élevées. On y voit des colliers arc-en-ciel, des topazes jaunes, des grenats rouges, des tourmalines roses et vertes, des améthystes violettes, des aigues-marines, et des topazes bleues. Chaque pierre a sa fiche d'identité. À la fin du circuit, petit passage par la boutique, bien sûr.

OSKLEN

Rua Maria Quitéria, 85 – Ipanema
✆ +55 21 2227 2911
Ouvert du lundi au vendredi de 9h à 20h, le samedi de 10h à 19h et le dimanche de 11h à 17h.

Les fashion victimes savent qu'en allant à Ipanema, le quartier de la branchitude de la zone sud de Rio, elles trouveront forcément chaussures à leurs pieds. Sans être un magasin de haute couture, Osklen est l'une des enseignes brésiliennes de prêt-à-porter les plus en vue. Les produits, pour hommes et femmes, sont vraiment réussis, mais sont loin d'être donnés ! Manches courtes, manches longues, combinaisons imprimées, veste, chaussures, t-shirts, l'offre est vaste et souvent « exportable », c'est à dire utilisable en France à son retour.

HAVAIANAS

Rua Farme de Amoedo, 76 – Ipanema
✆ +55 21 2267 7395
www.havaianas-store.com.br
Ouvert du lundi au samedi de 9h à 19h, le dimanche de 10h à 18h.

Bon, il est des choses que l'on n'a pas besoin de présenter. Bien entendu, la marque de « chinelas » [tongs en portugais] en fait partie. Sans doute c'est ce que l'on ramène le plus en France... La célébrissime marque brésilienne de tongs est forcément très présente à Rio [vous trouverez ainsi de nombreux magasins dans le quartier du Saara, au Centro] et dispose de plusieurs enseignes exclusives, dont celle-ci, en plein cœur d'Ipanema. Grand choix de tongs multicolores, hommes et femmes, à des prix bien plus intéressants qu'en France.

SELEÇÃO ESPORTES

Rua Gomes Carneiro, 126 – Ipanema
✆ +55 21 2245 6017
Magasin d'articles de sport. Ouvert du lundi au samedi de 9h à 19h30.

La Seleçao Esportes est une petite boutique qui ne paie pas de mine, mais qui propose un choix somme toute intéressant d'articles de sports et de produits dérivés [maillots, T-shirts, casquettes, drapeaux...], notamment ceux aux couleurs des quatre grands clubs de foot de Rio : Flamengo, Botafogo, Vasco de Gama et Fluminense. Ce sont des cadeaux qui seront toujours appréciés, quel que soit l'âge des personnes à qui ils sont offerts. On peut trouver aussi des articles de bain et de surf meilleur marché qu'en France. Ce ne sont pas des contrefaçons et donc pas donnés.

BAOBA

Paschoal Carlos Magno 92
✆ +56 21 986602406
www.baobabrasil.iluria.com
Ouvert de 10h à 19h tous les jours.

Baobà, ou baobab en français fait forcément référence à l'Afrique. Cette boutique sympathique du bohème et branché Santa Teresa fait la part belle à la mode afro-brésilienne. En 2005, l'artiste militante Tenka Dara Pinho Silva se rend au Mozambique et y trouve d'immenses sources et ressources d'inspiration qu'elle rapporte dans ses bagages. Le concept Baoba est né : une mode afro-brésilienne, qui allie design traditionnel et modernité à travers un vaste choix de modèles, de coupes. La mode est ici un moyen de lutter contre les préjugés.

PÉ DE BOI

Rua Ipiranga, 55 – Laranjeiras
✆ +55 21 2285 4395
https://pedeboi.com.br/
Artisanat. Ouvert du lundi au vendredi de 9h à 19h, le samedi de 9h à 13h.

Dans le dossier « que rapporter de son voyage », l'artisanat tient une bonne place. Chaque région du Brésil propose un savoir-faire spécifique. Le magasin « Pé de Boi » est l'une des meilleures adresses pour acheter de l'artisanat authentique. Il a le mérite et l'avantage de regrouper de l'artisanat en provenance de la plupart des régions du Brésil (Amazonie, Nordeste, Minas Gerais). Vous y trouverez des poupées et des sculptures d'animaux en bois, des tissus, des poteries, des articles folkloriques... De vrais trésors à rapporter ou à offrir !

FEIRA HIPPIE

Praça General Osório - Ipanema
www.feirahippieipanema.com
Tous les dimanches de 7h à la nuit tombée.

À l'époque de la dictature, les artistes n'avaient nulle part où exposer leurs œuvres. Ils se sont donc installés sur la place General Osório en 1968. Puis les hippies ont pris la relève, donnant ainsi leur nom à la foire. La feira est devenue un événement d'intérêt artisanal et culturel. On peut trouver bijoux, instruments de musique traditionnels, sculptures, toiles (dont des tableaux d'art naïf), vêtements, meubles, maroquinerie, ainsi qu'une multitude d'objets les plus divers, tous produits artisanalement. Vous pourrez aussi goûter à la cuisine bahianaise.

TUCUM BRASIL

Rua Jardim Botânico 414
tucumbrasil.com
Horaires sujets à variation (voir site).

La boutique Tucum se définit comme un « marketplace » de l'art indigène. A l'image de la boutique Canoa à Paraty, cette structure travaille en partenariat avec les producteurs des « aldeias indigenas » dans un but de promotion de l'art indigène mais aussi et surtout dans un but de développement local de communautés souvent pauvres. Les projets sont accompagnés par des conseillers pour évaluer l'impact environnemental. De très beaux produits sont proposés, dans un esprit d'activisme et de partage équitable des fruits du labeur des artistes locaux.

FEIRA NORDESTINA DE SÃO CRISTOVÃO

Campo de São Cristovão - São Cristovão
✆ +55 21 2580 5335
www.feiradesaocristovao.org.br
Du mardi au jeudi de 10h à 18h, du vendredi au dimanche de 10h à 20h. Entrée libre.

C'est la foire du Nordeste la plus connue de Rio. Elle trouve son origine dans l'arrivée massive, dans les années 1940, d'immigrants du Nord-Est à Rio, à la recherche d'une vie meilleure. La foire attire plus de 60 000 personnes les week-ends, venues pour l'artisanat, la cuisine ou pour danser le forró. Réaménagé, l' « espace culturel Luiz Gonzaga » nommé ainsi en hommage au grand chanteur, est aujourd'hui très bien organisé. Soyez prudent le soir car l'endroit est peu sûr.

LA VEREDA

Rua Almirante Alexandrino, 428
✆ +55 21 2507 0317
www.lavereda.art.br/
Ouvert de lundi à vendredi de 9h à 15h.

La Vereda est une belle boutique d'art, de déco et de souvenirs de Santa Teresa. Une partie du mobilier a été chiné dans les ventes d'objets des vieilles demeures de Santa Teresa. L'artisanat proposé, issu d'excellents artisans locaux, est toujours de qualité et balaye une vaste variété, du luminaire aux céramiques, en passant par les peintures, les dessins et les sculptures. A quelques pas du largo do Guimaraes et du célèbre « bondinho » jaune, la Vereda est une étape agréable et utile pour qui veut rapporter des souvenirs originaux et de qualité.

ARLEQUIM CD'S

Pça. Quinze de Novembro 48
✆ +55 21 25247242
arlequim.com.br
Du lundi au samedi de 10h à 20h.

La boutique Arlequim, près de la place du XV de Novembro, en plein cœur historique de Rio de Janeiro, dans le patio imperial, vaut le détour lors d'une visite du patio imperial. Ce très agréable concept regroupe une belle librairie, une librairie musicale et un café. Dans ce lieu dédié à la nourriture des esprits et des corps, d'agréables groupes de musique se produisent assez régulièrement. « Comer, ouvir, ler », telle est la devise de la maison et cette « nourriture » est assurément de qualité. Un autre lieu de résistance culturelle.

LEONARDO DA VINCI

Av. Rio Branco, 185 - Centro
✆ +55 21 2533 2237
www.leonardodavinci.com.br
Librairie généraliste. Ouvert du lundi au vendredi de 9h30 à 19h. Le samedi, de 9h30 à 13h30.

Les librairies sont souvent en difficulté financière au Brésil car la tradition de lecture est peu développée. Fort heureusement, il existe de belles librairies qui demeurent d'année en année. La librairie Leonardo da Vinci fait partie de ces établissements prisés des lecteurs cariocas. Dans un dédale d'étagères, énorme choix de livres : romans, livres d'art, philosophie, psychologie, science, technique… Une vraie caverne d'Ali Baba avec un gros stock d'ouvrages en français, pour une librairie de référence existant depuis plus d'un demi-siècle.

LIVRARIA CULTURA

Av. Dom Helder Câmara 4242
✆ +55 21 25820164
livrariacultura.com.br
Ouvert tous les jours. de 9 à 22h, sauf dimanche de 13h à 20h.

Comme on entend le mot « culture », rattaché à celui de « librairie », on sait que le plaisir des mots et la connaissance sont proches. Cette chaîne de librairies « livraria cultura » est surtout présente à São Paulo mais la qualité est présente dans chacun de ses magasins. Les rayonnages sont vastes et proposent des choix variés et de qualité. Des évènements culturels sont régulièrement proposés dans les librairies. La librairie de Rio est située de plus dans un quartier où l'offre culturelle est moindre. De beaux livres à rapporter dans ses valises.

LIVRARIA DA TRAVESSA

Rua Visconde de Piraja, 572 - Ipanema
✆ +55 21 3205 9002
www.travessa.com.br
Librairie généraliste. Du lundi au samedi, de 9h à 23h. Le dimanche, de 10h à 23h.

Un lieu dédié à la culture et ce n'est plus si fréquent au Brésil et ailleurs. Cette chaîne de sept librairies disséminées dans tout Rio offre un ample choix de livres et de CDs dans des cadres somptueux. On pourrait y rester des heures, à la recherche du bouquin d'art brésilien idéal ou du plus beau livre de photos anciennes de Rio. L'esprit du Rio ville de culture est omniprésent. On y trouve de beaux rayonnages de livres en français, également, au cas où on serait à court de lectures ! C'est vraiment une adresse à part que l'on vous conseille de visiter.

LIVRARIA EDICOES FOLHA SECA

rua do ouvidor, 37
Ouvert de 9h à 18h de lundi à samedi

Dans ses quartiers historiques du 37 rua do ouvidor, au coeur de Rio, dans un beau « sobrado » historique, la librairie Folha Seca est une magnifique aventure « livresque » qui se perpétue depuis deux décennies maintenant. Les meilleurs auteurs cariocas et brésiliens, les grands acteurs de la culture sont représentés à travers leur production littéraire. Au-delà d'une seule libraire, Folha Seca est une maison d'édition reconnue pour sa qualité. A connaître !

TOCA DO VINICIUS

Rua Vinícius de Moraes, 129 – Ipanema
✆ +55 21 2247 5227
www.tocadovinicius.com.br
Ouvert du lundi au vendredi de 10h à 19h, le samedi de 10h à 18h et le dimanche de 13h à 18h.

Les lieux de culture sont universellement des lieux d'échange et d'épanouissement que l'on se doit de promouvoir et de défendre. La « Toca de Vinicius » est l'un de ces lieux incontournables de la culture à Ipanema. Plus qu'une librairie, cette boutique est un véritable centre culturel de la bossa nova avec un choix de livres mais aussi de CD (un peu chers), méthodes, concerts, séances vidéo et conférences thématiques sur le genre musical. Le dimanche soir, musique sur le trottoir. On y trouvera des disques et des livres de qualité.

PASSPORT

BOUGER & BULLER

Avec sa combinaison de plages, de vagues fortes, de forêts et de soleil, Rio de Janeiro est une destination parfaite pour pratiquer une activité sportive...ou se reposer en admirant les éléments. Les Cariocas sont adeptes d'exercices de toutes natures tout autant qu'ils aiment se prélasser sur des transats sur les plages de Copacabana ou Leblon. Il suffit de constater le nombre d'entre eux qui courent, marchent « sportivement », surfent, font du vélo, du fitness, du beachvolley ou plus spécifiquement encore du footvolley… tous les matins que Dieu fait sur les bords des plages de la zone Sud. Le culte du corps est omniprésent à Rio. Il est possible pour tous de s'essayer à ces pratiques aussi sportives qu'hédonistes, auxquels il faudra forcément associer des activités-clés dans la vie *carioca* que sont la danse, la *capoeira* ou l'incontournable spectacle des matches de *futebol* dans un stade Maracanã relifté.

BOUGER & BULLER

BUDGET / BONS PLANS

La pratique de l'exercice et du sport en général est répandue dans toutes les métropoles brésiliennes. Tous les types d'activités sportives ou presque sont proposées. Le culte du corps est omniprésent. On peut se dégourdir les jambes, faire du vélo ou du roller sans débourser le moindre denier car de nombreuses infrastructures gratuites sont en accès libre dans les cités brésiliennes. La zone Sud de Rio (Lagoa, plages d'Ipanema, Copabana, Leblon, jusqu'à Barra da Tijucá) est très bien aménagée pour les vélos, les rollers et le footing. Avec l'association Roller Rio (https://www.facebook.com/rolleriorj/), on peut faire des tours de roller en groupe. Les parcs et pistes cyclables de Belo Horizonte permettent de se mettre ou de se remettre en forme. A Rio, certains axes sont interdits aux véhicules le dimanche et dédiés aux « transports doux ». La célèbre avenida Atlântica à Rio est « abandonnée » aux joggers, rollers ou autres cyclistes. On pourrait faire des balades en forêt à Rio à partir du jardin botanique. La forêt de Tijucá est la plus grande forêt urbaine du monde, mais on vous le déconseille car les agressions sont nombreuses sur les chemins qui mènent au Corcovado. En de nombreux lieux de morros ou de montagnes, il existe des voies d'escalade aménagées. Bien entendu, si on préfère buller pour profiter du temps qui passe, la plage est une option gratuite... On peut louer des surfs. Pour d'autres activités de sport extrême, comme le rafting, le canyoning, le parapente, il faudra prévoir un budget plus conséquent.

C'EST TRÈS LOCAL

On peut parcourir les villes à pied, à vélo ou en roller, surtout le week end, au milieu d'une foule aux couleurs fluos et au teint hâlé. On est rarement seul à courir entre Copacabana et la Lagoa. C'est certes très brésilien mais cela diffère-t-il vraiment de Venice Beach ? Rien n'est moins sûr. Pour tester sa « brésilianité », il faut essayer le futevôlei. C'est d'ailleurs souvent un test pour les gringos. On ne consent à jouer longuement au futevôlei qu'avec quelqu'un dont on reconnaît les capacités à ce sport très technique. Vous l'aurez compris, le futevôlei est un mix très brésilien entre le beach soccer et le beach volley. On joue au foot sur un terrain de volley, avec les règles du football, amortis, tête et pieds. C'est toujours très spectaculaire et on comprend que la réputation de technicité des footballeurs brésiliens n'est pas usurpée. C'est toujours l'assurance d'assister à des parties passionnées à Copacabana.

VOS PAPIERS SVP

La législation maritime brésilienne dispose que le loueur de bateau doit faire remplir un registre au locataire l'informant des conditions et consignes de navigation et de sécurité et qu'il doit y être spécifié son identité attestée par une carte d'identité brésilienne ou un passeport. Il va de soi que l'on vous demandera de justifier votre identité en cas de location de matériel onéreux. Il arrive assez fréquemment que l'on vous fasse signer une décharge

© GOLERO - ISTOCKPHOTO.COM

Futevôlei.

en cas de pratique de sport ou d'activité « à risque », comme les randonnées équestres par exemple.

A RÉSERVER

Certains grands évènements attirent les foules. Ainsi, les rencontres de football lors des phases finales du « Brasileirão », le championnat brésilien, nécessitent que l'on s'y prenne à l'avance, même lorsqu'elles se jouent au stade Maracanã et ses 100 000 places. Lors du Grand prix du Brésil, couru normalement en novembre, il peut être judicieux de réserver, les Brésiliens étant des passionnés de sports mécaniques et de Formule 1 devant l'éternel.

LES ÉVÉNEMENTS

- **Le Brésil est le pays du football**. Tout le pays vibre pour son équipe favorite entre le mois de mai et le mois de décembre lors du « Brasilerão Serie A », où évoluent les 20 meilleures équipes du Brésil. La Copa Libertadores va elle voir s'opposer les meilleures équipes brésiliennes (dont celles de Rio et de Belo Horizonte) aux meilleures équipes d'Amérique du Sud entre janvier et novembre.
- **Au mois de mai**, les passionnés de surf pourront se rendre à Saquarema, au nord de Rio de Janeiro, pour suivre une étape de coupe du monde de surf sur la belle gauche de la plage d'Itaùna. Exit, la pollution et les rouleaux douteux de Barra da Tijucá. Les pensionnaires du CT (Championship Tour ou coupe du monde) s'y retrouvent largement depuis 2017 et ravissent des fans de plus en plus nombreux
- **La superliga de volei** connaît son apogée en avril mai lors des phases finales. Le volley est un sport particulièrement apprécié au Brésil qui produit un grande nombre de stars évoluant dans les plus grands clubs européens. Le gagnant de la dernière édition est le Funvic, club de Taubaté, dans l'Etat de São Paulo.
- **Le marathon** de Rio de Janeiro se court vers mi-juin. Il est possible de participer à certains grands évènements comme ceux-ci (il faut souvent montrer un certificat médical attestant de son aptitude physique).

LES ATTRAPE-TOURISTES

Il est fortement déconseillé d'acheter des billets à des revendeurs à la sauvette. Les commissions peuvent être exorbitantes.

LES PHRASES CLÉS

Bonjour, comment puis-je me rendre à ... ? Est-ce loin ?
Bom dia, como posso ir até... - É longe?

J'aimerais aller courir. Il y a un coin sympa pour cela dans la ville ?
Gostaria de correr. Há um local simpático para correr por aqui?

J'adore cuisiner. Savez-vous où je peux trouver des cours de cuisine ?
Adoro cozinhar. Sabe onde posso ter aulas de cozinha?

Vous pourriez m'indiquer une salle de sport pas très loin ?
Pode indicar-me uma sala de desporto perto daqui?

Quel est le sport national ?
Qual é o desporto nacional?

Pensez-vous que nous pourrions voir cela ou même participer ?
Acha que poderiamos ver isso ou até participar?

ASA DELTA FLIGHT

Avenida Prefeito Mendes de Morais 1501 - São Conrado
✆ +55 21 99693 8800
www.deltaflight.com.br
ouvert tous les jours de 8h à 17h.

Un vol en deltaplane au-dessus de Rio est une expérience inoubliable ! Ricardo Hamond est un.francophone passionné de deltaplane depuis près de 30 ans, il a lancé son activité en 1987. On saute après une petite course sur une terrasse inclinée du mont Pedra Bonito qui surplombe la baie de São Conrado. Vues sensationnelles sur Ipanema, le Pain de Sucre, la favela de la Rocinha et São Conrado avant l'atterrissage sur la plage de Pepino. Ricardo équipe ses deltaplanes de caméras numériques. Un chauffeur vient vous chercher et vous raccompagne à votre hôtel.

COMPANHIA DA ESCALADA

✆ +55 21 2567 7105
www.companhiadaescalada.com.br
École d'escalade.

On n'associe pas forcément Rio à la varappe avant d'être allé sur le mythique Pain de Sucre. Pendant que le commun des mortels arrive avec le téléphérique, on peut voir des grimpeurs arriver par les flancs abrupts du *morro*. Désormais, la structure géologique si particulière de Rio est mise à profit par de nombreux adeptes du regretté Patrick Edlinger. La « companhia da escalada » est l'œuvre du guide Flavio Daflon qui a créé cette école en 1995. Il donne des cours d'escalade, surtout sur le Morro da Urca, pour tous les niveaux.

BRAZIL DIVERS

Estrada da Barra, 426 - Barra da Tijuca
✆ +55 21 4115 0440
www.brazildivers.com.br/
École de plongée.

Brazil divers est une société qui propose des cours et des baptêmes de plongée vers les îles Cagarras. Fondée il y a plus de 25 ans, cette compagnie est réputée pour sa sûreté. On pourra plonger et découvrir les merveilles des fonds marins mais également rencontrer toute la faune qui peuple l'océan. Brazil Divers propose des plongées, entre autre, dans la baie de Rio, prés des îles Cagarras mais également prés des îles des happy few d'Angra dos Reis. Les moniteurs diplômés de plongée peuvent donner des cours de plongée, en apnée et avec bouteilles.

CRUX ECOAVENTURA

Av. Marquês de São Vicente, 348 - Gávea
✆ +55 21 3322 8765
www.cruxeco.com.br
Agence de tourisme d'aventure.

Tout en restant à Rio de Janeiro ou à proximité, il est possible de pratiquer des sports variés. Cette agence est recommandée pour l'organisation de vos activités sportives et excursions. Que vous soyez débutants ou confirmés, l'équipe de professionnels de Crux Ecoaventura propose une multitude d'options avec comme toile de fond la cidade maravilhosa : escalade, randonnée pédestre, rafting, plongée, canoë-kayak, deltaplane, surf, kite surf, visite éco-responsable de la ville...... L'accueil est sympathique, l'encadrement très professionnel.

CLÁUDIO CHAMINÉ

✆ +55 21 9973 5685
claudionascimentodasilva.blogspot.com
Cours de capoeira.

A Salvador ou à Rio, les passionnés du Brésil pourront apprendre les rudiments d'un sport qui fait partie de l'héritage africain du Brésil : la capoeira. Ce mix entre art et lutte est né dans l'arrière-cour des Senzalas, quand les esclaves tentaient d'échapper à la vigilance des maîtres qui veillaient à ce qu'ils n'apprennent pas l'art de la lutte. Claudio Chaminé est *mestre* de Capoeira et présente l'avantage de très bien parler français (il donne d'ailleurs des cours au lycée français de Rio). Il vous initiera aux bases de cet art semi-martial spectaculaire.

DIVE POINT

Av. Ataulfo de Paiva, 1174 - Leblon
✆ +55 21 2239 5105
www.divepoint.com.br
École de plongée.

La structure Dive Point propose des cours de plongée et excursions sur les plages de Rio et les îles Cagarras, ou les alentours. Elle organise l'hébergement, la restauration et la location d'équipements. On peut y faire son baptême de plongée. Cette structure a l'avantage de proposer à la fois des cours qui répondent aux standards SSI et ADI, on pourra choisir, en fonction de la durée de plongée choisie ou du budget ce qui correspond le mieux aux attentes. C'est une structure qui collabore au programme *cavalo marinho* visant à protéger les hypocampes.

ESCOLA DE SURF PAULO DOLABELLA

Rua Maria Quitéria - Ipanema
✆ +55 21 99814 9702
www.escolinhadesurfipanema.com
École de surf. Heure de cours particulier à 150 R$, 80 R$ pour un groupe. Pack de 5 heures de cours à 350 R$.

Rio est une destination naturelle pour le surf. L'empreinte de ce sport y est omniprésente. L'opportunité de profiter de ces incroyables spots, même si on n'est pas (encore) surfeur peut alors naturellement nous pousser à prendre des cours de surf dans une école. Cette école de surf se situe sur la plage mythique d'Ipanema. Des guides diplômés apprendront les rudiments du surf ou aideront les stagiaires à se perfectionner sur une des plus belles plages du monde.

FLOREST AVENTURA

Estrada do Joá - Barrinha
✆ +55 21 2556 9462
www.florestaventura.com
Circuit dans les arbres. les jours de 9h à 17h. Circuits à 60 R$ et 100 R$ par personne. Réservation indispensable.

L'arvorisme et l'acrobranche se développe également au Brésil. C'est l'opportunité d'approcher différement la canopée brésilienne et l'extraordinaire biodiversité de la flore du pays. Créé en 2002, le parc Florest aventura propose 2 circuits en pleine forêt atlantique et une trentaine d'obstacles pour toute la famille, à partir de 7-8 ans pour les enfants (1,30 m minimum). C'est bien sûr un exercice sportif encadré par une équipe d'instructeurs éducateurs passionnés et dûment diplômés. on peut fait faire du rappel et de l'escalade.

NATTRIP ECOTURISMO E AVENTURA

Rua Barão de Itapagipe, 543 - Barra da Tijuca
✆ +55 21 3264 0182
www.nattrip.com.br
ex groupe de 4 personnes : Traversée Serra dos Orgaos 3 jours : 840 R$/p ; Pedra do Sino 2 jours / 1 nuit 530 R$/p.

Cette agence propose différentes activités sportives pour découvrir Rio de façon sportive et en pleine nature : randonnées au Corcovado et à Pedra de Gavea, escalade du Pain de Sucre, mais aussi trek de 5 jours côté mer pour faire le tour d'Ilha Grande, et côté montagne treks dans la Sierra dos Orgaos et dans le PN d'Itatiaia. Très recommandé pour faire 2 ou 3 jours de randonnée, notamment l'incroyable traversée Petrópolis-Teresópolis. L'agence est spécialisée dans les sports extrêmes.

RIO ADVENTURES

✆ +55 21 3587 3282
www.rioadventures.com
Permanence téléphonique du lundi au vendredi de 8h à 18h et le samedi de 9h à 13h. A partir de 219 R$

Rio Adventures est une agence expérimentée et de très bonne réputation qui propose différents types d'activités à Rio de Janeiro mais également dans l'Etat de Rio. Rio Adventures propose des circuits de trekking à travers les forêts de Rio, parc de Tijuca, Pain de Sucre, mais aussi dans les magnifiques montagnes de l'État (Serra da Bocaina, Serra dos Orgãos…). Au programme de Rio Adventures, on peut pratiquer l'escalade, la descente en tyrolienne, le rafting, le saut en parachute et la plongée. Toutes les réservations se font en ligne.

RIO TANDEM FLY

Av. Pref. Mendes de Morais - QS10 -A
✆ +55 21 999616898
www.riotandem.com/
Deltaplane.

Le deltaplane est désormais moins usité que le parapente, pourtant cela reste historiquement une des premières possibilités de survoler Rio « de ses propres ailes » et cela reste assurément magique de descendre du morro de São Conrado et d'arriver sur la plage. Rio Tandem propose les deux possibilités. Les instructeurs de deltaplane et de parapente proposent des sauts depuis la Pedra Bonita. Bien sûr, les vols se font en tandem. Le pilote et le passager sautent de la pedra bonita et les instructeurs vous mèneront pendant le vol.

RIOPARAPENTE.COM

Av. Pref. Mendes de Morais, 1500 - São Conrado
✆ +55 21 97682 9298
www.rioparapente.com
A partir de 500 R$ le vol.

La société Rioparapente.com propose des vols en tandem au-dessus de Rio sous deux formes : le parapente et le deltaplane. Les sauts se font à partir de la Pedra Bonita et pendant le vol, le pilote et son passagers vont survoler la Pedra da Gavea, la forêt de Tijucá et la Lagoa, entre autres. L'atterrissage en douceur se fait sur la belle plage de São Conrado. Tous les pilotes sont diplômés et expérimentés. Certains parlent anglais, d'autres espagnol ou français. Avec plus de 15 ans d'expérience, la sécurité est au coeur des considérations des pilotes.

ACADÊMICOS DO SALGUEIRO

Rua Silva Teles, 104 - Andaraí
✆ +55 21 2238 9226
www.salgueiro.com.br

L'académie de Salgueiros est une des plus emblématiques du GRES (groupe des écoles spéciales)

Créée en 1953. Ses couleurs sont le rouge et le blanc. L'une des meilleures écoles, huit fois gagnante. Comme toutes les écoles de samba, elle a un rôle social actif qui va bien au-delà de la seule samba et du défilé du carnaval. Comme toutes les écoles, elle se visite dès que commencent les répétitions. Il faut éviter d'y aller seul si on ne connaît pas les lieux. Les favelas, rappelons-le, ne sont pas des lieux toujours pacifiés. On peut acheter des produits dérivés.

BEIJA-FLOR

Rua Pracinha Wallace Paes Leme, 1025 - Nilópolis
✆ +55 21 2791 2866
www.beija-flor.com.br

Créée en 1948. l'école Beija-Flor est l'une des écoles de samba du GRES les plus célèbres : 14 fois gagnante, la dernière victoire remonte à 2018. Couleurs : bleu et blanc. C'est une des écoles où la torcida (ou supporteurs) est la plus nombreuse. C'est Joasinho Trinta qui va permettre à l'école d'avoir ses premiers titres à partir de 1976. On peut bien sûr aller assister aux répétitions du carnaval mais Beija-flor, comme toutes les écoles de samba, c'est aussi un lieu dont la finalité est d'aider, instruire, entraîner, les gens de la communauté.

CASA DE DANÇA CARLINHOS DE JESUS

Rua Álvaro Ramos, 11 - Botafogo
✆ +55 21 2541 6186
www.carlinhosdejesus.com.br

Cours de danse. Du lundi au vendredi de 12h30 à 23h30 et le samedi de 10h à 18h.

La plus célèbre des écoles de danse de Rio vous convie à des cours de samba, salsa, tango, danse du ventre.... A l'approche du carnaval, de nombreux cours de samba sont proposés pour tous les âges. Carlinhos de Jesus est à lui seul une institution dans la danse, les spectacles dansés en tous genres à Rio. Ceux qui veulent s'essayer au noble art de la danse trouveront des instructeurs qualifiés qui prodiguent des cours pour tous les niveaux, du débutant au danseur confirmé.

COOK IN RIO

Rua Belfort Roxo, 161 - Copacabana
✆ +55 21 98894 9857
www.cookinrio.com/

Demi-journée à 75 US$ (réductions sur le site internet).

Expérience intéressante pour rapporter des souvenirs sous forme de plats brésiliens...que l'on préparera aux amis. Des cours de cuisine brésilienne sont proposés à Copacabana ! Les cours se déroulent en anglais dans une cuisine très bien équipée. Des plats traditionnels cariocas ou brésiliens comme la *feijoada*, la *moqueca* ou encore la *batida de coco* n'auront plus de secrets pour vous ! Le tarif inclut la nourriture et les boissons (dont la fameuse caïpirinha). N'oubliez pas votre carnet de notes et votre appareil photo ! A essayer !

ESTAÇÃO PRIMEIRA DE MANGUEIRA

Rua Visconde de Niterói, 1072 - Mangueira
✆ +55 21 2567 3419
www.mangueira.com.br

Parmi les écoles de samba du GRES qui dominent le carnaval, l'Estaçao Primeira de Mangueira, appelée plus simplement Mangueira, est assurément une des plus incontournables. C'est presque l'équivalent de Flamengo pour le « futebol » même si ses couleurs sont le vert et le rose, les couleurs de Fluminense. Mangueira a été 19 fois gagnante (le dernier titre conquis date de 2016). Fondée en 1928, c'est certainement l'école la plus mythique de Rio de Janeiro, celle du maître Cartola.

IMPERATRIZ LEOPOLDINENSE

Rua Prof. Lacê, 235 - Ramos
✆ +55 21 3593 6582
www.imperatrizleopoldinense.com.br

Fondée en 1959, cette école du quartier éponyme est forte d'une volonté de lier à jamais culture et samba. Amaury jorio réunit un bon nombre de danseurs de samba dans sa maison, pour créer cette nouvelle école de samba. Elle fut immortalisée en 1972 grâce à une *telenovela* et les premiers titres vinrent à partir de 1980. Huit fois gagnante.'

Imperatriz Leopoldinense a été la première école de samba à disposer d'un département culturel, afin d'aider à la préparation des thèmes et de mener des activités éducatives avec les membres de sa communauté

IMPÉRIO SERRANO

Av. Ministro Edgar Romero, 114 - Madureira
✆ +55 21 2450 2711
imperioserranocultural.ueniweb.com
Horaires variables des cours de danse.

Fondée en 1947, 9 fois championne du concours des écoles de samba, cette école est l'une des plus traditionnelles de Rio. L'école est née de la volonté de créer une association démocratique et où les décisions étaient prises en commun, à l'opposé de ce qui se passait à Prazer da Serrinha, l'école d'origine. Ses couleurs sont le vert et le blanc. L'Imperio Serrano Cultural propose des cours pour les danseurs débutants, intermédiaires et avancés. On peut suivre une classe expérimentale de son choix, et le rythme qui sied le plus.

PORTELA

Rua Clara Nunes, 83 - Oswaldo Cruz
✆ +55 21 3217 1604
www.gresportela.org.br

Portela complète la liste des écoles de samba du GRES qu'il faut connaître pour bien connaître la culture et les enjeux du carnaval de Rio. Elle a été fondée le 11 avril 1923 dans le quartier d'Oswaldo Cruz, au nord de la ville. Plus ancienne école de samba en activité, c'est la seule école qui a participé à tous les défilés des écoles de samba. C'est tout simplement l'école la plus titrée du carnaval : 22 fois championne. Sa « Velha Guarda », les anciens de l'école, défilent toujours à part, avec beaucoup d'élégance. Ses couleurs sont bleu et blanc.

RIO SAMBA DANCER

Rua Francisco Otaviano, 61– Copacabana (Arpoador)
✆ +55 21 3071 4057
www.riosambadancer.com
Cours de danse. À partir de 180 R$.

Helio, danseur expérimenté, propose des cours de samba et de forro pour tous niveaux pour particuliers ou groupes. Une fois le rythme et les pas assimilés, il propose de les mettre en pratique sur les meilleures pistes de danse ou écoles de samba de la ville. N'hésitez pas à jeter un coup d'œil sur son site qui est en français. Comme dans les gafieira, on apprendra dans une bonne ambiance les danses les plus connues du Brésil, c'est à dire la samba et la danse nordestine « forro ». Le samba night tour est également une expérience intéressante.

OBSERVATÓRIO NACIONAL

Rua General José Cristino, 77 - São Cristóvão
✆ +55 21 3504 9100
www.on.br
Des visites peuvent être programmées Le contact doit être pris impérativement par e-mail à daed@on.br.

Quelle surprenante histoire que celle de l'Observatoire National situé vers le quartier de São Cristóvão, à Rio de Janeiro ! Il est créé par D. Pedro, le 15 octobre 1827 avec pour dessein l'apprentissage et la pratique de l'astronomie et de la géodésie dans la région. Parmi ses objectifs principaux figurent aussi l'étude géographique du territoire brésilien et l'enseignement de la navigation. Il est l'une des plus anciennes institutions brésiliennes liées à la recherche, à l'enseignement et à la technologie. Son origine remonte probablement à 1730, lorsque les Jésuites installent un observatoire à Morro do Castelo, dans la ville de Rio de Janeiro. Puis en 1780 un autre observatoire le remplace, au même endroit, sous l'impulsion des astronomes portugais Sanches d'Orta et Oliveira Barbosa, chargés d'effectuer des relevés précis astronomiques, météorologiques et magnétiques. A partir de 1808, le matériel de l'observatoire est transféré à l'Académie royale militaire. Durant plusieurs décennies, ce qui reste de l'observatoire semble être livré à lui-même avant que le ministre de la Guerre, Jérôme Francisco Coelho, décide en 1845 de le réorganiser totalement ! Avec la proclamation de la république en 1889, ce qui s'appelle jusqu'alors l'Observatoire Impérial de Rio de Janeiro devient officiellement l'Observatoire National. Déplacé à plusieurs reprises jusqu'en 1920, vers la Forteresse de Conceição ou de nouveau vers le Morro do Castelo, il est définitivement implanté sur son emplacement actuel ! Côté gouvernance, il intègre d'abord le ministère de l'Education et de la Culture en 1930, période à partir de laquelle il voit ses programmes de recherches et de travaux scientifiques se développer de manière substantielle. Et depuis 1999, il dépend du ministère de la Science et de la Technologie. Aujourd'hui, cet observatoire semble hors du temps et de la ville ! Préservé s'il en est par son accès restreint, on découvre en le visitant un vrai campus scientifique abritant quelques belles pièces optiques (lunettes astronomiques) et des coupoles splendides. Sa visite requiert une bonne dose de diplomatie, et de s'y prendre longtemps à l'avance pour obtenir une autorisation. Aucun personnel n'étant habilité, la visite se déroule selon les disponibilités des responsables sur place. Au risque de se répéter, il convient de se rendre à São Cristóvão en taxi ou de descendre de la station de métro et de prendre un taxi. Renseignez-vous à votre hôtel pour s'assurer que l'observatoire est ouvert, les heures d'ouverture étant très variables.

PASSPORT

SORTIR

Les possibilités de sortie à Rio sont multiples et se mesurent à l'aune du gigantisme de la mégapole *carioca* ! Prendre un verre en début de soirée sur les hauteurs de Santa Teresa, aller écouter de la musique *ao vivo* (*live*) dans un des nombreux clubs de samba de Lapa (et tenter quelques pas de danse !), terminer la nuit dans une boîte huppée de Lagoa ou d'Ipanema, le temps (et le budget) sera votre seule limite pour profiter des nuits « chaudes » de la capitale culturelle et festive du Brésil. S'essayer à quelques pas de samba dans le surprenant Rio Scenarium, magasin d'antiquités le jour, immense boîte de samba la nuit ou refaire le monde au Bar do Gomes ou do Mineiro avec des amis de l'UFRJ, on a l'embarras du choix ! L'espace culturel Luiz Gonzaga aura le double effet de vous transporter dans le temps et l'espace, sur les rythmes endiablés des *forros* des immigrés nordestins des années 1950.

HORAIRES
Le Brésil a la réputation d'être un pays festif. Force est de constater que cette réputation est loin d'être usurpée. A Lapa ou Flamengo, à Rio, à Savassi à Belo Horizonte, la fête bat son plein au coeur de la nuit. La notion de boîtes de nuit ou de clubs est un concept assez large et variable et il est quelquefois difficile de différencier bars musicaux et boîtes de nuits. Dans tous ces lieux, des groupes se produisent avec des spectateurs qui dansent et chantent. Les boîtes et les bars musicaux ouvrent souvent à partir de 20h et font relâche en général le lundi. En fin de semaine, ils restent ouverts jusqu'à très tard dans la nuit. On trouve tous les genres musicaux (sertaneja, MPB, électro) et toutes les ambiances (alternative, rock, LGBT...).
Les salles de billard, cinéma et autres salles de culture et de spectacle existent mais sont moins fréquentés qu'en France, à part dans les grandes métropoles pour les deux derniers, comme le Circo Voador à Rio par exemple.

BUDGET / BONS PLANS
Le prix des entrées excède rarement 60 ou 100 R$ (à part les boîtes très sélectes). Les cartes de crédit sont acceptées dans la majorité des établissements.

A RÉSERVER
Les clubs ayant des capacités limitées, il est fortement conseillé de réserver lors de soirées spéciales, avec des chanteurs, des groupes ou des DJs connus.

TRANSPORTS NOCTURNES
Les métros des différentes villes commencent en général à fonctionner à 4h30 ou 5h et s'arrêtent vers minuit ou 0h30. Rappelons-le, les nuits sont peu sûres au Brésil et les transports en commun sont franchement déconseillés. Le meilleur ami du noctambule reste le taxi. On prendra le taxi en attente à proximité de l'établissement ou celui que l'on aura pris soin de faire appeler. Les tarifs de nuit sont un peu plus élevés mais c'est le prix à payer pour un retour

A PARTIR DE QUEL ÂGE
La législation brésilienne interdit la fréquentation des établissements qui vendent de l'alcool aux mineurs. L'âge légal de la majorité, rappelons-le, est fixé à 18 ans comme en France.

FUMEURS
Fumer est interdit dans les établissements fermés destinés à accueillir du public. Comme en France, il faudra fumer dehors.

LES PHRASES CLÉS

Bonsoir, comment puis-je me rendre à...
Boa noite, como posso ir até...

Est ce que cet endroit est tranquille ? Il n'y a pas de problème de sécurité ?
É um lugar tranquilo? - Não há problemas de segurança?

J'aimerais voir un spectacle typique ! Qu'est-ce qu'il y a en ce moment ?
Gostaria de ver um espetáculo típico daqui? O que há neste momento?

Je ne comprends pas... pouvez-vous répéter s'il vous plait ? Merci.
Não percebo... pode repetir, por favor? Obrigado(a)!

Est-ce que je peux vous offrir un verre ? Quel est le meilleur cocktail de la maison ?
Posso oferecer-lhe um copo? Qual é o melhor cocktail da casa?

J'ai la gueule de bois, auriez-vous quelque chose pour que j'aille mieux ?
Estou com ressaca, tem alguma coisa para me sentir melhor?

BARETTO-LONDRA

Av. Vieira Souto, 80 – Ipanema
✆ +55 21 3202 4000
Bar-club. Ouvert du jeudi au samedi à partir de 20h. Entrée payante (jusqu'à 50 R$).

Le bar-boîte de l'hôtel le plus tendance de Rio, le Fasano, est aussi l'un des lieux les plus gardés et sélects de la ville : impossible ou presque d'y rentrer après 23h si vous n'êtes pas un habitué et/ou accompagné d'une créature de rêve ! Et pourtant il ne s'agit que d'un petit espace qui ne paie pas de mine, aux briques apparentes et où l'un des murs arbore fièrement le drapeau britannique. Les *caipirinhas* et autres cocktails n'y sont pas forcément meilleurs qu'ailleurs mais ils ont la saveur particulière de la « branchitude ».

CASA DA MATRIZ

Rua Henrique de Novaes, 107 - Botafogo
✆ +55 21 2226 9691
Club. Ouvert le mercredi de 20h à 3h, du jeudi au samedi de 23h à 6h.

Le point de rencontre de la jeunesse branchée de Rio. Une véritable maison de 2 étages (appartenant pour la petite histoire au grand-père du fondateur de la casa Matriz !), divisée en petites pièces étroites aux thématiques variées. L'ambiance est sombre mais la musique souvent de qualité. Le vendredi est connu pour ses soirées spéciales musique brésilienne. Détail de la programmation disponible sur la page Facebook du club. Un lieu à connaître si on veut approcher la sociologie de la jeunesse issue des classes favorisées de Rio.

CLUBE DOS DEMOCRÁTICOS

Rua do Riachuelo, 91 – Lapa
✆ +55 21 2252 4611
www.clubedosdemocraticos.com.br
Club. Ouvert le mercredi de 20h à 3h, le vendredi et le samedi de 22h à 4h, le dimanche de 20h à minuit. Entrée payante.

Le Clube dos Democraticos semble nous replonger dans d'autres temps, dans un autre Rio d'avant la modernité et l'émergence. C'est une énorme salle de bal d'une autre époque (les lieux ont été inaugurés il y a plus de 150 ans, en 1867 !) où s'égosillent des haut-parleurs au rythme de la samba ou du forro nordestin. Dans un cadre Art déco, on se déhanche comme des diables ! Idéal pour ceux qui veulent danser : pas de manière, on entre en piste c'est obligatoire ! Longue file d'attente le week-end, aussi vaut-il mieux arriver tôt.

GALERIA CAFÉ

Rua Texeira de Melo, 31 – Ipanema
✆ +55 21 2523 8250
www.galeriacafe.com.br
Club. Ouvert du mercredi au samedi de 23h à 5h, le dimanche de 11h à 2h.

Le Galeria Café joue sur plusieurs tableaux : bar et galerie d'art (expositions…), club électrique et éclectique, friperie le dimanche entre 11h et 20h (vente en particulier de beaux T-shirts). C'est un concept original sis dans le très huppé quartier d'Ipanema et dans une de ses rues les plus branchées. Dans cette rue au cœur du quartier LGBT de la ville, le Galeria café se veut et est un lieu de tolérance, très fréquenté par la communauté LGBT de Rio. La réussite est telle que l'équipe dirigeante a ouvert une annexe à São Paulo.

LAPA 40°

Rua do Riachelo, 97 - Lapa
✆ +55 21 3970 1338
www.lapa40graus.com.br
Club, bar, restaurant. Ouvert du jeudi au samedi de 18h à 5h.

Dans le Lapa qui bouge et qui danse (et qui semble tel un phénix renaître de la crise du Covid), le club Lapa 40° est l'un des nombreux lieux à la mode, où l'on danse sur différents rythmes en fonction de l'étage. Musique *ao vivo* les fins de semaine, c'est une *gafieira* traditionnelle où l'on peut prendre des cours de samba dans une ambiance très décontractée qui mettra à l'aise les impétrants les plus timides. Le bar Semente (Rua Joaquim Silva, 18) est également une très bonne adresse pour écouter de la musique en fin de semaine.

CARIOCA DA GEMA

Avenue Mém de Sá, 79 – Lapa
✆ +55 21 2221 0043
www.barcariocadagema.com.br
Du lundi au jeudi, de 18h à 1h, le vendredi de 18h à 3h, le samedi de 21h à 3h. Entrée musicale de 25 à 30 R$.

Le club de samba Carioca da gema est un incontournable du genre à Lapa. *Carioca da Gema* signifie littéralement « Carioca de souche ». C'est dans une atmosphère bien *carioca* que vous allez être plongé. Groupe de samba *ao vivo*, clientèle amicale, personnel sympa. Le décor est agréable, un escalier de bois mène à une salle calme. Comme tous les bars en vogue à Rio, plus on s'approche du week-end, plus la file d'attente à l'entrée sera longue. Vendredi soir, plein à craquer ! Vraiment une des meilleures adresses pour écouter de la musique traditionnelle et danser !

PEDRA DO SAL

Rua Argemiro Bulcão, 38 - Saúde
Chaque lundi et vendredi à partir de 19h jusqu'à tard dans la nuit. Entrée gratuite.

Pedra do Sal est un monument historique et religieux, et surtout un lieu de fête incontournable. C'est le cœur de la culture afro des descendants d'esclaves de Rio, où se rencontrent les musiciens, chanteurs de samba et de *chorinho*, directement dans la rue. Tous les lundi (ancien jour de repos ouvrier) des *rodas* de samba attirent une foule de danseurs et de fêtards, venus boire une bière, manger un plat brésilien. Le lieu est très charmant, au milieu des petites maisons coloniales, des rues pavées et des fresques de *street art*. Le quartier n'est pas très sûr.

CIRCO VOADOR

Rua Arcos da Lapa - Lapa
✆ +55 21 2533 0354
www.circovoador.com.br
Salle de spectacle. Compter environ 50 R$ l'entrée, paiement uniquement en espèces.

Le Circo Voador est assurément l'une des plus grandes places musicales de Rio, et assurément l'un des cœurs culturels de la ville. Comme son nom ne l'indique pas, ce lieu n'est pas dédié aux arts circassiens mais le plus souvent à la musique. De nombreux groupes, certains parmi les plus grands de la planète, s'y produisent et y enregistrent quelquefois des albums live. Derrière les légendaires arches de Lapa, quand les stars ne sont pas là, les groupes présentés offrent toujours des spectacles de qualité, que ce soit en musique brésilienne ou internationale.

RIO SCENARIUM

Rua do Lavradio 20 – Centro
✆ +55 21 3147 9000
www.rioscenarium.art.br
Ouvert du mardi au samedi de 19h à 5h. Compter de 25 à 50 R$ l'entrée.

La boîte Rio Scenarium est un immense et magnifique entrepôt d'antiquités qui se transforme le soir venu en club de samba, *forró* et *chorinho*. Un endroit magique, il faut se perdre dans l'enchevêtrement de ces énormes salles et découvrir des recoins déserts peuplés de mannequins de cire abandonnés. 2 000 personnes s'y pressent le week-end. La programmation de musique *ao vivo* est excellente. Seul bémol : le Rio Scenarium est à la mode et les touristes étrangers y affluent, faisant perdre ainsi un petit peu de l'âme carioca du lieu.

FUNDICÂO PROGRESSO

Rua dos Arcos, 24 - Lapa
✆ +55 21 3212 0800
www.fundicaoprogresso.com.br
Salle de spectacles.

La *Fundição* progresso est un lieu dédié à la musique et l'art à proximité des arches de Lapa. Comme son nom l'indique, c'est une ancienne fonderie située au cœur de Lapa. Elle est devenue une salle de concert pour les stars locales (Jorge Ben, Caetano Veloso) ou internationales (Manu Chao adore l'endroit !). Elle sert également de salle de répétition pour les écoles de samba, de salle des fêtes, de représentations théâtrales… Ce lieu magique peut accueillir plus de 5 000 personnes. Un autre cœur culturel de Rio. Programmation complète sur le site Internet.

SALA CECILIA MEIRELES

Largo da Lapa, 47
✆ +55 21 23329223
salaceciliameireles.rj.gov.br/
Voir programmation.

En des temps où la place de la culture est réduite à portion congrue, au Brésil de Bolsonaro comme ailleurs, il semble important de rappeler le rôle des salles de spectacles et de concerts dans la diffusion de la culture. La salle Cecilia Meireles, au cœur du quartier central et populaire de Rio, apparaît comme un espace majeur de formation et de diffusion de musique classique. Cet ancien hôtel de luxe est devenu une salle à l'acoustique exceptionnelle et au design contemporain. La programmation de qualité propose une offre assez dense.

SAMBA DO TRABALHADOR

Rua Barão de São Francisco, 54 - Andarai
✆ +55 21 3253 2322
Tous les lundis de 17h à 21h30. Entrée 10 R$. Taxi depuis la Zona Sul : 35 à 40 R$

Dans ce quartier de friches industrielles, la samba se joue depuis toujours, le lundi, jour de repos des ouvriers. Au cœur de la culture afro-brésilienne, le club Renascença est le lieu de rendez-vous de de la vraie samba. La *roda* de samba fait venir les meilleurs musiciens et danseurs. Peu de touristes connaissent le rendez-vous, ni même les *hipsters* qui fréquentent la Pedra do Sal, dans le Centro. Ambiance authentique garantie. On peut y manger des *acarajés*, des *caldinhos* et des *pasteis*. Le club est un lieu fermé et sécurisé avec des taxis qui patientent devant.

THE MAZE RIO

R. Tavares Bastos, 414 – Casa 66 – Catete
✆ +55 21 2558 5547
themazerio.com
Jazz bar. Entrée : 50 R$ (40 R$ en pré-vente). Consulter le site internet pour les dates de concerts.

Cet hôtel-bar-restaurant-galerie d'art, qui semble avoir été conçu par Gaudí, est perché sur les hauteurs de Catete, au sein d'une favela pacifiée et sécurisée, il offre une vue remarquable sur le Pain de Sucre. Concerts de jazz, bed & breakfast, soirées de cuisine indienne ou tout simplement bar « classique », les occasions d'y venir ne manquent pas. Un service de van est organisé pour y accéder. L'un des endroits les plus originaux et les plus courus de la ville. Le projet The Maze a été décrit comme unique et original par National Geographic, c'est tout dire !

TEATRO JOÃO CAETANO

Praça Tiradentes, S/N
✆ +55 21 2332 9166
Voir programmation.

Cette honorable bâtisse a été inaugurée en 1813 par Dom João VI lui-même sous le nom de teatro de São João. Quelques évènements historiques majeurs. La constitution brésilienne y aurait été signée. En termes culturels, le théâtre a traversé les âges et marqué la scène brésilienne en proposant des centaines d'opérettes, d'opéras, de comédies, de tragédies, de concerts de musique. De Sarah Bernhardt à Maria Bethania, nombre de vedettes ont brûlé ses planches. Totalement rénové en 2009, le théâtre propose une programmation de qualité accessible à tous.

TRAPICHE GAMBOA

Rua Sacadura Cabral, 155 - Praça Mauá
✆ +55 21 2516 0868
Café-concert. Ouvert du mardi et jeudi de 18h30 à 0h30, le vendredi de 19h30 à 3h et le samedi de 20h30 à 3h.

Le Trapiche Gamboa est l'une des valeurs sûres de la samba (« le » samba disent les sambistas cariocas). Le Trapiche Gamboa est un club de samba dans une superbe propriété datant de 1867 et complètement rénovée. Au rez-de chaussée, on trouve la scène et de nombreuses tables au cœur de l'ambiance de la samba *ao vivo* (excellente *roda* de samba le samedi soir). Le spectacle s'apprécie ici autour d'une bonne bière fraîche ou d'un plat. À l'étage, espace plus intimiste et calme pour grignoter quelques *pasteis* en regardant les *sambistas* !

TEATRO ODISSÉIA

Avenida Mém de Sa, 66 – Lapa
✆ +55 21 2224 6367
Ouvert du mercredi au samedi de 23h à 6h et le dimanche jusqu'à minuit. Entrée : 30 R$.

Créé en 2004 comme une scène pour les nouveaux artistes et les échanges avec des groupes du Brésil et du monde entier, le Tetro Odisseia est un énorme bâtiment de 3 étages pouvant accueillir près de 700 personnes, avec une scène au rez-de-chaussée et un grand écran au dernier étage. Concerts rock, alternatifs, rave... et même des soirées spéciales musique brésilienne. La programmation artistique est multilingue est internationale, comprenant des projets spéciaux, des expositions, des conférences et ateliers sur la production culturelle et le marché de la musique.

VINICIUS BAR

Rua Vinicius de Moraes, 39 – Ipanema
✆ +55 21 2287 1497
www.viniciusbar.com.br
Ouvert tous les jours de 12h à 23h.

Le Vinicius Bar, sis dans la rue du même nom, en face du bar Garota da Ipanema, est une institution de la bossa-nova à Rio. La salle de concert de l'étage, très intime, a vu passer les plus grands noms de la bossa (Baden Powel, Wanda Sa, Dori Caimmi...). Elle continue d'accueillir très régulièrement la grande (par le talent) Maria Creuza et sa voix de velours. A écouter un verre de caïpirinha à la main... Aujourd'hui encore, malgré l'embourgeoisement du quartier, la même ambiance d'amoureux de la musique brésilienne se retrouve toutes les fins de semaine.

PASSPORT

ÉTAT DE RIO DE JANEIRO

On ne saurait réduire l'État de Rio à la ville éponyme. Petit état à l'échelle du Brésil, l'État de Rio de Janeiro offre une immense variété de paysages naturels et urbains, montagnards ou littoraux. Les villes baroques de la route de l'or apparaissent comme des joyaux dans l'écrin vert de la forêt atlantique. En quelques heures, le voyageur passe des montagnes de la Serra dos Órgãos (où trône l'ancienne ville impériale de Petrópolis, hélas blessée par des inondations) et du charme des chalets suisses de Mauá à la douceur des plages et îles du littoral. Les merveilles de l'architecture coloniale de Paraty, ou les plages du Saint-Tropez brésilien, Búzios, cher à notre BB nationale, complètent une liste à la Prévert. On pourrait y ajouter les *fazendas* de café popularisées par les *telenovelas* brésiliennes. Si cette liste n'a aucune prétention à l'exhaustivité, elle pose les jalons de la richesse d'un séjour dans l'État de Rio.

État de Rio de Janeiro
ESPIRITO SANTO
MINAS GERAIS
Lavras
Luminárias
Barroso
Barbacena
Ubá
Muriaé
Itaperuna
Cataguases
Leopoldina
São Francisco
de Itabapoana
Campos dos Goytacazes
Juiz de Fora
Lima Duarte
Bom Jardim de Minas
Além Paraíba
PARQUE ESTADUAL
DO DESENGANO
Conceição de Macabu
New Fribourg
Macaé
Rio das Ostras
RIO DAS FLORES
VALENÇA
CONSERVATÓRIA
VISCONDE DE MAUÁ
VASSOURAS
BARRA DO PIRAÍ
ITAIPAVA
TERESÓPOLIS
PETRÓPOLIS
SANA
PARQUE NACIONAL DA
SERRA DOS ÓRGÃOS
PARQUE NACIONAL
DO ITATIAIA
PENEDO
Cruzeiro
Volta Redonda
PARQUE NACIONAL
DA SERRA DOS ÓRGÃOS
PARQUE NACIONAL DA
SERRA DA BOCAINA
ILHA DE PAQUETÁ
BUZIOS
ARARUAMA
CABO FRIO
ARRAIAL DO CABO
NITERÓI
SAQUAREMA
RIO DE JANEIRO
MANGARATIBA
ITACURUÇA
ANGRA DOS REIS
ILHA DA GIPÓIA
CONCEIÇÃO DE JACAREÍ
ILHA GRANDE
Vila do Abraão
PARATY

PAGES

202 ## ●● COSTA VERDE

A l'ouest de Rio s'étend la Costa Verde (côte verte), nommée ainsi en raison de la luxuriante forêt atlantique (*mata Atlântica*) qui couvre ses massifs vallonnés, arrosés par des pluies plus fréquentes que dans la Costa do Sol au nord de Rio. Son immense baie bordée de magnifiques plages abrite une quantité inouïe d'îles paradisiaques : environ 350. La région abrite près de la moitié du parc national de la Serra da Bocaina, où sont préservées la faune et la flore de la *mata Atlântica*. Ici se succèdent, sur plusieurs centaines de kilomètres, des paysages absolument somptueux. La mer y est chaude, tranquille, et les eaux sont claires. Cependant, le temps est facilement changeant et il y pleut assez souvent. La Costa Verde est adaptée aux sports nautiques, à la plongée, à la pêche et aux balades en bateau ou aux multiples randonnées à effectuer à travers la *mata*. On y trouve quelques perles du littoral brésilien. La magnifique ville historique de Paraty, ancien port aurifère de la métropole de l'empire portugais, et préservée après sa « destitution » au profit de Rio de Janeiro, est un incontournable des séjours dans l'Etat de Rio. L'autre merveille est le paradis écologique d'Ilha Grande, île sans voitures où la nature impose encore sa loi. C'est aussi le paradis des surfeurs.

ILHA GRANDE ★★★

207 Ilha Grande est la plus grande île de la baie d'Angra dos Reis. On se rapproche du paradis écologique. Il n'y a pas de voitures, on circule en bateau le long de la côte ou à pied. C'est un véritable sanctuaire écologique classé réserve naturelle : 95 % de la forêt originale y ont été préservés.

Lagoa Azul.

Les paysages sont magnifiques. Mais Paraty est assurément un joyau du tourisme brésilien pour son histoire et ses vieilles pierres. Des voyageurs du monde entier visitent son centre historique érigé à l'époque de la fièvre de l'or, classé au patrimoine mondial de l'Unesco et extraordinairement bien conservé.

La Costa do Sol est prisée des Brésiliens et des touristes (surtout argentins) pour ses plages, ses stations balnéaires et son climat ensoleillé. C'est la région qui s'étend au nord-est de Rio, commençant de l'autre côté de la baie de Guanabara (Niterói) et se prolongeant jusqu'à son principal « spot » touristique, la station balnéaire branchée de Búzios. C'est une région bien plus sèche que la Costa Verde : il y pleut très peu. Búzios, situé tout au bout de la côte, connaît plus de 300 jours de beau temps par an. La région est connue des Brésiliens sous le nom de « Região dos Lagos » (région des lacs), en raison des nombreuses lagunes qui la parsèment. Contrairement aux forêts tropicales de Rio ou de la Costa Verde, dans cette région, ce sont les dunes et la végétation basse et sèche qui dominent.

Búzios est la plus célèbre des stations balnéaires aux alentours de Rio. C'est un peu le Saint-Tropez brésilien. Le décor est d'une beauté saisissante. Initialement un port de pêche, cette station balnéaire à la mode est réputée pour ses restaurants romantiques et sa vie nocturne agitée.

La Serra dos Órgãos est une région montagneuse de la Serra do Mar qui se caractérise par la beauté de paysages escarpés et sa riche biodiversité. Sa fraîcheur avait incité la famille impériale à installer ses quartiers d'été dans la superbe ville de Petrópolis. C'est une spectaculaire chaîne de montagnes qui traverse tout l'Etat de Rio d'est en ouest. C'est un autre Brésil qui se présente, à 1 heure de route de la capitale *fluminense*. Ce paysage de pics escarpés et de chalets en bois est vraiment insolite ! Au plus fort de l'hiver brésilien, le thermomètre approche 0 °C la nuit : bonnets et écharpes font partie de la garde-robe de ces montagnards tropicaux. Les maisons sont même équipées de cheminées. Outre la fraîcheur du climat et la beauté fascinante des paysages, on peut profiter ici des nombreuses possibilités de randonnées à pied ou à cheval, ou apprécier un confortable isolement au sein d'un de ces hôtels de montagne. Sans oublier de découvrir ce qui fut le lieu de villégiature préféré de la Cour impériale au XIXe siècle : Petrópolis.

ITACURUÇA ★

Itacuruçá est un nom indigène qui signifie « pierre de la croix ». La cité, située seulement à 96 km de Rio, endormie la semaine, s'éveille le week-end. Les quelques îles offrent de belles plages fréquentées par des familles et la partie continentale est enchâssée dans des collines recouvertes par une forêt atlantique dense. On peut faire des balades en *saveiro* ou pêcher. Se promener en bateau en ces lieux, comme en de nombreux endroits de la Costa Verde, permet de s'imprégner de la beauté des paysages. La petite ville propose quelques attractions intéressantes. Si on veut se promener en toute tranquillité, on évitera Itacuruça le week-end.

PARÓQUIA NOSSA SENHORA DA GUIA ✞ ★★

Praça Robert Olympio Simões

La jolie petite église du centre de Mangaratiba date de 1795. C'est un des rares édifices religieux anciens qui conserve encore ses caractéristiques anciennes peu ou pas retouchées. Elle propose une jolie façade couverte d'azulejos portugais. L'intérieur baroque est modeste, avec une chapelle et une statue en bois de la sainte. La sainte consacrée ici est la patronne des gardiens de troupeaux ou des pêcheurs. Ils viennent l'honorer le 8 septembre.

MANGARATIBA ★

Située à 85 km de Rio de Janeiro, Mangaratiba est surtout connue pour ses resorts de luxe, notamment pour le Club Med Rio das Pedras Resort. La ville d'environ 40 000 habitants ne présente pas de grand intérêt en soi, si ce n'est pour ceux qui veulent se rendre à Ilha Grande sans passer par Angra dos Reis. En partant de Rio, vous gagnerez une heure de transport en bus par rapport au port d'Angra, mais les navettes sont beaucoup moins fréquentes. Néanmoins, on trouve à Mangaratiba de belles plages, des montagnes (Serra do Piloto), des cascades, des bâtiments historiques datant du Brésil colonial, quelques musées et des églises centenaires.

ESTRADA IMPERIAL DO ATALHO 📷 ★★

Accès par la plage du Saco de Baixo.

Petite montée par la route impériale à travers la forêt atlantique. On passe près d'une énorme cascade, avant d'arriver à une autre cascade, celle des Esclaves, et au Puits Impérial. Le premier projet discuté à la Chambre de la commune du nouveau village était la construction de cette route reliant Mangaratiba à São João do Príncipe (São João Marcos). On peut voir des vestiges de bâtiments en ruine le long de cette route remise en valeur pour le tourisme.

PRAIAS ★★

© GUYDION - SHUTTERSTOCK.COM

On trouve plusieurs plages populaires à Mangaratiba : la plage centrale d'abord, pas très recommandée pour se baigner car les bateaux viennent y accoster, mais jolie avec ses palmiers. La populaire praia Ibicuí est souvent bondée. La meilleure est sans doute la praia Brava, belle, vaste, raisonnablement peuplée, avec quelques paillotes pour acheter des boissons fraîches, et aux eaux claires pour se baigner. Plus reculées et accessibles seulement en voiture depuis le centre, les plages de São Antonio et Junqueira sont sauvages, avec des eaux calmes et limpides.

SERRA DO PILOTO ★

C'est dans cette forêt que se trouve le fameux « point d'eau du cheval de Dom Pedro II », cascade où les esclaves étaient autorisés à se baigner. On y verra également quelques ouvrages architecturaux historiques et des ruines. Lieu important de l'histoire économique du pays, la *serra* entoure l'ancienne route impériale sur laquelle sont passés les esclaves et les producteurs de café des *fazendas*. Cet espace naturel a été assez peu modifié par l'homme au cours des siècles et il apparaît aujourd'hui comme un paradis pour les balades en pleine nature.

TERMINAL RODOVIÁRIO DE MANGARATIBA

Rua 15 de Novembro, 70

✆ +55 21 2789 1546

Gare routière. Billet Rio Mangaratiba : 45 R$ environ.

Les bus Costa Verde relient Mangaratiba et Rio de Janeiro en 2h30 environ. Il y a des départs dans les deux sens quatre fois par jour. Le matin, le départ s'effectue à 5h50 et 8h30 (à partir de 40 R$). On peut réserver et/ou acheter ses billets sur internet. Les bus Costa Verde, desservent toute la Costa Verde, forcément, mais les liaisons entre Mangaratiba et les autres villes touristiques (comme Paraty) de la ligne Costa Verde sont relativement limitées.

SOLAR DO BARÃO DE SAHY ★★

Rua Coronel Moreira da Silva, 173

✆ +55 21 2789 1422

Ouvert du lundi au vendredi de 8h à 16h.

Sans doute est-ce le « solar » (maison bourgeoise) la plus ancienne de Mangaratiba. Cette maison coloniale a été construite en 1831. Le baron de Sahy, grand propriétaire terrien et planteur de café a fait construire sa belle demeure au cœur de Mangaratiba, dont le développement a été lié au développement de la culture du café. C'est aujourd'hui le centre culturel de la ville qui compte un musée municipal depuis 2012, exposant des objets coloniaux du XVIIe siècle, des photographies de la ville du XIXe siècle et quelques peintures.

HOTEL PORTO REAL €€

Estrada Rio Santos

✆ +55 21 2685 9500

www.hotelportoreal.com.br

Chambre double avec petit déjeuner à partir de 575 R$.

L'hôtel Porto Real est un grand ensemble hôtelier qui donne sur la mer. Le style est moderne et un peu impersonnel, on est loin du charme colonial mais l'essentiel est garanti. Les chambres, décorées sobrement, sont spacieuses et confortables. Restaurant, spa, centre de fitness, piscine. Tout est fait pour le confort des hôtes. Ce n'est pas particulièrement glamour mais l'ensemble est vaste et agréable. Pour un ou deux jours lors d'une étape entre Ilha Grande et Rio de Janeiro, on peut se laisser tenter et contempler la mer.

TELEBARCAS

Avenida Mangaratiba, Barcas

✆ +55 21 2533 7524

Aller simple : 20.5 R$.

On peut aller à Ilha Grande par différents lieux, entre Rio de Janeiro et Paraty. On peut rejoindre Ilha Grande (jusqu'à Abraão, le village principal) depuis Mangaratiba mais il y a peu de bateaux par jour. La durée du voyage est de 1h20 à 1h40 car c'est un ferry, de la compagnie CCR Barcas (www.grupoccr.com.br/barcas). Si vous êtes pressé, si vous arrivez de Rio, vous pouvez prendre la bateau à Conceição do Jacaré.

- **Mangatiba - Abraão :** tous les jours à 8h, le vendredi un bateau en extra est ajouté à 22h.
- **Abraao - Mangaratiba :** tous les jours à 17h30.

TOCA DA GAROUPA €€

Av. Litorânea, 345

✆ +55 21 2789 1033

Cuisine brésilienne. Ouvert tous les jours sauf le lundi de 11h à 17h. A partir de 50 R$ par personne.

Le Toca da Garoupa est un bon restaurant de plage qui propose des spécialités de fruits de mer et de poissons. C'est un établissement très simple, rustique, typique des restaurants de plage. La vérité est donc dans l'assiette et vu le nombre d'habitués, il semble bien que ce qui fait la qualité d'un restaurant est bien présent. L'endroit est charmant et romantique avec une belle vue en prime. On peut même voir les sympathiques tortues marines évoluer dans leurs ballets bien réglés. Ce resto traditionnel se caractérise aussi par la qualité de son service.

CONCEIÇÃO DE JACAREÍ ★

Très proche de Mangaratiba, Conceição de Jacareí est un petit village qui a plusieurs atouts : d'abord sa position privilégiée de point le plus proche d'Ilha Grande, lui assurant des arrivées et départs permanents de touristes, mais aussi sa plage, un peu plus agréable que celles d'Angra dos Reis car éloignée des plates-formes pétrolières, et enfin la présence de quelques hôtels salutaires pour ceux qui cherchent à faire une pause sur la route entre Rio et Ilha Grande. Il est judicieux, lorsqu'on se rend à Ilha Grande, de prendre les bateaux qui assurent la traversée à Conceição de Jacareí, cela fait fait gagner du temps par rapport à Angra dos Reis.

ANGRA DOS REIS ★★

Angra est une ville portuaire et historique, fondée au XVIe siècle, à 150 km au sud-ouest de Rio. Pour beaucoup, ce n'est qu'une étape vers Ilha Grande. La ville et sa région n'offrent plus qu'un charme relatif, depuis son industrialisation. On peut y visiter la seule centrale nucléaire brésilienne, Volta Redonda, et observer les plates-formes pétrolières de Petrobras. Cependant, si l'on traverse le port et que l'on suit la côte par la route do Contorno, on comprend pourquoi le lieu reste en tête des destinations de villégiatures par les Paulistas et les Cariocas. La route serpente le long de collines qui se jettent dans une mer limpide.

OBJECTIVA TOUR

Port de Conceição
✆ +55 24 981667428
https://objetivaturismo.com.br/
Aller-retour : 170 R$, aller simple : 100 R$.

L'Objectiva tour est une société sérieuse qui propose des navettes journalières entre Conceição de Jacareí et Abraão. La compagnie assure les rotations avec des bateaux rapides. D'autres compagnies utilisent des bateaux qui embarquent plus de passagers, mais sont moins rapides. Ces informations sont importantes, lors des week-ends ou en haute saison, les bateaux sont pleins rapidement.

Horaires des navettes en bateau rapide : de Conceição de Jacareí à Abraão : 9h, 10h, 12h, 14h, 17h et 18h. D'Abraão à Conceição de Jacareí : 8h, 9h, 11h, 13h30, 15h et 17h30.

VILANOVA TOUR

Rua da Praia, 157
✆ +55 21 99745 5548
www.vilanovatour.com.br
Aller-retour : 160 R$, aller simple : 100 R$. Demi-tarif pour les enfants de 6 à 10 ans.

Pour ceux qui veulent aller de Rio à Ilha Grande sans aller à Angro dos Reis, plus éloigné de Rio, Vilanova Tour propose des services de navettes quotidiennes entre la petite ville de Conceição de Jacarei et Abraão.

Horaires de navettes quotidiennes : de Conceição de Jacareí à Abraão : 8h30, 9h30, 10h, 10h30, 11h, 12h, 13h, 14h, 14h30, 14h30, 15h30, 16h30, 18h et 18h30. D'Abraão à Conceição de Jacareí : 8h, 9h, 9h30, 10h30, 11h30, 12h, 13h30, 14h, 15h, 16, 17h30 et 18h30. Vilanova Tour propose également des balades en mer au départ des 2 ports.

MAMBUCABA ★★

Mambucaba

Ce petit village aux allures coloniales, bien agréable et dépendant de la ville d'Angra dos Reis, longe la jolie plage et la rivière du même nom. Il aurait été peuplé par les Indiens Tamoio, décrits par l'Allemand Van Staden au XVIe siècle. Le village et le site ancien tout entier ont été classés par l'IPHAN (monuments historiques) en 1968. Le vieux village est aujourd'hui un site de villégiature des habitants de l'Etat de Rio. De 700 habitants hors saison, la population monte à plusieurs milliers en haute saison. On peut s'y arrêter pour manger.

PONTA LESTE ★

Ponta Leste est un quartier d'Angra dos Reis, proche du terminal de Petrobras. Les plages de Ponta Leste sont dignes d'intérêt. La plage de Monsuaba notamment, avec une petite cascade (*cantagalo*) que l'on rejoint par un chemin de terre en face de la place de l'église. Depuis la plage da Espia, à la pointe de la Ponta Leste, plantée de manguiers et où un obélisque (*aquidaba*) rappelle le naufrage d'un navire de guerre en 1906, on a une jolie vue de la baie. L'Ouest est sauvage et désert. Plongée sur les plages de Maceis et Pontal.

PRAIAS NA ESTRADA DO CONTORNO

Les plages d'Angra sont nombreuses et certaines sont vraiment agréables. La plage de Praia Grande st la plus courue du côté « continent », étroite, elle regroupe beaucoup de maisons de plages et de petits restaurants. La Praia da Figueira est la préférée de ceux qui recherchent un peu d'ombre dans la chaleur tropicale. Elle est entourée de grandes résidences. On peut voir l'île de Gipoia. Tanguazinho offre une très belle vue sur la baie. Les eaux y sont calmes et translucides.

CCR BARCAS

Cais de Lapa – Centro
✆ +55 24 2533 7524
Angra dos Reis > Abraão. En ferry (1h20, 17 R$) : 15h30.Abraão > Angra dos Reis. En ferry (1h20, 17 R$) : 10h.

Ce port, qui fait aussi office de tourisme, est le point de départ le plus fréquenté pour rejoindre Abraão. on peut payer le billet en ligne ou par téléphone à Objectiva Tour (« O » dans les horaires) et AcquaFlex (« A » dans les horaires), qui proposent des speedboats ou la goélette. Le bateau ferry quotidien der CCR Barcas compte beaucoup de places. Une fois par jour, des pêcheurs proposent des transferts sur d'autres plages de l'île, où se trouvent quelques pousadas (Araçatiba, Japariz), il est possible de réserver un bateau privé pour Bananal et Aventureiro)

NAUTICA DOCE ANGRA

Avenida Júlio Maria, 54 – Centro
✆ +55 24 3367 1281
Promenade en goélette à partir de 50 R$ par personne, bateau privé à partir de 100 R$ de l'heure.

Comme à Paraty ou dans de nombreuses petites villes portuaires, il est possible de passer toute ou partie de la journée sur un bateau plus ou moins grand. Cette petite agence est spécialisée dans les promenades en mer en *escuna* (goélette brésilienne) d'environ 5 heures pour découvrir les petites îles tropicales ainsi que les côtes d'Ilha Grande. Location d'un bateau privatif possible. Dans la mesure du possible, il est plus judicieux de privilégier les plus petites embarcations car elles sont plus calmes et silencieuses que les goélettes chargées de touristes.

LOCALIZA - HERTZ

Estr. das Marinas, 91
✆ +55 24 3365 2455
www.localizahertz.com
Location de voiture. Ouvert de 8h à 20h. À partir de 75 R$ la journée de location. Réservable en ligne.

Localiza-Hertz est une enseigne de location de voitures qui a le mérite d'être sérieuse et d'avoir un vaste réseau d'agences. Les locations sont compétitives et les voitures en bon état. Il faut vérifier si on peut rendre le véhicule dans une autre agence que celle où on a pris le véhicule. Il faut vérifier l'état du véhicule lors de l'état des lieux et ne pas hésiter à noter et prendre en photo des rayures ou bosses. Les routes ne sont pas toujours carrossables à certaines périodes de l'année et il faut respecter les conditions de sécurité, surtout la nuit.

Vue d'Angra dos Reis.

OBJECTIVA TOUR

Praia do Abraão, 677
✆ +55 24 3370 5584
www.objetivatour.com
Aller-retour : 85 R$.

C'est l'une des deux compagnies qui effectuent des navettes en speedboat pour Ilha Grande, depuis Angra do Reis ou Conceiçao de Jacarei.

Départs d'Angra dos Reis à 9h, 12h et 18h30, retours de Ilha Grande à 8h, 11h et 17h30.

Cette compagnie a l'avantage de proposer des traversées en embarcations rapides, mais plus petites que les ferries des autres compagnies. Comme pour les autres compagnies qui assurent la traversée, il arrive fréquemment que les bateaux soient pris d'assaut en fin de semaine ou en haute saison. Il est prudent d'arriver tôt ou de réserver.

TERMINAL RODOVIÁRIO VEREADOR NILTOM BARBOSA

Av. Almirante Jair Carneiro Toscano de Brito, 110 - Balneário ✆ +55 24 3365 3393
Gare routière. Compter environ 53 R$ le trajet Rio-Anga dos Reis.

- **Rio - Angra dos Reis.** C'est toujours la compagnie Costa Verde qui assure les liaisons, toutes les heures. En saison et le week-end, pensez à réserver votre billet car les bus sont pleins.
- **Angra dos Reis - Paraty.** La compagnie locale Colitur assure les liaisons toutes les 30 à 40 minutes (1h30 de trajet) soit à bord de bus confortables au départ du terminal, soit dans des bus de ville avec passage devant le port, souvent ultra bondés.

On peut réserver sur le site web de ces compagnies.

POUSADA CASA ATLÂNTICA €€

Rua Professor Jorge Salomão, 228
✆ +55 24 3377 1632
www.pousadacasaatlantica.com
Chambres doubles à partir de 415 R$, triples 475 R$, familiales 500 R$. Petit déjeuner compris. Wifi.

Pour ceux qui souhaiteraient passer une nuit ou deux à Angra, la casa Atlantica est une bonne option. L'établissement a changé son nom en House Inn Atlantic, mais elle a su garder son esprit. C'est une assez jolie pousada bien décorée, proche du centre d'Angra dos Reis, qui propose quelques chambres avec vue sur la mer, gaies, climatisées avec de jolies salles de bain à baignoire hydromassante. L'établissement dispose d'une agréable piscine et de sa propre jetée sur la mer. Des chaises longues sont disponibles pour prendre le soleil. Parking.

POUSADA JAMANTA €€

Estrada Vereador Benedito Adelino, 1421 - Bonfim
✆ +55 24 3365 1374
www.pousadajamanta.com.br
Chambre double à partir de 460 R$, triple de 660 R$ et quadruple de 840 R$. Petit déjeuner compris. Wifi.

Angra dos Reis est un spot de plongée renommé dans tout le Brésil. La pousada Jamanta est une belle pousada tout en bois de 19 chambres, où se retrouvent surtout les plongeurs (car c'est aussi un centre de plongée) et qui offre de magnifiques vues sur la mer. Certaines chambres, qui peuvent accueillir entre une et trois personnes, sont des suites, d'autres sont des appartements. La nature est omniprésente et semble fusionner avec ce bel établissement. Piscine avec ponton en teck et hamacs, sauna, hammam. Restaurant sur place.

FROMAGGIO €

Av. Almirante Júlio César de Noronha, 104-106 - Centro ✆ +55 24 3367 1145
restaurantefromagio1.placeweb.site
Cuisine italienne, pizzeria. Ouvert tous les jours de 19h à minuit. Compter environ 60 R$ par personne.

Le Fromaggio est un restaurant italien, comme son nom l'indique. La cuisine italienne qu'il propose est simple et goûteuse dans un cadre certes un peu défraîchi, mais le plaisir sera dans l'assiette. La carte propose de bons plats de viande et de pâtes, mais également des pizzas. Les pâtes sont faites maison et les pizzas sont cuites au feu de bois. La taille des pizzas est impressionnante. Le filet mignon est à essayer ! Le service est familial, agréable et professionnel. Les bières sont servies bien fraîches et la carte des vins est correcte.

SAMBURÀ €€

Rua Maria José Lucas Peixoto, 286 – Parque de Palmeiras ✆ +55 24 3377 2730
restaurantesambura.placeweb.site
Cuisine brésilienne, poissons & fruits de mer. Ouvert TLJ sauf le mardi de 12h à 23h30. environ 60 R$ pour un repas.

Le restaurant Samburà est un bon petit restaurant de spécialités de la mer réputé dans la région d'Angra, à l'ambiance jazzy relaxante, et où on peut se sustenter d'un poisson ou de poulpes grillés accompagnés d'une bière fraîche. Fréquenté par des gens du cru en basse saison, la qualité de sa table fait que les touristes nationaux y sont très nombreux en haute saison. Les déclinaisons de poisson (moqueca de cavalo), de calamar, de crevettes (moqueca de camarao) sont toutes assez réussies. Le restaurant est assez excentré en revanche.

PÃO E ACESSÓRIOS

Rua do Comércio, 212
✆ +55 24 3365 3344
Boulangerie, snacks. Ouvert du lundi au samedi de 6h à 20h.

Il y a peu de boulangeries pâtisseries à Angra. L'établissement Pao e acessorios est une bonne pâtisserie qui fait du bon pain, des croissants, des sandwichs, des salgados (petits salés brésiliens). C'est le point de chute idéal pour le petit déjeuner et pour un pique-nique. Les pâtissiers s'essayent aux macarons à la française avec une certaine réussite. On pourra remplir son panier avant de faire quelques tours de la baie d'Angra en bateau ou pour aller dans la belle île d'Ilha Grande, paradis écologique juste en face d'Angra.

ILHA DE GIPÓIA ★

L'île de Gipóia est une des îles d'Angra qui mérite une visite, en cette étape entre Rio et Paraty. Gipóia est un très bon spot pour une balade en pleine nature dans la journée. On peut s'y rendre en embarcation de pêcheur à partir du port d'Angra. Elle est richement dotée en plages, toutes différentes et qui permettront des activités variées. L'ambiance est festive à Armação, sportive à Brava et Fora, où on pratique assidûment le surf. A Amaral, sans infrastructures, on viendra chercher le calme. La plage d'Amendoeiras est idéale pour la plongée car ses eaux sont transparentes. Il existe de nombreux hébergements, du rustique au sophistiqué.

Ilha de Gipóia.

ILHA GRANDE ★★★

Ilha Grande est la plus grande île de la baie d'Angra dos Reis. On se rapproche du paradis écologique. Il n'y a pas de voitures, on circule en bateau ou à pied. C'est un véritable sanctuaire écologique classé réserve naturelle : 95 % de la forêt originelle y sont préservés. Ses fonds marins sont d'une grande beauté et riches en épaves, témoignages des méfaits des pirates d'antan. Accessible en bateau depuis Mangaratiba, Conceição de Jacareí ou Angra dos Reis, ce bout de paradis génère les superlatifs : des plages nombreuses (certaines abritent de petites criques), tranquilles, aux eaux transparentes ; d'autres, plus amples, bordées de palmiers et bercées par les vagues, où on trouve quelques surfeurs.

On passe ses journées à pratiquer le farniente sur les plages, à naviguer sur des bateaux qui proposent de faire des tours de l'île ou encore à faire des randonnées. Des sentiers relient les plages entre elles, ou s'enfoncent à travers la jungle. On peut marcher jusqu'à la magnifique plage de Lopes Mendes, la plus belle et sauvage de l'île, ou grimper au pic de Papagayo, point le plus haut de l'île qui culmine à 900 mètres d'altitude et offre une vue magnifique sur les environs. On peut faire le tour de l'île en trek de 5 jours avec un guide mais cela se prépare à l'avance. Les Cariocas, Paulistas et touristes y côtoient les pêcheurs. En août et septembre, la mer parfois houleuse rend l'accès à Ilha Grande difficile. Abraão est la principale porte d'entrée de l'île.

L'île semble retrouver sa situation d'avant covid, les touristes reviennent en quête de leur paradis.

ABRAÃO ★★

Abraão, le seul vrai village de l'île, est très touristique. Situé face au continent et au village Conceição de Jacareí, il concentre des auberges de jeunesse et *pousadas* bien agréables. L'ambiance y est plutôt jeune et familiale, assez festive le week-end. Quelques hôtels exclusifs se trouvent sur d'autres plages de l'île mais l'accès y est plus difficile. Comme il n'y a pas de voitures sur l'île, les balades, jusqu'à la superbe plage de Lopez Mendes, par exemple, nombreuses, se font à pied à partir du village ou en bateau.

© BERNARD BARROSO - SHUTTERSTOCK.COM

Aqueduto et Cachoeira da Feiticeira.

AQUEDUTO ET CACHOEIRA DA FEITICEIRA ★★

Vila do Abraão

Jusqu'à l'aqueduc, 2 km, 1h de marche, jusqu'à la cascade 2h depuis Vila do Abraão) ; dénivelé : 300 m.

La cascade de Feiticeira s'écoule sur 10 mètres de hauteur. Passage sous l'aqueduc construit à la fin du XIXe siècle, qui servait à acheminer l'eau au lazaret. Dénivelé d'environ 300 m avant une courte et étroite descente jusqu'à la cascade.. Après la baignade, poursuite de la randonnée jusqu'à la paisible plage do Iguaçu. On peut continuer en longeant la plage jusqu'à Saco do Ceu en passant par Praia da Camiranga, Praia do Perequê, Praia do Conrado,

CAXADAÇO ★★★

Distance : 8,5 km aller/retour en partant de la plage de Dois Rios. Temps de marche : 4h aller/retour, dénivelé 150 m.

Cette randonnée se réalise en une journée complète aller/retour avec repas sur les plages de Dois Rios et Caxadaço. En partant de l'entrée de Dois Rios, suivre les indications d'une pancarte en bois. Plus un seul bruit, si ce n'est celui de la jungle. Après une descente abrupte, on traverse un petit torrent et, enfin, une petite plage déserte ! Abritées du large par un énorme rocher, les eaux y sont calmes et très claires. Paradisiaque. Les bateaux « tour complet » et « super sud » s'arrêtent ici. Pas de restaurant ou de camping sur place. Le camping est interdit.

BANANAL ★★

Bananal

Accessible en bateau depuis Angra dos Reis.

L'anse bananière compte les plages de Bananal, Jaconema et Matariz, courues par les *saveiros* qui partent d'Abraão.. Elle doit son nom à la plantation de bananes qui existait à la Freguesia de Santana et a une histoire assez insolite puisque ses habitants sont tous des descendants d'immigrants... japonais ! Ilha Grande a connu une vague migratoire de Japonais venus travailler dans les usines de sardines. Depuis le village, une balade populaire mène au point de vue Mirante do Bananal, il existe deux randonnées menant à la Freguesia de Santana et à Sitio Forte.

DOIS RIOS ★★

Distance : 7 km depuis Abraão, dénivelé 350 m, temps de marche 2h30 à 3h.

Une randonnée mène à la belle plage de Dois Rios, où se rencontrent deux rivières (« dois rios ») et l'océan. Ici se trouvent encore les ruines du pénitencier fermé en 1994 avec un écomusée. Sentier facile, puis descente tranquille jusqu'au village de Dois Rios. Beau point de vue au-dessus du village d'Abraão (mirante de Curva da Morte) et deux petites cascades en contrebas. Restaurants de poissons et fruits de mer et des sandwichs.

Possibilité de continuer pour rejoindre la plage de Caxadaço (mais il faut partir tôt) ou Parnaioca (mais il faut dormir sur place).

LAGOA AZUL ★★

La lagoa azul n'est pas vraiment une lagoa. Tout au nord d'Ilha Grande, c'est une magnifique crique aux eaux qui grouillent de poissons multicolores et où on peut nager à proximité de tortues de mer. Malheureusement, c'est une étape très courue des grands *saveiros*, et est envahie par des hordes de plongeurs en « banane » tous les week-ends estivaux. Essayez de vous y rendre en « décalé » si vous louez un bateau privé, pour ne pas gâcher la visite. On trouve un bar-restaurant sur place pour manger et se rafraîchir. On ne peut pas s'y rendre à pied.

PICO DO PAPAGAIO ★★★

Distance : 18 km depuis Abraão, dénivelé : 980 m ; temps de marche effective : 6 heures ; avec chaussures de marches.

Si le plus haut sommet de l'île est le Pico da Pedra D'Água (1 031 mètres), la randonnée la plus populaire est celle qui mène au Pico do Papagaio juste à côté (980 m), plus facile. On grimpe à travers la forêt tropicale pendant environ 3 heures de montée ardue, via un étroit chemin au cœur de la nature, qui offre de magnifiques panoramas sur le continent et l'océan. Par beau temps, on peut voir la Pedra da Gávea de Rio. On peut l'effectuer sans guide en journée, en revanche, si l'expérience « randonnée nocturne » vous tente, nous vous recommandons d'en prendre un.

PARNAIOCA ★★

Distance 15 km aller/retour depuis Dois Rios, temps de marche : 3h à partir de Dois Rios (6 à 7h aller/retour).

Très belle plage, intacte et sauvage. Ruines d'une vieille église, cascades... Mais c'est la randonnée la plus longue de l'île et un bon spot de plongée, car il y a une épave naufragée.

▶ **Sur place**, on peut rester dormir, car l'aller-retour dans la journée est impossible. Le camping do Janete est parfait avec eau chaude dans les douches. Pensez à réserver, pour prévoir votre tente ou votre emplacement, dîner et petit déjeuner. Possibilité le matin d'embarquer sur un bateau-excursion qui fait « le tour entier » de l'île, les bateaux « *meia volta* » n'y vont pas.

PRAIA DE ARAÇATIBA ★★

Praia de Araçatiba

Accessible en bateau depuis Angra dos Reis, ou à pied depuis Proveta (3h de marche aller simple).

La plage de Araçatiba est le deuxième lieu le plus important d'Ilha grande en termes de tourisme. C'est un point de départ idéal pour des sentiers écologiques ou des tours en bateau. C'est une plage proche de Proveta, où se trouvent quelques pousadas, cabanes de plage et campings, pour ceux qui veulent découvrir ce côté de l'île. On y accède par bateau depuis Angra ou à pied depuis Provetá. Sur place, les logements proposent des demi-pensions et des tours en bateau jusqu'à Lagoa Verde, Praia Vermelha ou l'étrange Gruta de Açaia.

ÉTAT DE RIO DE JANEIRO

© VITORMARIGO - SHUTTERSTOCK.COM

Vue magnifique depuis le sommet du pico do Papagaio.

LOPES MENDES ★★★

Distance 7 km depuis Abraão, temps de marche effective : 4 à 5 heures aller/retour. Dénivelé 300 m.

Il peut paraître incongru de proposer un classement des plages tant elles peuvent être différentes en termes d'environnement, d'accessibilité, de formes...Pourtant, certaines sont unanimement plébiscitées tant leur beauté est universelle. Lopes Mendes est une de ces plages.

La plus populaire des randonnées conduit vers l'une des plus belles plages du Brésil : longue de 3 km et de sable fin et blanc, si fin qu'il crisse comme la neige sous les pas. Des surfeurs viennent à Lopes Mendes chercher des vagues plus nombreuses que du côté protégé d'Abraão. Le chemin qui y mène, assez large et bien entretenu, traverse la forêt tropicale et passe par trois plages successives (Palmas, Mangues et Pouso), avec autant de baignades possibles. L'effort en vaut vraiment la peine (trois montées, chacune de moins de 300 m de dénivelé). Points de vue à chaque col, le temps de reprendre son souffle et son courage ! On trouve des restaurants de plage en chemin, si vous avez oublié votre panier pique-nique. Entre Pouso et Lopes Mendes, comptez 20 minutes à pied, pour 1 km. Une bifurcation à droite, sur le chemin entre Pouso et Lopes Mendes, mène à la Praia de Santo Antônio, encore plus isolée.

Pour le retour, ne vous en faites pas, il est toujours possible de négocier avec un des bateaux qui patientent au bord de la plage, pour regagner Abraão sans effort (dans ce cas, comptez seulement 2h30 à 3h de marche aller). Le dernier retour bateau est effectué vers 15h, vérifiez les horaires pour ne pas vous retrouver coincé comme Robinson sur sa plage.

© JOHAN SJOLANDER - ISTOCKPHOTO.COM

PRAIA DO AVENTUREIRO ★★

Praia do Aventureiro
✆ +55 24 3369 7704

7,5 km depuis Proveta. Temps : 5 à 6 heures.

Une superbe plage, difficile d'accès, très recherchée par les surfeurs. Pour la visiter, il faut enregistrer son permis d'entrée auprès de Turisangra (c'est à Angra dos Reis, Av. Ayrton Senna, 580 !), capacité limitée.

On y accède par le village de Proveta facilement, mais depuis Parnaioca il faut un guide, car le chemin est compliqué. Les bateaux « tour de l'île » y font une halte. On peut y loger chez l'habitant, en campant dans le jardin, mais certains proposent une cabane, ce qui fait « aventurier ». Il existe une quinzaine de campings.

PRAIA PRETA ★★

À 20 minutes de marche d'Abraão.

Parmi les nombreuses plages de la belle île d'ilha Grande, La plage de Praia Preta diffère des autres. C'est la seule plage de sable noir accessible depuis Abraão, à 20 minutes à pied en direction des ruines de Lazareto, l'ancien centre de quarantaine de l'île pour les immigrés du XIXe et du début du XXe siècle (une sorte de petit Ellis Island...). Très agréable, avec sa rivière d'eau douce (et fraîche) qui s'y jette. On peut continuer son chemin par la praia do Galego pour arriver jusqu'à l'aqueduc. Ses rochers arrondis donnent un aspect « Seychelles ».

PROVETÁ ★

Tout à l'ouest, c'est le second village de l'île après Abraão, et des navettes y accèdent depuis Angra dos Reis. On y trouve quelques *pousadas*, quelques cabanes de plage, mais c'est surtout le point de départ de nouvelles randonnées vers des plages qui ne sont pas accessibles côté Abraão. L'ambiance y est plus calme et les hébergements proposent facilement la demi-pension, ainsi que des excursions en bateau dans les environs. Depuis Provetá, on peut rejoindre très facilement (sans guide) la Praia do Aventureiro (2h aller), ou aller jusqu'à Araçatiba.

Praia do Aventureiro.

POSTO DE INFORMAÇÕES TURÍSTICAS

Rua da Praia - Abraão
✆ +55 24 3361 5760
www.ilhagrande.org
Office de tourisme. Ouvert de 8h à 19h.

Le Posto de informaçoes turisticas d'ilha Grande se trouve à Abraao, principale agglomération de l'île. Le personnel saura indiquer de bons conseils sur les possibilités offertes tant en termes d'hébergement, que de restauration ou d'animations. Le point fort de l'île est l'éco-tourisme et de nombreuses promenades permettent d'en explorer les merveilles. Carte de l'île avec les principaux points de visite de celle-ci. N'hésitez pas à consulter également les sites Internet, de qualité.

EASY TRANSFER BRAZIL

✆ +55 21 99386 3919
www.easytransferbrazil.com
Rio de Janeiro - Ilha Grande : 100 R$, Paraty - Ilha Grande : 95 R$. Rio-Paraty 110 R$.

Easy Transfer offre une solution pratique, rapide et confortable, pour se rendre facilement et rapidement à Ilha Grande et à Paraty en toute sécurité. La compagnie vient vous chercher directement à votre hôtel dans la zone sud de Rio ou à Santa Teresa, Lapa et dans le centre, puis direction Ilha Grande ou Paraty. Pour le trajet vers Ilha Grande, sont inclus dans le forfait votre transfert en van jusqu'à l'embarcadère de Conceição de Jacareí puis la traversée en bateau jusqu'à l'île. Pensez à réserver 24h à l'avance minimum. Navettes effectuées tous les jours.

SAFARI LANCHA PARATY

R. Domingos Gonçalves de Abreu, 481 - Paraty
✆ +55 24 99961 0748
www.lanchasafariparaty.com.br
De 180 à 240 R$ le transfert par personne.

Cette compagnie privée de bateaux de Paraty est la seule à organiser également des transferts en speedboat (1h30 seulement) entre Paraty et Ilha Grande. Départs seulement les lundis, mercredis et vendredis, depuis Paraty à 8h30, depuis Ilha Grande à 10h. Paraty et Ilha Grande sont deux merveilles incontournables de la Costa Verde et la possibilité de les relier en bateau rapide en une heure et trente minutes seulement est une alternative intéressante (plus polluante ?) au transport en bus ou en van de Parati à Conceiçao do Jacaré (puis bateau jusqu'à Abraao).

AQUARIO POUSADA & HOSTEL €

Praia da Julia ✆ +55 24 3361 5405
www.aquariohostel.com
A partir de 270 R$ pour une suite (double).120 R$ pour un lit en dortoir

Aquario Pousada est une superbe auberge de jeunesse qui semble rapprocher le voyageur du paradis. Au calme, face à l'océan, elle est idéalement située à moins de 7 minutes à pied du petit centre d'Abraao. La vue sur la petite baie vaut à elle seule le détour. On y accède par une passerelle en bois qui longe l'océan. La pousada Aquario propose des chambres doubles ou collectives, simples et très bien tenues. L'établissement propose un grand nombre de services à ses hôtes. L'accueil est à la hauteur des lieux, idéalement enchâssé entre océan et forêts tropicales.

CHE LAGARTO €

Rua da Praia - Vila do Abraão
+55 24 3361 9669
www.chelagarto.com
Dortoir de 78 à 100 R$, chambre double de 175 R$ à 265 R$, avec petit déjeuner. Wifi.

Une des nombreuses auberges de la franchise argentine au lézard. D'extérieur, on dirait une maison de Robinson accrochée au rivage. Pour une auberge de jeunesse, l'emplacement est royal. Les dortoirs (de 6 à 8 lits, mixtes ou femmes) sont vastes et lumineux avec casiers, et les chambres privatives simples et agréables (tout est climatisé). Il y a bien sûr un bar avec une vaste terrasse, où s'attablent les hôtes le soir, en contemplant la mer, dans une ambiance toujours festive. On y organise des sorties en mer, des initiations à la plongée...

POUSADA & CAMPING BEM NATURAL €

Praia de Araçatiba +55 24 3377 6826
www.bemnatural.com.br
60 R$ par personne dans une tente, 90 R$ avec demi-pension, hors week-ends spéciaux. Chambre pousada à partir de 450 R$.

Ce camping est une alternative à Abraão, car il est situé à Araçatiba, pour ceux qui veulent explorer ce côté moins touristique de l'île. Les tentes sont louées avec matelas, déjà montées, pratique pour les petits budgets sans matériel. Il faut apporter provisions, couverts et ustensiles, car sur place la cuisine équipée est réduite à un frigo et une gazinière. Sanitaires bien tenus, et pour ceux qui aiment le confort, la pousada possède aussi des chambres privatives climatisées.

POUSADA & HOSTEL HOLANDÊS €

Rua da Assembléia - Vila do Abraão
+55 24 3361 5034
www.holandeshostel.com.br
Lit en dortoir à partir de 71 R$, chambre double à partir de 220 R$, petit déjeuner inclus. Wifi.

Cette belle auberge de jeunesse est au cœur d'un grand jardin tropical, avec des bungalows et petits chalets individuels charmants pour les couples à petit budget. Le cadre est idyllique. Sur une terrasse en bois, de nombreux hamacs pour se relaxer à l'ombre. Les dortoirs, de 6 lits (certains réservés aux femmes), bien équipés, sont très bien tenus. L'hostel ne double pas ses prix le week-end, même en haute saison. Il faut réserver tôt. Une valeur sûre

POUSADA D'PILLEL €

Rua do Bicão, 51 – Vila do Abraão
+55 24 3361 5075
www.ilhagrandedpillel.com.br
A partir de 274 Rs la chambre double et de 310 R$ la triple, petit déjeuner compris. Wifi.

Située en plein centre-ville d'Abraão, la pousada d'Pillel est une charmante maison où l'on se sent chez soi. Jolis meubles en bois exotique, décoration soignée, personnel souriant, bon petit déjeuner pris dans un jardin luxuriant apaisant... Les chambres, doubles, triples ou familiales, ventilées ou climatisées (en supplément), disposent d'un balcon avec vue sur la Mata Atlântica. Véranda privative offrant une superbe vue panoramique sur la Mata Atlântica. Pour les petits budgets, l'Anexo d'Pillel propose 3 chambres à prix plancher.

POUSADA ALBATROZ €€

Rua das Flores, 151 - Abraão
+55 24 3361 5903
www.albatrozilhagrande.com.br
Comptez de 220 à 440 R$ pour une chambre double selon la catégorie et la saison.

A quelques centaines de mètres du port, sur les hauteurs d'Abraão, la pousada Albatroz est un petit coin de paradis au cœur de la nature luxuriante de l'île. L'établissement propose plusieurs types d'hébergements (des chambres très confortables, ainsi que de charmants petits chalets) aux prestations soignées. Ces petites structures colorées sont bien insérées dans un environnement exceptionnel. Les colibris tiennent compagnie aux hôtes lors du petit déjeuner... L'accueil est à la hauteur des lieux, il est difficile d'en partir.

POUSADA ANCORADOURO €€

Rua da Praia, 121- Abraão
+55 21 99909 1903
www.pousadancoradouro.com.br
Comptez selon saison et catégorie de 330 à 480 R$ la chambre double.

Idéalement située en front de mer, sur la plage du Canto, à quelques pas du village d'Abraão, cœur d'Ilha Grande, la *pousada* Ancoradouro est un établissement très accueillant. Elle propose des chambres confortables et des appartements flambant neufs, presque les pieds dans l'eau, dans un cadre enchanteur entre mer et montagne. La *pousada* allie confort, simplicité et qualité de service. La propriétaire fait tout pour que les hôtes se sentent chez eux. On peut y admirer le ballet des voiliers. Le *café da manha* est à la hauteur de l'écrin.

POUSADA ARATINGA INN €€

Rua das Flores, 232 – Vila do Abraão
✆ +55 24 3361 9559
www.aratingailhagrande.com.br
Compter de 350 à 520 R$ pour une suite et de 380 à 570 R$ pour un chalet selon le type et la saison, petit déjeuner.

Située au calme, proche du centre d'Abraão et dans un environnement verdoyant, la pousada Aratinga Inn est un bon plan car les chambres sont d'un standing supérieur aux autres pousadas, à ce niveau de prix. Meubles anciens chaleureux en bois massif, terrasse avec table et hamacs, climatisation et ventilateurs silencieux, TV à écran LCD, lecteur DVD... Un soin extrême a été apporté aux finitions par la propriétaire australienne qui parle français et saura vous conseiller durant votre séjour. Les chalets, plus chers, sont plus intimistes, cachés dans la verdure.

POUSADA CAIÇARA €€

Praia do Canto – Vila do Abraão
✆ +55 24 3361 9658
www.caicarapousada.com.br
À partir de 400 R$ la chambre double avec petit déjeuner. Minimum 2 nuits. Wifi.

Cette confortable pousada est située en front de mer, les pieds dans l'eau. Elle a un cachet particulier grâce à sa construction en rondins de bois. Jardin avec chaises longues bien agréable devant la petite plage. Les chambres douillettes, toutes blanches et lumineuses, sont climatisées, disposent d'une terrasse avec hamac, d'une vue sur jardin ou sur mer, et d'une salle de bain spacieuse. Le petit déjeuner se déguste tourné vers la mer. Réservez tôt car cette pousada est victime de son succès les week-ends et pendant la haute saison,

POUSADA CAÚCA €€

Rua Getúlio Vargas, 300 - Vila do Abraão
✆ +55 24 3361 5292
www.pousadacauca.com.br
Compter de 260 à 420 R$ pour une chambre double avec petit déjeuner selon la saison, minimum de 3 nuits en saison. Wifi.

Localisée à Abraão, dans la rue principale du village, la Pousada Cauca est un établissement à l'ambiance sereine et chaleureuse, d'un bon rapport qualité-prix. Confortables et bien tenues, les chambres de 2 à 4 personnes, avec salle de bain privée et climatisation, sont idéales pour un couple ou une famille. Dans son jardin, la pousada dispose d'un kiosque zen ainsi que d'une petite cascade d'eau,. C'est ici que l'on prend un bon petit déjeuner, un buffet goûteux. Mention particulière pour le professionnalisme et la gentillesse des propriétaires.

POUSADA CASABLANCA €€

Rua da Praia, 719 - Vila do Abraão
✆ +55 24 3361 5040
www.casablancapousada.com.br
Compter selon la saison et la catégorie de 350 à 650 R$ pour une chambre double. Petit dej. inclus.

© DR

Nichée au calme dans une petite allée au cœur d'Abraão, à 70 mètres du quai, cette élégante maison coloniale est un havre de paix et de sophistication. La décoration y est à la fois sobre et de bon goût. Dans cette *pousada*, seules 9 sutes confortables et lumineuses, de 2, 3 ou 4 personnes sont proposées aux hôtes. Toutes bénéficient de vérandas, climatisation, ventilateur, télévision... L'accueil est souriant et l'atmosphère familiale. Excellent buffet de petit déjeuner à volonté. La propriétaire parle français. Une adresse pleine de charme et de caractère.

POUSADA DOS MEROS €€

R. Getúlio Vargas, 719 - Vila do Abraão
✆ +55 24 3361 5214
www.pousadadosmeros.com.br
A partir de 220 R$ la nuit (deux nuits minimum) la chambre double.

Belle maison bleue, à 150 mètres de la plage, la pousada des mérous (pousada dos meros) est enserrée dans un magnifique écrin de verdure d'arbres centenaires. Ses 13 chambres pour 1, 2, 3 et 4 personnes sont simples, sobres, toutes confortables et bien équipées. Une ambiance zen s'apprécie dès que l'on franchit le seuil de cet agréable établissement. L'équipe, super accueillante et dynamique, la boutique, la crêperie et le restaurant, tout semble fusionner harmonieusement pour accueillir les hôtes. Le chant des oiseaux complète cet agréable tableau.

POUSADA MANACÁ €€

Rua da Praia, 333 – Vila do Abraão
✆ +55 24 3361 5404
www.ilhagrandemanaca.com.br
A partir de 330 R$ la chambre double selon saison et catégorie avec petit déj.

La Pousada Manacá, tenue par Gérard, un Français, bénéficie d'une situation privilégiée sur la plage do Canto, à quelques minutes à pied du centre d'Abraão. Intimiste, la pousada ne dispose que de 7 confortables appartements pouvant recevoir jusqu'à 3 personnes. Les chambres sont toutes très bien équipées, climatisées et bénéficient d'une vue sur la mer ou sur le jardin. La plupart d'entre elles sont dotées d'une terrasse et d'un hamac. Excellent petit déjeuner en contemplant l'océan pour bien commencer la journée. Prix raisonnables en très haute saison.

© POUSADA MANACÁ

© POUSADA MANACÁ

POUSADA NATURALIA €€

Praia do Abrãao, 149 – Abrãao
✆ +55 24 3361 9583
Compter à partir de 430 R$ la chambre double avec petit déjeuner, en fonction de la saison. Wifi.

Cette charmante pension nichée dans les arbres de la forêt Atlantique a été ouverte en 2005. Tous les clients y trouvent un goût de revenez-y ! il faut dire que tout est fait pour que les hôtes se sentent chez eux. 12 chambres bien douillettes (sanitaires privés, air conditionné, frigo-bar, coffre individuel), avec vue sur la mer (dans le hamac sur la terrasse, pas mal !), malgré la situation en retrait de l'hôtel, à environ 50 m de la plage. Accueil très sympa en prime ! On est à la fois au calme et proche du coeur et de l'animation d'abraao.

POUSADA TAGOMAGO €€

Rua da praia 121 – Vila do Abraão
✆ +55 24 3361 5198
www.ilhagrandetagomago.com
De 310 à 370 R$ selon la saison pour une chambre double avec petit déjeuner. Wifi.

La pousada Tago Mago est située dans la partie la plus noble d'Abraão, la Praia do Canto. Elle propose six chambres spacieuses avec vue sur la mer. Toutes sont des suites et disposent d'un grand lit double et d'un lit simple. Elles sont très bien équipées. La décoration est soignée et les salles de bains sont spacieuses. Le petit déjeuner se prend sur une très grande terrasse qui domine la mer, sous forme d'un buffet à volonté délicieux. Les propriétaires habitent sur l'île depuis près de quinze ans. Ils seront ravis de vous conseiller pour mieux la découvrir.

REFÚGIO DO CAPITÃO €€

Praia de Araçatiba
✆ +55 24 98851 6197
www.refugiodocapitao.com.br
À partir de 380 R$ en chambre double petit déjeuner. Minimum 2 nuits, transfert Angra - Araçatiba gratuit si 3 nuits.

Sur cette plage isolée, il n'y a pas de boutique, de bar ou de boîte de nuit pour danser le soir. Les habitants et les visiteurs rencontrent seulement la mer et la végétation à perte de vue. C'est justement ce qui fait le charme de cette pousada. Le « refuge du capitaine » est un établissement qui propose une vingtaine de chambres climatisées, un sauna, un bain à remous, et une piscine. Comme son nom l'indique, c'est vraiment un refuge. Possibilité de réserver en pension complète. Pour les amateurs de nature et d'authenticité.

RIACHO DOS CAMBUCAS €€

Rua Dona Romana, 218 – Vila do Abraão
✆ +55 24 3361 5694
www.riachodoscambucas.com.br
A partir de 280 R$ la chambre double Standard, avec petit déj.

Nichée au cœur d'un petit paradis tropical, la pousada Riacho dos Cambucas est un dépaysement enchanteur, en parfaite symbiose avec la nature environnante. Son charme rustique et son confort en font un lieu idéal pour qui recherche paix et tranquillité à proximité du centre d'Abraão. Douze appartements de standings différents, décorés agréablement, peuvent accueillir jusqu'à 4 personnes. Le prix est fixe (excepté les week-ends spéciaux et les jours fériés) ! Mais les Brésiliens le savent et la pousada affiche à cette époque souvent complet.

ASALEM - SEASIDE HIDEAWAY €€€

Praia do Crena ✆ +55 24 99977 2675
www.asalem.com.br
Compter de 1 020 à 1 380 R$ pour une chambre double selon la saison et la catégorie. Petit déjeuner compris. Wifi.

Superbe hôtel accroché sur un rocher en bord de mer, à l'écart d'Abraão. On y accède par un sentier en 15 minutes de marche ou en 5 minutes par bateau. Parfaitement intégré dans la nature environnante, c'est l'une des adresses les plus charmantes d'Ilha Grande. Les huit confortables habitations sont décorées avec goût et disposent de climatisation, d'une terrasse. Dans un cadre romantique, le restaurant propose poissons et fruits de mer. Le propriétaire est très attentif à ses hôtes.

BONITO PARAISO BEACH HOUSE €€€

Praia Abraãozinho
✆ +55 24 99907 0307
www.bonitoilhagrande.com
A partir de 840 R$

Le Bonito Paraiso Beach House propose une pousada scindée en deux thèmes. Une petite structure de trois suites se rattache à la plage. C'est la « Casa da Praia ». Cette ancienne maison de pêcheurs subtilement modernisée est une véritable immersion dans la nature, côté mer. L'autre structure, la « Casa da floresta », composée de 4 suites, est une oasis dans la Mata Atlântica. Le passé et le présent s'y mêlent harmonieusement. Une bonne adresse dans cette merveilleuse île d'Ilha Grande.

POUSADA TROPICANA €€

Rua da Praia, 28 – Vila do Abraão
✆ +55 24 3361 5047
www.ilhagrandetropicana.fr
Compter de 300 à 500 R$ pour une chambre double, avec petit déjeuner. Wifi.

Les quatorze chambres de la pousada Tropicana, organisées autour d'un charmant petit kiosque, sont toutes assez grandes. Simples et confortables, elles offrent toutes les commodités nécessaires au confort des hôtes : air conditionné, TV, frigo-bar, rangements… Le petit déjeuner, bon, copieux et varié, se déguste face à la mer dans le restaurant. Gérard, l'un des pionniers du tourisme sur l'île, se fera un plaisir de vous indiquer toutes les merveilles d'Ilha Grande. La pousada Tropicana, idéalement localisée au début d'Abraao, est d'un bon rapport qualité-prix.

KEBAB LOUNGE €

Rua Santana - Vila do Abraão
✆ +55 24 99943 5198
Sandwicherie. Du mardi au samedi de 18h à minuit.

On ne va pas forcément à Ilha Grande pour trouver une gastronomie de très haut niveau, mais certains petits restaurants sauront vous satisfaire. Le Kebab lounge propose une restauration rapide tout à fait agréable. Ne vous fiez pas seulement à son nom qui peut faire penser à des plats orientaux, dans ce bar à l'ambiance décontractée on vient manger des kebabs bien sûr, mais aussi des yakisobas (pâtes chinoises), des salades, des snacks légers… au son du reggae. Grosse ambiance garantie en fin de semaine avec DJ et concerts. Jeune et assez branché.

PÃES E CIA €

Rua Santana 58 – Abraão
✆ +55 24 3361 5758
Boulangerie-pâtisserie. Ouvert de 6h30 à 21h30. Comptez 40 à 45 R$ pour un repas complet.

Une autre adresse intéressante si l'on veut manger sur le pouce à Abraao tout en cherchant des plats agréables au palais comme au porte-monnaie. La compagnie Paes & Cia, qui possède de nombreuses boutiques à Rio propose ses sandwichs dans la petite ville de l'île. C'est assurément une excellente adresse pour déguster des hamburgers copieux (dont la spécialité des lieux, le Big Pães e Cia), des sandwiches froids, mais aussi des pizzas, agrémentés d'un verre de Guarana. Sans oublier de terminer par un bon *açaí* ! Un bon rapport qualité-prix.

REI DA PICANHA €

Rua Getúlio Vargas, 101 - Vila do Abraão
✆ +55 24 9999 9715
Cuisine brésilienne. À partir de 30 R$ par personne.

Même si la consommation de viande a tendance à baisser au Brésil, comme dans tous les pays du Nord, le régime carné a encore de beaux jours devant lui. Les churrascarias ont une dimension culturelle, presque autant que dans l'Argentine voisine. La « rei da picanha », sans prétention, est une bonne adresse pour les petits budgets. On y mange correctement des viandes bien sûr, mais aussi des plats brésiliens classiques et des pizzas. On y vient également pour boire des bières *bem geladas*. Ouvert en continu, cela permet de se remettre des sentiers de l'île.

CAFÉ DO MAR €€

R. Getúlio Vargas, 50 - Praia do Canto
✆ +55 24 3361 9446
Cuisine brésilienne. Ouvert tous les jours de 10h à 1h. Compter environ 80 R$ par personne.

Le café do Mar est un bel endroit, rustique et agréable qui reçoit les visiteurs jusqu'à tard le soir. C'est un bar et un restaurant de plage retiré du centre agité d'Abraão, sur la magnifique praia do Canto. On y mange vraiment les pieds dans le sable. Menu original et prometteur qui ne déçoit pas puisque les plats sont copieux et goûteux (mention spéciale aux poissons et à la viande au barbecue le mercredi), le choix de brochettes est varié. Les cocktails et jus de fruit frais sont également très bons. Au coucher du soleil, c'est fort agréable.

CANOA CAFE LOUNGE €€

Rua da Praia, 145 - Vila do Abraão
Fermé le mardi. ouvert tous les jours de 11h à 0h. A partir de 35 R$ par personne.

Le Canoa Café Lounge jouit d'une localisation optimale dans le paradis tropical d'Ilha Grande. La décoration est à la hauteur de l'environnement. Enfin, *last but not least*, la cuisine est raffinée. Le crumble de camarao, les falafel, les plats vegan, tout est plaisir des sens, jusqu'au dessert maison, le crumble Canoa. Voir le soleil se coucher en appréciant une caïpirinha ou un cocktail Jorge Amado, à base de cachaça locale, de fruits de la passion et de citron vert, est assurément un moment de plaisir. Le service est professionnel et agréable.

LUA E MAR €€

R. da Praia, 297 – Vila do Abraão
✆ +55 24 3361 5761
Cuisine brésilienne, spécialités poissons fruits de mer. tlj sauf mercredi de 11h à 23h. environ 80 R$ par personne.

Le restaurant Lua & Mar propose un cadre simple, mais fort agréable : des tables de jardin à même le sable, sur la plage calme du Canto. A l'ombre des amandiers le midi où, à la lumière des bougies le soir, on écoute les clapotis des vagues en dégustant des plats fort agréables. Le restaurant est spécialisé en poissons et fruits de mer. Une excellente option est le très nordestin bobó de camarao (crevettes), l'autre spécialité est la moqueca bahianaise de poissons ou de crevettes. Les caïpirinhas sont peut-être les meilleures de l'île !

O PESCADOR €€

Rua da Praia, 647 - Vila do Abraão
✆ +55 24 3361 5114
Cuisine brésilienne. Compter environ 80 R$ par personne.

Comme son nom l'indique (le pécheur), O Pescador est un restaurant de poissons et fruits de mer. La majorité des plats sont pour deux personnes. Le cadre est agréable, de plain-pied sur la plage. La décoration est chaleureuse : plantes, poissons multicolores aux murs. On peut s'essayer au délicieux filet de poisson cuit dans une feuille de banane accompagné d'une farofa de palmier, de poireaux et de crevettes, ou bien un pavé de viande tendre recouvert d'une sauce aux champignons ainsi que des crevettes à l'ananas… Copieux et bon !

PÉ NA AREIA €€

Rua da Praia – Vila do Abraão
✆ +55 24 3370 7637
www.penaareiailha.com
Cuisine brésilienne. Ouvert du mardi au dimanche de 14h à 23h. Compter environ 80 R$ pour 2 personnes.

Ce restaurant les « pieds dans le sable » (traduction de *Pé na areia*), en première ligne du front de mer, dispose d'une terrasse romantique avec des lampes-ombrelles tamisées. Certes, ce n'est pas le seul restaurant de ce type à Vila do Abraao mais il est fort agréable. Musique *ao vivo* les soirs de week-end. Les plats sont copieux (en revanche il faut commander pour deux personnes), les fruits de mer et poissons subtilement cuisinés, la carte des vins variée, le service efficace. Une excellente adresse, au prix juste et très élégante.

RESTAURANTE DOM MARIO €€

Rua da Praia, 781 - Vila do Abraão
✆ +55 24 3361 5349
Cuisine brésilienne, spécialités poissons & fruits de mer. du mardi au samedi de 18h à 23h.environ 80 R$ par personne.

Le restaurant Dom Mario est une adresse qui a su se bâtir une réputation de cuisine de qualité. La journée, les pieds dans le sable ou le soir, à la lumière des bougies, le restaurant Dom Mario, s'applique à servir des plats raffinés, comme le poisson sauce maracuja, le filet mignon (de bœuf) sauce gorgonzola ou sauce poivre, les poissons et fruits de mer grillés au barbecue... Les plats sont servis en portions généreuses, pas forcément du goût des adeptes de la cuisine légère, mais c'est délicieux ! Un peu cher, mais ça vaut la peine.

ELITE DIVE CENTER

Tv. Bougainville - Vila do Abraão
✆ +55 24 3361 5501
www.elitedivecenter.com.br
Centre de plongée. Appels sur le numéro fixe de 18h à 21h30.

Les sports nautiques et les sports liés à la mer en général ont droit de cité à Ilha Grande. La plongée fait partie des opportunités qui permettent d'avoir une vision différente des beautés de la nature en appréciant la richesse des fonds marins. Pour les amateurs de plongée ou ceux qui veulent s'initier, l'Elite Dive Center propose des plongées ou des initiations avec des professionnels chevronnés. Une excellente manière de découvrir un des aspects les plus intimes d'Ilha Grande : ses fonds marins à la faune abondante. Le centre possède également une pousada.

CREPERIA TROPICANA €

Rua da Praia – Vila do Abraão
✆ +55 24 3361 5047
Crêperie. A partir de 40 R$ la crêpe.

Manger une bonne crêpe à l'étranger est souvent un moment de plaisir simple, intense et souvent rare. Alors pour tout dire, dans le petit paradis écologique d'Ilha Grande, la Creperia Tropicana, tenue par un patron français, est une bonne découverte, forcément. Pratiquement les pieds dans l'eau, cette crêperie propose des mets, aussi bien salés que sucrés (la crêpe au *dolce de leite* est exceptionnelle) qui rendraient même les Bretons nostalgiques du lieu. A la carte, on trouve également de bonnes pâtes. A connaître, forcément !

© CREPERIA TROPICANA

© CREPERIA TROPICANA

ETAT DE RIO DE JANEIRO

PARATY ★★★★

Cette petite ville de près de 40 000 habitants est située sur la Costa Verde, à mi-chemin entre Rio et São Paulo. Située dans un écrin de nature exceptionnel, Paraty, ou Parati, est enchâssée entre une baie magnifique de près de 65 îles, et par la forêt Mata Atlântica qui plonge depuis les collines du Parc national de la Sierra da Bocaina. Les paysages sont enchanteurs. Mais Paraty est assurément un joyau du tourisme brésilien pour son histoire et ses vieilles pierres. Des voyageurs du monde entier visitent son centre historique bâti à l'époque de la fièvre de l'or, classé au patrimoine mondial de l'Unesco et extraordinairement bien conservé. On vient à Paraty pour flâner dans les rues, immortaliser les maisons colorées à l'architecture coloniale remarquable avec son appareil photo, faire un tour de bateau pour s'adonner au farniente et au snorkeling, faire du shopping d'artisanat de qualité, visiter les nombreuses galeries d'art et les églises baroques du centre, dîner dans un restaurant gastronomique de la ville, ou profiter d'un concert de jazz ou de samba. Néanmoins, le centre est bordé par le port, et la plage la plus proche n'est pas très attrayante. Cependant, le spectacle des rues qui s'inondent à chaque ressac est une féérie dont il est difficile de s'extraire. On imagine les scènes de vie des hommes du caminho de Ouro, transportant des marchandises sur les « pés de moleque », ces pierres qui pavent les routes, usées par le temps et le pas rapides des hommes. Le temps semble s'être arrêté, avec sa charge d'émerveillement.

Histoire

Bourgade agricole et fort militaire, Paraty se développa lorsqu'en 1702 le Capitaine de Rio de Janeiro nomma la ville second port d'exportation des pierres précieuses et de l'or exploités dans le riche Minas Gerais voisin, au bout du Caminho do Ouro. Des milliers de navires vinrent amarrer ici pour repartir chargés des richesses du Brésil : or, diamants, rubis, émeraudes… pour Lisbonne, capitale de l'Empire portugais. Mais au milieu du XVIIIe siècle, face aux actes de pirateries de plus en plus nombreux, le gouverneur de la capitainerie de Rio, Artur de Sa Menezes, interdit l'acheminement des marchandises par le « vieux chemin » pour l'exporter directement depuis Rio, via le « Caminho Novo » qui partait des mines du Minas, la nouvelle route de l'or. L'abolition de l'esclavage en 1888 plongea la ville dans une crise inexorable, car la main-d'œuvre se mit à manquer pour exploiter la canne à sucre, à la base de la cachaça locale qui est aujourd'hui encore un produit phare de la ville. Ainsi, de 16 000 habitants en 1851, la ville passa à 600 vieux, femmes et enfants isolés à Paraty. Mais l'avènement du chemin de fer de Barra do Pirai en 1864 sonna le glas de la ville, qui tomba alors dans un déclin inexorable et dans un oubli qui, paradoxalement, sauva le centre historique de toute modernisation destructrice.

Dans les rues de Paraty.

ALAMBIQUE ENGENHO D'OURO ★★

Estrada Paraty-Cunha, km 8 - Penha
✆ +55 24 98858 4212 - www.engenhodouro.com.br
Distillerie de cachaça. Ouvert tous les jours de 9h à 17h. Entrée : 3 R$.

L'Engenho d'Ouro est une distillerie de la cachaça éponyme. On peut la visiter et voir fonctionner l'alambic. Les produits utilisés sont biologiques et transformés sur place. Il est possible d'acheter quelques bouteilles dans l'échoppe de la distillerie. On consommera bien sûr cet alcool avec modération. Restauration traditionnelle d'excellente facture sur place. La visite est fort intéressante car elle permet de s'imprégner d'un aspect important de l'économie et des traditions locales dans un cadre qui n'est pas dénaturé par une mise en scène touristique.

CAPELA SANTA CRUZ DA GENEROSA ✝ ★

Travessia Gravatá - Centro Histórico

Cette chapelle aurait été construite en 1901 en mémoire de Teodoro, un esclave affranchi, mort dans le fleuve Perequê pendant la Semaine sainte. La légende raconte qu'un bouton de sa chemise fut pris dans le filet qu'il lança à l'eau, l'entraînant dans le fond. Une dame, *Dona Generosa* promit de lui envoyer une croix de cèdre, mais oublia sa promesse. Un jour, un ami entra dans sa maison qui sentait... le bois de cèdre. Elle fit préparer une croix de cèdre et fit ériger une chapelle.

FORTE DEFENSOR PERPÉTUO ★

Morro da Vila Velha - Pontal
✆ +55 24 3371 8328
Ouvert du mardi au dimanche de 9h à 12h et de 13h à 17h.

© CAIO MUNIZ - SHUTTERSTOCK.COM

L'emplacement stratégique de Paraty et sa fonction de débouchés de l'ancienne route de l'or qui courait de Vila Rica, actuelle Ouro Preto a conduit les Portugais à fortifier le site en installant un fort militaire, le Forte Defensor Pepetuo. De l'autre côté du fleuve, en suivant la route de la Praia do Pontal, une plaisante balade à travers la forêt mène à ce fort construit en 1703 pour protéger Paraty des éventuelles invasions. Il abrite aujourd'hui un petit musée anecdotique. Très belle vue sur la baie qui mérite le déplacement.

CASA DA CULTURA CÂMARA TORRES ★★

Rua Dona Geralda, 177 - Centro Histórico
✆ +55 24 3371 2325
www.paratycultural.org.br
Ouvert du mardi au samedi de 10h à 22h et le dimanche de 10h à 16h. Entrée libre.

Utilisée comme école publique jusqu'à la fin du XIXe siècle, elle joue aujourd'hui le rôle de Maison de la culture, au sein d'une belle demeure coloniale. Expositions d'art moderne et contemporain dans plusieurs pièces de la maison, et quelques objets artisanaux à vendre. Depuis peu, la Casa da Cultura organise des concerts gratuits informels tous les jeudis et samedis dans son patio et des projections de films. Sympa ! Renseignez-vous sur place.

IGREJA DE NOSSA SENHORA DAS DORES ✝ ★★

R. da Capela - Centro Histórico

Édifiée en 1800 pour les femmes issues de l'aristocratie de Paraty, cette belle église blanche affiche un joli clocher avec une girouette pour indiquer le vent et une façade toute simple. Elle fut totalement reconstruite en 1901. La confrérie éponyme fut créée la même année et n'admettait que des femmes, à qui elle réservait l'accès à la chapelle. Elle est dédiée aux saints de la Passion du Christ et dispose d'un cimetière dans son patio intérieur.

IGREJA NOSSA SENHORA DO ROSÁRIO ✝ ★★

Largo do Rosário - Centro Histórico

Construite en 1725, elle était destinée aux esclaves, qui l'ont édifiée. De style maniériste, elle est le centre d'une célébration syncrétique intéressante : la Festa dos Santos (la fête des Saints) qui a lieu en novembre. São Benedito est le saint des esclaves, il est célébré à Paraty depuis le XVIIIe siècle. Pendant les 10 jours que dure la fête sainte se déroulent processions et célébrations des saints noirs et la désignation du roi et de la reine noirs parmi les gens du villages.

PRAIA DO JABAQUARA ★

La plage de Jabaquara est une plage un peu plus éloignée du centre que Pontal et sans doute est-ce ce qui fait son charme. Elle se trouve au nord de Praia do Pontal, derrière une petite colline. C'est une assez longue plage, bordée de pousadas et d'un camping, mais qui est restée assez sauvage. La grande attraction est ici la boue à laquelle on prête de multiples vertus. Pendant le carnaval, un *bloco (groupe de caranaval)* y commence même son parcours, en se roulant dans cette marée marron avant d'entamer le défilé dans les rues de la ville.

IGREJA NOSSA SENHORA DOS REMÉDIOS ✝ ★★★

Praça Monsenhor Hélio Píres, 18 - Centro Histórico

✆ +55 24 3371 1467

Visite de lundi à vendredi de 9h à 12h et de 13h à 17h30, le samedi de 8h à 12h et de 13h à 16h. Entrée : 3 R$.

C'est l'un des plus beaux édifices du centre historique, dédié à la patronne de la ville. Le premier bâtiment, construit en 1646, fut détruit pour édifier un monument plus grand, achevé en 1712, grâce au dur labeur des esclaves. Mais l'église devint à son tour trop exiguë et fut reconstruite ! L'édifice actuel fut achevé en 1873, dans un style néoclassique. Les tours n'ont pas été achevées. L'inclinaison du bâtiment sur un sol meuble aurait rendu dangereuse la finition des tours !

PRAIA DO PONTAL ★

Les plages de Parati ne sont pas toutes des spots de baignades. On s'y rend quelquefois pour siroter un verre, marcher ou se rouler dans la boue lors du carnaval, comme le fait le « bloco de lama ». La plage de Pontal a l'avantage d'être localisée à proximité du centre, en ville, proche du canal. Très animée, elle compte pas mal de bars, mais c'est tout. On ne s'y baigne pas vraiment. Mieux vaut pousser la balade jusqu'à Jabaquara juste au nord. Pour les personnes hébergées au centre-ville, il est agréable pour boire une bière, cela dit.

IGREJA SANTA RITA ✝ ★★★

Largo Santa Rita - Centro Histórico

Ouverte du mardi au dimanche de 9h à 12h et de 14h à 17h. Entrée : 2 R$ (gratuit le mardi).

Construite en 1722 par des esclaves affranchis, l'église Santa Rita affiche une architecture de style jésuite. A l'intérieur, le style est plutôt baroque-rococo, notamment l'autel. C'est la plus ancienne du village et la « carte postale » de Paraty, que l'on voit en arrivant en bateau. Elle abrite aujourd'hui le musée d'art sacré de la ville qui ravira les amateurs du genre. On pourra remarquer la balustrade du balcon finement sculptée et le cimetière attenant, édifié au XIXe siècle. À ne pas manquer : les processions des *festas de Santa Rita* à la mi-juillet.

ECOTURISMO PARATY

Avenida Roberto Silveira, 29

✆ +55 24 3371 1230

www.ecoturismoparaty.com

Office de tourisme. Ouvert tous les jours de 9h à 21h.

Proche du centre historique, l'agence de tourisme Ecoturismo Paraty fournit cartes et informations pour visiter les environs. Accueil sympathique et en français quelquefois, car nous sommes nombreux à Paraty ! Comme toutes les entreprises de tourisme, Ecoturismo propose tous les tours classiques que l'on trouve à Paraty. On peut partir faire un tour d'une journée d'escuna (goélette), c'est souvent festif et bruyant, aller à la belle plage de Trindade, faire un tour de Jeep, aller dans le superbe « saco de mamangua » faire un tour de bateau rapide...

Igreja de Santa Rita.

PARATY ADVENTURE

R. Mal. Deodoro, 12 - Centro Histórico
✆ +55 24 3371 6135
www.paratyadventure.com
Ouvert tous les jours de 8h à 21h.

paraty Adventure est une agence de tourisme qui s'est spécialisée dans l'éco-tourisme et le tourisme d'aventure, cet opérateur propose de découvrir des endroits d'exception hors des sentiers battus, comme la réserve écologique de Ponta da Juatinga, le Saco de Mamanguá (unique fjord tropical du Brésil) ou bien la plage do Sono. Circuits et à la carte et une multitude d'options pour ce qui concerne vos activités sportives : randonnée pédestre, canoë kayak, tour en jeep, randonnée à cheval… Idéal pour les amoureux d'écotourisme.

ESCUNA BANZAY ★★

Praça da Bandeira, 1 - Cais de Turismo
✆ +55 24 3371 7486
www.escunabanzay.com.br
Départ à 11h. Compter de 50 à 100 R$ par personne.

Les goélettes Banzay sont d'une capacité d'environ 150 personnes. Les sorties régulières s'organisent autour de trois à quatre arrêts dans l'île de Mantimento, à Praia de Lula, au Saco da Mamangua, dans les îles de Cotia et d'Algodão. Les services de bord proposent *petiscos* et boissons (en supplément), ainsi que des équipements de plongée (à louer). Les prix sont très compétitifs. Les bateaux sont en conséquence un peu plus gros, mais les prestations sont identiques. Certains apprécient les bateaux plus gros, d'autres préfèrent l'intimité des saveiros.

PARATY TOURS ★★

Avenida Roberto Silvera, 11
✆ +55 24 3371 1327
www.paratytours.com.br
Tour en bateau de 4 heures, entre 60 et 100 R$ par personne selon la saison.

L'une des principales agences d'excursions à Paraty, qui propose des tours en bateau (en *escuna*) de 3 à 5 heures dans la baie de Paraty sur de grands voiliers, des tours en bateau privé, en Jeep, des treks, de la plongée… L'agence est ouverte très tard le soir, pratique pour réserver du jour au lendemain, et a des agents francophones qui pourront vous orienter sur les excursions. Les tarifs sont un peu plus élevés que d'autres agences mais les prestations sont d'excellente qualité. Les prestations sont très diversifiées (communautés caïçara, quilombos…)

REUNIDAS PAULISTA

✆ 0800 709 9020
www.reunidaspaulista.com.br
Achat de billet online possible sans CPF (pour les Français). environ 80 R$ et 6 heures de trajet pour São Paulo.

C'est la compagnie qui relie Paraty à São Paulo mais également Rio de Janeiro et jusqu'à Tres Lagoas dans le Mato Grosso do Sul. Certes, les Français et/ou les lecteurs du Petit Futé qui vont à Sampa ou qui en viennent ne sont pas les plus nombreux, mais cette compagnie dessert plus de 60 rodoviarias entre Angra dos Reis, Rio de Janeiro et São Paulo (terminal de Barra funda). Réservez, car cette ligne est très empruntée. Seul bémol, les réservations en ligne semblent quelquefois compliquées. Un voyage São Paulo Angra dos Reis coûte à peu près 70 R$.

BAIE DE PARATY ★★★

pour privatiser un bateau de 6 à 8 personnes comptez 50 à 100 R$ de l'heure tout compris l'excursion de 5h dans la baie

La baie de Paraty, comme le village lui-même, apparaît comme un bijou qui se refléterait dans le vert écrin de la Mata Atlantica. On y trouve encore des communautés Caiçara à qui on peut rendre visite. C'est surtout une baie encore très préservée en termes environnementaux, malgré un tourisme en expansion. Les excursions en bateaux dans la baie en sont les temps forts d'un séjour à Paraty. Vous disposez de plusieurs options pour ces balades. N'ayez aucune crainte de rater les agences proposant ces excursions, elles vous trouveront avant !

N'hésitez pas à comparer les prix et les services avant d'arrêter votre choix, les circuits « classiques » sont les mêmes dans chaque agence !

- **En bateaux privatifs :** pour visiter les plages et les criques du coin, des excursions sont organisées pour des bateaux pouvant accueillir jusqu'à 8 personnes. Les capitaines des bateaux sont en général des pêcheurs reconvertis, qui connaissent très bien la baie. Vous les rencontrerez le long du Rio Perequê-Açu, derrière la Praça da Matriz, ou sur le quai face au largo de Santa Rita. Ils vous feront découvrir des petits coins de paradis, des plages désertes, des fonds limpides qui abondent en poisson, et sur le chemin du retour, une minuscule petite île-restaurant, à la Robinson, peuplée d'iguanes énormes et de dindons… Les tables sont isolées et accrochées aux rochers. Une véritable île au trésor, le paradis des enfants de 7 à 77 ans ! À ne pas manquer également : Enseada do Passo (2 heures 30), Praia Vermelha, Praia da Lula, Conceicão (1 heure 30), les îles d'Araujo et de Sapeza (5 heures). Pensez à emporter une clé USB pour mettre votre propre musique !
- **En *saveiros* ou goélettes :** pouvant accueillir de 50 à 100 personnes, ces embarcations suivent plusieurs itinéraires en direction des plages et des îles vierges. Le départ se fait généralement vers 11h/11h30 et le retour vers 16h30. Toutes disposent d'un bar et parfois d'un service de petite restauration (en supplément). Un musicien anime la croisière avec sa guitare en reprenant des classiques de la musique brésilienne. Location de masques et tubas (environ 20 R$). En principe, les circuits sont variés. Nous aimons bien la Ilha Comprida (plongée en apnée), la plage Saco da Velha (petite et mignonne), la plage de Lula et l'Ensenada da Preguiça (une eau très claire, un endroit tranquille et superbe). Attendez-vous à un spectaculaire coucher de soleil sur Paraty au retour.
- **En voiliers :** croisières dans la baie de Paraty, vers Angra Dos Reis et Ilha Grande. 6 passagers au maximum.

RODOVIÁRIA DE PARATY

Rua Jango Pádua, 423 - Patitiba
✆ +55 24 3371 1224

Gare routière. Vérifier les horaires sur les sites internet des compagnies.

Proche du centre historique. Vérifiez bien les horaires à la gare ou sur les sites Internet des compagnies de bus.

- **Pour Rio** avec la compagnie Costa Verde, 4h40 de trajet, environ 85 R$. Rio > Paraty départs de 4h à 21h, Paraty > Rio départs de 2h20 à 21h, départs toutes les heures entre 7h et 21h.
- **Pour Angra dos Reis,** comptez 2 heures avec Colitur, le trajet coûte 17 R$, toutes les demi-heures, de 4h à 22h30.
- **Pour Trindade, Paraty Mirim et Laranjeiras.** Des bus locaux (4,50 R$), partant de la gare centrale, se rendent dans les environs.toutes les demi-heures.

CHE LARGATO HOSTEL €

Rua Benina Toledo do Prado, 22 - Chácara
✆ +55 24 3371 1564
www.chelagarto.com

Minimum de 3 nuits certaines périodes, chambre double de 160 à 230 R$, dortoir de 50 à 70 R$, petit déj inclus. Wifi.

Encore une adresse de l'enseigne au lézard, sans doute le meilleur *hostel* de Paraty. Dans cette maison très proche du centre, on trouve une petite piscine, des hamacs dans un jardin, un bar, un billard, une cuisine bien équipée et des dortoirs confortables (encore en fonction ?). Les chambres doubles avec salle de bain privatives sont bien tenues et modernes, la plupart dans l'annexe juste en face. Climatisation dans toutes les chambres. On apprécie les cartes magnétiques à la place des clefs pour ouvrir les portes des chambres.

POUSADA SONHO MEU €

Rua João Luis do Rosário - Patitiba
✆ +55 24 3371 2069
pousadasonhomeuparaty.com.br

De 200 à 280 R$ pour une chambre double standard en basse saison, 350 R$ en haute saison la suite master, petit déj.

Idéalement située à quelques encablures de la vieille ville de Paraty et de la gare routière, la pousada Sonho Meu propose depuis plus de 20 ans de confortables chambres dans cette belle demeure vert et blanc, dans le style colonial de Paraty, toutes avec air conditionné et frigo-bar. La pousada propose désormais également une suite master avec bain hydromassant et véranda privative. Certaines chambres disposent d'un hamac. La qualité de l'accueil est le concept central de ce bel établissement. Parking à disposition des hôtes.

MARIS PARATY €€

Rua Beija Flor, 11 - Caborê
✆ +55 24 99850 5170
www.marisparaty.com.br
A partir de 500 R$ pour une chambre double.

En ouvrant la pousada Maris Paraty, les propriétaires belgo-brésiliens ont voulu créer un petit paradis, un lieu intimiste et familial de quelques chambres cosy autour d'une piscine et d'un petit jardin tropical. Dans le quartier de Caborê, à quelques minutes du centre historique de Paraty que l'on rejoint après une courte promenade le long de la rivière, les deux bungalows et les suites sont tous hyper agréables, grands et superbement agencés. Les jeunes propriétaires ont réussi leur pari : offrir une ambiance familiale avec un service très professionnel.

POUSADA ARTE URQUIJO €€

Rua Dona Geralda, 79 – Centro Histórico
✆ +55 24 3371 1362
www.urquijo.com.br
A partir de 490 R$ pour une chambre double avec petit déjeuner. N'accepte pas les enfants de moins de 12 ans.

Près du port, la pousada Arte Urquijo est un *sobrado* du XVIIIe siècle. L'intérieur a été aménagé avec soin par les Argentines qui habitent les lieux. L'entrée est une véritable galerie d'art. Les six chambres offrent de jolies vues sur l'église Santa Rita, le port ou les montagnes. Au mur, on s'attardera sur des collages de débris de porcelaines trouvés dans les galions coulés. Chaque détail est pensé avec soin, la décoration de bon goût. Petite piscine. L'une des adresses de charme les plus insolites en ville. Réservations indispensables.

POUSADA CANA CAIANA €€

Rua Sabiá, 20 - Caborê
✆ +55 24 3371 6500
www.paratyhoteis.com/paratypousadas/
Chambre double de 250 à 420 R$, triple de 375 à 630 R$, petit déjeuner inclus. Wifi.

Située dans le quartier de Caborê, en retrait de la plage du Pontal, cette pousada est conçue selon un double concept : modernité et développement durable, car les propriétaires sont également les architectes du lieu. Ils n'ont pas voulu créer simplement une maison, mais aussi un espace de vie où les matériaux nobles et labellisés s'intègrent à la nature luxuriante. Les équipements sont hyper modernes (domotique, écran 32 pouces, grande terrasse en bois pour certaines chambres), le confort excellent. La vue sur les montagnes de Paraty complète un décor idyllique.

POUSADA ACONCHEGO €€

Rua Domingos G. de Abreu - Centro Histórico
✆ +55 24 99864 7346
www.aconchegohotel.com.br
De 400 à 990 R$ pour une chambre double avec petit déjeuner selon la catégorie et la saison.

Depuis 1979, à quelques mètres de l'église de la Matriz, en plein cœur du Paraty historique et à 300 mètres de la plage, la belle Pousada Aconchego propose une trentaine de chambres confortables, pouvant accueillir entre 3 et 5 personnes. Les chambres ont toutes été refaites avec goût. Elles sont vastes et lumineuses, avec climatiseur, ventilateur, mini bar et télévision. On y trouve un superbe jardin japonais, une salle de billard, un sauna, une piscine, un bar et un parking. Le petit déjeuner est mémorable. Une très bonne adresse à Paraty.

© POUSADA ACONCHEGO

© POUSADA ACONCHEGO

CALAMAR FLATS PARATY €€

Avenida Jabaquara 1299 - Jabaquara
+55 24 99308 8725
www.calamarflatsparaty.com
A partir de 500 R$ la nuit.

Face à la plage de Jabaquara, les appartements du Calamar Flats sont une très bonne option pour un séjour à Paraty. Les huit appartements, répartis en quatre catégories, dont certains ont vue sur la mer, sont tous hyper modernes et fonctionnels. La décoration est de très bon goût. Ils disposent tous d'une cuisine, très bien équipée, pour ceux qui se sentiront l'âme d'un chef. Une petit piscine attend les hôtes. Le Calamar Flats est très bien situé, à une quinzaine de minutes à pied des points culturels et touristiques de la ville.

POUSADA DAS PEDRAS €€

Rua Jango Pádua, 840 - Parque Imperial
+55 24 3371 2243
www.pousadadaspedras.com
A partir de 430 R$ pour une double standard avec petit déjeuner. Wifi.

Bien située près de la gare routière de Paraty, la Pousada das Pedras propose 27 chambres dans une vaste maison entourée d'un grand jardin avec piscine. Les chambres sont réparties en trois catégories, standard, supérieure et supérieure avec baignoire à hydromassage. Quelques-unes disposent d'un balcon privatif. L'omniprésence du jeu de couleur ocre, vert, et bois rend l'ensemble très chaleureux. Tout est propre et bien tenu. La vue sur les montagnes de Paraty complète le décor. On peut aller au centre-ville à pied. Excellent petit déjeuner.

POUSADA CORSÁRIO €€

Rua João do Prado, 26 – Chacara
+55 24 3371 1866
www.pousadacorsario.com/home-paraty
A partir de 500 R$ la chambre double avec petit déjeuner, en fonction de la saison et de la catégorie. Wifi.

Au bord de la rivière Perequê-Açu, proche du centre historique, cette pousada possède une ambiance tranquille et délicate (surtout le soir, quand la petite ville semble se laisser aller à une douce torpeur). Ce bel établissement est tout confort. Ses nombreuses chambres sont bien équipées. De nombreux services sont proposés : sauna, piscine, air conditionné, salle de jeux, bar. La pousada propose également un voilier pour des excursions dans la baie de Paraty. Les propriétaires sont les mêmes qu'à l'hôtel du même nom à Búzios.

POUSADA DO CAIS €€

Travessa Santa Rita, 20 – Centro Histórico
+55 24 3371 1200
www.pousadadocais.com.br
A partir de 390 R$ la double, 590 R$ la familiale, en fonction de la saison. Wifi.

En plein cœur du centre historique, proche de l'église Santa Rita, la Pousada do Cais est une authentique demeure coloniale entièrement restaurée d'où l'on peut admirer la mer, le quai et ses pêcheurs, ainsi que les montagnes de la baie de Paraty. Les douze chambres sont dans des tons blanc, bleu et jaune, de bon goût, avec climatisation et ventilateur, frigo-bar et TV câblée. Vous y serez très bien accueilli par un Français et son épouse brésilienne qui vous conseilleront sur les meilleures possibilités d'excursions et de plongées. Une excellente adresse.

POUSADA DA CONDESSA €€

Av. Octávio Gama, 400 - Caborê
+55 24 3372 1900
www.pousadadacondessa.com.br
A partir de 500 R$ la chambre double, petit déjeuner compris. Wifi.

Située le long du canal, un peu à l'écart du centre, cette pousada offre calme et tranquillité. Les chambres manquent un peu de cachet mais elles sont spacieuses, confortables bien équipées et presque toutes possèdent une petite terrasse. Le vrai plus de l'établissement réside dans ses facilités : grande piscine, sauna, salle de fitness très bien fournie, salle de jeux (billards, baby-foot, échiquier...), restaurant... Et le tout à 3 mn à pied du centre historique. La Pousada da Condessa est particulièrement recommandée pour les groupes.

POUSADA MAGIA VERDE €€

Rua das Canelas, final - Vila Colonial
+55 24 3371 7254
www.pousadamagiaverde.com.br
De 210 à 450 R$ la chambre double standard avec petit déjeuner. Wifi.

Au bord de la rivière Péréque Açu, à l'entrée de la ville, cette pousada est tranquille et confortable. Bungalows, chambres (double, triple, quadruple) et suites (master, luxe et luxe plus) sont répartis dans le superbe jardin tropical de la propriété. Tous sont bien équipés (télévision, climatisation, frigo-bar), avec même baignoire à hydromassage dans la suite luxe plus. Également une piscine, ainsi qu'un restaurant agréable. Possibilité d'organiser activités et excursions. La Magia Verde est une adresse d'un calme absolu !

POUSADA NAUS DE PARATY €€

Rua das Acácias, 24 - Caborê ✆ +55 24 3371 1825
www.nausdeparaty.com.br
A partir à 350 R$ la chambre double standard avec petit déjeuner, selon la saison. Wifi.

Dans cette agréable et confortable pousada située au calme, à quelques pas de la rivière Perequê-Açu et à proximité du centre historique, la propriétaire et de son équipe qui feront tout pour que vous passiez un bon séjour à Paraty. Les suites de l'établissement sont grandes et aérées, décorées avec goût et bénéficient d'équipements de qualité : air conditionné, télévision LCD, frigo-bar… Certains appartements disposent d'une véranda, d'un salon ou bien d'une mezzanine (idéale pour une famille). Dans le jardin, une piscine ainsi qu'un sauna. Un excellent choix

POUSADA PAISAGEM €€

Rua das Acácias, 3 – Caborê
✆ +55 24 3371 2553
www.pousadapaisagem.com.br
A partir de 250 R$ la chambre double. Petit déjeuner compris. Wifi.

En parfaite symbiose avec la nature environnante, la pousada Paisagem est située près de la rivière Péréque Açu non loin du centre historique. Elle propose des services et infrastructures de standing et un magnifique jardin paysagé… Le service est très attentionné. La décoration soignée contribue à l'atmosphère chaleureuse qui règne dans cette confortable pousada familiale. L'établissement dispose d'une chambre spécialement adaptée pour recevoir des vacanciers à mobilité réduite. Le propriétaire parle français. Superbe adresse.

POUSADA VILLA DEL REY €€

Rua das Canelas, 66 – Portal de Paraty
✆ +55 24 3371 4497
www.hotelpousadaparaty.com.br
Compter de 230 à 550 R$ pour une chambre double avec petit déjeuner.

Construite en harmonie avec la nature et l'histoire, la Villa del Rey est une belle pousada blanche et bleue insérée dans un superbe jardin paysager, sur les berges du rio Perequê-Açu. Ses 28 vastes chambres, dont certaines, immenses, peuvent accueillir jusqu'à 6 personnes, sont toutes très bien équipées (TV câblée, air conditionné, mini bar, coffre). Elles sont impeccablement bien tenues... La propriétaire française et le sympathique personnel peuvent proposer diverses formules originales d'excursions pour découvrir la belle région de Parati.

POUSADA DO OURO €€€

Rua Dr Pereira, 298 - Centro histórico
✆ +55 24 3371 4300
http://www.pousadaouro.com.br
A partir de 1 000 R$ la chambre double standard.

La pousada do Ouro est synonyme de beau et de chic. Idéalement située dans le centre historique, près de la mer, cette belle maison coloniale propose un espace aménagé avec goût et luxe. Les meubles de style colonial, le jardin tropical, la belle piscine, le sauna et le spa, tout y est de bon goût. L'ambiance est relaxante et distinguée. Les chambres, réparties en 4 catégories, sont confortables et très bien équipées. Dans le couloir, sur des photos, on découvre les stars qui y ont séjourné. Un parking est à la disposition des hôtes. Une excellente adresse !

© POUSADA DO OURO

© POUSADA DO OURO

ÉTAT DE RIO DE JANEIRO

POUSADA PORTO IMPERIAL €€€

Rua Tenente Francisco Antônio - Centro Histórico
✆ +55 24 3371 2323
www.portoimperial.com.br
A partir de 700 R$ la chambre double en catégorie supérieure selon la saison, petit déjeuner inclus.

© POUSADA DO OURO

Ancien entrepôt de l'époque du « caminho de ouro », la pousada Porto Imperial est une charmante demeure de type colonial du début du XIXe siècle située en plein centre historique de Paraty. Elle propose quatre catégories de chambres, alliant le charme de l'ancien et le confort moderne. La décoration est faite avec des objets d'époque chinés par la propriétaire qui restituent une ambiance authentique. Le service est attentif et discret. Dans son patio intérieur une grande piscine, un sauna, un spa et un bar. Une des meilleures adresses de Paraty.

CASA MAR PARATY €€€

BR-101, km 565 - Praia Grande
www.casamarparaty.com
a partir de 1880 R$ la nuit, petit déjeuner compris, selon la saison et le type de chambre.

À quelques minutes seulement du centre de Paraty et surplombant une crique magnifique, ce boutique-hôtel est enchanteur. Il possède une piscine à débordement et un sauna qui permettra aux hôtes de se détendre. Le service ne peut être plus attentionné. Le petit déjeuner est l'un des meilleurs. Un restaurant tenu par un chef français et situé en contrebas sur la plage pourra vous servir au bord de la piscine face à la vue à couper le souffle. Idéal pour un séjour en amoureux et des vacances dans une ambiance zen nature ! Un véritable coup de cœur.

POUSADA DO SANDI €€€

Largo do Rozário, 1 - Centro Histórico
✆ +55 11 2503 0195
www.pousadadosandi.com.br
A partir de 1 000 R$ la chambre double avec petit déjeuner, selon la saison et le standing. Wifi.

Élégante et luxueuse demeure coloniale du XVIIIe siècle, la pousada Do Sandi séduit aussi par sa situation exceptionnelle, en plein cœur du centre historique de Paraty. Teintée de jolies couleurs or et turquoise, cette pousada propose des chambres joliment meublées et décorées, au plancher en bois chaleureux, aux fauteuils design colorés et aux lits king size équipés d'une forêt d'oreillers. Le restaurant Pippo de la maison est réputé pour sa gastronomie fine combinant recettes siciliennes et ingrédients tropicaux, et ses tables nappées de blanc. Parking.

POUSADA LITERÁRIA DE PARATY €€€

Rua do Comércio, 362 - Centro Histórico
✆ +55 24 3371 1568
www.pousadaliteraria.com.br
Chambre double avec petit déjeuner à partir de 1 400 R$. Wifi.

Sans doute faudrait-il inventer des superlatifs pour cette pousada... La pousada Literaria est tout simplement la plus luxueuse et la plus impressionnante de Paraty. Les suites sont somptueuses, avec toutes les aménités modernes, une décoration sobre, et des matériaux nobles. La pousada abrite également un restaurant qui sert une excellente cuisine (ouvert aux non-résidents). L'excellence a un prix... En plus, cette pousada honore la littérature, et nous, on aime ça, forcément.

POUSADA PARDIEIRO €€€

R. Ten. Francisco Antonio, 74 - Centro Histórico
✆ +55 24 3371 1370
www.pousadapardieiro.com.br
A partir de 520 R$ la chambre double avec petit déjeuner. Wifi. N'accepte pas les enfants de moins de 15 ans.

La pousada Pardieiro est devenue un grand classique de Paraty, voire un incontournable de la ville du « caminho de Ouro ». Il s'agit d'un ensemble de vingt-sept petites maisons du XIXe siècle, formant une villa en plein centre historique. Un sacré caractère (pierre, mobilier d'époque) et du grand confort ! La pousada Pardieiro propose une belle piscine, un sauna et met également un bateau à disposition pour les excursions dans la baie. On a l'impression de faire un bond dans le riche passé de la petite ville, dans un cadre très cosy.

BOROGODÓ €

R. João Luís do Rosário, 172
✆ +55 21 98317 7738

Bar-restaurant, snacks. Ouvert du lundi au mercredi de 17h à minuit, du jeudi au samedi de 12h à minuit.

Dans un cadre très simple, avec de petits sièges en bois, de la paille et de l'osier sur les murs, le Borogodo a choisi de privilégier le simple et le bon goût et cela lui réussit plutôt bien. C'est un bon plan pour un déjeuner et un dîner pas cher et de qualité : plats typiques, burgers maison généreux, smoothies, açai... En prime, ce petit bar-resto prépare de très bons cocktails (*caipirinha* maracuja-cannelle par exemple ou « Jorge Amado »). C'est un endroit agréable pour boire un verre et se détendre entre amis. Bon rapport qualité-prix.

CAFÉ PINGADO €

Rua Dr Samuel Costa, 11 - Centro Histórico
✆ +55 24 3371 8333
www.cafepingado.com

Café, snacks. Ouvert tous les jours sauf le mardi de 10h à 23h.

Ce petit café sympathique à la déco *cosy* se trouve dans une des romantiques rues centrales la vieille ville de Paraty. Le décor est à la fois simple et recherché, les carreaux en terre cuite se marient fort à la décoration bois *de cette* échoppe. Dans le café Pingado, on vous proposera d'excellents cafés locaux dont un très original à base de cachaça, chantilly et gelée de gingembre. Si la carte des cafés met bien à l'honneur ce qui a fait la richesse de cette région du Brésil, la carte des sandwichs est également intéressante.

CASA COUPÊ €

R. Mal. Santos Dias – Centro Histórico
✆ +55 24 3371 8663
www.casacoupe.com.br

Bar, restauration rapide. Ouvert tous les jours de 11h à minuit. À partir de 30 R$ le burger.

La casa coupê se prête fort bien à un un-cas un jour de visite active dans la belle ville portuaire du cycle de l'or. Dans cette maison coloniale du quartier ancien, le charme opère à tous les coups. Quelques tables dehors, d'autres à l'intérieur, des locaux et quelques touristes, un endroit sympa pour passer une soirée agréable. Une carte de pizzas et de burgers abordable, des plats un peu plus chers mais, pour une adresse qui a pignon sur rue et reste d'un prix correct. Musique populaire brésilienne en *live* de temps à autre. Bons cocktails.

ISTANBUL €

Rua Manoel Tôrres - Parque Imperial
✆ +55 24 99959 7285

Cuisine turque. tous les jours de midi à 22h. À partir de 25 R$ le kebab, falafel et plat végétarien. Paiement espèces.

Bon, on ne vient peut-être pas à Paraty pour manger un kebab, et si l'appellation « turco » au Brésil désigne en fait les Syro-Libanais, l'Istanbul est une bonne option pour déguster un kebab (ici la viande est de bonne qualité), des falafels ou autres sandwichs gourmets. Nombreuses options végétariennes (plat du jour, salades, houmous, taboulé...), jus de fruits frais, lassis, café turc... Tout est préparé *minute*. Ambiance bohème et détendue. Pratique pour déjeuner sur le pouce ou commander à emporter avant de prendre son bus.

MANDALA €

R. Pres. Pedreira, 696 - Patitiba
✆ +55 24 99999 6206

Sushi bar. Ouvert du lundi au samedi de 18h30 à 23h. Compter environ 50 R$ pour un repas, menu dégustation à 70 R$.

Le Mandala est un restaurant à sushis de bonne facture à Paraty. C'est dans une petite rue parallèle à l'avenue principale menant au centre historique, que se tient ce petit établissement au décor minimaliste. Sushis, teppamakis sont proposés, mais on trouve également d'autres spécialités fort appétissantes... Tout est réalisé avec soin et avec d'excellents produits. Le menu dégustation, à réserver aux gros appétits, permet de goûter aux meilleurs plats que propose le Mandala. Laissez-vous tenter par le Janta do imperador. Une alternative intéressante.

SABOR DA TERRA €

Avenida Roberto Silveira, 180 - Centro
✆ +55 24 3371 2384

Cuisine brésilienne, self-service. Ouvert tous les jours de 11h à 22h. 70 R$ le kilo. environ 35 R$ la belle assiette.

Depuis de nombreuses années, le Sabor da Terra propose sa cuisine aux locaux et aux touristes qui ne veulent dépenser trop sans sacrifier la qualité du contenu de l'assiette. Dans ce restaurant au kilo à l'entrée de la vieille ville, on trouve un buffet qui manque peut-être de variété, mais qui est assurément de qualité à un prix très abordable par rapport à ceux pratiqués au centre. Bonnes viandes grillées *minute*, plats préparés, légumes, pâtes, riz... une bonne cuisine brésilienne sans prétention. De plus en plus de convives s'y rendent !

ÉTAT DE RIO DE JANEIRO

TORRE DE PIZZA €

Rua Mal Deodoro, 615 - Fatima

+55 24 3371 2292

torredipizza2.placeweb.site

Pizzeria. Ouvert tous les soirs de 18h à minuit. Environ 45 R$ une pizza pour 2 personnes.

Avec ses pavés sur sa devanture qui rappelle la orla de Rio de Janeiro et ses murs en briques, la torre da pizza a un côté convivial et traditionnel qui ne se dément pas à la présentation de sa carte. Cette pizzeria est une bonne option pour les petits budgets dans le centre, car elle affiche des prix raisonnables et les pizzas sont préparées avec amour (mais ça prend du temps) : pâte fine, sauce tomate maison, et le menu propose d'autres plats pas trop chers. Quelques tables dans la rue agréable pour déjeuner ou dîner dehors.

BISTRÔ ALQUIMIA DOS SABORES €€

Estrada Paraty - Cunha, km 5

+55 24 33712077

Comptez 150 R$ par personne le repas

La cheffe Luciana a placé la barre haut dans son établissement la route de Cunha. Dans un cadre à la fois simple, familial et romantique, le cœur que met Luciana dans sa cuisine se ressent dès l'entrée dans le « Bistrôt alquimia dos sabores » le bien nommé. Tout est fait pour rendre les moments passés au restaurant les plus agréables possibles. Le filet mignon à la confiture de fraise, les crevettes flambées au riz noir, les desserts goûteux, tout y est savoureux. A connaître.

VARANDA ESPETINHOS €

Avenida Roberto Silveira, 110

+55 12 9 7402 8410

Churrascaria. Compter environ 50 R$ par personne. Couvert artistique élevé (environ 12 R$ par personne).

Pour trouver des petits restaurants accessibles financièrement tout en conservant un bon rapport qualité-prix, il faut quelquefois sortir du centre historique. Le Varando est situé à l'extérieur de la vieille ville sur la rue principale de Paraty. Cette churrascaria populaire est un bon plan pour manger de la viande grillée accompagnée de frites grasses et de bière fraîche. Les brochettes sont bonnes et variées, mais il faut en commander beaucoup pour être rassasié, déconseillé aux gros appétits ! Musique *ao vivo*. Service agréable.

GASTROMAR €€

Marina porto imperial

+55 21 99881 5025

gastromarparaty.com

Ouvert mardi et mercredi de 12h à 22h, de vendredi à dimanche de 8h à 22h. Comptez 200 R$ par personne.

La cheffe Gisela Schmitt a choisi de poser ses valises à terre aprés avoir été cuisinière de bord sur les yachts. Dans la Marina de Paraty, et au son du vent dans les haubans, on peut goûter une belle cuisine basée essentiellement sur des produits locaux, bio et de qualité. Les plats (Terre ou mer) revisitent avec bonheur des « classiques ». La vertu se trouve ici dans la sobriété et la qualité des produits, comme le risotto aux champignons ou le « cassoulet de sirène ». Le calamar caiçara et au riz noir est divin. Bons vins brésiliens. Une adresse qui monte.

BENDITA'S RESTAURANTE €€

Rua Samuel Costa, 267 - Centro Histórico

+55 24 3371 1445

benditasrestaurante.com.br

Cuisine brésilienne. Ouvert tous les jours de midi à minuit. Compter environ 70 R$ par personne.

Ce restaurant récent à Paraty propose une carte assez originale (des plats typiques rehaussés de saveurs moins connues), notamment des spécialités de fruits de mer. Bonne carte de cocktails également, pour prendre un petit verre à l'apéro. Les tables en terrasse dans la rue sont un vrai atout, car on s'y sent bien. La décoration est agréable, avec ses toiles blanches entre-croisées avec des poutres en bois au plafond. L'ambiance est à la fois chic et simple. Les serveurs sont à l'écoute, la musique live les soirs de week-end agréable.

JAPAMAR €€

Marina porto imperial

gastromarparaty.com

A partir de 100 R$ par personne.

« Petit frère » du Gastromar, le Japamar fonctionne sur le même concept, en version « sushi » à côté du Gastromar. Les poissons sont achetés quotidiennement aux pêcheurs locaux. Ici, pas de saumon, forcément, c'est le règne du poisson blanc. Dans un vaste jardin d'hiver qui surplombe la mer, le chef Edu et son équipe proposent d'excellents sushis, tempuras, temakis. On peut prendre un rodizio de sushi. Les sardines sont également à l'honneur. La délicatesse gastronomique japonaise semble s'être définitivement installée à Paraty. Très bon service.

MARGARIDA CAFÉ €€

Praça do Chafariz – Centro Histórico
✆ +55 24 3371 2441
www.margaridacafe.com.br

Cuisine internationale, pizzeria. Ouvert tous les jours de midi à 1h du matin. Compter environ 100 R$ le repas.

Le Margarida Café est un établissement emblématique de Paraty. C'est assurément un des plus beaux et des plus romantiques restaurants de cette petite ville coloniale. On mange ou on boit un verre dans une belle et grande salle avec pierres apparentes, bois, sofas et mobilier d'époque et un petit jardin d'hiver. Concerts tous les soirs. Plats brésiliens et internationaux (moquecas, paellas, pizzas…), quelques plats originaux (crevettes croquantes, poisson à la mode du chef...), vins excellents. Très touristique, mais agréable. Note un peu salée.

THAI BRASIL €€

Rua do Comércio, 308A - Centro Histórico
✆ +55 24 3371 2760
www.thaibrasil.com.br

Cuisine thaïlandaise. Ouvert du lundi au samedi de 18h à 23h. Compter environ 80 R$ par personne.

La petite porte et le long couloir de l'entrée ne laissent pas présager un tel espace... Quand on entre dans l'établissement, c'est une explosion de couleurs. Le lieu est décoré avec soin et on peut s'installer en salle ou dans le patio. Dans ce décor aux accents hippie et à l'ambiance zen, on trouve au menu des spécialités thaïlandaises parfaitement exécutées, aux saveurs délicates, soigneusement présentées dans des feuilles de bananiers. Pad thaï, bien sûr, mais aussi curry aux crevettes et plats végétariens. Le service est très agréable.

PUNTO DI VINO €€

Rua Marechal Deodoro, 129 – Centro Histórico
✆ +55 24 3371 1348

Restaurant italien, pizzeria. tous les jours de midi à minuit. de 70 à 90 R$ pour un plat ou 50 R$ pour pizza moyenne.

Le Punto di vino s'est affirmé comme un valeur sûre de la cuisine italienne. Pippo, le patron italien, réussit toujours à vous trouver une petite place (préférez le jardin, plus frais), même quand le restaurant semble plein (ce qui arrive très souvent). Très bonne cuisine italienne aux saveurs brésiliennes. Goûtez le carpaccio *triplo con rucola*, un délice de produits de la région. Excellentes pizzas, un peu chères mais préparées avec de bons ingrédients, à l'italienne (ça n'a pas de prix). Le soir, concerts *ao vivo* réguliers, surtout le week-end, pour l'ambiance.

ZEN MONGOLIAN'S HALL €€

R.DR Samuel Costa, 261
✆ +55 24 999529178

Comptez 150 réais pour une repas

Une belle découverte dans le centre de Paraty. Dans un décor hippie chic, où le bois, le bambou, les statues de Bouddha donnent le ton d'une ambiance zen, on mange à l'intérieur ou sur la terrasse sise dans les belles rues du vieux Paraty ou dans le jardin. Bercé par de bons rythmes de bossa en fin de semaine, on peut déguster (avec des baguettes si on le souhaite) des bols de bonne facture (viandes crevettes, végétariens) composés par ses propres soins. La carte propose d'intéressantes options comme l'agneau aux légumes. Très bons cocktails de gin et de rhum.

REFÚGIO RESTAURANTE €€

Praça da Bandeira, 1 – Centro Histórico
✆ +55 24 3371 2447
restauranterefugio.com

Cuisine brésilienne et méditerranéenne. tous les jours de midi à 23h. environ 100 R$ le repas. Happy hour de 15h à 21h.

Sur les quais, une belle adresse, avec plusieurs tables à l'extérieur délivrant une vue sur les goélettes et la baie. Spécialités de fruits de mer et poissons sélectionnés par la chef Maria Isabel do Amaral directement aux pêcheurs locaux. 20 ans de savoir-faire pour un restaurant gastronomique sachant combiner tradition brésilienne et une touche méditerranéenne. Également de bons plats de viandes et des pâtes *maison* (notamment les excellentes *pastas ao vongole*). On peut aussi y venir pour y boire un verre, profiter de l'*happy hour* et de la tranquillité des lieux.

BANANA DA TERRA €€€

Rua Dr Samuel Costa, 198 – Centro Histórico
✆ +55 24 3371 1725
www.restaurantebananadaterra.com.br

Cuisine brésilienne. lundi à jeudi de 18 h à 0h, du vendredi à dimanche de 12h à 16h et de 19h à 24h. environ 120 R$.

Cadre sophistiqué, nappes blanches et fond musical jazzy, ce restaurant est assurément un des meilleurs de Paraty, l'ambiance y est très romantique et sophistiquée. Le restaurant est spécialisé en cuisine typique régionale *caiçara*. Et ça vaut indéniablement le déplacement ! On appréciera le poulpe ou le poisson mariné à la mangue, ses oignons violets et à sa sauce coco. La viande n'est pas en reste. En dessert, la banane cuite avec sa boule de glace de *doce de leite* et aux cacahuètes pilées est un incontournable. L'assiette est délicieuse et la note salée.

BARTHOLOMEU PARATY €€€

R. Dr. Samuel Costa, 176 - Centro Histórico
+55 24 3371 5032
www.bartholomeuparaty.com

Cuisine contemporaine. lundi, mardi de 19h à 23h, de jeudi au dimanche de midi à 16h30 et 19h à 23h. environ 100 R$/p.

Le Bartholomeu a su s'imposer comme une des bonnes tables de Paraty. Pour la viande certes, mais pas seulement. Il faut dire le chef, Don Julio, est un Argentin qui s'est installé au Brésil depuis longtemps. Alors la viande, il connaît. Mais sa carte va bien au-delà de la seule « picanha ». Il propose une délicieuse cuisine moderne internationale, inspirée des recettes argentines. Essayez la picanha au roquefort, c'est une réussite. Excellente carte des vins (argentins, bien entendu !). Assiette à l'image de la décoration : sophistiquée et raffinée.

SARAU

Rua Mal. Deodoro, 241 - Centro Histórico
+55 24 3371 2776

Bar-restaurant. « Musica-Cultura-Futebol ».

On ira au Sarau pour écouter et danser sur les rythmes brésiliens, avec beaucoup de touristes locaux forcément, qui savent ambiancer les soirées déjà chaudes de Paraty. Ce bar musical sur la Praça da Matriz propose des concerts live presque tous les soirs, plutôt samba, forro. Les locaux viennent s'y pressent également, c'est sympa. Le lieu est aussi un restaurant, si vous n'avez pas encore dîné à l'heure du concert. On y trouve une carte correcte, d'un bon rapport qualité-prix pour Paraty et le personnel est très sympathique.

GEKO CHILL BAR

Av. Orlando Carpinelli, 4 - Pontal
+55 24 3371 7504
www.GekoHostel.com

Beach bar. Ouvert tous les jours de 10h à tard dans la nuit.

Le Geko Chill Bar permet d'apprécier l'esprit Paraty, les pieds dans l'eau. C'est un bar de plage de l'auberge de jeunesse voisine (elle-même simple et agréable), installé sur la plage du Pontal. L'ambiance est éclectique, conviviale et animée et les cocktails à prix abordables, ce qui n'est pas ou plus toujours le cas à Paraty. Musique *live* certains soirs et *caipirinhas* à gogo, qu'on sirote les pieds dans le sable face à la mer. On peut ainsi regarder le soleil se coucher dans un cadre agréable. C'est une bonne alternative pour changer du centre historique.

SORVETERIA PISTACHE

Rua Dr. Samuel Costa, 77 - Centro Histórico
+55 24 3371 6263
pistachegelateria.com.br/

Glacier. Prix de la glace au kg.

Le sorvetaria Pistache est assurément un trés bon glacier artisanal qui propose une belle variété de parfums de crèmes glacées et de sorbets, tropicaux notamment. Bon, si on n'y prête pas attention, on se retrouve vite avec des glaces assez chères. il faut compter prés de 12 réais pour 100 grammes, alors les 30 réais sont trés vite atteints. On ne boudera pas son plaisir et on pourra essayer quelques-uns des parfums proposés. D'aucuns diront qu'on peut trouver moins cher ailleurs mais on aime bien cette échoppe. La terrasse est très agréable.

PARATY 33

R. Maria Jácome de Melo, 357 - Centro Histórico
+55 24 3371 7311
www.paraty33.com.br

Bar-restaurant. Ouvert tous les jours à partir de midi jusque tard.

Le paraty 33 fait partie de la légende des nuits de Paraty. Son nom « Paraty 33 » comme les trente-trois grades de la franc-maçonnerie, fait référence aux bâtisseurs de la ville (Paraty a en partie été conçu par des francs-maçons). C'est un des lieux les plus festifs de Paraty : restaurant et bar musical à la fois, qui accueille des groupes de rock, MPB... *ao vivo* : sa piste de danse est systématiquement remplie à chaque fin de semaine. Beau choix de cachaças et de whiskies. Le « couvert musical » doit s'acquitter dès l'entrée dans le bar.

ARTISANAT DES QUILOMBOS

Dans les rues du centre historique de Paraty ou route d'Ubatuba, km 584, 14 km BR 101, Campinho da Independencia

Artisanat indigène.

La communauté guarani propose un artisanat varié (paniers, bijoux) issu des techniques et des produits locaux (graines, palmes...). La notion de commerce équitable prend ici toute sa dimension, puisqu'il n'y a pas d'intermédiaires entre le producteur et l'acheteur. Un lieu à connaître pour un tourisme humain qui valorise la production locale. Si vous n'avez pas le temps d'y passer, les Indiens de la communauté sont présents tous les jours dans la rue principale du centre historique et vendent leur artisanat, d'excellente facture. Très recommandé.

CACHAÇARIA CANA CAIANA

R. do Comércio, 100 - Centro Histórico
+55 24 3371 7366
Cachaçaria. Ouvert tous les jours.

Cette cachaçaria propose une impressionnante collection de cachaças (plus de 400 sortes), de cigares et de produits locaux. Le nom Cana Caiana est d'ailleurs celui d'une cachaça de Paraty. Paraty est historiquement une région de canne à sucre et également de cachaça. On peut goûter quelques variétés dans cette échoppe spécialisée (avec modération bien sûr). Les connaissances des vendeurs leur permettront de vous conseiller en fonction de vos goûts. Certaines cachaças sont aromatisées à la cannelle, au clou de girofle, d'autres sont ambrées et vieillies en fûts.

EMPORIO SANTO ANTONIO

Rua Marechal Deodoro, 276 - Centro Histórico
+55 24 3371 1412
Épicerie fine. Ouvert tous les jours de 10h à 22h.

L'Emporio Santo Antonio apparaît comme une épicerie magique pour les amoureux des épices et les produits régionaux. En plein coeur de la vieille ville historique, l'Emporio est un « delicatessen » proposant de nombreux articles artisanaux de la région : conserves de légumes, ***doce de leite*** (sorte de pâte à tartiner à base de lait), ***bananada*** et ***goiabada*** (pâtes de fruits à base de banane et de goyave), liqueurs, dont la fameuse cachaça. On y trouve toujours de bonnes idées de cadeaux, des fruits secs de la région aux huiles aux épices.

CANOA

Rua do Comércio, 364
+55 24 993261951
artecanoa.com
ouvert tous les jours sauf dimanche de 10h à 18h.

La boutique d'art indigène Canoa a changé ses quartiers et s'est établie à proximité de la pousada Porto Imperial. La nouvelle boutique est plus petite mais le concept n'a pas changé. Fondée il y a 20 par l'indianiste Nina Taterka, la structure Canoa fait la promotion de l'art et de l'artisanat de tout le Brésil en garantissant des prix corrects aux producteurs et défendant leurs droits. C'est tout un travail de promotion des cultures et de l'art amérindiens brésiliens qui se diffuse depuis cette boutique de Paraty. Des pièces superbes à voir.

LIVRARIA & CAFÉ

Rua Dr. Samuel Costa
+55 24 33716042
ouvert tous les jours de 9h à 20h.

Un lieu comme on les aime ! Depuis de nombreuses années, cette librairie du bout de la rue Samuel Costa propose des livres et des revues très diversifiés et également comme son nom l'indique, des cafés. Ce lieu de culture a su conserver son aspect traditionnel, ses odeurs de boiseries anciennes et les effluves du papier neuf. On trouvera des livres de tourisme sur la région de Paraty mais également des livres d'art et d'histoire, des romans, quelques revues. En cherchant bien, on peut même trouver des livres en anglais ou en français.

EMPÓRIO DA CACHAÇA

Rua Dr Samuel Costa, 22 – Centro Histórico
+55 24 3371 6329
Ouvert tous les jours de 9h30 à 22h.

Paraty est une ville renommée pour son terroir et ses alambics qui fournissent d'excellentes cachaças. L'Empório da Cachaça ne propose pas moins de trois cents types de *cachaças* artisanales, venant de l'Etat de São Paulo, du Minas Gerais, mais aussi de la région de Paraty même : les *pingas* Coqueiro, Vamos Nessa, Itatinga, Paratiana entre autres. De nombreux autres produits gourmets artisanaux sont également proposés à la vente, dont des bouteilles colorées d'huile aromatisée au piment. Des petits tonneaux de cachaça peuvent être une bonne idée de cadeau.

LIVRARIA DAS MARÈS

rua Tenente Francisco antonio, 352
+5524 33712296
pousadaliteraria.com.br/
ouvert tous les jours de 10h à 22h

La livraria das marés est une belle librairie trés design, dessinée par l'architecte Bel Lobo et installée dans un bâtiment classé auprés de l'IPHAN (institut brésilien du patrimoine). Dans ses 200 m², on y trouve prés de 4000 livres, mettant en valeur des auteurs de Paraty, du Brésil et du monde entier, dont des Français. La qualité et la diversité des ouvrages présentés est à la hauteur des lieux. Beaucoup d'évènements culturels sont organisés. Une pâtisserie de qualité, à la carte signée par le chef belge de Meyer, propose d'excellents gâteaux.

MAGASIN FLAVIA ARANHA

Rua do Comércio, 10
flaviaaranha.com
ouvert tous les jours de 10h à 18 sauf dimanche

A proximité de la pousada Porto imperial, le magasin-concept Flavia Aranha est une belle rencontre. Pour rentrer dans cette boutique, il faut se déchausser pour marcher dans le sable. Sans doute est-ce pour éclairer sur la démarche de la marque originaire de Sao Paulo qui propose des vêtements pour femme faits avec le souci du respect des personnes qui collaborent au projet et à l'environnement. Toutes les teintures sont naturelles et la fabrication intègre des techniques traditionnelles en accord avec les principes du développement durable.

TEATRO ESPAÇO

Rua Dona Geralda, 327 – Centro Histórico
✆ +55 24 3371 1161
www.teatroespaco.com.br
Le mercredi et samedi à 21h. Entrée : 55 R$.

On avait déjà évoqué le formidable travail de marionnettistes de l'équipe de la la pousada Très Portas à Tiradentes. Le teatro espaço est également un lieu incontournable pour les amateurs de marionnettes. On y assiste à un formidable spectacle de marionnettes muettes, les mercredis et samedis à 21h (ainsi que les vendredis et samedis en haute saison), renommé internationalement, et toujours plein. Le « teatro » se présente comme un groupe de conteurs d'histoire depuis 1971. On jurerait que les marionnettes sont vivantes ! On encourage cette formidable énergie.

VAN GOGH PUB

R. Dr. Samuel Costa, 22 - Centro Histórico
✆ +55 24 99848 2098
Bar. Ouvert tous les soirs de 18h à minuit, ou plus tard...

Le Van Gogh est le rendez-vous des fêtards et de tous ceux qui apprécient les concerts tardifs d'excellente musique (samba, forro, chorinho, reggae, jazz), quasiment tous les soirs. On s'en va vers 4h du matin, après quelques heures passées à siroter des caïpirinhas dans un si petit endroit. C'est un point de rendez-vous des locaux quand le Sarau, et sa samba s'arrêtent vers minuit. C'est un pub mais c'est aussi un lieu où l'on peut se sustenter, les nuits de Paraty sont quelquefois longues. Les hamburgers sont assez généreux.

TRINDADE ★★★

Situé à l'intérieur du Parque Nacional da Serra da Bocaina, à 30 km au sud de Paraty, sur la BR 101 en direction de Santos, Trindade est un petit village d'anciens hippies où chaque maison semble s'être reconvertie en pousada, resto ou bar. Le paysage paraît avoir été dessiné pour Hollywood, tant il semble relever d'un décorum féerique ! Des rivières surgissent de la forêt pour s'écouler sur la plage, des cascades creusent des roches énormes en pleine jungle… De nombreuses plages se prêtent à la pratique de la plongée, du surf et du *windsurf*. On peut y passer une journée en venant de Paraty...ou choisir Trindade comme lieu de villégiature.

PEDRA DE ENGOLE ★★

Les environs de Paraty sont parsemés d'attractions naturelles, car le jeu des reliefs et de l'eau propose quelques merveilles géologiques. La pedra de Engole propose aux audacieux une expérience intermédiaire entre le canyoning et le passage d'un siphon en spéléologie. Sur la route du Cachadaço, une énorme roche creusée par le cours de la rivière, ouvrant un couloir sous la pierre, assez grand pour laisser se faufiler une personne. Mais pour cela, il faut d'abord retenir son souffle et plonger sous la cascade… frissons garantis !

PRAIA BRAVA OU JOATINGA

★★★

C'est la plage la plus connue de Trindade, accessible en canot à moteur ou en 30 minutes de marche. C'est la plage sauvage intacte de carte portale ! Eau turquoise cristalline, rochers polis, sable blanc étincelant, végétation tropicale luxuriante préservée, cette plage est un bijou peu fréquenté par les touristes, qui restent à Paraty et ne poussent pas jusqu'à Trindade. Un éden paradisiaque où l'on trouve quelques bars pour se rafraîchir d'une bière bien fraîche et un petit camping pour passer la nuit de façon rustique. Prudence, l'eau est souvent agitée.

PONTA DA JOATINGA ET SACO DO MAMANGUA ★★

Ponta da Joatinga

Les plaisirs de Paraty ne se limitent pas à la découverte de la ville coloniale, si agréable et chargée d'histoire soit-elle. La nature est l'autre de ses atours. Les alentours de Paraty et les réserves écologiques de Joatinga et de Mamangua offrent de superbes itinéraires de randonnée à travers la forêt atlantique (Mata Atlântica), dense et fraîche, avec de fréquents passages sur des plages désertes ou sur des plateaux dégagés à près de 1 000 m d'altitude (la vue sur la baie est fantastique). On passe la nuit dans un village de pêcheurs, dans un hamac ou chez l'habitant. Les dénivelés peuvent atteindre 800 m pour 5 à 6 heures de marche effective par jour. Ce trek peut se réaliser en 3 à 7 jours depuis Paraty, selon l'itinéraire et le niveau. Ensuite, c'est à vous de décider si vous désirez y rester plus longtemps.

- **L'itinéraire part de Laranjeiras**, à l'est de Trindade (à rejoindre en bus depuis Paraty, départ toutes les heures). Il passe ensuite par la Praia do Sono (la plus belle de la région) et le village de Ponta Negra, où vous pourrez dormir dans un chalet sympa (chez Teteco). On poursuit à travers la Mata Atlântica (guide souhaité, car le chemin n'est pas identifiable facilement), vers Martins de Sa, puis Pouso de Cajaiba. Les courageux et les plus expérimentés passeront ensuite par le Saco de Mamangua, le seul fjord tropical du Brésil. Le retour à Paraty peut se faire en bateau.
- En bus jusqu'à Paraty-mirim à partir de la gare routière, puis barque de pêcheurs (350 R$).

PRAIA DO CACHADAÇO ★★★

Rua da Cachoeira

Pour ceux que les aventures des pirates des Caraïbes ont inspirés, Paraty et Trindade ont aussi des histoires de pirates à conter. La beauté des lieux ne donne que plus de relief à ses légendes. Praia do Cachadaço est une magnifique plage bordée de palmiers et d'amandiers. D'après la légende, les pirates y cachaient leurs butins volés. Cette piscine naturelle aux eaux limpides est aujourd'hui un refuge de poissons de toutes les couleurs, prisonniers des pierres volcaniques à la marée descendante. Elle vaut à elle seule la venue à Trindade.

PRAIA DO SONO ★★

Praia do Sono

Les plages de Paraty présentent peu d'attrait et l'on séjourne dans Paraty pour le charme de son architecture et son ambiance surannée, un peu hors du temps. Pourtant, à quelques kilomètres de l'ancienne extrémité de la route de l'or, la plage de Praia do Sono mérite qu'on s'y arrête pour apprécier le temps qui s'écoule. C'est l'une des plus belles plages de la région, sauvage, à laquelle on accède après une randonnée de 2 heures à travers la forêt depuis Laranjeiras, à l'est de Trindade. Une petite colonie de pêcheurs y est installée.

Baignade à Praia do Cachadaço.

PRAIA DOS RANCHOS ET PRAIA DO MEIO ★★★

Les plages de Trindade sont un peu éloignées du centre de Paraty, mais elles valent assurément le détour. Les deux plages « sœurs jumelles » qui enserrent Trindade sont difficiles à départager tant elles sont semblablement magnifiques. On y trouve de nombreuses bicoques qui vendent huîtres et fruits de mer. Plus loin, les piscines naturelles près de la Cabeça do Indio, au milieu des rochers, vous réservent une plaisante baignade. Un bus relie Paraty et Trindade.

POUSADA DOIS IRMÃOS €€

Rua Pedro Rosa
✆ +55 24 3371 5124
www.pousadadoisirmaostrindade.com
Compter à partir de 280 R$ la chambre double avec petit déjeuner. Wifi.

La plage de Trindade est un lieu encore sauvage qui permet de savourer la quiété de la régionde Paraty sans trop s'éloigner de la belle ville du cycle de l'or. La pousada Dois Irmaos est un charmant établissement situé un peu en retrait de la plage principale de Trindade. Elle propose 13 chambres agréables et bien tenues (préférez celles de l'étage avec véranda), ainsi qu'une piscine et une salle de billard. Petit déjeuner agréable servi sous le kiosque de la piscine. C'est certes un peu rustique mais cela a pour mérite de s'accorder aux lieux.

POUSADA ÁGUA DO MAR €

Rua Pastor Ezonil
✆ +55 24 3371 5120
www.pousadaaguadomartrindade.com.br
A partir de 260 R$ la chambre double avec petit déjeuner. Wifi.

Certaines personnes choisiront de rester à Trindade et ce choix peut se justifier pour deux raisons : en haute saison, la belle Paraty est congestionnée et Trindade se trouve relier à la ville par le bus. Pour ceux qui choisiront le calme et la nature de Trindade, la pousada Agua do Mar apparaît comme une bonne option. Dans une grande maison orange et brique, on trouve des chambres très simples, mais climatisées pour 2, 3 ou 4 personnes. Elles sont équipées de réfrigérateur et très propres. Les salles de bains sont modernes.

POUSADA PICINGUABA €€€

Rua G Picinguaba, 130 - Picinguaba
✆ +55 12 99637 7173
www.picinguaba.com.br
entre 1680 R$ la chambre double, 4580 R$ la suite « lune de miel ». Ce tarif en demi-pension, taxes incluses.

Réunir le charme brésilien et le chic français, dixit l'*Observer*. Une adresse différente dans la région, située à 30 km de Paraty dans l'État de São Paulo, dans le petit village de pêcheurs de Picinguaba, en hauteur, ce qui permet d'avoir la vue sur une longue plage de rêve de 4 km à proximité des terrasses.

Ici, on vient pour goûter la nature à l'état pur et ne plus jamais repartir. Idéal pour un séjour isolé du monde. Un paradis tropical, qui a son prix bien sûr. Étant donné l'éloignement, les sorties en goélette et les excursions sont organisées par l'hôtel.

ATELIE E POUSADA DO RIACHO €€

Rua do Horto, 170
✆ +55 24 3371 5163
www.pousadariacho.com.br
A partir de 460 R$ pour deux personnes, de 598 R$ pour trois. Wifi.

À quelques centaines de mètres du petit centre de Trindade et de ses belles plages, plusieurs petits chalets isolés disséminés dans la nature, avec une jolie piscine posée en leur centre. Des hamacs sont accrochés un peu partout, des sentiers se perdent au milieu de la végétation. Parfaitement située, très proche des chutes d'eau. De nombreuses têtes de Bouddha, et des petits bassins apportent une ambiance Zen et Feng Shui. Une immersion assurée dans la nature.

VAGALUME DO MEIO €

Praia de Fora
✆ +55 24 998293314
Cuisine brésilienne. Compter environ 60 R$ par personne.

Vagalume do Meio est un restaurant de poissons et de fruits de mer sur la plage de Fora, à Trindade, à 30 kilomètres de la ville de Paraty. Assez logiquement pour un restaurant de plage, on y sert du poisson, des fruits de mer, mais aussi des grillades. Le risotto de fruits de mer est assez copieux pour 3 ou 4 personnes. Les portions de crevettes sont également généreuses. Les poissons à la sauce crevette (molho de camarao), les caldeiradas de fruits de mer, les queues de langouste... Bref, une étape gastronomique simple et goûteuse à connaître.

PARQUE NACIONAL DA SERRA DA BOCAINA ★★★

C'est un joyau constitué de vestiges de forêt atlantique sur plus de 100 000 ha. Les formes géologiques variées émanent de la juxtaposition de différents ensembles géomorphologiques. En s'élevant du niveau de la mer jusqu'à plus de 2 000 m d'altitude, ces ensembles proposent une extraordinaire biodiversité. Ces espaces préservés sont d'un intérêt majeur pour leur beauté incontestable mais aussi et surtout parce qu'ils concentrent des espèces végétales et animales rares. Le caractère géomorphologique et biogéographique exceptionnel a renforcé ici le caractère endémique d'une partie de la biodiversité. Des animaux menacés d'extinction peuvent y être observés. Les tapirs, les singes noirs, les jaguars (rares), la fabuleuse et malheureusement en voie d'extinction harpie peuvent (quelquefois) être aperçus. C'est cette même exubérance géologique et floristique qui justifie une protection stricte qui préserve le parc de la prédation humaine liée à la forte demande de terres constructibles. En ces lieux naissent de nombreux cours d'eau d'une grande importance pour les populations locales.

Si l'entrée du parc se trouve au nord, (São José do Barreiro), on trouve du côté de Paraty des plages, plus ou moins isolées, villages nés à la grande époque du *caminho de ouro*, ou encore une visite intéressante d'une communauté indienne à Paraty-Mirim. La meilleure période pour le visiter est de mai à août, la période la plus sèche.

CACHOEIRA DO BANANAL ★

Sur la route Paraty – Cunha

Montagnes et eaux abondantes sont souvent synonymes de chutes d'eau et de cascades. La région de Paraty ne fait pas exception à cette règle. La cascade de Bananal (cachoeira do Bananal, du nom de la fazenda éponyme dans laquelle elle se trouve) fait partie du Circuito das Águas et comporte une chute de 15 m de hauteur. Elle est très fréquentée par les habitants de Paraty et les touristes qui ont choisi les « packages » avec les tours operators et les circuits écologiques. C'est un grand classique de la région de Paraty et de la Serra do Bocaina.

CACHOIERA DO TOBOGÃ (OU CACHOEIRA DO PENHA) ★★

Sur la route Paraty – Cunha, à 10 km de la ville, au bout d'un sentier de 200 m.

Le spectacle fait se déplacer nombres de touristes locaux. Une énorme pierre lisse fait office d'un véritable toboggan, d'où l'on peut s'élancer avant de retomber dans une piscine naturelle d'eau froide. En pleine forêt. Il faut monter par une petite piste de 100 mètres pour arriver à cette attraction naturelle. On arrive ensuite au « puits de Tarzan », une piscine naturelle où l'on trouvera un petit bar sympathique où l'on pourra se rafraichir en buvant un verre.

ÉTAT DE RIO DE JANEIRO

Cachoiera do Tobogã (Ou Cachoeira do Penha).

Parque nacional da Serra da Bocaina.

CACHOIERA PEDRA BRANCA ★★

Superbe endroit, à proximité d'une ancienne usine hydroélectrique aujourd'hui désaffectée ! C'est l'énergie hydraulique de la cascade qui la faisait fonctionner. La cascade se trouve à 10 km du centre-ville de Paraty, près de la ferme Fazenda Murycana. Les derniers 3 km se font à pied (ou en Jeep). Il y a deux chutes d'eau, chacune proposant une piscine naturelle dans laquelle on peut se baigner. Les chutes d'eau se divisent sur un relief découpé au couteau. Piscines naturelles idéales pour la baignade. On trouve en chemin de nombreux alambics.

CAMINHO DO OURO - TRILHA DO OURO ★★

Excursion possible de 1 à 3 jours avec une agence.

Paraty est l'extrémité méridionale de l'ancienne route de l'or. Il reste aujourd'hui 2 km de belle balade sur la route pavée par où était acheminé l'or du Minas Gerais vers le port de Paraty. Ruines, belvédères et cascades au rendez-vous.

À organiser depuis Paraty, dans l'une des agences de la rue principale (40 R$/personne environ). Possibilité d'effectuer la fameuse Trilha de Ouro (sur 3 jours) à travers la Serra depuis le village de São José do Barreiro.

OFFICE DU PARC NATIONAL

Rodovia Estadual Francisca Mendes Ribeiro (SP 221)
✆ +55 12 3117 2143
www.icmbio.gov.br/parnaserradabocaina
Ouvert tous les jours de 6h à 18h (mais permis délivré jusqu'à 16h en hiver et 17h en été). Entrée libre.

La région de Paraty propose un écotourisme de qualité. Le parc national de la Serra da Bocaina, qui s'étend à perte de vue tout autour de Paraty, offre de superbes balades à travers la Mata Atlântica ou de nombreuses et superbes cascades disséminées sur les abords du Rio Perequê-Açu. Les chemins de la montagne dans sa partie basse peuvent se faire sans guide, mais il est néanmoins recommandé d'en prendre un pour les informations locales. Pour la partie haute et pour dormir sur place, il faut demander une autorisation à l'entrée du parc.

MW TREKKING

Rua Siqueira Reis, 19
✆ +55 12 3117 1220
www.mwtrekking.com.br
Voir le site.

MW est une agence spécialisée des treks dans la Serra de Bocaina qui officie depuis 1993. Cette structure sérieuse propose des tours pour une ou plusieurs personnes et sur un ou plusieurs jours. Les excursions se font à pied ou à vélo. Nul besoin d'être un grand marcheur, certains petits tours font 5 kilomètres, d'autres 10 ou 30, c'est à combiner en fonction de la forme physique des marcheurs ou du temps. 6 circuits à vélo sont proposés et 8 à pied. Enfin, pour ceux qui veulent s'enfoncer dans la Serra de Bocaina sans efforts, il existe un tour en 4x4.

Caminho do Ouro – Trilha do Ouro.

ILHA DE PAQUETÁ ★

Paquetà signifie lieu rempli de coquillages en Guarani. En arrivant sur cett île, extension insulaire à quelques encablures de Rio de Janeiro, on a l'impression que le temps s'est arrêté sur ce morceau de terre. Il n'y a pas ou peu de voitures privées mais des voiturettes électriques, pas de circulation, pas de pollution et on a une réelle sensation de sécurité. On trouve d'agréables petites maisons aux murets de pierre, de la tranquillité partout et de nombreux lieux photogéniques. La nature est omniprésente. Une des attractions est l'énorme baobab Maria Gorda. L'île est entourée de récifs, ce qui en fait un excellent endroit pour la plongée.

NITERÓI ★

De l'autre côté de la baie de Guanabara, la grande barre d'immeubles que l'on aperçoit depuis le Pão de Açucar, c'est la (grande) ville de Niterói et ses 500 000 habitants. La cité en elle-même, moderne et sans âme, ne présente pas un intérêt majeur. Elle doit surtout sa notoriété au pont (inauguré en 1974), véritable exploit en termes de génie civil et qui traverse la baie d'ouest en est, sur près de 14 km, reliant ainsi Rio et sa petite sœur Niterói.

Niterói s'est doté d'une nouvelle attraction culturelle : c'est le MAC (le Museu de Arte Contemporânea), conçu par l' architecte Oscar Niemeyer et édifié en 1996 sur un promontoire de la baie. C'est désormais la carte postale de la ville. Ce MAC est aujourd'hui englobé au sein d'un véritable « Chemin Niemeyer », une suite de réalisations du célèbre architecte. Ce projet ambitieux et longtemps repoussé a été inauguré en 2013 et mérite le détour.

En poursuivant la côte jusqu'à l'entrée de la baie, du côté de Niterói, on tombe sur la très belle forteresse de Santa Cruz, dont les premiers vestiges datent de l'aventure du Français Villegaignon (1550) et qui sécurisait l'entrée de la baie d'éventuelles incursions ennemies (belle batterie de canons encore présente).

Enfin, au nord de la ville, sur l'océan, quelques magnifiques plages accueillent les surfers et les amateurs de bronzette : Piratininga, Camboinhas (eaux calmes, idéales pour les familles), Itaipu (et sa fameuse vue au coucher du soleil sur Rio) et la plus belle et la plus sauvage, Itacoatiara (belles vagues à surfer).

CAMINHO NIEMEYER ★★

R. Prof. Plínio Leite - Centro
✆ +55 21 2613 2613
Ouvert de 10h à 17h, visite guidée du site sur demande.

Ce *Caminho* à Niterói est, après Brasilia, le second ensemble architectural le plus important confié à l'architecte brésilien Oscar Niemeyer (1907-2012). Après dix ans de promesses et 100 millions de *reais* investis, le "Chemin Niemeyer » a enfin été inauguré en 2013 et continue aujourd'hui de prendre forme dans ses derniers détails. Une cathédrale devrait par exemple voir le jour. Le maître n'a malheureusement pas pu voir tous les édifices totalement achevés car il est décédé en 2012, à l'âge de 103 ans.

Cet ensemble d'édifices compte le fameux MAC, qui a des allures de soucoupe volante, mais aussi d'autres monuments de la même trempe, avec des lignes très épurées, des murs ronds et blancs.

Traverser la baie de Guanabara en bateau est une occasion exceptionnelle de marcher dans les pas de l'architecte, mais aussi de découvrir une vie presque provinciale, juste de l'autre côté du centre historique de Rio. La visite commence dès l'arrivée (si vous arrivez au terminal Charitas) puisque l'un des sept édifices que compte le chemin se trouve être le terminal de bateaux lui-même, le terminal Charitas. L'autre terminal, la station Praça Araribóia es, elle, plus proche des autres édifices du *Caminho*.

Si la majorité des sites se concentrent sur une portion réduite – l'Aterro da Praia Grande (la digue de la grande plage) –, le chemin s'étale sur 3,5 km de littoral urbain et a pour objectif de dynamiser cette langue cotière en attirant les touristes qui rechignent à traverser la baie. La balade en bateau depuis la Praça XV, avec la vue sur Rio au coucher de soleil, est pourtant si belle !

Au sortir du terminal de Niterói, il suffit de prendre à gauche vers le centre commercial. C'est ici que se trouve la praça JK, le second des sept lieux pensés par Niemeyer. Continuer ensuite à longer la route pour rejoindre la gare centrale de bus de la ville. Pour accéder à l'Aterro da Praia Grande (où se trouve la fondation Oscar Niemeyer, le Memorial Roberto Silveira et le Teatro Popular Oscar Niemeyer), il suffit de traverser le terminal sur toute sa longueur et suivre les flèches du *Caminho* alors à quelques pas, face à la baie. Le centre d'accueil se trouve à l'entrée.

Enfin, en partant dans le sens opposé depuis le terminal de bateau (vers le sud donc), toujours en suivant l'Avenida Viconde do Rio Branco, on trouve l'imposant et passionnant Museu Petrobras de Cinema à environ 10 minutes à pied. Il faudra ensuite prendre un taxi (ou marcher 30 minutes à pied sur une jolie corniche) pour se rendre au fameux MAC, le musée d'art contemporain de Rio.

Caminho Niemeyer.

FUNDAÇÃO OSCAR NIEMEYER [FON] ★★

R. Prof. Plínio Leite, 86-168 - Centro
www.niemeyer.org.br
Ouvert du lundi au vendredi de 10h à 17h, le week-end de 9h à 17h. Entrée libre.

Cette demi-sphère blanche est la fondation de l'architecte, sur 4 000 m². L'idée du visionnaire était de créer un lieu dédié à la préservation, valorisation du patrimoine architectural du pays, et appuyer le développement de l'urbanisme.

« L'éléphant blanc » se remarque de loin avec sa rampe d'accès en forme d'éclair qui intègre la demi-sphère. À l'intérieur on retrouve un petit musée Niemeyer. Depuis juin 2013, la fondation abrite aussi la Escola de Humanidades, Arte e Cultura.

MUSEU PETROBRAS DE CINEMA ★★

Avenida Visconde do Rio Branco, 1354 - São Domingos
ouvert tous les jours de 10h à 18h

Conçu en 2001 par Niemeyer, ce musée du cinéma a finalement été inauguré en 2016. Ce musée, financé par le mécène Petrobras, est le plus grand consacré au cinéma dans le pays. L'entreprise Reserva Cultural va l'administrer pendant 25 ans. On trouvera 5 salles de cinéma, un café et une librairie. La partie de l'édifice en forme de rouleau de film reste sous la tutelle de la ville. Elle abrite un musée interactif, un auditorium de 700 places et des salles de production.

MEMORIAL ROBERTO SILVEIRA ★

R. Prof. Plínio Leite - Centro
Ouvert de 10h à 17h. Entrée libre.

Inaugurée en 2003, c'est la première œuvre de l'*aterro* a voir le jour. Comme sa voisine la Fundação Oscar Niemeyer, c'est une autre demi-sphère toute blanche posée sur le sol, mais beaucoup plus petite. Ce mémorial compte à l'intérieur un centre d'informations et d'impressions de données, un auditorium. Depuis mai 2013, il est doté d'une bibliothèque virtuelle, le centre de mémoire de l'histoire de la littérature fluminense, qui compte près de 680 titres tombés dans le domaine public.

CCR BARCAS

Praça Arariboia, 6 ✆ +55 21 2620 6756
www.grupoccr.com.br/barcas
Billet : 6,10 R$ pour Praça Arariboia, 16,90 R$ pour le terminal de Charitas.

La nouvelle station Praça Arariboia permet d'accéder rapidement aux principaux édifices du Caminho Niemeyer.

- **Estação Praça Arariboia.** Les navettes en bateau entre Praça XV (Rio Centro) et Praça Arariboia (Niterói) opèrent entre 6h et 23h tous les jours. Entre 6h et 10h, départ toutes les 10 minutes, puis toutes les 20 minutes.
- **Estação Charitas.** Les navettes en bateau entre Praça XV et Charitas opèrent entre 6h50 et 21h tous les jours de la semaine, mais pas les week-ends. De 6h50 à 0h, et entre 17h et 21h : départ toutes les 15 minutes puis toutes les heures.

MUSEU DE ARTE CONTEMPORÂNEA - MAC ★★★

Mirante da Boa Viagem - Boa Viagem
✆ +55 21 2620 2400
www.culturaniteroi.com.br/macniteroi/
Ouvert du mardi au dimanche de 10h à 18h.
Entrée : 10 R$, gratuit le mercredi.

Le MAC de Niterói, ou quand le musée est déjà une œuvre d'art ! On peut apercevoir sa forme de soucoupe volante, à nulle autre pareille, quand on observe la baie de Guanabara depuis le Pain de Sucre. Le musée d'Art contemporain de Niterói est devenue une attraction qui depuis son inauguration en 1996 attire des milliers de visiteurs, esthètes et béotiens. Le MAC est aujourd'hui le marqueur spatial de la ville, comme le Space Needle l'est pour Seattle. La vision périphérique offre une vue magnifique de la baie de Rio.La photocarte postale s'impose, on a l'impression de croiser la postmodernité telle qu'elle était imaginée dans les années 50 ou 60. D'aucuns diront que le spectacle est d'ailleurs (exclusivement) à l'extérieur car cet établissement est surtout spectaculaire par ses formes de soucoupe volante accrochée à un rocher, esquisses épurées sorties du cabinet d'Oscar Niemeyer. Les détracteurs tancent la direction artistique pour l'indigence des expositions proposées, mais s'il est vrai que les œuvres souffrent de la comparaison avec l'esthétique des lieux, elles ont le mérite de présenter des artistes brésiliens et internationaux de renom. Enfin, le fonds artistique s'épaissit régulièrement grâce aux donations des artistes qui ont exposé au MAC. Traverser la baie, par le pont ou le ferry, est désormais une obligation pour ceux qui veulent connaître l'image de la modernité brésilienne à travers le prisme de son plus grand architecte.

© EMBRATUR / CHRISTIAN KNEPPER

TEATRO POPULAR OSCAR NIEMEYER ★★

R. Prof. Plínio Leite - Centro
✆ +55 21 2620 6101
www.teatropopularoscarniemeyer.art.br
Ouvert pour des spectacles.

Inauguré en 2007 et baptisé au départ Théâtre populaire de Niterói, il a pris le nom de son créateur, l'architecte Oscar Niemeyer, en 2013 lors de l'inauguration du *Caminho* dédié à l'œuvre considérable de l'architecte qui a dessiné le siège du PCF, place Colonel Fabien, à Paris. Il a une forme très particulière visible de loin, car il est constitué d'une entité arrondie et asymétrique de deux étages, recouverte d'une grande couverture courbe. Sa grande baie vitrée est orientée face à la baie de Guanabara, l'ensemble est splendide. On y accède par une rampe hélicoïdale très originale. Sur cette face, on retrouve des *azulejos* jaunes, illustrés d'une fresque allégorique de femmes agitant des drapeaux et dansant. Le théâtre compte quant à lui 460 places, mais la scène peut s'ouvrir à l'air libre sur l'esplanade principale, qui peut alors recevoir près de 20 000 spectateurs ! Tout le génie de l'artiste se retrouve dans ce tour de magie architectural. À l'intérieur du bâtiment on trouve aussi un auditorium. Le théâtre fut restauré en 2010 et a été doté d'une structure externe fixe, toujours sous la houlette magistrale de Niemeyer. Sous la rampe, un café attire les jeunes de Niterói, notamment les adeptes de skate qui profitent de la grande esplanade et des rampes du théâtre pour tenter des figures. Depuis son ouverture, le lieu est toujours animé ! Niteroi propose une offre architecturale étoffée qui suscite un tourisme culturel de ce côté-ci de la baie.

TERMINAL RODOVIÁRIO ROBERTO SILVEIRA

Av. Felíciano Sodré - Centro
✆ +55 21 2620 8847
Gare routière.

Depuis la gare on peut prendre les nombreux bus qui mènent aux stations balnéaires de la côte nord de l'Etat de Rio, via la compagnie Viação 1001. La côte nord est aussi appelée « costa do sol » avec comme ville phare la ville de Buzios, Saint-Tropez local dont les rivages vallonnés ne sont pas sans ressemblance avec ceux de la petite station balnéaire du Var. Cela peut éviter de se rendre à la rodoviaria de Rio de Janiero lorsqu'on est hébergé sur Niteroi.

SAQUAREMA ★★

Saquarema est une ville connue à l'extérieur du Brésil essentiellement par les surfers. Du temps de l'Empire, Saquarema était aux mains d'une élite conservatrice, qui faisaient travailler une main d'oeuvre servile dans ses immenses fazendas de café. Aujourd'hui, on y trouve l'ambiance des stations balnéaires populaires. Les plages et les lagunes constituent les principaux intérêts des lieux. On surfe et un boit un verre sur la plage à Itaunà, on pèche à Jaconé, on admire la nature à Massambaba. Dans la lagune de Saquarema on fait de la planche à voile, on se promène dans les mangroves dans la lagune de Jaconè. Il reste quelques monuments à voir.

IGREJA NOSSA SENHORA DE NAZARETH ★★

R. Dr. Luiz Januário - Centro

Visites du mardi au vendredi de 9h à 12h et de 14h à 16h, le samedi de 9h à 20h et le dimanche de 9h à 17h.

© RODRIGO S COELHO - SHUTTERSTOCK.COM

On est loin ici des lignes modernes et épurées des dessins de Niemeyer de Brasilia ou de Niteroi. Édifiée en 1837, l'église principale de la ville, Igreja Nossa Senhora de Nazareth, perchée sur un rocher qui surplombe la mer, mérite une visite. Le petit cimetière sur l'arrière bénéficie d'une belle vue. On dit que des manifestations afro-brésiliennes y ont lieu la nuit venue… Tous les 8 septembre, l'église fait l'objet d'une grande célébration, qui s'accompagne de liesse populaire.

MUSEU DO SAMBAQUI DA BEIRADA ★

Rua do Sambaqui - Barra Nova

✆ +55 22 2653 0527

Ouvert du mercredi au vendredi de 13h à 16h et le samedi de 9h à 16h.

Musée en plein air qui expose des fossiles. « Sambaqui » vient du mot indigène tupi « tamba'kï », qui signifie « dépôt de coquillages ». Il s'agit d'un monticule de matériaux organiques et calcaires d'origines anthropiques (en fait un tumulus), qui, sous l'effet des intempéries, connaissent une fossilisation chimique : la pluie dissout les coquilles des mollusques, le calcium pénétré la structure et pétrifie le dépôt. On parle de « civilisation des sambaquis ».

RODOVIÁRIA DE SAQUAREMA

Praça Oscar Macedo Soares, 128 – Itaúna

✆ +55 22 2651 1001

Gare routière.

En plus des options de bus au départ de Rio, une compagnie, Viação 1001 (voir Rio, transport), assure des trajets quotidiens vers Saquarema et la plupart des points d'intérêt touristique de la Costa do Sol. La costa do sol est jalonnée de stations balnéaires agréables. On ne peut se rendre en bus directement directement à Armaçao dos Buzios ou Buzios, lieu de villégiature plutôt chic et « nationalisé » sympathiquement par les voisins argentins. Une dizaine de bus par jour pour Rio de janeiro. Comptez 30 réais. Bus pour Niteroi ou Araruama.

MAASAI HOTEL €€

Tv. de Itaúna – Praia de Itaúna

✆ +55 22 2651 1092

www.maasai.com.br

18 chambres. De 230 à 400 R$ en fonction de la saison et de la chambre, petit déjeuner compris. Wifi.

Pour les surfeurs qui voudront à une étape connue du championnat de monde de surf, le Maasai Hotel est un établissement à retenir. C'est une auberge-hôtel très confortable, en bord de mer, et d'où on peut assister directement aux championnats de surf. Bien sûr, beaucoup de mobilier et de décorations d'origine africaine, comme le nom de la tribu kenyane de l'hôtel le sous-entend. Le Maasai Hotel possède un accès direct à la plage. Il a un restaurant, piscine, boutique. L'hôtel peut également organiser différentes activités sportives.

POUSADA ESPUMA DA PRAIA €€

Av. Oceânica, 1658 - Itaúna ✆ +55 22 2651 2848
www.espumadapraia.com.br
Compter de 500 R$ la chambre double, en fonction de la saison et de l'exposition (mer ou jardin), petit déjeuner. Wifi.

A part ceux qui veulent assister à une étape de coupe du monde de surf, Saquarema n'est pas le lieu de villégiature le plus usité des lecteurs du *Petit Futé*. Néanmoins, la station balnéaire propose quelques bonnes adresses. La pousada Espuma da Praia est un grand établissement, sympathique, confortable et tranquille. On y trouve une vaste piscine entourée de nombreuses tables et chaises longues, et vue sur toute la plage d'Itaúna. On peut s'essayer au billard ou tenter quelques brasses dans l'océan tout proche. L'ensemble est très correct.

GAROTA DE ITAÚNA €€

Av. Oceânica, 165 - Itaúna
✆ +55 22 2651 2156
www.garotadeitauna.com
Cuisine brésilienne, spécialités de poissons & fruits de mer. Compter environ 110 R$ pour un repas.

La ville d'Itauna propose quelques tables intéressantes. La Garota de Itaunà est un vaste restaurant coloré. Cela fait vraiment grand établissement de plage, simple et sympathique, comme en trouve dans le Nordeste. Bien sûr, on y sert de très bons poissons (poisson grillé à la sauce Maracujà, crevettes à la mode Itauna), mais aussi des viandes (churrasco) savoureuses, le tout en portions généreuses. L'ensemble est très convenable. Belle vue depuis le balcon. Excellente adresse également pour contempler le coucher du soleil sur la mer.

ESCOLA DE SURF SAQUAREMA

Praia de Itaúna ✆ +55 22 9215 1828
École de surf. Cours à partir de 60 R$ les 2 heures, et location de matériel.

A tout seigneur, tout honneur, on ne peut parler de Saquarema sans parler de surf et sans doute est-ce la motivation majeure des touristes étrangers pour se rendre à Saquarema. Sur la plage d'Itaunà, l'école de surf de Saquarema accueille les futurs Kelly Slater. On peut prendre des cours pour apprendre ou se perfectionner. L'ambiance est familiale bien que pro. On commence doucement, dans la bonne humeur brésilienne. Les meilleurs pourront progressivement s'affronter à la vague d'Itaunà, certainement une des meilleures vagues à droite du Brésil.

ARARUAMA ★

À 110 km de Rio de Janeiro, 110 000 habitants environ. L'attrait principal d'Araruama est son immense lagune, idéale pour la pratique du windsurf, du kitesurf et de la voile. La lagune d'eau salée, qui s'étale sur 220 km², est très peu profonde, ce qui rend ses eaux chaudes toute l'année. On prête des vertus médicinales aux boues de certaines plages de la lagune... c'est à voir ! Nous vous recommandons ce site pour un week-end sportif. Comme la voisine Saquarema, la ville d'Araruama elle-même n'a que peu d'intérêt, mais s'emploie à développer l'écotourisme et le tourisme rural, en proposant des visites de fermes et également de marais salants.

EMPRESA DE TURISMO DE ARARUAMA - SOTUR

Av. Getúlio Vargas, 67, 3e étage – Centro
✆ +55 22 2665 4145
www.araruama.rj.gov.br
Horaires variables d'ouverture.

La municipalité d'Aruruama a fait le choix judicieux de proposer un tourisme un peu différent de ce qui se fait dans les grandes stations balnéaires de la Costa do sol. Les édiles qui souhaitent mettre l'accent sur le tourisme rural, ont regroupé toutes les options de tourisme dans un programme appelé le « Circuit Morro Grande ». On y propose de nombreuses randonnées, et des visites de fermes, de plantations, d'alambics... Se renseigner auprès de Sotur, l'office du tourisme d'Araruama.

RODOVIÁRIA DE ARARUAMA

Av. Brasil, 10 - Centro
Gare routière. Bus réguliers entre Rio et Araruama, compter 40 R$ l'aller simple.

Toujours la compagnie Viação 1001 qui fait la liaison de Rio à Búzios en passant par les villes côtières du nord de l'Etat fédéral, notamment Araruama (voir Rio, transport). Les départs pour Rio de Janeiro sont assurés tous les jours de la semaine. A partir de cette gare routière, on peut se rendre à Macaé, Niteroi, Nilopolis, Novo Iguaçu, Duque de Caixas, Manilha, Alcântara. A Rio de Janeiro, deux destinations sont possibles, Novo Rio et Campo Grande. A Niteroi, on peut se rendre au terminal des ferries ou à la gare routière de la ville.

POUSADA RECANTO DE PRAIA SECA €

Rua Trópicos, 379 – Praia Seca
✆ +55 22 2661 3078
www.pousadarecantodepraiaseca.com.br
À partir de 170 R$ pour une chambre double, petit déjeuner compris. Wifi.

Ici, ce seront plutôt des amateurs de kite surf et de planches à voile, car il reste encore, qui trouveront un hébergement propice à la pratique de leurs passions. La pousada Recanto da Praia est une petite pousada sans prétention mais propre et bien tenu dont le principal attrait est d'être situé à Praia Seca, de l'autre côté de la lagune d'Araruama, où se trouvent également plusieurs spots de kitesurf et de planches à voile (dont l'école Upwind). Chambre propres, accueil sympa.

POUSADA ALGODAO DA PRAIA €€

R. Otávio Carneiro, 55 - Praia dos Amores
✆ +55 22 9 97170291
Chambre double à 280 R$, triple à 320 R$ et quadruple à 380 R$, petit déjeuner compris. Wifi.

L'aspect extérieur est franchement attractif, à proximité de la lagune. La pousada Algodao da Praia (ex pousada praia dos amores) est un établissement fort agréable. Ses 14 chambres (suites et suites master pour 2 3 et 4 personnes) très bien équipées. Une suite est équipée pour recevoir les personnes à mobilité réduite. On peut siroter un verre autour de la piscine. La pousada propose un restaurant. La vue sur la lagune est charmante et reposante. Le personnel est réactif et agréable. Un des meilleurs établissements d'Araruama.

RESTAURANTE BOM SABOR €

Rua Joaquim Andrade, 31 - Centro
✆ +55 22 2665 7104
www.restaurantebomsaborsushi.com.br
Cuisine brésilienne, buffet. Ouvert tous les jours sauf le dimanche de 11h à 16h. 30 R$ le kg.

Aprés un bon ride en kite surf, il est souvent nécessaire de se sustenter. Le restaurante bom Sabor apparaît alors comme une intéressante option. Certes, c'est un peu aseptisé mais c'est fonctionnel et agréable. Le Bom Sabor propose un buffet au kilo d'une nourriture de qualité. On y vient surtout pour ses options de sushis japonais. (sashimi, sushi, makimonos uramaki et ossomaki. On propose des sushis chauds. Les « combos » sont composés de différents assortiments et contiennent jusqu'à 80 pièces. Ouvert seulement jusqu'à 16h en revanche.

UPWIND

Praia das Virtudes – Praia Seca
✆ +55 22 2661 4516
www.upwind.com.br
Prix sur demande selon période de l'année et groupe.

Araruama est à la planche à voile et au kitesurf ce que Saquarema est au surf. L'école Upwind permettra aux visiteurs désireux de profiter de leur séjour dans la région pour apprendre le kite, de le faire dans les meilleures conditions. Cette école est au cœur des activités nautiques de la langue de terre de Praia Seca. Elle propose des cours de planche à voile et kitesurf pour débutants ou initiés, de la location de planches à voile, et vous informe en détail sur les compétitions à venir. L'agence propose également quelques chambres.

Araruama.

ARRAIAL DO CABO ★★★

Véritable paradis de l'écotourisme, cette petite péninsule est réputée pour ses magnifiques fonds marins. Arraial do Cabo (environ 28 000 habitants) a longtemps été le repaire de pirates et regorge d'épaves sous-marines. Les eaux y sont d'une clarté incomparable (sauf quand le phénomène de *ressûrgencia* – marée rouge – intervient : les eaux sont alors sombres et impénétrables). Alors, si vous êtes un adepte de la plongée, votre parcours doit forcément passer par ici. Sur place, de nombreuses agences spécialisées louent des équipements et commercialisent des packages de baptême, ou des stages de plongée, et en général elles sont toutes très professionnelles, et le matériel de bonne qualité. Par ailleurs, l'endroit développe un véritable écotourisme avec de nombreuses balades en bateau, spot de surf, sentiers de randonnée le long des plages...

Ah, les plages... Il suffit de tourner la tête pour en voir apparaître une nouvelle encore plus belle que la précédente. La Praia do Farol par exemple, située sur l'île du même nom, est bordée par une mer aux tonalités vertes et à la propreté irréprochable. Elle exhibe de magnifiques dunes de sable où l'on aime pratiquer l'*esquibunda*, littéralement le « ski-fesses » : descente des dunes, assis sur une planche de bois, une sorte de luge des sables !

Le meilleur moyen de profiter des beautés d'Arraial do Cabo est certainement de prendre un bateau pour la journée et de plonger depuis la proue, de plage en plage, pour découvrir les beautés marines de ce que l'office de tourisme local appelle la capitale de la plongée.

PRAIA DO FAROL ★★★

Praia da Ilha do Farol

Excursion à partir de 60 R$.

La plage du Farol, située en face de Prainhas do Pontal do Atalaia, avec ses eaux vertes et ses superbes dunes de sable, est réputée comme étant l'une des plus belles de la région. Les promenades en bateau vous y emmènent en environ 40 minutes de navigation directe. Le spectacle est superbe. La plage est en zone militaire et la visite est limitée à un heure. Seuls les bateaux autorisés peuvent vous y amener. Juste à côté, située dans une fente entre les rochers, la vierge Nossa Senhora protège les marins qui passent par ce cap.

PRAIA DO FORNO ★★★

C'est la plus agréable plage d'Arraial do Cabo qui soit facilement accessible. En partant du port de la Praia dos Anjos, deux solutions s'offre aux promeneurs. Ils peuvent emprunter un chemin qui mène à la plage ou prendre un bateau navette (compter 10 R$ l'aller simple). La petite plage est nichée dans une superbe crique. On peut y passer tout ou partie de la journée. Quelques établissements proposent boissons et snacks. On peut apprécier l'endroit les pieds das l'eau, en sirotant un jus d'orange. Le lieu est idéal pour la baignade.

PRAIA DOS ANJOS ★

Rua Kioto

Comme sur les côtes languedociennes, certains lieux de la costa do sol ou d'Arraial do Cabo en particulier sont dédiés au tourisme de masse ou constituent des ports de plaisance pour les innombrables bateaux de plaisance. La Praia dos Anjos abrite le port d'où partent toutes les embarcations qui vous amèneront vers les différentes plages de la région. Il y a donc beaucoup de bateaux, d'aucuns diront trop d'embarcations ! Il y a certes possibilité de se baigner sur la partie droite de la baie... mais ce n'est pas très attrayant !

PRAIA GRANDE ★★★

L'incontournable Praia Grande s'étend sur près de 40 kilomètres vers l'ouest jusqu'à Saquarema et Maricà. C'est une des plages préférées des surfers. Les vagues sont propices au coup de surf. Les dunes laissent planer une ambiance un peu sauvage en certaines parties de la plage. On trouve de nombreux bars et restaurants dans sa partie gauche, plus proche du centre d'Arraial do Cabo. Ce n'est sans doute pas la plus belle plage de la ville, qui comptent parmi les plus belles de la région, mais elle mérite le détour si on aime les belles vagues.

Sur la plage d'Arraial do Cabo.

PRAINHA ★★★

Av. Alfredo Dante Fassini

Située à l'entrée de la ville, la plage de Prainha est située dans une baie très calme et ses eaux prennent souvent des reflets turquoise. Elle est plus adaptée pour nager ou se baigner avec des enfants. Mais elle est souvent bondée. Tous les week-ends et lors des vacances, des hordes de Cariocas s'y précipitent et la plage prend alors un tout autre visage. Tout autour, d'innombrables kiosques rivalisent de bonne humeur, en passant de la musique à plein volume… Il faut entrer dans l'ambiance ! Amoureux des plages calmes s'abstenir !

PRAINHAS DO PONTAL DO ATALAIA ★★★

Prainhas do Pontal do Atalaia

© VITORMARIGO - SHUTTERSTOCK.COM

À 2 kilomètres du port se trouve la plage Prainhas, située au bout du cap, sur le Pontal da Atalaia, isolée et sauvage, elle aurait « les eaux les plus cristallines de la région ». Les eaux sont transparentes, turquoise, et calmes, On y accède en bateau, en voiture. La Praia Brava, de l'autre côté, a des eaux plus froides et plus agitées. Les plages de Prainhas do Pontal do Atalaia, magnifiques et isolées, diffèrent de celles de Prainha, à l'entrée de la ville en venant de Cabo Frio.

BALADES EN MER ★★★

Tour en bateau de 3h30 environ, sorties entre 10h et 11h30, 14h30 en haute saison. Adulte : 80 R$, enfant : 40 R$.

Comme à Paraty ou à Buzios, il est possible de profiter des plaisirs de la mer en passant quelques à se prélasser dans les ondes douces sur une embarcation. Depuis le port, situé à l'extrémité de la plage dos Anjos, une multitude d'embarcations de toutes les tailles organisent de superbes promenades en mer. Vous pouvez vous joindre à un groupe ou naviguer en couple (ce n'est pas plus cher quoiqu'on dise, nous en avons d'ailleurs fait l'expérience). C'est la grande attraction d'Arraial do Cabo et pour cause, les plages sont tout simplement magnifiques ! Sable blanc, eaux limpides et turquoise... le bonheur ! Possibilité de louer des masques et tubas dans les bateaux pour faire du snorkeling (20 R$). Les bateaux proposent aussi des boissons (alcoolisées ou non) et des snacks (en supplément). Tous les bateaux font le même circuit, mais certains sont plus jolis que d'autres. N'hésitez pas à visiter plusieurs agences dans la ville avant d'arrêter votre choix.

En sortant du port, vous longerez le cap, jusqu'au premier plongeon sur la plage paradisiaque de Prainhas, puis ce seront les falaises escarpées et la Gruta Azul (Grotte Bleue) spectaculaire, par sa hauteur (un bateau entier peut y entrer) et par la couleur de l'eau. Au retour, petite pause sur la mirifique plage de sable blanc do Farol.

Parcours : Prainhas do Pontal do Atalaia, Pedra do Gorila, Gruta Azul, Golfinhos, Fente de Nossa Senhora, Praia do Farol, Praia da Ilha do Farol, et pour finir une petite plongée dans la crique de Praia do Forno.

RODOVIÁRIA FERNANDO PESSOA

Praça Castelo Branco – Centro

✆ +55 22 2622 1488

Gare routière.

Comme dans une grande partie des rodovias des villes de la costa do sol, la gare routière locale dessert Rio de Janeiro et les autres villes littorales de la région. Une dizaine de bus par jour en provenance et à destination de Rio, comme la compagnie Viação 1001 (3h de trajet, de 55 à 69 R$). Si on veut se rendre dans la ville voisine de Cabo Frio, une des destinations les plus prisées, des bus municipaux font la navette entre Arraial do Cabo et Cabo Frio (5,55 R$).

ESTALAGEM DO PORTO €

Rua Santa Cruz, 12 - Praia dos Anjos
✆ +55 22 2622 2021
www.estalagemdoporto.com.br
A partir de 200 R$ la chambre double, petit déjeuner compris. Wifi.

Située à deux pas de la Praia dos Anjos et du petit port, d'où partent les excursions en mer, l'a pousada Estalagem do Porto est un établissement très agréable à flanc de colline. Le style est cosy, mélangeant azulejos en certains lieux et mobiliers de style « néo-colonial ». Une ambiance « Paraty » très agréable dans cette station balnéaire happée par la modernité. Avec son patio et ses plantes, on ressent un certain charme et du confort (TV câblée, frigo-bar) dans les onze suites proposées par l'établissement. Bar, restaurant, cybercafé.

HOTEL PRAIA DOS ANJOS €

Av. Roberto Silveira, 10 Praia dos Anjos
✆ +55 22 26221378
https://hotelpraiadosanjos.com.br/
A partir de 250 R$ la chambre double, avec petit déjeuner. Wifi.

À proximité du centre et de la gare routière, mais aussi de la praia dos Anjos, cette pousada est une jolie maison de caractère avec un patio arboré qui dispose de neuf appartements dont deux se prêtent idéalement à des vacances en famille ou entre amis, car ils ont une capacité de cinq personnes. Un délicieux petit déjeuner préparé avec des produits faits maison est servi dans l'agréable salle à manger et une terrasse panoramique avec vue partielle sur la praia dos Anjos, Ilha do Farol et le Morro do Pontal do Atalaia. Les propriétaires sont fort sympathiques.

MARINA DOS ANJOS HOSTEL €

Rua Bernardo Lens, 145 - Praia dos Anjos
✆ +55 22 2622 4060
www.marinadosanjos.com.br
Chambre double à 210 R$, lit en dortoir à 65 R$, petit déjeuner compris. Wifi.

L'auberge de jeunesse Marina dos Anjos est un bon compromis pour ceux qui disposent d'un petit budget et qui recherchent une atmosphère jeune et conviviale. Dans un cadre zen, à proximité de la plage dos Anjos et à 5 minutes des bars et des restaurants, cet hostel propose des dortoirs de 6 lits et des chambres doubles, bien entretenus, confortables et climatisés, ainsi qu'une cuisine équipée, une salle de télévision, un espace *lounge*, un billard, un barbecue. Location de planches de surf et de canoës. Un bon plan sur Arraial do Cabo.

CAPITÃO N'AREIA POUSADA €€

Rua Santa Cruz, 7 – Praia dos Anjos
✆ +55 22 2622 2720
www.capitaopousada.com
Chambres de 340 à 900 R$, petit déjeuner compris. Wifi.

Le Capitao n'areia pousada est assurément l'une des plus jolies pousadas d'Arraial do Cabo, toute blanche face à la mer. Le propriétaire Marcos Paulo fut un acteur de *telenovela* à succès, véritable vedette de la TV brésilienne. Les chambres sont sobres, celles face à la mer sont les plus jolies. Les couleurs de blanc et bleu, les murs peints à la chaux apportent une incontestable touche « îles grecques ». La pousada comprend une petite piscine, et à ses pieds quelques boutiques proposent vêtements et souvenirs. Une adresse à connaître.

POUSADA ACUÁRIO €€

Rua Epitácio Pessoa, 45 – Praia Grande
✆ +55 22 2622 1056
www.acuariopousada.com.br
Compter 300 R$ la chambre double standard en moyenne et haute saison, petit déjeuner inclus. Wifi.

Tout au bout de la Grande Plage, la pousada Acuario est un vrai repaire de surfeurs (à budgets moyens). Les 11 chambres ont une atmosphère colorée. Elles sont toutes climatisées et ont des murs en briques. Elles sont équipées de lits en bois et disposent d'une salle de bain privative. On se sent vraiment en vacances. Le service est décontracté et efficace. La vue est superbe de la terrasse. C'est un emplacement idéal pour observer les pêcheurs remonter les filets le soir et observer le coucher de soleil sur la belle Praia Grande.

POUSADA CAMINHO DO SOL €€

R. Miguel Ângelo, 55 - Praia Grande
✆ +55 22 2622 2029 - www.caminhodosol.com.br
De 395 à 605 R$ la chambre double en haute saison, de 318 à 525 R$ en basse saison, avec petit déjeuner. Wifi.

La pousada Caminho do Sol est un établissement récent et luxueux, avec une piscine et un jardin devant la plage... Dans cette gamme de prestation, les prix sont imbattables. Les chambres sont superbes et stylées, et l'accueil de toute l'équipe est fantastique, c'est le meilleur plan du coin ! En prime, on a une vue incroyable depuis les balcons à l'étage et des salles de bain modernes et bien conçues. Certaines chambres ont des pierres apparentes. D'autres chambres ont des baignoires à hydromassage. Réception 24h/24, parking.

POUSADA MAR DOS ANJOS €€

Rua Vera Cruz, 12 - Praia dos Anjos
✆ +55 22 2622 7269
www.pousadamardosanjos.com
Compter de 250 à 450 R$ pour une chambre double, petit déjeuner compris. Wifi

On est presque les pieds dans l'eau et entourés par la forêt atlantique. Située dans une rue pentue à proximité des plages, la Pousada Mar dos Anjos se distingue par son ambiance familiale, son accueil chaleureux et sa superbe vue sur la mer et la ville. Les chambres sont bien tenues et décorées avec goût. Meubles en bois chaleureux et couleurs gaies. L'accès est difficile, mais la vue vaut vraiment l'effort. L'établissement propose des activités de plongée et/ou des excursions à pied dans la région. Le wifi n'est pas très fonctionnel pour travailler.

POUSADA SENTINELAS DO MAR €€

R. José de Castro Neto, 56 – Pontal do Atalaia
✆ +55 22 2622 7587
www.sentinelasdomar.com.br
Chambres de 250 à 650 R$ selon la catégorie et la saison, petit déjeuner compris. Wifi.

Par sa localisation et sa vue imprenable, cette pousada qui surplombe l'océan est exceptionnelle, entre la praia Grande et la praia Brava, dans la zone préservée de Pontal do Atalaia. Les chambres sont bien équipées et soigneusement décorées, et chacune d'elles a une vue sur mer. De véritables postes d'observation de la nature ! Les chambres de catégorie supérieure ont même des baignoires à hydromassage. Dans le jardin, piscine et terrasse. La propreté laisse quelquefois à désirer.

ÁGUA NA BOCA €

Av. Gov. Leonel de Moura Brizola, 1
Praia dos Anjos
✆ +55 22 2622 5931
Self-service. Ouvert tlj de 11h30 à 1§h (jusqu'à 17h le week-end). 77 R$ le kilo. A partir de 40 R$ le repas.

L'Agua na Boca est le restaurant de l'hôtel Summer. C'est un très bon restaurant au kilo, deux éléments qui ne sont pas toujours faciles à concilier, et qui offre une grande variété de plats : salades, plats chauds, grillades *minute*, pour les amateurs de viandes desserts... On y trouve du poisson, du saumon, des calamars, des crevettes... Les langoustes sont toujours appétissantes. Cela mérite d'être souligné, car c'est assez rare dans ce type de restaurants que l'on associe à une cuisine plutôt basique ! Grande salle agréable.

PÔR DO SOL €

Av. Dr. Hermes Barcelos, 61 - Praia Grande
✆ +55 22 2622 2029
Cuisine brésilienne. Ouvert tous les jours de 11h à 22h. Compter environ 60 R$ pour un repas.

Les poissons et les fruits de mer sont à l'honneur., mais la carte est assez diversifiée. La spécialité ici, c'est le plat « camarãoes na moranga », c'est-à-dire un potiron aux crevettes, excellentissime. D'autres plats plus classiques et très copieux sont servis à prix imbattables (filet de poisson, poulet accompagné de riz, feijoada et frites...). Le service pourrait être amélioré. Une adresse décente avec vue sur la Praia Grande. Comme son nom l'indique, on pourra admirer le coucher de soleil en buvant un verre ou en mangeant des crevettes.

BACALHAU DO TUGA €€

Rua Santa Cruz, 5 - Praia dos Anjos
✆ +55 22 2622 1108
bacalhaudotuga.com
Cuisine brésilienne & européenne. du mardi au jeudi de 18h à 23h, de vendredi à dimanche de 13h à 23h. environ 80 R$.

Le bacalahau do Tuga est sans doute le meilleur restaurant de la ville, avec bien évidemment comme spécialité la morue déclinée de multiples façons. Bien, le restaurant met à l'honneur tous les produits issus de la mer. Poissons, fruits de mer.. tout y est délicieux. Le service s'avère un peu long car tout est préparé *minute*. On est plus proche de l'esprit slowfood que tambouille pour touristes qui ne reviendront pas. Ici, les habitués et les gourmets en quête de bonne table s'y pressent. Mieux vaut arriver tôt ou réserver en haute saison.

SAINT TROPEZ €€

Praça Daniel Barreto, 2 - Praia dos Anjos
✆ +55 22 2622 1222
www.saintropez.com.br
Cuisine française et internationale. Ouvert tous les jours de midi à minuit. Compter de 70 à 130 R$ le plat.

Le Saint-Tropez se veut être un restaurant et un bar international avec une âme française. Le propriétaire Guy, un français expatrié, a ouvert les portes de son établissement depuis des années, et le gros Obélix jovial de l'entrée est désormais une figure reconnue des touristes. Le chef propose une bonne cuisine avec une incontestable *french touch* les moquecas y sont excellentes. Poulpe grillé au bacon, crevettes à la thermidor, coquilles Saint-Jacques à la belle meunière. C'est cependant assez cher et le service est assez nonchalant.

SOL NA COZINHA €€

R. Miguel Ângelo, 55 - Praia Grande
✆ +55 22 2622 1347
Spécialités de poissons & fruits de mer, pâtes, pizzas. tous les soirs de 16h à 22h30, environ 70 R$ pour un repas.

Pour ceux qui se rendent à Arraial et qui veulent éviter les restaurants à touristes, bondés le weekend et à l'offre culinaire approximative, le Sol na cozinha est une bonne option. Le restaurant de la pousada Caminho do Sol est l'une des meilleures tables de la ville, d'abord pour l'assiette, dont chaque ingrédient quel que soit le plat est cuisiné avec amour et patience (grande variété de plats, les crevettes et poisson délicieux). Le cadre est romantique, avec une belle vue sur la plage. Le Chef Henrique Cruz est aux petits oignons avec ses hôtes.

SAND MAR

Rua Epitácio Pessoa, 21 – Praia Grande
✆ +55 22 2622 5703
www.sandmar.com.br
Centre de plongée.

Le Sand Mar est un club de plongée plusieurs fois primé pour son sérieux et sa qualité. Les plongées sont adaptées aux niveaux des plongeurs. On peut faire des baptêmes de plongées pour les débutants et le cursus se poursuit jusqu'au niveau professionnel. Les moniteurs et accompagnateurs sont bien entendu des professionnels diplômés. Tous les protocoles de sécurité sont respectés au pied de la lettre ainsi que toutes les mesures sanitaires liées au Covid et aux différents risques de transmission par les détendeurs et lors des transports.

SEAQUEST SUB

Av. Governador Leonel de Moura Brizola, 61 - Centro
✆ +55 22 2622 0744
www.seaquestsub.com.br
Centre de plongée.

Le site d'Arraial do Cabo, entouré de magnifiques plages aux eaux turquoise où l'on peut voir très profond dans les eaux, se prête magnifiquement à l'exercice de la plongée sous-marine. L'agence Seaquest Sub loue et vend du matériel de plongée en très bon état mais c'est surtout une agence qui propose des baptêmes de plongée ou des cours de perfectionnement. Les moniteurs et encadrants sont des professionnels de confiance. Toutes les personnes que nous avons croisées en revenant des sorties de plongée étaient ravies et désireuses d'y retourner.

CABO FRIO ★★★

Cabo Frio est la grosse cité balnéaire de la Costa do Sol. Au premier abord, Cabo Frio est peu séduisante : ces hauts immeubles, ces rues souvent en bazar...mais la géographie de la ville est par contre à souligner : une plage de sable blanc à perte de vue, sur laquelle le vieux fort São Matheus a été érigé au XVIIe siècle par les Portugais. Un canal enlace les arrières de la ville jusqu'à une lagune gigantesque qui s'étend jusqu'à Araruama. La ville possède un petit quartier historique, le Passagem, aux maisons basses et colorées qui bordent un petit port de pêche. Les Brésiliens y viennent en masse en famille les fins de semaines et les vacances.

CASA ATELIÊ CARLOS SCLIAR ★

Rua Marechal Floriano, 253 – São Bento
✆ +55 22 2643 0562
www.carlosscliar.com
Ouvert du mercredi au dimanche de 14h à 19h. Entrée : 4 R$.

La Casa Ateliê Carlos Scliar est la propre maison où vécut le célèbre artiste-peintre *gaucho* pendant près de quarante ans, jusqu'à sa mort en 2001. Au-delà d'une maison-musée que l'on visite, la Casa possède un fonds artistique intéressant. On y découvre les œuvres de l'artiste, et d'autres productions d'Ivan Marquetti, de Glauco Rodrigues... Ainsi que les instruments de travail de Scliar. Une statue du peintre est devant le chenal, en face du musée.

DUNA MÃE ★★

Rua dos Atobas

Une des beautés de Cabo Frio réside dans la présence de belles dunes sur ses plages. D'immenses dunes de sable blanc se dressent. Sur la dune principale, la Duna Mãe (Dune Mère, comme elle est appelée), on peut pratiquer le surf de sable et la glissade. Possibilité d'effectuer des ascensions en parapente tracté par une grosse Jeep (voir les agences locales, mais est-ce respectueux de l'environnement ?). Une vue à couper le souffle. Attention, les dunes peuvent être très mal fréquentées, on enregistre des vols de touristes, alors mieux vaut s'y rendre accompagné.

Forte São Mateus.

FORTE SÃO MATEUS ★★

Av. Américo Vespúcio

Entrée libre.

Entre le bleu de l'océan et du ciel, on ne voit que le fort Sao Mateus. C'est une forteresse blanche qui offre un impressionnant panorama de la plage. Quelques photos de la ville et du fort sont exposées à l'intérieur. Juste à côté une minuscule plage cachée abrite de petits bateaux de pêche aux couleurs vives. On ne peut pas s'empêcher de sortir son appareil photo. Après cette petite plage, un sentier monte jusqu'à un belvédère qui domine l'embouchure du canal. De là, on se rend compte de l'admirable géographie de la ville.

MORRO DA GUIA ★

Rua Leblon, 136 - Canal Itajurú

Parc ouvert tous les jours de 6h à 19h.

Le morro da guia est un parc situé sur une colline juste à côté du pont. Comme son nom l'indique, c'est un morne, c'est-à-dire un promontoire. On peut y monter facilement et d'en haut, on a un point de vue intéressant. Tout au sommet se trouve une petite chapelle, Nossa Senhora da Guia, qui offre une superbe vue sur une partie de la région. C'est cette chapelle qui a donné le nom au morne. On aperçoit la lagune et toute la plage. On peut apprécier des paysages caribéens, des plages aux eaux cristallines qui font la renommée de Cabo Frio.

ILHA DO JAPONES ★★

Minuscule île où a longtemps vécu un unique habitant d'origine japonaise, particularité qui a suffi à attribuer ce nom à ce lieu. Les gens de la région y accèdent en bateau ou à la nage en traversant le canal ; on a pied entre l'île et la rive opposée au quartier du Passagem (attention au courant certains jours). Un kiosque propose boissons et poissons grillés. Tables et chaises sont posées dans l'eau. Très fréquenté en été. De l'autre côté de la colline, après un sentier très escarpé, se cache une plage superbe, adorée des surfeurs et des naturistes !

MUSEU DO SURF

Rua Jorge Lossio, 899 - Centro

✆ +55 22 98816 0250

www.museudosurf.com

Ouvert du mardi au dimanche de 17h à 22h.

Les touristes qui choisissent un petit séjour ou un détour par Cabo Frio sont souvent passionnés par la mer ou les sports associés à la mer. C'est une attraction qui leur permettra de se cultiver en contemplant certains objets liés à leurs sports favoris. Ce musée du Surf, autoproclamé le plus grand d'Amérique latine, présente une histoire de ce sport ainsi qu'une belle collection de planches, d'hier et d'aujourd'hui. Cela fait quelquefois penser à un étalage inorganisé de planches en tout genre pour une vente de charité... Pour les fans.

PASSAGEM ★★

Passagem est un petit quartier historique et colonial de Cabo Frio, qui rappelle un peu Paraty. Ancien village tupinamba, Cabo Frio a été fondé en 1541, quelques décennies après la découverte du Brésil. Passagem est considérée comme le berceau de la station balnéaire. Comme à Paraty, on peut y voir des petites maisons basses et colorées, des rues aux énormes pavés. la charmante église São Benedito domine la place principale. Une balade à pied dans la rue qui longe le canal, sous les amandiers en fleurs, vous reposera du rouleau des vagues.

PRAIA BRAVA ★

La praia Brava (la plage en colère) est cachée derrière la colline sur la rive du canal opposée au fort São Matheus. On dit de cette plage qu'elle est la favorite des surfeurs et des naturistes. Elle est également réputée pour ses rouleaux et son caractère intime qui favorise le nudisme. C'est en effet une plage presque déserte et dénuée de tout bar ou restaurant. En face se trouve l'île do Japones. Attention à bien se renseigner avant de partir pour aller à la plage en face de l'île à pied, le sentier est mal indiqué. La plage de surf n'est pas naturiste.

PRAIA DO FORTE ★★★

Avenida Hilton Massa

La plage de Praia do forte (à ne pas confondre avec celle de Salvador) est certainement la plus connue des plages de Cabo Frio. Cette énorme étendue de sable blanc est aussi la plus courue des touristes. L'endroit est propice à la baignade. Proche du fort, une crique permet de profiter de ces eaux turquoise sans les vagues, idéal pour les enfants. La Praia do Foguete, dans le prolongement de la Praia do Forte, est moins fréquentée, et les surfeurs l'adorent pour ses vagues assez hautes. Pour certains, la praia do forte est la plus caribéenne des plages du Brésil.

PRAIA DO PERÓ ★★

On ne cesse de le répéter, on vient à Cabo Frio pour la beauté de ses plages, pas pour ses constructions qui rendraient les stations de la Costa del Sol presque esthétiques et agréables. La Praia do Peró, située au nord-est du centre, est bordée par des dunes et s'étend sur 7 kilomètres. Elle est aussi la préférée des surfeurs (qui pourront également apprécier les vagues de la plage Brava). Les morros qui se jettent dans la mer rendent ces paysages dignes des cartes postales. Les eaux de cette plage tranquille sont assez calmes.

AEROPORTO INTERNACIONAL DE CABO FRIO

Estrada Velha do Arraial do Cabo - Praia Sudoeste

✆ +55 22 2647 9500

www.aicf.com.br

Eh oui, il existe un aéroport international à Cabo Frio ! Bien sûr, il ne saurait concurrencer celui de Rio de Janeiro, mais quelques opportunités existent pour se déplacer en évitant de retourner dans la capitale fluminense. Il est possible, entre autres, de trouver des vols depuis et pour Belo Horizonte, quelques vols desservent Buenos Aires (Argentine) en haute saison. Eh oui, les voisins argentins, très présents dans la région en profitent pour venir ou repartir directement !

RODOVIÁRIA ALEXIS NOVELLINO

Av. Júlia Kubitschek - Centro
✆ +55 22 2647 2535
Trajet simple pour Rio : 50 R$; trajet pour Búzios ou Arraial do Cabo : 5,50 R$.

Il y a bien sûr une rodiviaria à Cabo Frio. Cette ville est très bien connectée avec le reste de la Costa do Sol et la rodoviaria do Novo Rio, d'où des hordes de touristes brésiliens débarquent les week-ends et pour les vacances, en haute saison. Depuis ou pour Rio de Janeiro (Novo Rio), on pourra prendre de très nombreux bus de la compagnie Viação 1001, de 5h à minuit. On trouve également des bus fréquents depuis ou pour Búzios et Arraial do Cabo.

RADIO TÁXI CABO FRIO

✆ +55 22 2645 5463
www.radiotaxicabofrio.com.br

Face à la gare routière, des véhicules attendent les passagers 24h/24. Cette compagnie est présente depuis longtemps à Cabo Frio. On rappellera les consignes à suivre lors de l'utilisation de taxi. Il faut les faire appeler par la pousada ou le restaurant ou les prendre en tête de station. Ne pas les héler dans la rue. Le chauffeur de taxi doit enclencher son compteur dès le début de la course (tarif jour, nuit et éventuellement jours fériés) sauf si vous négociez avec lui directement un prix forfaitaire. Les tarifs sont corrects en général.

APPIA VILLAGE INN AND HOSTEL €

Rua Raul Veiga, 558 - Centro
✆ +55 22 2643 3483
www.vilaappia.com.br
A partir de 225 R$ pour une chambre double, petit déjeuner compris. Wifi.

Le Appia village Inn est une pousada à la décoration certes minimaliste, avec des chambres simples et fonctionnelles, mais on y note un bon accueil et des tarifs intéressants. La localisation est presque idéale, à quelque huit minutes à pied de la plage de Praia do Forte et presque en plein centre-ville. On peut voir le beau « morro da guia » et l'arrivée et le départ sont facilités. La gare routière se trouve à moins de 2 kilomètres de la gare routière de Cabo Frio.

FUN HOSTEL €

Rua Jorge Lóssio, 1318-B - Vila Nova
✆ +55 22 2647 1341
www.cabofriofunhostel.com.br
Lit en dortoir à 60 R$ et chambre double à partir de 190 R$ en moyenne saison. Wifi.

On peut se loger pour pas cher à Cabo Frio. Le Fun Hostel est l'une des auberges de jeunesse les plus populaires de Cabo Frio. Il n'y a pas chambres individuelles. L'auberge ne propose que de dortoirs de 4 à 10 personnes et des chambres doubles (les prix varient en fonction de la grandeur du dortoir). Les chambres et les dortoirs sont plutôt bien équipés et bien tenus, gais et colorés. La localisation est intéressante si vous êtes non motorisé. Le Fun se trouve en position centrale agréable, cuisine sympa avec coin barbecue.

POUSADA KOPENHAGEN €

Rua Jorge Lóssio, 174 – Centro
✆ +55 22 99947 1780
www.pousadakopenhagenbeach.com.br
A partir de 189 R$ la chambre simple, 200 R$ la double et 290 R$ la triple, petit déjeuner compris. Wifi.

Une petite auberge simple et très bien tenue par la maîtresse des lieux, Milu Petersen, un peu mozambicaine, un peu portugaise, un peu danoise et brésilienne. Milu peint sur tout ce qui lui passe sous la main – sac, vêtement, linge de maison – et expose tout naturellement dans son hôtel. On ne sait plus très bien qui est né le premier, de l'auberge et de l'atelier, mais en tout cas on s'y sent très bien. À 300 m de la plage, proche du vieux quartier du Passagem et du canal. Chambres confortables, déco de bon goût. Vraiment, un bon repaire et des prix corrects.

HOTEL MARLEN €€

Rua Francisco Mendes, 437 – Praia do Forte
✆ +55 22 2647 1274
www.hotelmarlen.com.br
À partir de 290 R$ pour une chambre double, supplément de 80 R$ par personne additionnelle, petit déjeuner. Wifi.

L'hôtel Marlen dispose d'une situation très privilégiée à moins de 50 m de la plage Do forte et de toutes les animations du centre-ville de Cabo Frio : restaurants, bars, magasins... Il propose 57 confortables appartements pouvant recevoir pour certains jusqu'à 4 personnes. Les chambres sont toutes agréables et très bien équipées : air conditionné, télévision, frigo-bar, coffre-fort... Chaque matin un délicieux petit déjeuner t servi dans l'agréable salle à manger. L'équipe de l'hôtel est très professionnelle.. Une adresse conviviale.

MALIBU PALACE HOTEL €€

Av. do Contorno, 900 - Praia do Forte
✆ +55 22 2647 8000
www.malibupalace.com.br
À partir de 364 R$ la chambre double, petit déjeuner compris. Wifi.

Cet hôtel traditionnel de bon standing bénéficie d'une excellente situation face à la plage do Forte, dans ce quartier prisé de Cabo frio. Le Malibu Palace Hotel dispose de 102 grandes suites bien équipées, dont plus de la moitié dispose d'une vue panoramique sur la mer. les 6 super suites situées au dernier étage de l'établissement bénéficient d'une terrasse ainsi que d'une baignoire à hydromassage et d'un sauna. Bonnes prestations : piscines, bar, salle de jeux, sauna, bain bouillonnant, salle de massage et un espace Internet. L'accueil est professionnel.

POUSADA BOULEVARD €€

Rua Marechal Floriano, 237 - Itajurú
✆ +55 22 2643 1456
www.pousadaboulevard.com.br
À partir de 250 R$ pour une chambre double en moyenne saison, petit déjeuner compris. Wifi.

Au calme face au canal Itajurú, cette pousada est une jolie maison qui allie style colonial et déco moderne, avec une petite piscine azurée dans le jardin, un bain à remous et un sauna. Les chambres sont élégantes et à prix franchement corrects. Au total, la pousada Boulevard propose à ses hôtes une vingtaine de suites, dont 5 avec véranda. Elles sont toutes bien équipées (avec climatisation, frigo-bar, TV câblée, coffre). Mention spéciale pour celle qui dispose d'une belle terrasse avec vue sur le canal. Une charmante adresse.

POUSADA PORTAL DO MAR €€

Rua Nicola Aslan, 327 - Braga
✆ +55 22 2647 2148
www.portaldomar.com.br
À partir de 240 R$ la double, petit déjeuner compris. Wifi.

La pousada Portal do Mar est une très belle maison lambrissée bleu roi, reconnaissable de loin. L'établissement propose des chambres à prix plancher, alors les prestations proposées sont luxueuses. Jugez vous-même : la maison est située à quelques mètres de la plage, elle dispose d'une grande et vraie piscine, d'un billard, d'un sauna et d'une salle de jeux pour les bambins. Les chambres sont simples, claires et jolies, la literie est confortable, elles sont climatisées, certaines avec un balcon et vue... Un vrai coup de cœur.

POUSADA PORTO VELEIRO €€

Avenida dos Espadartes,129 – Ogiva
✆ +55 22 2647 3081
www.portoveleiro.com.br
A partir de 285 R$ la chambre double, petit déjeuner compris. Wifi.

Superbe petit hôtel encerclé d'eau, dans une villa sur la rive opposée au centre-ville. Le calme règne dans les chambres, aux poutres apparentes et aux grandes fenêtres à petits carreaux, qui disposent de vues sur le canal sous tous les angles. L'apéritif sous le kiosque de la piscine au coucher du soleil est délicieux. Les deux belles piscines, avec palmiers et solarium avec vue sur la ville et le canal sont exceptionnelles. Le lieu est de grand standing, avec des prix franchement raisonnables. Le petit déjeuner est un délice. Un bon plan.

POUSADA DO LEANDRO €€€

Av. Nilo Peçanha, 333 – Centro
✆ +55 22 2645 4658
www.pousadaleandro.com.br
Compter entre 290 à 520 R$ la chambre double, selon la saison et le confort, petit déjeuner compris. Wifi.

Ici, les bonnes surprises que l'on rencontre sont à la fois l'établissement et son propriétaire. Le Leandro de la pousada éponyme n'est autre que le fameux joueur de football Leandro, grand latéral droit de la Coupe du monde de 1982, qui a longtemps porté le maillot de Flamengo. L'auberge de grand confort, dotée de dix-sept chambres claires, toutes blanches et confortables, se situe en plein centre-ville, à deux pas de la plage du Fort. Grande piscine avec un « pool bar » intégré, sauna, personnel aux petits soins, la grande classe.

SOLAR DO ARCO €€€

Rua Constantino Menelau
✆ +55 22 2645 4527
www.solardoarco.com.br
Chambre double à partir de 790 R$, petit déjeuner compris. Wifi.

L'hôtel Solar do Arco est un établissement situé à Passagem, sur les rives du canal Itajurú. Ce très bel hôtel propose des chambres spacieuses et impeccables. Le Parquet, la literie confortable, l'équipement bien pensé, rien ne manque au confort des hôtes. L'établissement, tout en bleu et blanc, n'est pas sans évoquer les édifices de Santorin avec ses petits patios. Excellent petit déjeuner. Une petite piscine permet de se rafraîchir. Face au petit port, c'est un plaisir que d'observer le va-et-vient des bateaux au petit matin.

MANÉ PAIXÃO €

Rua Almirante Barroso, 18 – Passagem
+55 22 2647 3476
Cuisine brésilienne, pizzas. Ouvert du mardi au samedi de 18h30 à 2h. Compter de 40 à 60 R$ pour un repas.

Dans le quartier historique de Passagem, ce petit établissement attire aussi bien les locaux que les touristes, pour grignoter un morceau ou juste boire un verre. C'est en effet un bar restaurant depuis plus de 20 ans et qui se fait honneur de faire une cuisine locale traditionnelle et artisanale. On y sert des plats typiques, des pizzas, des petiscos... La bière traditionnelle se marie très bien avec la cuisine du Mané. La carte des cocktails est également intéressante et les mélanges maison sont réussis. Musique *ao vivo* certains soirs.

MERCADO DE PEIXE DE CABO FRIO €

Rua José Augusto Saraiva - Estrada dos Passageiros
+55 22 2644 8206
Spécialités de poissons et de fruits de mer.tous les jours du matin jusqu'en fin d'après-midi. de 20 à 40 R$ pour un déj.

Cet établissement sans prétention se situe au premier étage du marché de poisson. Il est forcément difficile de faire plus frais comme produits de la mer. On peut déguster des crabes fraîchement pêchés, des crevettes grillées, des raies énormes, le tout en regardant les bateaux décharger leur cargaison. Pour un restaurant de qualité à Buzios, le rapport qualité-prix est imbattable. Le cadre est simple et vraiment sympathique, ce qui n'est pas courant dans cette ville. On recommande.

PICANHA DO ZÉ €

Travessa Nações Unidas, 33 – Canal Itajuru
+55 22 2643 4277
Churrascaria. du lundi à mercredi 11h à 0h, jeudi 8h à 19h, samedi de 10h à 0h, dimanche de 10h à 22h. environ 60 R$.

Certes, le picanha do Zé n'attire pas spontanément le passant. A vraie dire, c'est un restaurant à la décoration assez quelconque, avec son immense salle et ses grands tablées. Qu'importe le flacon...On y vient surtout pour la viande ! La picanha, ce sont des gros morceaux de viande grillés sur une pierre chaude déposée sur votre table. La salle entière est enfumée par la cuisson, mais c'est un véritable délice ! Les portions sont généreuses, ainsi que l'accompagnement. Pour ceux qui évitent la viande, il y a des plats de poisson. Un classique de Cabo Frio.

LA GONDOLE €€

Rua André da Costa Simas, 247 - Passagem
+55 22 2643 5264
Cuisine brésilienne, italienne, poissons. tous les jours sauf mercredi de 18h30 23h30, dimanche de 12h30 à 16h. environ 70 R$/p

La Gondole est un restaurant, géré de main de maitre par André Cabrini, un chef suisse. Ce bel établissement est particulièrement réputé pour ses fruits de mer. Il propose une cuisine raffinée aux accents italiens. Goûtez au carpaccio de morue et aux poissons à la plancha... Les pâtes et les salades ne sont pas en reste. Certains plats sont rustiques et n'en restent pas moins goûteux, comme la saucisse toscane aux haricots blancs et à la polenta de gorgonzola. Le décor est agréable et l'accueil chaleureux. Une des meilleures tables de Cabo Frio.

RUA DOS BIQUÍNIS

Rua dos Biquínis
Ouvert tous les jours du matin au soir.

Toutes les stations balnéaires du Brésil sont associées au bikini. Ici, c'est l'occasion de voir ce qui se passe sur l'autre rive. On peut y accéder à pied par le pont, ou bien prendre gratuitement le bac situé en bout de quai (toutes les 15 minutes). Littéralement rue des Bikinis, c'est une allée marchande comme toutes les stations balnéaires en possèdent, l'originalité est qu'ici 90 % des boutiques vendent exclusivement ces fameux bikinis. Vous trouverez forcément votre bonheur ! Le marché de poissons se trouve à deux pas, allez y faire un tour.

SURF CITY

Rua Maestro Clodomiro Guimarães Oliveira, 25 - Passagem
+55 22 2647 5924
Ouvert du lundi au vendredi de 9h30 à 20h, le samedi de 9h30 à 18h et le dimanche de 9h30 à 14h.

Hormis le bikini, le Brésil c'est aussi l'autre pays du surf... et d'ailleurs les deux ne sont pas incompatibles. Au magasin Surf city le bien nommé, vous trouverez ici l'essentiel pour la pratique de votre sport favori. On pénètre réellement dans l'univers des sports de glisse. Cela fait très pro mais rassurez-vous, tout le monde y est le bienvenu et a droit aux conseils avisés de vendeurs passionnés. Pour aller au bout du plaisir, la boutique propose même parfois des concerts et on peut aussi y boire un verre. *Muito legal ! What else ?*

BÚZIOS ★★★★

Búzios est la plus célèbre des stations balnéaires aux alentours de Rio. C'est un peu le Saint-Tropez brésilien. Cette comparaison n'est pas dénuée de réalité historique, puisque Búzios est devenue célèbre pendant les années 1960 quand Brigitte Bardot, alors en pleine gloire, y passa quelques semaines de vacances avec son fiancé brésilien d'alors. Pour Lio et les amoureux de Pampelone, la comparaison ne s'arrête pas là. On peut réellement voir une ressemblance entre le golfe de Saint-Tropez et le site de Búzios. Les pierres sont peut-être un peu moins chargées d'histoire, ici, pas de rue Rompe-cul, ni de tour Sarrazine, mais le décor est d'une beauté saisissante. Initialement un port de pêche, cette station balnéaire à la mode est réputée pour ses restaurants romantiques et sa vie nocturne agitée.

Avec une péninsule de 8 km d'extension, les vingt plages sont toutes très différentes. Chacun y trouvera son bonheur : certaines plages sont agitées et fraîches, adaptées pour la pratique du surf, d'autres sont calmes et chaudes, pour se baigner.

En été et lors des *feriados* (les week-ends prolongés), la petite station (30 500 habitants) est envahie par les Cariocas et les touristes (beaucoup d'Argentins à Búzios) et la ville décuple sa population ! Il faut alors aimer les bains de foule et la promiscuité, les prix s'envolent et les hébergements disponibles sont rares.

Búzios est un endroit idéal pour se reposer, bronzer, pratiquer des sports nautiques ou dîner aux chandelles autour de ce cap qui évoque la Provence par ses baies vallonnées.

ORLA BARDOT ★★

Rua das Pedras

Cette promenade qui commence à la plage d'Armação a été rebaptisée Orla Bardot pour rendre hommage à Brigitte Bardot, celle qui a officiellement révélé Búzios et l'a fait connaître au monde entier dans les années 60. A l'époque, elle visitait le Brésil avec son fiancé Bob Zaguri, d'origine brésilienne. La belle est partie, son nom est resté. C'est une plage de ville, avec des bateaux, des restos, des bars et des boîtes. Une statue plus ou moins ressemblante, inaugurée en 1999, permet de se prendre en photo à côté de notre B.B. nationale.

PRAIA AZEDA ET PRAIA AZEDINHA ★★★

Les deux plages les plus charmantes de Búzios. Couvertes de chaises et de parasols, ces deux mini-plages aux eaux transparentes se font presque face. On y a littéralement « les pieds dans l'eau ». Assis sur sa chaise ou sous un parasol, on se laisse chatouiller les orteils par les vagues qui viennent lécher les pieds. Deux bateaux de pêcheurs échoués sur le sable servent de bar à quelques dames en bikini, entourées de leurs enfants qui jouent les apprentis serveurs.

ÉTAT DE RIO DE JANEIRO

Orla Bardot.

PRAIA BRAVA ★★★

Encore une plage nommée « Praia Brava », comme à Saquarema. Proche du centre, voici une très belle plage, dans une crique, à la mer légèrement agitée. a la différence de nombre de plages de Buzios, La praia Brava est dans un environnement peu urbanisé. C'est rare à Búzios, car depuis plusieurs décennies, les maisons particulières et les hôtels fleurissent. Les surfeurs adorent. La baignade y est agréable. Les paysages y sont très jolis et bucoliques, un mélange de campagne et de mer. Deux restaurants *lounge* se trouvent sur la côte.

PRAIA DA FERRADURINHA ★★★

Rua Margarete

Ferradurihna (littéralement « petit fer à cheval », par opposition à Ferradura, une autre plage de Buzios) est une toute petite plage située tout au bout de Geribá et accessible par un petit sentier de 200 mètres. C'est une plage très mignonne. Pourtant, elle est en général peu connue et pas très fréquentée par les touristes et les locaux. Ses eaux sont limpides et calmes. Les baignades y sont très agréables. On y trouve des équipements sportifs à louer et un ou deux bars pas chers pour grignoter et boire une bière ou une caïpirinha.

PRAIA DA FERRADURA ★★

Le nom de la plage « ferradura » signifie littéralement « fer à cheval ». C'est naturellement dû à la forme de cette plage. Elle est dans une grande baie calme entourée de demeures de luxe. Grâce aux collines qui ferment cette petite baie, la vue de la plage est superbe. C'est sans aucun doute l'un des meilleurs endroits pour faire du ski nautique. Située à environ 30 minutes à pied du centre, elle est forcément très courue. Préférez la petite portion tout à droite en regardant la mer, après quelques rochers ; il y a en général beaucoup moins de monde.

PRAIA DA TARTARUGA ★★★

La praia da tartaruga (« plage de la tortue ») est une magnifique plage, assez isolée de la ville. Pas de nuitée possible ici, Il n'y a pas d'hôtel. Par contre, on y trouve de nombreux bars et des restaurants de poisson qui proposent des cocktails et des repas jusque tard dans ia nuit. C'est un excellent endroit, mais assez couru, pour passer la journée. Pour les plans romantiques ou si voulez fuir l'agitation de Buzios, c'est raté. Si vous faites la balade en bateau, c'est là en général que l'on vous débarquera pour déjeuner.

ÉTAT DE RIO DE JANEIRO

Plage de Ferradurinha.

Praia de Armação.

PRAIA DE ARMAÇÃO ★

Au centre d'Armação dos Búzios.

La plage d'Armaçao est un des principaux points touristiques de Buzios et un des lieux les plus animés de la ville. On y trouve les statues immortalisant le travail des pécheurs, l'ancien président Kubitchek et bien sûr Brigitte Bardot. C'est la plage du centre qui possède le port, la capitainerie et la station d'essence des bateaux. Elle n'est bien sûr pas propice à la baignade. La rue légendaire de Buzios « rua das pedras » y prend son origine. C'est celle qui donne son nom officiel à Búzios, qui s'appelle en fait Armação dos Búzios.

PRAIA DE MANGUINHOS ★★

Rua Maurício Dutra - Porto da Barra

Manguinhos est la meilleure plage pour pratiquer la planche à voile, le windsurf, le kitesurf et tous les sports à voile, en raison de son orientation par rapport au vent qui vient du nord-est. Il s'agit d'une longue plage aux eaux chaudes et tranquilles, avec assez peu de monde, parfaite pour les familles avec des enfants. On peut y déguster d'excellents *pastéis de camarão* ou une *casquinha de peixe* (sorte de tourte de poisson), accompagnés d'une bière fraîche. Le Porto de Barra avec son long ponton est un bon endroit pour admirer le coucher de soleil.

PRAIA DE GERIBÁ ★★

Rua Gerbert Périssé - Manguinhos

Geribá est la plage la plus connue et la plus animée, elle est, à n'en pas douter, la meilleure de Búzios pour se divertir et savourer une ambiance festive. Elle est pleine à craquer les week-ends, les jours fériés et pendant les vacances, surtout dans la partie centrale qui concentre tous les bars. Tous les touristes et les locaux qui aiment les grandes plages accessibles et bien équipées en infrastructures de tout ordre s'y précipitent en toute occasion. Geribá comprend également une piste de skate et de belles vagues pour les surfeurs.

PRAIA DE TUCUNS ET PRAIA JOSÉ GONÇALVES ★★

Au sud de Geribá, deux plages méritent l'attention : Tucuns, sauvage et indomptée et la magnifique José Gonçalves, la plus belle de la péninsule. Difficile de s'y rendre si on n'est pas motorisé… La plage José Gonçalves est au cœur d'une zone préservée, la réserve écologique des Emerencias. C'est une plage de sable noir très appréciée des surfeurs. La plage de Tucuns est bien mieux préservée que sa voisine et beaucoup moins fréquentée. Les amateurs de sports nautiques l'apprécient.

© RODRIGOBARK - SHUTTERSTOCK.COM

Praia João Fernandes et Praia João Fernandinho.

PRAIA DO CANTO ★

La Praia do Canto est une plage du cœur de Buzios. Cette plage qui longe la rua das Pedras, où sont ancrés de nombreux bateaux. On s'y promène pour admirer les charmes du Saint-Tropez brésilien. Malheureusement, pas question de baignade ici. On y vient seulement pour la vue. Pour les amateurs de lieux tranquilles et isolés, la Praia dos Amores est à découvrir. Pas très loin, tout à gauche en regardant la mer, après une petite marche de 5 minutes sur les rochers, on gagne Praia dos Amores, parfois un peu sale, mais souvent solitaire, et elle est très jolie aussi.

PRAIA JOÃO FERNANDES ET PRAIA JOÃO FERNANDINHO ★★

Les dernières plages de la côte nord, très belles, sont bordées d'hôtels de luxe (clientèle argentine et chilienne surtout, très présente à Buzios). Autrefois paisibles en raison de leur relatif éloignement, elles sont aujourd'hui bondées et ne sont pas sans rappeller les coins les plus touristiques de la Côte d'Azur ou de la Costa Brava : pas facile d'apercevoir le sable au milieu de tant de monde ! Beaucoup de restos sans prétention et de paillotes.

PRAIA DOS OSSOS ★

La Praia dos Ossos est une jolie petite plage. On ne s'y baigne pas vraiment, elle sert surtout de mouillage aux bateaux de pêche. On y trouve une des cartes postales de la ville, avec la Orla Bardot. À quelques dizaines de mètres du bord, on voit des statues de pêcheurs remontant leur filet. Cette œuvre d'art qui rend hommage aux travailleurs de la mer offre aux passants un tableau bien sympathique. La plage est entourée par un ensemble de très beaux hôtels sur les hauteurs du lieu. L'ensemble a un cachet fort romantique, on aime beaucoup !

PRAIA OLHO DE BOI ★

La praia Olho do boi (oeil de boeuf) est une des plages de sable les plus belles de Buzios. Cette plage se mérite. On y accède à partir de la Praia Brava par un petit sentier de près de 25 minutes de marche. Il faut faire relativement attention. Peut-être est-ce cette difficulté d'accès qui en fait sa spécificité. C'est en effet la plage non officielle des naturistes de Búzios… mais connue comme telle par tout le monde, donc assez officielle finalement ! De mars à décembre, c'est plus gay que naturiste. Il faut prévoir de l'eau, une bonne paire de chaussures.

CENTRO DE INFORMAÇÕES TURÍSTICAS

Estrada José Bento Ribeiro Dantas, 100 – Rasa
✆ +55 22 2623 2099
www.buziosturismo.com
Ouvert tous les jours de 9h à 20h.

Le centre d'information touristique de la ville, pas très loin de la gare routière, fournit de bons renseignements sur les hébergements, la restauration et toutes les activités et animations proposées dans la ville. Le personnel est affable et essaiera de vous fournir tous les renseignements dont vous aurez besoin pendant votre séjour. On pourra aussi visiter les sites Internet suivants : www.buziosonline.com.br - www.buzios.com.br. Le site est bien fait.

RODOVIÁRIA DE BÚZIOS

Estrada Usina Velha - Centro
Gare routière.

La station d'arrivée des bus (pas vraiment une gare routière) se trouve à deux pas du centre. Des minibus ou des plus grands bus sillonnent la ville, pratique pour aller en son centre (4 R$ par personne). Pour et depuis Rio de Janeiro (Novo Rio) : avec Auto Viação, bus très réguliers (70 R$, 2h30 de trajet, voir Rio Transport). Des bus desservent Cabo Frio, à intervalles très réguliers (5,50 R$, 1 heure de trajet). Pas de bus direct pour Arraial do Cabo. On se rend d'abord à Cabo Frio, puis on prend un autre bus (au même tarif) jusqu'à la destination finale.

BABYLON BUZIOS ★★★

Travessa dos Pescadores, 88 - Centro
✆ +55 22 2623 0304
www.babylonbuzios.com.br
Agence ouverte tous les jours de 8h30 à 20h30. Prix variables selon le tour en bateau, la saison. Pensez à négocier !

Comme à Paraty, des tours en *saveiros* sont proposés autour des plages de Buzios. Les circuits proposés sont tous plus ou moins semblables. La différence se fait donc sur la qualité des prestations proposées, la taille et l'équipement des bateaux. Si vous voyagez avec des enfants, cette agence de tours en bateau est l'une des plus recommandables même si tous les bateaux proposent le même circuit, car celui-ci est équipé d'un toboggan et d'une piscine pour petits enfants. Les consommations sont bon marché et l'ambiance très festive, comme tous les *saveiros* !

BAMBOO BÚZIOS SEASHORE HOSTEL €

Rua das Pedras, 25 - Centro ✆ +55 22 2620 8085
https://bamboobuzioshostel.com/
Dortoir de 70 à 85 R$, double à partir de 240 R$, triple 310 R$, quadruple 400 R$, petit déjeuner compris. Wifi.

Le Bamboo Buzios Sea Shore Hotel est une excellente auberge de jeunesse, les pieds dans l'eau. La terrasse est vraiment au ras des flots, où sont souvent donnés des concerts le soir. Les dortoirs sont variables en taille (et donc en prix) de 4 à 11 personnes, tous sont climatisés et propres. Les chambres privées de 2 à 4 personnes ont toutes une vue partielle ou totale sur la mer. Elles ont toutes des noms des noms de plages de Rio de Janeiro ou de Buzios. Cuisine commune. Un bon plan.

LOCALIZA HERTZ

Av. José Bento Ribeiro Dantas, 799
Portal das Ferraduras
✆ +55 22 2633 0100
www.localizahertz.com
À partir de 80 R$ la journée de location.

Localiza Hertz est une enseigne nationale de location de voitures qui a le mérite d'être sérieuse et d'avoir un vaste réseau d'agences. Les locations sont compétitives et les voitures généralement en bon état. On rappellera les consignes lors de la location d'un véhicule. Il faut vérifier l'état du véhicule lors de l'état des lieux et ne pas hésiter à noter et prendre en photo des rayures ou bosses. Les routes ne sont pas toujours carrossables à certaines périodes de l'année et il faut respecter les conditions de sécurité, surtout la nuit.

CHE LAGARTO HOSTEL €

Rua da Paz, 7 - Armação dos Búzios
✆ +55 22 2623 1173
www.chelagarto.com
De 55 à 130 R$ le lit en dortoir (selon saison et dortoir, de 4, 6 ou 12 personnes). doubles à partir de 2 000 R$. Wifi.

La franchise au lézard dispose d'une auberge de jeunesse de bonne réputation à Búzios. Les dortoirs sont en revanche inégaux (de 4, 6 ou 12 personnes), les prix varient (dortoir de 4 réservé aux femmes également). Dans l'ensemble, les matelas sont confortables, les casiers individuels pratiques, le ménage bien fait, le petit déjeuner excellent, les salles de bains bien tenues (en mode « usine à jeunes », certes), la cuisine collective bien équipée, et l'ambiance jeune et festive. Quelques chambres doubles rarement disponibles.

EL MISTI HOSTEL & SUÍTES BUZIOS €

Rua da Mandragora, 13 - Vila Luiza
+55 22 2623 3174
www.elmistihostels.com
De 29 à 39 R$ dans dortoir de 9 ; de 37 à 49 R$ dans dortoir de 4. Les doubles coûtent de 150 à 300 R$ selon la saison.

Hôtel un peu éloigné du centre d'Armação dos Búzios, situé dans une jolie petite maison de couleur beige et qui propose 9 chambres et dortoirs. Les grands dortoirs ont 15 lits, les autres 8 et 4, à taille déjà plus raisonnable (mais ils sont plus chers). L'ambiance est jeune et festive. On peut se prélasser dans la piscine (propre) ou dans les hamacs suspendus sur les balcons, lire et discuter dans un petit jardin. Cuisine collective bien équipée.

POUSADA DO CENTRO €

Avenida José Bento Ribeiro Dantas, 128 - Centro
+55 22 2623 6992
www.pousadadocentro.com.br
A partir de 270 R$ pour une chambre double en moyenne et haute saison, petit déjeuner compris. Wifi.

En fait, ce sont deux pousadas du même propriétaire : « nord » et « ouest ». Les deux sont localisées à quelques dizaines de mètres de la rua das Pedras, au calme. Architecture typique de Búzios avec du bois et des baies vitrées, une décoration colorée plaisante, assez sophistiquée et chaleureuse, et une ambiance zen. La literie est ultra confortable, les draps en coton de qualité, les chambres bien équipées (clim, mini-frigo, certaines avec balcon). Les salons communs sont conviviaux. Une option très charmante pour les couples à budget serré. Recommandé.

POUSADA AROMA DO MAR €

Estrada da Usina, 500 - Centro
+55 22 2623 1001
www.aromadomar.com.br
À partir de 300 R$ la chambre double, petit déjeuner compris. Wifi.

La pousada Aroma do Mar fait partie du groupe latitud Hotel. Cette villa moderne plaira aux amateurs de design épuré et d'espaces lumineux et colorés. Réparties en 7 catégories, les 32 chambres sont parfaitement équipées et elles sont toutes aménagées avec goût. L'hôtel propose des chambres familiales, dont un loft pouvant héberger jusqu'à 5 personnes. Autre point fort : sa magnifique piscine, mais aussi son bar, son hammam… Cette adresse élégante reste étonnamment accessible question prix compte tenu de son standing. Un bon plan.

POUSADA SANTA FÉ €

Praça Santos Dumont, 300 – Centro
+55 22 2623 6404
www.pousadasantafe.com
Compter selon le type de chambre 260 R$ la double en moyenne saison en semaine. Petit déjeuner compris. Wifi.

Située à 90 m de la rue Das Pedras et de la Orla Bardot, la pousada Santa Fé est un bon plan pour les petits budgets car les logements bon marché sont plutôt rares au coeur de Buzios. Les chambres ont été rénovées, sont douillettes et accueillantes, équipées d'une télévision, de l'air conditionné, d'un frigo-bar, et d'un coffre. La déco est personnalisée, donnant l'impression d'être « comme à la maison ». La suite qui dispose d'une véranda privative avec vue sur la place Santos Dumont est superbe. Très bon rapport qualité-prix.

POUSADA BARCAROLA €

Rua G Cinco, 14 - Praia da Ferradura
+55 22 2623 7254
www.pousadabarcarola.com
A partir de 300 R$ la chambre double. Petit déjeuner compris. Wifi.

Cette pousada est située au calme, à moins de 5 minutes de marche à pied de la plage de Ferradura. Au total, 16 suites tout confort pouvant accueillir pour certaines jusqu'à 4 personnes, et aux prix fixes intéressants en saison. Bien distribuées et d'une propreté irréprochable, les chambres sont équipées (climatisation, TV), décorées dans un style très simple (quelques stickers au mur). On apprécie la grande piscine et le sauna dans le jardin, ainsi que le petit déjeuner copieux et délicieux. Excellent accueil. Parking, réception 24h/24.

POUSADA VILLA MERCEDES €

Rua 5, 60 – João Fernandes +55 22 2623 9911
www.pousadavillamercedes.com
A partir de 400 R$ la chambre double, petit déjeuner compris. Wifi.

La pousada Villa Mercedes est une adresse au calme, dans un environnement verdoyant et à moins de 200 m de la très prisée plage de João Fernandes. Les chambres sont extrêmement confortables avec un lit queen size, un frigo-bar, un coffre et la télévision. Toutes les suites disposent de belles terrasses, avec vue imprenable sur la mer. Pour vous détendre, une très belle piscine avec vue sur la mer, un sauna et un bar. La pousada Villa Mercedes est également un spa agréable. Avec les promotions, certaines nuitées sont proposées à des prix très avantageux.

AZEDA BOUTIQUE HOTEL €€

Rua João Fernandes, 101 - João Fernandes
✆ +55 22 2623 5444
www.pousadaazeda.com.br
A partir de 460 R$ pour une chambre double (promotions intéressantes sur Internet). Petit déjeuner inclus. Wifi.

L'Azeda Boutique Hotel est encore un endroit merveilleux qui rend difficile le fait de quitter Búzios. Cette pousada est bien située, sur une petite colline d'où l'on peut contempler un des plus beaux panoramas de João Fernandes, à moins de 5 minutes à pied des plages. D'une architecture originale, ce boutique-hôtel compte 18 vastes et luxueux appartements dotés de TV LCD, DVD, wi-fi, climatisation, coffre, frigo-bar.... L'atout du lieu, ce sont ses services et ses activités : belle piscine, bar, hammam, salle de gym, salle de jeux, parking gratuit...

POUSADA BUCANEIRO €€

Av. do Forno, 9 - Centro
✆ +55 22 2623 6564
www.bucaneiro.com.br
A partir de 390 R$ pour une chambre double selon la saison et la catégorie, petit déjeuner compris. Wifi.

Harmonieusement répartie sur plus de 4 000 m² de jardin, l'élégante pousada Bucaneiro est un havre de tranquillité et de confort. La pousada possède 20 suites spacieuses, dont 14 avec vérandas qui ont vue sur la piscine. Les chambres sont décorées avec goût et sont bien équipées : lit Queen size, air conditionné, ventilateur, télévision, mini bar... De belles prestations, certainement parmi les meilleures de la ville : piscine, hydromassage, sauna, un espace massages, un bar, un billard, un parking. A quelques minutes du centre de Buzios à pied.

POUSADA DA CYSSA €€

Avenida Geribá, 214 - Manguinhos
✆ +55 22 2620 8143
www.pousadadacyssa.com.br
Environ 350 R$ pour une chambre double en haute saison, petit déjeuner compris. Wifi.

Pousada familiale de caractère, qui jouit d'un excellent emplacement à Manguinhos, au calme, à proximité de la plage. Cyssa, la propriétaire, réserve un accueil chaleureux à ses guests. Le jardin est incroyable, planté de grands arbres tropicaux formant une jungle verte. À l'intérieur on se sent « comme à la maison », surtout dans le salon dans de grands canapés blancs, à côté d'une bibliothèque remplie de livres. Les 11 suites sont spacieuses et décorées façon ethno-chic dans des tons beige et blanc. Une belle villa pour passer des vacances relaxantes !

POUSADA DO FREI €€

Rua da Trindade, 8 - Manguinhos
✆ +55 22 2623 3648
www.pousadadofrei.com.br
A partir de 300 R$ la chambre double et de 400 R$ la triple, petit déjeuner inclus. Wifi.

Cette jolie pousada située à quelques minutes à pied de la plage de Geribá est une belle maison récente avec une piscine azurée qui donne sur la lagune. La vue y est poétique et sans vis-à-vis pour pouvoir s'adonner au farniente en toute tranquillité. Les chambres sont toutes différentes, décorées avec soin, lumineuses, avec des touches graphiques et colorées, et meublées confortablement (climatisation, frigo-bar, TV). Le somptueux petit déjeuner est un buffet délicat et généreux qui permet d'attaquer la journée plein d'énergie.

POUSADA LESTADA €€

Rua José Carlos Laporte, 50 – João Fernandes
✆ +55 22 3812 8402
À partir de 200 R$ pour une chambre double, petit déjeuner compris. Wifi.

Une excellente pousada où l'on cultive convivialité et attention particulière à ses hôtes ! Au calme dans le quartier très en vogue de João Fernandes, la situation privilégiée de la pousada à proximité des plages en fait une adresse de choix pour séjourner à Búzios. La pousada possède 25 chambres bien entretenues. Elles sont toutes très spacieuses et confortables et bénéficient d'un équipement de bonne qualité. De la grande piscine en teck, on jouit d'une superbe vue. Charme, tranquillité et organisation font de la pousada Lestada une bonne halte à Búzios.

POUSADA SAINT GERMAIN €€

Alto do Humaitá, 5 – Centro ✆ +55 22 2623 1044
www.saintgermain-buzios.com.br
Compter à partir de 320 R$ pour une chambre double selon la catégorie et la saison, petit déjeuner inclus. Wifi.

La pousada Saint-Germain est une élégante maison qui allie confort et tranquillité dans le quartier le plus prisé de Búzios. Cette jolie villa à la façade couverte de lierre dispose de 12 chambres douillettes, toutes lumineuses, simples et claires, aux salles de bain impeccables, et d'un appartement familial. Les propriétaires sont aux petits soins avec les hôtes pour que tous se sentent comme à la maison, et cela marche plutôt bien. Il est difficile de partir de ce cocon très agréable. Les prix sont raisonnables pour les prestations proposées.

POUSADA VILA DO MAR €€

Tv. dos Pescadores, 88 – Centro
✆ +55 22 2623 1466
www.viladomar.com
Compter à partir de 425 R$ la nuit en chambre double, en fonction de la saison, petit déjeuner compris. Wifi.

Cette pousada est située juste au-dessus du cinéma Gran Ciné Bardot, en plein centre de Búzios, à deux pas de la rua das Pedras et de l'embarcadère. Pourtant, elle a un petit jardin tropical et, luxe lors des chaudes journées estivales de la Costa do sol, elle possède même une piscine avenante. Les dix-huit chambres sont confortables (avec petit salon) et magnifiques, décorées avec des meubles anciens et des étoffes nobles. Sept d'entre elles offrent de superbes vues sur l'azur. Le salon-bar est cosy, le petit déjeuner une merveille.

VILA BELA-EMÍLIA €€

Rua Maria Joaquina, 488 - Praia do Canto
✆ +55 22 2623 2707
www.vilabelaemilia.com.br
Deux nuits minimum à partir de 490 R$ la chambre double la nuit, avec petit déjeuner. Wifi.

Merveilleuse villa idéalement située face à la mer, à deux pas des rues piétonnes du centre de Buzios. La vue est sublime à toute heure. Cora Regina réserve un accueil en français à ses hôtes, dans sa belle demeure de style colonial portugais. Charmante, à la fois rustique et sophistiquée. Les hamacs autour de la piscine invitent à la relaxation. L'intérieur est meublé avec goût. Tout est fait pour que vous vous sentiez chez vous, dans un intérieur cosy. La table chaleureuse du salon réunit autour d'un superbe petit déjeuner des hôtes en toute convivialité.

LE VILLAGE €€

Rua Vinte e Um, 231-289 - Praia do Forno
✆ +55 22 2623 6552
levillagebuzios.com
À partir de 388 R$ la chambre double, petit déjeuner inclus. Wifi.

Ce magnifique boutique-hôtel est situé au bord de mer, au cœur de la réserve naturelle, en face d'une plage peu fréquentée. Le petit déjeuner est copieux, le service irréprochable. Le restaurant propose des spécialités locales et le chef saura s'adapter à merveille à vos préférences. Cet hôtel est idéal pour un séjour en amoureux. La décoration tant à l'extérieur qu'à l'intérieur des chambres est superbe. Possibilité de réserver un massage effectué par une physiothérapeute professionnelle directement dans votre habitation. Une adresse hors du commun !

VOA SOLAR DE BUZIOS €€

R. Viêira Câmara,39
✆ +55 2 3900 8783
www.voahoteis.com.br
A partir de 190 R$ la chambre double, selon la saison ; tarifs dégressifs en fonction de la durée. Petit déj. Wifi.

Le VOA solar de Buzios est une belle pousada du groupe hôtelier VOA légèrement sur les hauteurs de la ville, offrant une très jolie vue sur le lagon de Geribá et beaucoup de calme. Elle est très bien située à 850 mètres de la plage de ferradurinha et à 10 minutes de la renommée rua das pedras, cœur des jours et des nuits de Buzios la coquette. Les 14 chambres à la décoration simple mais agréable sont très confortables. Belle piscine, sauna, salle de fitness. L'établissement organise pour vous des sorties en mer et autres excursions.

ABRACADABRA €€€

Alto do Humaitá, 13 – Orla Bardot
✆ +55 22 2623 1217
www.abracadabrapousada.com.br
A partir de 850 R$ la chambre double en fonction de la saison et de la catégorie, petit déjeuner compris. Wifi.

Superbe hôtel au-dessus de la Orla Bardot, qui offre une vue panoramique sur toute la baie. Une architecture sobre et pleine de charme, trente chambres seulement, dont chacune est unique, décorée avec goût, lumineuse et confortable, et certaines avec terrasse privative. L'équipe est très professionnelle et parle français. Le petit déjeuner-buffet est une profusion de pâtisseries, jus de fruits frais, plats salés ou sucrés, le tout très appétissant. Un lieu romantique à souhait mais aussi adapté aux enfants. Son restaurant le Mistico est une excellente table.

AQUABARRA BOUTIQUE HOTEL & SPA €€€

R. Colina de Geribá, 16 - Geribá
✆ +55 22 2623 6186
www.aquabarra.com
À partir de 380 R$ pour une chambre double, petit déjeuner compris. Wifi.

L'Aquabarra Boutique Hotel & Spa propose confort, calme et sérénité à quelques pas de la magnifique plage de Geribá. Ce bel établissement propose quinze chambres, pas plus, spacieuses et décorées avec soin. L'idée est ici de fournir un service personnalisé. Mention spéciale pour les appartements offrant une vue sur la mer. De nombreux services sont proposés : piscine avec vue sur la mer, sauna, spa, bar *lounge*… Une adresse charmante à découvrir à Buzios.

CASAS BRANCAS BOUTIQUE HOTEL & SPA €€€

Alto do Humaitá, 10 - Centro
✆ +55 22 2623 1458
www.casasbrancas.com.br
À partir de 1 100 R$ pour une chambre double, petit déjeuner compris. Wifi.

Surplombant la baie d'Armação, à quelques pas de la rua das Pedras, Casas Brancas est un élégant hôtel méditerranéen qui rappelle la Grèce avec son atmosphère raffinée et lumineuse. Les 32 chambres ont vue sur mer ou sur jardin. Les deux restaurants de l'établissement raviront les gourmets. Le café Atlântico, une des meilleures tables de Búzios, propose, dans un cadre somptueux, une délicieuse cuisine méditerranéenne, tandis que le restaurant Deck propose des spécialités italiennes.

INSÓLITO BOUTIQUE HOTEL & SPA €€€

Rua E1 - Praia Da Ferradura
✆ +55 22 2623 2172
www.insolitohotel.com
A partir de 5 000 R$, petit déjeuner compris. Wifi.

L'Insólito est un hymne à l'art et à la culture brésiliens. Les 21 chambres portent un nom qui évoque le Brésil (Quilombo, Candomblé, Pau Brasil, Guarani). Tout n'est que charme et raffinement ! Le confort se conjugue avec la beauté de la nature. La décoration donne assurément une touche de boutique « design », où les matériaux recyclés font bonne figure. Le luxe est au prix du luxe. Enfin, le restaurant propose la meilleure cuisine franco-brésilienne de Búzios.

LE RELAIS LA BORIE €€€

Rua Gerbert Périssé, 554 - Geribá
✆ +55 22 2620 8504
www.laborie.com.br
A partir de 1 500 R$ la chambre double en B&B. Le restaurant est ouvert de 13h à 22h.

Situé en front de mer, sur la fameuse plage de Geriba, le Relais La Borie propose 41 appartements. Toutes les chambres sont aménagées avec beaucoup de goût. Vue sur mer ou jardin. Très belles prestations pour les *happy few* : deux piscines, un bar, un bain à remous, un hammam, une salle de massage et une salle de télévision, un parking... Le restaurant de l'établissement, Chez Françoise, propose d'excellentes assiettes dans un cadre soigné avec vue sur mer, réputé pour la qualité de sa cuisine à la française et ses recettes d'inspiration brésilienne.

POUSADA BYBLOS €€€

Rua Alto do Humaitá, 14 – Orla Bardot
✆ +55 22 2623 1162
www.pousadabyblos.com.br
Compter 1 200 R$ la nuit en chambre double, en fonction de la saison et de la catégorie. Petit déjeuner inclus. Wifi.

Dans un endroit paisible, à 5 minutes de l'activité nocturne, cette pousada propose des chambres spacieuses, tranquilles et bien aménagées. La décoration toute blanche évoque Santorin. Préférez les chambres au dernier étage, qui jouissent d'une vue magnifique sur la mer (avec balcon). Terrasse tout en haut, avec piscine, pour un panorama grandiose, idéal pour flâner au coucher de soleil. La situation géographique de Byblos est parfaite. On peut aisément accéder à différentes plages de l'île à pied et un petit escalier donne directement sur la Orla Bardot.

POUSADA CASA BUZIOS €€€

Rua Morro do Humaitá - Orla Bardot
✆ +55 22 2623 4885
www.pousadacasabuzios.com
A partir de 550 R$ la chambre double, petit déjeuner compris. Wifi.

La pousada Casa Buzios propose 6 vastes suites qui allient charme et simplicité. Les meubles vernissés et l'ambiance cosy des suites, les fragrances raffinées des produits « l'Occitane » donnent incontestablement une petite touche provençale qui se marie fort bien avec le Búzios authentique. La demeure est en effet une des rares constructions « anciennes » de la ville. L'accueil de Frédéric et le petit déj au bord de la piscine complètent l'attrait de cette pousada. Les gérants sont une mine d'informations sur ce que l'on peut voir et faire à Búzios et alentour.

GOLDEN BREAD €

Rua José Bento Ribeiro Dantas, 2900 - Manguinhos
✆ +55 22 2623 0496
Boulangerie. Ouvert du mardi au samedi de 7h à 20h, le dimanche de 8h à 14h.

Cette boulangerie-pâtisserie fait la part belle aux pains et aux gâteaux. On y trouve plus de vingt sortes de pains. si vous souffrez du mal du pays, allez-y. Les madeleines dignes d'un grand-mère pâtissière, des croissants, des baguettes qui ressemblent à des baguettes, du pain aux olives, des foccacias... C'est un compromis entre une boulangerie de qualité et une pâtisserie d'inspiration française. Le petit déjeuner et le mini-brunch sont l'occasion de goûter des plats sucrés et salés ainsi que d'excellents petits sandwichs.

BANANALAND €

Rua Manoel Turibio Farias, 50 – Centro
✆ +55 22 2623 2666
www.bananalandbuzios.com.br
Buffet. Ouvert tous les jours de 11h30 à 23h. Compter 100 R$ le kilo.

Le Bananaland, à ne pas confondre avec le Banana da Terra de Paraty, est un lieu apprécié depuis son ouverture à Buzios, il y a désormais un quart de siècle. Le chef Beto, propriétaire des lieux, a voulu faire du Bananaland un compromis entre bonne table et cuisine abordable. Tout près de la place Santos-Dumont, ce « kilo » de haute volée offre une bonne variété de très bons plats (25 salades et 25 plats chauds). Les connaisseurs apprécient. Certains plats ont d'ailleurs été primés. Essayez leur fameuse crêpe à la liqueur de maracujá !

O BARCO €

Avenida José Bento Ribeiro Dantas, 1054 - Praia dos Ossos
✆ +55 22 2629 8307
Restaurant de poissons & fruits de mer. tous les jours sauf le mardi de 11h à 22h30. environ 70 R$ pour une personne.

Vous y reviendrez ! Ce restaurant modeste de pêcheurs est situé devant le port, face aux bateaux et à la grande bleue. Le cadre est simple mais la vue idéale, d'autant plus que quelques tables se trouvent à l'extérieur, et d'autres sur une terrasse couverte. On sert ici des plats très brésiliens, surtout des spécialités de poisson, divinement préparés. On vous conseille les *moquecas*, le *cherne* grillé (poisson noble à prix plancher ici) et bien sûr les langoustes grillées ! À ce prix, c'est un cadeau, et elles sont succulentes.

CHEZ MICHOU €

Rua das Pedras, 90 – Centro ✆ +55 22 2623 2169
www.chezmichou.com.br
Crêperie. Ouvert tous les jours de midi à 2h du matin. Crêpes salées et sucrées de 25 à 35 R$. Caïpirinha à 10 R$.

La version *buziana* de son homologue *carioca* (une autre adresse à Cabo Frio également). Des crêpes à l'allure de pancake, une clientèle variée qui s'y retrouve pour se lester avant d'aller s'agiter sur les pistes (c'est bondé le samedi soir). Chez Michou présente une carte impressionnante de crêpes : on en décompte plus de cinquante. Cela reste une option pas trop chère pour se rassasier. Assez bruyant quand on veut parler, mais parfait si c'est pour voir passer la foule dans la rua das Pedras. On peut aussi venir y prendre un verre. Assez incontournable en ville.

RESTAURANTE DO DAVID €

Rua Manuel Turibes de Farias, 260 – Centro
✆ +55 22 2623 2981
Restaurant de fruits de mer. Ouvert tous les jours de midi à minuit. Compter environ 60 R$ par personne.

Depuis plus de trente ans, le Restaurante do David ravit les gourmets. Il est difficile de trouver des commentaires négatifs et nous ne contredirons pas le palais des gourmets. On y retourne toujours avec plaisir. On peut y déguster toutes sortes de plats classiques (nombreux fruits de mer) de bonne facture pour le tarif annoncé. Le poulpe à la provençale est une des spécialités de la maison. Sinon, les amateurs de langoustes pourront choisir les crustacés dans l'aquarium sous le sourire aux dents en or du propriétaire. *Feijoada* le vendredi.

LORENZO - PIZZERIA & CANTINA €

Rua Manoel Turíbio De Faria, 40 – Centro
✆ +55 22 2623 0972
lorenzobuzios.com
Cuisine italienne, pizzeria. Ouvert du jeudi au mardi de 13h à minuit. Compter environ 50 R$ par personne.

La Lorenzo-Pizzeria & cantina est bien entendu un établissement qui honore la cuisine transalpine. C'est une belle table italienne. Les pizzas sont à pâte fine et cuite au feu de bois comme au pays, une rareté au Brésil. Pâtes maison, picanha ou risotto aux fruits de mer, préparé avec minutie et des ingrédients nobles et frais. La belle carte des vins permet d'accompagner ses plats de bons vins italiens, chiliens ou argentins au verre. Concerts réguliers.

SALSA TEMPERO & ARTE €

Av. Jose Bento Ribeiro Dantas, 94 - Centro
✆ +55 22 2623 9985
Buffet. Ouvert tous les jours de midi à 17h. Compter 92 R$ le kilo.

Salsa est une adresse qui ne démérite pas depuis que nous l'avons découvert en 2014. Voici un autre bon kilo en plein centre de Búzios. Les plats proposés sont bien cuisinés : poisson, viande, langouste, légumes… Pas d'emphase, mais une cuisine très correcte et une addition relativement douce pour Buzios. Les entrées, les plats, les desserts, tout est à la hauteur des espérances des hôtes. Salsa propose une majorité de produits bio choisis avec soin. La cuisine est légère et variée. L'accueil est très professionnel et agréable.

BAR DOS PESCADORES €€

Av. José Bento Ribeiro Dantas, 85 - Porto da Barra
✆ +55 22 2623 6785
bardospescadores.com
Cuisine brésilienne, poissons fruits de mer. TLJ 11h-19h. En janvier et février, de 11h-21h. entre 40 et 70 R$ le plat.

Ce n'est pas un bar, mais un bon restaurant de poissons. On y mange d'excellentes *moquecas*, (les végétariens et les végans pourront déguster d'excellentes *moquecas* véganes) de succulentes langoustes, des salades du pêcheur, des poissons et des calamars grillés. Nous avons été séduits par une assiette de congre rose. Certains clients ont été convertis aux produits de la mer alors qu'ils n'en étaient pas forcément fans, c'est pour dire. Certes, le restaurant est simple, mais le décor et les plats valent le déplacement au Porto da Barra.

BARBA AZUL €€

Av. José Bento Ribeiro Dantas, 510 - Orla Bardot
✆ +55 22 99793 8480
Bar-restaurant. Spécialités de viandes. Ouvert le soir uniquement. environ 60 R$ par personne. Happy hour de 18h à 20h.

Le Barba Azul (Barbe bleue) est assurément l'endroit en vogue sur la promenade (ici, c'est celle des Argentins, pas des Anglais). Lieu simple, à l'ambiance moderne mais détendue, serveurs sympas et jolie terrasse. Et la cuisine dans tout ça ? Elle remporte tous les suffrages, particulièrement chez les touristes argentins ; d'excellentes spécialités de viandes (churrascos, burgers, etc), des petiscos (goûtez le pastel de camarao) et une carte des boissons de qualité. Simple mais efficace. Le Barba Azul est d'un très bon rapport qualité-prix.

CIGALON €€

Rua das Pedras, 199 - Centro
✆ +55 22 2623 1249
www.cigalon.com.br
Cuisine française. du lundi au vendredi, dimanche de 12h à 0h00. En janvier et février, de 12h à 1h30. environ 100 R$.

Sis dans la maison où séjourna Brigitte Bardot en 1964, le restaurant Cigalon est une bonne table française avec une cuisine revisitée par la chef Sônia Persiani qui a fait ses classes en Italie et en France. On peut y déguster une bonne entrecôte Angus sauce au poivre et le ceviche de crevettes grises à la mangue est exquis. L'étuvée de homards aux asperges et champignons est un délice. La crème brûlée d'anis avec son sorbet et ses fruits rouges finira en beauté le repas. Carte des vins de haute volée pour accompagner son plat. Ambiance romantique.

ESTANCIA DON JUAN €€

Rua das Pedras, 178 – Centro
✆ +55 22 2623 2169
www.estanciadonjuan.com.br
Cuisine argentine. Ouvert tous les jours de midi à 1h. Compter environ 80 R$ par personne.

Restaurant argentin, pour satisfaire la forte communauté de vacanciers *hermanos* (les frères, c'est ainsi que les Brésiliens surnomment leurs voisins du sud). Evidemment, la meilleure viande en *asado* (barbecue) sous toutes ses formes : *picanha*, entrecôte, *olho de bife*… Le tout à accompagner d'une bonne bouteille de Malbec. Patio très agréable. Des shows de tango sont proposés le mardi soir. Evidemment, si on n'aime pas trop la viande, on perdra un peu de ce qui fait l'âme de ce restaurant qui met en avant les traditions argentines.

PÁTIO HAVANA €€

Rua das Pedras, 101 – Centro
✆ +55 22 2623 2169
www.patiohavana.com.br
Cuisine cubaine et internationale. Ouvert tous les jours de 18h à 1h. Compter environ 80 R$ pour un repas.

Dans un décor cubain travaillé, ambiance lascive sous les hauts ventilateurs qui tournent au ralenti. Egalement whisky club et bar à cigares. Même au summum de l'agitation de la rue, l'endroit reste nonchalamment tranquille. Pas mal de bons concerts le week-end et la veille de jours fériés ; salsa tous les jeudis soir. Le resto est vraiment excellent : essayez les pâtes aux fruits de mer ou, mieux, la langouste au beurre et au citron. Les salades et pizzas constituent d'autres bons choix. L'addition est assez, voire très élevée, forcément !

SALT €€

Avenida José Bento Ribeiro Dantas, 468 - Orla Bardot ✆ +55 22 2623 6769
www.restaurantesalt.com.br
Cuisine brésilienne moderne. du mercredi à vendredi de 17h à 0h00, le samedi de 13h à 1h dimanche à 22h. environ 90 R$/p

Sur la Orla Bardot, dans la pousada dos Gravatas, le Salt est un restaurant aux couleurs bleue et blanche de cuisine fusion, dirigé de main de maître par le chef Ricardo Gomes Ferreira, lui-même formé à l'école d'Alain Ducasse. Les risottos et les pâtes sont déclinés sous de nombreuses formes tout comme les poissons et les viandes (morue à la moutarde, médaillon de langouste au jambon de Parme, magret de canard au coulis de fraise, filet mignon au risotto de citron sicilien). Une adresse savoureuse avec une jolie vue depuis la terrasse.

BAR DO ZÉ €€€

Av. José Bento Ribeiro Dantas, 382 – Orla Bardot
✆ +55 22 2623 4986

Cuisine brésilienne. Ouvert du mardi au dimanche de 13h à 2h et le lundi de 18h à 2h. à partir de 120 R$ par personne.

Le Bar do Zé (qui n'est plus seulement un bar, mais l'un des restaurants les plus cotés de Búzios) vaut par sa cuisine originale privilégiant le poisson et les mélanges sucrés-salés (par exemple mérou à la banane et noix de cajou, succulent) et par son cadre divin face à Praia do Armação, sur la Orla Bardot. Son style paillote donne un côté rustique et chic à la fois. Chandelles de rigueur le soir pour ajouter au romantisme du lieu. Les places à proximité de la terrasse pour voir la mer se prêtent avec magie à un dîner en tête à tête.

ANEXO PRAIA

Av. José Bento Ribeiro Dantas, 2900 - Manguinhos
✆ +55 22 2623 7302
www.anexopraiabuzios.com.br

Bar-restaurant. Ouvert du lundi au vendredi de 16h30 à 1h, samedi de 13h à 1h, dimanche de 13h à 22h.

L'Anexo Praia a été fondé en 2009 avec le concept du Beach day club. On peut se prélasser sur de grands sofas et de confortables coussins face à la mer qui s'irise et profiter du coucher de soleil sur la plage en sirotant un cocktail. Les locaux disent que c'est sur cette plage de Manguinhos que l'on peut voir les plus beaux couchers de soleil de toute la presqu'île. La cuisine propose des plats faisant la part belle aux produits de la mer. Mobilier indonésien, une touche d'orientalisme et une *vibe* évoquant Ibiza. Musique jazz, bossa & lounge.

FARINATTA BISTRÔ & ARTE €€€

Rua Enseada do Albatroz, 116 - Geribá
✆ +55 22 2623 1934
www.farinatta.com.br

Cuisine brésilienne. vendredi et samedi de 21h à 23h30. En janvier et février, tous les soirs. environ 300 R$/p.

Dans son restaurant-galerie d'art, le Farinatta Bistrô & arte, la chef Eloisa Ramos propose une carte de cuisine inventive et créative. Elle prend plaisir à venir expliquer directement le menu à ses hôtes. Derrière des noms de plats mystérieux - gnocchis à la présidente, agneau profane, osso buco fin du monde -, on découvre une assiette délicieuse et surprenante, et, à ce niveau de gastronomie, une belle sophistication esthétique. La carte des vins permettra d'apprécier au mieux ces *corpus delicti* de la gourmandise. Les meilleurs gnocchis de la région assurément.

CAPTAIN'S BAR

Av. Jose Bento Ribeiro Dantas 2900, lj. 14
✆ +55 22 2623 1152

Ouvert tous les soirs à partir de 18h jusque tard dans la nuit.

Bar très sympa installé sur un angle de rue avec des tabourets en terrasse. Parfait pour siroter une caïpirinha en début de soirée, fond musical de bon goût. La déco rappelle une taverne de pirates. C'est aussi aussi un restaurant, le « captain's buffet », ouvert depuis plus de 10 ans, un peu plus loin sur la rua das pedras. La nourriture est toujours présentée de manière esthétique et elle est goûteuse. On est presque les pieds dans l'eau quel que soit l'établissement (bar ou buffet) tous deux sur le bord de mer de la célèbre rua das pedras.

A GALERIA €€€

Praia Da Ferradura, Rua E1 - Condomínio Atlântica
✆ +55 22 2623 2172
www.insolitohotel.com/gastronomia

Cuisine brésilienne fusion. Ouvert tous les jours de midi à 22h. Compter entre 90 et 130 R$ par personne.

La Galeria est une belle découverte du PF sur Buzios depuis... 2014. Ce restaurant situé dans le magnifique Insólito Boutique Hotel propose une cuisine variée de style fusion franco-brésilienne. Le chef Marcelo travaille avec autant de bonheur poissons, fruits de mer et viandes. Ici, la mise en bouche sera la vue époustouflante sur la plage de Ferradura. L'équipe de serveurs autour du chef de rang Rodrigo est très pro. Un jardin suspendu sur la mer... À découvrir absolument si on en a les moyens, car à Buzios comme ailleurs la qualité a un prix.

FISHBONE

Rua Gerbert Périssé, 1196 - Geribá
✆ +55 22 2623 7348
www.fishbonebuzios.com.br

Bar-restaurant. Ouvert tous les jours.

Le Fishbone est multiple : il se veut un nouveau concept de club de plage, à la fois bar, restaurant, centre sportif et culturel et salle de concert. Le restaurant offre un piètre service (quoiqu'en progrès), mais on y vient davantage pour profiter de la soirée les pieds dans le sable, au son d'une musique *groovy* en sirotant l'une des meilleures *batida de maracujá* du littoral. Le Fishbone organise parfois des soirées électro sur la plage avec des DJ. Actuellement, l'établissement a établi pour entrer un « day use » au prix élevé.

MIL FRUTAS

Rua José Bento Ribeiro Dantas, 362 - Orla Bardot
✆ +55 22 2623 0035
www.milfrutas.com.br
Glacier. Glace en cornet ou en pot. A partir de 25 R$.

La boutique Mil frutas est une filiale de la marque de Rio. On trouve à Mil Frutas d'excellents sorbets naturels aux fruits, au caramel et à la fleur de sel, à la rose et aux fruits rouges. Il est difficile de ne pas trouver des parfums qui ne raviraient pas notre palais. C'est toujours une pause rafraîchissante et savoureuse après la plage. Cerise sur le sorbet, la vue est très agréable près de la plage et si les sorbets ne fondaient pas aussi vite sous le chaud soleil de la costa do sol, on s'y prélasserait de longs moments.

ROCKA

Praia Brava, 13
✆ +55 22 2623 6159
www.rockafish.com
Bar-restaurant. Spécialités de poissons & fruits de mer. Ouvert tous les jours de 11h à 18h30 (fermé le mardi en hiver).

Depuis plus de 10 ans maintenant, sur la praia brava, le Rocka attire les amoureux des couchers de soleil sur cette belle plage. Et ils sont nombreux. Bar-lounge qui fait également restaurant, le Rocka est un lieu enchanteur par sa situation en bord de mer. Certes, les plats de poisson sont bons, mais le plaisir peut également résider dans cette confrontation aux éléments, allongé sur des chaises longues. Hors saison, plaisir suprême, on peut quelquefois méditer seul, sa caipi à la main, bercé par le bruit des vagues et des oiseaux marins.

SILK BEACH CLUB

Rua 17, Lote 14 - Praia Brava
✆ +55 22 2623 9327
www.silkbeachclub.com
Bar lounge, restaurant et club de plage. Ouvert tous les jours de 10h à 18h.

Un bar lounge très chic à même la plage de Praia Brava, avec le blanc omniprésent et des statues de Bouddha disséminées ici et là. Des soirées sont parfois organisées. Le Silk beach Club se veut le club le plus « exclusif » de Buzios. On y retrouve peut-être le côté happy few de la célèbre plage de la voile rouge sur la plage de Pampelone à Ramatuelle. La *gente bonita* s'y répand jusqu'au bout de la nuit, écoutant de la bonne musique, la bouteille au frais dans le seau à champagne. Les meilleurs DJ brésiliens viennent s'y produire.

ZAPATA BÚZIOS

Rua das Pedras, 352 – Orla Bardot
✆ +55 22 2623 0973
zapatabuzios.blogspot.com
Ouvert tous les jours de 19h jusque tard dans la nuit.

Tout le monde semble se retrouver au Zapata Bar en fin de semaine. Ds murs blancs peints à la chaux, ds poutres en bois...comme son nom le laisse supposer, c'est un bar Bar-resto-boîte de style mexicain, où l'on peut prendre l'apéro, manger, boire et danser la nuit durant. Pas mal de monde le week-end et parfois en semaine. Les soirées spnt souvent animées par des groupes de musiques ao vivo. L'ambiance est agréable, mais comme dans tous les bars fréquentés de Buzios, il faut aimer la foule, ou alors arriver assez tôt pour profiter des lieux.

BÚZIOS DIVERS

Rua das Pedras, 232 - Centro
✆ +55 22 2623 0670
www.buziosdivers.com.br
Club de plongée. Boutique ouverte de 15h à 22h. Sorties en mer à partir de 9h.

Buzios et ses environs se prêtent particulièrement bien à la plongée. Le Buzios Divers est le club de plongée le plus réputé à Buzios qui propose principalement des spots à Ilha de Ancora, mais aussi à Ilha de Gravatás, Ilha Feia, Ilha Branca et Laje de João Fernandes. On peut faire des baptêmes de plongée et/ou des plongées de perfectionnement. Les instructeurs et tout le staff sont très pro. L'équipement est récent et de qualité. Cette structure est une valeur sûre. Recommandé. Profondeur maximum : 22 mètres, visibilité jusqu'à 25 mètres.

BÚZIOS VELA CLUB

Rua Maurício Dutra, 303 - Manguinhos
✆ +55 22 2623 0508
www.buziosvelaclube.com.br
Sports nautiques. Club ouvert tous les jours de 9h à 18h.

La voile et les voiliers restent un plaisir quotidien chez les happy few à Buzios. Fondé en 1999, le « clube » est en fait une association qui a pour finalité d'enseigner l'art de la voile et de la planche à voile et/ou louer du matériel. Situé sur la plage de Manguinhos, on peut louer des petits Laser ou catamarans et également prendre des cours. Bimba, champion national de planche à voile (il a représenté le Brésil aux JO d'Athènes en 2004), offre ses services de moniteur et de champion (location de matériel et cours de planche à voile).

GRAN CINE BARDOT

Travessa dos Pescadores, 88 – Centro
✆ +55 22 2623 1466
www.viladomar.com/cinebardot
Cinéma-café. Billet à 30 R$ (32 R$ pour un film 3D).

Notre B.B. nationale étant omniprésente à Búzios, évidemment, il fallait que quelqu'un un jour invente ce cinéma ! Cette magnifique salle de 111 places vaut presque à elle seule le déplacement à Buzios si on est amoureux du septième art comme nous le sommes. On y passe les derniers films à l'affiche, avec une légère préférence pour les productions françaises. Egalement un bar et une pousada, un endroit sympa et un chouia sélect. Le propriétaire des lieux a rouvert la salle après la crise sanitaire. *Le mépris* film de Godard avec B.B. était bien sûr à l'affiche.

PRIVILÈGE

Avenue José Bento Ribeiro Dantas, 550 – Orla Bardot
✆ +55 22 2620 8585
Club. Ouvert le samedi de 22h à 7h. Entrée à partir de 60 R$.

C'est LA boîte à la mode de Búzios, sur la Orla Bardot. Des DJ internationaux s'y produisent (Carl Cox, Sven Vath…), la liste est si longue qu'il faudrait des dizaines pour les présenter. Il faut dire que le groupe Privilège, qui possède plusieurs boîtes de nuit au Brésil, est devenu une « griffe » d'événementiels dont la portée dépasse les frontières du pays. Si vous ne résistez pas aux frémissements de la musique électronique, c'est là que vous passerez vos nuits. L'entrée n'est évidemment pas donnée, ni les consommations d'ailleurs.

SANA ★★

Ceux qui cherchent un havre de paix où couler des jours heureux et tranquilles dans la forêt tropicale auront peut-être trouvé en Sana le lieu idéal. Et ce ne seront pas les premiers ! Un des premiers touristes à avoir élu Sana pour ses vacances dans les années 1970 a été l'écrivain Paulo Coelho, auteur du roman *l'alchimiste*, hippie aux cheveux longs fuyant la répression de la dictature militaire. Aujourdhui encore, il suffit de poser son sac à Sana pour croire que le temps peut s'arrêter. La;magie opère toujours. Situé dans les montagnes, à 165 km de Rio, ce petit district de Macaé est un site idéal d'écotourisme, également réputé pour le rafting.

POUSADA TANGARÁS DA SERRA €

R. José de Jesus Junior, 41 - Macaé
✆ +55 22 2793 2525
tangarasdaserra.com.br
À partir de 220 R$ la chambre double standard en B&B. Wifi. 2 jours minimum.

Dans la région verdoyante de Macaé, la pousada Tangaras da Serra propose15 suites face à la rivière. L'auberge dispose d'un lac, d'un sauna, de jeux pour enfants, et organise des randonnées. Le restaurant de la pousada fabrique ses propres fromages et confitures. Une belle piscine entourée de verdure et une belle pousada. On y trouve tout le confort d'une posada, mais on sait apprécier une rusticité subtile qui va formidablement bien avec ces lieux..

SANA CAMPING €

Rua José de Jesus Junior
✆ +55 22 2793 2545
www.sanacamping.com
À partir de 30 R$. Wifi.

Dans cette petite ville fondée par des Suisses francophones en 1820, proche du Novo Friburgo, on peut ressentir l'émotion des Helvètes lors de la découverte de cette terre aux soirées fraîches, presque rudes, qui devaient certainement leur rappeler leur contrée alpine. Ce camping, en harmonie avec cette nature, et dans une certaine simplicité, propose des espaces pour poser sa tente, mais également des caravanes et des bungalows en bois à la location. Un petit côté hippie pas déplaisant. De Rio, les bus Viaçao assurent des connexions assez régulières.

REPOUSADA SANA €€

Estrada do Sana - Boa Sorte
✆ +55 22 2793 2514
www.repousadasana.com.br
À partir de 350 R$ le bungalow, petit déjeuner compris. Wifi.

La repousada Sana est un lieu charmant, dédié au repos et à la méditation. On quitte pendant quelque temps la civilisation. Sana est une petite ville sans agence bancaire ni DAB. Bon, c'est vrai, on peut s'en passer, mais c'est toujours agréable de retourner sur les fondamentaux de l'écotourisme. Sur 30 000 m^2, 5 chalets vraiment mignons vous sont proposés. Ils sont simples, mais très bien tenus et on se sent une âme de Robinson, on est au cœur de la nature. Dans le parc, on trouvera un lac, un torrent, une piscine et un terrain de foot.

PETRÓPOLIS ★★

Perchée à 840 mètres d'altitude, c'est l'une des villes de montagnes les plus fréquentées par la « gente bonita » carioca en raison de son passé historique et de son climat vivifiant. On y trouve de nombreuses traces de son passé impérial, quand la cour installé à Rio cherchait des lieux frais par rapport à Rio. Elle se trouve dans la Serra da Estrela, à 65 km au nord de Rio de Janeiro. Il s'y déroule un important festival gastronomique la première semaine de décembre. Malheureusement, la ville a été endommagée par des inondations destructrices dont on ne connait encore toutes les conséquences.

Histoire

En 1830, l'empereur décida d'acheter un terrain qui sera surnommé la Fazenda da Concordia. L'ingénieur allemand Koeler fut contacté, pour construire la résidence d'été de l'empereur. Une fois les travaux terminés en 1845, les ouvriers décidèrent de s'installer à Petrópolis pour y fonder une colonie allemande. Cette arrivée d'immigrés donna une impulsion à la région, et la ville de São Pedro de Alcantara de Petrópolis, appelée ainsi en hommage à l'empereur Dom Pedro, fut fondée en 1846. Son fils, Dom Pedro II, y fera construire par la suite sa résidence d'été par le Français Louis Vauthier. Les présidents successifs de la République perpétuèrent la tradition des lieux. C'est cette résidence d'été qui est appelée aujourd'hui le Palais impérial, devenu depuis lors un musée qui abrite une précieuse collection de peintures, meubles, décors et, également, la couronne impériale.

CASA IPIRANGA ★★

Ave. Ipiranga, 716
✆ +55 24 2231 8718
Ouvert du vendredi au dimanche, de 14h à 18h.
Entrée 10 R$.

Malgré l'intérêt porté au patrimoine urbain de Petropolis, beaucoup de bâtiments historiques ont subi les ouvrages du temps. La casa Ipiranga apparaît comme une des rares maisons du XIXe siècle maintenues en l'état. Et le plaisir de ressentir l'ambiance XIXe siècle et encore impériale des lieux. Construite en 1884, la Casa Ipiranga possède de beaux jardins et un mobilier dans le style de l'époque. Des concerts de musique classique et populaire y sont donnés régulièrement. C'est un bon moyen de profiter des charmes de Petropolis.

CASA STEFAN ZWEIG ★★

Rua Gonçalves Dias, 34
✆ +55 24 2245 4316
www.casastefanzweig.org
Ouvert du vendredi au dimanche de 11h à 17h.
Entrée libre.

En 2007, un musée consacré à Stefan Zweig a ouvert ses portes dans le dernier domicile où a vécu l'écrivain. Exilé, il y a emménagé avec sa deuxième épouse, Lotte, et c'est là qu'ils se sont donnés la mort ensemble en février 1942. C'est la maison où il rédigea *Le Joueur d'échecs* et acheva *Le Monde d'hier. Souvenir d'un Européen*. C'est une association de particuliers qui a acquis la maison pour y construire le musée. Le musée comprend une salle de conférence et une bibliothèque. Depuis 2008, les Autrichiens peuvent y effectuer le service autrichien de la mémoire.

CATEDRAL SÃO PEDRO DE ALCÂNTARA ★★

Rua São Pedro Alcântara, 60
✆ +55 24 2242 4300
www.catedraldepetropolis.org.br
Ouvert tous les jours de 8h à 18h. Entrée libre.

© COKADA - ISTOCKPHOTO.COM

La Catedral Sao Pedro de Alcantara est une réplique du gothique européen, avec de curieuses tuiles rouges. À l'intérieur, on peut voir la chapelle royale qui abrite les sépultures de Dom Pedro II, dernier empereur du Brésil et de sa femme, l'impératrice Dona Teresa Cristina. La *via crucis* est française, comme l'image de saint Pierre d'Alcântara, sculptée dans du marbre de Carrare. Le soir venu, la cathédrale se pare d'une jolie illumination colorée.

Le Palais de Christal, Petropolis.

CERVEJARIA BOHEMIA ★★

Rua Alfredo Pachá, 166
✆ +55 24 2020 9050
www.bohemia.com.br
Visite guidée de 12h à 17h du mardi au jeudi, de 10h à 17h le vendredi et dimanche, de 10h à 18h le samedi : 36 R$.

Petropolis est certes connu pour son riche passé impérial, mais c'est aussi une ville dont le destin industriel est lié à un certain breuvage houblonné, fort apprécié des Brésiliens. C'est ici que se trouve la brasserie de la fameuse marque de bière brésilienne « Bohemia » ! On peut visiter l'usine et assister à toutes les étapes de l'élaboration de la bière Bohemia. Le complexe abrite également un très bon restaurant, un bar très *hype*, ainsi qu'une salle de spectacles accueillant régulièrement des événements. Divertissant et bien organisé.

MUSEU CASA DE SANTOS DUMONT ★

Rua do Encanto, 22
✆ +55 24 2247 5222
Ouvert du mardi au dimanche, de 9h à 17h. Entrée : 8 R$.

Santos Dumont, célèbre aviateur brésilien, fut le premier à voler autour de la tour Eiffel. Au Brésil, il est surnommé le « père de l'aviation ». En 1906, il fut le premier homme à voler pendant quinze minutes à bord de son *14 Bi*. Sa maison ressemble à un chalet suisse. Son escalier est une curiosité : Santos Dumont était très superstitieux, il le fit donc construire de telle façon que l'on soit toujours obligé de monter la première marche du pied droit, ce qui est censé porter chance.

MUSEU IMPERIAL ★★

Rua da Imperatriz, 220 – Centro
✆ +55 24 2245 5550
www.museuimperial.gov.br
du mardi au dimanche de 10h30 à 18h. Entrée 10 R$. Spectacle son et lumière : 20 R$ par adulte.

Les empereurs brésiliens avaient choisi des lieux en hauteur, à l'intérieur des terres pour y passer les chauds étés brésiliens. Ils bâtirent Pétropolis. On ne peut séjourner à Petrópolis sans visiter le Musée impérial ! Le bâtiment de style néoclassique fut une maison de campagne de l'Empereur. Après avoir mis les patins, on passe devant une salle à manger dont le couvert, de porcelaine et de cristal, est mis ; un salon de musique avec un Chickering à queue sur lequel la régente Isabel s'escrimait ; une épinette et une harpe Pleyel ; des sceptres, épées, d'or et de diamant ; des habits d'apparat brodés d'or ; un coffre de porcelaine de la manufacture de Sèvres ; un ordre de la Jarretière offert par la reine Victoria – honni soit qui mal y pense ; des berceaux de velours, des objets de toilette et des tableaux. On découvre aussi une grande et splendide table sur laquelle on signa la première Constitution du Brésil et deux couronnes : l'une n'a aucun diamant, l'autre en a six cent trente et pèse 1 700 g. C'est celle du fils, pour laquelle on avait retiré tous les brillants de celle du père. On remarquera l'acte d'abolition de l'esclavage signé d'Isabel : article 1, l'esclavage est aboli ; article 2, toute disposition contraire est annulée.

On scrutera également un arbre généalogique, où il apparaît que non seulement Louis XIV est l'ancêtre de Pedro Ier, mais qu'il l'est trois fois, car le petit-fils du Roi-Soleil, Philippe V d'Espagne, était également l'aïeul de Pedro. Du jeudi au samedi, spectacle son et lumière à 20h.

PALÁCIO DE CRISTAL ★

Rua Alfredo Pacha – Centro
✆ +55 24 2237 7953
Ouvert du mardi au dimanche de 9h à 18h30. Entrée gratuite.

A l'image des « Cristal Palace » anglais et français qui rendaient hommage aux « miracles » de l'industrialisation naissante, le Palacio de Cristal est une vaste serre de fer de style Art nouveau. Elle fut entièrement construite en France et transportée démontée en bateau et fut remontée sur pièce à Pétropolis. Ce bel ouvrage fut inauguré en 1884 par la princesse Isabelle – qui y organisa en 1888 une grande réception pour fêter l'abolition de l'esclavage, un an avant la chute de l'Empire. Le palais est aujourd'hui le théâtre de diverses expositions.

RODOVIÁRIA DE PETRÓPOLIS

Rua Henrique Perdigão, 58 - Capela
✆ +55 24 2248 7437

La rodoviaria de Petrópolis est la plus moderne de l'Etat de Rio de Janeiro. La ville est à 65 km de Rio, il faut compter 1h30 de trajet en bus (davantage aux heures de pointe), et environ 28 R$ pour un trajet simple. Outre les voyages de Petrópolis à Rio, il est possible de prendre des bus pour les Etats d'Espírito Santo, Minas Gerais, Santa Catarina, Goiás, Bahia et Rio de Janeiro. Tous partent de cette gare routière. Certes, cela peut être long mais les bus sont confortables et l'empreinte écologique du voyageur est bien moindre.

PALÁCIO QUITANDINHA ★

Av. Ayrton Senna, 12 – Quitandinha
✆ +55 24 2245 2020
Ouvert du mardi au dimanche de 9h30 à 17h. Entrée : 10 R$, visite guidée : 16 R$.

Ce grand bâtiment que l'on découvre sur la route en arrivant de Rio a été construit dans les années 1940 dans un style qui rappelle les constructions normandes. Il était prévu pour être le plus grand casino d'Amérique du Sud. Quelque temps après, le jeu était interdit au Brésil et l'ex-futur casino fut reconverti en hôtel de luxe. Aujourd'hui, les chambres sont devenues des appartements et l'hôtel abrite aussi de nombreux séminaires et congrès dans ses salons de conventions dans un style hollywoodien. Ce sont ces salons que l'on peut visiter.

GALLARDIN PALACE €

Avenida Ayrton Senna, 1 - Quitandinha
✆ +55 24 2291 9084
www.gallardin.com.br
À partir de 370 R$ la chambre double, petit déjeuner compris. Wifi.

Le style du Gallardin Palace n'est pas sans rappeler Deauville, un Deauville mâtiné d'une touche locale. Ce grand édifice est de style baroco-normand. Il a été construit par des colons allemands qui travaillaient pour la couronne portugaise. Excentré (à 6 km du centre-ville) mais en pleine verdure, cet hôtel représente une option à prix correct pour loger à Petrópolis. Il dispose de tout le confort souhaité (chambres boisées, piscine, sauna) et d'un bon restaurant. De son lac (avec un phare), on a une belle vue sur le Palacio Quintadinha.

FUNDACÃO DE CULTURA E TURISMO

Praça Visconde de Mauá, 305 – Centro
✆ +55 24 2233 1200
Ouvert tous les jours de 9h à 18h.

L'accueil y est inexistant, mais si vous lisez l'anglais, insistez pour obtenir le *Petrópolis Imperial Sightseeing*, une brochure qui comporte une carte et l'heure d'ouverture de toutes les attractions en ville.

▶ **Important** : Il n'est pas conseillé de se rendre à Petrópolis le lundi, car presque tous les magasins sont fermés. Beaucoup d'attractions ne sont pas ouvertes au public. Dans la mesure du possible, préférez le mercredi, jeudi et vendredi, plus calmes que le week-end.

HOTEL CASABLANCA IMPERIAL €€

Av. da Imperatriz, 286
✆ +55 24 2242 6662
A partir de 270 R$ la chambre double en fonction du calendrier (+ 25 % le week-end) et de la catégorie de chambre

Tout près du Musée impérial, l'hôtel Casablanca Imperial est une très jolie demeure blanche aux prestations de qualité. À l'intérieur, le contraste des murs rouges et les gramophones présents à tous les coins de pièce confèrent un air agréablement décalé aux lieux. Préférez les chambres supérieures, bien décorées, et beaucoup plus agréables. Le restaurant vaut également le déplacement. Le groupe possède 2 autres établissements en ville, le Casablanca Koeler et le Casablanca Palace.

POUSADA MONTE IMPERIAL €€

Rua José de Alencar, 27 ✆ +55 24 2237 1664
www.pousadamonteimperial.com.br
A partir de 280 R$ la chambre double, petit déjeuner compris. Wifi.

L'influence germanique est très présente dans cet établissement. On se croirait presque en plein cœur des Alpes ! En remontant une rue pavée, fermée par une barrière, on atteint un véritable chalet montagnard. Tout est en bois, on n'entend que le chant des oiseaux et le piano qui égrène des notes de musique en continu. Une petite pancarte indique même fièrement l'altitude, on culmine à 911 m au-dessus de l'océan. 15 beaux appartements, piscine et sauna à bois sont à disposition du client, ainsi bien sûr qu'une grande cheminée dominant le salon de lecture.

SOLAR DO IMPERIO €€€

Av. Koeller, 376 ✆ +55 24 2103 3000
www.solardoimperio.com.br
À partir de 590 R$ la nuit en chambre double, en fonction de la période et de la catégorie. Petit déjeuner compris.

Magnifique hôtel occupant une demeure construite en 1875, classé patrimoine historique national. Cet hôtel de seize chambres n'a pas perdu son air de grande noblesse d'antan. Le style de l'époque a été soigneusement préservé, on en savourant votre verre de vin au milieu de la grande pelouse face aux imposantes colonnes blanches, de revivre la splendeur de jadis ! Une salle de repos, ornée d'une impressionnante cheminée en bois noir, vous propose livres, magazines et un lecteur DVD. Une adresse au charme suranné en plein cœur du centre historique de Petrópolis.

LUIGI MASSAS E PIZZAS €

Praça Rui Barbosa, 185 ✆ +55 24 2244 4444
http://www.massasluigi.com.br
Cuisine italienne, pizzeria. Ouvert tous les jours de 11h à minuit. Compter environ 40 R$ la pizza. 48 R$ le rodizio

Il s'agit dorénavant de 2 établissements voisins, le Massas et le Pizzas. Depuis 1979, la famille Luigi propose dans ses restaurants une bonne cuisine italienne. Le Luigi Massas, situé dans un joli édifice, propose des pâtes maison délicieuses. On y trouve un vaste buffet proposant tout type de salades (quiches et fromages aussi). Les amateurs de pâtes seront ravis. L'ambiance est plus moderne dans le restaurant Luigi Pizzas attenant. Les mardis, jeudis et dimanches soir, *rodizio* de pizzas. Les 29 de chaque mois, on propose les gnocchis de la fortune.

PALADAR €

Praca Rui Barbosa, 155
✆ +55 24 2243 1143
Cuisine brésilienne traditionnelle, self-service. Ouvert tous les jours pour le déjeuner. Compter 55 R$ le kilo.

Le « paladar » en portugais, c'est le palais, organe essentiel au goût. Ici, la notion de goût s'associe à celle, plus rare de prix correct. Cet établissement est un bon plan pour les petits budgets, qui peuvent manger au kilo des produits frais et des recettes traditionnelles brésiliennes. La salle à manger, en bois, de cette belle demeure a le charme désuet de Pétropolis. En plein centre historique. Choix, fraîcheur et belles saveurs. En semaine, on peut manger au kilo et/ou à la carte, le dimanche à la carte exclusivement.

CASABLANCA BISTRÔ €€

Rua da Imperatriz, 286
✆ +55 24 2242 6662
www.casablancahotel.com.br
Cuisine brésilienne et française. Ouvert tous les jours de 18h à 1h. Compter environ 80 R$ le dîner.

Dans le romantique hôtel « Casablanca Imperial », le Casablanca Bistro est un restaurant raffiné et de bon goût. Les lieux en eux-mêmes méritent le déplacement. Les 60 places se répartissent harmonieusement dans une salle à l'ambiance bois, où trône une cheminée, et scintillent les bougies le soir. On peut observer une assez forte influence française dans les plats (bien que sur la carte soit évoqué « un léger accent français »). La cuisine se veut « épurée », simple, avec des aliments nobles, à l'image de l'hôtel Casablanca Imperial.

MAJÓRICA CHURRASCARIA €€

Rua do Imperador, 754
✆ +55 24 2242 2498
www.majorica.com.br
Churrascaria. TLJ de midi à 22h, 23h (vendredi samedi). Menu en semaine de 35 à 45 R$. À la carte, environ 100 R$

On entre dans l'antre des carnivores et l'on honore la tradition *gaucha* de viande noble. La Majorica Churrascaria est une valeur sûre, qui nage encore en pleine année 1960, date de la jeunesse des serveurs de l'établissement, quasiment tous coiffés de cheveux bien grisonnants. Le T-Bone steak Angus et le bifteck de chorizo sont quelques-uns des plats phares de cette noble maison. Un endroit hors du temps, délicieusement démodé, on s'y sent à l'aise et la viande y est excellente. Chaque plat peut nourrir deux personnes sans problème. Recommandé.

LOCANDA DELLA MIMOSA €€€

Alameda das Mimosas, 30 - Fazenda Inglesa
✆ +55 24 2233 5405 - www.locanda.com.br
Cuisine italienne. vendredi, samedi de 12h30 à 16h et de 20h à 23h30, dimanche de 12h30 à 16h. plus de 200 R$ le repas.

Dans une ambiance digne de la Petrópolis impériale, La Locanda est l'une des meilleures tables du Brésil, tenue avec *maestria* par Danio Braga. Le seul restaurant d'Amérique latine appartenant au club des Grandes Tables du monde (Guy Savoy, Apicius, la Tour d'Argent… en France). Le menu dégustation est parfait pour découvrir la créativité du chef, qui revisite la cuisine italienne avec brio. Une petite touche nouvelle cuisine et des produits de tout premier choix font de ce restaurant un incontournable pour qui peut se l'offrir.

CHOCOLATES PATRONE

Rua Coronel Veiga, 1321
✆ +55 24 2242 3741
www.patrone.com.br
Chocolatier. Ouvert tous les jours de 8h40 à 18h30.

On le répète assez souvent, mais le Brésil ne se limite pas à la production des cabosses de cacao. Les Brésiliens sont maîtres dans l'art de fabriquer cette exquise douceur. Pétropolis s'impose, comme Ouro Preto, Campos do Jordao ou Gramado, comme une des capitales du chocolat du pays. La fabrique de chocolat « Patrones » est une fabrique locale de chocolats aux airs d'*american diner* qui propose une gamme complète de tentations à acheter sur place ! L'ensemble est délicieusement kitch, avec les ours en peluche qui trônent sur le comptoir.

CAMPO DE AVENTURAS PARAISO AÇU

Estrada do Bonfim, 3511 - Corrêas
✆ +55 24 2236 0272
campodeaventuras.com.br
À partir de 50 R$ le canyoning.

Le Campo de aventuras Paraiso Açu s'adresse à ceux qui veulent profiter de la magnifique région de Itaipava pour Rafting, canyoning, randonnées, rappel, escalade, trekking, accrobranche, paintball… la liste des activités est interminable ! Idéal pour y emmener un groupe d'enfants ou d'adultes en manque d'émotions fortes. Les prix sont très accessibles et les prestations sont intéressantes avec du matériel de qualité et un personnel bien formé et sympa.

ITAIPAVA ★★

Petite bourgade appartenant au district de Petrópolis, située à une trentaine de kilomètres au nord de la ville impériale, à prés de 1500 mètres d'altitude. La petite route tortueuse qui y mène propose une liste infinie d'hôtels de montagne de grande qualité. On s'y repose de la cadence folle de la ville et on profite de l'air frais de la région pour se refaire une santé (il peut geler l'hiver). Les Cariocas aiment également venir y passer la journée le temps d'un bon repas. Itaipava abrite quelques-unes des meilleures tables de l'État de Rio, voire de tout le Brésil. De nombreux films et de nombreuses novelas brésiliens y sont tournés.

© DIEGO THOMAZINI - SHUTTERSTOCK.COM

Itaipava.

POUSADA PARAÍSO €€

Estrada Manoel Batista Andrade, 3515 - Taquaril
✆ +55 24 2223 3670
www.pousadaparaiso.com.br
Compter de 570 à 880 R$ pour 2 personnes, en fonction de la catégorie et de la saison. Petit déjeuner compris. Wifi.

La pousada Paraiso se situe en pleine montagne, à une dizaine de kilomètres environ au nord d'Itaipava. Elle propose de très beaux chalets dans un cadre paisible et bucolique, au milieu d'un terrain jouissant de sept piscines naturelles. L'ensemble est bien équipé et propose de multiples activités (tir à l'arc, escalade, paddle, etc.) pour tous les goûts et tous les âges. On peut y observer les animaux (plus de 230 espèces d'oiseaux). Reposant et vivifiant. La pousada s'inscrit dans une démarche respectueuse de l'environnement et de tourisme durable.

LE SIRAMAT €€

Caminho do Céu, 3000 - Nogueira

✆ +55 24 2221 4646

www.lesiramat.com.br

A partir de 192 R$ la chambre double, petit déjeuner compris. Wifi.

Le Siramat est un havre de sérénité et de confort perché sur un sommet de la serra dos Orgãos. On y jouit de la plus belle vue de la région. À 20 minutes de Petrópolis, ce *resort* de style montagnard propose des chambres vastes, à la fois cosy et rustiques, avec leur cheminée. Les suites sont résolument raffinées. Les vues y sont à couper le souffle. L'hôtel dispose également de piscines avec vue panoramique, d'un restaurant de qualité, le Tamaris Bistro. Le service est à la hauteur des lieux. Une adresse on ne peut plus romantique au bon rapport qualité/prix.

POUSADA DA ALCOBAÇA €€€

Rua Agostinho Goulão, 298, Correias

✆ +55 24 2221 1240

www.pousadadaalcobaca.com.br

A partir de 630 R$ la chambre double, les tarifs varient en fonction de la période. Petit déjeuner compris. Wifi.

À 8 km au sud d'Itaipava. Au détour d'une allée, un véritable cottage britannique apparaît ! Au milieu de 48 hectares de verdure et de fleurs, Laura, la propriétaire, a créé un havre de paix très accueillant. Les chambres s'ouvrent sur un petit balcon qui invite à la lecture. La piscine se cache au fond d'un immense jardin. On adore la cuisine du terroir servie ici et les ingrédients ultra frais provenant directement du potager de la patronne. Goûtez la truite fraîche, le lapin aux herbes, le canard à l'orange et le divin gâteau chiffon de chocolat.

POUSADA TANKAMANA €€€

Rua Aldo Gelli – Vale do Cuiaba

✆ +55 24 2232 2900

www.pousadatankamana.com.br

A partir de 900 R$ le chalet, petit déjeuner compris. Wifi.

À 9 km au nord-est d'Itaipava, la pousada Tankamana est un vrai paradis terrestre ! Situés au cœur de la nature, plusieurs chalets isolés, construits de troncs et de pierres brutes, s'intègrent parfaitement à l'environnement. Chaque chalet possède une cheminée, un lit king size, un bain à remous, une grande TV et un lecteur DVD. C'est un lieu idéal pour les escapades en amoureux ! Ce magnifique éco-resort possède également un restaurant de haute volée, une piscine, un sauna et un spa. Un établissement unanimement apprécié dans tout le pays.

PIMENTEIRA IMPERIAL €

Estrada União e Indústria, 10126

✆ +55 24 2222 7019

Cuisine brésilienne. Ouvert tous les jours de midi à 15h30. Compter 85 R$ le kilo.

Le Pimenteira Imperial est un bon restaurant au kilo qui a établi ses quartiers dans la ville depuis de nombreuses années. Certes, le cadre n'est pas des plus typiques (c'est dans une galerie commerciale) mais les plats sont bons, frais et variés et le rapport qualité-prix est correct. L'avantage, c'est sans doute sa localisation au cœur d'Itaipava qui rend son accès facile si on passe quelques heures à Itaipava, sur le chemin de Petropolis ou de Rio de Janeiro. La galerie au-dessus fait un peu moins fast food. Une bonne alternative pour manger rapidement.

COCOTTE BISTRO €€

Estrada União e Indústria, 13984

Cuisine française. prix sur demande.

Dans un cadre bucolique, au cœur d'une belle maison en brique, la cheffe Manoela Rabin revisitait avec talent les grands classiques français. Depuis quelques mois, la cheffe a changé de concept et accueille désormais des petits groupes dans sa maison pour une expérience gastronomique unique. Ce projet devenu réalité supplante avec bonheur cette excellente table. Les plats du jour varient et sont modelés par la créativité de Manoela. Les chefs peuvent également se déplacer chez vous et proposent une cuisine simple et de qualité.

RESTAURANTE...LÁ, €€

Estrada de Secretário km 5,7 - Secretário

✆ +55 24 2228 2027

Cuisine brésilienne. Ouvert vendredi et samedi de 12h à 22h30, le dimanche de 12h à 18h. Environ 120 R$ pour un repas.

Cette petite baraque bleue, cachée dans une petite rue de Secretário, s'est imposée comme une des meilleures tables de Petrópolis, qui est historiquement un véritable pôle gastronomique national. Souvent à Itaipava ou Petropolis, la qualité se paye au prix fort. Ici, fort heureusement, outre la qualité des produits, c'est surtout la formule à prix fixe (entrée, plat, dessert) avec différentes options de poisson, viande, crèmes et salades qui fait venir de nombreux gourmets de tout l'État de Rio de Janeiro et du Minas Gerais voisin.

TERESÓPOLIS ★

Ville jumelle de Petrópolis, appelée ainsi en hommage à l'impératrice Teresa, l'épouse de Dom Pedro II est située à 870 m d'altitude. Elle a un intérêt très limité, mais constitue la porte d'entrée du parc national de la Serra dos Orgãos, un parc magnifique pour pratiquer randonnées et escalades. C'est une région qui sera appréciée par les amateurs de trekking et de balades en montagne. La meilleure saison pour les pratiquer reste de mai à août, pendant laquelle le climat est plus sec et relativement frais. La saison estivale sera plus indiquée pour les baignades dans les piscines naturelles et les cascades abondantes dans la région.

HOTEL INTERCITY TERESÓPOLIS €

R. Rui Barbosa, 611 - Agriões
✆ +55 21 2741 4000
Chambre double à partir de 270 R$, petit déjeuner compris. Wifi.

Le groupe Intercity Hotel dispose d'hôtels dans de nombreux endroits du Brésil. L'intercity de Térésopolis est un hôtel moderne et fonctionnel au centre de la ville. Les chambres sont dépourvues de charme, mais sont confortables et bien équipées. Tout y est très fonctionnel. L'équipe est polyglotte, la réception est ouverte 24h/24. On garde vos bagages. C'est accessible aux personnes à mobilité réduite. L'hôtel dispose également d'un restaurant correct.

HOTEL ROSA DOS VENTOS €€€

Rodovia RJ 130, km 22,.6 - Nova Friburgo
✆ +55 21 2644 9900
www.hotelrosadosventos.com.br
De 785 à 885 R$ la nuit en chambre double, de 1 120 à 1 550 R$ la suite, en fonction de la saison, petit déjeuner.

L'hôtel Rosa dos Ventos propose 42 appartements et suites de grand confort, avec véranda et vue panoramique, délicieusement décorés. Ils sont équipés de lit king size, coffre, frigobar, TV câblée, Internet, téléphone. L'ensemble dégage un parfum de calme, luxe et charme d'un autre temps. On a peine à croire qu'on est au Brésil dans ces structures à rondin. Les tarifs sont à la hauteur des prestations. On est loin du tourisme de masse… et ça s'en ressent forcément en termes de budget. Une excellente adresse, parfaite pour les couples exigeants.

VILLAGE LE CANTON €€€

R. Antônio da Silva, 300
✆ +55 21 2741 4200
www.lecanton.com.br
A partir de 885 R$ la nuit pour une chambre double, et de 1 100 R$ pour une suite, en fonction de la saison. Wifi.

La toponymie suisse ne saurait mentir. Le village Le Canton est un magnifique hôtel de charme situé en pleine nature. L'autre bonne surprise, c'est la gastronomie exceptionnelle qui y est proposée (restaurants Lugano et Luzern sous la houlette du chef suisse Alain Jacot) et des activités équestres de haut niveau. Spa parfaitement organisé. Le décor est époustouflant, c'est bien un village qui est proposé, avec son château, ses lieux déco ou plus design bois épuré. L'une des adresses les plus luxueuses aux environs de Teresópolis.

Parque nacional da Serra de Orgãos.

CANTINHO VALÉRIA FERNANDES €

R. Diógenes Pedro da Costa
✆ +55 3643 6285
Ouvert tous les jours de 10h à 23h.

Le Cantinho Valeria Fernandes est un paradis de certains gourmets. Cet endroit pittoresque est en effet réputé pour les beignets salés. Il y en aurait plus de 100, non, plus de 150 variétés. Pour ceux qui seront définitivement charmés par les plaisirs salés de cette belle table, vous pourrez emporter avec vous quelques souvenirs. Dans la boutique du restaurant, on trouve également des confitures, des compotes. Idéal pour une petite halte gourmande. Un peu cher peut-être.

CENTRO GASTRONÔMICO RECANTO €

Av. Feliciano Sodré, 221 - Agriões
✆ +55 21 2742 9988
Spécialités de poissons, de viandes, de fondue et japonaises. tous les jours de 11h à minuit. À partir de 40 R$/repas

Si on a une grosse faim sans idée prédéfinie, le centre gastronomique recanto apparait forcément comme n bon plan en ville. Il regroupe en effet 4 restaurants : le Recanto dos Pescadores, spécialités de poissons et fruits de mer, le Recanto Sushi avec une formule sushis, sashimis et brochettes à volonté, la Casa da Pincanha, spécialités de viandes au grill et enfin le Recanto do Fondue. Les plats de « tropeiros », c'est à dire de gardiens de bétail sont à connaitre.

MANJERICÃO €€

Rua Flávio Bortolluzi Souza, 314 – Alto
✆ +55 21 2642 4242
manjericaocasadepizza.wordpress.com
Pizzeria. tous les jours sauf le mercredi de midi à minuit (jeudi et dimanche jusqu'à 22h30). 50 à 80 R$ pour un repas

Comme à Rio, le Manjericao est une excellente pizzeria qui ravit les amateurs de ce mets napolitain depuis plus de 10 ans maintenant. Cette pizzeria a le secret d'excellentes pizzas à la pâte extra-fine et aux ingrédients originaux (goûtez la spécialité maison, la pizza au basilic, noix, ail, parmesan et *catupiry*). Les végétariens ne seront pas en reste. L'environnement en lui-même est fort agréable. Le restaurant est bien conçu et chaleureux et l'équipe est super professionnelle et agréable. Une valeur sûre à Teresopolis à prix correct.

PARQUE NACIONAL DA SERRA DOS ÓRGÃOS ★★★

Le nom de ce massif vient de certains rochers dont la forme rappelle des orgues des églises. Il a été créé en 1939 pour protéger le paysage et la biodiversité exceptionnels de cette partie de la chaîne de montagnes Serra do Mar. Ce parc de 20 000 hectares, situé à proximité de Teresópolis est une réserve de biosphère de la Mata Atlanticà, mais c'est également un lieu où se cachent de magnifiques cascades et les meilleurs spots d'escalade de tout le Brésil. Des sentiers de randonnée de tous niveaux de difficulté traversent ce magnifique parc. Un GR local rallie Teresópolis à Petrópolis, soit plus de 30 km de marche avec un dénivelé important. Pour les connaisseurs, c'est le plus beau trek du pays. Les superlatifs sont nombreux concernant les sports et activités de montagnes dans le parc. Certains sites d'escalades sont renommés mondialement. Le Dedo de Deus (doigt de Dieu), est considéré comme le premier site d'escalade du pays, et l'Agulha do Diabo (aiguille du diable), est désignée comme l'un des 15 meilleurs sites d'escalades du monde. Situé dans la Serra do Mar entre 100 et 2 275 m d'altitude, ce parc se caractérise par son exceptionnelle biodiversité, elle-même liée à l'immense diversité des milieux. D'aprés l'Institut Chico Mendes, en charge de la gestion des parcs nationaux, le parc abrite plus de 2 800 espèces de plantes cataloguées par la science, 462 espèces d'oiseaux, 105 espèces de mammifères, 103 espèces d'amphibiens et 83 espèces de reptiles, dont 130 animaux menacés et de nombreuses espèces endémiques.

Parque Nacional da Serra dos Órgãos.

PARQUE NACIONAL SERRA DOS ÓRGÃOS

Av. Rotariana, Teresópolis
✆ +55 21 2642 4072
www.icmbio.gov.br/parnaserradosorgaos
Entrée : 32 R$ pour la partie basse, 52 R$ pour la partie haute/jour/personne. Parking : 15 R$.

Le Parc national de la Serra de Orgãos est assurément un lieu magique à connaître, a fortiori si la biodiversité et la nature en général vous passionne. L'altitude relativement élevée de la région, et les variations climatiques qu'elle génère ont pour caractéristiques de multiplier les biotopes. Il faudra vous enregistrer à l'entrée du parc et payer le stationnement, l'entrée journalière, les locations de tente, de lit ou d'emplacement de camping pour la durée de la traversée.

UNICA FACIL

✆ +55 24 2633 8792
www.unica-facil.com.br/
Le billet entre Rio et Petrópolis coûte environ 30 R$.

La compagnie Unica Facil est une compagnie de transport de bus qui assure des liaisons quotidiennes avec différentes villes de la région de la Serra dos orgaos. Les villes desservies depuis Rio sont principalement Petrópolis ou Teresópolis. Les bus sont très nombreux. Ils partent toutes les 15 minutes, du lundi au vendredi, de 5h15 à minuit. Les samedis et dimanches, les bus partent à 5h30, 6h15, 7h puis toutes les 15 minutes jusqu'à 22h. Le voyage dure environ 1 heure 15. Il existe ensuite des liaisons Petrópolis-Teresópolis.

URIKANA BOUTIQUE HOTEL €€

Estrada Ibiporanga, 2151 - Parque Imbuí
✆ +55 21 2741 4700
urikana.com.br
Dès 1 115 R$ la chambre double en B&B. Possibilité de demi-pension et pension complète. Wifi.

L'Urikana boutique hotel est presque un hébergement de montagne ! À 1 000 mètres d'altitude, l'Urikana propose 13 appartements et 14 chalets avec climatisation, TV à écran plat et lecteur de DVD. L'extérieur paraît rustique, mais l'intérieur est extrêmement cosy. Dans la fraîcheur estivale que recherchait la cour impériale, on pourra apprécier de merveilleuses fondues. On n'est pas dans les Alpes, mais on s'y croirait presque. L'environnement est magique, forcément (pins, manguiers, oiseaux…), la piscine rafraîchissante. Une belle adresse.

A TRAVESSIA PETRÓPOLIS - TERESÓPOLIS ★★★

32 km de randonnée pour bons marcheurs, guide conseillé mais non obligatoire.

La randonnée reine de la région est la traversée des villes impériales, une randonnée de 3 jours passant par la ligne de crête de la Sierra de Orgãos sur près de 32 km reliant les deux villes de Teresópolis à Petrópolis (ou l'inverse). Randonnée de difficulté moyenne à dure, avec quelques passages en cordée sur le dernier jour, avec des dénivelés journaliers pouvant atteindre 1 000 m, s'adressant à des randonneurs chevronnés qui ont l'habitude d'aller en montagne. Un guide n'est pas obligatoire. En revanche, il faut être bien équipé. Possibilité de louer des tentes sur place. Nous vous recommandons néanmoins de vous faire accompagner.

Voici l'itinéraire de la randonnée impériale la « travessia » :

- **Jour 1. Petrópolis - refuge 1.** Il faut arriver tôt à Petrópolis depuis Rio ou carrément dormir sur place pour vous rendre aux aurores à l'entrée du parc. La ville est déjà située à près de 900 mètres d'altitude. La première partie du chemin est une montée assez tranquille, on bifurque sur des chemins menant à des *cachoeiras*. On suit le cheminement du rio Bonfim jusqu'à voir toute la vallée d'en haut. Après 2h de montée raide à rythme soutenu, on arrive au Castelos de Açu à 2 120 mètres d'altitude (1 220 mètres de dénivelé). Vous suivez la ligne de crêtes avec des petites montées et descentes successives pour arriver au morro do Marco (2 050 mètres) puis au morro da Luva (2 100 m). On redescend légèrement dans la vallée do Encanto pour dormir au refuge du parc qui s'y trouve..
- **Jour 2. Refuge 1 à refuge 2.** Le second jour compte des passages vertigineux et reste fatigant, car on monte et on descend beaucoup jusqu'au refuge. Après le lever du soleil à la Pedra do Sino, direction le morro Cabeça de Dinossauro, avec une difficulté majeure, l'escalade de l'ascenseur, des échelons de métal incrustés dans la roche q ! Les panoramas sont spectaculaires. La beauté du parc réside dans les formes étranges de ces magnifiques sommets de granit, comme le Dedo de Deus (Doigt de Dieu, 1 692 m) et la Nariz do Frade (Nez du Frère, 1 980 m). Vous arriverez au second refuge au pied de la Pedra do Sino où il est possible de dormir en dortoir ou sous tente.
- **Jour 3. Refuge 2 à Teresópolis**. Le matin, il est impératif de se lever tôt pour aller voir le lever du soleil depuis la Pedra do Sino (2 263 mètres), souvenir inoubliable en raison de la vue spectaculaire. Il restera 4h de descente jusqu'au barrage de Beija Flor (à 1 300 mètres), puis la descente vers la sortie du parc.

ÉTAT DE RIO DE JANEIRO

PARQUE NACIONAL DO ITATIAIA ★★★

Itatiaia est une petite ville située à 180 km et à 2h30 de route de Rio. Le parc naturel d'Itatiaia (le plus ancien du Brésil) commence 10 km plus loin. Il est entouré par la chaine de Mantiqueira. On y découvre une étrange alternance de paysages alpins et de végétation tropicale dans sa partie basse, et des formations beaucoup plus escarpées dans sa partie haute, qui mènent jusqu'au fameux pic des Agulhas Negras (Aiguilles noires), l'un des plus hauts sommets du pays, avec près de 2800 mètres d'altitude, ainsi que des attractions telles que le Maciço das Prateleiras, le Vale do Aiuruoca, la Pedra do Altar et le point de vue Último Adeus, accessibles par le côté fluminense du parc. C'est une succession de magnifiques panoramas et cascades, que l'on contemple en parcourant un vaste réseau de sentiers bien balisés. Emportez de bonnes chaussures de marche car vous ferez beaucoup de randonnée dans la journée. La végétation et la faune sont ici d'une grande richesse. Phénomène assez unique au Brésil pour être noté, durant le rigoureux hiver de 1985, le parc a enregistré des températures descendant jusqu'à -15 °C, et la neige a recouvert les sommets ! L'année suivante, le miracle s'est reproduit ; depuis, on attend toujours... alors guettez les premiers flocons si vous visitez Itatiaia en hiver ! Avec le réchauffement climatique, paradoxalement, les phénomènes de descentes d'air polaire se multiplient, comme en 2021. Vous l'aurez compris, ce parc fait partie des merveilles naturelles du Sud-Est brésilien.

CACHOIERAS ★★

Région basse.

Le parc national de l'Itatiaia et sa géologie tourmentée offre aux voyageurs qui s'y rendent plusieurs belles cascades : en empruntant le chemin des cascades, vous croiserez celles de Maromba (avec sa piscine naturelle), d'Itaporani et la plus grande, la Veu da Noiva, cascade de 30 m de haut, au bas de laquelle on peut également se baigner (eau fraîche néanmoins !) ; une autre petite randonnée de 10 minutes vous conduira depuis le centre des visiteurs du parc jusqu'au joli petit Lago Azul (*Lac Bleu*, aux eaux plutôt vertes, d'ailleurs).

PEDRA DO ULTIMO ADEUS ★

Région basse.

Un très beau point de vue ! la Roche du Dernier ou ultime Adieu, à 810 m d'altitude, offre un superbe panorama sur le fleuve Campo Belo et sur la chaîne de montagnes du parc. Elle est d'origine éruptive. Riche en bauxite, elle est connue par tous les grimpeurs comme étant composée d'un granit qui se prête admirablement bien à la varappe. Pourtant, ce n'est qu'en 1999 qu'un trio très connu au Brésil, composé entre autre des frères Guedes, Jorge et Fabio Coreà, en a conquis le sommet. Bien sûr, on peut aller jusqu'au point de vue sans escalade !

PICO DAS AGULHAS NEGRAS ★★

Planalto.

Le Pico das Agulhas Negras, ou pic des Aiguilles Noires en français culmine à près de 2 900 m. C'est assurément le must des randonnées dans le parc d'Itatiaia. On prend ici pleinement conscience du potentiel de l'écotourisme de montagne au Brésil, à quelques heures de voiture à peine de Rio de Janeiro. La montée jusqu'au sommet est assez ardue, mais elle offre en son sommet une vue fabuleuse sur les trois Etats les plus peuplés du Brésil : Rio (on voit la baie de Guanabara au loin par temps clair), São Paulo et le Minas Gerais.

PICO DAS PRATELEIRAS ★★

Planalto.

Le Pico das Prateleiras est le petit frère des Agulhas Negras, dont l'ascension est assez sportive également (il y a quelques passages d'escalade qui demandent une certaine technicité). Le sommet du Pico das Parateliras est à 2 540 m d'altitude contre prés de 2 900 mètres pour le point commun des Agulhas Negras, seigneur des lieux.

Deux excellents guides vous accompagneront dans ces balades sauvages. En effet, si ces sommets font a priori sourire les randonneurs aguerris, ils n'en sont pas moins techniques et demandent une bonne condition physique.

PARQUE NACIONAL DO ITATIAIA ★★★

Estrada Parque Nacional km 8,5
✆ +55 24 3352 6777
www.icmbio.gov.br/parnaitatiaia
Délivrance de permis de 8h à 17h pour partie « baixa » (32 R$) et de 8h à 14h30 pour partie « alta » (52 R$)

Le parc national d'Itatiaia – en tupi « roche pleine de pointes », en référence à ses sommets escarpés, comme le Pico das Agulhas Negras, point culminant de l'État de Rio avec 2 787 m. Superficie de 30 000 ha de forêts et de montagnes.

- **Une région basse** (de 800 à 1 800 m d'altitude), à l'entrée du parc, cascades. Balades faciles
- **Une partie haute, le *planalto*** (entre 1 900 et 2 800 m d'altitude), lieu des principales excursions montagneuses. présence d'un guide est indispensable.

TRÊS PICOS ★★

Région basse.

randonnée de 8 km pour bons marcheurs. 3 ou 4 h de marche.

La randonnée des Três Picos (les Trois Pics), une balade de 8 km le long de 3 montagnes, entre 1 300 et 1 800 m d'altitude, offre un panorama incroyable sur la chaîne montagneuse de la Mantiqueira. On y accède par un sentier escarpé de 7 km à travers la forêt atlantique. Comptez une journée entière de marche. L'endroit offre vue magnifique sur la vallée du fleuve Paraíba, le parc et les contreforts des chaînes de montagnes Mantiqueira et Serra do Mar. Remplir un formulaire de responsabilité à l'entrée du parc, au centre des visiteurs ou au complexe de Maromba.

SECRETARIO DO TURISMO ITATIAIA

Praça Mariana Rocha Leão, 20 - Centro

✆ +55 24 3352 1855

www.itatiaia.rj.gov.br

L'office de tourisme du parc national est situé dans le village. Il est recommandé de passer par les guides formés et dûment assermentés pour profiter en toute quiétude des beautés du parque nacional de Itatiaia. Partir avec un guide est l'assurance de « lire » et comprendre l'incommensurable richesse faunistique et floristique du parc tout en préservant le fragile écosystème et en respectant les consignes de sécurité inhérentes à toute zone montagneuse.

RALPH SALGUEIRO ★

✆ +55 24 3351 1823

Rando à partir de 350 R$/2 personnes, 450 R$/3 à 4 personnes. Les 3 pics d'Itatiaia : 450 R$/2 p, 600 R$/3 à 6.

L'agence Ralph Salgueiro propose des excursions diverses et variées dans le parc d'Itatiaia (minimum 2 personnes) au départ de Resende, Penedo et Itatiaia. Vous pouvez opter pour la découverte de la partie basse et ses chutes d'eau, le centre de visiteurs et le belvédère ou bien faire une excursion ou randonnée dans la partie haute (plusieurs options). Ralph est spécialisé en écotourisme, en tourisme culturel et en tourisme d'aventure. Les exigences techniques du parc obligent à prendre un guide. il vous aidera à remplir les formalités d'accès au parc.

TERMINAL RODOVIÁRIO DE ITATIAIA

Avenida Wanderbilt Duarte de Barros - Casal Garcia II

✆ +55 24 3352 1666

www.cidadedoaco.com.br

Gare routière.

L'avantage avec la région du parc d'Itatiaia, ce que les touristes peuvent s'y rendre facilement et rapidement à partir de Rio et de Sao Paulo, sans pour autant disposer d'un véhicule. La compagnie de bus Cidade do Aço assure de nombreux allers-retours avec la ville de Rio de Janeiro. Les villes desservies sont (entre autres) : Itatiaia, Penedo, Resende, Visconde de Mauá. Toutes les villes desservies et les horaires sur le site Internet de la compagnie.

VIAÇÃO COMETA

Rua Wandermild Duarte de Barros, 80

✆ +55 24 4004 9600

www.passagemcometa.com.br

Entre 65 et 105 R$ le billet.

▸ **De São Paulo à Itatiaia :** embarquement au terminal Tietê ; un à deux départs par jour.

Les principales destinations au départ et à destination de Itatiai sont les deux mégapoles du Sudeste brésilien, c'est-à-dire São Paulo et Rio de Janeiro.

Il existe une autre compagnie qui assure le transport pour ou à partir de Rio de Janeiro, c'est la compagnie Cidade do Aço.

▸ **De Rio de Janeiro à Itatiaia** : embarquement à Novo Rio, départ à 13h45, arrivée à 17h05 (prix 66 réais). en direction de Rio de Janeiro, départ à 18h05, arrivée à 22h10

CAMPING REBOUÇAS €

Près de la porte d'entrée du parc

✆ +55 24 3352 1292

Compter environ 10 R$ par jour et par personne.

Le camping Rebouças est sans doute la seule option pas chère dans le parc. Le camping est idéal pour les marcheurs qui veulent y passer une à deux nuits pour faire les randonnées du parc. Sanitaires sommaires et eau potable. Emporter son réchaud à gaz pour cuisiner. Le camping compte seulement 20 emplacements pour les tentes. 16 places peuvent être réservées, 4 places sont laissées pour les aventuriers qui viendraient au camping sans avoir réservé. On retrouve vraiment une sensation d'humilité face à la présence de la nature et la simplicité des lieux.

VISTA LINDA HOTEL €€

Estrada do Parque Nacional, km 12
✆ +55 24 8849 2478
www.vistalindahotel.com.br
Compter de 380 à 650 R$ le chalet, en fonction de la catégorie, petit déjeuner compris.

Le Vista Linda Hotel est une bonne surprise quand on arrive à proximité du parc national d'Itatiaia. On s'immerge dans la nature, avec une faune et une flore omniprésente. 11 charmants chalets disséminés dans la nature, au pied du parc national (mais à l'extérieur !). 7 chalets standard et 4 chalets luxe. On a peine à croire qu'on est au Brésil. Le bois omniprésent rappelle sans cesse les Alpes et ses chalets. Salle de billard, bain bouillonnant, nature rime ici avec confort et bien-être. L'hôtel propose également des randonnées dans le parc.

HOTEL DONATI €€€

Parque Nacional, km 9,5
✆ +55 24 9880 1286
www.hoteldonati.com.br
Compter de 400 à 580 R$ la nuit en chalet pour deux, petit déjeuner compris.

Dans ce refuge magnifique, décoré de peintures de l'artiste brésilien Alberto da Veiga Guignard qui y a vécu quelques années, vous trouverez des chalets très bien entretenus. Piscine d'eau naturelle et piscine thermique, situé dans un parc splendide. Il y a aussi un chalet individuel, petit bungalow privé, avec baignoire et hydromassage. pendant l'hiver (de juin à septembre), vous pourrez vous chauffer au feu de bois, les chambres étant pourvues de cheminées. Pour quelques R$ de plus, nous vous conseillons le chalet Geminado Superior, avec sa décoration en bois.

CHURRASCARIA NOVA BRÉSCIA €

Rodovia Presidente Dutra, km 318
✆ +55 24 3352 3736
Cuisine brésilienne. Ouvert tous les jours. Compter environ 50 R$ pour un repas complet.

Une *churrascaria* tout ce qu'il y a de plus traditionnelle, et donc avec de la bonne viande ! Ce sont bien des propriétaires gauchos qui ont développé le concept et on leur accorde un réel savoir-faire tant pour la nourriture en elle-même que pour l'accueil, toujours efficace et super professionnel. On aspire à limiter notre consommation de viande pour le bien de la planète et de l'Amazonie, mais pour les froides soirées d'hiver, ça permet de résister, assurément.

PENEDO ★★

En 1929, Toivo Uuskallio, paysan finlandais, achète de vastes terres et convie une centaine de familles à s'installer avec lui au Brésil. Il fonde ainsi la colonie finlandaise de Penedo, à 180 km au nord-ouest de Rio, qui subsiste jusqu'à nos jours. Le centre-ville, la « petite Finlande », regroupe une vingtaine de maisons bâties dans une architecture typiquement finlandaise, tout en bois et peintes de couleurs vives. Penedo est un village charmant et propret, où l'air est pur et où il fait bon passer quelques jours, en profitant du bon chocolat local. Comme souvent au Brésil, le dépaysement est au rendez-vous de manière toujours inattendue.

ALTO DE PENEDO ★

La Finlandaise Penedo mérite un détour pour ce « syncrétisme culturel » qui fait cohabiter Scandinavie (certes « folklorisée ») et Brésil. Mais pas que ! Les promenades sont souvent enchanteresses dans cette petite ville de la Serra dos Orgaos. Quelques jolies cascades sont à découvrir sur les hauteurs de Penedo (le bien nommé Alto de Penedo) : las Três Cachoieras, la Cachoiera Três Bacias (les trois bassins) et enfin la plus belle, à laquelle vous accédez après une petite balade de 10 minutes dans la *Mata* – la Cachoeira do Deus.

CASA DO PAPAI NOEL ★

Rua das Velas, 100
✆ +55 24 3351 2002
Ouvert tous les jours sauf le mercredi, de 10h à 13h et de 14h à 17h. Entrée : 5 R$.

Située dans la galerie Pequena Finlândia (Petite Finlande), cette petite maison rouge est la maison du Père Noël, ou du moins sa résidence tropicale ! Elle représente en fait la reproduction d'une maison traditionnelle finlandaise, tout en bois et gracieusement décorée. Comme c'est la maison du Père Noël, on remarquera, à l'entrée, toutes les lettres envoyées par des milliers d'enfants. C'est une visite très mignonne, surtout pour les enfants, car, à la fin, devinez qui apparaît sur la pointe des pieds, dans son bel habit rouge ?

MUSEU FINLANDÊS DA DONA EVA ★

Av. das Mangueiras, 2601 - Jardim Martineli
✆ +55 24 3351 1374
www.penedo.org/h_cultura.htm
Ouvert du mercredi au dimanche de 10h à 15h. Entrée : 10 R$.

Le Brésil est un pays qui n'en finit pas de surprendre les touristes et les Brésiliens eux-mêmes. une colonie de migrants issue de Finlande s'est installée à Penedo il y a plus d'un siècle. Le musée retrace l'histoire du peuplement de la colonie finlandaise de Penedo et évoque, à travers une collection d'objets finlandais, les us et coutumes de l'époque. Tapisseries, robes, artisanat, poupées finlandaises... Dommage que l'entrée soit un peu chère pour l'intérêt de la collection.

FROM PENEDO ADVENTURE

Rua Finlandia, 150
✆ +55 24 3351 1380
passeiosempenedo.com.br
Centre équestre, agence d'aventures. Compter environ 80 R$ la balade à cheval de 1 heure 30.

La région se prête merveilleusement bien aux randonnées à cheval, et From Penedo Adventure vous propose des excursions à travers la Serra da India ou vers des cascades (avec une pause baignade). Un délice ! Des randonnées en Jeep sont également proposées. Bien sûr, il est préférable de privilégier les balades à cheval, cela semble plus en accord avec la préservation d'un environnement fragile, mais les balades en 4x4 de 1h30 permettent d'admirer les beautés de la région. Les balades à cheval durent également 1h30. Choix entre deux options.

CIDADE DO AÇO

✆ +55 24 2253 8471
www.cidadedoaco.com.br
Rio-Penedo : 64 R$.

La compagnie de bus Cidade de Aço assure de nombreuses destinations dans l'État de Rio et à proximité du parc d'Itatiaia. Les Villes desservies par cette compagnie de bus sont (entre autres) : Itatiaia, Penedo, Resende, Visconde de Mauá (parc national d'Itatiaia).

Plusieurs compagnies de bus desservent la ville de Penedo dont Água Branca. Les liaisons sont fréquentes en haute saison et entre les villes principales de la région. Si vous devez vous rendre dans des villes éloignées des axes principaux de transport, renseignez-vous auprès des guides, des pousadas.

POUSADA CHEZ NOUS €

Avenue Casa das Pedras, 542
✆ +55 24 3351 1404
www.pousadacheznous.com.br
De 180 à 400 R$ en fonction de la catégorie de chambre double ou chalets et saison. Petit déj compris. Wifi.

Tenue par Annie, une Française installée au Brésil depuis une trentaine d'années, la pousada a l'avantage d'être très bien située, à l'entrée même de Penedo (le bus passe devant). Une jolie petite maison et de petits chalets, dans un décor très « petite maison dans la prairie ». Suites, chalets et appartements standard, tous très bien équipés et très bien tenus. Les petits animaux de compagnie sont acceptés. La maîtresse de maison adore les chats. Très agréable, avec piscine, sauna et beaucoup de verdure. Une très bonne adresse.

HOTEL DA CACHOEIRA €€

Rua Santa Rita, 60
✆ +55 24 3351 1180
www.hoteldacachoeira.com.br
De 220 à 800 R$ en fonction de la catégorie du chalet, vue et saison. tarifs doublent le week-end et les jours fériés.

Un endroit qui sent bon les fleurs des prés ! L'Hotel da Cachoeira est un charmant établissement au bord de la rivière, composé de plusieurs chalets disséminés entre la berge et le flanc de la montagne. La piscine près de la rivière est très agréable, le court de tennis est ombragé. Un petit patio en bois, où plusieurs hamacs sont accrochés à côté de larges et douillets sofas, invite à la paresse, à laisser passer le temps, bercé par le clapotis de l'eau qui s'écoule plus bas. Assurément un bon plan à Penedo, au bon rapport qualité-prix.

POUSADA SERRA DA INDIA €€€

Route Vale do Ermitão, 2 km
✆ +55 24 3351 1185
www.serradaindia.com.br
De 495 à 1 095 R$ la nuit en chalet selon la saison et le type de chalet.

La pousada Serra da India est une bonne option à Penedo. Elle offre un hébergement de qualité dans le style local. Située sur une petite colline sur les hauteurs de Penedo, la pousada propose quatorze chalets en bois posés à flanc de montagne et offrant tous une vue superbe et un calme olympien. Elle dispose également d'une piscine, d'un sauna, d'une cheminée, car rappelons-le, il n'est pas du tout incongru d'avoir à se réchauffer les soirées d'hiver sur les hauteurs de la région. Une excellente adresse et un très bon service.

AGLIO E OLIO €

R. das Velas, 220
+55 24 3351 2292
www.ristoranteaglioeolio.com
Cuisine italienne tous les jours de 12h à 23h (0h00 le vendredi et samedi, 18h dimanche). De 50 à 70 R$ le repas.

Avec sa devanture et son intérieur en bois, Aglio e olio, ne se veut pas un restaurant intimiste et sophistiqué. Une fois à l'intérieur, le ton est donné. Les effluves parlent d'elles-mêmes. C'est un restaurant de cuisine italienne qui ne paie pas de mine, situé en plein centre de Penedo, masi qui sert parmi les meilleures pâtes qu'il nous ait été donné de goûter au Brésil ! Les penne al'arrabiata ou a la napolitana sont un véritable réussite ! Petite carte des vins de surcroît sympathique et économique. Une adresse à ne pas rater !

CASA DO FRITZ €

Av. das Mangueiras, 518 - Vila da Gula
+55 24 3351 1751
www.casadofritz.com.br
Cuisine allemande. Ouvert tous les jours de midi à minuit. Comptez de 40 à 60 R$ le repas.

On quitte momentanément le style finlandais de Penedo. Dans un restaurant au toit de style européen, Fritz, un Suisse qui s'est installé là il y a quelques années, prépare une excellente cuisine de style allemand. Nombreuses saucisses, choucroutes, salades de pommes de terre... La bière est servie glacée à point et l'on peut manger en terrasse. Que demander de plus ? De toute façon, c'est toujours plein, ce qui est la meilleure preuve de qualité. C'est sûr, la cuisine du Fritz n'est pas tout à fait de la nouvelle cuisine... Vous vous en seriez douté.

JARDIM SECRETO €€

Avenida Três Cachoeiras, 3899
+55 24 3351 1371
Cuisine internationale. de mardi à vendredi 19h-23h, samedi de 12h à 17h, 19h-minuit, dimanche 12h-à 17h. environ 120 R$

Le Jardin Secret porte en définitive très bien son nom. Il fait partie de ces établissements que l'on a envie de garder secrets. Le chef Fabiano de Almeida officie dans la cuisine d'un restaurant raffiné et élégant, considéré comme l'un des meilleurs de Penedo. On pourra goûter le pirarucu grillé, même si ce n'est pas un poisson local. Il vous sera souvent recommandé. La truite (locale) est mise à l'honneur. Le menu est contemporain et la carte des vins assez bien fournie. Le soir, les dîners aux chandelles s'accompagnent du murmure de la rivière.

VERNISSAGE €€

Rua K, 110 - Alto Penedo
+55 24 3351 1058
Cuisine internationale. du jeudi au samedi de midi à 23h, dimanche de midi à 17h. Compter plus de 90 R$ pour un an.

Pour tous ceux qui veulent s'essayer à une aventure originale et de qualité, le restaurant « Vernissage » est une adresse intéressante à essayer dans cette « petite Finlande ». Un joli restaurant en pleine nature, au bord de la rivière, qui s'est construit une belle réputation dans la région. Au menu, truite (bien sûr !), crevettes, saumon, fondue, canard, sanglier, entre autres. Pour les soirées d'hiver, les cassoulets seront fort appréciés. C'est également une galerie d'art. Les prix sont un peu élevés, mais ils sont justifiés.

CAFE FINLANDÊS

Avenida das Mangueiras, 1645
+55 24 3351 1750
Coffee-shop. Ouvert le lundi et le jeudi de 10h à 20h, le vendredi, samedi et dimanche de 10h à 22h.

Les origines de la ville apparaissent souvent comme un gage de qualité, alors, comme on ne change pas une équipe qui gagne, l'équipe est allée faire une pause gourmande dans ce « café finlandais » entre deux courses dans cette ville fondée par des colons finlandais. Grand bien nous en a pris. C'est certainement un des endroits les plus sympas à Penedo pour siroter un café ou un chocolat chaud, et grignoter une bonne quiche, attablé sur la terrasse extérieure. Pour ne pas être dépaysé, le café est de style finlandais en bois, bien sûr.

SORVETE FINLANDÊS

Av. da Finlândia, 259
+55 24 3351 1177
Glacier. Ouvert tous les jours de 10h à 22h, vendredi et samedi jusqu'à 2h.

Un glacier connu au Brésil s'appelle « Alaska »... tout comme à Montpellier d'ailleurs. Ici, c'est la Finlande qui a inspiré le nom de cette échoppe dédiée aux glaces. Pour tout vous dire, nous ne savons pas si la glace (de nos chers cornets... pas celle des grands lacs gelés qui couvrent une partie du pays de référence) est une spécialité finlandaise, mais celles que propose cette maison sont délicieuses. Plus de 30 parfums différents et, surtout, toutes sortes de douceurs pour agrémenter la glace (noix, sésame, pépites de chocolat, etc.).

FABRICA DE CHOCOLATE ARTESANAL FINLANDÊS

Praça Finlândia
✆ +55 24 3351 1127
Chocolatier. Ouvert tous les jours de 9h30 à 21h (23h le week-end).
La Suisse et la Belgique ne sont pas les seuls pays du chocolat. Le Brésil, premier producteur de cabosses de cacao de la planète, est passé maître dans l'art de torréfier ces précieuses graines, mais il sait aussi le transformer en un délicat produit final. Le chocolat est la spécialité locale de Penedo, et cette petite maison en plein centre-ville vous invite à découvrir sa fabrication, et bien entendu à en déguster, en tablettes, en glace ou en chocolat chaud.

CLUB FINLÂNDIA

Av. das Mangueiras, 430
✆ +55 24 3351 1372
clubefinlandiablog.blogspot.com.br
Tous les samedis soir à partir de 21h.
On connaissait les traditions germaniques et italiennes du Rio Grande do Sul et du Santa Catarina, les folles fêtes de la bière de Blumenau, mais le Brésil recèle également une artie de folklore finnois. Ce club « finlandais a été fondé, en 1943, par les colons pionniers de Penedo, afin de préserver les traditions culturelles finlandaises. Les propriétaires des pousadas du village aimaient y emmener leurs hôtes pour danser le samedi soir. On y assiste à des danses folkloriques traditionnelles costumées. Un musée propose des explications sur la culture finnoise.

VISCONDE DE MAUÁ ★★

À 200 km au nord-ouest de Rio, ce lieu enchantera par ses possibilités infinies de promenades, à travers la végétation luxuriante de la région. Avec ses ruisseaux, ses innombrables chutes d'eau, sa tranquillité et sa beauté, Visconde de Mauá est la partie la plus visitée du parc. On peut y pratiquer de nombreux sports outdoor : rappel, VTT, rafting…
Au cœur de la Serra da Mantiqueira, entre Rio et Minas, Mauá se compose de trois villages : Vila Mauá, Vila Maringa, où se trouve la majorité des hôtels et des pousadas, et Vila Maromba. La vue magnifique en arrivant à Mauá fait oublier les petits désagréments de la route… qui n'est pas asphaltée !

Histoire

En 1870, Visconde de Mauá, le deuxième homme le plus puissant du Brésil, reçut une concession pour exploiter le charbon dans la région, à laquelle il a laissé son nom. En 1907 commence une vaste campagne d'immigration pour attirer la main-d'œuvre venant d'Europe. Au cœur de ces « Alpes brésiliennes » viendront rapidement s'installer les premiers migrants originaires de Suisse. Ils seront bientôt suivis des Portugais, des Espagnols, des Italiens, des Polonais, des Français, et même de quelques familles russes. Reproduisant les modes de culture agricole européens, ces fermiers auront du mal à s'adapter au climat local et connaîtront de longues périodes plutôt sombres. Ces années de souffrance ont été récompensées par le privilège de vivre dans un endroit véritablement idyllique.

Caminho das Cachoeiras.

CAMINHO DAS CACHOEIRAS ★★

4 km de randonnée facile.

Le Caminho das Cachoeiras est un sentier qui propose plusieurs promenades plutôt faciles vous conduisant à de nombreuses cascades : les 9 cascades de la Vale do Alcantilado (1,5 km de montée), celle de Santa Clara, très photogénique ou encore la cascade do Escorrega, la plus facile d'accès, et sur les rochers de laquelle on peut glisser et se baigner dans une piscine naturelle. Le poçao da Moramba a une baignoire naturelle de 5 mètres de profondeur dans laquelle on peut sauter à partir d'un plongeoir naturel. Le Veu da Noiva est une cascade de 30 mètres.

PEDRA SELADA ★

4 heures, randonnée modérée à difficile.

Du haut de la Pedra (1 800 m), un panorama magnifique vous récompensera de vos 2 heures d'efforts ! Cette marche d'environ 4 heures est accessible pour des marcheurs moyens+ et expérimentés. Une piste de terre de 4 kilomètres permet d'accéder au sentier de départ et on peut ensuite marcher jusqu'au sommet de cette structure géologique particulière, mais dont le Brésil est particulièrement généreux. Certains y voient une « figa », ce symbole ramené d'Afrique, d'autres une vague ressemblance avec le pic d'Itacolomy qui veille sur la belle « vila Rica » d'Ouro Preto.

ASSOCIAÇÃO TURISTICA E COMERCIAL VISCONDE DE MAUA

✆ +55 24 3387 1283

Ouvert tous les jours (horaires sujets à variations).

Visconde de Mauà est une destination fort agréable pour une journée ou plusieurs jours, si l'on veut fuir la chaleur des basses-terres ou l'agitation des plages. À l'entrée de Visconde de Mauá, un petit chalet héberge une association de tourisme, qui propose une carte de la région et, surtout, a eu la bonne initiative de collectionner les photos de tous les hôtels de l'association. Vous aurez donc à votre disposition des albums recensant chaque établissement et des activités.

BÜHLER HOTEL €€

Praça Maringá

✆ +55 24 3387 1204

www.hotelbuhler.com.br

De 450 à 950 R$ la nuit en chalet, en fonction de la catégorie (avec ou sans hydromassage) et de la saison.

Bühler est le nom de l'une des plus anciennes familles de colons de Mauá. En 1913, la famille s'installait au cœur de ces montagnes brésiliennes et, quelques années plus tard, elle recevait déjà les premiers visiteurs dans sa propre maison. Propre, net et bien organisé, l'hôtel dispose de l'une des plus importantes infrastructures de la région : piscine naturelle, piscine chauffée et couverte, piscine olympique, sauna sec et à vapeur, court de tennis, salle de jeux et échiquier géant... Vous pourrez organiser toutes vos excursions de l'hôtel.

POUSADA OLHO D'ÁGUA €€

Vila de Maringa, km 6

✆ +55 24 3387 1386

www.olhodaguamaua.com.br

A partir de 450 R$ la nuit en chalet, en fonction de la catégorie en B&B. Minimum de 2 nuits.

La pousada Olha d'Agua permet de se lover au coeur de la nature, tout en restant au centre du village de Maringà, où on trouve toutes sortes de commodités. Certaines parties de la pousada sont d'ailleurs en contact direct de la roche. C'est assurément un bel ensemble en bordure de la montagne. Plusieurs chalets, tous équipés de cheminées, sont disséminés autour de la rivière, au milieu de la forêt. Leur distribution permet de préserver l'intimité des hôtes des chalets. Idéal pour un week-end romantique ou en famille. Sauna. Ambiance très sympa.

POUSADA TERRA DA LUZ €€

Maringá, km 6,5 - Alameda Gastronômica

✆ +55 24 3387 1306

www.pousadaterradaluz.com.br

À partir de 540 R$ la nuit, petit déjeuner compris. Wifi.

Ici, dès l'entrée, un panneau judicieusement annonciateur avertit les visiteurs : on entre ici en terre de « culture et de gastronomie » ! Installé dans un énorme jardin au bord de la rivière, l'hôtel propose en effet un restaurant de bonne réputation et, chaque semaine, des concerts qui sont vite devenus les moments forts des nuits de Visconde de Mauá. On séjourne là dans des chalets très confortables, s'ouvrant sur une jolie petite piscine qui surplombe la rivière. Sauna et massages complètent le programme. Une excellente adresse !

MAUÁ BRASIL €€€

Estrada de Campo Alegre, km 4
✆ +55 24 3387 2077
www.mauabrasil.com.br
Compter de 1 750 à 2 690 R$ la nuit en chalet. N'accepte pas les enfants de moins de 15 ans.

Un vrai paradis ! Une dizaine de petits chalets en bois, tous différents, vous attendent. Dani et André vous y accueilleront à bras ouverts. L'établissement dispose d'une piscine, d'un sauna et d'un restaurant de très bon niveau. Les chalets sont pleins de charme, tous avec Jacuzzi, cheminée centrale et balcon. L'intimité est parfaitement préservée. On n'a jamais vue sur les autres chalets, mais sur les pâturages environnants. Belle randonnée équestre proposée par l'hôtel. Le guide vous fera découvrir la face cachée de Mauá. Le service est excellent et discret.

VERDE QUE TE QUERO VER-TE €€€

Maringá, km 7,5 ✆ +55 24 3387 1322
www.verdequetequeroverte.com.br
Compter de 550 à 800 R$ la nuit, selon catégorie (appartement ou chalet). N'accepte pas les enfants de moins de 14 ans.

La propriétaire est arrivée à Mauá il y a plus de 25 ans et y est resté. Les quelques chalets en bois accrochés à la montagne sont parfaitement dissimulés dans la verdure, d'où se dégage une très agréable odeur de pin. Dans un dédale de terrasses, d'escaliers, de ruisseaux, on trouvera sauna, salle de méditation, salle de jeux avec cheminée, et même une serre. Les chalets, construits en bois massif, disposent d'une immense salle de bains, avec vue sur la forêt. Une très bonne adresse.

BISTRÔ DAS MENINAS €

Alameda Gastronômica - Bocaina de Minas
✆ +55 24 3387 1461
Française & brésilienne. de mercredi à samedi de 13h à 23h, dimanche de 12h à 21h. Environ 60 R$/p.

Le Bistrô das Meninas est une aventure originale, à la fois un restaurant et un café dans une bibliothèque. À l'origine, les maîtresses des lieux tenaient une pâtisserie. Aujourd'hui encore, le pain artisanal est mis en valeur dans les sandwichs ou d'autres compositions. On peut goûter les truites locales à la sauce aux champignons, des sandwichs (gruyère gratiné sur baguettes et salade verte, poulet à la thaïe au couscous marocain, risotto de viande au manioc...). Un de ces lieux qui ravissent aussi bien les papilles que l'âme.

GOSTO COM GOSTO €€

Rua Wenceslau Braz, 148
✆ +55 24 3387 1382
www.gostocomgosto.com.br
Cuisine mineira. Ouvert tous les jours sauf le mardi de 9h à 18h. Compter environ 70 R$ par personne.

Le rude climat des montagnes se marie fort bien avec une cuisine consistante... mais qui n'en resterait pas moins goûteuse. Ainsi, Le Gosto passe pour l'un des meilleurs restaurants *mineiro* de la région, et il le mérite ! Saucisses grillées, purée de haricots noirs (*tutu*) et, surtout, desserts à volonté attendant sur une petite table à l'entrée... Également, une impressionnante carte de *cachaças*, plus de 350 étiquettes différentes. La patronne Monica est toujours souriante et adore échanger des anecdotes et des blagues avec les clients.

ROSMARINUS OFFICINALIS €€

Estrada de Mauá-Maromba, km 4
✆ +55 24 3387 1550
www.rosmarinus.com.br
Cuisine internationale. Ouvert du mardi au samedi de 13h à 22h et le dimanche de 13h à 17h. Environ 100 R$ par personne.

L'odeur de romarin guide le visiteur sur plusieurs centaines de mètres. Passé la grille, on découvre cette grande maison de style rustique installée dans un joli jardin. À l'intérieur, l'ambiance est feutrée et élégante. La carte, très épurée, propose des spécialités locales cuisinées sous influence italienne par le chef Julio Buschinelli. L'osso buco de la maison est devenu célèbre à Mauá. Essayez le confit de canard à la moutarde. La production du jardin pour les légumes est valorisée. Une expérience à découvrir et de plus en plus reconnue par les gastronomes.

REMORINI

Estrada Mauá-Maromba - Maringá
✆ +55 24 3387 1011
www.remoriniaventuras.com.br
Agence de tourisme.

Il est difficile de découvrir toutes possibilités de balades et/ou d'écotourisme de Mauà sans passer par des structures et des guides professionnels de tourisme, qui à Mauà garantiront qualité des prestations, sécurité et respect de l'environnement. L'agence de tourisme Remorini est une des meilleures agences dédiées au tourisme d'aventure de la région. Cette structure propose une large palette de services et de prestations (trekking, 4x4, escalade...) pour découvrir toutes les richesses de Mauá. Rappel, rafting, canyoning en toute sécurité.

BARRA DO PIRAI ★

Barra do Piraí est une ville de 95 000 habitants mais la majorité des points d'intérêt se trouvent en zone rurale, où l'on pourra redécouvrir les splendeurs du cycle du café. Les hôtels-fazendas remis en valeur plongeront les hôtes dans les fastes du passé.

L'éco-tourisme et le tourisme culturel se sont développés avec les anciennes fazendas de café de la commune, certaines sont ouvertes à la visite, d'autres sont devenues des auberges. Ces propriétés sont des traces importantes du passé de la région. Certaines senzalas (quartiers des esclaves) sont bien conservées, elles donnent une vision réaliste des conditions de vie des esclaves.

VIAÇÃO NORMANDY

Avenida dos Democráticos

✆ +55 21 3289 1000

Normandy est la compagnie de bus qui dessert le mieux la vallée du café. Depuis Rio, vous irez à Barra do Pirai (2h15, 45 R$), Vassouras (2h25, 46 R$) ou Valença (3h, 57 R$). Rappelons-le, l'opportunité d'un séjour dans l'Etat de Rio de Janeiro et du Minas Gerais peut permettre de voyager avec une basse empreinte carbone. Le réseau de bus est assez complet et sûr, même s'il oblige quelquefois à des changements qui peuvent être fastidieux. A partir de Rio et/ou de Belo Horizonte, l'accès aux villes de la vallée du café se fait assez aisément.

FAZENDA TAQUARA ★★

Estrada de Barra do Piraí-Valença

✆ +55 24 2443 3104

La vallée du café est désormais devenue un lieu de villégiature et d'écotourisme, où les fazendas traditionnelles de café sont devenues des lieux d'hébergement, plus ou moins luxueux. Le café est désormais confié à l'histoire. La production de café est devenue très rare dans la région. On peut pourtant se consoler en visitant la Fazenda Taquara, à Barra do Piraí, sur la route principale. Là, on récolte encore le café, qui est trié, séché et torréfié sur place. Une visite très intéressante, qui constitue un point incontournable du circuit.

FAZENDA RIBEIRAO €€€

Rodovia Lucio Meira BR- 393

✆ +55 24 2447 7650

www.fazendaribeirao.com.br

Chambre double à partir de 2 100 R$ en pension complète. Les tarifs varient en fonction de la saison.

Sur la route en terre qui mène à l'hôtel, un impressionnant portail grande sécurité. Une fois passées les grilles, on découvre les merveilles que nous réserve cet établissement pas comme les autres, puisqu'il dispose d'une piste d'atterrissage pour lui tout seul ! C'est un énorme complexe très bien entretenu, l'état de ses parcs et de ses bâtiments est remarquable. On pourra s'y initier au pilotage d'ULM, pêcher sur le lac, pratiquer le kayak, le tennis, l'équitation… Mais également se prélasser au bord de la piscine, un verre de jus de mangue à portée de main !

Barra do Pirai.

ÉTAT DE RIO DE JANEIRO

VASSOURAS ★

Vassouras était l'ancienne capitale de la vallée du café. Elle compte environ 35 000 habitants et garde de son époque de gloire (milieu du XIXe siècle) de beaux vestiges, comme la place Barão de Campo Belo et sa belle église Matriz NS da Conceição.. On y trouve un riche héritage historique et culturel, hérité de l'époque dorée du café dans la vallée du Paraíba, Vassouras est devenue un une importante destination touristique de l'État de Rio de Janeiro. Une partie de cet héritage urbain et paysager a été conservé grâce à une politique volontaire et efficace de valorisation du patrimoine et est partiellement classé monument historique par l'IPHAN.

FAZENDA CAMPOS ELÍSEOS €€

Estrada (route) de Guaritá, 2800
✆ +55 24 2488 2014
À partir de 290 R$ la chambre double avec petit déjeuner, 340 R$ en demi-pension, 380 R$ en pension complète.

Cette fazenda est en pleine nature, il faut parcourir de nombreux kilomètres de route de terre pour l'atteindre, mais elle mérite qu'on s'en donne la peine. Demeure historique construite en 1851, ses propriétaires sont une famille italienne pleine d'énergie, venue de Venise, il y a une vingtaine d'années. Pas de doute, la vie est revenue à la fazenda. Debora, la propriétaire, reçoit les clients dans une ambiance simple, et propose quelques activités de nature : randonnées à cheval, promenades à pied, et aussi une belle piscine au sein de l'hôtel. À connaître.

FAZENDA GALO VERMELHO €€€

Rodoviaria RJ-121, 6814 ✆ +55 24 2491 9501
www.hotelfazendagalovermelho.com.br
Comptez de 580 à 638 R$ la nuit en chambre double, en fonction de la saison.

Après avoir traversé le petit centre-ville de Vassouras et sa charmante place inclinée, il faut grimper sur la montagne ! La Fazenda Galo Vermelho est une très jolie ferme blanche et bleue, au milieu d'un immense parc et d'un jardin fleuri toute l'année. Une étable abrite plusieurs chevaux pour la balade, un lac invite aux promenades en kayak, une petite piscine permet aux plus jeunes de s'amuser. Sauna, tir à l'arc, mur d'escalade, salle de jeux… Les 14 chambres sont toutes assez simples, décorées de façon champêtre. Le restaurant, tout en bois, est agréable.

FAZENDA UNIÃO €€

Estrada do Abarracamento, km 25
✆ +55 24 99915 1210
www.fazendauniao.com.br
À partir de 800 R$ la chambre double, en demi-pension, selon la saison.

La Fazenda União est une véritable demeure d'un baron du café. Bâtie dans les années 1830, elle est ensuite passée de main en main, jusqu'à ce que João et son épouse Rosalina, tous deux épris d'histoire, rachètent la propriété au début des années 1990. Les propriétaires ont décidé de faire un lieu culturel ouvert au tourisme. João a constitué un véritable musée privé. La Fazenda União offre à la fois un confort simple et une décoration de grande qualité. Les chambres sont sobres, et le calme du jardin fleuri. Une belle expérience pour les amateurs d'histoire.

RIO DAS FLORES ★

C'est une charmante ville de 9 000 habitants, située à 525 mètres d'altitude. Rio das Flores est situé dans une région montagneuse de Rio de Janeiro, où se trouve la plus grande concentration de fazendas de café historiques de l'État. Bien entendu, la petite ville, née du cycle du café fait partie du circuit du café. Le dynamisme économique d'antan de Rio das Flores lié au café la dota d'une gare ferroviaire et de quelques belles chapelles. Aujourd'hui, cette petite bourgade vit de l'agriculture et du tourisme, loin des sentiers battus, au sein de beaux hôtels-fazendas. La beauté naturelle s'apprécie en visitant des chutes d'eau et des sentiers.

CONSERVATORIA ★★

Cette petite ville située à 120 kilomètres de Rio est un lieu forcément enchanteur, puisque de nombreuses *novelas* brésiliennes (*L'esclave Isaura, le Salomé et le voyage...*) y ont été tournées. Une vieille locomotive trône au milieu de maisons coloniales... On retourne dans le passé entre « serenata » (groupes de musique typique de Conservatória et Diamantina arrivées ici avec la cour des empereurs et devenues une tradition qui perdure jusqu'à aujourd'hui) et beauté des sites urbains et naturels. La montagne s'appelle « montagne de la beauté ». C'est un havre la tranquillité et de convivialité Des fazendas et des monuments racontent sa riche histoire.

ÉTAT DE RIO DE JANEIRO

Vassouras.

HOTEL FAZENDA VILAREJO €€

Rodovia Canção do Amor, 13685

+55 24 2438 9000 - hotelfazendavilarejo.com.br

À partir de 1 250 R$ en chambre double en pension complète. 2 nuits min. chalets ou bungalow de 8 personnes max.

Cet hôtel fazenda a privilégié un tourisme « à la ferme » depuis prés de 20 ans maintenant. Plutôt calme et confortable, cet autre grand complexe hôtelier, situé en face de l'hôtel Fazenda Rochedo, adopte délibérément un style plus tranquille, orienté vers la vie à la ferme. Plusieurs activités (randonnées, piscine chauffée, pêche dans le lac, terrains de sport). Les produits servis au restaurant proviennent pour la plupart de l'hôtel même, qui possède un grand potager et élève poules, porcs, moutons et poissons. Belle fabrique de cachaça.

FAZENDA FLORENÇA €€€

Estrada da Cachoiera, 1560

+55 24 2438 0124

www.hotelfazendaflorenca.com.br

Environ 1 200 R$ la nuit en chambre double (en demi-pension). Deux nuits au minimum.

Dans un immense parc, au milieu de rivières limpides, cette belle demeure de style colonial propose des chambres rénovées, confortables et sobres. La table du restaurant Caipira Dom João occupe une place importante dans cet hôtel, qui allie gastronomie du terroir et tradition italienne et saveur du four à bois. Piscine intérieure, courts de tennis terrain de football et de volley, promenades en calèche. Vous pourrez vous reposer de toutes ces activités devant la cheminée du grand salon. Une adresse classique avec une touche de modernité. Réserver en avance.

HOTEL FAZENDA ROCHEDO €€€

Rodovia Canção do Amor, 12801

+55 24 2438 2500 - www.hotelrochedo.com.br

A partir de 850 R$ la chambre double, en demi-pension.

Accrobranche, mur d'escalade, rappel, tyrolienne, promenade en carriole, bicyclette, équitation... Ce grand hôtel dispose d'une gamme d'activités impressionnante. L'architecture est vraiment agréable : immense hall d'entrée, avec de gigantesques poutres de bois. Le buffet de cuisine du terroir servi au déjeuner est gargantuesque. Les chambres sont spacieuses et confortables, équipées d'un hamac (elles manquent un peu de caractère toutefois). L'accueil est très sympa. À l'autre bout du parc, une grande boutique d'antiquités propose des articles intéressants.

CASA D'ARTE

Rua Pedro Gomes, 26

+55 24 99845 8740

Samedi de 10h à 13h et de 15h à 18h. Dimanche de 10h à 13h.

Dans cette belle boutique de style colonial, vous trouverez des idées de cadeaux sympas : poupées tissées, paniers en osier, sculptures en bois... C'est une boutique-concept agréable qui propose des œuvres d'art faites presque exclusivement en papier mâché. On trouve ce type d'artisanat de « récupération » dans de nombreuses villes du Brésil, comme à Salvador, mais la Casa d'Arte de Conservatoria est à connaître pour la qualité des produits proposés et l'ambiance traditionnelle, voire kitsch, qu'on y trouve. Un petit air de Minas Gerais...

VALENÇA ★

Héritière des « sesmarias » (concessions faites aux nobles qui s'installaient), l'opulence de Valença va se développer grâce à une agriculture basée sur la café. Aujourd'hui, la ville s'est agrandie et son économie s'est diversifiée et modernisée. Il reste fort de beaux vestiges de son passé et la nature est superbe, entre monts, fazendas et cascades. Depuis l'époque dorée du café, Valença a su conserver ses traditions, ses nombreuses festivités et ses coutumes arrivées quelquefois avec la noblesse portugaise. L'église Nossa Senhora da Glória, les maisons de ville historiques et les innombrables fazendas du cycle du café, révèrent son riche passé.

PALMEIRA IMPERIAL €

Av. Nossa Senhora Aparecida, 1111

+55 24 24531995

www.palmeiraimperial.com.br

Compter de 250 à 350 R$ la chambre double en fonction de la saison.

Le Palmeira Imperial est un beau bâtiment de brique, aux salles immenses. Ses 32 chambres sont dotées d'un bon niveau de confort (bain bouillonnant, TV, frigo-bar), et dont certaines ont une belle cheminée en fonte. Côté activités, on y trouvera piscine, lac, terrain de sport et salle de jeux. C'est l'une des rares adresses encore assez bon marché de la route du café. L'équipe fait tout pour rendre le séjour des hôtes agréables et il est vrai que ce bel établissement de la région a quelquefois des allures de paradis...accessible à tous.

MINAS GERAIS

Dans le Minas, l'arrivée massive de colons européens et d'esclaves, conjuguée aux immenses richesses tirées des entrailles de cette terre, va y initier la création d'un ensemble architectural et culturel exceptionnel, par la taille et le raffinement de son art : le « baroque mineiro ». Aujourd'hui, le « Minas » est un État alliant avec bonheur beautés baroques du passé et puissance de l'économie capitaliste et industrielle, mais l'État regorge également d'attractions touristiques liées à ses magnifiques paysages de montagne. Classé au patrimoine culturel de l'humanité, l'ancienne capitale de l'État Ouro Preto, aux superbes églises à architecture baroque, décorées par l'Aleijadinho, est considéré comme le joyau des villes historiques de la région. De nombreux parcs nationaux, gardiens d'écosystèmes exceptionnels (souvent à l'intérieur de la Serra da Mantiqueira), se partagent avec les villes coloniales les faveurs des voyageurs.

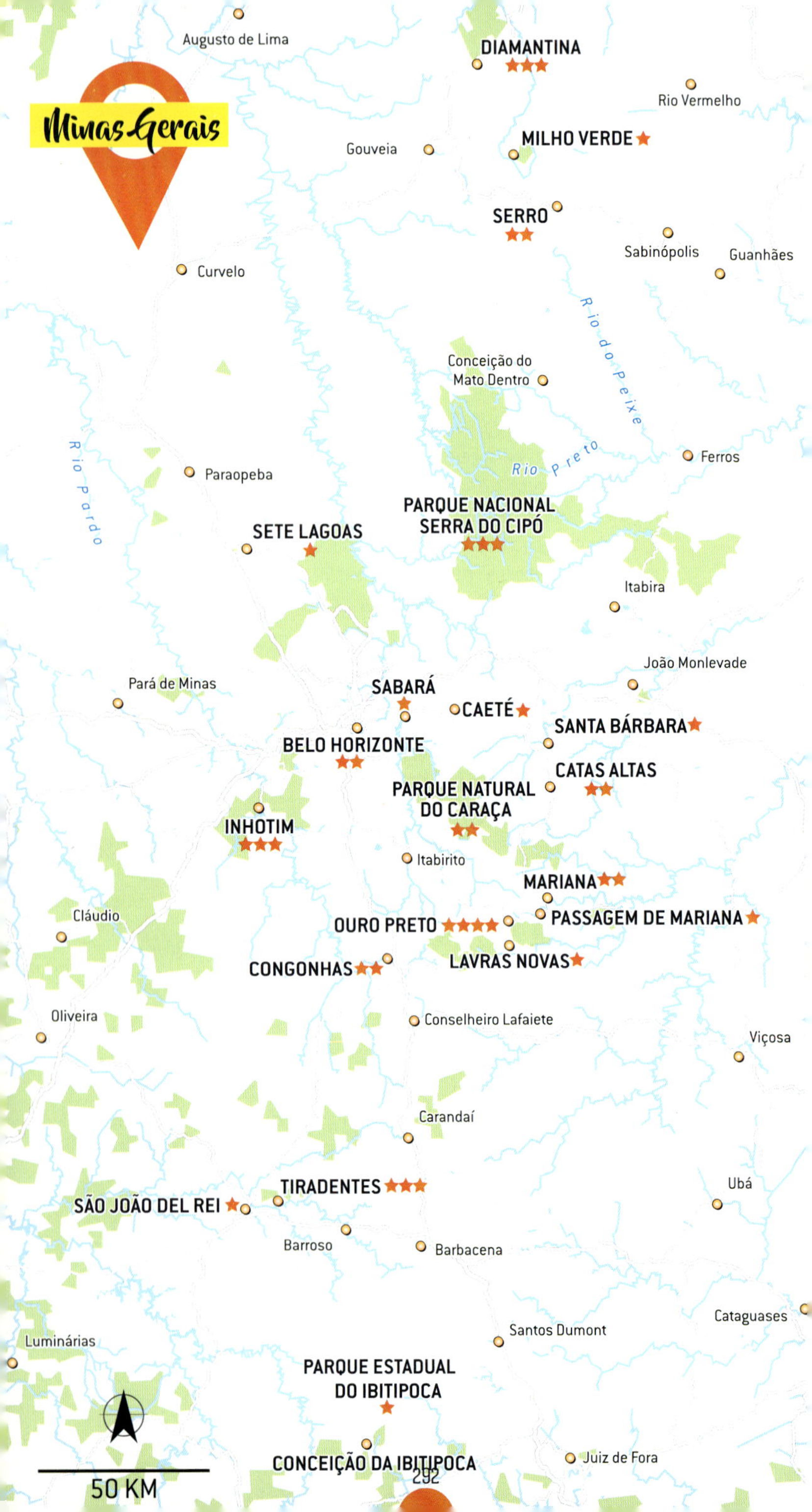
Minas Gerais
Augusto de Lima
DIAMANTINA
Rio Vermelho
MILHO VERDE
Gouveia
SERRO
Sabinópolis
Guanhães
Curvelo
Rio do Peixe
Conceição do Mato Dentro
Rio Preto
Ferros
Rio Pardo
Paraopeba
PARQUE NACIONAL SERRA DO CIPÓ
SETE LAGOAS
Itabira
João Monlevade
Pará de Minas
SABARÁ
CAETÉ
SANTA BÁRBARA
BELO HORIZONTE
CATAS ALTAS
PARQUE NATURAL DO CARAÇA
INHOTIM
Itabirito
MARIANA
Cláudio
PASSAGEM DE MARIANA
OURO PRETO
LAVRAS NOVAS
CONGONHAS
Oliveira
Conselheiro Lafaiete
Viçosa
Carandaí
TIRADENTES
Ubá
SÃO JOÃO DEL REI
Barroso
Barbacena
Cataguases
Santos Dumont
Luminárias
PARQUE ESTADUAL DO IBITIPOCA
CONCEIÇÃO DA IBITIPOCA
Juiz de Fora
50 KM

PAGES

Le nord du Minas Gerais est constitué de zones agricoles et naturelles. La partie nord-ouest est aujourd'hui dédiée au soja. Le nord est une zone semi-aride du Sertão Mineiro, domaine de la caatinga traversée par le rio São Francisco. On y trouve deux magnifiques parc nationaux (Grande Sertão et Cavernas do Peruaçu). Les grimpeurs trouveront un paradis dans la Serra do Cipó avec des voies en 8a et 8b. Cependant, c'est la belle Diamantina qui attirera surtout les visiteurs. La capitale Belo Horizonte est assurément un moyen de découvrir un Brésil métropolitain, culturel, loin de l'agitation et de la violence de Rio et de São Paulo.

La région d'Ouro Preto et du Sud est peut-être la plus touristique et la plus connue de l'État du Minas Gerais. Les passionnés d'art baroque y admireront les ouvrages du « petit estropié », le sculpteur Aleijadinho, qui finit sa vie de sculpteur avec ses outils attachés à ses moignons de bras mutilés par la lèpre. Son compère, le peintre Athaïde, allait lui peindre les plafonds des églises aux voussures chargées. Si Ouro Preto est le chef-d'œuvre de l'ancien État des mines générales, d'autres villes, comme Tiradentes ou Mariana, complètent ce tableau et la nature est omniprésente. L'empereur Pedro II aimait passer du temps au monastère de Caraça pour s'en imprégner.

Le plaisir de déambuler dans les rues pavées d'Ouro Preto, ancienne capitale de l'État et patrimoine historique de l'humanité, peut justifier quasiment à lui seul un voyage au Brésil. Elle compte parmi les plus belles villes coloniales du continent.

BELO HORIZONTE ★★

Béaga (BH), comme la surnomment affectueusement ses habitants, est la troisième ville du Brésil, avec ses 2,5 millions d'habitants et l'un de ses pôles productifs majeurs. Son nom (littéralement « Bel Horizon ») est né de la beauté exceptionnelle du site, à 850 mètres d'altitude, dans lequel la ville a été construite pour supplanter l'ancienne capitale Ouro Preto, enclavée dans les montagnes sur l'ancienne route de l'or (*caminho de ouro*). Aujourd'hui, il y fait bon vivre. Ses larges avenues tracées au cordeau sont bordées de nombreux parcs. Les gens sont d'une hospitalité impressionnante et les sourires spontanés. Les touristes y sont rares. Si quelques-uns s'y perdent, en transit vers Ouro Preto, ils délaissent en général cette étape. Moins chargée d'histoire que les villes baroques du Minas, elle n'en reste pas moins très intéressante. Métropole avec les charmes d'une ville de province, BH a culturellement et artistiquement le vent en poupe depuis une dizaine d'années. Les derniers groupes de rock à la mode (Jota Quest) et les dernières tendances musicales naissent ici. Bien sûr, Belo Horizonte compte de nombreux établissements étoilés faisant honneur à la gastronomie régionale et internationale, dans les quartiers de Lourdes et de Savassi. Elle est devenue un des centres de l'animation nocturne du pays. N'hésitez donc pas à sortir. Il faut loger au cœur de la nuit, au centre-ville, près de la place da Liberdade ou dans le quartier Savassi, le plus animé de la ville.

Histoire

À la fin du XIXe siècle, il a fallu trouver une autre capitale à l'Etat du Minas Gerais pour remplacer Ouro Preto, trop excentrée et politiquement affaiblie par l'épuisement des mines d'or. Fondée en 1897, Belo Horizonte a été la première capitale planifiée du pays. On décide, en 1893, pour la première fois au Brésil, de construire une ville *ex nihilo*, qui est réalisée sur le plan de Washington. Belo Horizonte fait partie des étapes incontournables de l'urbanisme du Brésil moderne et positiviste. Le quartier de Pampulha, construit dans les années 1940, représente une maquette grandeur nature du style moderniste. Avant de prendre les commandes du pays et créer Brasilia, J. Kubitschek, maire de BH à l'époque, et Niemeyer font là leur apprentissage et créent ce quartier futuriste pour répondre au besoin d'extension de la ville, en pleine croissance économique et démographique.

CÂMERASETE - CASA DA FOTOGRAFIA ★

Av. Afonso Pena, 737 - Centro
✆ +31 31 3236 7400
www.fcs.mg.gov.br
Ouvert du mardi au samedi de 9h30 à 21h.

Inaugurée en 2010, cette maison de la photographie ravira tous les amateurs. Elle fait partie, comme le Palaço das Artes et la Serraria Souza Pinto, de la fondation Clovis Salgado qui a ouvert cet espace pour ses 40 ans d'existence. On y découvre des photos d'artistes contemporains brésiliens du XXe siècle, en couleur ou en noir et blanc, qui immortalisent souvent les habitants du Minas Gerais dans leur vie quotidienne. Les espaces sont bien éclairés, le lieu très agréable à la visite.

CASA DO BAILE ★

Avenida Otacílio Negrão de Lima, 751 - Pampulha
✆ +55 31 3277 7443
Ouvert du mardi au dimanche, de 9h à 17h, le jeudi de 9h à 21h. Entrée libre.

À l'origine, cette construction de Niemeyer intégrée au complexe de Pampulha avait pour objectif de devenir un dancing populaire. Elle devint vite un point de réunion obligatoire de la bonne société belorizontine, et l'on y présente aujourd'hui des petites expositions (urbanisme, design, architecture...), car elle n'est constituée que d'une seule pièce. Les larges baies vitrées offrent une superbe vue sur la lagune. Le paysage est signé par Burle Marx. À noter, la richesse de courbes et l'effet visuel qu'entraîne un changement de position.

CATEDRAL NOSSA SENHORA DA BOA VIAGEM ✝ ★★

Rua Sergipe, 175 – Centro
✆ +55 31 3222 2361
www.igrejaboaviagem.org.br
Ouvert du mardi au vendredi et dimanche de 6h à 22h, le lundi et le samedi de 11h à 22h. Entrée libre.

l'histoire de la cathédrale Nossa Senhora da Boa Viagem se confond avec celle de Belo Horizonte. Depuis les débuts du XVIIIe siècle, il existait à cet emplacement une petite chapelle, typique exemple de l'architecture coloniale du Minas Gerais. C'est là que l'on a décidé de bâtir cette cathédrale qui a été terminée en 1932. De style néogothique, la cathédrale dispose de superbes vitraux. Nossa Senhora da Boa Viagem est la patronne de la ville de Belo Horizonte.

CENTRO DE REFERÊNCIA DA MODA ★

Rua da Bahia, 1149 – Centro
✆ +55 31 3277 4384

Musée de la mode. Ouvert du mardi au vendredi de 9h à 21h et le week-end de 10h à 14h. Entrée libre.

Le Centro de referência da moda est l'un des rares bâtiments néogothiques de la ville, d'influence portugaise. Construit en 1914, il abrite aujourd'hui le Centro de referência da Moda, consacré aux modes vestimentaires folkloriques du Minas Gerais, traduisant la culture et les coutumes de la région. Il abritait jusqu'en 2012 le Centro cultural de BH, qui a déménagé Praça da Liberdade. Les archives du centre présentent 100 ans de photos et de mode.

IGREJA SÃO FRANCISCO DE ASSIS ★

Avenida Otacílio Negrão de Lima, 3000 - Pampulha
✆ +55 31 4101 1174

« L'Igreja de Pampulha » représente l'un des symboles de l'architecture contemporaine brésilienne, Partie intégrante de l'ensemble de Pampulha, collaboration entre Oscar Niemeyer, Portinari et Burle Marx. C'est en 1943 que le projet est mis en œuvre à la demande de Juscelino Kubitschek. L'église n'est reconnue qu'en 1960. La figure de saint François est construite avec la rigueur et l'équilibre d'une statue. Portinari a réalisé les tableaux de la voie sacrée et certains azulejos.

CIDADE ADMINISTRATIVA DO ESTADO DE MINAS GERAIS ★

Av. Prefeito Américo Gianetti - km 10

C'est le nouveau siège du gouvernement *mineiro*. Sur un espace de plus de 800 000 m² se dressent trois superbes édifices : la coupole est l'auditoire JK, le bâtiment rappelant le palais présidentiel de Brasilia est le Palacio Tiradentes, le palais gouvernemental, et les deux majestueux blocs en S sont les immeubles Minas et Gerais, sièges des différents secrétariats d'États. Le tout a été réalisé par l'inusable Oscar Niemeyer, 70 ans après les débuts de ses travaux à Pampulha.

MUSEU DE ARTE DA PAMPULHA [MAP] ★

Avenida Otacílio Negrão de Lima, 16 585 - Pampulha
✆ +55 31 3277 7946

Ouvert du mardi au dimanche de 9h à 18h30. Entrée gratuite.

C'est le premier projet de Niemeyer pour le complexe de Pampulha. Il fonctionna d'abord comme casino puis fut transformé en musée en 1957. La façade est largement inspirée par Le Corbusier et ses principes fonctionnalistes tandis que l'intérieur renvoie plus à une interprétation du baroque *mineiro*. Les jardins de Burle Marx exposent des sculptures de José Pedrosa et Ceschiatti. Le musée possède une collection de près de 1 500 œuvres mais seulement quelques œuvres sont exposées.

FUNDAÇÃO DE PARQUES MUNICIPAIS E ZOOBOTÂNICA DE BH ★

Avenida Otacílio Negrão de Lima, 8000 – Pampulha
✆ +55 31 3277 8489

Zoo et jardin botanique. Ouvert du mardi au dimanche de 8h30 à 16h. Entrée de 4 à 10 R$ selon les jours de la semaine.

C'est le résultat de la fusion entre l'ancienne Fondation des parcs municipaux et la Fondation zoo-botanique de Belo Horizonte. la Fondation municipale des parcs et du zoo gère plus de 10,7 millions de mètres carrés d'espaces verts, riches en faune et en flore, qui comprennent 75 parcs disséminés dans Belo Horizonte Plus de 1 200 animaux de 240 espèces différentes y sont à découvrir (mais en cage...), au bord de la *lagoa* de Pampulha.Certaines se promènent en liberté.

PARQUE DAS MANGABEIRAS ★

Avenida José de Patrocínio Pontes, 580 – Mangabeiras
✆ +55 31 3277 8277

Ouvert du mardi au dimanche de 8h à 18h. Entrée gratuite.

Conçu par le paysagiste Burle Marx, c'est l'un des plus importants parcs urbains du pays. Il se situe au pied de la Serra do Curral et dispose d'une réserve de forêt Atlantique. En le sillonnant, on pourra apprécier l'imposante végétation ainsi que les petits animaux – singes, écureuils, etc. – qui peuplent les lieux. Le parc dispose également de terrains de sport, d'un théâtre à l'air libre et d'un espace prévu pour les spectacles qui l'animent régulièrement. C'est depuis le mirador que l'on a l'une des plus belles vues de la ville.

PALÁCIO DAS ARTES - FUNDAÇÃO CLÓVIS SALGADO ★★

Avenida Afonso Pena, 1537 - Centro
✆ +55 31 3236 7400
www.fcs.mg.gov.br
Expositions ouvertes du mardi au samedi de 9h à 21h. Entrée libre.

Le Palais des Arts, géré par la Fundação Clóvis Salgado, est un centre culturel intéressant situé sur la large Avenida Afonso Pena, mais accolé au parc municipal. Pensé par l'architecte moderniste Oscar Niemeyer, sa façade détonne dans le paysage. S'il a été inauguré en 1971, il a pourtant été commandé en 1941 par le gouverneur Juscelino Kubitschek pour être le théâtre municipal du Minas Gerais, mais, telle la Sagrada Familia de Gaudí à Barcelone, l'édifice maudit souffrit de travaux intermittents et resta inachevé pendant des années. Jusqu'à sa réalisation finale par l'architecte Helio Ferreira Pinto, qui a du adapter le projet de Niemeyer à la réalité de la fin des années 1960 et qui mit tout de même 4 ans pour aboutir au résultat actuel. Sa construction fut tellement longue qu'un théâtre temporaire a vu le jour en parallèle à coté de l'édifice : le Teatro Francisco Nunes, qui ne fut finalement pas détruit après l'inauguration du Palais des Arts. Frappé par la malchance, la salle du théâtre principal partit en fumée en 1997, mais a depuis été reconstruite par des architectes contemporains. Aujourd'hui, ce dernier est majoritairement dédié au spectacle : opéra, pièces de théâtre, concerts symphoniques, danse et concerts de musiques folkloriques, projection de films d'auteurs, débats et conférence, formations artistiques… Il compte quatre salles d'exposition assez vastes dédiées à l'art contemporain. Les expositions sont changeantes, assez variées et de qualité.

PARQUE MUNICIPAL AMÉRICO RENNÉ GIANNETTI ★★★

Avenida Afonso Pena, 1377 – Centro
✆ +55 31 3277 4467
Ouvert du mardi au dimanche de 6h à 18h. Entrée libre.

Inauguré le 26 septembre 1897, le parc faisait partie intégrante du projet originel de la ville. C'est le plus ancien patrimoine environnemental de Belo Horizonte. Inspiré par les parcs français de la Belle Epoque, il se situe en plein cœur de Belo Horizonte et constitue un océan de verdure revivifiant au milieu des tours et du béton. On y trouve également le théâtre Francisco Nunes et le Palais des Arts, avec des expositions temporaires intéressantes.

MUSEU DE ARTES E OFÍCIOS [MAO] ★

Praça Rui Barbosa, 600 - Centro
✆ +55 31 3248 8600
www.mao.org.br
Ouvert du mardi au dimanche de 12h à 19h. Entrée gratuite.

Ce musée des Arts et Métiers qui a ouvert en 2006 est logé dans l'ancienne gare centrale de la ville, la Estação central, un magnifique édifice 1920. La collection donne une représentation de l'univers du travail, des arts et des métiers du Brésil métallurgique, avec une collection d'outils et techniques d'artisanat et d'industrie du XVIIIe au XXe siècle. Pour les passionnés, ou pour admirer l'architecture de la gare. Il vient d'être rouvert après plusieurs mois de travaux.

Parque Municipal Américo Renné Giannetti.

Praça da Estação.

PRAÇA DA ESTAÇÃO ★★★

Praça Rui Barbosa - Centro

Cette place est située devant la gare centrale du Metrô de Belo Horizonte dont une partie est aujourd'hui transformée en musée des Arts et Offices (le MAO), et l'autre toujours en fonctionnement. La gare dessert notamment la ville de Vitória, mais également la ligne 1 du métro de Belo Horizonte, qui mène à Santa Teresa, le quartier bohème de Belo Horizonte (comme à Rio).

Le lieu est majestueux. L'édifice actuel de la gare fut inauguré en 1922. C'est un ensemble construit dans un style éclectique par l'architecte Luiz Olivieri, pour donner à cette capitale effervescente une gare à la mesure de son développement. Porte d'entrée de la nouvelle capitale du Minas Gerais au XIXe siècle, elle reflète la richesse de la région à cette époque. La première horloge de la ville fut installée dans la tour construite dans la gare initiale, lorsque la place commença à être urbanisée en 1904, et, comme la Praça da Liberdade, le parc fut retravaillé dans un style à la française dans les années 1920. On peut notamment y admirer trois statues de marbre.

Sur la place, le Monumento à Terra Mineira est une statue réalisée en bronze et en granit en 1930 par le sculpteur italien Giulio Starace. Elle fait référence à des évènements importants de l'histoire de la région avec au sommet la statue d'un homme tenant un drapeau.

Cette place est souvent le spectacle de manifestations populaires. Agora moderne, poètes, artistes, et plus largement la société civile, s'y rencontrent pour échanger rêves, idées et conception de la vie.

SERRARIA SOUZA PINTO ★

Av. Assis Chateaubriand, 890 - Centro

✆ +55 31 3213 3434

fcs.mg.gov.br

Ouvert du lundi au samedi de 8h à 18h.

Ce bel édifice situé sur la Praça da Estação est typique de l'aire industrielle, avec une architecture métallique à l'arrière, et une façade plutôt néoclassique. Inaugurée en 1912 la Serraria (la scierie) était un fabricant de matériaux de construction pour répondre à la croissance urbaine de la ville à cette époque. En partie détruite en 1981 et restaurée en 1997, elle fait aujourd'hui partie du patrimoine de la Fundação Clóvis Salgado, tout comme le Palácio das Artes et la Maison de la photographie. Cet espace de 5 000 m^{2} est aujourd'hui une salle des congrès.

CASA FIAT DE CULTURA ★★

Praça da Liberdade, 10 - Savassi

✆ +55 31 3289 8900

www.casafiatdecultura.com.br

Entrée libre. Du mardi au vendredi de 10h à 21h, les week-end de 10h à 18h.

Le mécénat est fort développé au Brésil. La Casa Fiat da cultura a été récemment déplacée dans le Palacio dos Despachos (le palais administratif) sur la Praça da Liberdade. Cet espace culturel existe en réalité depuis 2008. Institution de mécénat, comme son voisin le CCBB, elle n'en est pas moins un lieu d'exposition de qualité, présentant des collections prestigieuses venues de musées internationaux et Brésiliens. C'est un lieu important de l'art à B.H Consultez la programmation pour connaître son contenu culturel pendant votre séjour.

PRAÇA DA LIBERDADE ★★

Praça da Liberdade – Savassi

Belo Horizonte, rappelons-le est une ville planifiée, construite ex nihilo à partir de 1895, pour remplacer l'ancienne capitale de l'Etat Vila rica de Ouro Preto, trop enclavée dans des montagnes. La place de la Liberté fut inaugurée lors de la fondation de la ville, entre 1895 et 1897, pour abriter le pouvoir de l'État du Minas Gerais. Influencée par la vague naturaliste anglaise, elle est bordée de palmiers immenses, et très arborée en son centre. Transformée selon la mode des jardins à la française dans les années 1920, elle prend alors des airs de petit Versailles, gagnant en symétrie et en jolies statues. Les édifices qui la bordent obéissent aux tendances de l'époque, avec leurs éléments néoclassiques et leur style éclectique grandiose. Le Palais des Gouverneurs (Palacio da Liberdade) en est l'exemple le plus édifiant. Au fil des années, la place s'enrichit de nouvelles constructions de différents styles. Dans les années 1940, le Palacio Cristo Rei introduit l'Art déco. Dans les années 1950 et 1960, des bâtiments plus modernistes sont incorporés à l'ensemble, tels l'édifice Niemeyer et la bibliothèque publique Luiz de Bessa ou la Casa Fiat. Dans les années 1980, est inauguré le bâtiment post-moderniste connu comme le Rainha da Sucata. Cette place a un vrai rôle social à Belo Horizonte, car elle est le lieu de rendez-vous de tous les habitants. Le dimanche elle se transforme en véritable stade d'athlétisme, des sportifs de tout niveau et de tous les âges s'y pressent pour effectuer leur footing.

© RONALDO ALMEIDA - SHUTTERSTOCK.COM

CENTRO CULTURAL BANCO DO BRASIL (CCBB) ★★

Praça da Liberdade, 450 - Funcionários

✆ +55 31 3431 9400

Du mercredi au lundi (fermé le mardi) de 10h à 22h. Entrée libre aux expositions. théâtre, de danse et concerts : 10 R$.

Le dernier-né des musées de la praça da Liberdade. Cet édifice sur six étages a été édifié par Luiz Signorelli, fondateur de l'école d'architecture du Minas, en 1930. Il est dédié à l'art. Au total : près de 1 200 m² d'exposition, dont deux salles consacrées à la collection permanente, mais aussi un théâtre et une salle de conférence. Le CCBB organise de nombreux événements dont la programmation est assez éclectique. Les expositions temporaires sont exceptionnelles.

CENTRO DE ARTE POPULAR CEMIG ★

Rua Gonçalves Dias, 1608 - Lourdes

✆ +55 31 3222 3231

Du mardi au vendredi de 10h à 19h, le jeudi nocturne jusqu'à 21h. Le week-end ouvert de 12h à 19h. Entrée libre.

Cet édifice de 1920 est de style éclectique. Il vise à mettre en valeur l'art populaire du Minas Gerais, à travers l'imaginaire de différents artistes évoquant les origines, l'histoire et les croyance de ce peuple métissé. Sculptures en bois et céramiques constituent notamment la collection. La salle des Grands Maîtres est remarquable, réunissant les œuvres de GTO, Artur Pereira, Zefa, Zezinha, Placedina, Ulisses Pereira, Isabel Mendes et Noemiza, les principaux artistes du Minas.

ESPAÇO DO CONHECIMENTO UFMG ★

Praça da Liberdade, 700 - Savassi

✆ +55 31 3409 8350

www.espacodoconhecimento.org.br

Séances du planétarium (hors groupes) à 13h et 16h, le jeudi séances supplémentaires à 18h, 19h et 20h. Entrée : 6 R$.

Un musée ludique et interactif sur les sciences, et notamment sur l'Espace et l'astronomie. Les visiteurs peuvent observer les étoiles dans le fameux planétarium, qui offre une vision à 360° du ciel étoilé. Intéressant quand on ne connaît pas les constellations de l'hémisphère sud.L'Espaço do Conhecimento de l'UFMG fait partie du circuit Liberdade, actuellement considéré comme le plus grand complexe culturel du pays. Depuis son inauguration, le musée a reçu plus de 350 000 visiteurs.

MEMORIAL MINAS GERAIS VALE ★★

Praça da Liberdade, 640 - Savassi
✆ +55 31 3343 7317
www.memorialvale.com.br
Du mardi au samedi, ouvert de 10h à 17h30, nocturne jusqu'à 21h30 le jeudi. Dimanche, ouvert de 10h à 15h30.

Le problème de Belo Horizonte, c'est que l'offre culturelle et artistique y est d'une densité réelle, à l'image des grandes capitales européennes. Les voyageurs ne restent que peu de temps à Belo Horizonte et il semble donc souvent judicieux pour les amoureux de la culture de procéder à des choix avant de se rendre dans la capitale du Minas. Si vous devez n'en visiter qu'un, c'est ce musée qu'il faudra découvrir. Logé dans un édifice éclectique érigé par José de Magalhães (comme son voisin le Museu das Minas e do Metal) ce bâtiment fut inauguré en 1897, comme Secrétariat d'État des *fazendas*. Il résume en 31 salles l'identité *mineira* et l'histoire d'un peuple né du métissage à parts égales (selon les chercheurs) entre colons blancs européens, esclaves noirs déportés d'Afrique et Amérindiens brésiliens. On y découvre notamment l'intérieur campagnard de l'État si bien décrit par l'écrivain Guimarães Rosa à travers les œuvres de Drummond et le « neo arte » de Lygia Clark. Egalement une magnifique exposition de photos de Sebastião Salgado. L'exposition est interactive et assez surprenante, notamment une salle avec une ambiance bruitiste et des objets qui bougent tout seuls ! Le temps fort est un film documentaire assez long qui prend forme à travers la projection de visages animés sur des sculptures en relief. Ainsi le Blanc, le Noir et l'Indien prennent tour à tour la parole pour expliquer l'origine de chaque peuple, leurs cultures et traditions. Passionnant.

MM GERDAU - MUSEU DAS MINAS E DO METAL ★★

Praça da Liberdade - Savassi
✆ +55 31 3516 7200
www.mmgerdau.org.br
Du mardi au dimanche, de 12h à 18h, le jeudi nocturne jusqu'à 22h. Entrée libre.

Logé dans un édifice de 1895 conçu par l'architecte José de Magalhães, ce musée est une petite merveille incontournable. l'exposition est passionnante, ludique, interactive et vraiment bien mise en valeur. Vous partez à la découverte de tous les minerais qui sont exploités dans la région. Le *must* est l'attraction de la Mina de Morro Velho, où se rendirent l'empereur Don Pedro et l'impératrice Teresa Cristina. Un ascenseur virtuel vous fait descendre les 2 450 mètres de profondeur.

MUSEU MINEIRO ★

Avenida João Pinheiro, 342 – Funcionários
✆ +55 31 3269 1103
www.museumineiro.mg.gov.br
Ouvert mardi, mercredi et vendredi de 10h à 19h, jeudi de midi à 21h, le week-end de midi à 19h. Entrée libre.

Le musée dispose de trois collections qui témoignent de l'évolution de la culture et de l'art du Minas Gerais : la collection d'art sacré des XVIIIe et XIXe siècles, la collection des archives publiques du Minas et la collection de la pinacothèque de l'Etat. Le bâtiment, d'architecture néoclassique, est le siège de l'ancien Sénat Mineiro, aujourd'hui supprimé, dans une belle demeure de la fin du XIXe siècle qui fait partie du patrimoine architectural de la ville de Belo Horizonte. L'exposition permanente n'est pas palpitante, à moins d'être fan d'art sacré.

PALÁCIO DA LIBERDADE ★★

Praça da Liberdade - Savassi
✆ +55 31 3217 9500
www.belohorizonte.mg
Ouvert samedi et dimanche. Visites à 10h, 11h, 13h, 14h, 15h. Entrée gratuite.

Inauguré en 1897 comme palais du gouverneur de l'État du Minas Gerais, il reflète l'influence du style européen de la jeune capitale, mêlant néoclassicisme et éclectisme. La décoration intérieure allie style français impérial et art nouveau. Les salons, les lustres massifs et les fresques murales allégoriques sont impressionnants. On peut y admirer notamment le salon de banquet de style Louis XV, la fresque murale d'Antônio Parreira et les jardins de Paul Villon. Les structures métalliques furent importées de Belgique, comme le magnifique escalier et le mobilier.

SECRETARIA DO TURISMO BH - BELOTUR

Rua da Bahia, 888 – Centro
✆ +55 31 3277 9777
www.belohorizonte.mg.gov.br
De lundi à vendredi, de 8h à 17h.

Le site du secrétariat du tourisme de BH dispose de versions de revues touristiques en espagnol et en anglais. Pour apprécier la ville et ses alentours, densément dotés, le secrétariat est incontournable. Très bons guides papier édités également en 3 langues et distribués par Belotur dans les hôtels et les offices de tourisme. Les deux principaux sont à l'aéroport et à la gare routière, où vous trouverez de bonnes cartes de Belo Horizonte et de la région.

AEROPORTO INTERNACIONAL TANCREDO NEVES / CONFINS

Rodovia LMG-800, km 7,9 - Confins
+55 31 3689 2700
www.aeroportoconfins.net

À 40 km au nord de la ville, 1 heure 30 de transport. bus depuis rodoviária (10 R$), taxi, de 130 à 160 R$.

Belo Horizonte est un aéroport régional important ! la TAP propose des vols directs entre Lisbonne et BH. Que vous veniez de l'intérieur du Brésil (Rio, São Paulo, Salvador...) ou d'un vol international, vous atterrirez à coup sûr à Confins, car l'aéroport du centre-ville, Pampulha, n'est plus utilisé que pour de rares vols nationaux, surtout à l'intérieur de l'État du Minas Gerais. Tam, Gol et Azul assurent des vols pour BH depuis Rio ou São Paulo.

RODOVIÁRIA BH

Av. do Contorno, 340 - Santa Efigênia
+55 31 3271 3000
rodoviariadebh.com.br

Bus pour : Brasilia (155 R$), Diamantina (5h, 95 R$), Ouro Preto (2h, 34 R$), Rio de Janeiro (7h, 110 et 133 R$).

Les bus restent un moyen sûr, confortable et (encore) relativement bon marché pour se déplacer. Si vous avez le temps, préférez le bus à l'avion. La rodoviária est située en plein centre-ville de BH, et l'on y trouve des bus pour toutes les villes du Brésil, ou presque. Pour certaines destinations, il faudra faire des connexions. Pensez à réserver tôt votre place dans les bus pour Rio, car il n'y a que deux compagnies qui assurent la liaison et les cars sont vite pleins, surtout si vous souhaitez un *semi-cama* (siège confortable).

COOPERTÁXI

Rua Pitangui, 715 - Concórdia
+55 31 2108 2424
www.coopertaxi-bh.com.br

Compagnie de taxis.

Cette coopérative de taxi est présente depuis longtemps à Belo Horizonte. On rappellera les consignes à suivre lors de l'utilisation de taxi. il faut les faire appeler par la pousada ou le restaurant ou les prendre en tête de station. Ne pas les héler dans la rue. Les nuits ne sont pas toujours très sûres. Le chauffeur de taxi doit enclencher son compteur dés le début de la course (tarif jour, nuit et éventuellement jours fériés) sauf si vous négociez avec lui directement un prix forfaitaire. Les tarifs sont corrects en général.

METRÔ DE BELO HORIZONTE

Métro ouvert de 5h15 à 23h. Billet : 1,80 R$.

La ligne 1 du métro de Belo Horizonte existe depuis 1986 et dessert des banlieues lointaines peu intéressantes pour les touristes. Elle dessert néanmoins depuis la gare centrale (Estação central) le quartier bohème de Santa Teresa, où se trouvent des auberges de jeunesse et des bars sympas.

La ligne 3 en projet sera véritablement intéressante, car elle va desservir tout le centre de BH.

- **La Ligne 1** compte actuellement 19 stations, d'Eldorado à Vilharino La section centrale intéressante pour les visites est : Lagoinha - Central (gare) - Santa Ifigenia - Santa Teresa.

TREM AZUL HOSTEL €

Rua Quimberlita 300, Santa Tereza
+55 31 2555 6255
https://tremazulhostel.com.br/

Chambre double à partir de 130 R$, petit déjeuner compris. Wifi.

Dans le quartier bohème de Santa Teresa et ses nombreux bars et restaurants conviviaux, l'Hostel Trem Azul est une petite maison à la façade bleue. L'accueil et les prestations sont de grande qualité. Les dortoirs (pour 4, 6 ou 10) sont impeccablement tenus. Des spots individuels permettent à chaque hôte de lire sans déranger les voisins. Les chambres doubles ou quadruples sont simples et confortables. Une petite cour avec jardin typiquement mineira. Wifi gratuit même dans les chambres, salle commune agréable et excellent *café da manhã*. Un bon plan !

E SUITES SAVASSI TOSCANINI €€

Rua Arturo Toscanini
+55 31 3064 2200

À partir de 320 R$ la chambre double, petit déjeuner compris. Wifi.

Idéalement situé au cœur de Savassi, entre l'avenue do Contorno et l'avenue Getulio Vargas. Ce bel et grand hôtel moderne propose des chambres confortables, bien équipées, et bénéficiant d'une excellente literie. On y trouve tout ce dont on a besoin. Restaurant, sauna, petite salle de fitness. Bien sûr, on n'est pas dans un établissement du vieux BH, mais tout y très professionnel. Le service et les prestations sont de qualité. Très bon rapport qualité-prix.

H2 PLATINUM €€

Av. Olegário Maciel, 1748 - Lourdes
✆ +55 31 2125 3800
https://www.h2platinum.com.br/
A partir de 325 R$ la chambre double, petit déjeuner compris. Wifi.

Situé en plein quartier de Lourdes, cet ancien hôtel du groupe « Promenade » a été rebaptisé H2 Platinum. Ultramoderne et fonctionnel, il offre d'intéressantes prestations. Toutes les chambres font entre 25 m² et 50 m². La décoration des chambres est simple et de bon goût. Les suites sont particulièrement bien équipées. Le plus grand centre commercial de BH est juste à côté de l'hôtel. On y trouve une salle de sport, des piscines. Le soir et la matin, la pizzeria Olegaria fait office de salle de café pour le petit déjeuner et de restaurant le soir.

HILTON GARDEN INN BELO HORIZONTE €€

Av. Prudente de Morais, 520 - Cidade Jardim
✆ +55 31 3064 4100
À partir de 315 R$ la chambre double, petit déjeuner compris. Wifi.

Situé à deux minutes à pied du quartier trés animé de Savassi, cet hôtel – un grand building moderne – est une excellente adresse car les infrastructures sont séduisantes : piscine sur le toit avec solarium et vue, bain bouillonnant, cadre chic et élégant, chambres confortables avec de grands lits, belle vue depuis les étages et le restaurant panoramique, petit déjeuner royal... Et les prix sont bas, ce qui rend ce luxe accessible aux budgets moyens.

HOTEL IBIS BELO HORIZONTE LIBERDADE €€

Avenida João Pinheiro, 602 - Lourdes
✆ +55 31 2111 1500
A partir de 197 R$ la nuit en chambre double, petit déjeuner compris. Wifi.

Les hôtels Ibis apparaissent comme des valeurs sûres, sans surprise. Cet hôtel ne déroge pas à la règle. Très bien situé dans l'agréable quartier de Liberdade, cet établissement est un joli hôtel simple, très confortable et impeccable, appartenant au groupe Accor. L'entrée est celle d'une maison bourgeoise, mais les chambres sont typiques de celles du groupe. Accueil très sympathique, le prix reste encore correct, une bonne option pour se loger dans le centre-ville.

MERCURE LOURDES €€

Avenida Cristiano Machado, 7315 - Lourdes
✆ +5531 3298 4100
A partir de 329 R$ pour 2 personnes, buffet petit déjeuner compris. Wifi. Promotions sur le site internet.

La chaine Accor propose des hôtels de son groupe à Belo Horizonte. Le Mercure Lourdes est ainsi sis dans le quartier de Lourdes. À quelques centaines de mètres à pied de la place Liberdade, ce bel édifice ultramoderne propose 380 chambres très fonctionnelles à la décoration soignée : on se trouve bien dans un hôtel haut de gamme. Le mobilier est design, les espaces lumineux, le personnel professionnel. L'environnement se remplit de superlatifs avec des tarifs très compétitifs. Recommandé pour des séjours touristiques et professionnels.

NORMANDY HOTEL €€

Rua dos Tamoios, 212 - Centro
✆ +55 31 3115 9500
www.normandyhotel.com.br
A partir de 223 R$ la double, petit déjeuner compris. Wifi.

Pour ceux qui souhaitent rester dans le coeur de ville, le Normandy Hotel est assurément une bonne option. Voici un bon hôtel central qui dispose d'une petite piscine sur le toit, avec une vue incroyable sur la ville, qui rappelera que Belo Horizonte veut dire « Bel Horizon », des chambres correctes et des prix abordables. L'ensemble est bien tenu, le personnel est accueillant et à l'écoute, les équipements de qualité, la décoration des chambres est un brin rétro dans les couleurs et les graphismes, le petit déjeuner buffet est délicieux. Une bonne adresse.

SAVASSINHO HOTEL €€

Rua Cláudio Manoel, 1144 - Funcionários
✆ +55 31 3261 1701
ww.savassinhohotel.com.br
Chambre double : 223 R$, taxes non comprises (5 %). Wifi.

Situé à deux pas de la place de la Liberdade, le petit frère du Savassi Hotel offre, derrière une façade moderne, des chambres plaisantes et un service de qualité, sans grandes fioritures mais confortables et bien équipées (TV, téléphone, climatisation, collection d'oreillers...), à prix étonnamment bas (sur Internet). Petit déjeuner buffet gargantuesque et délicieux. Pour ceux qui souhaitent s'arrêter quelques jours ou plus longuement dans la dynamique Belo Horizonte, le Savassinho Hotel est assurément un établissement d'un bon rapport qualité-prix.

OURO MINAS PALACE €€€

Avenida Cristiano Machado, 4001 – Ipiranga
✆ +55 31 3429 4001
www.ourominas.com.br
À partir de 380 R$ la chambre double, petit déjeuner compris. Wifi.

Si vous voulez vous faire plaisir à des tarifs qui restent très abordables, l'Ouro Minas Palace est une très bonne option. C'est le seul hôtel 5 étoiles de la ville, doté d'une architecture impressionnante et sophistiquée, avec ascenseurs panoramiques. Bon, c'est sûr, on n'est pas dans une ambiance intimiste. L'hôtel propose près de 346 appartements disponibles (dont 45 suites). Les chambres spacieuses et confortables. On vous propose même un « menu d'oreillers », avec dix options différentes ! Le plus bel hôtel de BH, assurément.

BOCA DO FORNO €

Rua Prof. Antônio Aleixo, 331 - Lourdes
✆ +55 31 3292 7338
www.bocadoforno.com.br
Lanchonete. Ouvert du lundi au samedi de 10h à 20h30. Compter de 20 à 30 R$ pour un bon snack.

La boca do Forna est un groupe de quelques boutiques réputées sur Belo Horizonte. Sans doute l'adresse de Lourdes est-elle une des meilleures de la ville pour les en-cas salés, mais pas que. Comme dans toutes les pâtisseries brésiliennes, il faut aimer la crème sur les gâteaux, car les pâtissiers les en recouvrent très généreusement. À partir de 5 R$ la *coxinha* de poulet ou la portion de forêt noire. 13 adresses disponibles de ce sympathique « réseau » sur BH. Les amuse-bouche (salgados de festas) permettent de caler agréablement le petit creux de midi.

EDDIE FINE BURGERS €

Rua da Bahia, 2652 - Lourdes
✆ +55 31 3282 4606
eddiefineburgers.wordpress.com
Fast-food. Ouvert tous les jours de 11h30 à 1h et jusqu'à 5h le vendredi et le samedi. 35 R$ pour un bon burger.

On peut oublier de temps en temps les spécialités mineiras de Belo Horizonte, tant l'offre culinaire est variée. Pour ceux qui préfèrent faire une courte trêve avec les énormes assiettes de la cuisine mineira, ce petit resto typiquement américain propose toutes sortes de sandwiches et de burgers. Le champion toute catégorie est le fameux Eddie's, pain fait maison, fromage cheddar, bacon, salade, oignon caramélisé, sauce barbecue et frites. Vous pourrez également siroter de vrais milk-shakes bien crémeux. Évidemment, les ados adorent cet endroit !

CAFÉ PALHARES €

Rua dos Tupinambás, 638 - Centro
✆ +55 31 3201 1841
cafepalhares.com.br
Cuisine mineira. Ouvert du lundi au vendredi de 12h à 22h et le samedi de 12h à 21h. Environ 45 R$ pour un repas.

Un *boteco* historique et typique de BH, fondé en 1938, où se dégustent saucisses, riz, œufs sur le plat, *tutù*... Forcément, une foule s'y presse tous les jours, on a presque l'impression d'entrer dans une banque un jour de paye ! Et ça, c'est plutôt bon signe à Belo Horizonte où les plaisirs simples sont à l'honneur. Ce petit *boteco* sans prétention participe bien sûr au concours annuel de Comida de Boteco, « festival de Cannes » de la nourriture traditionnelle des restaurants populaires de Belo Horizonte. On s'imprègne de l'histoire populaire de BH.

CASA CHEIA - MERCADO CENTRAL €

Av. Augusto de Lima, 744 - Centro
✆ +55 31 3274 9585
www.restaurantecasacheia.com.br
Ouvert du lundi au samedi de 10h30 à 18h et le dimanche de 10h30 à 13h. Compter environ 50 R$ pour un repas.

Le marché central de Belo Horizonte est un lieu incontournable de la ville. On y trouve certes des touristes, mais le marché central est une plongée assurée dans le cœur et l'âme de la ville belo horizontine. Le restaurant Casa Cheia est un des *botecos* les plus prisés du marché central, on trouvera quelques petites spécialités sorties du piano du chef qui valent assurément le détour. Goûtez la *carne do sol* au manioc ou le *feijao tropeiro*. Un lieu à connaître.

PROJETO SABOR - SÃO BENTO €

Av. Cônsul Antônio Cadar, 127 - São Bento
✆ +55 31 3342 1373
Restaurant diététique.tous les jours de 11h à 23h. compter environ 55 R$ pour un repas. Plats à emporter également.

Assurément un des nombreux temples gastronomiques de la ville de Belo Horizonte. Dans ce vaste établissement qui reste convivial, on peut « composer » son plat en choisissant certaines « options ». La carte n'est pas en reste (viande grillée, filet mignon). Le risotto est la spécialité de la maison. La « politique » au cœur du projet est de rechercher des aliments de qualité et des plats équilibrés. Un lieu à connaître, assurément ! Le service *delivery* est maintenu.

SPECIALI PIZZA BAR €

Rua Fernandes Tourinho, 805 - Lourdes
✆ +55 31 3284 7060
www.specialitrattoria.com.br/
Pizzeria. Ouvert le lundi de 18h à minuit et du mardi au dimanche de midi à 1h. Compter de 48 à 75 R$ pour une pizza.

Au-delà de la seule pizza-bar, c'est aussi une trattoria de qualité qui met l'Italie en valeur comme les Brésiliens du Minas ou de Sampa savent si bien le faire. Plus de quarante variétés de pizzas et de plats différents au choix, pâte fine, ingrédients de qualité, préparation rapide, cuisson au four à bois, un bon choix ! Mention spéciale pour la pizza à la *mozzarella di bufala*. Bien sûr les pâtes et les desserts ne sont pas en reste. Enfin, les amateurs de vin pourront s'essayer à l'*Ora Felice*, open bar de vin, pour 65 réais, de vendredi à dimanche de 17h à 22h.

CASA DOS CONTOS €€

Rua Rio Grande do Norte, 1065 – Savassi
✆ +55 31 3261 5853
www.restaurantecasadoscontos.com.br
Cuisine traditionnelle. lundi à jeudi de 11h30 à 2h, jusqu'à 3h vendredi et samedi, 1h le dimanche. environ 100 R$/p

L'un des restaurants les plus populaires de BH, le week-end une file d'attente se forme à l'entrée ! Une cuisine traditionnelle classique qui fait ses preuves depuis 1975. Si la salle est quelconque, ce qui se trouve dans votre assiette ravira : viandes, plats du Nordeste... Bon, le problème, c'est que la carte proposée est infiniment longue, entre les poissons, la viande bovine, la cuisine mineira.... Certains plats suffisent largement pour deux personnes. Egalement une bonne carte de vins. Un lieu vivant souvent élu « meilleur restaurant traditionnel de BH ».

DONA LUCINHA €€

Rua Sergipe, 811 – Funcionários
✆ +55 31 3261 5930
www.donalucinha.com.br
Cuisine mineira. du lundi à samedi de midi à 15h, de 19h à 23h, à 17h dimanche et jours fériés. de 60 à 70 R$ le repas.

Cuisine régionale traditionnelle. Un *berrante*, cette corne vrillée qui rameute les troupeaux, des étriers, des tomes rouges, des *isteras* (toits tressés en tacuaras)... C'est le Minas Gerais lui-même qui décore ce restaurant – une institution de la gastronomie régionale – tenu par le courtois Léandro et son équipe. On se sert à volonté, après les salades traditionnelles simples, dans des récipients de terre où mijotent au bain-marie dix-sept plats de *fazenda* et seize plats de *tropeiro* (ces plats qu'emportaient les chercheurs d'or dans leurs chemins de montagne).

GLOUTON €€

Rua Bárbara Heliodora, 59 - Lourdes
✆ +55 31 3292 4237
www.glouton.com.br
Cuisine mineira. du mardi à samedi de midi à 14h30 et de 19h à minuit. Environ 350 R$ pour un repas.

Le Glouton est une adresse culinaire qui enrichit l'offre de Belo Horizonte. Le jeune chef Leonardo Paixão le bien nommé a fait ses classes dans les écoles de cuisine française et s'est ensuite exercé à la cuisine du Taste-Vin, avec le chef Rodrigo Fonseca, autre passionné de la « french touch » en cuisine. La cuisine est d'une grande finesse et originale. On peut voir les cuisiniers exercer leur art aux fourneaux. Au-delà de la seule qualité, le rapport qualité-prix est à souligner. On ne peut pas s'y rendre sans réservation et un dépôt d'arrhes est obligatoire.

XAPURI €€

Rua Mandacarú, 260 – Pampulha
✆ +55 31 3496 6198
www.restaurantexapuri.com.br
Cuisine mineira. De midi à 23h du mardi au samedi, jusqu'à 18h le dimanche. Compter environ 80 R$ le repas complet.

Depuis 2009, le Xapuri est un restaurant en plein air où l'on vient le dimanche midi, avant de faire un tour à cheval dans la propriété ou après être allé à Pampulha. Certains ingrédients viennent du potager. On pourra goûter les bonnes *lombos de panela*, ou le *frango ao passarinho*. Le buffet propose dix-huit desserts, parmi lesquels œufs en neige, *doce de leite*, poires confites, *casca de mamaye*, mangue, figues... Une des meilleures tables de cuisine régionale de la ville. Bien sûr, des groupes de musique traditionnelle complètent le plaisir de la table.

D'ARTAGNAN BISTRÔ €€€

Rua Tomás Gonzaga, 607
✆ +55 31 3295 7878
www.dartagnanbistro.com.br
Cuisine brésilienne d'influence française. Ouvert du mardi au samedi le soir uniquement. Environ 100 R$ par personne.

Le D'Artagnan Bistrô a su s'imposer dans l'exigeante Belo Horizonte. Le patronyme gascon fait bien sûr référence aux influences françaises, mais il s'agit d'une cuisine « fusion » entre les produits mineiros et les saveurs méditerranéennes. Cuisine raffinée, ambiance tamisée, idéal pour un dîner romantique. La cheffe Marise Rache choisit des ingrédients de qualité, le plus souvent bio, pour concocter une cuisine brésilienne aux influences françaises et italiennes. Jolie carte de vins. Les tagliatelles aux fruits de mer sont délicieuses. Réservation conseillée.

TASTE-VIN €€€

Rua Curitiba, 2105 – Lourdes
+55 31 3292 5423
www.tastevin-bh.com.br

Cuisine française. Ouvert du lundi au samedi de 19h30 à minuit. Compter de 150 à 250 R$ le repas complet.

Au taste-vin, comme son nom l'indique, ce sont des spécialités hexagonales qui sont y à l'honneur. Le chef mineiro Rodrigo Fonseca propose une très bonne cuisine française, reconnue parmi les meilleures tables de Belo Horizonte, rien que çà ! Par exemple, le soufflé au gruyère et ses crevettes et champignons ou les crevettes grillées sur ses lamelles de potiron cuites au lait de noix de coco allieront touche française et brésilienne. Il propose également une des meilleures cartes de vin de la région comprenant plus de six cents étiquettes.

DUKE'N'DUKE

Rua Alagoas, 1470 - Savassi
+55 31 3264 9857
www.dukenduke.com.br

Bar à burgers, bières & musique. du mardi au dimanche de 11h30 à 14h30 et de 18h à minuit. en moyenne 45 R$ le burger.

Une fois n'est pas coutume, notre choix s'est arrêté sur un lieu, calme, en retrait, pour mieux savourer peut-être la quiétude des fins d'après-midi de Belo Horizonte. Le Duke'n'Duke est un concept bar restaurant où le burger se décline sous un grand nombre de formes. Depuis 2010, année de sa création, ce « gastropub » est un bar intimiste où l'on savoure d'excellentes bières et peut-être les meilleurs burgers de la ville. L'ambiance est fort agréable, avec une sélection musicale éclectique et de bon goût. Du burger gastronomique !

ALESSA GELATO & CAFFÈ

Rua São Paulo, 2112 - Lourdes
+55 31 3292 2588
www.alessagelato.com.br

Glacier. À partir de 5 R$ le macaron, 9 R$ la boule de glace, 16 R$ les deux boules.

Un glacier… italien, forcément, qui ne désemplit pas. On y repasse tous les ans et force est de constater que notre petit faible est partagé par de nombreux convives. La combinaison de saveurs est incroyable (plus de 300 parfums), les coupes d'un raffinement extrême. Le *gato Dumas* et sa robe de Cointreau est à essayer. Le lieu est en lui-même fort agréable. Les couleurs des sorbets et des glaces parlent d'elles-mêmes, on est vraiment dans un lieu qui donne aux glaces italiennes toutes leurs lettres de noblesse. Musique, déco, tout y est soigné…

MOLE ANTONELLIANA

Avenida João Pinheiro, 156 - Centro
+55 31 3224 1342
www.moleantonelliana.com.br

Pâtisserie. Ouvert du lundi au vendredi de 7h30 à 19h et le samedi de 9h à 17h.

Les amateurs d'art ne s'y tromperont pas, c'est bien une référence à l'architecture turinoise dont il s'agit. Le mole Antonelliana est une pâtisserie italienne qui propose depuis près de quatre décennies d'excellents petits gâteaux souvent d'inspiration transalpine mais pas seulement. Les tartelettes valent le détour. On peut même observer la fabrication de ces plaisirs sucrés, histoire de bien se mettre l'eau à la bouche. Les prix sont à la hauteur des prestations des pâtisseries, c'est-à-dire plutôt élevés. A essayer au moins une fois !

CAFE COM LETRAS

Rua Antônio de Albuquerque, 781 – Savassi
+55 31 3225 9973
www.cafecomletras.com.br

Bar-restaurant. Ouvert du lundi au mercredi de midi à 23h30, du jeudi au samedi de midi à 1h, le dimanche de 17h à 23h.

Le Cafe com letras est un lieu prisé des intellos bohèmes de Belo Horizonte depuis 1996. Ce très chic café littéraire est l'endroit idéal pour un happy hour romantique. Dans cette vénérable demeure, des milliers d'œuvres littéraires vous aideront à trouver l'inspiration. Concerts de jazz, de bossa ou DJ pratiquement tous les soirs (programmation sur le site Internet). Les jours de grande chaleur, et lorsqu'il y a des concerts, on apprécie l'ambiance extérieure. Sinon, l'ambiance feutrée de l'intérieur, où s'égrènent des notes de jazz est un must.

REDENTOR BAR

Rua Fernandes Tourinho, 500 - Funcionários
+55 31 3284 1175
www.redentorbar.com.br

Brasserie. Ouvert tous les jours à partir de 11h jusque tard. Compter environ 50 R$ pour un repas.

Cette brasserie située à Savassi possède plusieurs atouts : une grande variété de bières à la pression, un menu qui propose des plats simples mais bons, et une grande terrasse agréable. Le Redentor bar est assurément un bar-restaurant où on est sûr de passer une agréable soirée, ou après-midi. La clientèle est agréable, la musique est toujours de bon goût… et la bière fraîche. *What else* ? Le service est toujours aussi agréable et professionnel depuis nos premières visites il y a plus de 10 ans. Bref, un établissement à l'esprit très BH !

CENTRO DE ARTESANATO MINEIRO CEART

Av. Afonso Pena, 1537 - Centro
✆ +55 31 3272 9513
www.centrodeartesanatomineiro.com.br
Ouvert le lundi de 13h à 18h, du mardi au vendredi de 9h à 21h, le samedi de 9h à 13h et le dimanche de 10h à 14h.

Le Centro de artesanato mineiro est présenté comme étant le cœur et l'âme de la culture populaire du Minas. Plus de 20 000 montrent la diversité de l'art populaire. Cette vente d'artisanat local (tapisserie, céramique, bois, pierre de savon, métal…) se situe dans le jardin municipal. L'art populaire, l'art sacré, les productions artisanales à base de produits recyclés (papier mâché, bois, métal) seront autant d'expression d'une culture populaire riche et variée.

FEIRA DE ARTES OBJETOS E ARTESANOS

Rua Pernambuco, 1000 - Savassi
✆ +55 31 3643 4339
www.amai.art.br
Le jeudi de 9h à 18h.

Cette foire artisanale du quartier de Savassi est gérée par l'Association Mineira des Artistes Indépendants. Elle se décompose en une foire des arts, une foire du vinyl, connus des collectionneurs de disques montpelliérains et une boutique « bazar ». Voici un petit marché artisanal plus *arty* que le principal marché artisanal du dimanche. Idéal pour trouver de jolis cadeaux à rapporter. Les DJ en recherche de pièces rares y trouveront peut-être leur bonheur.

FEIRA TOM JOBIM

Av. Carandaí, 600 - Funcionários
Marché aux puces. Le samedi de 10h à 18h.

Dans le quartier Funcionarios, un marché d'antiquités et de plats typiques de la ville. Il se déroule à l'ombre rafraîchissante des rangées d'arbres qui le bordent. Le samedi, de 10h à 18h c'est le jour des cabanes de restauration sur la feira Tom Jobim. c'est un véritable festival gastronomique en plein air. On trouvera un bon échantillon des plats et boissons du Minas Gerais. Juste à côté, dans la foire d'antiquités, une vingtaine de stands d'antiquaires proposent des objets et pièces d'antiquité qui attirent les chineurs avertis.

MERCADO CENTRAL DE BH

Avenida Augusto de Lima, 744 – Centro
✆ +55 31 3274 9497
mercadocentral.com.br
Ouvert du lundi au samedi de 7h à 18h, dimanches et jours fériés de 7h à 13h.

Il est impossible de passer par Belo Horizonte sans faire un tour au marché central. On y trouve de tout. Des petits airs quelquefois de souk marocain qu'on adore. Ses 400 boutiques proposent des fruits et des légumes, des fleurs, des herbes médicinales, des objets de piété et d'artisanat. Les échoppes populaires qui s'y trouvent sont une tradition à BH. On y converse, bière et *picada* à la main. On y trouve même une école de cuisine où on peut prendre gratuitement des cours de cuisine mineira. Un des 10 plus beaux marchés du monde selon le guide « TAM Nuvens ».

MINEIRÃO

Av. Antônio Abrahão Caran, 1001 - São José
✆ +55 31 3499 4300
estadiomineirao.com.br
Stade de football. Musée ouvert le mardi de 9h à 20h, et du mercredi au vendredi de 9h à 18h. Entrée : 20 R$.

Le Mineirão est un stade de football de 62 000 places inauguré en 1965. Il accueille aussi bien les matches de l'équipe résidente de Cruzeiro que des spectacles de pop stars internationales et nationales. Le stade a accueilli 6 matches lors de la coupe du monde 2014, et c'est ici que le Brésil a subi une déroute historique face à l'Allemagne en demi-finale (7-1).

Le Museu Brasileiro do Futebol (MBF) a ouvert ses portes en 2013 et propose différentes expositions relatives à l'histoire du football au Brésil. Bref, c'est le Maracana de BH.

A OBRA

Rua Rio Grande do Norte, 1168 – Savassi
✆ +55 31 3215 8077
www.aobra.com.br
Club. Ouvert le mercredi et jeudi de 20h à minuit (entrée 15 R$), le vendredi et le samedi de 22h à 6h (entrée : 30 R$).

Le club « A obra » est, depuis 1997, un lieu incontournable des nuits alternatives de Beaga. L'ambiance est sympa dans un décor de chantier en construction, c'est d'ailleurs ce qu'annonce tout de suite le nom de l'endroit.C'est devenu la boîte à la mode de Belo Horizonte. Toutes les fins de semaine, de jeudi à samedi, des groupes plutôt rock et alternatifs viennent des quatre coins du Brésil pour s'y produire. C'est aussi une excellente place pour venir écouter les meilleurs dj's brésiliens et internationaux. Rock, pop, soul, black, brega...Eclectique.

INHOTIM ★★★

Situé à 70 km au sud de Belo Horizonte, près de la petite ville de Brumadinho, ce complexe culturel est absolument fascinant : il associe un superbe musée d'Art contemporain en plein air avec un incroyable jardin botanique. La collection réunit des œuvres d'artistes nationaux comme Adriana Varejão ou Cildo Meireles, mais aussi des pièces de maîtres étrangers comme la Colombienne Doris Salcedo ou le Danois Olafur Eliasson. Plus de 100 œuvres sont ainsi présentées, au cœur du jardin botanique (conçu par l'incontournable Burle Marx) et ses 1 200 espèces de plantes. Visite indispensable pour les amateurs d'art contemporain et de nature !

INHOTIM ★★★

Rua B, 20 ✆ +55 31 3571 9700
www.inhotim.org.br
Du mardi au jeudi 9h30-16h30, samedi, dimanche et jours fériés de 9h30 à 17h30. Entrée : 44 R$ (gratuit le mercredi).

La visite s'organise autour de trois circuits, un rose un jaune et un orange, chacun comprenant une dizaine de bâtiments éparpillés dans ce parc immense. Entre ces édifices, des chemins sillonnent un jardin botanique de toute beauté ponctué de lacs et d'œuvres (souvent des statues) installées à l'air libre en pleine nature. La balade est merveilleuse.

Certains pourront trouver, comme dans chaque musée d'art contemporain, que certaines salles sont, trop conceptuelles... Nous vous conseillons donc dans cette sélection les salles incontournables à faire en priorité si l'heure tourne.

L'office du parc est moderne, agréable et la queue rapide en semaine. Une boutique de souvenirs s'y trouve accolée. Pour les petits budgets, venez le mercredi c'est gratuit ! Le week-end le prix est plus élevé et il y a beaucoup de monde.

▶ **Transport sur place.** On vous proposera un transport interne, un petit train qui peut vous emmener aux différents bâtiments des trois circuits Inhotim. Honnêtement, ce n'est pas très utile (et c'est cher), car il faut l'attendre, et les distances sont assez courtes entre les édifices. De plus, la balade dans le parc est très agréable, ponctuée de statues et œuvres à regarder sur le chemin.

▶ **Conseil.** Mettez de bonnes baskets, prenez de l'eau, de la crème solaire, un chapeau et un anti-moustiques et vous serez bien équipé pour une journée de petite randonnée sans dénivelé. Si vous le pouvez, préparez des sandwichs car il y a une queue décourageante devant les points de restauration à l'heure du déjeuner.

GALERIA G10 DOUG AITKEM ★★

Voilà une œuvre fascinante ! Le Sonic Pavillon de Doug Aitken est tout simplement un trou dans la terre... à 202 mètres de profondeur, où ont été placés des micros et des haut-parleurs qui diffusent en temps réel le son produit dans la salle où vous vous trouvez. Le son émis par le ventre de la terre est vraiment spécial, guttural, fait de murmures très irréguliers. Vous pouvez passer des heures à l'écouter, assis dans ce bâtiment assez vaste avec une verrière donnant sur le parc. On peut voir le fameux trou, protégé d'une coque en plexiglas.

GALERIA G15 COSMOCONA ★★

Cette galerie abrite le travail conjoint du plasticien Hélio Oiticica et du cinéaste Neville d'Almeida. Cette œuvre fut créée à New York dans les années 1970. Très avant-gardiste il s'agit de pièces de « quasi cinéma », avec des projections psychédéliques dans des pièces ludiques remplies de hamacs, ballons, coussins, et même d'une piscine ! Si la baignade est autorisée, l'eau paraît néanmoins un peu stagnante ; si vous voulez vraiment piquer une tête, nous vous conseillons plutôt l'autre œuvre d'Inhotim, la piscine extérieure n°A15, pensée par Jorge Macchi.

GALERIA G16 MIGUEL RIO BRANCO ★★

Architecturalement très réussie, semblant faire corps avec la nature qui l'environne, cette galerie est dédiée à Miguel Rio Branco un artiste qui mêle photos et œuvres audiovisuelles saisissantes. On attribuera une mention spéciale à la série de photos projetées sur des draps en mouvement et au film qui lui fait référence, et qui met en lumière la vie des prostituées du quartier de Maciel dans le Pelourinho à Salvador en 1979. Beau, brutal, érotique et inédit.

GALERIA G5 CILDO MEIRELES ★★

Le Carioca Cildo Meireles est un artiste majeur sur la scène de l'art contemporain brésilien, dans les pas du néoconcrétisme de Lygia Clark et Hélio Oiticica. La salle *Desvio para o vermelho* est particulièrement réussie. Cildo Meireles est un sculpteur et un plasticien connu pour produire des oeuvres engagées contre l'oppression au Brésil et pour l'appel à la résistance. Les oeuvres de grande taille interpellent le visiteur et l'incite à interagir.

GALERIA G7 ADRIANA VAREJÃO ★★

L'édifice qui accueille cette galerie est particulièrement beau, avec sa forme cubique et son miroir d'eau. La série *carnivoras* peinte sur des *azulejos* est à voir. La galerie Adriana Varejão, dessinée dans les ateliers de Tacoa Arquitetos Associados, a été conçue pour accueillir deux œuvres de l'artiste Adriana Varejao, acquises par le musée et exposées à la fondation Cartier : la sculpture Linda do Rosário et le polyptyque Celacanto Provoca Maremoto.

ÔNIBUS SARITUR

Praça Rio Branco, 100 - Centro
✆ +55 31 3479 4300
www.saritur.com.br
Billet aller-retour : 70 R$.

La compagnie Saritur assure un aller-retour par jour depuis/vers Belo Horizonte pour Inhotim. du mardi au vendredi, départ 8h15 et retour 16h30 (17h30, le week-end et jours fériés).

Conseils. Le bus est souvent plein, pensez à réserver vos billets les jours précédents, d'autant plus que la gare centrale de BH est bien située, accessible à pied. Prenez l'aller-retour pour ne pas vous retrouver coincé là bas. Si la queue est trop longue au guichet, tentez votre chance directement sur le quai de la plateforme en payant votre billet au chauffeur.

RESTAURANTE TAMBORIL €€

Rua B, 20
✆ +55 31 3571 0340
Cuisine brésilienne. Compter 130 R$ par personne, parfois plus le week-end, buffet des desserts en supplément.

Le Restaurante Tamboril est assurément la dimension « gourmet » du complexe d'Inhotim. Il s'accorde d'ailleurs tout à fait à la magnificence artistique d'Inhotim. Ce restaurant propose un buffet luxueux, gargantuesque et délicieux dans un cadre agréable. Certes, certains trouveront que c'est un peu dommage de perdre son temps à manger alors qu'il faut toute la journée pour visiter Inhotim ! Néanmoins en fin de journée on apprécie de prendre un verre ici en terrasse avant de regagner Belo Horizonte. L'assiette et le cadre sont incontournables.

SABARÁ ★

Située à 25 km au sud-est de Belo Horizonte par le BR-262, Sabará a été le premier centre minier d'importance de l'Etat *mineiro*, et, au début du XVIIIe siècle, l'une des villes les plus riches du monde. En témoignent les somptueux vestiges de son art sacré, ses églises, ses demeures, ses fontaines. Cette ville-fantôme de la ruée vers l'or, perchée dans les montagnes, est également le siège de plusieurs églises baroques. La ville a cependant perdu une partie de son charme colonial. Ne vous attendez pas à voir une ville comme Ouro Preto, mais les monuments bien conservés méritent le détour. Sur la route d'Ouro Preto, n'hésitez pas à vous replonger dans le passé.

IGREJA MATRIZ DE NOSSA SENHORA DA CONCEIÇÃO ✝ ★★

Praça Getúlio Vargas
✆ +55 31 3671 1724

Construite en 1710, cette cathédrale baroque rococo est considérée comme l'une des plus belles du Brésil dans son genre. Plus de 400 kg d'or pur ont été nécessaires pour réaliser l'ensemble des dorures des œuvres d'art. Certains symboles typiquement asiatiques (comme les dragons) sont associés aux scènes bibliques. Les fonts baptismaux ont été réalisés par Aleijadinho, surnom d'Antônio Francisco Lisboa, sculpteur et architecte portugais du Brésil colonial. Remarquable.

IGREJA DE NOSSA SENHORA DO Ó ★★

Largo Nossa Senhora do Ó

© GTW - SHUTTERSTOCK.COM

Construite en 1717 dans un style rococo précoce, cette église aux riches ornements dorés témoigne aussi de l'influence de Macao. Des panneaux en bois près de la voûte représentent des pagodes et des oiseaux dans un style oriental appelé « chinois », mais qui témoigne en réalité de l'influence des artistes de cette colonie portugaise en Chine, qui ont également représenté les personnages bibliques sur les peintures avec des yeux bridés. Fondée par Duarte Coelho, comme à Olinda.

MUSEU DO OURO & CASA DE BORBA GATO ★

Rua da Intendência

✆ +55 31 3671 1848

www.museus.gov.br/tag/museu-do-ouro/

Ouvert du lundi au vendredi de 10h à 17h, le week-end de 12h à 17h. Entrée : 2 R$.

Le musée de l'or est aménagé dans l'ancienne maison de l'intendance, administration qui existait pendant la fièvre de l'or, créée par la couronne portugaise au milieu du XVIIIe siècle pour comptabiliser la production et collecter les impôts. La collection date des années 1940, et compte des instruments de mesure de l'intendance, des meubles anciens, de l'argenterie, des armures, des pièces de monnaie et des objets d'art sacré liés à l'exploitation minière.

CAETÉ ★

Les villes coloniales du Minas justifient à elles seules un séjour Rio, Minas Gerais. Le charme, non pas discret mais plutôt opulent des bâtiments et des églises baroques interpelle l'amateur d'histoire et de beauté en général. Caeté à l'avantage d'être à la fois chargée d'histoire, tout en étant située hors des chemins principaux de la route de l'or. Jolie petite ville de près de 40 000 habitants, Caeté a tout le charme du Minas Gerais avec sa grande église Matriz baroque qui domine ses petites rues coloniales. Peu de touristes s'aventurent ici, ce qui en fait une halte pittoresque et reposante, où on peut apprécier le temps et les choses.

SANTUÁRIO NOSSA SENHORA DA PIEDADE ★★

Alto da Serra da Piedade

✆ +55 31 3651 6335

www.santuarionsdapiedade.org.br

Ouvert du lundi au samedi de 8h à 18h et le dimanche de 7h à 18h. Parking : 5 R$.

Le sanctuaire de Nossa Senhora da Piedade est situé tout au sommet de la Serra éponyme, et offre depuis ses églises un panorama magnifique sur les alentours. Ce lieu de pèlerinage et de retraite religieuse est aménagé pour recevoir des visiteurs : restaurant, hôtel, mais aussi « chemin de spiritualité », On y trouve plusieurs églises, dont la Ermida do Padroeira. Construite en 1797 et agrandie en 1856, elle a été décorée par le maître de l'art baroque brésilien, Aleijadinho.

OBSERVATÓRIO ASTRONÔMICO DA SERRA DA PIEDADE

Alto da Serra da Piedade ✆ +55 31 3409 5679

www.observatorio.ufmg.br

Observatoire ouvert au public le 1er samedi de chaque mois et lors d'importants événements astronomiques. Gratuit.

L'observatoire se situe dans le prolongement du sanctuaire, à 200 m environ, inauguré le 9 novembre 1972. Son altitude assez élevée (1 750 m) lui procure un ciel de qualité pour des observations avec un télescope de 600 mm de diamètre et une grande lunette de 150 mm de diamètre. Des instruments amateurs sont aussi à disposition, utilisés durant les soirées programmées au long de l'année. Se renseigner au préalable par e-mail pour connaître les dates définies.

SETE LAGOAS ★

Sete Lagoas est une ville moyenne (230 000 habitants) de facture moderne, située à 60 km au nord de BH par la MG-424, qui en soi ne présente pas d'intérêt particulier. Elle abrite en revanche dans ses alentours le Rei do Mato, une superbe grotte de 998 m d'extension (220 m sont ouverts au public) qui descend jusqu'à 40 m de profondeur, et que l'on peut visiter sur la route qui mène à Diamantina. Le nom Sete Lagoas vient des lagunes qui existent dans la région : Lagoa Paulino, qui se trouve en plein centre ville, et les autres : Boa Vista, Cercadinho, Catarina, Chácara, Matadouro et José Felix, qui forment un complexe touristique de la région.

GRUTA REI DO MATO ★★

Rodovia BR-040, km 472 - – Bairro Universitário
✆ +55 31 3775 2695
http://grutareidomato.com.br/
Entrée : 25 R$. Ouvert tous les jours de 9h à 16h30, dernière sortie à 16h.

Située à une heure de Belo Horizonte, la grotte de Rei do Mato est sans doute la plus spectaculaire de tout l'ensemble de grottes de la région. Cette superbe grotte de 998 m d'extension (220 m sont ouverts au public) descend jusqu'à 40 m de profondeur. On y voit des stalactites et des stalagmites à foison, ainsi que des cascades de pierre aux reflets de cristal. Principale attraction, les deux superbes stalactites de 13 m de hauteur, intactes, rarissimes (on n'en compte qu'une autre en Espagne) qui ont mis environ 20 000 ans à se former.

VILA BISTRO €

Rua Paulo Frontin, 799
✆ +55 31 3776 4422
Cuisine italienne. Ouvert du lundi au samedi de 18h à 23h. Compter environ 65 R$ pour un repas.

Le Vila Bistrô, restaurant de l'hôtel Vila Serrana, propose une bonne cuisine italienne dans un cadre agréable. Le cadre est agréable, dès l'entrée, l'équipe montre un grand professionnalisme. C'est bien sûr la carte qui justifie de s'arrêter dans ce beau restaurant de Sete Lagoas. Risotto aux champignons et filet mignon, moqueca de poissons qui a permis au chef d'arriver en finale du concours de « Chef revelation », Saint-Pierre croquant aux légumes braisés, risotto « carne do sol » et châtaignes... La carte des vins n'est pas en reste.

PARQUE NACIONAL DA SERRA DO CIPÓ ★★★

Le parc de la chaîne de montagnes de la Serra do Cipó est considéré comme l'un des patrimoines naturels les plus précieux du Brésil, par sa biodiversité et son énorme potentiel d'écotourisme, avec ses innombrables chutes d'eau et son infinité d'options de randonnées. La Serra do Cipó fait partie du massif de l'Espinhaço qui divise le bassin du Rio Doce et du Rio São Francisco, le fleuve de « l'unité nationale ». Sur plus de 33 000 ha, on découvre une faune et une flore exceptionnelles (1 600 espèces botaniques différentes y sont répertoriées). Y sont abritées des centaines d'espèces d'animaux dont certaines menacées telles que le loup à crinière (*lobo guara*). Située à moins de 2 heures de Belo Horizonte, c'est la destination préférée des habitants de la métropole et elle attire de nombreux touristes du pays entier. Attention, les fins de semaine, les pousadas se remplissent vite. Les Mineiros sont souvent des citadins à l'âme rurale et qui aiment ces espaces de liberté. La Serra do Cipó a été le théâtre de la saga des chercheurs d'or et de pierres précieuses, qui y ont laissé d'intéressants éléments pour la mémoire collective, dont la route de pierres construite par les esclaves. On trouve également de nombreuses peintures rupestres. Aujourd'hui, la Serra do Cipó comprend sept municipalités, dont le riche folklore est hérité de la population noire et portugaise des origines et où l'on profite des joies de l'art de vivre mineiro. Attention, pendant la saison des pluies, beaucoup de pistes et sentiers sont impraticables.

MINAS GERAIS

Parque Nacional da Serra do Cipó.

CACHOEIRA DA CAPIVARA ★★

21 km de voiture et 1,5 km de randonnée assez difficile sur la deuxième partie.

La chute de la Capivara est la plus haute de la Serra do Cipó avec ses 80 m de hauteur. On y arrive après une marche d'approche pas toujours facile, quelquefois glissante, à travers un sentier entouré d'une nature magnifique. La vue est splendide du haut de la cascade. On peut faire de magnifique photos de la région. Dans de nombreuses piscines naturelles ou sous quelques cascades, les opportunités de baignades sont nombreuses. Certaines structures proposent des guides et des circuits qui intègrent cette chute d'eau sur leur parcours. Déconseillé quand il pleut.

CIRCUITO DOS BANDEIRANTES ★★

4 km de voiture et 1 km de randonnée facile.

Le sentier des esclaves est recouvert de pierres anciennes, lustrées par le temps, qui facilitaient la circulation de l'or et des minerais précieux extraits de la région jusqu'à leurs ports d'exportation. Le parcours amène à deux cascades : la Mãe d'Agua et Veu da Noiva. Il est intégré dans un projet bien plus large qui intègre plus de dix communes de la région qui partagent, outre la proximité géographique, une histoire et des caractéristiques communes.

CACHOEIRA GRANDE / ZAREIA ★

MG-010

✆ +55 31 3718 7044

Accessible tous les jours de 8h à 18h. Entrée : 40 R$ par personne.

C'est la seule cascade et l'unique point d'intérêt payant du parc. Une grande cascade donc, de 12 mètres de haut, qui figure souvent sur les cartes postales du parc national. Le circuit est limité à un certain nombre de touristes par jour. Il est donc absolument obligatoire de passer par le bureau du parc. Il faut marcher environ 100 mètres pour accéder à la « portaria » et il faut ensuite marcher un kilomètre jusqu'à la cascade. Superbe. Baignade possible.

PINTURAS RUPESTRES ★★

Peintures rupestres. 18 km de voiture.

La présence humaine est avérée depuis des millénaires dans cette région du Minas. Les datations au carbone 14 font remonter les premières traces à prés de 8000 ans. À Lapa da Sucupira se trouve une grotte ornée de nombreuses peintures rupestres. Très proches, des chutes, comme la cachoeira do descanso. forment un bassin de baignade. A partir du village de Lapinha da Serra. on peut accéder à un des sites archéologiques les plus importants de la région, avec plus de 200 peintures rupestres datant de 7 000 ans, le long des chemins et des canyons.

CÂNION DAS BANDEIRINHAS ★★

13 km de randonnée modérée.

Dans la magnifique Serra do Cipo et son parc éponyme, on pourra retrouver une âme de *bandeirante*. Là, il s'agit de découvrir le canyon das Bandeirinhas qui s'enfonce sur 6 km, entre des parois impressionnantes qui peuvent atteindre 80 m de hauteur. Un vrai décor de western ! Un subtil mélange entre les Chapada Diamantina et les gorges de l'Ardèche. En chemin, vous pourrez apprécier la flore locale avec des espèces endémiques et rares et d'une beauté sauvage, accompagné par le doux chant des oiseaux. De belles chutes d'eau et des piscines naturelles.

POÇO AZUL ★★

3,5 km, randonnée facile.

Parmi les merveilles naturelles et géologiques de la Serra do Cipo, le poço azul figure en bonne place. Vous reconnaîtrez facilement le Poço Azul (puits bleu), qui comme son nom l'indique est constitué d'un bassin d'eau fraîche, bordé de cascades s'élevant à 6 m de haut. On peut bien sûr s'y rafraichir (attention de ne pas souiller les eaux avec des crèmes solaires). Le parcours comprend également le Fervedouro, une source d'eau translucide avec fond de sable blanc, qui, selon les récits locaux, produirait un son unique lorsqu'on le frotte entre ses mains.

ASSOCIACÃO DO CIRCUITO TURISTICO DA SERRA DO CIPO ★

Avenida Raja Gbaglia, 2708 – Estoril
✆ +55 31 3296 8193
www.circuitoserradocipo.com.br
Horaires variables selon disponibilité des guides.

Le siège de l'association est à BH même, mais vous pouvez visiter le site Internet et retrouver une antenne locale au centre d'accueil du parc, qui organise des circuits guidés dans le parc.

On trouve ici les guides locaux du parc pour partir en randonnée accompagnée, si on le souhaite (mais ce n'est pas une obligation). On conseillera néanmoins de profiter de l'accompagnement d'un guide. Les guides brésiliens dûment accrédités par les offices locaux de guides sont formés et compétents.

OFFICE DU PARC NATIONAL

✆ +55 31 3718 7151
www.serradocipo.com
Entrée libre de 8h à 18h, mais dernier accès autorisé à 15h. Pas de camping, ni de véhicule à l'intérieur du parc.

Il faut vous enregistrer à l'entrée du parc, mais l'accès est gratuit. On trouve ici les guides locaux du parc pour partir en randonnée accompagnée, si on le souhaite (mais ce n'est pas une obligation). On conseillera néanmoins de profiter de l'accompagnement d'un guide pour différentes raisons : les guides brésiliens dûment accrédités par les offices locaux de guides sont formés et compétents. Ils guident, encadrent et expliquent l'histoire des lieux, la faune, la flore et la géologie et garantissent la sécurité lors des randonnées.

POUSADA QUINTAL DA SERRA €

Rua do Campo, 100 - Vacaria ✆ +55 31 3718 7005
www.quintaldaserra.com.br
À partir de 240 R$ le chalet pour 2 personnes en semaine, le package de vendredi à dimanche à 390 R$, petit déj. Wifi.

Pour ceux qui cherchent une ambiance bucolique, loin des rumeurs de la ville... et des plages bondées des fins de semaine cariocas, la pousada Quintal da Serra va apparaître comme un havre de paix. Quelques jolis chalets colorés disséminés dans la verdure, un intérieur simple mais soigné, cette petite pousada proche de la Cachoeira Veu da Noiva est un très bon choix. On peut se rendre à pied pour admirer cette belle chute d'eau. Ambiance et charme rustique, chambres équipées de TV, mini-frigo. C'est *roots*, authentique, comme on aime.

RANCHO CIPÓ €

MG-010 - km 99, Santana do Riacho
✆ +55 31 3718 7200
www.ranchocipo.com.br
Chambre double à partir de 350 R$, bungalows, maisons et suites de luxe de 390 à 690 R$. Petit déjeuner compris. Wifi.

Le rancho Cipo est un ensemble hôtelier qui a choisi de proposer des habitations intégrées au paysage. C'est un véritable petit paradis au pied de la montagne, partagé entre flore, oiseaux et univers cristallin. On y trouve de petites chambres indépendantes, rustiques et pas chères, ou des bungalows et suites confortables, parfois avec baignoire à hydromassage. Le bois est omniprésent dans les constructions, ainsi que la brique. La *pousada* dispose également d'une jolie piscine d'un court de tennis et d'un sauna. Excellent petit déjeuner.

PIZZARIA FORNO DA SERRA €

1267 MG 010, km 97 - Santana do Riacho
✆ +55 31 3718 7053
Cuisine italienne, pizzeria. Compter entre 30 et 68 R$ la pizza ou le plat de pâtes.

Au cœur d'une petite galerie marchande, la pizzeria Forno da serra est une pizzeria dans un espace rustique où cohabitent agréablement la brique et le bois. L'endroit est très convivial, les serveurs sont sympathiques et professionnels. Avec des bougies le soir, la salle prend un air romantique. On peut choisir parmi plus de 30 options de pizzas en 4 ou parts. Quelques vins chiliens agréables agrémentent la carte et le repas des hôtes. Il y a des groupes de musique en fin de semaine qui rajoutent une saveur authentique. Une bonne adresse.

PETRAS BISTRÔ €€

MG-010 - km 97,5, 2370 - Vacaria
✆ +55 31 3718 7275
Cuisine brésilienne & internationale. Ouvert du jeudi au dimanche de midi à 22h (1h le samedi). de 50 à 70 R$ le repas.

Petras, le restaurant de la Pousada das Pedras, propose une carte des plus variées, depuis d'excellentes pizzas cuites au feu de bois jusqu'aux plus pures spécialités mineiras, le tout dans un cadre accueillant à souhait. L'équipe est composée de manière familiale, avec la mère (qui est la cheffe) et le fils au fourneau. Cette harmonie familiale se retrouve dans l'assiette et la carte proposée, réduite mais de qualité. Les raviolis sont incroyablement goûteux. Finir le repas avec les douceurs subtiles de la tarte aux noix maison laissera un goût de revenez-y.

SERRO ★★

En remontant vers le nord de l'État, à 200 km de Belo Horizonte, et à 90 km au sud de Diamantina, Serro est une autre petite ville coloniale de 21 000 âmes environ, entourée de collines. Elle fait partie du Caminho dos Diamantes et de l'Estrada Real, héritage des mines qui ont attiré les bandeirantes paulistes au XVIIIe siècle. À l'écart de la route de l'or, plus au sud, Serro est bien plus tranquille qu'Ouro Preto. On y goûte la saveur paisible du Minas Gerais. Les églises n'ont certes pas la beauté des merveilles d'Ouro Preto, mais elles donnent une atmosphère sacrée à la ville. Pour beaucoup, Serro est une des villes les plus auhentiques du Minas.

POUSADA DONA LOURDES €

Rua do Cruzeirinho, 240

✆ +55 38 3541 4019

Compter 100 R$ par personne en pension complète.

La pousada Dona Lourdes est une pionnière dans l'offre d'hébergement touristique à Milho Verde. La pousada Dona Lourdes propose un accueil familial et convivial depuis plus de deux décennies. Le feu de bois, le jardin, les tables en bois… on se croirait encore à la maison, comme quand Dona Lourdes accueillait les premiers touristes.. On peut séjourner en pension complète et organiser son transport et les randonnées avec guide ou non… Une pousada traditionnelle de qualité à découvrir pour s'imprégner de l'âme des lieux. Le restaurant est ouvert à tous.

CASA DOS OTTONI ★★

Praça Cristiano Ottoni, 72

✆ +55 38 3541 1440

Ouvert du mardi au samedi, de midi à 17h30 et le dimanche matin.

La Casa dos Ottoni, une vieille demeure du XVIIIe siècle reconvertie en musée, expose des photos du vieux Serro, des images sacrées, des meubles d'époque. Ce musée régional est très bien organisé. Il présente une assez riche collection avec de nombreux objets, photos et meubles ayant appartenu à la famille Ottoni, propriétaire des lieux. Les recherches présentées sur cette noble et riche famille de Serro. Cette demeure, qui appartenait au patriarche de la famille Ottoni, est une grande et spacieuse maison avec un beau jardin, qui agrémentera un séjour à Serro.

RANCHO SERRANO €

Rua General Osório, 5

✆ +55 31 3541 2095

Cuisine du Minas Gerais. Ouvert du mardi au dimanche de 8h à 22h, le lundi de 8h à 17h. Buffet le midi. environ 30 R$.

On se croirait un peu dans un autre « rancho » mineiro, celui de Mariana, ville chère à notre guide Kenio Maximiliano Azevedo. Le Rancho est un restaurant mineiro typique. À midi, le buffet propose une grande variété de plats régionaux, cuits au feu de bois, de bonne facture. L'ensemble est simple, rustique et convivial. En bref, un vari kilo mineiro. Lorsqu'on s'arrête à Serro, en général, étape de tout périple jusqu'à la belle cachée qu'est Diamantina, le Rancho permet d'apprécier une très bonne cuisine locale tout en s'imprégnant des lieux.

IGREJA DE SANTA RITA ★★

Alameda Prof. Tuquito, 133-203

La ville de Serro est un lieu à découvrir. L'église la plus fameuse de la ville est sans nul doute la Capela de Santa Rita, construite au XVIIIe siècle au sommet d'une petite colline. On y arrive après l'ascension d'un impressionnant escalier de pierre bordé de gazon, d'arbustes coupés au bol et de lampadaires, comme à la basilique du Sacré-Cœur à Montmartre. Il y a d'autres églises de cette époque et de style rococo à proximité : Bom Jesus do Matozinhos et la Matriz N.S da Conceição avec son autel fait d'une seule pièce de cèdre.

COOPERSERRO

Praça Angelo Miranda, 26

✆ +55 38 3541 1001

www.coopserro.com.br

Coopérative des producteurs ruraux de Serro ouverte de lundi à vendredi. Entrée gratuite.

Tout le monde ne le sait pas, mais le Minas Gerais n'est pas qu'un producteur... d'églises baroques. Dans la, période des « républiques café au lait » (il faut comprendre présidents issus des plantations de café de Sampa et grands propriétaires terriens producteurs de lait), le lait caractérisait le Minas. « L'Etat des Mines Générales » est bien un autre pays du fromage. La coopérative CooperSerro peut ainsi familiariser le visiteur avec les fromages locaux. Le supermarché de la coopérative ravira les amateurs de fromages artisanaux issus de la région.

MILHO VERDE ★

Milho Verde est une petite ville née au XVIIIe siècle, à mi-chemin entre Diamantina et Serro. Ancien garimpo, Milho Verde s'impose comme un lieu privilégié pour les séjours en montagne, en plein cœur de la Serra do Espinhaço. Rien d'extraordinaire, mais un havre de paix et de simplicité.

Le trajet sur une piste sinueuse et chaotique est déjà, en soi, un moment fort de rencontre avec la réalité de la vie dans le Minas profond. Quelques paysans aux rides qui semblent raconter le siècle, venus à Serro faire le plein, des écolières rigolardes. Ça secoue ferme : et ça chahute bien ! On se croirait en Bolivie. Milho Verde, c'est une rangée de baraques toutes simples ; de part et d'autre de la route de terre, une église, quelques cafés. Tout autour, un paysage aride d'une beauté dépouillée, couronnée de collines pelées. Parfois, une oasis, certaines cascades merveilleuses, de l'eau fraîche. Les gens sont simples. Ils ont su préserver un folklore riche et mystique, dont des fêtes réputées, en octobre. On est très loin de l'opulence des villes baroques et de leurs hordes de touristes, mais c'est pour cela que l'on vient. D'ailleurs, dans son genre, Milho Verde a une petite réputation, et accueille, certaines périodes de l'année, de nombreux touristes. Ce sont surtout les chutes d'eau que l'on vient observer, comme celles du Piolho et du Moinho mais la beauté simple des lieux, des montagnes, des petites fermes isolées assure un réel dépaysement aux urbains en mal d'air pur.

- **Site internet de la municipalité :** www.milhoverdemg.com.br

© ROBERT NAPIORKOWSKI - SHUTTERSTOCK.COM

Milho Verde.

POUSADA DO CAPÃO €€

Rua da Nascente, 550

✆ +55 31 3541 6068

www.pousadacapao.com

De 220 R$ à 280 R$ la chambre double ou le chalet pour deux personnes, petit déjeuner compris.

Dans un cadre merveilleusement bucolique, après avoir erré pour trouver cette pousada un peu cachée, on est accueilli comme un membre de la famille. Le petit côté rustique des lieux se marie fort bien avec la cuisine faite avec le cœur et avec talent par le chef Pedro. La cachaça transcende encore cette impression de bien-être et de magie du cadre et de la nature. Une piscine dans laquelle on pourra s'affronter à la fraîcheur après quelques caipi consommées avec modération, bien sûr. Bref, des découvertes comme on aime en faire.

POUSADA MIRANTE DO VALE €

Rua Ilídio Ribeiro

✆ +55 31 3541 6165

www.pousadamirantedovale.com

60 R$ dans l'auberge. 150 R$ pour une personne, 220 R$ pour 2, 290 R$ pour 3 et 360 R$ pour 4, en basse saison.

La pousada Mirante do Vale est un établissement qui se veut « champêtre ». Situé à São Gonçalo do Rio das Pedras, à 32 kilomètres de Serro, cette pousada rurale, constituée de petites cabanes très simples ou de chalets un peu plus sophistiqués, permet une réelle rencontre avec la nature et les communautés villageoises. C'est propre et basique et cela permet de s'imprégner de l'ambiance dépouillée du Minas. Les paysages alentour sont époustouflants et l'accueil très familial. On peut vous organiser le tour des attractions naturelles en combi sympathique.

ARMAZÉM BAR €

Rua Sempre Viva, 34

✆ +55 38 8801 5908

Bar-restaurant. Ouvert le vendredi de 20h à 3h du matin et le samedi de 20h à 5h du matin.

L'Armazém, c'est bien sûr un lieu où on pourra se restaurer sur le pouce, mais c'est aussi une cachaceria très complète (à consommer avec modération… surtout avant une randonnée), et un bar musical qui peut être animé en fin de semaine. L'entrepôt est également un espace ouvert aux expositions, où sont actuellement exposées les bannières de l'artiste Marcelo Brant. l'histoire n'est pas oubliée des lieux. On y trouve çà et là des souvenirs du passé, grâce à la décoration qui présente des pièces d'antiquité dont certaines ont près de 200 ans.

DIAMANTINA ★★★

48 230 habitants. Altitude : 1 280 m. Avec Ouro Preto et Tiradentes, Diamantina est considérée comme la troisième merveille des villes historiques du Minas. Son histoire est liée à la découverte des diamants dans la région du fleuve Jequitinhonha. Point de départ du *Caminho dos Escravos* (l'ancienne route du diamant qui rejoignait l'Estrada Real à Ouro Preto), c'est une petite ville coloniale magnifique, ceinte d'une couronne de montagnes au dénuement christique. L'isolement de ce bourg situé à 5 heures de route de Belo Horizonte, l'a préservé d'un développement touristique incontrôlé. De fait, la ville ne semble pas avoir beaucoup changé depuis l'ère du diamant, deux siècles auparavant. Les belles maisons coloniales sont souvent aujourd'hui de charmantes pousadas. Les habitants ont conservé leur héritage culturel, et Diamantina offre aux visiteurs des spectacles de musique populaire, classiques ou baroques comme les Vesperatas, et des processions religieuses fastueuses. C'est la ville natale de Juscelino Kubitschek, le président brésilien à l'origine de Brasilia.

Inscrite au patrimoine de l'Unesco depuis 1999, Diamantina est une ville charmante, bien différente des autres villes historiques : rococo, délicate, raffinée, plantée dans un paysage incomparable. On peut y admirer des vestiges de l'art mozarabe, rare au Brésil. Si les églises sont moins spectaculaires que celles d'Ouro Preto, son architecture est peut-être la mieux préservée de toutes les villes coloniales du Minas. Une visite de Diamantina se combine aisément avec une visite du village de Serro.

CASA DE CHICA DA SILVA ★

Rua Viêira Couto, 266
✆ +55 38 3531 2491
Ouverte du mardi au samedi de midi à 17h30, le dimanche de 8h à midi. Entrée libre.

Ce fut la résidence, entre 1755 et 1770, de l'exubérante Chica da Silva et de son compagnon, le diamantaire João Fernandès de Oliveira – période durant laquelle ils eurent la bagatelle de 13 enfants, quasiment un par an ! Mulâtre, esclave affranchie, Chica cassa les codes de l'époque en s'unissant avec l'une des plus grandes fortunes de la ville et en fréquentant les mêmes lieux que son compagnon, causant un grand scandale au sein de l'élite blanche. Cette héroïne a été immortalisée par le film éponyme de Carlos Diegues. Musée un peu décevant.

CASA DE JUSCELINO KUBITSCHEK ★

Rua São Francisco, 241
✆ +55 38 3531 3607
casadejuscelino.com.br
Ouverte du mardi au samedi de 8h à 17h, le dimanche de 8h à 13h. Entrée : 10 R$.

Juscelino Kubitschek (JK) est un héros au Brésil. Dans sa ville natale, ce personnage historique est incontournable. La visite de son musée peut comprendre la vision de cet homme altruiste, médecin de son état. Ce musée est la maison où l'ex-président (de 1956 à 1961), fondateur de Brasilia, vécut dans sa jeunesse, entre 5 et 18 ans. De nombreuses photos d'époque transforment cette maison en un lieu dédié à l'hagiographie du héros local. Incontournable.

Diamantina.

MINAS GERAIS

CASA DO MUXARABI ★

Rua Quintada, 48

✆ +55 38 3531 0294

Ouvert du lundi au vendredi de 7h à midi et de 13h à 17h.

Cette intéressante maison fait partie des lieux à visiter à Diamantina ou à défaut, à observer. Cette demeure du XVIIIe siècle, aujourd'hui bibliothèque municipale Antônio Torres, se caractérise par ses moucharabiehs originaux d'influence mauresque. Selon le principe du moucharabieh, les hôtes de la maison pouvaient observer la rue sans être vus. Construite à des fins résidentielles, cette maison a été acquise et restaurée par l'IPHAN dans les années 1950. Elle abrite aujourd'hui le bureau régional de l'organe, ainsi que la bibliothèque Antônio Torres.

CASA GLÓRIA ★

Rua da Glória, 298

Ouvert tous les jours de 9h à 17h.

Les bâtiments qui constituent l'actuelle Casa da Glória sont d'époques et de styles différents. Cet édifice, construit entre 1775 et 1800, abrite de nos jours l'Institut des Géosciences (cartographie, géographie et géologie). C'est Manuel Viana, le mari de Dona Josefa Maria da Glória qui a vécu dans la maison jusqu'en 1813, d'où le nom de « Casa da Glória »L'intérêt est davantage architectural, avec notamment le photogénique *Passadiço da Glória*, un passage reliant les deux différentes parties au-dessus de la rue, qui est l'emblème de la ville.

IGREJA NOSSA SENHORA DO CARMO ✝ ★★

Rua do Carmo

Ouverte du mardi au dimanche de 8h à midi, puis de 14h à 18h. Entrée 2 R$.

Sa construction a débuté en 1760 et a été financée par le diamantaire Fernandes de Oliveira, l'amant de Chica da Silva. C'est la plus belle église de la ville, disposant de riches autels dorés, de peintures portugaises du XVIIIe siècle, de lustres de cristal de Bohème et d'un bel orgue baroque et doré. L'intérieur est décoré par de belles peintures au plafond, avec des œuvres de Manoel Pinto et de l'Aleijadinho. L'orgue est utilisé de temps en temps par les organistes de l'église.

IGREJA SÃO FRANCISCO DE ASSIS ✝ ★★

Rua São Francisco

de lundi à samedi de 9h à 18h, dimanche de 9h à 12h

De style rococo, cette église a été construite entre 1766 et 1772.Cette belle église possède une structure en bois, avec des murs en terre. La façade principale de cette église est flanquée d'une seule tour, la seule dotée d'une horloge. Le plafond de la chapelle a été peint par José Soares de Araújo. Pour se venger de ne pas avoir été payé de la somme convenue, il a affublé certains personnages d'une tête de rat. À partir de la tour, on a une vue superbe sur la ville.

MUSEU DO DIAMANTE ★

Rua Direita, 14

✆ +55 38 3531 1382

www.museudiamante.blogspot.com

Ouvert du mardi au samedi de 10h à 17h et les dimanches et les jours fériés de 9h à 13h. Entrée libre.

Malgré son nom, il présente surtout des minerais moins nobles, quelques pierres précieuses toutefois, des instruments de mesure, des meubles, des oratoires des XVIIIe et XIXe siècles… Ce musée se trouve dans l'ancienne résidence du père José da Silva e Oliveira Rolim, à Diamantina. Il est situé sur la Rua Direita, dans la zone centrale, et revêt une importance particulière, car le terrain qui l'entoure crée une interruption dans le continuum de constructions et permet une vue originale des toits et des tours des églises dans le paysage urbain.

SECRETARIA DO TURISMO - DIAMANTINA

Praça Antônio Eulálio, 53 – Centro

✆ +55 38 3531 9527

www.diamantina.mg.gov.br

Ouvert de 8h à 18h.

Diamantina est une ville qui mise de plus en plus sur un tourisme historique de qualité. Le secrétariat de tourisme de la ville tente de participer à l'attrait croissant de la ville. Quelques cartes, pratiques pour visiter la ville et ses environs, et des documents intéressants. Des renseignements sur le « circuit des diamants », superbe tour de petites villes autour de Diamantina. Préférer le site Internet non officiel (www.diamantina.com.br) pour préparer le séjour.

RODOVIÁRIA DE DIAMANTINA

Largo Dom João, 134 ✆ +55 38 3531 9176

De nombreux bus pour BH (8 départs par jour, de trajet, 97 R$). compagnie Passaro Verde (www.passaroverde.com.br).

Diamantina est un peu loin de tout, mais comme toutes les villes brésiliennes, elle dispose fort heureusement d'une gare routière (Rodoviaria). Les bus Passoro verde permettent de se rendre à Belo Horizonte en 5h50. D'autres partent pour la ville de Serro dans la Serra do Cipo. Gouveia, Itamarandiba, Sete Lagoas, Bocaiuva sont d'autres destinations directes à partir de Diamantina. La rodiovaria de Diamantina se situe en en haut d'une côte. Le parcours est assez pénible si l'on est chargé, le taxi est une option intéressante.

DIAMANTINA HOSTEL €

R. do Bicame, 988

✆ +55 38 3531 2003

www.diamantinahostel.com.br

À partir de 59 R$ le lit en dortoir (masculin ou féminin) et de 140 R$ la chambre double, petit déjeuner compris. Wifi.

Diamantina propose une offre hôtelière mais peu d'hostel. Le Diamantina Hostel est la seule auberge de jeunesse de Diamantina qui, même si elle se trouve un peu loin du centre historique de la ville, a donc le mérite d'exister. Il ne faut pas s'attendre à du grand luxe, mais les dortoirs sont corrects, avec des lits superposés confortables (6 lits, hommes ou femmes) en bois aménagés de casiers, avec petit déjeuner correct compris dans le prix. Chambres doubles et familiales basiques mais propres. Salon et cuisine collective de la maison à disposition.

HOTEL JARDIM DO VALE €

Beco da Paciência, 149

✆ +55 38 3531 1095

hoteljardimdovale.com.br

Chambre double à partir de 230 R$, petit déjeuner compris. Wifi.

Si cet hôtel tout blanc ne possède pas de charme particulier, il offre cependant un bon rapport qualité-prix, et il est situé dans le centre. il est situé à quelques centaines de mètres d'une des cartes postales de la ville, le Mercado Velho (le vieux marché municipal). Les chambres sont confortables et équipées d'un réfrigérateur. Certaines ont un blacon qui donne sur la ville. La salle du petit déjeuner fait très austère mais bon, c'est propre et le petit déjeuner est très correct. Un bon compromis. Assez proche pour voir les « Vesperatas ».

POUSADA DO GARIMPO €€

Avenida da Saudade, 265

✆ +55 38 3532 1040

www.pousadadogarimpo.com.br

À partir de 340 R$ la nuit en chambre double, petit déjeuner compris. Wifi.

La pousada do Garimpo est un grand établissement de qualité et de bon standing, malheureusement un peu excentré, mais au superbe panorama sur le centre-ville et la Serra dos Cristais. Les chambres et les suites sont proposées en plusieurs catégories, « standard », panoramique supérieur, exécutif et master. La pousada est une valeur sûre à Diamantina, avec un personnel professionnel et compétent, même si le mobilier des chambres mériterait un relooking pour être à la hauteur des lieux. Piscine rafraîchissante et très bon restaurant : O Garimpeiro.

POUSADA RELIQUIAS DO TEMPO €€

Rua Macau de Baixo, 104

✆ +55 38 3531 1627

www.pousadareliquiasdotempo.com.br

Compter de 280 R$ la nuit en chambre double, 2 nuits minimum, avec petit déjeuner. Wifi.

Cette belle demeure familiale de 1850 porte superbement son nom. Vieux coffres, mobilier ancien, cheminée, chapelle, salon, vue sur la Serra de Cristais, il s'agit d'un véritable musée permettant de se plonger dans le passé colonial de la ville. La pousada compte 29 chambres de charme. Petite piscine, bain à remous et sauna à disposition des hôtes. Le très bon petit déjeuner est élaboré dans une cuisine à l'ancienne avec des produits *maison*. La meilleure adresse de Diamantina.

POUSO DA CHICA €€

Rua Macau da Cima, 129

✆ +55 38 3531 6190

www.pousodachica.com.br

À partir de 360 R$ la nuit pour 2 p, de 460 R$ pour 2 dans un chalet, 760 R$ pour 4 petit déjeuner compris. Wifi.

Pousada récemment rénovée en plein centre, qui a l'avantage d'être construite en style colonial ancien charmant tout en étant moderne, avec tout le confort souhaitable. Les chambres se divisent en appartements pour deux personnes dans la maison principale et en chalets individuels plus récents de 2 à 4 personnes, très mignons, dans le jardin. Bon confort (réfrigérateur, TV sat et certaines chambres équipées de climatisation, de sauna ou encore de bain à remous). Excellent buffet petit déjeuner. Un établissement à la hauteur de la beauté des lieux.

ESPAÇO B - LIVRARIA & CAFE €

Beco da Telca, 31

✆ +55 38 3531 6005

Librairie et café. du lundi au mercredi de 9h à 0h00, le vendredi et samedi de 9h à 2h. Snacks, quelques plats, bière

Belo Horizonte a le très charmant Café com Letras, Diamantina a l'Espaço B-Livraria & Café. Cet espace est un café-librairie très agréable. On peut y trouver quelques en-cas, tout en feuilletant quelques livres ou au son d'une agréable musique. Touristes, locaux, jeunes un peu hippies, un peu bobos s'y pressent et refont le monde autour d'une bière. Le mélange de nourriture de l'esprit et du corps y est forcément très appréciable. Excellents plats de pâtes et de viande.

APOCALIPSE RESTAURANTE €

Praça Barão Guaicui, 78

✆ +55 38 3531 3242

Cuisine brésilienne. Ouvert tous les jours de 11h30 à 15h30. Compter environ 40 R$ pour un repas complet.

Malgré son nom...C'est un bon plan pour le déjeuner ! Situé au premier étage d'un bel édifice, ce restaurant propose un buffet très bien garni (salades, viandes, garnitures, desserts), ainsi qu'un poste « viandes grillées ». Le tarif est évalué en fonction du poids de l'assiette (c'est un restaurant au kilo ou un buffet. La salle est agréable et spacieuse. C'est un self-service aux airs de restaurant sophistiqué. De la salle à manger, on a une jolie vue sur la place du Mercado Velho si on choisit une table proche des fenêtres.

O GARIMPEIRO €€

Avenida da Saudade, 265

✆ +55 38 3531 1044

Cuisine du Minas Gerais et internationale. Ouvert tous les jours de 18h à 23h. Compter entre 40 et 80 R$ le plat.

Le restaurant O Garimpeiro est le restaurant de la pousada do Garimpo. Il propose une cuisine régionale et internationale de qualité. La réputation du chef Vandecà va bien au-delà des monts désolés qui entourent Diamantina. Tous apprécieront sa cuisine mineira typique du terroir. De l'entrée au dessert, tous les convives sont convertis à l'art culinaire mineiro. Le typique Ora pro nobis prend ici une dimension de haute cuisine. La générosité se retrouve aussi dans les portions. Un plat pour deux suffit pour 3 ou 4 personnes. Superbe vue sur la vallée.

SUSHI BARROCO €€

Beco da Tecla, 61

✆ +55 38 3531 3792

Cuisine japonaise fusion. Ouvert tous les jours de 19h à minuit. Compter environ 60 R$ par personne.

Un restaurant qui semble faire l'unanimité dans la région. On est pourtant bien loin de la cuisine mineira, mais les Brésiliens savent apprécier ce qui est bon. Situé dans une petite rue, à côté du Recanto do Antônio, le Sushi Barroco est un restaurant « fusion » japonais, propose une large palette de sushis, sashimis et autres spécialités nipponnes, ainsi que des plats chauds. Le restaurant en lui-même, comme son nom l'indique, est agréablement situé dans une maison coloniale. Les prix sont un peu élevés, mais la qualité est présente.

CAFÉ A BAIÚCA

Rua da Quitanda, 13

✆ +55 38 3531 3181

Bar. Ouvert du lundi au mercredi de 8h à minuit, du jeudi au samedi de 8h à 2h.

L'un des seuls bars de la ville à fermer tard et qui possède une terrasse agréable sur la place. Ambiance populaire, bon choix de bières, d'alcools et également de la petite restauration et des snacks. On peut apprécier l'animation de la petite ville du circuit du diamant, autour d'une table posée dans la rue sur les pavés usés par le temps et le pas des hommes. De l'angle de la petite rue, on est en position idéale pour observer le souffle de la cité qui a vu naître Juscelino Kubistcheck. Les conversations se nouent facilement.

JOALHERIA PÁDUA

Rua Campos de Carvalho, 43

✆ +55 38 3531 1116

Souvenirs, artisanat. Ouvert du lundi au samedi de 9h à 16h.

La famille est installée dans ce magasin depuis 1988, mais la première génération d'orfèvres et joailliers de la famille Paduà s'est installée en 1888 à Diamantina. Dans ce magasin d'artisanat mineiro, on trouve des petites merveilles, notamment des bijoux magnifiques avec des fibres de coco et de l'or. Cette tradition multicentenaire, qui remonte au XVIIIe siècle dans le Minas est particulièrement maîtrisée par les artisans de la famille Paduà. D'autres boutiques proposent ce même type d'artisanat, comme la boutique Turismo ou Irmaos Fernandes.

OURO PRETO ★★★★

74 000 habitants. Altitude : 1 180 m. Le plaisir de déambuler dans les rues pavées d'Ouro Preto, ancienne capitale de l'État et patrimoine historique de l'humanité, peut justifier quasiment à lui seul un voyage au Brésil. Elle compte parmi les plus belles villes coloniales du continent. Construite par les esclaves africains, elle a été la première grande métropole du cycle de l'or et demeure, aujourd'hui encore le plus important ensemble architectural de l'époque baroque brésilienne. Les maisons coloniales sont les mêmes qu'à Paraty, avec leur premier étage spacieux, leurs fenêtres encadrées de fines grilles en fer forgé, mais elles sont infiniment plus nombreuses. Il s'y ajoute le charme des villages de montagne, des rues pavées et pentues, et des églises blanches surlignées d'une ocre jaune, qui dominent chaque colline, aux clochers qui s'élèvent au-dessus des toits de tuiles rouges… L'église São Francisco de Assis est particulièrement saisissante par la pureté de ses lignes. Pourtant, à l'image de l'État, la ville s'active et regarde également le futur. Ouro Preto est un centre universitaire réputé au Brésil. La topographie accidentée et l'écrin de montagne complètent ce décor de cinéma.

Histoire

En 1694, des bandeirantes s'abreuvant dans un ruisseau de l'Itacolomi, petite montagne locale, trouvent des pierres noires dans leurs gobelets. Examinés en ville, ces grains se révèlent contenir un or sombre. On met quatre ans à retrouver le gisement que l'on le nomme « or noir » ou Ouro Preto. Après épuisement du gisement du ruisseau, on draine les pentes de la montagne et le village se couvre progressivement de grandes demeures de pierre, vers 1750. Attirés par le foisonnement du lieu, de nombreux artistes et intellectuels, dont le célèbre sculpteur Aleijadinho, introduisent les idées de la philosophie des Lumières, relayées par des idéaux maçonniques. Vila Rica devient le premier foyer d'agitation indépendantiste du Brésil, l'Inconfidência mineira. Le chef de l'Inconfidência, Tiradentes, un dentiste, a été pendu, puis écartelé en 1792, avant de voir son rêve se réaliser. Après l'épuisement des filons en quelques décennies, la ville perd son statut de capitale et est oubliée du progrès pendant un siècle, préservant peut-être le site sous sa forme actuelle, protégé par son isolement géographique. Elle a été restaurée avec bonheur dès 1933 et apparaît aujourd'hui comme un trésor de l'humanité, véritable Rome baroque des Amériques.

BASÍLICA NOSSA SENHORA DO PILAR ✞ ★★

Praça Monsenhor Castilho Barbosa, 17
✆ +55 31 3551 4736
du mardi au dimanche : 9h-10h45 et midi-16h45. 10 R$. Messe de lundi à vendredi à 7h, samedi à 19h30 et dimanche à 19h.

La basilique Nossa Senhora do Pilar est la spectaculaire église du quartier du Pilar, dans la ville basse d'Ouro Preto. Elle a été construite entre 1711 et 1733. En plus de l'invraisemblable quantité d'or composant son autel central (plus de 400 kg au total !), la richesse des ornements, dorures et boiseries font de la basilique do Pilar le meilleur témoin du baroque brésilien. Avec l'église São Francisco, c'est l'autre visite incontournable de la ville. Musée d'art sacré au sous-sol.

CAPELA DO PADRE FARIA ✞ ★★

Rua Padre Faria
Ouverte du mardi au dimanche de 8h30 à 16h30. Entrée : 10 R$.

Construite de 1701 à 1704 dans un quartier populaire, c'est la plus ancienne église d'Ouro Preto, et la seule avec un campanile détaché de l'église. Derrière une façade simple constituée d'une porte discrète et d'un fronton sans fioritures, se cache une des églises les plus richement décorées d'Ouro Preto. L'intérieur est divisé en une nef unique avec un plafond voûté, deux autels, et une chapelle, où se trouve le retable principal, lourdement orné de dorures. Dans le cimetière se trouve une grande pierre pontificale en croix, unique dans tout le Minas Gerais.

IGREJA MATRIZ DE NOSSA SENHORA DA CONCEIÇÃO ✞ ★★

Praça Antonio Dias
✆ +55 31 3551 4661
Rouvre le 2 décembre 2022

La première chapelle de Nossa Senhora da Conceiçao a été construite en 1699. En 1707, on note sur les registres portugais d'outre-mer « la nomination du premier curé de la Freguesia de Nossa Senhora da Conceição de Vila Rica et de l'ancien quartier d'Antônio Dias », qui va être construite entre 1727 et 1760, dessinée par Manuel Francisco Lisboa, le propre père d'Aleijadinho. Les sépultures de ceux-ci sont dans l'église (celle d'Aleijadinho est sous l'autel de N.S. de Boa Morte).

MINAS GERAIS

IGREJA DE SÃO FRANCISCO DE ASSIS ✝ ★★★★

Rua Costa Sena
✆ +55 31 3551 4661
du mardi au dimanche de 8h30 à 12h, puis de 13h30 à 17h. Entrée : 10 R$, donne également accès au petit musée attenant

L'église São Francisco apparaît comme le joyau de la belle Vila Rica, celle qu'il faut visiter lors de son séjour. Si les églises d'Ouro Preto se ressemblent, par leur style baroque et leur blancheur surlignée d'ocre jaune, l'église São Francisco de Assis se distingue par son style particulier. Aleijadinho en aurait conçu les plans et sculpté la façade entre 1766 et 1794. On notera un bel équilibre entre les masses blanches et les sculptures de pierre à savon de la façade, ou la richesse des dorures des autels ; l'or ne surcharge pas tout, comme dans certaines églises de Salvador. On remarquera la maîtrise de la lumière, qui met en scène la statue placée derrière l'autel, juchée sur une sorte de pièce montée, en une lumière latérale savamment théâtrale. L'autel majeur est de style rococo. Les peintures pâles et contrastées du plafond en trompe-l'œil, courantes dans le Minas sont l'œuvre du peintre *Mestre* Manuel Ataíde. Les dimensions inhabituelles, les deux tours rondes en retrait, l'aspect convexe de l'ensemble, l'ondulation des murs de pierre sertis de panneaux blancs, la sculpture de façade en pierre à savon, la porte et les fenêtres créent un édifice vivant, original, touchant de simplicité, sur le point de s'ouvrir en corolles pour révéler quelque chose. Dans la sacristie, petit musée à la mémoire d'Aleijadinho (avec l'une de ses célèbres œuvres exposée, *Os quatro Leões de Essa*). L'une des deux plus belles églises de la ville (avec la Matriz do Pilar).

IGREJA MATRIZ DE SANTA EFIGÊNIA ✝ ★★★

Rua Santa Ifigênia – Alto da Cruz
Ouverte du mardi au dimanche de 8h30 à 16h30. Entrée : 12 R$ (couplé avec la Capela do Padre Faria).

L'église a été construite en 1733 par et pour les esclaves, grâce à l'or extrait de la mine de Chico Rei, roi congolais réduit en esclavage qui acheta sa liberté. Autel sculpté par Francisco Xavier de Brito, maître d'Aleijadinho. A l'intérieur une statue d'un pape noir et des détails de dessins de coquillages. Selon la légende, les esclaves cachaient de l'or dans leur cheveux avant d'aller se laver dans cette église pour contribuer financièrement à l'affranchissement des esclaves.

IGREJA NOSSA SENHORA DO CARMO ✝ ★★

Rua Brigadeiro Musqueira – Centro
Ouverte du mardi au dimanche de 9h à 11h et de 13h à 16h45. Messe le dimanche à 8h30. Entrée : 10 R$.

Édifiée en 1766, cette église est une des dernières réalisations architecturales de Manuel Francisco Lisboa, père de Aleijadinho. Le beau plafond clouté d'étoiles d'or a été peint par Manuel da Costa Ataide ; les statues de pierre, déjà vivantes, sont habillées de rouge et emperruquées. L'autel est de Aleijadinho. Le style est baroque rococo, avec des dorures plus discrètes. Fait rare dans le Minas Gerais, on peut voir des azulejos dans une des chapelles.

© AZGEK

Ville historique de l'Ouro Preto.

Igreja de São Francisco de Assis.

IGREJA NOSSA SENHORA DO ROSÁRIO DOS PRETOS ✝ ★★★

Largo do Rosário

Ouverte du mardi au dimanche, de 13h à 16h45. Entrée gratuite.

Édifiée en 1765 par et pour les esclaves, la décoration intérieure est simple, mais l'édifice est d'une forme tout en courbes, lui donnant une grâce particulière. Cette singularité n'a aucune explication technique ou stylistique. Les saints noirs sont honorés dans cette église qui leur est dédiée. La statue de sainte Hélène, dans une des chapelles, est attribuée à Aleijadinho. Facétie ou effet esthétique recherché, le visage de la sainte présente un côté masculin et un autre féminin.

MINA DO CHICO REI ★★★

Rua Dom Silvério, 108

✆ +55 31 3552 2866

Ouvert tous les jours de 8h à 17h. Entrée : 30 R$.

On ne peut quitter Ouro Preto sans visiter ce qui a fait sa légende, dans le sang, la sueur et les larmes du bois d'ébène. Au total, 1 500 m de galeries étroites et sombres, cadre inhospitalier au sein duquel les esclaves travaillaient pour en extraire l'or de la mine de Chico Rei. Ce roi congolais fut déporté comme esclave et a réussi à s'affranchir en rachetant sa liberté et même à acheter cette mine pour son propre compte. La visite s'adresse à des gens sportifs non claustrophobes, car les passages sont exigus dans la roche glissante.

MUSEU & CASA GUIGNARD ★

Rua Direita 110

✆ +55 31 3551 5155

www.museuguignard.mg.gov.br

Ouvert du mardi au vendredi de midi à 18h, samedi, dimanche et jours fériés de 10h à 15h. Entrée : 5 R$.

Cette petite maison de l'ancienne rue Direita transformée en musée est l'ancienne maison du célèbre peintre Guignard. Elle contient un fonds assez riche des toiles et dessins du peintre fluminense Alberto Guignard (1896-1962), amoureux d'Ouro Preto. L'observation de ces toiles permet de percevoir la véritable passion que l'artiste vouait à l'ancienne Vila Rica. Les paysages naturels et les maisons représentés sur les peintures subliment cette région et cette ville du Minas. on peut visiter virtuellement cette maison à eravirtual.org.

MUSEU CASA DOS CONTOS ★

Rua São José, 12

✆ +55 31 3551 1444

Ouvert du mardi au samedi de 10h à 17h, et le dimanche de 10h à 15h. Entrée libre.

Bâtiment construit de 1782 à 1787, et qui a été utilisé comme centre des impôts sur l'or, local de pesage et de fonte, puis également comme prison des Inconfidents. Il abrite aujourd'hui le Centre des études du cycle de l'or, le musée de la Monnaie, et dispose de galeries d'expositions de meubles et objets des XVIIIe et XIXe siècles, de collections numismatiques…, ainsi qu'une exposition effroyable au sous-sol sur les conditions de détention des esclaves. On y voit les instruments de torture, les chaînes et les boulets notamment.

MUSEU DA INCONFIDÊNCIA ★★

Praça Tiradentes, 139 – Centro

✆ +55 31 3551 1121

Ouvert de midi à 18h du mardi au dimanche. Entrée : 10 R$.

Construit en 1785, le musée servait de Chambre des députés et de prison. Il a été inauguré en 1944, en hommage aux Inconfidents de 1789. 13 salles richement dotées : sépultures de 9 des inconfidents, une salle dédiée au héros de l'Inconfidence, Tiradentes (on y voit sa croix de supplice, son instrument de dentiste, le livre de condamnation du martyr…), et une succession d'objets d'époques différentes : chaises à porteurs, tables du XVIIIe siècle, ciboires en argent massif, habits militaires en cour. Magnifique statue en bois de saint Georges, par Aleijadinho.

MUSEU DO ORATORIO ★

Adro da Igreja do Carmo, 28

✆ +55 31 3551 5369

www.museudooratorio.org.br

Ouvert tous les jours de 9h30 à 17h30. Entrée : 10 R$.

Le musée des oratoires est certainement un des musées les plus intéressants de la ville. Il abrite une très riche et étonnante collection d'oratoires de toutes sortes et de toutes tailles, souvent d'une finesse extrême. Certains sont en or presque pur. Cette collection de plus de 120 pièces, qui sont disséminées dans les 3 étages du musée, se trouve dans un joli petit bâtiment colonial à côté de l'église des carmes (Igreja do carmo). On peut trouver une intéressante documentation en français à l'entrée. Désormais rouvert au public.

TEATRO MUNICIPAL ★

Rua Brigadeiro Musqueira, 128

✆ +55 31 3559 3224

Ouvert du lundi au vendredi de 9h à 18h, samedi et dimanche de midi à 18h. Entrée libre.

L'Opéra de Vila Rica, aujourd'hui Teatro Municipal de Ouro Preto, est le plus ancien théâtre en activité du continent. Il a été construit en 1769 par João de Souza Lisboa et inauguré le 6 juin 1770, jour de l'anniversaire du roi José Ier. Les empereurs Dom Pedro I et II y disposaient d'une loge, en face de la scène.

Le théâtre était un élément très présent dans la vie quotidienne de l'époque. Chaque fête était un grand spectacle et le théâtre était le moyen le plus approprié d'exprimer le faste, l'opulence et la gloire de la puissante noblesse du XVIIIe siècle.

OURO PRETO TURISMO

Av Afonso Pena, 4273

✆ +55 31 3223 7484

www.ouropretoturismo.com.br

Cette agence est présente à Ouro Preto depuis près de 4 décennies et a fait du sérieux de ses prestations un de ses atouts majeurs. L'agence propose une large gamme de services : visites, déplacements, logements et informations générales sur la ville et les alentours. N'hésitez pas à jeter un coup d'œil sur leur site (en français) afin de connaître la multitude de services qu'offre ce réceptif. Les principales villes coloniales du Minas sont proposées, mais aussi ce plus grand musée d'art moderne à ciel ouvert du monde qu'est Inhotim.

SECRETARIA DO TURISMO - OURO PRETO

Rua Cláudio Manoel, 61

✆ +55 31 3559 3341

www.turismo.mg.gov.br

Ouvert tous les jours de 9h à 17h.

On distribue de bonnes brochures sur la ville et sur tout le Minas. Après la crise du Covid, la ville a rouvert ses bureaux de secrétariat du tourisme en présentiel et a beaucoup travaillé sur le développement de son bureau virtuel. Ainsi, on peut assez voir sur le site toute l'offre touristique et culturelle de la ville. C'est un véritable mini-guide très complet qui permet de bien préparer son séjour à Ouro Preto où « chaque jour est historique ».

AGTOP ★

Rua Padre Rolim – São Cristovão

✆ +55 31 3551 2655

Ouvert tous les jours de 8h à 20h. Comptez environ 80 R$ pour 4 heures de visite.

Il s'agit de l'association des guides de tourisme d'Ouro Preto, la plus ancienne du Brésil ! Une trentaine de guides disponibles pour découvrir plus en profondeur la ville et ses environs. A ouro Preto comme ailleurs, comme en Amérique latine, nous vous recommandons très fortement de ne travailler qu'avec des guides accrédités d'Ouro Preto ou de Mariana dont l'association vous fournira les noms. Les formations de guides de tourisme ou d'écotourisme garantissent un savoir, des connaissances idoines et des activités sécurisées et respectueuses de l'environnement.

GRANDTOUR OURO PRETO

Rua Barão de Camargos, 126

✆ +55 31 3552 1100

www.grandtour.com.br

Agence de voyage. Ouvert du lundi au vendredi de 9h à 18h30, le samedi de 9h à 13h.

Ouro Preto ne manque pas d'agences de voyages et de tourisme. Le Grantour Ouro Preto est une bonne option car il permet de réaliser entre autres, des séjours tout-en-un. C'est une très bonne agence gérée par le sympathique Claudio qui possède de nombreuses années d'expérience. Visite de Ouro Preto, circuits dans la région, circuit Estrada Real, Santuário do Caraça, excursion à Mariana, transports... les possibilités sont nombreuses. Le Grandtour est là pour proposer des séjours, des excursions, en simplifiant tout pour les clients.

KÉNYO MAXIMILIANO AZEVEDO ★

Rua A, 58 – Santo Antônio (A Mariana)

✆ +55 31 9 9901 6024

A partir de 20 R$ /personne pour des groupes de 20 personnes. Devis à demander

Cet excellent guide francophone exerce sa passion sur Mariana, Ouro Preto et le Minas Gerais plus largement. Fin connaisseur de l'art baroque, il saura montrer avec compétence et simplicité les splendeurs artistiques et architecturales de la région. Kényo est également un guide environnementaliste qui peut proposer des balades à cheval. Hautement recommandé. Bref, une autre pépite d'Ouro Preto. Kényo est assurément un des meilleurs guides de la région.

TREM DA VALE ★★

Praça Cesário Alvim - Barra
✆ +55 31 3551 7705
Vente billets du mercredi au dimanche de 8h30 à 17h.classique : 50 R$, 70 R$ A-R panoramique : 76 R$, 100 R$ A-R.

Le Trem da Vale fait le trajet entre Ouro Preto et Mariana, les deux villes coloniales jumelles, l'une succédant à l'autre comme capitale de l'Etat du Minas. Ce sont 18 km de voies ferrées, en environ une heure et plusieurs siècles d'histoire. Malgré une distance somme toute assez courte, ce train parcourt à basse allure les montagnes et offre de superbes paysages. La locomotive et les wagons ont été conçus artisanalement pour reproduire l'atmosphère surannée du train d'antan. Service de restauration à bord (boissons, snacks). Une belle balade !

RODOVIÁRIA DE OURO PRETO

Rua Padre Rolim, 16
✆ +55 31 3359 3225
Gare routière.

La *rodoviária* est à la sortie de la ville en direction de Belo Horizonte, en hauteur de la ville. Les principales destinations sont Belo Horizonte (1h55 de trajet, 32 R$, compagnie Pássaro Verde), Rio de Janeiro Novo Rio (8h de trajet de nuit, 92 R$, compagnie Util : www.util.com.br), São Paulo Tiete (11h, 172 R$, avec Util). De la *rodoviária* à la place Tiradentes compter 2,70 R$ en bus et environ 15 R$ en taxi. Recommandé. En effet, il est difficile de s'y rendre à partir de la place Tiradentes si on est chargé. On voit la ville d'en haut.

BRUMAS HOSTEL €

Rua Antônio Pereira, 43
✆ +55 31 3551 2944
www.brumashostel.com.br
A partir de 60 R$ le lit en dortoir et de 160 R$ pour une chambre double, petit déjeuner compris. Wifi.

Cette adresse a changé de lieu, mais propose toujours une réelle qualité d'accueil. Le Brumas Hostel est un bon compromis pour les vacanciers au budget serré mais qui recherchent un certain confort. Tout à côté de la Praça Tiradentes et à 300 m de la gare routière, le Brumas dispose de confortables chambres doubles ou familiales ainsi que des chambres communes d'une propreté irréprochable. Cuisine équipée commune, espace télévision, parking… Accueil chaleureux des propriétaires, Sonia et son mari, et de son équipe. Une valeur sûre et des prix vraiment corrects.

HOTEL COLONIAL €

Travessa Padre Camilo Veloso, 26
✆ +55 31 3551 3133
www.hotelcolonial.com.br
A partir de 375 R$ la double, 460 R$la triple et 556 R$/4, petit déjeuner compris. Wifi.

La situation de l'Hôtel Colonial est le point de départ idéal pour découvrir Ouro Preto, à quelques mètres de la place Tiradentes. Cette belle et grande demeure historique du XVIIIe siècle propose 18 confortables appartements tous bien équipés, répartis en trois catégories : standard, suite mezzanine, suite véranda. La suite mezzanine est idéale pour une famille nombreuse ou pour un petit groupe d'amis puisqu'elle peut recevoir jusqu'à 6 personnes. Le personnel est chaleureux et professionnel. Excellent rapport qualité-prix.

POUSADA HORTO DOS CONTOS €

Rua Padre Rolim, 244 ✆ +55 31 3551 7093
www.pousadahortodoscontos.com.br
À partir de 150 R$ pour une chambre double et de 200 R$ pour une triple, petit déjeuner compris. Wifi.

Située à 200 m de la place Tiradentes, la pousada Horto dos Contos est une excellente option pour se loger à moindre frais à Ouro Preto. Simples mais très bien entretenus, les huit appartements de la pousada sont divisés en trois catégories et permettent pour certains de recevoir jusqu'à six personnes, idéal pour une famille ou un groupe d'amis. Choisissez plutôt les chambres situées dans la maison du fond : plus silencieuses, elles disposent d'une très belle vue de la véranda. Une adresse compétitive qui vous réservera un accueil chaleureux.

POUSADA SÃO FRANCISCO €

Rua Padre Jose Marcos Pena, 201
✆ +55 31 3551 3456
A partir de 100 R$ en chambre pour une personne, à partir de 150 R$ chambre double avec véranda. Wifi.

Au-dessous de l'église São Francisco de Paula, cette *pousada*-auberge de jeunesse est une oasis dans un vaste jardin, une zone naturelle protégée. Si certains dortoirs sont sombres, les chambres situées à l'étage, certes simples, sont très agréables. De certaines, on peut observer ce magnifique spectacle qu'est Ouro Preto le soir. On est proche du cœur d'Ouro Preto, tout en étant en pleine nature. Les petits singes *sagui*, les colibris et les *lobo-guará* sculptés sont des hôtes des lieux. Les propriétaires sont à l'image des lieux, simples et accueillants.

TRILHAS DE MINAS HOSTEL €

Praça Antônio Dias, 21 ✆ +55 31 3551 6367
www.trilhasdeminashostel.com
A partir de 120 R$ la chambre double. 75 R$ et dortoir de 4. Wifi.

Cette auberge de jeunesse propose un dortoir de 6 lits, un de 4 lits et une chambre double. Les étudiants à Ouro Preto logent dans des résidences autogérées appelées « Republicas ». La Trilhas de Minas est installée dans une ancienne *república* et l'atmosphère de convivialité est restée. Les jeunes gérants tiennent leur établissement d'une main de maître. Tout est propre, agréable, fonctionnel. Le côté rock'n'roll et calme perdure et garantit un bon séjour. Même le chat des lieux est sympathique ! Une découverte comme on les aime !

POUSADA CLÁSSICA €€

Rua Direita, 96
✆ +55 31 3551 3663
www.pousadaclassica.com.br
A partir de 398 R$ la chambre double, petit déjeuner compris. Wifi.

La pousada Clàssica est une charmante demeure baroque aux couleurs bleues et blanches, équipée avec tout le confort moderne. Elle est idéalement située dans la rue principale, à peu de distance de la place Tiradentes. Accès facile à tous les points d'intérêt de la ville. Les chambres disposent d'un excellent standing et ont été refaites et repensées il y a peu. Les suites (luxe, master, senior, premium) sont toutes agréables et fonctionnelles. Le buffet du petit déjeuner est très agréable. Accueil sympathique, une bonne adresse. Pratique, le garage et l'ascenseur.

HOTEL SOLAR DE MARIA €€

Rua Tomé Afonso, 111 - Água Limpa
✆ +55 31 3551 3150
www.hotelsolardemaria.com.br
A partir de 354 R$ la chambre double, petit déjeuner compris. Wifi.

Une excellente adresse à quelques pas de l'église de Nossa Senhora do Rosário. Installé dans une belle demeure coloniale récemment restaurée, l'hôtel Solar de Maria propose 22 grands et confortables appartements aux couleurs bleue et blanche de la ville. Les boiseries au sol et au plafond, l'escalier également en bois nous projette à l'époque aurifère d'Ouro Preto. La salle du petit déjeuner offre un charme suranné. Les services proposés sont complets et de qualité : piscines, parking… L'hôtel dispose d'une chambre pour personne à mobilité réduite.

POUSADA DO OUVIDOR €€

Praça Antônio Dias, 99
✆ +55 31 3551 1164
www.pousadadoouvidor.com.br
Chambre double à 250 R$, double Superior à 260 R$, triple à 290 R$ et quadruple à 370 R$, petit déjeuner compris. Wifi.

Agréable pousada familiale située au pied de l'église de Nossa Senhora da Conceição. Cette élégante maison coloniale, restaurée avec soin, est une oasis de confort et de quiétude. Les 16 appartements sont grands et décorés avec goût. Certaines chambres offrent une vue sur l'église de Santa Efigênia ou sur le pont Antônio Dias. De copieux petits déjeuners *maison* sont servis, faisant la part belle aux spécialités culinaires de la région. L'établissement dispose d'un petit salon de thé, restaurant le soir. Belle adresse à l'excellent rapport qualité-prix.

POUSADA ABIGAIL CONDÉ €€

Rua José da Rocha Filgueiras, 72 - Alto das Dores
✆ +55 31 3551 4141
www.abigailconde.com.br
Compter de 170 à 350 R$ la chambre double, selon saison et catégorie, avec petit déjeuner et thé. Wifi.

Sur les hauteurs de Ouro Preto, à moins de 900 m de la place Tiradentes, la pousada Abigail Condé est une belle maison coloniale de 12 vastes et confortables appartements répartis en 3 catégories : standard, luxe et super luxe. Toutes les chambres sont bien équipées et disposent d'un ventilateur, d'un frigo-bar, de la télévision, d'un téléphone… Les chambres luxe possèdent une vue sur le centre historique. La grande baie vitrée de la salle à manger offre elle aussi un panorama imprenable sur la ville. Buffet copieux et varié au petit déjeuner. Une adresse sûre.

POUSADA DOS MENINOS €€

Rua Aleijadinho, 89
✆ +55 31 3551 3722
www.pousadadosmeninos.com.br
A partir de 420 R$ pour 2 personnes. Petit déjeuner compris. Wifi.

La Pousada dos Meninos est une adresse agréable d'Ouro Preto à moins de 5 minutes de la place Tiradentes et à côté de l'église Notre-Dame-de-la-Conception. Les chambres blanches sont meublées avec un réel raffinement. Les boiseries et le bleu des fenêtres complètent cette harmonie des couleurs. Chaque chambre possède une peinture du peintre Romero Britto qui donne lui donne son nom. Le petit déjeuner est à lui seul une aventure gustative. Les deux *meninos* propriétaires les lieux s'évertuent à rendre le séjour des hôtes le plus réussi possible.

POUSO DO CHICO REI €€

Rua Brigadeiro Musqueira, 90 ✆ +55 31 3551 1274
www.pousodochicorei.com.br
à partir de 250 R$ chambre double avec salle de bains partagée et 320 R$ avec sdb privative. Avec petit déjeuner Wifi.

Cette agréable demeure coloniale est l'une de ces adresses que l'on aime ! Le Pouso est une pousada au charme intemporel, en plein centre historique. Des hôtes illustres comme Vinicius de Moraes, Jorge Amado, Simone de Beauvoir ou Burle Marx ont laissé leurs noms aux 9 chambres. Les appartements offrent une vue privilégiée sur Ouro Preto. Le petit déjeuner en formule buffet est servi dans la salle à manger, autour d'une grande table commune. Les propriétaires et le personnel accueillent les hôtes avec une gentillesse et une qualité de service appréciable.

SOLAR DAS LAJES €€

Rua Conselheiro Quintiliano, 604 - Lajes
✆ +55 31 3551 3388
www.hotelsolardaslajes.com.br
A partir de 205 R$ la chambre double, petit déjeuner compris. Wifi.

Le Solar das Lajes est une autre des merveilles hôtelières de l'antique Vila Rica. Cette grande et belle demeure a été construite en 1690 au-dessus de plusieurs mines d'or ; l'une est toujours accessible. À quelques centaines de mètres de la place Tiradentes, le Solar das Lajes est enveloppé d'un écrin de verdure d'un hectare. Ses belles chambres reproduisent une ambiance d'époque dans un confort moderne. Dans la suite master, on disposera d'une baignoire avec hydromassage. Les chambres luxe et master offrent une vue époustouflante sur Ouro Preto.

VILA RELICÁRIO €€

Av. das Andorinhas, 2525
✆ +55 31 994943423
vilarelicario.com
A partir de 588 R$ la chambre double, petit déjeuner compris. Wifi.

A 20 minutes du centre historique de Ouro Preto, cet hôtel fazenda récemment ouvert propose un hébergement unique à Ouro Preto. En pleine campagne, ce corps de ferme remanié par Mauricio, un amoureux d'antiquités, est un vrai musée, avec un jardin d'hiver. Les chambres et chalets sont meublés style colonial. La vue est superbe, avec les montagnes à 360°. Possibilité de déjeuner et dîner sur place, avec de bons produits du terroir. La magie d'Ouro Preto se décline ici dans sa version « rustique ». A essayer si on veut une aventure un peu différente.

HOTEL DO TEATRO €€€

Rua Costa Sena, 307
✆ +55 31 3551 7000
www.hoteldoteatro.com.br
A partir de 430 R$ pour une chambre double, petit déjeuner compris. Wifi.

Magnifique et élégante demeure des années 1880 de style chalet, ouverte aux visiteurs en 2009 et située en face de l'église Nossa Senhora do Carmo, l'hôtel est un magnifique édifice. L'hôtel compte seulement 8 confortables appartements parfaitement équipés. Tous sont luxueux, spacieux et décorés avec goût d'un authentique mobilier 1900. Certaines suites disposent d'une vue extraordinaire sur l'église. En fin d'après-midi, comme il est de coutume dans le Minas Gerais, l'établissement offre un thé accompagné de délicieux gâteaux. Une adresse authentique de standing.

HOTEL SOLAR DO ROSÁRIO €€€

Rua Getúlio Vargas, 270 - Rosário
✆ +55 31 3551 5040
www.hotelsolardorosario.com.br
A partir de 570 R$ la chambre double, petit déjeuner compris. Wifi.

L'hôtel Solar do Rosario est une magnifique demeure coloniale, réplique de l'ancien hôtel Monteiro du XIXe siècle qui fonctionnait sur le même lieu. Aujourd'hui, le Solar do Rosário est assurément un des hôtels les plus sophistiqués de la ville. Dans les 41 chambres, la décoration met en valeur l'histoire locale. Le propriétaire a pris soin de conserver des vitraux originaux. Le charme opère dans les chambres, les jardins, les piscines et le restaurant qui se positionne comme une des meilleures tables de la région. La cave à vin ferait pâlir d'envie un sybarite !

POUSADA DO MONDEGO €€€

Largo de Coimbra, 38
✆ +55 31 3552 7700
www.mondego.com.br
A partir de 1 500 R$ la chambre double, en fonction de la catégorie et de la saison, petit déjeuner compris. Wifi.

À côté de l'église São Francisco de Assis, image d'Épinal d'Ouro Preto, la Pousada do Mondego est sise dans une superbe demeure coloniale de 1747, que le propriétaire a restaurée avec passion pendant 14 ans. Inaugurée en 1988, elle présente désormais un très beau mobilier typique mineiro, et une collection d'art brésilien (œuvres de Guignard, Marchetti, Visconti). De la terrasse, on a une vue magnifique sur le pic d'Itacolomi. On y trouve un bar, le Bistrô Conimbriga pour dîner. La grande classe, l'une des meilleures adresses de la ville.

ADEGA OURO PRETO €

Rua Teixera Amaral, 24

✆ +55 31 3551 4171

Cuisine mineira, pizzeria. tous les jours de 11h30 à 15h et de 18h à 22h. environ 60 R$ à la carte. Buffet midi à 45 R$.

Cuisine régionale traditionnelle et italienne. Cette maison du XVIIIe siècle aux fines colonnes de pierre, et décorée d'affiches de vins français, abrite un restaurant intéressant. Les mets, savoureux, présentent une simplicité de bon aloi : trigo, taboulé ou bananes en crème, excellent poulet aux oignons et champignons, poisson léger en chemise de tomate et saucisses aiguillées d'oignon. Buffet le midi, plat à la carte au dîner. On peut emporter des plats. Les étudiants apprécient cette dernière option, au bon rapport qualité/prix.

CHOPP REAL €

Rua Barão de Camargos, 8

✆ +55 31 3551 1584

Cuisine brésilienne. du lundi au jeudi de 15h à 0h00, du vendredi au dimanche de midi à 0h00. environ 50 R$/ repas.

Le Chopp Real est une adresse idéale pour boire un verre ou s'attarder autour d'un plat, dans un cadre convivial en plein cœur du centre historique d'Ouro Preto. Côté plats, l'établissement propose à la carte aussi bien des spécialités régionales comme un Tutu a Mineira ou bien un Feijao Tropeiro mais aussi de délicieuses viandes et poissons grillés ainsi qu'une cuisine internationale (risottos, pâtes, pizza…). Laissez-vous tenter par la picanha, vous ne serez pas déçus ! Le service du Chopp Real est efficace et l'accueil chaleureux. Musqiue tous les soirs.

PIZZARIA SATÉLITE €

Rua Direita, 97

✆ +55 31 3551 4625

Cuisine brésilienne, pizzeria, fast food, bar. Ouvert tous les jours de 11h à 2h. Compter environ 25 R$ pour un repas.

Le cadre n'est pas très avenant pourtant les locaux s'y pressent ! Le menu propose des pizzas, des burgers et des plats ainsi qu'une carte de boissons (bières, cachaça) à prix plancher. Ambiance festive et conviviale. On apprécie ce côté d'Ouro Preto qui rappelle la vie bohème et étudiante. Les plats de pommes de terre qui dégoulinent de fromage, des pizzas généreusement garnies, mais aussi de sympathiques petits sandwiches... vous l'aurez compris, on n'est pas dans un établissement « nouvelle cuisine », mais c'est simple, efficace et convivial.

BENE DA FLAUTA RESTAURANTE E CAFÉ €€

Rua São Francisco de Assis, 32

✆ +55 31 3551 1036

www.benedaflauta.com.br

Cuisine brésilienne et internationale. Ouvert tous les jours de midi à 23h30. environ 80 R$ pour un repas, 50 R$ buffet.

Situé dans une superbe et vaste demeure coloniale, le restaurant Bene Da Flauta, du nom d'un grand artiste d'Ouro Preto, propose tous les grands plats classiques de la cuisine du Minas Gerais comme le torresmo, le tutu mineiro ou le feijao tropeiro, bien concocté. Il dispose de l'une des plus belles caves de la région où vins brésiliens, chiliens ou argentins côtoient de belles références de cachaça. La salle du premier étage offre une superbe vue sur la ville.

CAFÉ GERAES - ESCADABAIXO BAR COZINHA €€

Rua Direita, 122

✆ +55 31 3551 5097

www.opassopizzajazz.com/escadabaixo

Cuisine internationale. de mercredi à lundi de midi à 0h00. de 50 à 120 R$ le repas.

Dans un cadre romantique à la touche rétro bien agréable, les plats de pâtes maison (succulents au demeurant) vous sont servis sur des sous-plats en forme de 33 tours ! Excellent confort et jolie carte de vins. Petits concerts de piano-jazz en soirée. Une excellente adresse ! En descendant les petits escaliers on accède à « Escada Baixo », une belle surprise ! Le bar propose une ambiance moderne plutôt rock, avec une petite cour très cosy, et un menu simplifié. Recommandé.

CASA DO OUVIDOR €€

Rua Direita, 42

✆ +55 31 3551 2141

www.casadoouvidor.com.br

Cuisine mineira. Ouvert tous les jours de 11h à 15h et de 19h à 22h. Compter environ 100 R$ pour un repas.

Depuis prés de 40 ans, la Casa do Ouvidor a établi ses quartiers sur la « rua direita ». En plein cœur d'Ouro Preto, au premier étage d'un bel édifice de la rue Direita que les propriétaires ont totalement reconstruit, l'élégante maison propose une carte avec des plats typiques (tutu et feijao tropeiro, pour deux) et d'autres plaisirs aussi goûteux que conséquents (filet à la mode de la maison, risotto de poulet…). L'Intérieur est très cosy. L'une des toutes meilleures tables de la ville ! Le service est à la hauteur des lieux.

O PASSO PIZZA JAZZ €€

Rua São José, 56
+55 31 3552 5089
www.opassopizzajazz.com/passo
Cuisine internationale, pizzeria. du lundi au jeudi de midi à minuit, jusqu'à 2h le we. environ 80 R$ le repas complet.

Le restaurant Passo est une pizzeria « jazz » de très bonne facture, avec ses terrasses surplombant un jardin, dans une belle demeure du XVIIIe siècle. Une ambiance feutrée à peine rehaussée, le soir, par la lumière des bougies et où s'égrènent quelques notes de jazz. Une carte originale, à la hauteur des lieux. Bonne carte des vins. Dans une des salles, on dîne au milieu de centaines de bouteilles. L'une de nos adresses préférées à Ouro Preto. Concert de jazz le jeudi et vendredi à 20h et le dimanche à 13h si le temps le permet. Se couvrir l'hiver.

RESTAURANTE CONTOS DE RÉIS €€

Rua Camilo de Brito, 21
+55 31 3551 5359
Cuisine mineira. lundi à dimanche de 11h30 à 16h, carte du mercredi au samedi de 11h30 à 22h (17 de dimanche à mardi).

Situé à 100 m de la place Tiradentes, le restaurant fonctionne dans l'ancienne partie réservée aux esclaves (la senzala, généralement située en bas, sous la partie réservée aux maîtres) d'une vieille demeure de 1772. Sur les murs est accroché tout un tas d'objets anciens. Le restaurant présente un buffet gargantuesque pour le déjeuner et un très bon choix de plats régionaux à la carte (feijao tropeiro, poulet à l'ora pro nobis, tutu mineiro). Une bonne adresse.

TABERNA CAPRICHO ASTURIANO €€

Rua Violeta, 79 - Santo Antônio do Leite
+55 31 3553 4110
www.caprichoasturiano.com.br
Cuisine brésilienne & espagnole. Compter 100 R$ ou plus pour un repas complet.

Ce restaurant, situé dans la fazenda-pousada du même nom, propose une très bonne cuisine méditerranéenne à base de produits locaux issus de l'agriculture biologique. Le propriétaire asturien est en passe de réussir un pari audacieux, allier sophistication et terroir dans la cuisine qu'il propose. Du pain au café, en passant par le confit de canard à la sauce orange ou la tarte au citron meringué, tout y est réalisé avec une recherche permanente du goût et de la qualité.

SENHORA DO ROSÁRIO €€€

Rua Getulio Vargas, 270 – Rosário
+55 31 4042 8368
Cuisine brésilienne fusion. Ouvert tous les jours de 7h à 22h30. Compter un peu plus de 180 R$ un repas complet.

Le restaurant Senhora do Rosario est aujourd'hui la table la plus sophistiquée de la ville. Les entrées sont travaillées avec finesse (crème de légume ou cappuccino de champignon) et les plats, souvent des classiques revisités. Bien sûr, le traditionnel Roméo et Juliette (fromage accompagné de confiture de goyave) y a ici une place de choix et une saveur particulière. La cave est particulièrement soignée, le sommelier a tenté de promouvoir le vin et sa dégustation en proposant des bouteilles de qualité à des prix abordables. Le vin est également proposé au verre.

ACASO 85 SCOTCH BAR

Largo do Rosário, 85 - Rosário
+55 31 3551 2397
www.acaso85.com.br
Bar-restaurant. Ouvert TLJ de 11h30 à 15h, buffet entre 40 et 50 R$. du mardi au dimanche à partir de 18h30. à la carte.

Bar et restaurant depuis 1991, à côté de l'église de Rosário, l'Acaso 85 est un lieu incontournable pour les noctambules, qui refont le monde au sein du beau patio intérieur. Les murs faits de galets noirs roulés dans les rivières du Minas, le plafond de 8,5 mètres de haut donnent au lieu une atmosphère évoquant les légendes d'Ouro Preto et se marient fort bien à la magie des lieux. Bonne musique live les fins de semaine. Le vin de différents pays, la bière et la cachaça sont à l'honneur. Une adresse qui ne déçoit pas les amateurs de bars de caractère.

BAR BARROCO

Praça Prefeito Amadeu Barbosa, 81 - Barra
+55 31 3551 3032
Bar-restaurant. Ouvert de lundi à samedi de midi à 2h.

C'est le bar incontournable des étudiants des universités d'Ouro Preto, à l'ambiance alternative... Forcément, on y refait le monde dans une ambiance rock, chaises en bois, graffiti sur les murs. Cheveux longs (mais heureusement, les idées aussi longues que les cheveux), barbes et habits noirs, l'ambiance hippie a survécu dans ce petit coin germanopratin des tropiques. On y trouve de la bonne bière pas cher et excellentes *coxinhas*. On sort des bars à touristes pour rencontrer une des composantes importantes de la ville : les étudiants.

CAFETERIA E LIVRARIA-CENTRO CULTURAL E TURISTICO

Praça Tiradentes, 4
✆ +55 31 3551 5220
Café, librairie et centre culturel. Ouvert tous les jours de 8h à 19h.
Ce café renvoie à l'origine « culturelle » des cafés dans la France des Lumières. Ce lieu est en effet au cœur de l'espace culturel de la ville. Les vieilles pierres apportent un petit supplément d'âme au ***pão de queijo*** et/ou aux bons expressos servis sur le zinc local. On peut aussi se rafraîchir avec une bière ! Très agréable établissement, aux beaux murs de briques, situé au sein du centre touristique d'Ouro Preto. Café et librairie unis, tel un profane remerciement à la culture.

ÓPERA CAFÉ

Rua Direita, 79
✆ +55 31 3552 2527
Salon de thé, café, pâtisserie. Ouvert du mardi au dimanche de 10h à 20h et le lundi de 13h à 20h.
Un lieu parfait pour faire une pause et repartir de plus belle serpenter les ruelles pentues de la ville ! L'Ópera Café est le café-restaurant de l'agréable pousada Solar do Opera. Ambiance distinguée dans cet établissement qui propose du café (expresso et mineiro), des thés, des pâtisseries fines et des snacks. les pains et les gâteaux sont faits par Dona Marilene. Les plats cuisinés sont l'œuvre de Dona Odilia. Les personnes hébergées à l'hôtel Solar do Opera y prennent avec bonheur leur petit déjeuner quotidien. Une belle adresse.

CACHAÇARIA MILAGRE DE MINAS

Praça Tiradentes, 130
✆ +55 31 3551 5531
Ouvert tous les jours de 9h à 17h30.
Cette « cachaceria » (magasin de cachaça, l'alcool local) porte bien son nom « miracle de Minas ». Cette belle boutique propose une gamme infinie de cachaças, de liqueurs, de chocolats locaux, d'articles de pierre à savon, de condiments. Ce n'est pas un piège à touristes, mais bien un concentré de produits de qualités « made in Minas » qui se présente, comme une pêche miraculeuse. Un lieu incontournable pour faire les achats avant de quitter la belle Ouro Preto.

CHOCOLATES OURO PRETO

Praça Tirandetes, 111
✆ +55 31 3551 3213
www.chocolatesouropreto.com.br
Chocolaterie, salon de thé. Ouvert tous les jours de 9h à 19h.
Comme la Finlandaise Penedo pour l'Etat de Rio, Ouro Preto est la capitale du chocolat du Minas Gerais. Depuis plus dix ans, cette chocolaterie propose toutes sortes de pâtisseries. Il y a désormais deux adresses à Ouro Preto, l'un sise 66 rue de Getúlio Vargas et l'autre sur la place Tiradentes. Au-delà du chocolat, on peut se délecter d'un café à la cardamome, d'un café liégeois, de petits gâteaux (en français dans le texte), de glaces et d'autres plaisirs salés au poulet et aux cœurs de palmier. Un très bon endroit pour une petite pause gourmande.

ELIAS LAYON - ATELIÊ DO ROSÁRIO

Rua Getúlio Vargas, 251 – Rosário
✆ +55 31 3551 6577
www.eliaslayon.com.br
Cet artiste sculpte des saints et peint des scènes bibliques et des paysages embrumés dont la réputation a largement dépassé les monts du Minas, à juste titre. On dit dans le milieu artistique de l'ancienne Vila Rica, qu'aller visiter l'atelier d'Elias Layon avant de visiter la première capitale du Minas Gerais. Les brumes omniprésentes dans les peintures du maître vont teinter de poésie permanente la vision que le voyageur, d'ici ou d'ailleurs, aura de la ville d'Ouro Preto.

MERCADO DO ROSÁRIO

Rua Getúlio Vargas - Rosário
Tous les samedis, de 10h à 19h.
Ce marché aux puces d'antiquités, vinyles, bijoux, artisanat, accessoires, avec stands de nourriture et musique se tient tous les samedis. Les marchés d'Ouro Preto prennent toujours une dimension particulière, coincés entre majesté des églises baroques et magie des brumes matinales. Friperie, foodbike, boutique des restaurants Hannah et Senhora do Rosario...sur le circuit du chemin secret du Rosario, l'ambiance est festive et éclectique. Bobos, touristes, hippies vendant des pierres énergisantes, peintres...Un dépaysement assuré.

MERCADO RUA SÃO JOSÉ

Rua São José

Tous les dimanches de 10h à 18h.

Tous les dimanches, le marché « art et gastronomie » se déploie sur les pavés de la rue São José, avec au programme des artistes de rue, des cortèges de jazz, des stands d'art et d'artisans et des restaurants qui dressent des tables sur le pavé pour l'occasion.Cette rue commerçante historique retrouve son visage d'antan et est fermée aux voitures et les piétons peuvent alors profiter de ce véritable corridor culturel. Les artistes et les artisans exposent leurs produits et les bars et restaurants dressent leurs tables sur les trottoirs.

PASSAGEM DE MARIANA ★

Passagem de Mariana est une petite commune d'environ 3 500 habitants, située entre Mariana et Ouro Preto. Le principal attrait de ce village sont les mines de Passagem, d'anciennes mines d'or qui ont été exploitées de 1720 à 1990. La taille de ces galeries est impressionnante (plusieurs kilomètres carrés). Il suffit de prendre un des nombreux bus reliant Ouro Preto à Mariana pour accéder aux mines. La visite des mines fait partie des activités incontournables de la région. On peut descendre dans cette impressionnante exploitation aurifère grâce à un chariot à crémaillère. On visite ensuite avec un guide les galeries pour mieux les imaginer en activité.

MINAS DE PASSAGEM ★★

Entre Ouro Preto et Mariana

✆ +55 31 3557 5000

www.minasdapassagem.com.br

Ouvert de 9h à 17h30 tous les jours. Entrée : 62 R$ (mais tentez de marchander car c'est cher !).

C'est la plus ancienne mine du Minas Gerais ! Depuis le début de son exploitation au XVIIIe siècle, près de 35 tonnes de métal précieux ont été extraites ici. La descente dans les galeries souterraines se fait en chariot qu'utilisaient les mineurs, le long d'une galerie de plus de 300 mètres, jusqu'à 120 mètres de profondeur. On peut y voir les chapelles dédiées aux saints protecteurs des esclaves noirs mineurs ainsi qu'un lac naturel. La température de l'eau y est stable tout au long de l'année. Un guide accompagne la visite d'intéressantes explications.

MARIANA ★★

58 000 habitants. Mariana, que la proximité d'Ouro Preto occulte trop souvent, est une des perles coloniales du Brésil, à l'héritage baroque superbe et dense, et où la vie semble avoir conservé la douceur de vivre de l'époque dorée des fastes aurifères.

Pourtant, Mariana mérite qu'on s'y arrête pour sa riche histoire et son patrimoine architectural civil et religieux. D'après l'histoire locale, Mariana est la première ville fondée au Minas Gerais. Le 16 juillet 1696, des bandeirantes de São Paulo, à la recherche de métaux précieux, fondent Mariana, sur les berges d'un fleuve aurifère. La création du petit hameau, qui prend d'abord le nom de Arraial do Ribeirao do Carmo, scelle la naissance de l'Etat des « Mines Générales », ou Minas Gerais. Sa rapide prospérité permet d'élever la cité au rang de « Leal Vila » puis, en 1743, le sergent et architecte José Fernandes Pinto de Alpoim est envoyé par le roi du Portugal pour planifier le tracé du futur évêché et première capitale du Minas Gerais. Deux ans plus tard, la ville de Mariana naît, en hommage à la Reine Dona Maria Ana D'Austria, épouse de Dom João V. L'apogée de la ville ne survivra pas au tarissement progressif des mines d'or et Mariana entrera dans une longue période de torpeur. De cette période dorée, il reste une remarquable richesse architecturale, et notamment de nombreuses églises dans le plus pur style baroque *mineiro*. Cette beauté endormie inspira le poète Alphonsus de Guimaraes, compositeur de l'« Hymne de Mariana », comparant la ville à une princesse qui s'éveille et annonce qu'elle veut récupérer la splendeur de son trône !

Le 16 juillet a été choisi comme le jour de l'État du Minas Gerais et, depuis 1980, toutes les années à cette date, la capitale de l'État est symboliquement transférée à Mariana pour un jour, avec force musique et festivités.

Le drame du 5 novembre 2015 n'a pas affecté directement la ville de Mariana, mais une municipalité située à 15 km.

Aujourd'hui, Mariana est un havre de paix où l'on peut admirer les riches églises baroques et les œuvres de l'Aleijadinho et de Mestre Ataide. Sa taille raisonnable permet de la parcourir à pied, de s'arrêter sur ses places ombragées, et de goûter aux plaisirs de ses tables. Bien desservie par rapport à Ouro Preto, c'est une escapade idéale d'une demi-journée, que l'on peut combiner avec la visite des mines de Passagem, qui ne sont plus en activité mais qui montrent l'importance de l'activité extractive.

Catedral Basilica da Sé.

CASA DA CÂMARA E CADEIA ★

Praça João Pinheiro

Ouvert tous les jours de 9h à 18h.

Si Mariana est moins réputée qu'Ouro Preto pour découvrir l'art baroque mineiro, elle n'en reste pas moins une ville d'une grande richesse patrimoniale. La casa da camara (hôtel de ville) est un superbe édifice à vocation politique et administrative. La partie basse était constituée d'une *cadeia* (prison) pour les esclaves. La fameuse pierre à savon participe ici de la beauté du bâtiment. Ce bâtiment s'inscrit dans un riche et esthétique complexe architectural, où deux églises baroques, font face à un lieu du pouvoir temporel et à un des rares piloris du pays.

GRUTA DE NOSSA SENHORA DA LAPA ★

Rua da Lapa, 2

Entrée : 4 R$. Ouverte du mardi au dimanche de 8h à 12h et de 13h à 17h.

La grotte de Nossa Senhora da Lapa est une véritable Lourdes locale. Cette cavité, ancienne cache pour les esclaves Marrons, et où serait apparue la Vierge Marie, est visitée par des milliers de personnes le 15 août. L'église est construite à l'entrée de la grotte et de très nombreux fidèles et pèlerins prient sur le parvis de cette église rupestre. Les environs sont alors envahis par des étals de marchands ambulants. Le village traversé est également un ancien *quilombo*.

CATEDRAL BASILICA DA SÉ ✞ ★★

Praça Claudio Manoel

✆ +55 31 3557 1216

Ouvert de lundi à vendredi de 9h à 18h, samedi de 9h à 12h.

Construite durant la première moitié du XVIIIe siècle et inaugurée en 1760, c'est l'église la plus ancienne de la ville. Son intérieur est richement décoré par Aleijadinho et Manuel da Costa Ataide, dans le plus pur style du baroque Mineiro. Plus connue sous le nom de cathédrale de Mariana, sa principale richesse réside dans la décoration intérieure, qui possède l'un des ensembles les plus sophistiqués de sculptures de l'époque coloniale taillées dans le bois à l'aide d'instruments tels que le ciseau.

Vue de l'extérieur, la Sé présente une conception architecturale modeste et sobre, qui rappelle certaines constructions jésuites de la côte brésilienne, moins riche qu'à l'époque coloniale. Audessus du portail d'entrée, deux fenêtres avec balcons et parapets apparaissent, et juste audessus, les deux tours pour les cloches.

La superbe décoration architecturale de la chapelle principale met en exergue le haut niveau de raffinement atteint par les architectes du Minas Gerais au milieu du XVIIIe siècle. L'une des attractions est l'orgue allemand Arp Schnitger, construit en 1701 et installé en 1753. L'autel principal est orné en son centre d'une toile représentant l'Assomption de la Vierge Marie. Les autels latéraux de la nef, à l'exception de celui de Santa Barbara, sont dans le même style que l'autel principal, avec des détails décoratifs tels que l'Atlantis (statue à figure d'homme). Ces autels sont consacrés à saint Jean l'Évangéliste, saint Pierre, saint François, Seigneur des marches et aux saints Barbara, Luzia et Antonio.

IGREJA DE SÃO PEDRO DOS CLÉRIGOS ✞ ★

Rua Dom Silvério - Colina de São Pedro

Ouverte du mardi au samedi de 9h à midi et de 14h, le dimanche de 9h30 à midi. Entrée : 5 R$.

Cette église baroque domine la ville du haut de la colline de São Pedro. Elle a été dessinée par Antônio Pereira de Sousa Calheiros, également responsable de l'église Nossa Senhora do Rosário à Ouro Preto. C'est l'une des trois églises baroques du Minas dont le plan est arrondi, une caractéristique révolutionnaire pour l'époque. L'autel fait montre d'un travail de sculpture sur bois élaboré, et il abrite une statue de saint Pierre de grande taille et d'exécution sophistiquée.

IGREJA SÃO FRANCISCO DE ASSIS ✞ ★

Praça Minas Gerais

8h30-12h et 13h30-16h.

Construite entre 1764 et 1793. Manuel da Costa Ataide, peintre illustre de la ville, y repose. On y trouve deux peintures du *Mestre* dont une avec un trompe-l'œil surprenant par l'illusion produite. Fin 1763, la première pierre est posée. En 1777, la chapelle principale, la sacristie et la maison du noviciat sont terminées. La première messe est célébrée le 6 décembre. En 1783, il fut décidé de faire un nouveau frontispice et de nouvelles tours, ainsi que de modifier l'arc du chœur.

Située sur la même place que l'église du Carmo, la construction est en pierre, avec deux tours également en pierre qui flanquent le fronton curviligne, surmonté d'une croix patriarcale. Elle possède une grande porte sculptée, avec des garnitures en pierre, surmontée d'un linteau incurvé qui se termine par une grande tablette flanquée d'anges, contenant une dédicace à saint François d'Assise, datée de 1763.

À l'intérieur, l'église est bien proportionnée. Le retable est composé de deux colonnes centrales, avec un fût cannelé et des torses en partie inférieure. Bordant le retable, deux pilastres de chaque côté soutiennent les arcs du plafond du chœur. Le trône est haut, abritant dans la partie supérieure l'image du Christ crucifié et dans les marches, saint François d'Assise. Des artistes notables, comme Manuel da Costa Athaíde, ont réalisé des travaux réalisés entre 1794 et 1795, on trouve la dorure du retable de l'autel principal et de l'autel de Santa Izabel, ainsi que l'incarnation de l'image.

IGREJA NOSSA SENHORA DO CARMO ✞ ★

Praça Minas Gerais

Ouverte du mardi au dimanche de 9h à 11h45, puis de 13h à 16h. Entrée : 5 R$.

Église édifiée en 1814, ce fut de l'avis des initiés la plus belle de la ville, jusqu'à ce qu'un incendie de 1999 lui fasse perdre ses plus beaux atours, notamment une superbe peinture du Mestre Ataide. L'église Nossa Senhora do Carmo se trouve sur l'ancienne place Pelourinho, à Mariana (MG), aujourd'hui place Minas Gerais. Juste à côté, se trouve l'église de São Francisco de Assis, proximité assez rare dans l'histoire des édifices religieux. Sur la place, il existe encore un des derniers piloris, colonne en pierre pour punir les esclaves à l'époque coloniale.

Sans doute est-ce « l'un des derniers beaux exemples de rococo dans le Minas Gerais. La façade du bâtiment serait une "interprétation simplifiée" de l'église de São Francisco de Assis, construite par l'architecte et sculpteur Aleijadinho, à Ouro Preto (sa plus belle œuvre architecturale).

L'église est de plan rectangulaire, avec la sacristie et le consistoire sur les côtés. Les tours rondes, en maçonnerie, avec des cloches également en pierre, se rétractent derrière une façade droite. La porte est encadrée d'un médaillon portant les emblèmes de l'ordre des Carmes.

À l'intérieur, juste à l'entrée, il y a un grand coupe-vent (une sorte d'écran en bois placé devant les portes pour protéger l'environnement). Le plafond présente une peinture ornementale représentant Notre-Dame-du-Mont-Carmel entourée d'anges et de nuages, remettant un scapulaire. L'autel principal comporte une image du saint patron sur le trône principal.

Établie à Mariana depuis 1751, la confrérie du Tiers Ordre de Notre-Dame du Carmel se réunissait à l'origine dans la chapelle de São Gonçalo. En 1759, on commença la construction d'une chapelle provisoire, toute simple avec seulement une tour centrale en façade, dont les travaux étaient déjà pratiquement terminés l'année suivante. La construction du temple définitif a commencé en 1784, avec un projet de Félix Antônio Lisboa, demi-frère d'Aleijadinho, principal artiste de la période coloniale brésilienne.

En janvier 1999, un incendie a détruit la peinture du plafond de la nef, les chaires, le plancher en bois, les autels latéraux et le toit. L'édifice religieux a ensuite fait l'objet d'une restauration d'une longue et coûteuse restauration qui a permis de redonner à l'église son lustre d'antan. Le toit, le revêtement et le plancher ont été restaurés et un nouveau revêtement a pris la place de l'original. Les images et les autels ont été restaurés.

MINAS GERAIS

MINA DE TOPÁZIO ★

District Antônio Pereira

Accés avec guide sur site d'exploitation.

La topaze est une pierre presque typique du Minas Gerais. On peut visiter une mine à Mariana. Cette mine de topaze à ciel ouvert est une des rares en activité au Brésil et une des rares au monde que l'on peut visiter. On peut y voir des mineurs en activité et même y acheter des topazes. Moises Da Silva, propriétaire de la Casa do Topázio, peut vous faire découvrir ce lieu. Pour une visite intéressante des garimpos et des mines, on conseille très fortement de faire appel à l'excellent guide kényo Maximiliano Azevedo (keniomaximiliano@yahoo.com.br).

MUSEU ARQUIDIOCESANO DE ARTE SACRA ★

Rua Frei Durão, 49

✆ +55 31 3557 2516

Du mardi au vendredi de 8h30 à 12h et de 13h30 à 17h, le samedi et le dimanche de 9h à 15h. 5R$

Le Minas Gerais, outre la richesse de ses entrailles qui lui ont valu le nom de « Mines Générales » est riche de son art sacré. Le musée de Mariana est le second musée d'Art sacré du Brésil par sa richesse. Des meubles rares, des peintures portugaises et des œuvres d'Aleijadinho. La salle des joyaux vaut le détour. Notamment une courqnne en or massif, ornée de pierres précieuses. À noter, au premier étage, les statues creuses qui servaient à la contrebande de l'or.

RUA DIREITA ★

Rua Direita

C'est l'ancienne rue principale de Mariana, appelée ria direita comme à Ouro Preto. Plusieurs bâtiments d'intérêt historique méritent que l'on s'y arrête, dans ce qui est le plus vieil ensemble architectural du Minas Gerais. La maison coloniale du XIXe siècle sise au numéro 102 abrite le musée de la Musique. Au numéro 54, la demeure du Barão de Pontal pose fièrement avec ses balcons finement ciselés en pierre de savon. On y trouve également, au numéro 35, la maison du poète symboliste Alfonsus de Guimarães, devenue un petit musée.

PELOURINHO ★

Rua Professor Waldermar de Moura Santos, 1-105

© CAVAN-IMAGES - SHUTTERSTOCK.COM

L'histoire du Brésil colonial est indissociable de ce crime imprescriptible contre l'humanité qu'a été la traite négrière. C'est le sang des hommes arrachés à l'Afrique qui a fait la fortune du pays. Cet ancien pilori, où on attachait et torturait les esclaves récalcitrants ou marrons, est un des trois restants au Brésil avec celui de Salvador de Bahia et de São Luís do Maranhão. Symboliquement, il est dressé devant la mairie-prison, expression du pouvoir des maîtres portugais. À l'instar de nombreuses sculptures de la région, ce pilori est fait en pierre à savon.

SECRETARIA DO TURISMO - MARIANA

Rua Direita, 91

✆ +55 31 3558 1062

Ouvert tous les jours de 8h à 17h.

Comme la ville voisine et jumelle d'Ouro Preto, la ville de Mariana s'est dotée d'un secrétariat du tourisme performant pour faire sa promotion. Un très bon accueil est réservé aux visiteurs en quête d'informations. Le secrétariat est en effet situé sur une des places centrales. Si vous n'êtes pas passé à l'AGTURB, cet office du tourisme propose également une liste de guides locaux dûment accrédités auprès du bureau des guides de la ville. Il fournit d'excellents renseignements.

AGTURB ★

Praça Presidente Tancredo Neves
✆ +55 31 3557 1158
www.agturbmarianamg.blogspot.com

L'AGTURB est l'agence locale des guides de tourisme de Mariana. On vous conseille de passer par son intermédiaire si vous voulez prendre un guide pour visiter la ville et les environs. Comme à Ouro Preto, le fait de s'attacher les services de guides officiels dûment accrédités auprès des associations est très souvent la garantie d'avoir un interlocuteur formé et compétent. En haute saison (Pâques, juillet-août…), il est prudent de réserver en passant par leur site. Le guide Kényo Maximiliano Azevedo est une valeur sûre. (keniomaximiliano@yahoo.com.br).

KÉNYO MAXIMILIANO AZEVEDO ★

Rua A, 58, B. Santo Antonio
✆ +55 31 9 9901 6024

Cet excellent guide francophone exerce sa passion sur Mariana, Ouro Preto et Rio de Janeiro. Fin connaisseur de l'art baroque, il saura montrer avec compétence et simplicité les splendeurs artistiques et architecturales de la région. Possibilité de rencontre avec les garimpeiros (on peut tenter sa chance), visite des mines de Topaze… Un moyen d'optimiser séjour et rencontre avec la région et sa culture. Il dispose d'une voiture et peut organiser des balades à cheval. The best in town !

TERMINAL RODOVIÁRIO

Rua Bom Jesus, 32
✆ +55 31 3559 3252

Gare routière. À l'entrée de la ville.

Les bus longues distances s'arrêtent ici, le centre-ville leur étant interdit. Mariana est reliée par bus à BH (119 km, 2 heures de trajet, 36 R$) Pour Rio ou Brasilia, les trajets se font via Ouro Preto.

On peut ainsi facilement rejoindre Mariana depuis Ouro Preto, soit en bus (fréquents depuis la gare routière d'Ouro Preto, trajet à 5 R$ - les bus s'arrêtent au centre-ville de Mariana), soit en taxi (pour 80 R$ environ), soit en train (23 R$, voir encadré à Ouro Preto). Les deux villes jumelles sont proches ce qui permet de choisir la rodoviaria de départ.

HOTEL PROVIDÊNCIA €

Rua Dom Silvério, 233 – Centro
✆ +55 31 3557 1444
www.hotelprovidencia.com.br

À partir de 240 R$ la nuit en chambre double, petit déjeuner compris. Wifi.

Dans une vénérable demeure de 163 ans, l'hôtel Providencia est un joli établissement bleu et blanc à la déco forcément un peu austère puisqu'il s'agit d'un ancien séminaire de l'ordre de Saint-Vincent, mais toujours confortable et propre. L'accueil est très chaleureux. Internet, garage, piscine et jardin. De grands couloirs, un cloître, une légère ambiance Harry Potter version tropiques. Le restaurant sert une très bonne *feijoada* le samedi. Une bonne adresse, particulièrement recommandée pour les groupes. L'hôtel est situé dans le centre.

POUSADA RAINHA DOS ANJOS €

Rua D Silvério, 304 - Centro ✆ +55 31 3557 3291
www.pousadarainhadosanjos.com.br

A partir de 330 R$ pour 2, 430 R$ pour 3, petit déjeuner compris. Wifi.

La pousada Rainha dos Anjos a ouvert ses portes il y a quelques années et propose des chambres simples et propres, à la déco assez rustique. La chambre pour couple est assez cosy. Certaines ont une vue sur les montagnes. L'entrée par le garage est assez austère, mais le service est familial et de qualité. Un petit sauna est à disposition des voyageurs. L'endroit est très calme et juste à quelques centaines de mètres de la mairie de Mariana. La pousada se situe à 800 mètres de la cathédrale de Mariana et du musée archidiocésain.

POUSADA DO CHAFARIZ €€

Rua Cônego Rêgo, 149 – Centro
✆ +55 31 3557 1492

Compter 170 R$ la chambre simple, 290 R$ la double, 330 R$ la triple, 400 R$ la quadruple. Petit déjeuner compris. Wifi.

En plein centre de Mariana, cette pousada assez moderne dispose de 20 appartements simples et bien tenus avec TV, téléphone et frigo-bar. Très propres et bien équipées, certaines chambres sont plus claires que d'autres. Petite piscine, une salle de jeux et restaurant indépendant. Jolie vue sur la basilique de São Pedro et le pensionnat de la Providence. Sa localisation à proximité des centres d'intérêt de la ville, monuments historiques, mais également bars et restaurants, fait de cette pousada un excellent compromis entre, prix, qualité et localisation.

POUSADA OURO REAL €€

Rua Direita, 31
✆ +55 31 3557 1767
www.pousadaouroreal.com.br
Chambres doubles à partir de 420 R$, petit déjeuner compris. Wifi.

En plein centre de Mariana, cette pousada aux belles couleurs de blanc et bleu ouverte récemment propose 8 chambres élégamment décorées et bien équipées (réfrigérateur, climatisation, TV). Elle propose un subtil mariage entre l'héritage culturel mineiro et la modernité. Un sauna, un bain à remous et un jardin complètent le tableau. La pousada donne sur la rue, mais on a rapidement l'impression d'être isolé du reste de la ville dès qu'on est dans la cour...même si l'agitation de Mariana reste en tout temps limitée. Une bonne adresse.

RANCHO €

Praça Gomes Freire, 108
✆ +55 31 3558 1060
ranchorestaurante.com.br
Cuisine mineira. du lundi au samedi de 11h à 15h et de 20h à 23h, le dimanche de 11h à 15h. Buffet libre à 30 R$.

Le Rancho est un restaurant presque « historique » de Mariana. L'équipe du Petit Futé lui rend visite depuis plus de 15 ans. C'est un établissement en buffet libre à petit prix. C'est assurément une table rustique et agréable qui fait la part belle à la cuisine mineira. De nombreux plats mijotent dans la salle. Bon, c'est sûr, il faut plutôt aimer la viande, mais on trouve des plats non carnés qui pourront satisfaire les végétariens. L'ambiance est conviviale, mix agréable entre locaux et touristes brésiliens de passage. De bonnes cachaças maison.

GAVETEIROS €

Praça Claudio Manoel, 26
✆ +55 31 3558 1973
Cuisine mineira. Ouvert tous les jours de 9h à 23h. Compter 30 R$ le kilo.

Restaurant très facile à trouver, puisqu'il est juste en face de la cathédrale de Mariana. La localisation est donc fort judicieuse puisqu'on peut faire une pause déjeuner entre les différents monuments de la ville. En général, Mariana n'est pas la première étape au Brésil, alors on connaît le système du « kilo », du buffet ou du PF. Ici, donc, on paie au poids de l'assiette. L'ambiance est tranquille et apaisée, à la « mineira » la cuisine est de qualité. On peut goûter une bonne cuisine mineira cuite au feu de bois et des plats végétariens.

BISTRÔ

Rua Salomão Ibrahim da Silva, 128
✆ +55 31 3557 4138
Bar-restaurant, cuisine brésilienne. Ouvert tous les soirs de 18h30 à minuit.

Difficile de rater cet établissement aux couleurs flashy. Dans ce bar-restaurant aux allures de maison de poupée et à l'ambiance romantique, on peut boire de bonnes cachaças et manger quelques sushis. Situé juste derrière la place Gomes Freire. Le tropeiro au poisson est très bon et d'un excellent rapport qualité-prix. La pizza portugaise est à découvrir. Assurément, une des meilleures options de Mariana, que l'on aurait pu également faire figurer dans la rubrique restaurant. Les mélomanes pourront s'essayer au piano de la maison.

LUA CHEIA €

Rua Dom Viçoso, 23
✆ +55 31 3557 3232
Cuisine mineira. Ouvert tous les jours de 11h à 15h. Compter 40 R$ le kilo.

Le restaurant Lua cheia et un autre établissement qui propose un buffet au kilo pour le déjeuner, bon et pas cher. Les végétariens y sont les bienvenus, ce qui n'est pas toujours en cette terre mineira d'éleveurs et de producteurs le lait qui donna tant de « lait », dans la « république café au lait ». On y trouve avec bonheur beaucoup de verdure et de fruits, mais l'établissement est aussi connu pour son churrasco. On ne peut en partir sans avoir goûté le fameux sorbet au fromage et à la goiabada. Une adresse à retenir pour les gros appétits.

CHANTILLY CONFEITARIA

Rua Frei Durão, 32
✆ +55 31 3557 3195
www.chantillyconfeitaria.com.br
Salon de thé, snacks. Ouvert tous les jours de 10h à 21h.

Pour ceux qui aiment les cup cackes, alors cette boutique pourrait prendre des allures de paradis. Cette petite pâtisserie propose de très bonnes tartes salées et sucrées, des gâteaux au chocolat et d'excellents cafés. De quoi se sustenter avec bonheur dans les riches heures de Mariana. Elle se trouve idéalement à quelques mètres du point de rencontre de Mariana, la place Gomes Freire, aux allures de jardin avec ses arbres qui offrent de l'ombre à tous ceux en quête de repos ou de méditation. Un petit côté anglais, assurément.

PARQUE NATURAL DO CARAÇA ★★

Par sa richesse en termes de biodiversité et par la beauté de ses sites, le Parc naturel de Caraça est une destination exceptionnelle de 11 000 ha, qui représente aujourd'hui une importante réserve écologique. Parmi la faune locale – l'une des plus diversifiées du Brésil central – on trouve des rongeurs tels que le *caxinguelê*, des félins tels que le chat *maracaja* et le puma, le tapir, ou encore le célébrissime loup à crinière. La grande variété d'espèces de la faune et de la flore du Caraça s'explique par l'exceptionnel emplacement de la région : située dans une zone de transition, entre la forêt atlantique et le Cerrado, dans des altitudes qui varient de 750 m à 2 100 m, les différences climatiques y permettent l'existence d'écosystèmes très différents, sur une surface relativement limitée. Le parc ne se situe qu'à 2 heures de route de Belo Horizonte, mais il est fortement conseillé de partir deux jours minimum pour profiter des beautés du parc souvent situées à plusieurs kilomètres de marche. Il est possible de loger à l'intérieur même du parc. Chaque jour vous aurez le choix entre de nombreux sentiers qui vous feront découvrir grottes, cascades, pics rocheux (dont le plus haut s'élève jusqu'à 2 072 m). Le tout extrêmement bien préservé, un vrai site d'écotourisme. On peut dormir dans le sanctuaire de Caraça, créé par Dom Pedro I. Les plus chanceux auront peut-être l'opportunité de voir les timides loups à crinières que le père Tobias, aujourd'hui décédé, avait pris l'habitude de nourrir le soir.

BOCAINA ★

À environ 5 km du Santuário.

C'est un long défilé entre deux pics qui vous conduit à plusieurs grottes (dont celle de Bocaina) et à quelques chutes d'eau. Très belle randonnée. On remonte le lit pierreux de la rivière sur un kilomètre et on est soudain confronté à un paysage magnifique et à la grotte de Bocaina. La première salle est large. Une rivière à l'intérieur traverse presque toute l'extension de la grotte. En continuant par un couloir étroit, qui se rétrécit jusqu'à ne laisser la place qu'à une seule personne, on atteint la deuxième pièce, où se trouve une petite cascade.

CASCATONA ★

À environ 6 km du Santuário, compter 2 heures de randonnée aller.

Les cascades de la Cascatona proposent un très bel enchaînement de chutes d'eau, faisant au total plus de 80 m de dénivelé et un puits naturel pour se baigner. Elles se trouvent à l'intérieur du sanctuaire de Caraça. Il faut parcourir un peu plus de six kilomètres de sentiers au cœur de la belle Mata Atlantica. Les chutes d'eau se méritent. Le parcours est difficile, surtout par temps de pluie. On peut ensuite grimper jusqu'au haut de la cascade et c'est un peu périlleux par moment. L'eau est froide dans les marmites naturelles.

BANHO DO IMPERADOR ★

Proche de l'entrée du Santuário.

Il se trouve à quelques mètres du centre historique, juste en bas de la route pavée. En suivant une petite piste de terre signalisée, on accède à une piscine naturelle atteignant jusqu'à 1,40 m de profondeur. Le Bain de l'Empereur était le lieu où, à l'époque du Collège, les garçons prenaient leur bain hebdomadaire. Lors de sa visite, Dom Pedro II lui-même s'y est baigné, laissant à jamais son nom sur cette merveille hydrogéologique. C'est un lieu très apprécié pour sa beauté et son accessibilité aisée à partir du centre historique.

PARQUE NATURAL DO CARAÇA

Estrada do Caraça, km 9
✆ +55 31 3837 2698
www.santuariodocaraca.com.br
tlj de 7h à 17h (21h pour les hôtes de la Pousada). Dernier ticket à 15h30.
Certificat de vaccination fièvre jaune exigé

Le complexe du Santuário, en plus d'offrir un logement, fait également office de centre de tourisme où vous pourrez collecter toutes les informations pour vos randonnées à la journée. Néanmoins, c'est le soir que les loups viennent se sustenter face à l'église, il faut donc rester dormir sur place pour les apercevoir. Le parc naturel de Caraça est un espace de transition entre la Mata Atlantica et le Cerrado de plus de 11 223 hectares. Les montagnes y culminent à 2 030 mètres. La richesse des paysages, de la faune et de la flore est reconnue internationalement.

MINAS GERAIS

SANTUÁRIO DO CARAÇA ★★

Estrada do Caraça, km 9 - Santa Bárbara
✆ +55 31 3837 1939
www.santuariodocaraca.com.br
Ouvert tous les jours de 8h à 17h. Entrée : 12 R$, 18 R$ le week-end.

Le Santuàrio de Caraça (sanctuaire de Caraça) est incontournable à plus d'un titre. Les bâtiments y sont chargés d'histoire, mais l'environnement (dans son acception « naturelle ») est d'une beauté et d'une richesse réelles. Le frère portugais et franciscain Lourenço de Nossa Senhora fonda en 1774 une confrérie et un couvent au Caraça. En 1819, à sa mort, il lègue son sanctuaire à Dom João VI et lui demande qu'il y construise un collège, achevé en 1820, qui va devenir célèbre dans tout le pays. Un bâtiment de trois étages abrite des salles de classe, un théâtre et une bibliothèque, à côté de l'église de style néogothique. De 1820 à 1911 d'importants hommes politiques de la région y ont fait leur classe. Aujourd'hui, suite à un incendie qui a dévasté l'ensemble en 1968, seule demeure intacte l'église et ses ailes. Les activités du collège ont été interrompues et les bâtiments ont été convertis en un lieu de repos et de méditation, ouvert aux touristes. On peut y admirer la beauté du site, dominé par l'imposante montagne du Caraça. À découvrir également, l'église Nossa Senhora Mãe dos Homens, le cloître, les catacombes, les ruines restaurées du collège, la bibliothèque, le jardin avec cadran solaire, le calvaire et le musée regroupant les objets qui témoignent de l'histoire des lieux dont le lit où l'empereur Dom Pedro II a dormi. Une des grandes aventures, pour ceux qui choisissent de passer la nuit dans ces lieux pleins de quiétude, est d'attendre la visite des timides loups à crinière qui ont en pris l'habitude.

POUSADA SANTUARIO DO CARAÇA ET FAZENDA DO ENGENHO €€

Estrada do Caraça, km 9 - Santa Bárbara
✆ +55 31 98978 3180
www.santuariodocaraca.com.br
De 160 à 360 R$ la nuit pour deux selon l'appartement choisi, à partir de 134 R$ par personne, pension complète. Wifi.

Au sein même du beau Sanctuaire de Caraça (un monastère-collège franciscain de 1774, qui accueillait les pèlerins), ces deux pousadas gérées par les moines offrent des logements simples et variés (depuis la petite maison jusqu'à la suite impériale). Tranquillité garantie. Très bonne table mineira, avec un petit déjeuner gargantuesque. Centre de recherche, musée et catacombes dans l'enceinte du Sanctuaire. Les journées et les soirées y sont forcément magiques.

CATAS ALTAS ★★

Catas Altas, un village à 750 mètres d'altitude enserré dans la Serra do Caraça, apparaît comme un paysage de carte postale. On y accède en voiture à partir de Santa Bárbara qui se trouve à 12 km seulement (BH est à 113 km). C'est un lieu au cadre naturel enchanteur. Les habitants y sont accueillants et les témoignages de la richesse passée du cycle de l'or valent le déplacement. La nature exubérante, la montagne, au loin, semble écrasante. De bonnes infrastructures touristiques. La forte teneur des sols en fer y rend les orages particulièrement dangereux. Ne pas partir en randonnée sans s'être renseigné sur les conditions météo, très changeantes.

BICAME DE PEDRAS ★★

MG-129, km 8 vers Santa Bárbara
+ 4 km de route en terre

À 12 km du centre de Catas Altas, on peut voir, au milieu d'un sublime paysage de montagnes, les ruines d'un aqueduc de pierre, construit en 1792 pour approvisionner la ville. L'aqueduc de Bicame de Pedra a été construit par des esclaves en 1792 pour collecter l'eau de Serra do Caraça à Brumado, où l'or était extrait et lavé. Aujourd'hui, il reste environ 100 mètres du monument. Un escalier encastré dans le côté du portail donne accès à la partie supérieure de l'aqueduc. La route d'accès à partir de Catas Altas est en mauvais état.

CAPELA DE NOSSA SENHORA DO CARMO ★

Rua Santa Quitéria

Construite au XVIIIe siècle en haut d'une petite colline et restaurée en 1985, intéressante construction architecturale qui offre une superbe vue. C'est une petite chapelle qui est l'une des plus représentatives de l'art colonial du Minas.

Avec une seule tour, la chapelle est en bois avec un intérieur richement décoré. L'autel, dans le style Joanine, a des colonnes de fleurs et des palmiers. Cette construction fait partie de l'histoire coloniale du Brésil.

CAPELA DO SENHOR DO BONFIM ✝ ★

Morro d'Água Quente

Construite en bois, elle date probablement de la fin du XVIIIe siècle. Sa façade ne laisse pas indifférent. L'existence d'une chapelle en ce lieu est mentionnée une première fois en 1767. Construite par des esclaves vers 1786, dans un style baroque, sa fondation est en pierre. L'intérieur est très simple, ne comporte aucune œuvre sculptée et ne conserve qu'une image du Christ crucifié en bois. Elle n'a pas de tour, mais dégage une certaine sérénité.

LAGOA GUARDA-MOR

La lagoa guarda-mor est une petite lagune située à 3 km de la ville. On peut s'y baigner et pêcher. Cette lagune située près du centre du quartier de Morro d'água Quente, est entourée d'une végétation dense, avec sur la rive opposée une pelouse accueillante. Sa profondeur varie, ce qui permet de faire de la plongée et des excursions en kayak. La lagune propose une aire de camping fort agréable, d'un bar avec musique ao vivo, de toilettes et de douches et d'une piscine artificielle, créée par la marée descendante de la lagune.

IGREJA DE NOSSA SENHORA DO ROSÁRIO ✝ ★

Rua do Rosário

Elle date de la fin du XVIIIe siècle. Dépourvue de tours, elle présente un curieux jeu de volumes. À l'intérieur, on enterrait les Noirs qui faisaient partie de la Confrérie de Notre-Dame du Rosaire, ainsi que des esclaves. L'édifice est dépourvu de tours et a la partie formée par deux sections rectangulaires. Elle possède à l'intérieur un autel principal sculpté dans le style de D. João V. Le revêtement de la chapelle principale est en berceau voûté.

MATRIZ DE NOSSA SENHORA DA CONCEIÇÃO ✝ ★★

Praça Monsenhor Mendes

Ouvert du mardi au dimanche de 10h à midi et de 14h à 16h. Entrée : 2 R$.

Cette église apparaît comme le joyau architectural et patrimonial de Catas Altas. La Matriz est une imposante construction du début du XVIIIe siècle dans la plus pure lignée des églises du Minas Gerais de l'époque, avec deux tours quadrangulaires couvertes d'un toit de forme pyramidale curviligne. Elle présente en outre de riches ornements. L'autel principal est de style Dom João V et les autels latéraux datent de la première moitié du XVIIIe siècle.

Matriz de Nossa Senhora da Conceição.

PICO DO BAIANO ★

Morro d'Água Quente

8 km. niveau de difficulté moyen. Altitude maximum 2 050 mètres. Dénivelé 1 000 mètres.

À 3 heures de marche du centre de la ville, le pico do Baiano est situé en plein Morro d'Água Quente. Quatre voies d'accès permettent d'en atteindre le sommet, culminant à 2 050 m d'altitude. Selon certains alpinistes, ce sont les plus techniques du Minas Gerais et parmi les plus intéressantes du Brésil. Son sommet n'a été conquis qu'en 1994, année où a été ouverte la voie « Odyssée vers le Crépuscule », considérée jusqu'à aujourd'hui comme une des plus difficiles du pays par de nombreux grimpeurs et alpinistes. L'accompagnement d'un guide local est obligatoire.

PICO DOS HORIZONTES ★

Morro da Água Quente

8 km de balade de niveau difficile. 915 mètres de dénivelé.

Appeler aussi Pico Catas Altas. Pour s'y rendre, une randonnée de 5 heures pour une distance d'environ 7 km est nécessaire. Une fois au pied du pic, deux voies d'escalade se présentent. Au début de l'ascension, une petite grotte qui, selon certains habitants, aurait abrité un quilombo. Le Pico dos Horizontes culmine à 1 810 mètres, et est situé dans la Serra do Caraça. Tout au long du chemin, on trouve des grottes, des cours d'eau et des paysages intéressants, voire magnifiques. L'accompagnement d'un guide local est obligatoire.

OFFICE DU TOURISME

Rua Felício Benevenuto, 19 - Sol Nascente

✆ +55 31 3832 7121

www.catasaltas.mg.gov.br

ouvert de mardi à samedi de 9h à 17h.

Très beau centre, à l'accueil chaleureux. La ville n'a certes pas la notoriété de Tiradentes ou d'Ouro Preto, mais elle constitue également un des joyaux du riche patrimoine mineiro. Le CAT, Centro de Atendimento de Turismo fournit de bonnes informations sur la région, sur l'offre touristique, hôtelière, en restauration. L'ensemble constitue l'ancienne résidence (solar) du lieutenant-colonel Joao Emery. Aujourd'hui, on trouve dans une des salles annexes un petit musée qui contient des objets anciens et des photos de la région.

POUSADA DAS NASCENTES €€

Morro da Agua Quente ✆ +55 31 3832 5062

www.pousadadasnascentes.com

Compter 250 R$ la nuit en chalet, petit déjeuner compris.

Véritable vaisseau de bois qui offre de bonnes prestations dans un cadre naturel merveilleux, la pousada das Nascentes est située dans le petit village de Catas Altas, au pied même du Santuario do Caraça. De forts jolis chalets et des appartements permettront d'apprécier un isolement enchanteur. Avec leur toit pointu et les palmiers qui les entourent, on hésite entre un look bavarois et/ou un style polynésien. La rusticité des lieux permet d'entrer en résonance avec la prégnance de la nature environnante. Un dépaysement assuré.

POUSADA SOLAR DAS GUARAS €€

Rua Padre Emílio Veiga, 54 ✆ +55 31 3832 7102

www.pousadasolardosguarasmg.com.br

Compter 200 R$ la chambre pour 2 personnes, petit déjeuner compris. Wifi.

La pousada Solar das Guaras est une adresse simple et confortable au cœur de la ville, à deux minutes à pied de l'église « Matriz » de Catas Altas. La maison fait un peu austère de l'extérieur, mais les chambres sont bien équipées. On peut se délasser autour du billard. 11 suites, réparties en chambre pour une, deux ou trois personnes offrent tout le confort et la fonctionnalité modernes. Certaines chambres offrent une vue imprenable sur la Serra do Caraça. Si on ne garantit pas la visite des loups à crinière, le restaurant est accessible en permanence.

RESTAURANTE PICO DO SOL €

Praça Monsenhor Mendes, 106

✆ +5531 3832 7110

Cuisine mineira. Ouvert du lundi au samedi de midi à 19h. Compter environ 35 R$ pour un repas.

Petit bar restaurant relativement animé, situé sur la place principale de Catas Altas, en face de la belle église de la matriz. La simplicité s'allie ici à la qualité des mets. Un de ces petits restaurants typiques des campagnes du Minas qui respirent l'authencité, la simplicité et la sincérité. Une ambiance très familiale, une cuisine très « caseira » (cuisine familiale). L'environnement, si on pense en noir et blanc, fait forcément pensé à un de ces films du « Cinema Novo », où le héros est l'homme du quotidien de l'intérieur des terres.

SANTA BÁRBARA ★

Santa Bárbara est une petite ville de 30 500 habitants nichée à 730 mètres d'altitude. Son principal atout est d'être située au pied de l'impressionnante Serra do Caraça, lieu béni des amoureux de la nature et de la montagne, qui propose un nombre incalculable de randonnées et de cascades. La ville en elle-même, située à 70 km au nord d'Ouro Preto et à 110 km à l'est de BH, a entrepris une profonde réfection de son centre-ville historique (encore non achevée) et de son principal bijou : la Matriz de Santo Antônio. On pourra visiter le Sanctuaire Nossa Senhora Mãe dos Homens, la chapelle du Cordão de São Francisco, l'église de Nossa Senhora das Mercês.

IGREJA MATRIZ DE SANTO ANTÔNIO ★★

Av. Gov. Valadares
✆ +55 31 3832 1616
Ouvert du mardi au dimanche, de 13h à 17h.
Entrée gratuite.

Construite en 1713, il s'agit tout simplement de l'une des plus belles églises du Minas Gerais, ce qui n'est pas peu dire ! Les pupitres sculptés de la chapelle Santissimo sont attribués à Francisco Xavier de Brito, le maître du grand Aleijadinho. La splendide peinture *L'Ascension du Christ*, dans la chapelle centrale, est du *mestre* Ataide. L'ensemble est de toute beauté. L'œuvre, cependant, est attribuée à ses disciples qui ont travaillé sur la dorure et la finition.

HOTEL QUADRADO €€

Av. Gov. Valadares, 429-485
✆ +55 31 3832 3106
www.hotelquadrado.com.br
Chambre simple à partir de 120 R$, double à partir de 160 R$, petit déjeuner compris. Wifi.

Dans un beau bâtiment de style colonial de 1911, blanc et rouge basque, l'hôtel offre 15 chambres de bonne tenue, en plein centre de Santa Bárbara, face à l'église Matriz. C'est sans doute le meilleur choix en ville, mais attention, les chambres sont d'un confort inégal. Choisissez la vôtre avant de payer. L'hôtel propose aussi des appartements dans une annexe toute proche. Le restaurant est également appréciable pour une halte à midi. Nourriture maison consistante et bonne. Bon, ce n'est pas le grand luxe mais c'est trés agréable pour une étape.

LAVRAS NOVAS ★

Autrefois loin des sentiers touristiques, à une grosse demi-heure de route d'Ouro Preto, se trouve un charmant village endormi, Lavras Novas. Depuis quelques années, les touristes ont perçu l'intérêt de ce lieu paisible, à une trentaine de kilomètres d'Ouro Preto, sans que cela n'enlève rien à son charme. Autour de ce village isolé, il existe de nombreux sentiers de randonnée sillonnant les montagnes environnantes. Certains mènent à de formidables cascades (Pocinhos, Três Pingos), traversant de minuscules villages, qui respirent l'âme contemporaine du Minas Gerais. Excursion destinée aux curieux, en quête d'authenticité, de nature et de calme.

CENTRO DE INFORMACÕES TURISTICAS

Av Nossa Senhora Dos Prazeres, 560
✆ +55 31 3554 2126
www.lavrasnovas.com.br
Ouvert tous les jours de 8h à 17h.

On vous y indiquera de bons guides locaux ainsi que toutes les facilités rencontrées en ville. Le site Internet est très complet. On trouvera des renseignements sur les restaurants, les hébergements, les guides accrédités, l'artisanat, les magasins. En présentiel ou en distanciel, le centre d'informations touristiques de Lavras Novas est un office précieux pour les visiteurs qui ont choisi les chemins de traverse qui s'éloignent un peu d'Ouro Preto ou de Tiradentes.

POUSADA CANTO DOS PRAZERES €€

Rua Alto do Campo, 131
✆ +55 31 3554 2211
www.pousadacantodosprazeres.com.br
A partir de 400 R$ pour une chambre double, petit déjeuner compris.

Bénéficiant d'un superbe panorama, cet étonnant hôtel de luxe perdu au milieu de nulle part propose sept belles chambres dans un cadre rustique et bucolique très agréable. Les chambres sont grandes et bien équipées, avec de vastes baignoires, boisées et chaleureuses, certaines hydromassantes. Piscine immense sous une grande verrière, sauna, cave à vins… la grande classe. Les constructions sont toutes en bois. Un avant-goût d'un paradis… durable.

BEM TE VI €

Rua Nossa Senhora Dos Prazeres, 480

✆ +55 31 3554 2103

Cuisine mineira. Ouvert tous les jours sauf lundi, compter environ 30 R$ le plat.

Restaurant rustique et romantique qui sert des assiettes généreuses de *comida mineira* préparée avec amour, et pas chère. Dans un décor que seul le Minas sait proposer, avec ses murs peints à la chaux, ses pierres apparentes, sa salle tout en longueur, le Bem te vi est une aventure historique, folklorique autant que culinaire. Le soir, les bougies rajoutent une petite touche romantique dans un lieu qui n'en est jamais dépourvu. On est loin de Copacabana ou d'Ipanema et on ne s'en plaint pas. Un buffet délicieux et pas cher au kilo.

RISTORANTE LA CUCINETTA €€

Rua Nossa Senhora dos Prazeres, 1191

✆ +55 31 3554 2195

Cuisine italienne. Ouvert vendredi de 19h à 23h, samedi de 13h à 1h, dimanche de 13h à 22h. environ 60 R$ pour un repas.

Lorsqu'on est hésitant sur le menu du soir, les restaurants italiens réconcilient en général tout le monde, tant la cuisine transalpine est universelle. Le restaurant « La Cucinetta » propose de très bons plats italiens revisités par le chef Aldo Germanetto. Par amour pour son restaurant des montagnes, ce chef piémontais fait l'aller-retour entre Belo Horizonte et Lavras Novas. La soupe d'asperge, les penne au gorgonzola et les spaghettis bolognaise prennent ici leurs lettres de noblesse. La cave propose de bons vins chiliens, italiens, argentins et portugais.

CONGONHAS ★★

Congonhas est une ville industrielle de 50 000 habitants, dont l'intérêt unique, est son extraordinaire reconstitution de la Passion du Christ, œuvre de l'Aleijadinho, composé de 78 statues de bois et de pierre à savon, qui grimpe jusqu'à la basilique Bom Jesus, tout aussi superbe. Incontestable chef-d'œuvre du sculpteur *mineiro*, ces statues justifient à elles seules la venue à Congonhas.

Histoire

En 1757 fut bâtie sur une colline l'église Bom Jesus de Matosinhos, avec les économies d'un chercheur de diamants très pieu, Feliciano Mendés, pour remercier le Bom Jesus de sa guérison. Quelques années après sa mort, on pensa à recréer un Sacre Monte sur les pentes de ce sanctuaire dont la réputation avait essaimé dans tout le Brésil. On fit alors appel à l'Aleijadinho, qui, malgré une maladie qui rongeait ses membres, passa la fin de sa vie, de 1796 à 1805, à sculpter 76 statues d'une extrême beauté, les ciseaux attachés à ses moignons. Douze de ces statues, en pierre de savon, représentent les prophètes et sont disposées à l'entrée de la basilique. Les 64 autres, en bois de cèdre, sont disséminées à travers les 6 chapelles en contrebas. L'ensemble composé du sanctuaire de Bom Jesus de Mathosinos a été inscrit au patrimoine mondial de l'humanité en 1985. On peut voir quelques clins d'oeil du facétieux sculpteur. Les bottes des romains sont semblables à celles des colons portugais, peu appréciés par les Inconfidents Mineiros.

Le Sanctuaire de Congonhas.

MUSEU DE CONGONHAS

Alameda Cidade Matozinhos de Portugal, 77
✆ +55 31 3731 3979
Ouvert du mardi au dimanche de 9h à 17h sauf le mercredi de 13h à 21h. Entrée : 10 R$.

Le musée raconte l'histoire du sanctuaire et contient quelques pièces intéressantes. Il est en charge de la conservation du site classé au patrimoine mondial. Le bâtiment qui abrite le musée, bien que son architecture soit très moderniste et sobre, en ciment, est en harmonie avec le paysage urbain colonial des petites villes baroques du Minas Gerais. Avec 3 452,30 m², le musée dispose de salles d'exposition, d'une réserve technique; d'une bibliothèque, d'un auditorium, d'un espace éducatif, d'une cafétéria. On trouve un amphithéâtre à l'extérieur.

TERMINAL RODOVIÁRIO DE CONGONHAS

Av. Mauá, 1484-1628
Gare routière.

Situé à 1 km à l'extérieur de la ville. Bus disponibles jusqu'au centre-ville. Bus directs depuis BH avec Viação Sandra (www.viacaosandra.com.br – 1h15 de trajet, 29 R$). Depuis Ouro Preto, pas de bus direct, changement à Ouro Branco. Ces quelques informations sont importantes, car souvent les touristes font l'aller-retour dans la journée. La ville d'Ouro Branco, à la différence d'Ouro Preto, offre peu de sites à visiter et est donc souvent une étape dans la journée.

POUSADA CIRCUITO DOS INCONFIDENTES €€

Avenida Bias Fortes 1172
✆ +55 31 989901989
A partir de 280 R$ la chambre double, petit déjeuner compris.

On s'arrête rarement à Congonhas. Trés souvent, ce n'est qu'une étape entre Rio et les villes coloniales du Minas, le plus souvent Ouro Preto. S'arrêter une nuit prés du sanctuaire de Bom Jesus est une option qui peut néamoins s'avérer être intéressante. La pousada Circuito dos Incondifidentes se marrie fort bien avec les lieux. Bien que moderne, elle associe des éléments rustiques typiquement mineiros. Les chambres sont confortables et fonctionnelles.

SANTUÁRIO DO BOM JESUS DE MATOSINHOS ★★

Praça do Santuário
Église ouverte tous les jours.

Le sanctuaire se compose d'une église, d'un escalier en terrasse décoré de sculptures en stéatite des prophètes de l'Ancien Testament et de six chapelles. Le sanctuaire est classé patrimoine mondial de l'humanité depuis 1985. Le superbe ensemble (église et chapelles) a été réalisé par les artistes qui sont à l'origine de la splendeur de l'art baroque mineiro : l'Aleijadinho et Ataide.

Les chapelles de la Passion Du Christ), qui relatent les événements qui ont accompagné la mort de Jésus de Nazareth, sont spectaculaires. L'Aleijadinho a rajouté quelques détails volontairement anachroniques pour moquer les Portugais. Les bottes des romains sont en fait des bottes portugaises, comme pour montrer le caractère barbare de la présence des soldats et des fonctionnaires de l'Empire portugais. Ces Luso-Romains ont quelquefois deux pieds gauches… Selon certains historiens, on peut voir à travers le martyre du Christ une allégorie de la lutte des « inconfidents » contre la Couronne portugaise. Le héros Joaquim José da Silva Xavier « Tiradentes » serait lui-même le modèle du petit estropié.

La visite commence au bas de la colline, à la première chapelle qui abrite des statues de bois de cèdre. C'est la scène bien connue : Judas, un sac d'or à la main, regarde par terre alors qu'on annonce qu'il y a un traître dans la salle. Plus haut, la deuxième scène est celle du Jardin des Oliviers, saint Pierre est sombre. La troisième chapelle met en scène l'arrestation de Jésus : Malchus a l'oreille coupée. La quatrième représente la flagellation et le couronnement d'épine ; la cinquième, le chemin de croix, la sixième, la mise en croix. On y voit notamment les soldats qui jouent son manteau aux dés, d'autres qui clouent le Christ, et les deux larrons.

Enfin, sur la terrasse de l'église se dressent les douze statues des prophètes, en stéatite, dite « pierre à savon ». D'aucuns y voient ici le zénith de l'art de l'Aleijadinho. Parmi eux, Daniel, qui parle à son lion ; Ezéchiel qui tient sur son bras la colère de Dieu ; Isaïe le barbu ; Jonas, qui revient d'un séjour dans le ventre de la baleine. On pourra admirer le réalisme de certaines réalisations et la petite « touche » de l'Aleijadinho : le lion a été sculpté d'après les formes d'un chat, puisque l'Aleijadinho n'avait jamais vu de lions.

Les processions de la Semaine sainte sont particulièrement spectaculaires. La deuxième semaine de septembre, plus de 500 000 pèlerins assistent au jubilé de Bom Jesus de Matosinhos.

MINAS GERAIS

COVA DO DANIEL €

Praça da Basílica, 76

+55 31 3731 1834

Cuisine mineira. Compter 40 R$ le repas environ.

C'est le restaurant de l'hôtel Colonial. Cet établissement est à l'image et à l'esprit de l'hôtel colonial. C'est rustique et de bon goût et cela s'accommode très bien à l'esprit des lieux. Le Cova do Daniel est une bonne table aux consonances fortement *mineiras*, dans un cadre rustique. On goûtera le *tutu mineiro* et le *feijão tropeiro*... Forcément. On appréciera particulièrement ce lieu tranquille, accueillant et agréable, loin de l'agitation du centre-ville de Congonhas lors des journées très chargées de visiteurs du sanctuaire.

SANTÍSSIMO BISTRÔ €

Alameda Cidade Matozinhos de Portugal, 77

+55 31 3731 1582

Cuisine brésilienne moderne. mardi et jeudi de 9h à 17h, mercredi de 13h à 22h et vendredi à dimanche de 9h à 0h00.

Le Bistrô du musée de Congonhas est la meilleure option pour faire une pause salée ou sucrée pendant votre visite de la ville. Quelques plats sont proposés ainsi qu'un très bon café. On n'est plus dans le charme du Minas Gerais d'antan. Le Bistrô a un style design, résolument moderne, peut-être un peu impersonnel. Certains espaces, prés des baies vitrées offrent une vue magnifique sur la ville. des groupes de musique se produisent parfois en ce lieu de culture et de gastronomie. Sandwich, picanha, « grand gateau », salade de coeur de palmier...

SÃO JOÃO DEL REI ★

90 000 habitants. Altitude : 900 m. Sans être dépourvue d'attraits, la grosse bourgade de São João del Rei (60 000 habitants) n'a pas le charme de Tiradentes. On y vient souvent par défaut, pour y trouver des hébergements meilleur marché qu'à Tiradentes, ou parce qu'on arrive ou on repart avec la Maria-Fumaça. Pourtant, le centre historique recèle également de superbes églises et demeures coloniales, loin de la modernité des quartiers récents. Toute la religiosité de l'époque de la colonie portugaise est perceptible à São João del Rei, exprimée par la dévotion de ses habitants pendant la Semaine sainte et lors de toutes les fêtes religieuses.

IGREJA NOSSA SENHORA DO CARMO ✝ ★

Largo do Carmo – Centro

+55 32 3371 7996

Ouverte tous les jours de 7h à midi et de 13h à 18h. Entrée : 2 R$.

Initiée en 1732, sa construction durera près d'un siècle ! On peut y voir de belles toiles du peintre allemand George Grimm. Cette église présente différentes phases de l'architecture baroque. Dans la nef centrale, on peut voir qu'une peinture représentant le Christ est inachevée. Le maître-autel, les nefs latérales et l'arc de la croix sont peints en blanc. Le retable du maître-autel, composé de colonnes, avec des fûts cannelés, est simple et sobre.

IGREJA NOSSA SENHORA DO PILAR ✝ ★

Rua Monsenhor Gustavo, 61

+55 32 3371 2568

Ouvert tous les jours de 6h à 11h et de 17h30 à 20h (horaires néanmoins changeants !). Entrée libre.

Construite en 1721, la seule église de la ville avec des autels dorés à l'or fin. Les peintures baroques à l'intérieur y sont superbes. On peut assister à des messes chantées. La façade est composée de cinq portes d'entrée. Celle du centre est plus large et plus haute. Cinq fenêtres sont ouvertes au niveau du chœur avec des balcons et des balustrades en fer. A l'intérieur, la nef est composée d'un magnifique ensemble de boiseries peintes et dorées.

IGREJA SÃO FRANCISCO DE ASSIS ✝ ★★

Praça Frei Orlando, 150

+55 32 3372 3110

Ouverte tous les jours de 8h à 11h et de 14h à 16h. Entrée : 5 R$.

Construite en 1774, c'est une magnifique œuvre d'art, remarquable pour son travail en pierre et bois. Elle constitue le premier ouvrage du maître Aleijadinho en lignes courbes, avec son parvis en forme de lyre, entouré d'une balustrade en marbre. Précédée d'une majestueuse allée de palmiers impériaux, c'est la carte postale de la ville. Avec des clochers circulaires et des ornements sculptés en stéatite, l'église de São Francisco de Assis est l'un des joyaux du Minas.

TERMINAL RODOVIÁRIO DE SÃO JOÃO DEL REI

Rua Coronel Antônio Maria Claret da Silva - Fábricas

Gare routière.

On peut se rendre à Sao Joao del Rei depuis les grandes métropoles les plus proches, Belo Horizonte et Rio de Janeiro. Toutes les liaisons longues distances de la région se font depuis ce terminal de bus : Rio avec Paraibuna Transportes (330 km, 5h30 de trajet, 110 R$) ; BH avec Viação Sandra (180 km, 3h30 de trajet, 60 R$). Pour Tiradentes (15 km, 8 R$), un bus toutes les heures, jusqu'à la dernière correspondance avec les bus arrivant de Belo Horizonte.

RESTAURANTE CHAFARIZ €

Rua Quintiano Bocaiúva, 100

✆ +55 32 3371 8955

Cuisine mineira. Ouvert tous les jours de 11h à 15h. Compter environ 35 R$ pour le déjeuner.

Moderne et fonctionnel, on ne vient pas au restaurant Chafariz pour son architecture ou sa décoration, très quelconques. C'est par contre un self-service parfait pour le déjeuner, situé tout près de la gare de la Maria-Fumaça et c'est bien ce que l'on recherche dans un restaurant. Tous les plats sont appétissants, des salades aux desserts. La nourriture est préparée avec soin et bien présentée. Le restaurant Chafariz propose une formule buffet à 30 R$, c'est-à-dire à volonté, sans peser l'assiette. Cuisine *mineira* et *churrasco* de rigueur.

POUSADA ESTAÇAO DO TREM €

Rua Maria Tereza, 45 ✆ +55 32 3372 1985

www.pousadaestacaodotrem.com.br

Compter environ 240 R$ pour une chambre double, petit déjeuner compris. Wifi.

Pousada de 18 chambres dans une maison coloniale récemment rénovée, tout près de la gare. C'est donc parfait pour ceux qui veulent prendre la Maria Fumaça. L'ensemble, habillé de bois, est plutôt chaleureux, avec un piano à l'entrée. Demandez cependant à voir avant de prendre votre chambre. Certaines chambres n'ont pas de vue. Les chambres pour 3 sont confortables mais peu spacieuses. Le côté gare peut être un peu bruyant. Une bonne adresse néanmoins pour une nuit pour ceux qui auront le plaisir de rejoindre Tiradentes par le chemin de fer.

VILLEIROS €

Rua Padre José Maria Xavier, 132

✆ +55 32 3372 1034

Cuisine mineira. Ouvert tous les jours de 11h à 14h. 50 R$ le kg.

Ce restaurant occupe une belle demeure coloniale du XIXe siècle. Le Villeiros est à la fois un bon « kilo » et un restaurant où une nourriture mineira variée bien préparée honore la table des convives. L'atmosphère du lieu est très plaisante. La décoration des salles, mais également celle des assiettes est agréable et raffinée. Les aliments sont nobles et préparés avec soin. Les pâtes aux crevettes sont aussi bonnes que bien présentées. Les gâteaux sont réputés régionalement. De quoi se sustenter en attendant la Maria Fumaça.

POUSADA BECO DO BISPO €€

Rua Irmã Eugênia Luz Pinto, 93

✆ +55 32 3371 8844

www.becodobispo.com.br

Chambre pour 2 pers à partir de 280 R$. Petit déjeuner compris. Wifi.

Idéalement située dans le centre historique de São João del Rei, la pousada Beco do Bispo est incontestablement une des plus accueillantes et des plus joliment décorées des pousadas de la ville. Bien qu'elle fasse référence à une résidence d'évêque (bispo en portugais), loin d'être austère, cette pousada est fort coquette avec son mobilier de style rustique mineiro. Les chambres sont impeccables et très bien tenues. Le petit déjeuner est de surcroît un vrai régal. La petite piscine et le petit jardin complètent cette ambiance romantique.

RETRO CINE BAR

Rua Industrial Paulo Agostini, 36

✆ +55 32 99945 0013

www.retrocinebar.com.br

De 21h à 4h. Ouvert en fin de semaine. Compter 40 R$ pour un verre et un plat.

Une adresse originale qui anime les soirées de São João del Rei depuis près de 15 ans maintenant. Comme son homonyme de Barcelone, dans une ambiance rétro, comme son nom l'indique, ce bar est également une salle de concert où se produisent des groupes régionaux ou nationaux de qualité. On peut manger dans un cadre convivial et décontracté ou simplement siroter un verre. Vous pouvez consulter le programme des événements sur le site internet ou sur la page Facebook de l'établissement. C'est aussi un cinéma qui projette les grands classiques du 7e art.

TIRADENTES ★★★

Ce village est le lieu de naissance du révolutionnaire et héros national éponyme, Joaquim José da Silva Xavier, « Tiradentes » (arracheur de dent en portugais) dont il tire son nom. S'il est difficile et peut-être un peu vain d'établir un classement des villes coloniales du Minas, tous sauront s'accorder sur le charme de Tiradentes. Nul besoin de philtre d'amour pour tomber éperdument amoureux de cette petite ville. Située à 925 mètres d'altitude, cet petit bourg colonial de 7 000 habitants à la tranquillité intemporelle a été fondé en 1713 et semble avoir été dessiné par quelque peintres naturalistes. Le temps semble s'y être définitivement arrêté et la ville prend des pauses de carte postale.
C'est le lieu de villégiature de prédilection de nombreux Cariocas et Mineiro. Sa population triple en fin de semaine et il est toujours judicieux de réserver. Sans aucun doute, Tiradentes constitue la visite la plus romantique parmi toutes les villes coloniales du Minas Gerais.
Déambuler dans ses rues étroites et pentues, en passant d'une maison coloniale à une autre, d'église en jardin, dans un décor résolument baroque, constitue en soi un cheminement historique à la rencontre de l'Inconfidence. L'écrin du village est sans conteste l'exubérante végétation de Mata Atlântica alentour, rehaussée par les hautes falaises de la Serra de São José. Au fil des siècles, Tiradentes a conservé tous ses attraits de la fastueuse époque de la ruée vers l'or. Ici, oubliée la voiture, les rues pavées invitent à la promenade à pied, ou le must, en carriole !

IGREJA MATRIZ DE SANTO ANTÔNIO ✝ ★★★

Rua Padre Toledo, 2
✆ +55 32 3355 1238
Ouvert tous les jours de 9h à 17h. Entrée : 10 R$.
Édifiée entre 1710 et 1732, c'est l'un des plus beaux exemples de l'art baroque brésilien, peint par Manuel Vitor de Jesus. Elle conserve un orgue portugais du XVIIIe siècle. Sa façade, toute en dorures et boiseries, fut l'un des derniers projets d'Aleijadinho en 1810. On peut voir que les cheveux de Jésus sont naturels. Le magnifique orgue portugais datant de 1766 a été entièrement rénové (concerts les vendredis à 20h30). Superbe vue sur la ville et la Serra São José.

IGREJA NOSSA SENHORA DO ROSÁRIO DOS PRETOS ✝ ★★

R. Padre Tolêdo, 336
Ouvert du mardi au dimanche de 10h à 17h. Entrée : 3 R$.
Bâtie en 1708 par et pour les esclaves, c'est la plus ancienne église de la ville. Elle est faite de voûtes de pierre et comprend de nombreuses peintures et images de saints noirs sur les autels. Des éléments de la religion catholique sont mélangés à ceux des religions africaines, notamment le candomblé, expression du syncrétisme religieux des paroissiens. Un saint noir peint, Santo Elesbão est un roi noir et chrétien qui a vécu en Ethiopie au sixième siècle.

CHAFARIZ DE SÃO JOSÉ 📷 ★

Rua do Chafariz
Trois bassins différents composent cette fontaine datant de 1749 : un pour boire, un lavoir et un abreuvoir à animaux. La Chafariz de São José est la seule du Minas Gerais à posséder un oratoire avec une image de saint. La construction rappelle la façade d'une église. La visite de Tiradentes n'est complète que si vous pouvez entendre de près le bruit de l'eau qui tombe des trois fontaines. En effet, la source qui l'alimente se trouve dans le bois Mãe D'Água, très proche. Un ancien aqueduc en pierre filtre l'eau acheminée vers la fontaine.

IGREJA SÃO FRANCISCO DE PAULA ✝ ★★

Rua Nicolau Panzera
Ouvert du mardi au dimanche de 9h à 18h. Entrée gratuite.
Érigée au milieu du XVIIIe siècle, elle est située sur le *morro* du même nom et offre un magnifique panorama sur Tiradentes. La chapelle São Francisco de Paula se distingue par sa façade simple avec clocher. À l'intérieur, le retable principal comporte l'image de la sainte patronne. Sur les murs latéraux, il y a des reproductions de deux ex-voto du XVIIIe siècle. Selon la légende, il pleut à Tiradentes chaque fois que l'image de São Francisco de Paula est descendue du maître-autel.

© FRED_PINHEIRO - SHUTTERSTOCK.COM

Tiradentes.

MUSEU DA LITURGIA ★

Rua Jogo de Bola, 15
✆ +55 32 3355 1552
Ouvert de 10h à 17h de jeudi à lundi. Entrée 10 R$.

Ce musée tente de présenter toute la dimension culturelle du fait religieux dans le Brésil baroque. On y trouve de superbes objets liturgiques. C'est le seul musée consacré à ce sujet en Amérique latine. Le musée présente plus de 400 objets liturgiques ainsi que de l'art sacré, tels que des peintures, des sculptures, des ex-voto, des objets et des vêtements, dont beaucoup ont été « oubliés » pendant des décennies dans des sacristies. La collection, qui date du XVIIIe au XXe siècle, a été totalement restaurée et conserve la mémoire liturgique de Tiradentes.

SECRETARIA DO TURISMO - TIRADENTES

Rua Resende Costa, 71
✆ +55 32 3355 1212
www.tiradentes.mg.gov.br
Ouvert du lundi au dimanche de 9h à 17h30.

Comme dans toutes les villes touristiques du Minas Gerais, l'office du tourisme de Tiradentes accueille et renseigne avec précision sur les offres de la ville en termes d'hébergement, de restauration, de culture et de visites. Vous y trouverez des cartes sur la ville et sur les hébergements. Comme à Ouro Preto, il y a une association de guides accrédités qui sauront vous faire découvrir la ville. Pour plus d'infos, préférez le site « non officiel » (www.guiatiradentes.com.br).

PROMENADE EN CARRIOLE

Largo das Forras
Compter 50 R$ les 30 minutes de balade.

Comme à Marrakech ou Séville, des attelages menés par des chevaux promènent les visiteurs sur les routes pavées de la petite ville où est né le héros Tiradentes. C'est un moyen agréable et écologique de se balader dans les vieilles rues de Tiradentes. Les enfants adorent ! On peut apprécier les lieux en évoluant au rythme lent des carrioles. Cela accentue la perception de la dimension historique de la petite ville coloniale. Les cochers sont sympathiques et prodiguent d'intéressants commentaires historiques. Les chevaux sont bien traités.

TREM MARIA FUMAÇA ★★

Ave. Hermilio Alvès, 366
✆ +55 32 3371 8485
www.tiradentes.net/maria.htm
Ven, sam, dim départ São João del Rei 10h et 15h, de Tiradentes 13h,17h (dimanche 11h, 14h). A/R 80 R$.

Comme entre Ouro Preto et Mariana, c'est l'opportunité d'une superbe balade en train d'époque à travers la Serra São José. Le musée ferroviaire de la gare fait revivre l'histoire du train à travers le monde. La première locomotive Baldwin, utilisée dans le voyage d'inauguration de la Estrada de Ferro Oeste e Minas en août 1881, y est exposée. C'est une petite excursion à ne pas manquer : en direction de São João del Rei, pensez à bien vous asseoir du côté droit du train, c'est de là que vous aurez la meilleure vue sur la Serra !

MINAS GERAIS

RODOVIÁRIA DE TIRADENTES

Praça Silva Jardim
✆ +55 32 3371 5617
Gare routière.

Un peu déroutant au premier abord, on est bien à la rodoviaria de Tiradentes. Il n'y a pas de guichet, les tickets sont à acheter directement auprès du chauffeur de bus. Assez peu de destinations directes. De nombreux bus Viação Presidente (www.viacaopresidente.com.br) depuis la Rodoviária pour la ville voisine de São João del Rei (15 km, 20 minutes de trajet, 5 R$), et de là, vous disposerez de multiples destinations : Belo Horizonte (200 km), Rio de Janeiro (335 km), Ouro Preto (155 km), Congonhas (120 km)… et les villes alentour.

POUSADA ANTIGO MOINHO €

Rua Antônio Teixeira Carvalho, 134 - Centre
✆ +55 32 3355 1227
www.pousadaantigomoinho.com.br
A partir de 260 R$ pour une chambre double

Cette belle pousada est localisée à proximité du centre historique de Tiradentes. Elle propose d'agréables suites, pour 2,3 et 4 personnes, bien disposées autour d'une piscine fort appréciable lors des grandes chaleurs de l'été mineiro. Tout en conservant des éléments anciens (poutres de bois, pierres de taille pour les murs), les propriétaires ont su proposer un savant et harmonieux mix entre ancien et nouveau. Des voiles, des toiles, des meubles vernissés, on aurait presque l'expression de regarder des photos d'un magazine de déco.

POUSADA BÁRBARA BELA €

Rua Herculano José dos Santos, 67 – Alto da Torre
✆ +55 32 3355 2345
www.pousadabarbarabela.com.br
A partir de 270 R$ la chambre double. Wifi.
Les tarifs varient en fonction de la période.

A 15 minutes du centre historique, la pousada Bárbara Bela a pour écrin un charmant édifice colonial décoré avec soin. La vue est grandiose sur la Serra de São José. De nombreux équipements sont à la disposition des hôtes. La pousada propose de beaux appartements. Spacieux et confortables, ils offrent tout le confort nécessaire. Le petit déjeuner-buffet est l'occasion de déguster les excellents produits locaux. À l'heure du thé, de délicieux gâteaux faits maison sont proposés, accompagnés d'une gelée de goyave à la cachaça. Une adresse de caractère accessible.

POUSADA DO Ó €

Rua do Chafariz 25
✆ +55 32 3355 1699
pousadadoo.com.br
A partir de 290 R$ en catégorie éco et de 350 R$ pour la catégorie luxe, petit déj compris. Wifi.
2 nuits min le WE.

Belle pousada coloniale du XVIIIe siècle située dans le centre historique de Tiradentes, à côté de la fontaine Chafariz de São José. Avec son petit jardin tropical, la pousada do O est un véritable havre de paix. La vue sur la Serra de São José y est grandiose. L'accueil est très chaleureux et le personnel attentif au bon déroulement du séjour. La pousada dispose de 11 chambres confortables et tranquilles et toutes très bien entretenues, offrant les équipements nécessaires. Le petit déjeuner est délicieux et très copieux. Très bon rapport qualité-prix.

ARAÚJO BAZILIO POUSADA €€

Rua dos Jacarandás, 106 - Terra dos Cuiabás
✆ +55 32 3355 2304
www.pousadaaraujobazilio.com.br
Chambre double à partir de 495 R$, petit déjeuner inclus. Wifi.

Cette jolie pousada assez récente allie construction et décoration traditionnelle mineira et confort moderne. Elle est un peu excentrée, mais les hôtes peuvent se rendre assez facilement à Tiradentes à pied par un petit chemin de terre agréable. On est à trois minutes de la rodoviaria. L'avantage, c'est qu'on est au calme et que la pousada est dotée d'une jolie piscine avec sauna et d'un parking, pour ceux qui sont en voiture. Le service est impeccable, le petit déjeuner buffet un vrai délice, les chambres gaies et joliment décorées.

POUSADA D'ÓLEO DE GUIGNARD €€

Rua das Almas Perdidas, 511 – Pau de Óleo
✆ +55 32 3355 2027
oleodeguignard.com.br
A partir de 387 R$ pour une chambre double, petit déjeuner compris. Wifi.

On rejoint la pousada Oleo de Guignard par un petit chemin qui permet de découvrir ce paradis de tranquillité en pleine nature. Faite avec matériaux de récupération des vieilles fazendas, elle recrée l'ambiance des maisons rurales du Minas. Le mobilier des XVIIIe et XIXe siècles côtoie le contemporain. Les vastes appartements sont bien équipés. On y trouve une piscine, un solarium, un sauna et un spa au milieu d'une végétation luxuriante. Excellent petit déjeuner. Une belle adresse.

POUSADA MÃE D'ÁGUA €€

Largo das Forras, 50
✆ +55 32 3355 1206
www.pousadamaedagua.com.br
A partir de 480 R$ la chambre double, petit déjeuner. Wifi.

En plein centre historique, sur la place Largo das Forras, la pousada Mãe d'Água est une grande et belle demeure coloniale qui propose 49 appartements tout confort pour 2, 3 ou 4 personnes. La localisation en cœur de ville est idéale pour découvrir Tiradentes. Les chambres de cet établissement sont parfaitement équipées et certaines disposent d'une véranda. La pousada Mãe d'Água propose à ses hôtes 2 piscines (dont une couverte), sauna, salle de jeux, parking… L'accueil est professionnel et très agréable. Une excellente adresse.

POUSADA MARILIA DE DIRCEU €€

Rua Agostinho José Cabral, 195
Parque das Abelhas
✆ +55 32 3355 1962
www.pousadamariliadedirceu.com
A partir de 252 R$ la chambre double.

A 600 mètres du centre historique, la pousada Marilia de Dirceu est une accueillante maison coloniale blanche et bleue qui propose d'agréables chambres qui font entre 12m² et 25 m². Les suites premium sont vastes et la luxe « hydro » est superbe, avec son beau parquet, son bain à remous et son balcon. La salle du petit déjeuner et du thé est charmante et l'espace gourmet permet aux hôtes de se retrouver. Une second maison, c'est bien le concept du lieu !

POUSADA TRÊS PORTAS €€

Rua Direita, 280
✆ +55 32 3355 1444
pousadatresportas.com.br
À partir de 300 R$ la chambre double, petit déjeuner compris. Wifi.

Les amateurs d'authenticité seront enchantés par cette belle pousada coloniale. En plein cœur du centre historique de Tiradentes, elle est proche de tous les points d'intérêt touristique de la ville. La pousada Três Portas propose 8 vastes appartements soigneusement décorés. Dans la grande salle à manger, la maison propose un beau déjeuner-buffet. Tout est préparé avec des produits locaux. Un charmant salon offre une vue magnifique sur la Serra. Une fois par semaine, Bernardo, le propriétaire, marionnettiste professionnel reconnu, produit un spectacle poétique.

POUSADA VILLA ALLEGRA €€

Rua Serra São José, 31 – Parque das Abelhas
✆ +55 32 3355 1597
www.villaallegra.com.br
A partir de 400 R$ pour deux selon le type de chambre, petit déjeuner et thé compris. Wifi.

Dans une impasse du Parque das Abelhas, la pousada Villa Allegra se situe à peine à 800 m du centre historique. Mélange réussi d'architecture moderne et rustique,. Personnel chaleureux et professionnel, cadre très soigné. La propriétaire de la pousada l'a soigneusement décorée. 17 grands appartements très calmes et confortables sont disponibles. Trois catégories : standard, exécutive et luxe. Le petit déjeuner-buffet est servi dans une belle salle à manger et fait la part belle aux produits locaux. Une bonne adresse à Tiradentes.

LIS BLEU POUSADA €€€

Rua Ovídio de Abreu, 152
✆ +55 32 3355 1434
www.lisbleu.com.br
A partir de 687 R$ pour une chambre double selon la saison et la catégorie, petit déjeuner compris. Wifi.

Pousada de luxe située entre le centre historique et de la station de train du « Maria Fumaça ». Grand standing et propriétaires attentifs. Au total, 12 confortables et amples suites reparties en 3 catégories (luxe, master 1 et 2) sont toutes décorées avec goût d'un joli mobilier ancien, et leurs équipements sont forcément de qualité. Pour la détente : un sauna et une belle piscine orientée vers la Serra de São José. La grande baie vitrée de la salle à manger offre elle aussi un panorama exceptionnel. Là est servi un excellent petit déjeuner.

POUSADA BRISA DA SERRA €€€

Rua Santíssima Trindade, 520 – Trindade
✆ +55 32 3355 1838 - www.brisadaserra.com.br
Compter de 500 à 750 R$ la nuit en chambre double, en fonction de la catégorie. Petit déjeuner compris. Wifi.

On a rencontré ce lieu en 2012 et le charme opère toujours. Une superbe pousada, un peu excentrée, avec un formidable panorama sur la Serra. Les chambres standards sont toutes d'une décoration unique, de style ancien. Les suites « luxe » ont un lit à baldaquin, bains à remous, cheminée… Tout est ici luxe et raffinement. On accède au jardin par un passage taillé dans le roc. Pour des goûts plus rustiques, il y a de petites maisons en adobe, simples et charmantes. Le thé est offert, de nombreux mets sont faits maison. Accueil attentionné.

SOLAR DA PONTE €€€

Largo das Mercês ✆ +55 32 3355 1255
www.solardaponte.com.br

A partir de 1 139 R$ pour une chambre double, petit déjeuner compris. Wifi. N'accepte pas les enfants de moins de 8 ans.

Magnifique demeure d'époque restaurée avec goût par Anna Maria et John Parsons, les propriétaires. Située en plein centre historique de Tiradentes, on est charmé à la fois par l'accueil et l'environnement de la pousada. Au total, 18 confortables et luxueuses suites extrêmement bien équipées et décorées avec soin. L'établissement de grand standing compte une belle piscine, un sauna, un bar, plusieurs salles de séjour, un thé offert en fin d'après-midi, un parking… et un personnel toujours à l'écoute. Le raffinement est le maître mot de ces lieux majestueux.

NA VENDA PÃO DE QUEIJARIA €€

Rua Min. Gabriel Passos, 212
✆ +55 32 3355 1467
www.navendapaodequeijaria.com.br

Sandwicherie. Ouvert du vendredi au mardi de midi à 22h et le mercredi de 11h à 19h. Environ 30 R$ pour un sandwich.

La petite échoppe « Na venda Pao de Queijaria » est un lieu idéal pour combler un petit creux lors des visites le long des routes vallonnées de la petite ville. La boutique propose des sandwiches élaborés avec du *pão de queijo*, très typiques, sans gluten, sont proposés ici. De nombreuses variantes de sandwiches sont proposées, avec de la farine du manioc par exemple. On peut s'asseoir dans la charmante petite salle ou à emporter. Une adresse originale.

BAR DO CELSO €

Largo das Forras, 80
✆ +55 32 3355 1193
bardocelso.com

Cuisine mineira. Ouvert du mercredi au lundi de 11h45 à 21h. Compter environ 55 R$ pour un plat.

Le bar do Celso est une institution à Tiradentes. Il sert office de bar, de snack et de restaurant. On y trouve de bons sandwichs à grignoter, de très bon *tutu mineiro* et feijao tropeiro et d'excellentes cachaças. Pour des appétits normaux, les plats pour une personne peuvent largement en contenter deux. Certes, ce n'est pas forcément très light, la cuisine mineira étant par essence calorique, mais les effluves des vieilles marmites en pierre à savonne trompent pas. D'autres établissements du même style sont à découvrir sur cette place centrale.

CERVEJARIA JARDINS DE SANTO ANTÔNIO €

Rua Ministro Gabriel Passos, 308
✆ +55 32 9107 7423

Cuisine mineira, pizzeria. A partir de 30 R$. Mercredi à vendredi de 16h à 0h, samedi de 10h à 0h, dimanche 10h-17h.

À quelques dizaines de mètres de l'église de Santo Antônio, on ne peut rater la Harley-Davidson du chef. Fan de moto et de whisky, le chef André Grobério réalise une nourriture tout à fait sympathique. Les pizzas sont cuites au feu de bois, les plats mineiros sont d'assez bonne facture également. Du côté restaurant, dans la salle climatisée, une carte des vins intéressante. Quand le soleil est au rendez-vous, il est agréable de s'asseoir en terrasse.

DIVINO SABOR €

Rua Ministro Gabriel Passos, 300
✆ +55 32 3355 1800

Cuisine mineira, self-service. Ouvert du mardi au dimanche de 11h30 à 15h30. Compter de 25 à 45 R$ pour un plat.

Le meilleur self de la ville, qui fait la part belle aux spécialités mineiras ! L'établissement est simple et accueillant, à l'image du Minas Gerais. Si la coquette Tiradentes revêt de beaux atours, sa cuisine reste souvent simple et basée sur la recherche d'aliments de qualité. Le restaurant Divino Sabor respecte ces principes à la lettre. Les marmites en pierre à savon réservent des plats mineiros appétissants qui ravissent les locaux et les touristes depuis de longues années. Un restaurant au kilo à l'assez bon rapport qualité-prix.

TEMPERO DA ÂNGELA €

Rua Dep. José Bonifácio, 64 - Bichinho
✆ +55 32 3353 7010

Cuisine mineira. Ouvert tous les jours de midi à 16h, jusqu'à 17h le week-end. Compter environ 30 R$ pour un repas.

Un coup de cœur. Ce restaurant de Bichinho a une réputation qui dépasse de très loin les frontières du Minas. Certaines personnes de Recife font un « pèlerinage » chaque année. Fred de Saint-Jean, épicurien et grand amateur de cachaça devant l'Éternel, ne passe pas au Brésil sans venir saluer la maîtresse des lieux. Il faut dire que la cuisine est faite avec amour par Ângela, au four à bois, et que son accueil est inoubliable. La cuisine mineira trouve sa noblesse dans une certaine simplicité. On se rapproche du slow food, à l'accent mineiro.

ATRÁS DA MATRIZ €€

Rua Santíssima Trindade, 201
✆ +55 32 3355 2150
www.atrasdamatriz.com.br
Cuisine brésilienne, pizzeria. lundi, mardi, jeudi, vendredi de 19h à 23h, samedi, dimanche 12h 23h. Environ 100 R$ le repas.

A 100 mètres de l'église « Matriz de Santo Antonio », ce restaurant propose depuis 20 ans une cuisine originale qui s'affranchit quelque peu du classicisme mineiro. Tout est cuisiné au four à bois, d'où la douce odeur qui flotte dans l'air. Avec une vue superbe des montagnes aux alentours, vous pourrez déguster la pizza grillée ou le cabillaud norvégien, les deux spécialités du restaurant. Essayez la pizza de gorgonzola avec noix et jambon de parme. L'endroit est tranquille, reposant, à la hauteur de Tiradentes. Une très bonne table !

CONTOS DE RÉIS STEAK HOUSE €€

Largo das Forras, 62
✆ +55 32 3355 1790
www.contodereis.com.br/steak/
Churrascaria. Ouvert du dimanche au jeudi de 18h à 23h et le vendredi et samedi de 13h à minuit. Environ 70 R$ le repas

Encore une adresse qui fait corps avec la petite ville. Dans une petite maison sur le largo da fora, chargée d'histoire, on peut découvrir une carte classique approuvée depuis longtemps par les habitués des lieux. Le Conto de Réis Steak House est un classique de Tiradentes. Les viandes grillées font la réputation de la maison, avec en tête l'incontournable *picanha*. Un bémol cependant : le service est souvent chaotique lorsque le restaurant est plein, pensez-y !

ESTALAGEM DO SABOR €€

Rua Min. Gabriel Passos, 280
✆ +55 32 3355 1144
Cuisine mineira traditionnelle. tous les jours de 11h à 19h (17h le dimanche et lundi). Environ 100 R$ pour un repas.

Un des plus vieux restaurants de la ville et une des tables étoilées de Tiradentes. On peut parler de cuisine fusion mais cette vénérable maison continue de proposer une cuisine mineira classique On vient ici pour des plats traditionnels du Minas mais aussi pour des créations plus originales, exécutées avec *maestria* par le chef Vicente Teixeira, comme le « porc religieux » ou le « mané sem jaleco ». Goûtez la spécialité, la citrouille à la viande séchée. Quelques tables fort agréables à l'extérieur. Bonne carte de vin. Une très bonne adresse.

PAU DE ANGU €€

Estrada de Bichinho 3 km
✆ +55 32 99948 1692
Cuisine mineira. Ouvert du mercredi au lundi de midi à 17h. Environ 80 R$ pour un repas. N'accepte pas la CB.

Décidément, Bichinhos est un lieu qui recèle des trésors en tout genre. Dans une petite maison simple au charme bucolique sur la route de Bichinhos, le chef Leonidia met à l'honneur une cuisine régionale simple avec des produits issus du jardin que l'on croise en entrant dans le restaurant. On travaille ici en circuit court ou en locavore. Les plats sont familiaux et très goûteux. Les desserts sont également excellents. Le style « paillote » est romantique. La cuisine des lieux est honorée depuis longtemps. Une bonne idée pour faire une pause sur l'Estrada Real.

VIRADAS DO LARGO €€

Rua do Moinho, 11
✆ +55 32 3355 1111
www.viradasdolargo.com.br
Cuisine mineira. TLJ (sauf mardi) de midi à 22h. En janvier et juillet ouvert TLJ de midi à 22h. environ 100 R$/ repas.

Tiradentes fait partie des slow Cities et le restaurant Viradas do Largo s'affirme comme une des capitales de la Slow Food. Un guide gastronomique l'a longtemps désigné comme le meilleur restaurant de cuisine régionale du pays. Encore une excellente adresse pour déguster les spécialités mineiras, avec une touche d'originalité de la chef Beth Beltrão, comme dans le poulet au safran, le succulent cochon de lait (sur commande), ou sa spécialité : le fameux *Tutu mineiro*. Les beignets (*pastéis*) d'angu, plus simples, n'en sont pas moins incontournables.

PACCO & BACCO €€€

Rua Direita, 166
✆ +55 32 3355 1136
paccobacco.com.br
Cuisine brésilienne moderne. du lundi au jeudi de 19h à 22h, vendredi, samedi 19h à 23h. Environ 120 R$ pour un repas.

Le restaurant Pacco & Bacco est sans doute le meilleur de tous les établissements étoilés de la petite ville de Tiradentes, qui a depuis longtemps conquis le titre de capitale culinaire. Le décor pierre-bois sied à merveille à l'esprit des lieux. L'endroit est chaleureux et accueillant. Vous dégusterez ici une cuisine innovante élaborée avec des produits de haute qualité. Les plats sont originaux et délicatement présentés. La cave est digne des grandes tables françaises. Bien sûr, il faudra mettre la main à la poche, la qualité a un prix. Très recommandé.

TRAGALUZ €€€

Rua Direita, 52
✆ +55 32 3355 1424
www.tragaluztiradentes.com.br
Cuisine brésilienne. Ouvert lundi, mercredi, jeudi et dimanche 19h-22h30, vendredi, samedi 19h-0h30. environ 120 R$/p.

Le Tragaluz est un autre restaurant étoilé de Tiradentes, dans un cadre enchanteur et romantique. Il a su apporté à la cuisine mineira ses lettres de noblesse. La carte, présentée comme un texte de littérature de cordel, propose des plats qui raviront tous les palais. On part des éléments de base de la cuisine régionale et le chef les revisite avec une touche internationale. *Surumbi* fumé à la sauce à l'orange, filet aux champignons, carottes et bananes grillées. Ce n'est certes pas bon marché, mais c'est très intéressant et sophistiqué sans emphase..

O ROCAMBOLE E CIA

Rua Ministro Gabriel Passos, 115
✆ +55 32 3355 2897
Produits régionaux. Ouvert de 9h à 20h tous les jours.

On ne peut venir à Tiradentes sans goûter les pâtisseries locales : les rocamboles. Cette tradition y a plus de 100 ans. Le magasin « O Rocambole & Cia » est indissociable de ce produit sucré traditionnel. On vous proposera ici vingt parfums qui déclinent la décline (dulce de leche, chocolat, goyave). Rocambole & Cia promet les produits traditionnels du Minas Gerais, le doce de leite, la goyave, les fromages du Minas Gerais, le délicieux pain de maïs, le cubu et le fameux pastel de angu. Des fromages du cru sont également proposés. Un lieu à connaître.

SABOR COM ARTE

Largo das Forras, 66
✆ +55 32 3355 1886
Ouvert de jeudi à dimanche. De 18h à 23h jeudi et vendredi et de 12h à 23h samedi et dimanche. A partir de 30 R$

Ce sympathique bar-restaurant donne directement sur le largo das Forras. En temps normal, voilà l'un des seuls bars-pubs de la ville où les bières servies sont bien fraîches. L'ambiance y est animée surtout en fin de semaine, lorsqu'il y a des concerts *ao vivo*. À l'échelle de Tiradentes bien sûr. Actuellement, seul le resto fonctionne. Les pizzas, les spécialités du Minas, les Quibés libanais, les pasteis de angu, les frites gratinées avec du bacon et du fromage, arrosés avec modération de bières locales ou de cachaça laissent un goût de revenez-y. À connaître.

CONCEIÇÃO DO IBITIPOCA

Roots et assez isolé, Ibitipoca est un peu difficile à atteindre. Il faut du temps et de la patience si on rejoint la petite ville en bus, il y a un seul bus par jour à partir de Juiz de Fora et il est rapidement plein. On arrive alors directement dans les années 70, ambiance hippie garantie. On est un peu hors du temps, le réseau 4G n'est pas top, pas de banque pour retirer de l'argent et les bouiboui n'acceptent la carte bleue. C'est pourtant ce que l'on va chercher à Ibiti. Une ambiance décontractée, des petits bars et des restaurants super accueillants, des hébergements sommaires mais propres. Le bar alternatif Firma est une institution.

PARQUE ESTADUAL DO IBITIPOCA ★

Le parc d'Ibitipoca, localisé dans le sud du Minas Gerais (à 270 km de Rio et 350 de Belo Horizonte), propose sur près de 1 500 hectares de belles forêts, des cascades, des grottes et des montagnes. Il peut tout à fait se visiter sur une journée ou sur plusieurs jours de randonnée (un guide local agréé est fortement conseillé). Le parc est renommé pour la couleur des eaux des rivières et des lacs : eaux rouges (aussi dénommées couleur Coca-Cola) en raison de la présence de minerai de fer et du tanin des feuilles des arbres, qui en font une attraction. La cascade Janela do Ceu (fenêtre du ciel) est considérée comme la plus belle du parc.

ADMINISTRATION DU PARC DE IBITIPOCA

Lima Duarte
✆ +55 32 3281 1101
www.ibitipoca.tur.br
Le parc est ouvert tous les jours de 7h à 18h. Entrée 15 R$ par personne en semaine et 25 R$ le week-end.

Toutes les infos sur l'hébergement (en camping ou en pousada), les randonnées possibles, les guides à contacter sur l'excellent site Internet du parc. Les places de parking sont limitées, il faut se renseigner avant de partir. Les sports « radicaux » sont interdits dans l'enceinte du parc. L'entrée du parc se trouve à 3 kilomètres de la petite ville de Conceiçao de Ibitipoca. Le parc en lui-même se trouve en zone de « mata ». De nombreux sentiers intéressants.

ORGANISER SON SÉJOUR

Un voyage au Brésil se prépare en amont. Désormais, grâce à Internet, les conseils et les bonnes adresses du Petit Futé permettent de préparer à distance ce voyage que l'on voudra inoubliable. Si vous choisissez de vous rendre en certains lieux très prisés des touristes brésiliens et internationaux, il faudra anticiper la forte demande en hébergement. A Rio, Ouro Preto, Paraty, a fortiori lors des grands évènements festifs (carnaval ou FLIP à Paraty), les places sont chères. Pour le carnaval, il est prudent de réserver presqu'un an à l'avance. Le prix des billets d'avion varie également selon la saison, tout comme celui des hébergements d'ailleurs. Il faut se renseigner sur les saisons. A Ouro Preto, il faut prévoir quelques lainages en juillet ou en août pour ne pas grelotter de froid. Il faut bien se renseigner sur les distances entre les villes de destinations si on voyage en bus. Bon voyage !

ARGENT

Monnaie. Le réal (noté R$), reais au pluriel, est la monnaie brésilienne depuis 1994. Si l'inflation est désormais maîtrisée, la monnaie fluctue assez largement.

Change. En octobre 2022, le taux de change était de 5,11 R$ pour un euro. La monnaie est convertible. Nul besoin d'en commander en France. Il est préférable de changer de l'argent au Brésil. A l'arrivée, dans les aéroports internationaux, évitez les bureaux de changes d'avant la douane, peu intéressants. Ne changez jamais dans la rue. Les banques et certaines agences de tourisme changeront vos euros à des taux officiels annoncés. Il arrive que les petites agences de tourisme de Rio changent à des taux plus avantageux que le taux officiel.

Carte bleue. Les retraits aux DAB seront possibles si votre carte bleue est internationale. Pensez à vérifier auprès de votre banque avant de partir. Les cartes bleues sont acceptées en de nombreux lieux. Renseignez-vous auprès de votre banque sur les taux de retraits et les commissions ainsi que les plafonds de retrait à l'étranger avant de partir, que l'on peut momentanément augmenter. Nous vous recommandons de voyager avec une petite somme d'argent, et de ne retirer qu'au fur et à mesure selon vos besoins.

BUDGET / BONS PLANS

Budget. Le Brésil n'est plus un pays bon marché. L'effondrement actuel du réal rend le coût de la vie moins chère pour les visiteurs européens, mais le budget d'un voyage au Brésil reste assez élevé. Il faut compter 50 euros pour un petit budget quotidien et par personne, 80-100 euros pour un budget moyen et 150 euros pour un budget confortable. Dans les grandes villes, l'hébergement peut être un poste de dépense important. Comme partout, les tarifs des hôtels et des différents services touristiques varient selon la saison et les événements. Pendant les vacances d'été, de décembre à février (incluant donc la période du carnaval) et les vacances scolaires de juillet, les prix sont multipliés par deux, voire plus à Rio ou Paraty par exemple. Ils varient également en fonction des événements. La note peut être vite salée dans les restaurants « conventionnels ». On peut manger au kilo correctement et pour une somme modérée. Les plats préparés (PF, prato feito) sont généralement bon marché.

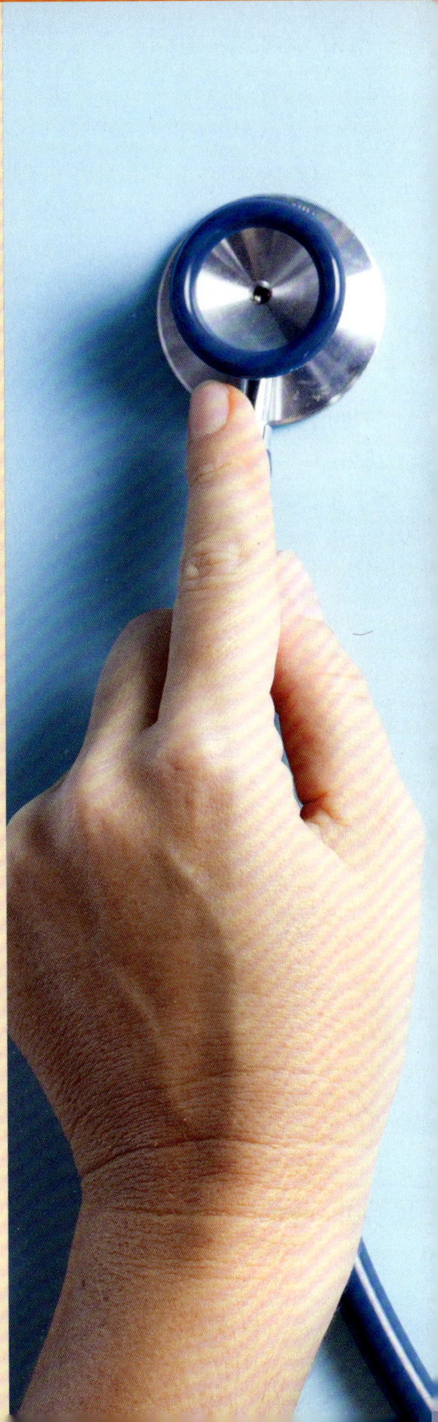

L'ASSURANCE VOYAGE, LE MEILLEUR MOYEN POUR PROTÉGER SA SANTÉ À L'ÉTRANGER

avec le DR MICHEL NAHON, directeur médical d'Allianz Travel

En cas de souci de santé sur place, que faut-il faire ?

Si l'on se trouve dans une situation urgente (accident grave, morsure d'animaux...), il est conseillé d'appeler les numéros d'urgence locaux. Une fois à l'hôpital, appeler son assisteur pour déclencher les procédures de prise en charge.

Est-il possible d'entrer en contact avec un professionnel de santé en cas de besoin ?

Allianz Travel dispose d'un service de téléconsultation médicale accessible en visio qui permet de s'entretenir avec un médecin français 24h/24, 7 jours sur 7. La consultation se fait en français et des conseils sont donnés sur les démarches à effectuer. Une ordonnance peut également être délivrée.

S'agissant des frais médicaux, est-on forcément couvert par son assurance maladie et sa mutuelle à l'étranger ?

La sécurité sociale et la mutuelle fonctionnent en France et dans les pays de la Communauté économique européenne, à condition d'avoir fait une demande d'extension de garantie avec la carte européenne d'assurance maladie (CEAM). Il est malgré tout conseillé de souscrire une assurance voyage, car la prise en charge des frais ne sera pas la même qu'en France.

Quel est le meilleur moyen de voir ses frais médicaux pris en charge ?

Dans les pays hors Europe, il est recommandé de souscrire à un contrat d'assistance avec un bon niveau de couverture des frais médicaux. Il est également important de choisir un acteur solide, qui dispose d'un important réseau international dans le domaine médical.

L'assurance voyage prévoit-elle le rapatriement ?

Le rapatriement n'est pas systématique. Il faut un réel intérêt médical. Si le patient peut être traité sur place, l'assisteur oriente vers un médecin ou une structure médicale adaptée localement. De même qu'en cas d'accident dans une zone désertique, le patient sera d'abord orienté vers l'hôpital le plus proche pour stabiliser la situation, avant d'envisager le rapatriement.

ET VOUS,
QUI ÊTES-VOUS
EN VOYAGE ?
Assurez celui ou celle
que vous serez en voyage
www.allianz-voyage.fr - 01 73 29 06 10*
Allianz
Assureur Officiel
Allianz Travel
AWP FRANCE SAS - Siège social : 7, rue Dora Maar - CS 60001 - 93488 Saint-Ouen cedex - Société par Actions Simplifiée - au capital de 7 584 076,86 € - 490 381 753 RCS Bobigny - Siret : 490 381 753 00055 - Société de courtage d'assurances - immatriculée à l'Orias (www.orias.fr) - sous le n°07 026 669
*du lundi au vendredi de 9h à 19h et le samedi de 10h à 18h, sauf jours fériés. Octobre 2019
Photographie : Eric Vernazobres / Favorite production - Conception : Insign 2019

En basse saison, en ne voyageant qu'en bus (ou en réservant à l'avance les vols), en dormant dans des hôtels corrects mais simples et en privilégiant les restaurants bon marché (self au kilo), vous pouvez voyager moins cher. En haute saison, il faudra éviter les spots touristiques, sauf, bien sûr si vous en avez fait votre destination choisie. On n'ira pas à Ouro Preto à Pâques ni à Paraty lors du festival du livre FLIP. Un vol en avion, la location occasionnelle d'une voiture et un séjour guidé peuvent alourdir sensiblement ce budget moyen, tandis que les excursions en solo (pas n'importe où !) et les journées de farniente dans un hamac sur une plage l'allègent. N'hésitez pas à marchander pour tous les services touristiques proposés, surtout en basse saison, quand les clients sont rares. On peut ainsi discuter le prix des excursions guidées (parcs nationaux, etc.). Il faut néanmoins garder en mémoire qu'un service de qualité se paye et que des prix très bas par rapport au marché se font quelquefois au détriment de la sécurité et/ou du respect des communautés et de l'environnement. De plus, il faut respecter le labeur d'autrui et négocier dans une mesure acceptable.

Les compagnies aériennes Gol et Azul proposent des systèmes de *pass* intéressants pour les vols intérieurs qui ne peuvent être achetés qu'en France ou dans le pays d'origine du voyageur après achat de son billet aller-retour pour le Brésil.

Pourboires. Au restaurant, les montants à payer sont majorés de 10 %, somme destinée aux serveurs. Vous n'aurez donc pas à laisser de pourboire, à l'exception de rares restaurants où les 10 % ne sont pas inclus. Mais rien ne vous empêche d'en laisser si le service vous a plu.

Marchandage. Négocier le prix des marchandises qui a explosé ces dernières années est une des coutumes courantes, surtout dans les marchés de rue. Résistez au talent des commerçants pour vous faire culpabiliser d'avoir proposé un prix plus bas et tentez votre chance en demandant jusqu'à 20 % de rabais. Pour faire des affaires encore plus juteuses, privilégiez le paiement en espèces et les achats en grosse quantité. Chez les petits marchands qui peinent à s'en sortir et en certains lieux loin des zones touristiques, on proposera un prix qui reste décent ou on s'abstiendra de marchander.

Taxes. Les prix affichés peuvent parfois être taxés, la pratique n'est pas uniforme, et l'affichage pas toujours explicite. Dans certains hôtels, il faudra peut-être ajouter 5 % d'ISS ou 10 % de taxe de service (ou les 2 !) au prix affiché ; se renseigner à la réception. Dans les bars et restaurants, le service (10 %) n'est pas indiqué sur la carte, mais toujours inclus dans la facture.

PASSEPORT ET VISAS

Les voyageurs venant d'Europe doivent être en possession d'un passeport valide au moins 6 mois à partir de la date d'entrée au Brésil. Depuis de nombreuses années, les Européens peuvent se rendre au Brésil sans visa pour séjour de tourisme ou d'affaires pour une durée qui n'excède pas 90 jours. On peut demander une prorogation pour 90 jours supplémentaires. Après, il faudra quitter le territoire. Pour un visa de travail, la procédure est complexe et il faut passer en général par l'entreprise qui vous recrute.

Carte d'immigration. Elle est à remplir dans l'avion ou au poste de douane terrestre. Cette carte comporte votre date d'entrée et votre date limite de sortie. Elle vous est remise à votre arrivée à l'aéroport. Elle sera demandée lors de votre départ. Veillez donc à ne pas la perdre. Si c'est le cas malgré tout, adressez-vous à la police fédérale de la ville où vous vous trouvez.

Transit. Le passage d'un pays à l'autre par voie terrestre, notamment entre le Brésil et la Bolivie, l'Argentine ou le Paraguay, se fait généralement sans aucune formalité (si vous êtes Européen). C'est à vous de faire les démarches nécessaires (tampons de sortie, entrée du territoire), au Brésil, auprès de la policia federal et, dans les autres pays, auprès des bureaux de l'Immigration. Si vous oubliez de régulariser votre situation, vous pourriez avoir quelques problèmes plus tard, à l'aéroport, au moment de quitter le pays. Cela dit, le personnel de la policia federal est aimable et compréhensif, et la plupart des problèmes de visa semblent pouvoir s'arranger à l'amiable.

Conseil. Avant de partir, pensez à photocopier tous les documents que vous emportez avec vous. Vous emporterez un exemplaire de chaque document et laisserez l'autre à quelqu'un en France. En cas de perte ou de vol, les démarches de renouvellement seront ainsi beaucoup plus simples auprès des autorités consulaires. Vous pouvez également conserver des copies sur le site Internet officiel (mon.servicepublic.fr). Il vous suffit de créer un compte et de scanner vos pièces d'identité et autres documents importants dans l'espace confidentiel.

PERMIS DE CONDUIRE

Lors d'un séjour sous visa touristique, n'excédant pas 180 jours, les Français et les Européens peuvent utiliser leur permis de conduire national ou se faire établir un permis de conduire international. Selon les informations de l'ambassade de France au Brésil « un citoyen non brésilien a le droit de conduire pendant son séjour au Brésil, pour un maximum de 180 jours, pourvu qu'il ait un permis étranger ou international ("Habilitação Internacional para Dirigir") en cours de validité, qu'il présentera avec sa traduction assermentée en portugais et un document d'identité ». Vous aurez besoin de ce permis pour louer une voiture.

SANTÉ

Il convient d'être vigilant sur quelques points afin de ne pas subir des désagréments de santé au cours de son voyage. Voyager au Brésil oblige à prendre quelques précautions face à certaines maladies même s'il n'y a pas de risque majeur au plan sanitaire.

Covid-19. La pandémie a fait plus de 500 000 victimes au Brésil et l'incurie du président Jair Bolsonaro qui a nié la dangerosité du virus et a retardé la mise en place de campagnes de vaccination risque de chiffrer en de nombreux nouveaux décès. Aujourd'hui, la maladie est sous contrôle. Le passeport vaccinal ou un test PCR négatif reste obligatoire pour entrer sur le territoire brésilien.

Eau. Il est vivement déconseillé de consommer l'eau du robinet, et ce, sur l'ensemble du territoire brésilien. N'utilisez que des bouteilles d'eau minérale – plus chère que la bière ! – après avoir vérifié qu'elles sont bien scellées ou de l'eau filtrée.

Hygiène alimentaire. Les maux les plus courants restent les troubles intestinaux. Le fait de changer de régime alimentaire est déjà source de perturbations, mais lorsque s'ajoute à cela une nourriture épicée parfois préparée dans des conditions d'hygiène peu en rapport avec celles auxquelles nous sommes habitués, cela se traduit la plupart du temps par de fortes diarrhées, également connues sous le nom de tourista. Prenez un antidiarrhéique, un désinfectant intestinal et hydratez-vous bien (pas de jus de fruits). Si la diarrhée persiste ou s'accompagne de pertes de sang ou de glaires, consultez un médecin. Pour éviter ces désagréments, achetez des bouteilles d'eau scellées, faites bouillir l'eau (le café et le thé sont des boissons « sûres »), évitez les crudités ou les fruits non pelés, bannissez les glaçons, ne vous brossez pas les dents avec l'eau du robinet et ayez toujours sur vous des comprimés désinfectants.

Piqûres et morsure. Le paludisme, ou malaria, étant présent dans le nord du Brésil, il est important de se protéger convenablement contre les piqûres de moustiques. La prévention nécessite un traitement antérieur au départ, surtout si vous comptez vous rendre au cœur de la forêt amazonienne. Sur place, utilisez de puissants répulsifs et portez des vêtements adaptés (pantalon, sweat à manches longues, chaussettes). La nuit, la moustiquaire est de mise, complétée pour plus de sécurité par l'utilisation de sprays antimoustiques. Ces précautions permettent également de se prémunir contre la dengue, la fièvre jaune ou la leishmaniose, maladies également véhiculées par des espèces de moustiques présentes au Brésil. Pour ce qui est des morsures, de chiens notamment, la rage étant toujours active au Brésil, désinfectez immédiatement la plaie et consultez rapidement un médecin. Et n'oubliez pas que les plaies dans les climats chauds et humides mettent longtemps à cicatriser et peuvent même s'infecter. Le Brésil compte en effet beaucoup d'infections parasitaires ou cutanées. Il convient donc de les traiter le plus rapidement possible avec un antiseptique et de les laisser le plus souvent possible à l'air libre plutôt que de les couvrir d'un pansement.

Soleil. Attention aux brûlures dues au soleil ! Malgré un climat humide, le soleil brésilien présente autant de danger que partout ailleurs. Il faut donc se montrer extrêmement prudent et éviter les expositions longues et répétitives. Dans tous les cas, et quelle que soit la durée de l'exposition, il est impératif d'utiliser un écran solaire avec un indice élevé et de ne pas hésiter à se couvrir avec des vêtements en toile légère et des chapeaux à larges bords. Les enfants à peau claire sont particulièrement vulnérables. L'excès de rayonnement solaire est dangereux pour la peau. A court terme les coups de soleil et autres allergies solaires n'ont aucune conséquence sur la santé si ce n'est quelques douleurs intempestives. Au contraire, les rayonnements UV provoquent à long terme un vieillissement accéléré de la peau, voire des cancers. A signaler que les nuages qui règnent parfois dans le ciel brésilien ne filtrent pas les UV : lorsque l'on ressent la chaleur du coup de soleil sur la peau, il est déjà trop tard !

Fièvre jaune. Selon l'Institut Pasteur, il est recommandé aux voyageurs de plus de 9 mois allant dans les régions Nord et Centre-Ouest, ainsi qu'une partie de la région Nordeste (Maranhão, sud-ouest du Piauí, ouest et extrême-sud de Bahia), de la région Sud-Est (Minas Gerais, ouest de São Paulo et nord d'Espírito Santo) et de la région Sud (ouest de Paraná, Santa Catarina et du Rio Grande do Sul) de se faire vacciner contre la fièvre jaune. Les voyageurs en provenance du Congo et de l'Angola devront montrer leur certificat de vaccination en entrant au Brésil. Si vous allez en Bolivie, vous devrez également montrer un certificat de vaccination en revenant au Brésil.

La bilharziose est la maladie tropicale entraînant le plus haut taux de mortalité après le paludisme (200 millions de personnes atteintes dans le monde). Après une période d'incubation allant de trois semaines à six mois, la maladie se manifeste par de fortes fièvres, du sang dans les urines ou des réactions allergiques cutanées. La meilleure prévention est de limiter tout contact avec les eaux stagnantes non salées. La bilharziose se soigne très bien une fois détectée.

Paludisme. Le paludisme est également appelé malaria. Si vous passez par un pays qui est une zone de transmission de paludisme (dans toutes les zones humides ou équatoriales, dans toute la région amazonienne au Brésil, régions Nord et Centre-Ouest, ainsi qu'une partie de la région Nordeste), consultez votre médecin pour connaître le traitement préventif adapté : il diffère selon la région, la période du voyage et la personne concernée. Eviter le traitement est possible si votre séjour est inférieur à sept jours (et sous réserve de pouvoir consulter un médecin en cas de fièvre dans le mois qui suit le retour.) En plus des cachets, réduisez les risques de contraction du palu en évitant les piqûres de moustiques (répulsif et vêtements couvrants). Entre le coucher et le lever du soleil, près des points d'eau stagnante et des espaces ombragés, les risques de se faire piquer sont les plus élevés. Des Informations plus précises sont accessibles sur le site : www.saude.gov.br/malaria. Voir avec un médecin en France avant de partir pour la prophylaxie (maladies tropicales). Dans tous les cas au Brésil, protégez-vous de la piqûre des moustiques.

VACCINS OBLIGATOIRES

Il n'y a pas de vaccins obligatoires pour les Français qui se rendent au Brésil. Néanmoins, des vaccins et des traitements préventifs sont conseillés. Il est important d'en parler à son praticien plusieurs mois avant son départ pour planifier d'éventuels vaccins et des traitements prophylactiques. Selon le site de l'Institut Pasteur (www.pasteur.fr), la vaccination contre l'hépatite A est conseillée, quelles que soient les conditions et la durée du voyage au Brésil et pour l'hépatite B, la vaccination est conseillée en cas de séjours longs. Pour la fièvre jaune, la vaccination est recommandée si vous vous rendez dans les zones à risque du Brésil. Contre la typhoïde, en cas de séjour prolongé ou dans des conditions d'hygiène précaires (enfants : à partir de l'âge de 2 ans) : une injection 15 jours avant le départ. Il n'y a pas de paludisme dans les Etats de Rio et du Minas.

SÉCURITÉ

Rio et le Brésil ont la réputation d'être un pays dangereux pour les touristes. C'est certainement exagéré, mais il est incontestable que la violence est omniprésente dans les métropoles et les villes moyennes, paradoxe d'une des nations les plus accueillantes au monde. Cette violence ne s'exerce pas, d'ailleurs, spécifiquement contre les touristes. Ce sont surtout les Brésiliens qui en sont les premières victimes. La faute en revient directement à une organisation sociale inique, où la richesse est concentrée entre les mains de quelques-uns. La huitième puissance économique du monde n'est pas à même de nourrir correctement un dixième de sa population et en laisse un tiers dans une grande misère. Les risques encourus par les touristes se « limitent » principalement au vol. Quelques précautions et un peu de bon sens suffisent le plus souvent à éviter les ennuis. En règle générale, les grands centres urbains, qui concentrent toute la misère du monde en même temps que des hordes de touristes, présentent les plus grands risques. Les petites villes et villages, loin du bruit et de la fureur, sont moins considérés comme « zones à risque », mais il convient également de rester vigilant.

Pour connaître les dernières informations sur la sécurité sur place, consultez la rubrique « Conseils aux voyageurs » du site du ministère des Affaires étrangères : www.diplomatie.gouv.fr/voyageurs. Sachez cependant que le site dresse une liste exhaustive des dangers potentiels et que cela donne parfois une image un peu alarmiste de la situation réelle du pays.

DÉCALAGE HORAIRE

On peut compter de 3 à 5 heures de décalage entre la France, la Suisse ou la Belgique et le Brésil, selon les horaires d'été ou d'hiver et les fuseaux horaires. Arrivé à Rio, il vous faut retarder votre montre (quand il est 15h ou 17h à Paris, Genève ou Bruxelles, il est midi à Rio). Le Brésil s'étend sur trois fuseaux horaires : le Sud, le Sudeste, le Nordeste et la partie orientale du Nord et du Centre-Ouest se situent à GMT-3h, tandis que le reste du pays se situe à GMT-4h, à l'exception de l'Acre et de l'extrême ouest de l'Amazonas, qui se situent à GMT-5h.

▸ **De manière pratique** : quand il est 15h ou 17h à Paris, à Genève ou à Bruxelles il est midi à Rio ; il est 10h à Montréal et 3h en Polynésie française. Presque tout le pays vit à l'heure de Brasilia et de Rio de Janiero, sauf Boa Vista, Cuiabà, Manaus et Porto Velho ; à l'ouest, il est plus tôt d'une heure. Quand il est midi à Rio, il est 11h à Manaus.

LANGUES PARLÉES

Quoique familiers du tourisme, les Brésiliens parlent peu de langues étrangères. Le portugais brésilien est parlé dans tout le pays. A part dans les grandes villes et auprès de professionnels du tourisme, vous rencontrerez peu d'interlocuteurs anglophones ou francophones. Cependant, le portugais brésilien est relativement aisé à manier. Sa grammaire est plus simple que celle du portugais académique et l'accent brésilien sonnera de manière bien plus familière à vos oreilles que celui des Lusitaniens. De plus, les Brésiliens se montrent très patients et indulgents envers les voyageurs qui tentent de s'exprimer dans leur langue. Celui qui fera l'effort de s'adresser à eux en portugais trouvera généralement face à lui un interlocuteur à l'écoute et qui aura recours à des trésors d'ingéniosité pour le renseigner. Le portugais est une langue latine et nombre des mots de son vocabulaire ont les mêmes racines que ceux de notre langue. Si vous possédez de bonnes notions d'espagnol, vous vous ferez rapidement comprendre. Si vous n'avez aucune notion d'espagnol, un petit dictionnaire franco-portugais ou franco-brésilien vous permettra de vous lancer. Et puis cela fait partie du plaisir du voyage que de pouvoir communiquer avec les locaux rencontrés et de s'imprégner de leur univers. Apprendre le portugais du Brésil n'est pas très difficile et nous encourageons vivement tout amoureux du Brésil à le faire. Il existe plusieurs excellentes méthodes

de portugais du Brésil. Veillez à ce qu'il s'agisse bien du portugais du Brésil, le portugais parlé au Portugal présentant certaines différences. Sur place, dans les grandes villes, vous trouverez éventuellement facilement des professeurs de portugais en regardant les petites annonces.

COMMUNIQUER

Dans le cadre d'un séjour prolongé, il est conseillé d'acheter une carte SIM rechargeable auprès d'une agence de téléphonie mobile locale, qui soit compatible avec votre smartphone (attention aux formats, mini, micro ou nano). Normalement, l'opération est rapide et il suffit de présenter votre passeport, mais il faut désormais disposer d'un CPF (vous pouvez faire établir un CPF à la poste). Avec le CPF, l'agent vous installe directement la nouvelle carte dans votre téléphone. Disposer d'Internet sur son appareil facilite en effet les déplacements (on pense entre autres aux applications de type Uber) et les recherches d'informations et on peut payer avec le système PIX. Il est courant également de devoir passer ou recevoir des appels pour organiser ses visites, il est donc fort utile de posséder un numéro brésilien.

Utiliser son téléphone mobile. Si vous souhaitez garder votre forfait français, il faudra avant de partir activer l'option internationale (généralement gratuite) en appelant le service clients de votre opérateur. On peut acheter un système de pass forfaitaire auprès de son fournisseur qui permet de disposer du réseau 4G et d'un volume prépayé de données et d'appels et SMS.

Qui paie quoi ? La règle est la même chez tous les opérateurs. Lorsque vous utilisez votre téléphone français à l'étranger, vous payez la communication, que vous émettiez l'appel ou que vous le receviez. Dans le cas d'un appel reçu, votre correspondant paie lui aussi, mais seulement le prix d'une communication locale. Tous les appels passés depuis ou vers l'étranger sont hors forfait, y compris ceux vers la boîte vocale.

Cabines et cartes prépayées. Les cabines de téléphone sont de moins en moins nombreuses. Elles disparaissent de nombreux lieux, car la généralisation de l'accès au téléphone portable les rend de moins en moins usitées. Pour obtenir une communication internationale. Depuis le Brésil, vous pouvez utiliser une cabine téléphonique (orelhao/oes, littéralement « grandes oreilles »), qui fonctionne avec des cartes de l'opérateur local (Telemar à Rio et Telefonica à São Paulo par exemple) que vous pouvez acheter dans les kiosques à journaux et les bureaux de poste (meilleur marché). Pensez à acheter plusieurs cartes, car les crédits défileront vite ! Le plus pratique est d'acheter une carte. Embratel, en vente dans la plupart des kiosques. Celle-ci vous coûtera 10 R$ minimum et vous permettra d'effectuer la communication sans avoir à changer de cartes toutes les trente secondes ! A partir de 19h et le week-end, les communications sont moins chères. Attention, dans plusieurs kiosques à journaux ou magasins de souvenir, on essaiera de vous vendre la carte Embratel plus chère.

Pour appeler en P.C.V. au Brésil. Depuis une cabine publique (orelhao), il vous faut composer le 9, suivi du numéro de l'opérateur retenu (Embratel ou Intelig), de l'indicatif régional sans le zéro et enfin du numéro de votre correspondant. Pour effectuer une communication internationale, il vous faut composer le 00 01 07.

ELECTRICITÉ ET MESURES

110 ou 220 V, le voltage au Brésil peut varier. Si vous n'avez pas un appareil bivolt, vérifiez avant de le brancher.

Les prises à deux trous, sans prise de terre, sont aux normes françaises. Vous trouverez quelquefois des prises plus récentes à trois trous également (différentes cependant des françaises) mais pas de partout. Vous pouvez acheter un adaptateur universel en France avant de partir pour pouvoir utiliser votre ordinateur par exemple, sinon, ce ne sera pas possible !

Les mesures de distance et de température sont les mêmes qu'en France. Les Brésiliens utilisent le système métrique et les degrés Celsius ou centigrades.

BAGAGES

Voyagez léger, surtout si vous comptez voir du pays. Un sac à dos ergonomique est certainement le bagage le plus pratique. Le Brésil offre de nombreuses possibilités de randonnées et de vagabondages pédestres, qu'une valise incommode risquerait de transformer en cauchemar. Les bagages sont pris en charge gratuitement dans la soute à bagages des cars, où le ticket qui a été remis au propriétaire du bagage sera demandé lors du retrait. Pour les balades dans la journée et les petites excursions, un petit sac sera de mise.

▶ **Adaptez votre sac à votre séjour**. Selon votre itinéraire (farniente à la plage ou trekking intensif dans les montagnes) et la saison de votre départ (il peut neiger l'hiver dans le sud), le contenu de votre sac peut grandement varier. Cela dit, il fait le plus souvent beau et chaud. Vous passerez donc sûrement une grande partie de votre séjour en T-shirt et en tongs. Emportez des t-shirts ou chemisettes en coton ; un K-way ou poncho de pluie ; une casquette ; une paire de sandales ou des tongs (à acheter sur place !) ; deux pantalons légers ou shorts ; un maillot de bain ; une paire de baskets ; une lampe-torche ; un couteau suisse ; une trousse avec les produits de toilette et le kit médical ; des lunettes de soleil ; un bon gros roman pour les trajets interminables en bateau ou en bus que l'on échangera dans une Alliance française une fois terminé ; un dictionnaire de poche ou lexique franco-brésilien ; un cadenas pour fermer le sac, une photocopie de votre passeport ; les numéros d'urgence en cas de perte/vol de vos affaires ; des boules Quies ; une petite paire de jumelles pour mieux voir les animaux ; une monnaie d'échange culturelle : livres, BD, photos. Et un appareil photo, bien sûr. Pensez à avoir une belle chemise ou un chemisier et pantalon pour certains lieux ou événements.

▶ **Prenez des vêtements couvrants** et/ou chauds une petite laine pour les nuits fraîches (ça peut arriver presque partout, surtout en automne et hiver) et pour les nuits glaciales passées dans les bus climatisés, une chemise à manches longues et pantalons pour les régions à moustiques ; des vêtements d'hiver pour la région sud en hiver ou même à Ouro Preto.

LES PHRASES CLÉS

Bonjour, je voudrais réserver un billet aller/retour pour…
Bom dia, queria reservar um bilhete de ida e volta para…

J'ai raté mon avion. Je voudrais échanger mon billet s'il vous plaît.
Perdi o meu avião. Queria trocar o meu bilhete, se faz favor.

Mon vol est très en retard. Ma correspondance sera bien assurée ?
O meu voo está com muito atraso. A minha correspondência está garantida?

Mes bagages ont été égarés, à qui dois-je m'adresser ?
Perderam as minhas bagagens, com quem posso falar?

Louez-vous des voitures avec chauffeur ?
Alugam carros com motorista?

Je n'ai presque plus d'essence. Où se trouve la station-service la plus proche ?
Não tenho muita gasolina . Onde está o posto de gasolina mais próximo?

S'Y RENDRE

On arrive en général au Brésil via l'aéroport de Rio de Janeiro, quelquefois Belo Horizonte. Rio est connectée a la plupart des capitales européennes. Belo Horizonte est reliée à Lisbonne et Porto par des vols de la compagnie portugaise TAP. A partir du territoire brésilien, les vols intérieurs permettent de desservir pratiquement tous les Etats du pays, souvent mais pas toujours, directement, et de très nombreuses villes du pays. Pour les distances plus courtes, ou si on veut limiter son empreinte carbone, on peut relier Rio et Belo Horizonte aux autres villes brésiliennes grâce à un réseau de bus trés étendu. Les bus « leitos » proposent des couchettes. Il est déconseillé de changer l'argent dans les guichets de change des aéroports lorsqu'on arrive à Rio car les taux sont très désavantageux. On peut se rendre au centre-ville à partir des aéroports en navette ou en taxi, voire en uber.

AIR EUROPA

✆ 01 42 65 08 00

www.aireuropa.com

Air Europa se positionne comme une compagnie aérienne proposant des vols long-courriers bon marché. Air Europa assure une liaison quotidienne de Paris-CDG à São Paulo via Madrid et/ou Barcelone. A partir de 520 € l'aller-retour. Il n'y a pas pour l'instant de liaison directe entre Paris et Rio de Janeiro et/ou Belo Horizonte mais la compagnie propose des vols intérieurs qui permettent de rallier la capitale du Minas Gerais. Salvador de Bahia est également desservi après une correspondance à São Paulo. On peut rallier Rio en bus à partir de São Paulo.

AZUL

✆ +55 11 4003 3255

www.voeazul.com.br

En plein essor ces dernières années, la compagnie aérienne brésilienne Azul est devenue incontournable. Elle constitue en effet un très bon moyen pour se rendre au Brésil ainsi que pour s'y déplacer dans toutes les principales villes du pays. Elle propose désormais 5 vols directs par semaine entre Paris et São Paulo. Le départ de Paris est à 10h15, arrivée à São Paulo à 17h15 le même jour. Le retour depuis São Paulo est à 22h45, arrivée à Paris le lendemain à 15h15 (horaires sujets à variation, à vérifier sur le site). Prix compétitifs et bons services à bord.

AIR FRANCE

✆ 09 69 39 36 54

Réservations par téléphone (tous les jours de 8h à 20h) et en ligne.

La compagnie française assure 2 vols quotidiens et directs vers Rio depuis Paris : départ à 13h30 (sauf mardi et jeudi) et 23h35 de Roissy. Comptez 11 heures de vol minimum. Pour les correspondances, il est toujours prudent de s'assurer que la durée entre le premier vol et le vol de correspondance est supérieure à 2 heures. Le risque majeur est de rater sa correspondance si le premier vol a du retard. L'autre risque, qui peut avoir de désagréables conséquences, est de pas récupérer son bagage à l'arrivée. Les prix sont variables.

IBERIA

✆ 0 825 800 965

www.iberia.com

Au départ de Paris-Orly 1, la compagnie espagnole propose des vols quotidiens pour Rio (avec escale à Madrid). Comptez environ 15 heures de trajet. Avec la TAP, la compagnie aérienne espagnole est certainement celle qui fournit le plus grand nombre de vols pour l'Amérique latine. Le hub d'Iberia est bien sûr Madrid, ville desservie par tous les aéroports français. Les connexions à l'intérieur de l'Amérique sont possibles soit directement avec Iberia ou avec des compagnies qui relaient la compagnie espagnole en Amérique latine.

LATAM AIRLINES

50, ter rue de Malte
PARIS (11e)
✆ 01 53 53 80 00

LATAM Airlines, compagnie aérienne brésilienne, dont le siège est basé à São Paulo, dessert 42 destinations au Brésil et 20 destinations internationales, parmi lesquelles de nombreuses villes d'Amérique du Sud. Depuis le 13 mai 2010, la compagnie a intégré Star Alliance. Au départ de Paris, la compagnie propose plusieurs vols quotidiens à destination de São Paulo et Rio, puis de nombreuses connexions partout dans le Brésil.

Le site Internet de la compagnie possède une version en français et il est possible d'acheter ses billets en ligne directement en euros.

MISTERFLY

www.misterfly.com
Ouvert du lundi au vendredi de 9h à 21h. Le samedi de 10h à 20h.

MisterFly.com est le nouveau-né de la toile pour la réservation de billets d'avion. Son concept innovant repose sur un credo : transparence tarifaire ! Cela se concrétise par un prix affiché dès la première page de la recherche, c'est-à-dire qu'aucun frais de dossier ou frais bancaire ne viendront alourdir la facture finale. Idem pour le prix des bagages ! L'accès à cette information se fait dès l'affichage des vols correspondant à la recherche. La possibilité d'ajouter des bagages en supplément à l'aller, au retour ou aux deux... tout est flexible !

TAP AIR PORTUGAL

✆ 0 820 319 320
https://www.flytap.com

Au départ de Paris, la compagnie portugaise dessert quotidiennement la ville de Rio via Lisbonne. La TAP propose des vols également pour Belo Horizonte directement. Pour les voyageurs qui se rendent au Brésil, les destinations vers les métropoles brésiliennes sont nombreuses et dépassent les seules et classiques Rio de Janeiro et São Paulo. Les vols sont assez nombreux et la TAP propose en général des tarifs assez concurrentiels. Lisbonne est le Hub de la compagnie et est facilement accessible à partir des grandes villes françaises.

OPTION WAY

✆ 04 22 46 05 23
www.optionway.com

Option Way est l'agence de voyages en ligne au service des voyageurs. L'objectif est de rendre la réservation de billets d'avion facile en vous faisant économiser. 3 bonnes raisons de choisir Option Way :

- la transparence comme mot d'ordre. Finies les mauvaises surprises, les prix sont tout compris, sans frais cachés ;
- des solutions exclusives qui vous permettent d'acheter vos vols au meilleur prix ;
- le service client, basé en France, joignable gratuitement, composé de véritables experts de l'aérien. Ils sont là pour vous, n'hésitez pas à les contacter.

EASY VOLS

✆ 08 99 19 98 79
www.easyvols.fr

Pour voyager malin, il faut faire ses recherches en toute efficacité, sans perdre trop de temps à jongler d'un site à un autre. Pour trouver le bon vol au bon prix, l'idéal est la plateforme comparatrice de vols. Easyvols permet de comparer en temps réel les prix des billets d'avion chez plus de 700 compagnies aériennes et pas seulement des compagnies low-cost. Vous pouvez économiser jusqu'à 70 % du prix si vous êtes prêts à saisir au vol les meilleures offres. Des avis avisés de clients sont aussi consultables sur le site Internet.

TRANSFERT VERS LES AÉROPORTS DE PARIS

RoissyBus : 13,70 €. Bus : 2 €. OrlyBus : 9,50 €.
Roissy Charles-de-Gaulle (CDG) :

- **RoissyBus :** Liaison en bus entre Paris (Opéra) et l'aéroport CDG (Durée 60-75 min / Fréquence 15-20 min).
- **Bus 350 :** Liaison en bus Paris-Porte de la Chapelle / CDG.
- **Bus 351 :** Liaison en bus Paris-Place de la Nation / CDG.
- **OrlyBus :** Liaison en bus entre Paris-Place Denfert-Rochereau et Orly (Durée 25-30 min / Fréquence 8-15 min).
- **Bus 183 :** Liaison en bus entre Porte de Choisy et l'aéroport d'Orly (Durée 40 min / Fréquence 15-40 min).

SÉJOURS ET CIRCUITS

Si Paris vaut bien une messe, Rio de Janeiro vaut bien un séjour d'une semaine. D'apparence facile, la ville de Rio cache souvent ses charmes. Comme dans beaucoup de métropoles qui ont grandi trop vite, les édiles ont choisi de détruire le patrimoine de la ville merveilleuse pour construire plus, plus vite, pour loger les populations sans cesse plus nombreuses d'une ville qui attirait les peuples de la vieille Europe et les migrants intérieurs. Aujourd'hui, on tente tant bien que mal de remettre en valeur les origines africaines de la ville prés du quartier où on débarquait les esclaves. On préserve les quelques édifices art déco qui ont échappé à la fureur des bulldozers et on essaie même de créer un corridor vert qui permettrait à la nature de reprendre ses droits, bien fragiles il est vrai. La beauté naturel du site, sa géologie, ses quartiers cachés sous le regard protecteur du christ rédempteur attendent le voyageur curieux.

AKAÏNA

4, rue Gabriel-Péri
GRENOBLE
© 04 76 86 30 26
www.akaina.fr
Ouvert du lundi au vendredi de 9h30 à 12h et de 14h à 18h30. Fermé le samedi.

Akaïna propose plusieurs circuits organisés, dont « Les joyaux incontournables du Brésil ». Ce voyage de 17 jours vous emmène de la forêt amazonienne à la côte atlantique, en passant par les chutes d'Iguazu. Vous passerez quatre jours à Rio et dans les environs. Un séjour d'une semaine « le trek des pêcheurs », se concentre lui sur la région de Paraty et du parc national de la Serra da Bocaina. Original. Le plus d'Akaïna est bien sûr la possibilité d'organiser des séjours sur mesure et la qualité de l'accueil et des services proposés.

ALMA VOYAGES

573, route de Toulouse
VILLENAVE-D'ORNON
© 05 56 87 58 46
www.alma-voyages.com
Ouvert du lundi au vendredi de 9h à 17h30 et le samedi de 9h à 12h.

Chez Alma Voyages, les conseillers connaissent parfaitement les destinations proposées et chaque client est suivi par un agent attitré ! Une large offre de voyages, avec émission de devis pour les voyages sur mesure, vous sera alors proposée. Alma Voyages pratique les meilleurs prix du marché et travaille notamment avec Kuoni, Beachcombers, Jet Tour, Marmara, Look Voyages... Si vous trouvez moins cher ailleurs, l'agence s'alignera sur ce tarif et vous bénéficierez en plus, d'un bon d'achat de 30 euros sur le prochain voyage... Catalogue sur le site Internet.

ALTIPLANO VOYAGE

Route de la Bouvarde
EPAGNY METZ-TESSY
© 04 50 46 90 25
www.altiplano-voyage.com
Ouvert du lundi au vendredi de 8h à 13h et de 14h à 18h.

Osez l'inédit ! Altiplano Voyage est un spécialiste français du voyage sur-mesure géré par une « Carioca » (habitante de Rio) qui connaît parfaitement la capitale de la Samba. Cette agence conviviale est à votre écoute pour vous accompagner dans la découverte de cette ville colorée. Elle organise aussi des excursions vers les autres régions du Brésil (Salvador, Amazonie, Pantanal, Iguazú...) – circuit de minimum 7 jours. Pour un voyage inédit, faites appel à ce tour opérateur expert. Les guides d'Altiplano vous aideront à personnaliser votre voyage.

AMPLITUDES

PARIS (2e)
© 01 44 50 18 58
www.amplitudes.com

Spécialiste des voyages sur mesure, en solo, en couple ou en groupe, des voyages en famille et des circuits privatifs depuis près de 30 ans, l'agence de voyages toulousaine Amplitudes et son antenne parisienne proposent des formules adaptées avec comme ligne directrice : « hors des sentiers battus ». Le catalogue est dense : croisière au Brésil sur l'Amazone ou circuit chauffeur et guide au Nordeste ou dans le marais-monde du Pantanal. Les propositions sont disponibles sur le site Internet. Informations pratiques et conseils d'experts avec l'équipe en agence.

ANAPIA VOYAGES

5, Oletako Bidea - **ASCAIN / AZKAINE**
✆ 06 88 62 62 66
www.anapiavoyages.fr
Sur rendez-vous uniquement. Rendez-vous à Aix-en-Provence, Lyon ou Ascain.

Anapia voyages, basée à Aix-en-Provence et Saint-Jean-de-Luz, a été créée par Sylvia, une Péruvienne vivant depuis plus de trente ans en France. La richesse de ses programmes, à dominante culture et nature, s'appuie sur l'expérience de ses collaborateurs. Le plus d'Anapia voyages ? Du cousu main, qui commence par une écoute attentive de vos désirs et le suivi précis de votre voyage, le mélange de sites incontournables et de lieux improbables. Découvrez par exemple les incontournables de Rio à Manaus. Bref, un carnet de voyage sur mesure guidé par vos envies !

LES ATELIERS DU VOYAGE

54-56, avenue Bosquet
PARIS (7e)
✆ 01 40 62 16 79
www.ateliersduvoyage.com
Ouvert du lundi au jeudi de 10h à 18h.

Véritable « temple du voyage », Les Ateliers du Voyage sont à la fois un lieu dédié à l'élaboration de voyages sur mesure en individuel mais aussi un lieu d'échanges permanents sur le monde qui nous entoure. Spécialiste du voyage sur mesure en Asie, en Afrique et en Amérique latine, Les Ateliers du Voyage s'efforcent, depuis près de 20 ans, de construire des voyages uniques selon les aspirations et les exigences de chacun, pour que le voyage sur mesure n'ait pour limite que l'imagination. Un « city break » de 6 jours est notamment possible à Rio.

ARTS ET VIE

251, rue de Vaugirard - **PARIS** (15e)
✆ 01 40 43 20 21
www.artsetvie.com
Autres agences : Grenoble, Lyon, Marseille et Nice. Du lundi au vendredi de 9h à 12h30 et de 14h à 17h.

Arts et vie est une association culturelle qui propose depuis de nombreuses années des séjours dont la qualité n'est plus à faire. Pour « voyager sur les routes du savoir et des réalités du monde », l'association culturelle de voyages et de loisirs Arts et Vie a composé un circuit « l'Or du Brésil » de 17 jours, axé sur le spectacle de la nature et la découverte du patrimoine brésilien, et notamment la ville de Rio et l'Etat du Minas Gerais. L'organisation est à la hauteur des exigences des voyageurs curieux de connaître les réalités de la région.

AUTRE BRESIL

3, rue des Lavandières
PARIS (1er)
✆ 01 42 36 23 29
www.autrebresil.com

Parmi les circuits proposés par Autre Brésil, nombre d'entre eux se passent à Rio et proposent de partir explorer ses environs (Ilha Grande, Paraty, etc.). Vous ne serez pas déçu par ces spécialistes du pays ! A noter : il est possible d'obtenir rapidement un devis personnalisé. Autre Brésil veut, comme son nom le laisse entendre, proposer un autre Brésil, qui saura faire découvrir un pays au-delà des clichés et approcher les réalités mais aussi les beautés d'un pays-continent qu'on ne saurait réduire aux plages de Rio et villes baroques du Minas.

ATALANTE

36, quai Arloing
LYON (9e)
✆ 04 72 53 24 80
www.atalante.fr
Ouvert du lundi au vendredi de 9h à 18h et le samedi de 10h à 13h et de 14h à 18h.

Atalante est spécialisée dans les voyages à pied. Trekking de haut niveau ou simples promenades dans les campagnes, il y en a pour toutes les conditions physiques. Ils s'attachent à faire découvrir à leurs clients des régions du monde aux modes de vie préservés, riches de traditions et de cultures uniques. Un circuit « Iles et montagnes de la Costa Verde » permet de combiner une visite approfondie de Rio à des treks dans la Mata Atlântica dans les environs de la belle Paraty ou encore l'ascension du Pico do Papagaio sur Ilha Grande.

BRESIL AVENTURE

15, rue des 3 Frères Barthélémy
PARIS (8e)
✆ 01 47 70 05 10
www.bresil-aventure.com

Avec ses 25 buggies et des guides francophones, Brésil Aventure vous propose des circuits clefs en mains de 6 jours avec possibilité d'extensions. Vous conduisez vous-même votre buggy, en petits groupes conviviaux, et logez chaque soir dans d'adorables *pousadas*. Le circuit « La Route Royale de Belo Horizonte à Rio de Janeiro » permettra de coupler la visite de Rio avec les beautés du Minas Gerais. Pour les amateurs d'adrénaline, de nature et de beautés baroques, l'agence Brésil Aventure est une véritable opportunité de découvrir la région.

COMPTOIR DES VOYAGES

2-18, rue Saint-Victor - **PARIS** (5e)
✆ 01 53 10 30 15
www.comptoirdesvoyages.fr
Ouvert du lundi au samedi de 10h à 18h.
Egalement des agences à Marseille, Nice, Lyon, Toulouse, Bordeaux et Lille.

Avec plus de 30 ans d'expérience, Comptoir des Voyages a comme concept la vente des destinations et séjours sur mesure animés par de vrais spécialistes originaires ou ayant vécu dans le pays de votre choix. L'agence, aux idées que l'on peut moduler à l'infini, vous donne la possibilité de personnaliser vos vacances à l'aide des conseillers-spécialistes de votre destination, pour un voyage de rêve un peu partout dans le monde. Découvrez le Brésil comme vous le souhaitez, en couple ou en famille, pour visiter les grands sites ou découvrir la vie locale !

DESTINATIONS LATINES

114, Allée des Peintres
BOUC-BEL-AIR
✆ 06 10 30 72 96
www.destinationslatines.com

Après ses premières expéditions dans les Andes dans les années 90 où il arpente les hauts sommets de la cordillère Blanche, David crée Destinations Latines en 2016. Avec son équipe de guides locaux francophones qualifiés, il vous proposera de vivre des rencontres vraies et des expériences uniques. Destinations Latines cherchera toujours à vous faire emprunter les chemins de traverse. Les échanges avec les habitants seront privilégiés, les itinéraires hors des sentiers battus proposés, l'occasion de découvrir le Brésil autrement.

ESCURSIA

2, rue Jean-Emile-Laboureur - **NANTES**
✆ 02 53 35 40 29
www.escursia.fr
Ouvert du lundi au vendredi de 9h à 12h30 et de 14h à 18h.

L'agence Escursia propose des séjours personnalisés et authentiques. En compagnie de la nature et de personnages captivants, vous pourrez organiser votre périple sur un week-end ou un long itinéraire. L'esprit commun à tous leurs voyages est l'immersion, hors sentiers battus, dans des sites naturels préservés, accompagnés de guides naturalistes passionnés. Au Brésil, venez découvrir les trésors du Pantanal au cœur de l'Amazonie. L'agence est d'ailleurs en partenariat avec des organismes assurant le maintien et la protection de la biodiversité (comme la LPO).

FLEUVES DU MONDE

28, boulevard de la Bastille
PARIS (12e)
✆ 01 44 32 12 85
www.fleuves-du-monde.com
Voir tarifs sur site.

Découvrez le Brésil de l'Amazone au Rio Negro avec Fleuves du Monde. Sur plus d'une vingtaine de destinations, l'esprit de cette agence est de faire participer à une lecture des paysages, des sociétés, urbaines ou rurales, des civilisations en choisissant l'eau comme « vecteur » de rapprochement entre le voyageur et ce(ux) qu'il visite. Les flottes elles-mêmes, faites de petites embarcations ont été spécialement conçues pour se fondre avec l'espace et les sociétés des bords du fleuve, respectant savoir-faire locaux et respect des traditions.

HUWANS

18, rue Séguier
PARIS (6e)
✆ 01 44 32 09 30
www.huwans.com
Ouvert du lundi au vendredi de 10h à 19h et le samedi de 10h à 18h.

A pied, en 4x4 ou en pirogue, découvrez les coins les plus isolés de la planète grâce à cette agence qui s'est taillé une solide réputation dans le domaine des itinéraires Aventure et Découverte. Entre autres, Huwans Club propose un circuit sur la Costa Verde, depuis Rio jusqu'à Paraty et ses environs sauvages, avec une initiation à la pêche avec des Amérindiens caiçara. Cela permet d'apporter une dimension humaine et culturelle nécessaire pour vraiment réussir un voyage au Brésil qui placerait l'authentique au coeur du projet.

LES MAISONS DU VOYAGE

3, rue Cassette
PARIS (6e)
✆ 01 40 51 95 11
www.maisonsduvoyage.com

Grâce à des itinéraires sans cesse renouvelés et à un calendrier proposant conférences, informations-voyages, la Maison des Amériques latines invite le voyageur à se plonger dans la culture du pays. Possibilité de circuits, de vols secs ou de séjours à la carte. Plusieurs options sont proposées pour aller découvrir Rio et le Minas Gerais, de la semaine complète à Rio pour découvrir ses facettes et ses quartiers, aux séjours le long de l'Estrada Real sur la route de l'or et du café. C'est une excellente opportunité pour découvrir les beautés de Rio et du Minas.

MAKILA VOYAGES

4, place de Valois - **PARIS** (1er)
✆ 01 42 96 80 00
www.makila.fr
Ouvert du lundi au vendredi de 9h à 19h (sur rendez-vous uniquement).

Que signifie Makila ? Eh bien, c'est le nom du bâton traditionnel des bergers basques, autrement dit leur compagnon de route indispensable. Si Sylvie Pons, la directrice de Makila, a choisi ce nom, c'est bien pour que son agence devienne votre compagnon de route, avançant avec vous pas à pas, celui sur lequel vous pouvez vous reposer en toute confiance. Spécialiste des itinéraires sur mesure et hors des sentiers battus, Makila Voyages vous propose toute une gamme de voyages partout dans le monde. Découvrez le Pantanal et l'Amazonie profonde grâce à leurs parcours.

NEORIZONS TRAVEL

3, place Jean Jaurès
MONTPELLIER
✆ 04 34 00 63 06
www.neorizons-travel.com

Pour un voyage solidaire basé sur le tourisme durable, ne pas hésiter à contacter Neorizons Travel. Cette agence a fait du tourisme solidaire et authentique sa spécialité. Membre de l'association française d'écotourisme, l'agence vous organisera un voyage qui mêlera bien-être et tourisme responsable. Près de 25 destinations figurent sur le catalogue de Neorizons Travel ! Neorizons est en effet, le premier réseau regroupant des professionnels dans le domaine du de l'éco-responsabilité. Dans la région, Rio de Janeiro et la Costa Verde sont notamment à l'honneur.

NOMADE AVENTURE

40, rue de la Montagne-Sainte-Geneviève
PARIS (5e) ✆ 01 46 33 71 71
www.nomade-aventure.com
Ouvert du lundi au samedi de 9h30 à 18h30. Circuits sur mesure. Activités.

Nomade Aventure, avec ses voyages placés sous le thème de la nature, de la culture et de la rencontre, vous propulse vers de nouvelles aventures. Vous mettrez à profit les bonnes connaissances des agents sur la région en profitant à la fois de circuits originaux et de spots incontournables. Nomade Aventure prévoit des hébergements chez l'habitant pour découvrir les gens du pays, des aventures en individuel, en famille ou petits groupes, des itinéraires à pied ou en transports locaux… Au Brésil, un séjour combine Rio, la Costa Verde avec une extension à Iguaçu.

NOSTALATINA

19, rue Damesme - **PARIS** (13e)
✆ 01 43 13 29 29
https://ann.fr/
Ouvert du lundi au samedi de 10h à 13h et de 14h à 18h.

NostaLatina, fidèle à sa tradition depuis 1994, se décarcasse pour trouver les meilleures solutions adaptées aux voyageurs individuels en Amérique Latine. Les même formules (Estampe ou Aquarelle) qui ont fait la réputation du voyagiste en Asie font chemin désormais en Amérique latine. Ces formules s'adaptent au rythme et au style de chaque voyageur pour apporter l'organisation qu'il lui faut. Ce voyagiste fait du vrai cousu main pour les voyageurs avertis et curieux. Des petites fugues sont proposées autour de Rio, Paraty et Ilha Grande ou vers le Minas Gerais.

OBJECTIF NATURE

1, impasse de la Forêt
LA MÉNITRÉ
✆ 01 53 44 74 30
www.objectif-nature.fr
Du lundi au jeudi 9h30-13h et 14h-18h30 et vendredi 9h30-13h et 14h-17h30.

Spécialiste des voyages photos, Objectif Nature propose pour le Brésil des safaris photo dans le Pantanal avec extension possible à Rio. Cette agence, spécialiste depuis près de 16 ans du voyage nature à travers le monde vous propose également des safaris à la carte, pour l'aventurier qui sommeille en vous. Cette agence permet de faire des voyages spécifiques orientés photos tout en rencontrant des locaux. Aras hyacinthes, loutres géantes, anacondas, jaguars quelquefois sont les heureuses rencontres des pax d'objectif-nature.

TERRE VOYAGES

28, boulevard de la Bastille
PARIS (12e)
✆ 01 44 32 12 85
www.terre-voyages.com
Ouvert du lundi au samedi.

Terre Voyages-Fleuves du Monde est un tour-opérateur qui cherche à sortir des sentiers battus. Ce voyagiste permet de découvrir d'autres facettes du Brésil. Les circuits « Genèse do Brazil » et « Brésil, clés en poche » mettent l'accent sur Rio, la Costa Verde et le Minas Gerais. Ces séjours correspondent tout à fait aux voyageurs qui souhaitent rester dans l'Etat de Rio de Janeiro et du Minas Gerais, répondant à une volonté de voyager moins pour voyager mieux, en respectant l'environnement social et humain, avec une empreinte écologique moindre.

GO VOYAGES

www.govoyages.com

Site internet proposant des prix avantageux toute l'année.

Go Voyages propose un très grand choix de vols secs, charters et réguliers au meilleur prix au départ et à destination des plus grandes villes. 155 000 itinéraires de vols, 665 compagnies aériennes et plus de 2 millions d'hôtels dans 40 000 destinations... Possibilité également d'acheter des packages sur mesure « vol + hôtel » et des coffrets cadeaux. Sans oublier le grand choix de promotions sur tous les produits et la location de voiture. La réservation est simple et rapide, les choix multiples et les prix très compétitifs.

BRAZIL ECOTOUR

✆ +55 11 94448 5335

www.brazilecotour.com

Brazilecotour est une agence de voyages qui propose depuis plusieurs années des voyages sur mesure au Brésil, garantissant une immersion dans un Brésil hors des sentiers battus. L'équipe franco-brésilienne propose, pour des voyageurs seuls, en groupe ou en famille plusieurs circuits à Rio et dans l'Etat de Rio : Cabo Frio et Buzios, de Rio à Paraty, Rio en temps de Carnaval et/ou d'autres destinations dans le pays. Cette structure vous accompagne avec un grand professionnalisme de la conception de votre séjour jusqu'à votre vol de retour.

EASYVOYAGE

✆ 08 99 19 98 79

www.easyvoyage.com

Le concept peut se résumer en trois mots : s'informer, comparer et réserver. Des infos pratiques sur plusieurs destinations en ligne (saisonnalité, visa, agenda...) vous permettent de penser plus efficacement votre voyage. Après avoir choisi votre destination selon votre profil (famille, budget...), le site vous offre la possibilité d'interroger plusieurs sites à la fois concernant les vols, les séjours ou les circuits. Grâce à ce moteur performant, vous pouvez réserver directement sur plusieurs bases de réservation (Lastminute, Go Voyages et bien d'autres).

TERRA BRAZIL

✆ +55 21 2295 1998

www.tourisme-bresil.com

Pour le prix d'un appel local en France, composer le ✆ 09 70 40 53 54.

© TERRA GROUP

L'équipe franco-brésilienne est installée au cœur de Rio et opère sur tout le pays. Tête de pont du groupe Terra Group au Brésil, l'agence bénéficie également d'un réseau d'agences depuis des années : Argentine, Bolivie, Pérou, Chili, Colombie, Costa Rica,... Spécialiste du voyage sur mesure, Terra Brazil propose des formules de voyages au Brésil, mais aussi sur toute l'Amérique du Sud. « À la carte », trek dans les dunes du Lençois Maranhaense ou dans le Parc national de la Chapada Diamantina. On saura vous écouter et vous conseiller pour votre séjour.

QUOTATRIP

www.quotatrip.com

Voyages sur mesure.

QuotaTrip est une nouvelle plateforme de réservation de voyage en ligne qui met en relation des voyageurs à la recherche d'expériences authentiques et uniques et des agences de voyages locales sélectionnées pour leurs compétences et leur sérieux. Le réseau de QuotaTrip couvre près de 200 destinations dans le monde entier. Le but de ce rapprochement est simple : proposer un séjour entièrement personnalisé aux utilisateurs. QuotaTrip promet ainsi l'assurance d'un voyage serein, sur mesure, sans intermédiaires et sans frais supplémentaires.

INTERVIEW

LE VOYAGE-SUR-MESURE

AVEC STEVEN LE CHEVALIER ET MATHIEU VALLY DE QUOTATRIP

Quel est le concept de l'agence QuotaTrip ?

Quotatrip est la première plateforme de mise en relation entre voyageurs et agences locales. Grâce à elle, les voyageurs peuvent enfin échanger en direct avec des agences qui sont sur place et concevoir un voyage unique, au meilleur prix et 100% personnalisé.

Pourquoi voyager avec des agences locales ?

À l'inverse des agences traditionnelles, les agences locales sont des expertes de la destination choisie. Ce sont aussi les mieux placées pour concevoir des séjours qui sortent des sentiers battus. Elles sont ainsi en mesure de répondre à l'ensemble des envies, le voyageur rentre dans l'univers de l'equi-tourisme = le tourisme sans intermédiaire.

Quels sont les autres avantages pour les voyageurs ?

Il y a une multitude d'avantages. Cela permet notamment de ne pas voyager comme tout le monde, d'organiser de manière simple et rapide un séjour sur mesure et au meilleur prix. Fini les mauvaises surprises, les voyageurs posent toutes les questions qu'ils souhaitent et bénéficient d'un accompagnement sur mesure, de la conception du projet jusqu'à sa réalisation en toute sécurité car les agences référencées sont sélectionnées et recommandées par les journalistes des guides du Petitfute en toute impartialité.

Les démarches sont-elle simples à effectuer ?

Les sites de voyage en ligne font perdre beaucoup de temps aux internautes sans pour autant répondre entièrement à leurs désirs. QuotaTrip propose un formulaire simple et rapide qui permet de décrire les souhaits, les envies et les besoins. L'internaute reçoit aussitôt gratuitement et sans engagement les offres de trois ou quatre agences locales avec qui il peut ensuite échanger afin de personnaliser son projet grâce à la messagerie mise en place.

Quelles sont les destinations proposées ?

Notre plateforme propose plus de 21 000 projets de voyage sur plus de 100 destinations à travers le monde. De l'Amérique latine en passant par l'Asie et l'Afrique, nos mille agences partenaires sont là pour répondre à vos projets de voyage.

Décrivez votre projet de voyage. Echangez en direct avec les agences locales et partez au meilleur prix.

***Plus d'informations** : quotatrip.com*

© D.R

© D.R

© D.R

SE DÉPLACER

On arrive en général à Rio par l'aéroport international du Galeão « Antonio Carlos Jobim », dans l'île du gouverneur. Certains vols pour des destinations intérieures peuvent se prendre à l'aéroport Santos-Dumont, à proximité du centre-ville. On peut se rendre à l'aéroport en taxi ou avec des navettes. Pour les transports en bus, que l'on privilégie si on a le temps, il faut se rendre à la gare routière (rodoviaria) du Novo Rio, dans le nord de Rio. Rio est connectée par bus direct avec la majorité des grandes villes brésiliennes. Les temps de parcours peuvent être longs ! La journée et dans les quartiers que l'on connaît, on peut prendre les bus « classiques » ou les minibus. Le plus simple et le plus sûr la nuit reste le taxi (ou Uber) que l'on aura pris soin de prendre en tête de station ou qu'on aura appelé à la centrale. Enfin, dans la zone sud, il est également possible de faire du vélo, surtout le week-end.

AZUL

Aéroport Santos-Dumont
www.voeazul.com.br
De 5h à 22h30.

Arrivée après la plupart des compagnies aériennes brésiliennes, la compagnie de vols domestiques Azul propose des vols pas chers, à réserver longtemps en avance bien sûr, notamment sur la liaison Rio-Iguazu. Azul complète l'offre proposée par Latam et Gol. Les prestations sont égales à celles des autres compagnies. Beaucoup d'aéroports sont desservis par la compagnie Azul. À vous de comparer les prix et de ne pas hésiter à choisir les créneaux de départ ou d'arrivée tôt le matin ou tard le soir pour bénéficier des tarifs les plus attractifs.

GOL

www.voegol.com.br

GOL est une compagnie brésilienne low cost qui s'est établie depuis de nombreuses années au Brésil. Cette compagnie brésilienne propose de nombreux vols intérieurs à des prix compétitifs. Toutes les métropoles brésiliennes sont desservies par cette compagnie ainsi que des aéroports de petites villes de l'intérieur. La compagnie orange franchit les frontières du pays pour desservir certains aéroports des pays alentour comme l'Argentine, la Bolivie et l'Uruguay. Il semble cependant que les prix suivent une tendance haussière durable.

LATAM AIRLINES

Av. Rio Branco, 156 - Centro
✆ +55 21 3173 9400
www.latam.com
Bureau ouvert de 10h à 18h30.

La principale compagnie aérienne du pays est née en 2010 de la fusion entre TAM (compagnie brésilienne) et LAM (compagnie chilienne). Elle dessert 42 destinations au Brésil et 20 destinations internationales, parmi lesquelles de nombreuses villes d'Amérique du Sud. En aller-retour en vol domestique, elle est compétitive, mais pour un aller simple mieux vaut prendre une compagnie low cost. La compagnie sud-américaine assure des liaisons entre l'Europe et le Brésil, mais il n'y a pas de vols directs à partir ou à destination de la France par cette compagnie.

AVIS

Av. Princesa Isabel, 350 -Copacabana
✆ +55 80 0725 2847
www.avis.com.br
À partir de 51 R$ par jour pour une semaine de location via promotion sur le site Internet.

Avis est une enseigne internationale bien connue. Les prix sont plutôt compétitifs, même si l'apparition d'Uber a cassé les prix. L'agence est également présente dans les deux aéroports. En fonction de votre contrat, vous devrez soit rendre le véhicule là où vous l'avez pris soit le rendre dans une autre agence de la société, très présente dans le pays. Pour conduire, munissez-vous d'un permis international mais les permis français et européens sont également autorisés si vous restez moins d'un an sur le territoire brésilien.

HERTZ

Avenida Princesa Isabel, 500 - Copacabana
✆ +55 80 0701 7300
www.hertz.com.br
À partir de 86 R$ par jour pour une semaine de location en kilométrage illimité.

Hertz est une enseigne internationale bien connue qui propose des services de chauffeurs en option. On ne conseille pas une compagnie de location de voitures plutôt qu'une autre. Les grandes compagnies de location de véhicules ont quelquefois des accords avec certains sites de réservation de vols ou de voyages « all inclusive » ou avec les sociétés de cartes de crédit, ce qui peut permettre d'avoir des tarifs compétitifs. Les enseignes internationales ont l'avantage d'être présentes dans tous les lieux stratégiques, comme les aéroports.

UNIDAS

Av. Princesa Isabel, 214 - Copacabana
✆ +55 21 2543 2067
www.unidas.com.br
À partir de 58 R$ par jour en kilométrage illimité en location à la semaine via promotion Internet.

Unidas est une compagnie nationale très sûre qui dispose de nombreuses agences dans le pays, même dans les petites villes. Il faut bien sûr disposer d'un permis de conduire international ou du pays de conduire français, européen ou canadien. Le règlement se fait par carte bleue. Comme dans toutes les agences, il faut être très attentif au moment de la rédaction de l'état des lieux du ou des véhicules pour ne pas avoir de mauvaises surprises au moment du rendu des clefs. Pour rappel, les nuits brésiliennes ne sont pas toujours sûres.

COOPARIOCA

Rua Nerval de Gouvêia, 45 - Quintino Bocaiuva
✆ +55 21 2518 1818
www.cooparioca.com.br

Les taxis de la coopérative Cooparioca sont des taxis jaunes avec une bande horizontale bleue. On peut les commander par internet ou par téléphone ou encore les prendre en tête de station. On rappelle toujours les consignes de sécurité de base. Il ne faut pas héler les taxis dans la rue mais les faire appeler par la pousada ou le restaurant ou encore les prendre dans les stations où ils sont nombreux. Il existe des tarifs de nuit et des tarifs de jour aux horaires clairement définis. Les chauffeurs doivent mettre le taximètre dès la prise en charge du client.

COOPERTRAMO RÁDIO-TÁXI

Rua Barros Barreto, 30 - Bonsucesso
✆ +55 21 2209 9292
www.radio-taxi.com.br

Taxis blancs avec deux bandes rouge et jaune. Les taxis (en général, pas seulement ceux de cette compagnie) fonctionnent au compteur (vérifiez bien qu'il est enclenché) et les prix changent après 18 heures. On peut évaluer le prix des courses sur le site www.tarifadetaxi.com/rio-de-janeiro. On conseille de prendre les taxis en tête de station ou de les appeler au téléphone. C'est plus sûr. Comptez 70 réais de l'aéroport international jusqu'à la zone sud. Evitez de prendre des taxis « pré-payés » à l'aéroport, ils sont plus chers. Prenez-les dans les files dédiées.

COOTRAMO

Rua Capitão Carlos, 221 - Bonsucesso
✆ +55 21 3976 9944
www.cootramo.com.br

Les taxis de la coopérative Cootramo sont des taxis bleus. On peut les commander par internet ou par téléphone ou encore les prendre en tête de station. On rappelle toujours les consignes de sécurité de base à Rio. Il ne faut pas héler les taxis dans la rue mais les faire appeler par la pousada ou le restaurant ou encore les prendre dans les stations où ils sont nombreux. Il existe des tarifs de nuit et des tarifs de jour aux horaires clairement définis. Les chauffeurs doivent mettre le taximètre dès la prise en charge du client.

BIKE E LAZER

Rua Visconde de Pirajá, 135 - Ipanema
✆ +55 21 2267 7778
www.bikeelazer.com.br
Ouvert du lundi au vendredi de 9h à 20h et le samedi jusqu'à 18h. À partir de 20 R$ de l'heure ou 80 R$ la journée.

Tous types de vélos, de promenade ou VTT, à louer à l'heure, à la journée ou sur plusieurs jours. Comme dans toutes les compagnies de localtion de vélo, on peut louer sa bicyclette à l'heure ou à la journée. On trouve différents points de location, un à Ipanema et un à Laranjeiras. On peut également acheter sa bicyclette si on compte rester une personne assez longue à Rio. Sur le site de Bike e lazer, on trouvera quelques conseils de balade le long des plages de la zone Sud ou autour de la lagune Rodrigo de Freitas et l'hippodrome..

S'INFORMER

Au risque de se répéter, les possibilités d'information sont nombreuses et variées. S'informer avant de partir permet en général de mieux s'imprégner ensuite de la complexité brésilienne. Outre le Petit Futé, les sites d'information sont nombreux. Désormais, Rio et presque toutes les municipalités touristiques brésiliennes proposent un site digital dédié au tourisme et à l'histoire des lieux. Quelques sites ont été retenus et présentés dans ce guide. Dans certains villes, les édiles ont eu l'idée pertinente de traduire en plusieurs langues les informations du site. Sur place, les municipes, mais aussi les Etats de Rio et du Minas disposent de bureaux d'accueil du public et proposent souvent une bonne documentation, des cartes des villes ou des régions à visiter. De nombreux blogs, comme Tiradentes-Geographie.com, pluralistes ou non, fournissent une somme non négligeable d'informations.

CARNAVALRIO.EU

carnavalrio.eu

Le site carnavalrio.eu est un site entièrement dédié...au carnaval de Rio, évidemment. Ce projet, mené par des passionnés (dont des photographes professionnels) a pour finalité de présenter tout l'univers du carnaval, de son histoire à la complexité de son déroulement lors des carnavals contemporains. Il s'agit de faire comprendre les défilés et les règles du carnaval. La part belle est accordée à la samba (« le » samba puisque qu'elle est un nom masculin au Brésil), musique « organique » du carnaval. Musiques, vidéos et photos agrémentent ce site très intéressant.

CARNETS DE VOYAGE

36, Boulevard de la Bastille

PARIS (12e)

phoenix-publications.com

Trimestriel consacré à des destinations de voyage avec des focus dédiés à la découverte des régions.

Trimestriel consacré à des destinations de voyage avec des focus dédiés à la découverte des régions, *Carnets de Voyage*, le magazine des voyages réussis. Tous les 3 mois, la revue vous invite à découvrir à travers ses reportages le meilleur des destinations. Grande ou petite escapade à la découverte d'une ville, d'une région, en France, en Europe ou dans le monde à travers des reportages photo uniques complétés de conseils pratiques et de bonnes adresses pour nous faciliter le voyage avec enfin, un agenda des rendez-vous à ne pas manquer.

EMBRATUR

Rua Uruguaiana, 174 - Centro

✆ +55 21 2509 6017

www.embratur.gov.br

De 8h à 18h de lundi à vendredi

C'est le bureau d'information à Rio du ministère du Tourisme brésilien dédié à la promotion internationale du tourisme brésilien. Cette structure est très importante pour un pays dont le potentiel est immense et qui peine à attirer les touristes étrangers, à l'exception des voisins sud-américains. Le siège d'Embratur est à Brasilia, mais le Congrès évoque son transfert à Rio, comme lorsqu'elle était la capitale du Brésil. Le bureau de Rio se trouve, au centre, près de l'arrêt de métro Uruguaiana (à éviter le soir). Services variables.

PREFEITURA DE RIO DE JANEIRO

Rua Afonso Cavalcanti, 455

✆ +55 21 2503 3000

www.rio.rj.gov.br

Quelques informations pratiques sont disponibles sur le site Internet de la mairie de Rio. L'onglet « turismo » permet d'avoir accès à un menu déroulant très riche. Il faut dire que la ville merveilleuse à plus d'un atout dans son sac et que le tourisme, national et international, apparaît comme une source de développement non négligeable, malgré une conjoncture qui n'est pas toujours favorable à cette activité. Pas de traduction du site en français.

RIOTUR

Av. Princesa Isabel, 183 - Copacabana
✆ +55 21 2541 7522
www.rio.rj.gov.br/riotur/
Ouvert tous les jours de 9h à 18h.

Riotur est l'Office de tourisme de la ville de Rio de Janeiro. Le siège se trouve dans le quartier de Barra da Tijuca, mais Riotur dispose également d'un kiosque d'information à Copacabana et également dès l'arrivée à l'aéroport international de Rio Antonio Carlos Jobim (Galeão). En général, l'accueil par un personnel sympathique et compétent se fait en différentes langues... dont quelquefois le français. On y trouve des cartes de Rio, des brochures et souvent une revue mensuelle gratuite qui fournit des informations complètes.

TURISRIO

R. Uruguaiana, 118 - Centro
✆ +55 21 2215 0011
www.turisrio.rj.gov.br
Ouvert du lundi au vendredi de 9h à 18h.

Turisrio est l'Office de tourisme de l'État de Rio de Janeiro. Si l'accueil y est excellent, le matériel promotionnel est limité. On pourra néanmoins se renseigner auprès d'un personnel affable et compétent, mais mal doté en matériel à mettre à la disposition des visiteurs. Pour rappel, la ville de Rio de Janeiro, si elle est incontournable, n'est pas le seul point d'intérêt de l'Etat fluminense. On vous renseignera sur la Costa Verde, Costa do Sol, Vale do Café et sur l'écotourisme en plein développement dans les zones montagneuses de l'Etat de Rio.

LEONARDO DA VINCI

Av. Rio Branco, 185 - Centro
✆ +55 21 2533 2237
www.leonardodavinci.com.br
Librairie généraliste. Ouvert du lundi au vendredi de 9h30 à 19h. Le samedi, de 9h30 à 13h30.

Les librairies sont souvent en difficulté financière au Brésil car la tradition de lecture est peu développée. Fort heureusement, il existe de belles librairies qui demeurent d'année en année. La librairie Leonardo da Vinci fait partie de ces établissements prisés des lecteurs cariocas. Dans un dédale d'étagères, énorme choix de livres : romans, livres d'art, philosophie, psychologie, science, technique... Une vraie caverne d'Ali Baba avec un gros stock d'ouvrages en français, pour une librairie de référence existant depuis plus d'un demi-siècle.

LIVRARIA CULTURA

Av. Dom Helder Câmara 4242
✆ +55 21 25820164
livrariacultura.com.br
Ouvert tous les jours. de 9 à 22h, sauf dimanche de 13h à 20h.

Comme on entend le mot « culture », rattaché à celui de « librairie », on sait que le plaisir des mots et la connaissance sont proches. Cette chaîne de librairies « livraria cultura » est surtout présente à São Paulo mais la qualité est présente dans chacun de ses magasins. Les rayonnages sont vastes et proposent des choix variés et de qualité. Des évènements culturels sont régulièrement proposés dans les librairies. La librairie de Rio est située de plus dans un quartier où l'offre culturelle est moindre. De beaux livres à rapporter dans ses valises.

LIVRARIA DA TRAVESSA

Rua Visconde de Piraja, 572 - Ipanema
✆ +55 21 3205 9002
www.travessa.com.br
Librairie généraliste. Du lundi au samedi, de 9h à 23h. Le dimanche, de 10h à 23h.

Un lieu dédié à la culture et ce n'est plus si fréquent au Brésil et ailleurs. Cette chaîne de sept librairies disséminées dans tout Rio offre un ample choix de livres et de CDs dans des cadres somptueux. On pourrait y rester des heures, à la recherche du bouquin d'art brésilien idéal ou du plus beau livre de photos anciennes de Rio. L'esprit du Rio ville de culture est omniprésent. On y trouve de beaux rayonnages de livres en français, également, au cas où on serait à court de lectures ! C'est vraiment une adresse à part que l'on vous conseille de visiter.

CARNAVAL DE RIO.FR

www.carnaval-de-rio.fr
En français.

Ce site est comme son nom l'indique un site d'informations en français sur le plus grand carnaval du monde. On peut y suivre chaque jour le déroulement du carnaval, les groupes de Samba du GRES, le classement après le concours. Les thèmes sont bien sûr présentés de manière spécifique et on peut écouter les sambas du carnaval. Une belle galerie de photos est également consultable. Quelques conseils sont prodigués pour comprendre et/ou assister au carnaval. Un lien avec l'association Oba Brasil est proposé pour l'organisation de soirées thématiques brésiliennes.

FERIAS BRASIL

www.feriasbrasil.com.br

En portugais.

Un site très complet où la communauté des voyageurs s'exprime pour recommander les meilleures adresses et les plus beaux coins à visiter. Plus de 500 idées de séjours, de lieux, toujours pertinentes, sont proposées au lecteur. Seule limite pour l'instant à son accessibilité, le site FERIAS BRASIL, à ce jour, ne propose pas de traduction en français ou en anglais. Sa structure intuitive le laisse néanmoins facile d'accés pour ceux qui veulent échapper aux sites lucratifs. De pertinentes « dicas » (conseils) sont proposées sur de nombreuses destinations.

THE RIO TIMES

riotimesonline.com

En anglais.

The Rio Times est un bon journal en ligne, fait par des professionnels et très complet, sur Rio de Janeiro et de manière plus large et globale sur le Brésil et l'Amérique latine. La police de caractère du logo n'est pas d'ailleurs sans rappeler celle du *New York Times*. Dès la lecture des sommaires et des éditoriaux, on apprécie le sérieux des informations. De manière assez classique, on présente les « informations récentes », « Brésil », « Amérique latine », « start up », « divertissements », « politiques »... L'accès à certains articles est devenu payant, hélas !

LE PETIT JOURNAL DE RIO

www.lepetitjournal.com/rio-de-janeiro

Le petit journal de Rio est une variante locale du « Petit journal », journal digital qui s'adresse aux expatriés français du monde. Ce média s'adresse surtout aux expatriés français et francophones à Rio. Il permet de s'informer sur les activités, les rendez-vous de communauté française de Rio de Janeiro. De nombreux renseignements liés au quotidien de la communauté française et européenne mais également des informations concernant le Brésil, sont régulièrement postés pour permettre une mise à jour efficace des informations facilitant la vie des expats.

TIRADENTES-GEOGRAPHIE.COM

tiradentes-geographie.com

Le site Tiradentes-geographie.com est un site d'information généraliste sur le Brésil très bien réalisé, avec de riches analyses. Tiradentes-geographie est un site « pratique » de connaissances sur le Brésil. Aux considérations historiques et géographiques seront liées les informations pratiques facilitant les séjours au Brésil. Tiradentes-géographie a plusieurs objectifs : s'intéresser aux évolutions de la société brésilienne, être un guide pratique et durable sur le Brésil. A lire.

RIO FOR PARTIERS

www.rioforpartiers.com

« Rio pour les fêtards » ! D'emblée, on peut trouver une certaine légitimité à ce site tant la ville merveilleuse est associée à la fête et aux divertissements. C'est un guide des événements à Rio rédigé en anglais. De nombreuses rubriques sont pratiques et pertinentes comme « que faire à Rio les jours de pluie ? », « Rio gay », « Rio la nuit », « restaurants ». Ce guide propose comme fonctionnalité la possibilité de téléchargement gratuit via la version smartphone. C'est un guide fonctionnel et pratique. Une version papier existe également.

VISIT.RIO

visit.rio

En portugais, espagnol et anglais.

La ville de Rio de Janeiro étant statistiquement la première destination des touristes français et européens, il a semblé important de présenter ce site qui permet d'appréhender la ville merveilleuse de manière très complète. Visit.rio est le nouveau site officiel de l'Office de tourisme de Rio (Riotur). Tous les types de visites et d'activités sont présentés. Les activités extérieures, les balades sportives ou non, les activités culturelles, les bars, *botecos* ou huppés, et les restaurants, de la sandwicherie au resto chic sont répertoriés.

RESTER

Il n'est pas toujours facile de rester au Brésil aprés les durées légales de 90 jours, renouvelables une fois. Pourtant, hélas, il est facile de tomber amoureux du pays et de ne pas vouloir le quitter. Le gouvernement militaire des années 1964-1986 avait protégé le marché du travail en instaurant une certaine « préférence nationale ». Autant il est facile à un jeune diplômé français de rester travailler en Europe ou au Maroc, par exemple, où le réseau de l'AEFE est fort généreux en offre d'emploi, autant travailler au Brésil peut apparaître comme une tâche presque insurmontable. Décrocher un contrat sur place est peu ou pas possible, il faut avoir un contrat signé avant de pouvoir postuler à un contrat de travail. Des entreprises françaises, souvent des multinationales comme Renault, Peugeot, Airbus, Carrefour, peuvent recruter des expatriés français ou européens et il est également possible d'intégrer des entreprises brésiliennes.

ACTION CONTRE LA FAIM

14, boulevard de Douaumont
PARIS (17e)
✆ 01 70 84 70 70
www.actioncontrelafaim.org
Par téléphone de 9h à 13h et de 14h à 18h.

ONG internationale spécialisée dans la lutte contre la faim dans le monde, active dans les domaines de la nutrition, santé, sécurité alimentaire, de l'eau, de l'assainissement. L'association intervient dans des situations de crise. Le but étant de rendre les populations autonomes d'un point de vue de la nutrition, en apportant une aide concrète et en formant les intervenants locaux qui prendront le relais. Ses missions de volontariat durent de trois mois à un an en Afrique, Asie, Amérique, Europe centrale, dans le Caucase, au Moyen-Orient et dans les Caraïbes.

MÉDECINS AUX PIEDS NUS

9, rue du Général-Beuret
PARIS (15e)
✆ 01 42 50 10 58
medecinsauxpiedsnus.wordpress.com

Les Médecins aux pieds nus ont pour particularité de respecter les coutumes locales et d'utiliser les techniques ancestrales pour concocter des médicaments efficaces qui viennent en aide aux populations.

▸ **Que proposent-ils ?** Création de jardins botaniques, gestion des aires cultivées, travail en collaboration avec les spécialistes de médecine traditionnelle, évaluations médicales et soins apportés aux habitants locaux.

▸ **Profil et conditions.** Ils recrutent du personnel médical, mais aussi des ingénieurs agronomes, des artisans et des jardiniers.

AEFE

23, place de Catalogne
PARIS (14e)
✆ 01 53 69 30 90
www.aefe.fr

Cette agence, sous tutelle du ministère des Affaires étrangères, anime et gère un réseau de près de 500 établissements d'enseignement français à l'étranger, dans près de 140 pays. 370 000 élèves, dont 40 % de Français, fréquentent ces établissements. Offres d'emploi à l'international pour les titulaires de la fonction publique (Education nationale principalement) et informations sur la politique pédagogique, la scolarité et l'orientation émaillent le site Internet de cet organisme qui soutient également l'association Anciens des lycées français du monde.

CIDJ

www.cidj.com

Le Centre d'Information et de Documentation Jeunesse a été créé en 1969, sous la tutelle du ministère de la Jeunesse et des Sports. Le site Internet est bien fait et très complet. La rubrique « Partir à l'étranger » fournit des informations pratiques aux jeunes qui ont pour projet d'aller vivre à l'étranger. Il y a une rubrique spécifique dédiée à chacun des thèmes suivants : travail, étude, stage, volontariat international et séjours linguistiques. Pour vous aider dans vos démarches, vous pouvez avoir un entretien gratuit avec un conseiller du CIDJ.

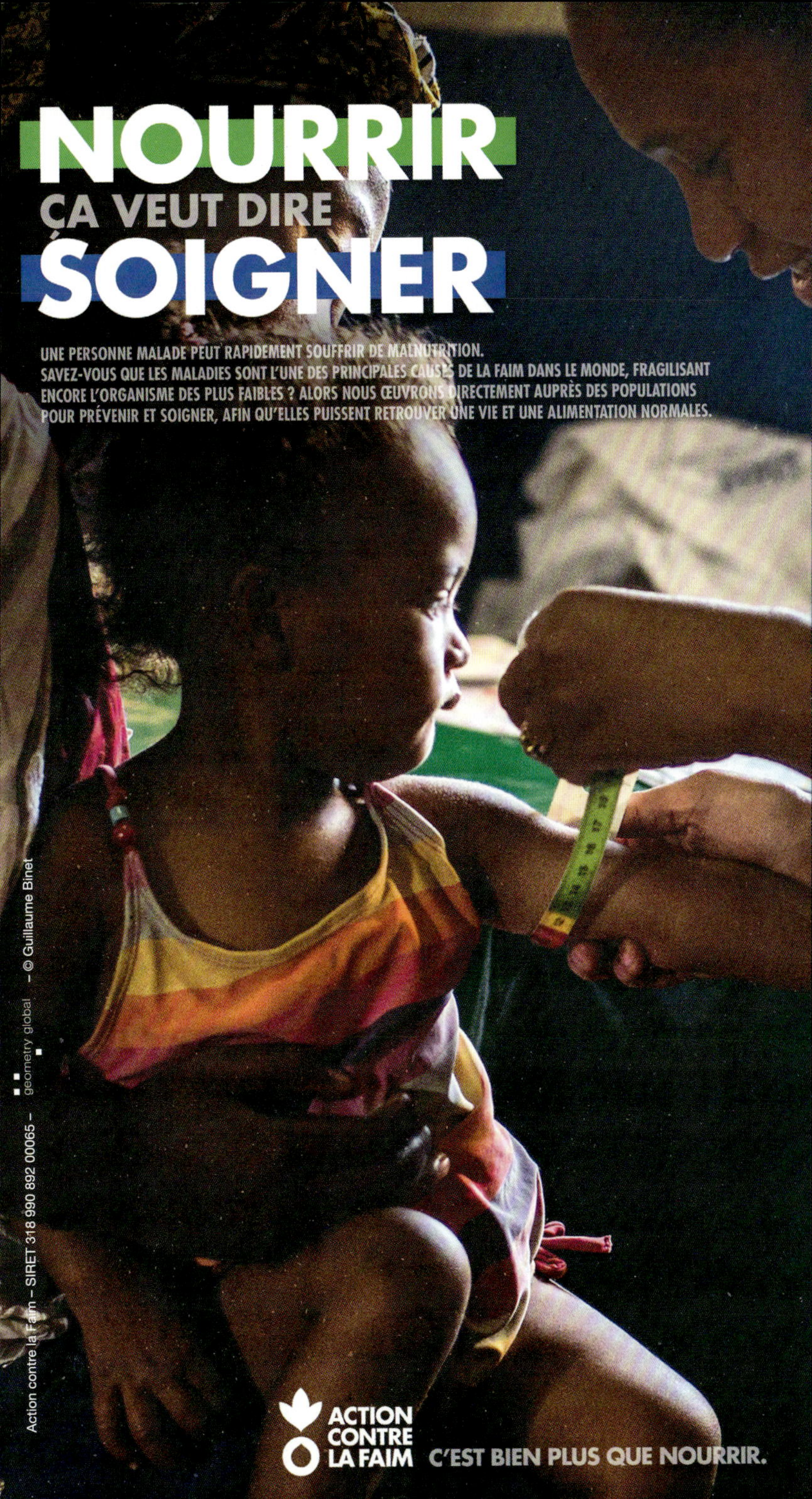
NOURRIR
ÇA VEUT DIRE
SOIGNER
UNE PERSONNE MALADE PEUT RAPIDEMENT SOUFFRIR DE MALNUTRITION.
SAVEZ-VOUS QUE LES MALADIES SONT L'UNE DES PRINCIPALES CAUSES DE LA FAIM DANS LE MONDE, FRAGILISANT ENCORE L'ORGANISME DES PLUS FAIBLES ? ALORS NOUS ŒUVRONS DIRECTEMENT AUPRÈS DES POPULATIONS POUR PRÉVENIR ET SOIGNER, AFIN QU'ELLES PUISSENT RETROUVER UNE VIE ET UNE ALIMENTATION NORMALES.
ACTION CONTRE LA FAIM
C'EST BIEN PLUS QUE NOURRIR.
Action contre la Faim – SIRET 318 990 892 00065 – geometry global – © Guillaume Binet

MINISTÈRE DES AFFAIRES ÉTRANGÈRES

www.diplomatie.gouv.fr

Site Internet officiel pour connaître les formalités d'entrée et séjour dans le pays. Dans la rubrique « Services aux Français », vous trouverez un guide de l'expatriation, les modalités de demandes de documents officiels. Sur la page d'accueil en sélectionnant le pays, vous obtenez les contacts des ambassades. Dans l'espace politique, économie et socio-culturel, quantité d'informations et de communications utiles pour qui s'intéresse aux réalités du pays.

CAPCAMPUS

www.capcampus.com

CapCampus fut l'un des premiers portails étudiants français en ligne. Dans la rubrique dédiée aux stages et aux premiers emplois, vous trouverez aussi des offres pour l'étranger, classées par pays. Celles pour les Etats-Unis ne sont pas très nombreuses, le mieux est de consulter le site régulièrement pour ne pas passer à côtés des offres intéressantes. Le site est également utile pour se familiariser avec la vie aux Etats-Unis, car il propose également toutes les informations pratiques pour bien préparer son départ et son séjour à l'étranger.

WEP FRANCE

95, avenue Ledru Rollin

PARIS (11e)

✆ 01 48 06 26 26

www.wep.fr

WEP propose plus de 50 projets éducatifs et séjours linguistiques dans une trentaine de pays pour une durée allant de une semaine à 18 mois. Quel que soit votre projet d'études ou de volontariat à l'étranger, vous trouverez sur le site de WEP une rubrique qui y sera consacrée : étudier au lycée, dans une université, partir en séjour linguistique, faire une expérience professionnelle dans le cadre d'un stage ou vivre en immersion dans une famille. Possibilité également de planifier des programmes combinés (études et projet humanitaire par exemple).

CLUB TELI

Les Clarets

SAINT-PIERRE-D'ENTREMONT

✆ 04 79 85 24 63

www.teli.asso.fr

L'adhésion est à 45 €.

Le Club Teli est une association d'aide à la mobilité internationale créée voici bientôt 30 ans, forte de 4 000 adhérents en France et dans 65 pays. Si vous souhaitez séjourner à l'étranger, quel que soit votre projet, vous trouverez par le biais de ce club des infos et des offres de stages, de jobs d'été et de travail pour francophones. Si vous avez besoin d'aide pour envoyer des candidatures, le Club peut vous aider à mettre votre CV aux normes du pays où vous souhaitez partir. Pour bénéficier de ces aides et informations, il faut adhérer.

BUSINESS FRANCE

77, Boulevard Saint-Jacques

PARIS (14e)

✆ 01 40 73 30 00

Ouvert en semaine de 8h30 à 18h30.

L'Agence pour le développement international des entreprises françaises travaille en étroite collaboration avec les missions économiques. Le site Internet recense toutes les actions menées, les ouvrages publiés, les événements programmés et renvoie sur la page du Volontariat International en Entreprise (VIE). Fondée en 2015, cette structure est née de la fusion entre Ubifrance et l'Agence française pour les investissements internationaux. Elle est affiliée au Ministère de l'Europe et des Affaires étrangères et au Ministère de l'Économie et des Finances.

VIE - VOLONTARIAT INTERNATIONAL EN ENTREPRISE

✆ 04 96 17 26 50

mon-vie-via.businessfrance.fr

Le VIE est destiné aux jeunes de 18 à 28 ans. Il s'effectue en entreprise, dans une ONG, dans une collectivité locale ou dans un service de l'État – allant de l'ambassade à l'établissement culturel en passant par le consulat. Par ailleurs, il peut durer de 6 à 24 mois et être renouvelé une fois, de deux ans au plus. Enfin, sa rémunération mensuelle est constituée d'un salaire fixe de 749,33 € et d'une indemnité supplémentaire dont le montant varie selon la mission.

INDEX

N

O

P

EDITION

Directeurs de collection et auteurs : Dominique AUZIAS et Jean-Paul LABOURDETTE

Auteurs : Hervé FOISSOTTE, Grégory ANDRE, Camille GRIFFOULIERES, Delphine CALMO, Kévin GIRAUD, Mathias DESHOURS, Amandine GLEVAREC, Adelaïde SAUTER, Sylvie DEL COTTO, Romain RISSO, Manon LIDUENA, Juliana HACK, Arnaud BONNEFOY, Jean-Paul LABOURDETTE, Dominique AUZIAS et alter

Directeur Editorial : Stéphan SZEREMETA

Rédaction Monde : Laure CHATAIGNON, Morgane VESLIN, Pierre-Yves SOUCHET, Natalia COLLIER

Rédaction France : Briséis CREAC'H-MENUT, Audrey VEDOVOTTO, Marie VIGNERON, Nicolas WODARCZAK

FABRICATION

Maquette et Montage : Romain AUDREN, Julie BORDES, Delphine PAGANO

Iconographie et Cartographie : Anne DIOT, Julien DOUCET

WEB ET NUMERIQUE

Directeur Web : Louis GENEAU de LAMARLIERE

Développeurs : Guillaume BARBET, Adeline CAUX et Roland SPOUTIL

Intégrateur Web : Mickael LATTES, Antoine DION

Webdesigner : Caroline LAFFAITEUR

Community Traffic Manager : Alice BARBIER, Mariana BURLAMAQUI et Noémie LE SAUX

DIRECTION COMMERCIALE

Directeur commercial : Guillaume VORBURGER

Coordinatrice des Régies commerciales : Manon GUERIN assistée de Jonas HESOL

Account Manager Marketplace : Leila ROUGEOT assistée de Lola FAVRE-MOT

Responsable Régies locales : Michel GRANSEIGNE

Responsables Développement régie inter : Jean-Marc FARAGUET, Guillaume LABOUREUR et Camille ESMIEU

Chefs de Publicité Régie nationale : Caroline AUBRY, François BRIANCON-MARJOLLET, Perrine DE CARNE MARCEIN, Jonathan TOUTOUX, Amélie NOEL,

Régie RIO DE JANEIRO / MINAS GERAIS : Sébastien GIL

DIFFUSION ET PROMOTION

Directrice des Ventes : Bénédicte MOULET assistée d'Aissatou DIOP

Responsable des ventes : Jean-Pierre GHEZ assisté de Nelly BRION

Relations Presse-Partenariats : Jean-Mary MARCHAL

ADMINISTRATION

Président : Jean-Paul LABOURDETTE

Directrice des Ressources Humaines : Dina BOURDEAU assistée de Sandra DOS REIS et Eva BAELEN

Directrice Administrative et Financière : Valérie DECOTTIGNIES

Comptabilité : Guillaume PETIT, Aminata BAGAYOKO, Jeannine DEMIRDJIAN

Recouvrement : Fabien BONNAN assisté de Sandra BRIJLALL

Responsable informatique : Elie NZUZI-LEBA

PETIT FUTÉ RIO DE JANEIRO / MINAS GERAIS

LES NOUVELLES EDITIONS DE L'UNIVERSITE
18, rue des Volontaires - 75015 Paris.
✆ 01 53 69 70 00 - Fax 01 42 73 15 24
Internet : www.petitfute.com
SAS au capital de 1 000 000 € - RC PARIS B 309 769 966

Couverture : Vue aérienne de la ville de Rio de Janeiro avec le Corcovado et du Pain de Sucre © Nido Huebl - stock.adobe.com
Danseuse de samba durant le Carnaval © PeopleImages - iStockPho-to.com

Impression : IMPRIMERIE CHIRAT - 42540 Saint-Just-la-Pendue
Achevé d'imprimer : novembre 2022
Dépôt légal : 19/12/2022
ISBN : 9782305081892

Pour nous contacter par email, indiquez le nom de famille en minuscule suivi de @petitfute.com
Pour le courrier des lecteurs : info@petitfute.com

IMPRIMÉ EN FRANCE